W0196059

Mit diesem Band der FISCHER WELTGESCHICHTE legt der Saarbrücker Historiker Richard van Dülmen eine umfassende Strukturgeschichte der europäischen Gesellschaft in der frühen Neuzeit zwischen 1550 bis 1648 vor. Die Darstellung ist weniger an politischen Ereignissen und an den Einzelentwicklungen der verschiedenen Länder orientiert und interessiert, sondern mehr an Problemen, die die Strukturprozesse unter den Bedingungen der Vielfalt unterschiedlicher Entwicklungen der Neuzeit wesentlich begründeten. Um der ›ganzen‹ sozialen Wirklichkeit gerecht zu werden, wurden gleicherweise wirtschaftliche, soziale, politische und nicht zuletzt auch kulturelle Entwicklungen und Bewegungen in einem mehr oder weniger systematischen Zusammenhang berücksichtigt. Im Zentrum stehen dabei die Analysen sowohl des entstehenden kapitalistischen Marktes und der Herausbildung der frühneuzeitlichen Ständegesellschaft wie des Herrschaftssystems als auch der kulturellen Institutionen und Lebensformen, des frühmodernen Staates und der frühneuzeitlichen Rebellionen. Wenn der Herausarbeitung kultureller Formationen in der frühen Neuzeit ein relativ großer Raum zugemessen wird, dann rechtfertigt sich dies durch die bis in die Gegenwart reichende Vernachlässigung der kulturhistorischen Fragestellung, auf deren konstitutiven Erklärungswert hiermit verwiesen wird.

Der Band ist in sich abgeschlossen und mit Abbildungen, Tabellen, Kartenskizzen und einem ergänzenden Literaturverzeichnis ausgestattet. Ein Personen- und Sachregister erleichtert dem Leser die rasche Orientierung.

DER VERFASSER DIESES BANDES

Richard van Dülmen,

geb. 1937; Studium von Geschichte, Philosophie und Religionswissenschaften in Münster, Würzburg und München. 1965 Promotion. Seit 1966 wissenschaftlicher Mitarbeiter der Bayerischen Akademie der Wissenschaften in München. 1973 Habilitation. Privatdozent an der Universität München, seit 1982 Professor für neuere Geschichte in Saarbrücken. Zentrales Forschungsgebiet: Kultur- und Sozialgeschichte der frühen Neuzeit. Buchveröffentlichungen (u. a.): *Propst Franz Töpsl und das Augustiner-Chorherrenstift Polling. Ein Beitrag zur Geschichte der katholischen Aufklärung in Bayern* (1967); *Orthodoxie und Kirchenreform. Der Nürnberger Prediger Joh. Saubert (1592–1646)* (1970); *Landkreis Traunstein* (1970); *Das Täuferreich zu Münster 1534–1535* (Ed. 1974); *Der Geheimbund der Illuminaten* (1975); *Reformation als Revolution. Soziale Bewegung und religiöser Radikalismus in der deutschen Reformation* (1977); *Rosenheim* (1977); *Die Utopie einer christlichen Gesellschaft. Johann Valentin Andreae (1586–1654)* (1978). Zahlreiche Aufsätze in wissenschaftlichen Zeitschriften.

Mitherausgeber der wissenschaftlichen Reihen »Neuzeit im Aufbau. Darstellung und Dokumentation« und »Kultur und Gesellschaft. Neue historische Forschungen«.

Fischer Weltgeschichte

Band 24

Entstehung des
frühneuzeitlichen Europa
1550–1648

Christina Rogshe-Keidel

1983

Herausgegeben
und verfaßt von
Richard van Dülmen

Fischer Taschenbuch Verlag

Fachredaktion: Walter H. Pehle

Umschlagentwurf: Wolf D. Zimmermann
unter Verwendung eines Bildausschnittes aus »Der Triumph des Todes«
von Pieter Brueghel d. Ä. (1562)
(Foto: Richard van Dülmen)
Harald und Ruth Bukor zeichneten die Abbildung 15 und 5 Tabellen.

Illustrierte Originalausgabe
des Fischer Taschenbuch Verlages
mit 33 Abbildungen und 6 Tabellen
August 1982

Wissenschaftliche Leitung: Jean Bollack, Paris
Fischer Taschenbuch Verlag GmbH, Frankfurt am Main
© Fischer Taschenbuch Verlag GmbH, Frankfurt am Main 1982
Gesamtherstellung: Hanseatische Druckanstalt GmbH, Hamburg
Printed in Germany
1680-ISBN-3-596-60024-3

INHALTSVERZEICHNIS

»Es wird von den wirklich tätigen Menschen ausgegangen und aus ihrem wirklichen Lebensprozeß auch die Entwicklung der ideologischen Reflexe und Echos dieses Lebensprozesses dargestellt.«   KARL MARX

»Die Vorgänge des alltäglichen Lebens nicht minder wie die ›historischen‹ Ereignisse der hohen Politik, Kollektiv- und Massenerscheinungen ebenso wie ›singulare‹ Handlungen von Staatsmännern oder individuelle literarische und künstlerische Leistungen sind durch sie (materielle Interessen, d. Vf.) mitbeeinflußt – ›ökonomisch bedingt‹. Andererseits wirkt die Gesamtheit aller Lebenserscheinungen und Lebensbedingungen einer historisch gegebenen Kultur auf die Gestaltung der materiellen Bedürfnisse, auf die Art ihrer Befriedung, auf die Bildung der materiellen Interessengruppen und auf die Art ihrer Machtmittel, und damit auf die Art des Verlaufs der ›ökonomischen Entwicklung‹ ein – wird ›ökonomisch relevant‹.«   MAX WEBER

Meinen Studenten in München gewidmet

Einleitung

Die Entstehung des frühneuzeitlichen Europa stellt einen epochalen Prozeß dar, brachte aber keinen so eindeutigen und einheitlichen Wandel ökonomischer, politischer, sozialer und mentaler Strukturen, wie manche unserer Lehr- und Handbücher vermuten lassen. Der Durchbruch der Moderne vollzog sich unter der Bedingung einer noch langwährenden Verknüpfung feudaler Ordnungswelt und gesellschaftlicher Rationalisierung höchst komplex und diskontinuierlich und läßt sich nicht auf einen bestimmten Zeitraum einschränken. Er ist eingebunden in einen Prozeß langfristiger Veränderungen, der bereits im Spätmittelalter einsetzte und erst im späten 18. Jahrhundert abgeschlossen wurde. Insofern mag unsere Epocheneingrenzung beliebig erscheinen, denn das Jahr 1550 bedeutet so wenig einen Einschnitt wie das Jahr 1648; der Augsburger Religionsfriede wie der Westfälische Friede bleiben nur äußere Daten, solange sie nicht in einen größeren Strukturzusammenhang gebracht werden. Auch verliefen die Entwicklungen in Europa in der uns vertrauten Ausdehnung zu disparat, als daß von einer einheitlichen Epoche gesprochen werden könnte. Dennoch lassen sich Signaturen des in diesem Band dargestellten Jahrhunderts finden, ein Komplex ähnlicher und überall nachweisbarer Entwicklungstrends, Phänomene und Strukturen, die es berechtigt erscheinen lassen, von einer eigenen Epoche europäischer Geschichte zu sprechen, die sich eindeutig von der Reformationszeit wie auch dem Zeitalter des Absolutismus und der Aufklärung abhebt und als Zeitalter der Entstehung des frühneuzeitlichen Europa bezeichnet werden kann. Einmaligkeit schließt Einordnung in einen größeren Zusammenhang nicht aus. Um in universalhistorischer Perspektive zu argumentieren, so stand in gewisser Hinsicht die spätmittelalterliche Gesellschaft bis ins frühe 16. Jahrhundert hinein noch auf der Stufe anderer bekannter außereuropäischer Hochkulturen – jedenfalls lassen sich noch Vergleiche zwischen den orientalischen und asiatischen Reichen und der europäischen Kultur des Mittelalters ziehen –, während unsere Epoche erstmals Kräfte hervorbrachte, eine gesellschaftliche Dynamik entwickelte, die Europa grundlegend umgestalten

bzw. zu dem machen sollten, was es in der modernen Weltgeschichte wurde. Das Spätmittelalter und die Reformationszeit
legten ohne Zweifel die Grundlage, schufen wichtige Voraussetzungen für die moderne Welt. Der erste Formierungs- und
Durchsetzungsprozeß der modernen Gesellschaft aber setzte in
der nachreformatorischen Zeit ein, der Zeit des ausgehenden
›langen‹ 16. Jahrhunderts.

I.

Vier entscheidende Phänomene bzw. Prozesse waren es, die als je
spezifische Dimensionen des Durchbruchs der Moderne in Europa
unsere Problemstellung bestimmen.

Grundlegend war der Formierungsprozeß des kapitalistischen
Weltsystems. Zwar blieb in Europa bis in die Neuzeit hinein noch
die feudale Produktionsweise vorherrschend, aber als mit der
steigenden Bevölkerung und der zunehmenden Verstädterung vor
allem Westeuropas im 16. Jahrhundert einerseits eine erhöhte
Nachfrage nach Massengütern einsetzte, andererseits die auf
Bedarfsdeckung orientierte feudale Produktionsweise sich zu er-
schöpfen begann, eröffnete dies bei gleichzeitiger Entstehung des
Weltmarktes und der sprunghaften Verstärkung des Geldumlau-
fes die höchst komplexe, Europa langfristig radikal verändernde
›moderne Lebensgeschichte des Kapitals‹.
Sie setzte einmal eine durch Intensivierung und Spezialisierung
der Produktion sowie durch Umänderung der Arbeitsorganisation
forcierte Kommerzialisierung der Agrarproduktion in Gang, die
zwar den wachsenden Nahrungsmittelbedarf in den gewerblichen
und städtischen Ballungszentren zu decken suchte, zugleich aber
auch die feudalen Abhängigkeiten zwischen Grundherrn (Eigen-
tümern) und kleinen Produzenten veränderte.
Dann löste die kapitalistische Akkumulation die traditionelle
Arbeitsteilung, hier zünftisches Gewerbe, dort agrarische Produktion, in der Weise auf, daß mit Hilfe vor allem städtischen Kapitals
ein verlagsmäßig organisiertes Landgewerbe entstand, das in
Konkurrenz zum Zunfthandwerk trat, und sich ein Handelssystem etablierte, das über den rasch expandierenden Weltmarkt
vermittelt erstmals große, weit auseinanderliegende Regionen
und Länder verband und ihre gewerbliche und agrarische Produktion unter die Bedingungen überregionaler Märkte stellte.
Weiterhin forcierte sie den Einsatz ›technischer‹ Mittel und

unterstützte organisatorische Neuerungen in der Agrar- und Gewerbeproduktion wie im Handel durch die Umwandlung der alten Kaufmannsgilden und Familiengesellschaften in Kapitalgesellschaften. Dies machte einerseits eine konstante Ausweitung der Handelsbeziehungen möglich, andererseits beschleunigte es die Akkumulation des Handelskapitals in Händen einer entstehenden Bourgeoisie.

Schließlich begünstigte das neue ökonomische System den Aufbau einer neuen politisch-sozialen Welt, führte aber nicht überall zur Auflösung des Feudalismus, sondern bedingte im Gegenteil eine höchst ungleiche politische, ökonomische wie auch kulturelle Entwicklung, die für die Entstehung des frühmodernen Staates wie für die Etablierung einer frühneuzeitlichen Ständegesellschaft eine Rolle spielte. Dieselbe ›Kraft‹, die in den Ländern, die am meisten vom ungleichen Tausch des neuen Weltmarktsystems profitierten, liberalere Verhältnisse schuf, begünstigte in den Ländern, die in ökonomische Abhängigkeit gerieten, eine Refeudalisierung der gesellschaftlichen Beziehungen. Die ökonomische Expansion des 16. Jahrhunderts beschleunigte damit nicht generell den Zerfall der feudalen Ordnung, im Gegenteil, sie verschärfte die Trends zur ständischen Hierarchisierung der Gesellschaft.

Nicht minder epochenspezifisch war die Herausbildung des frühmodernen Staates, an der verschiedenste Kräfte beteiligt waren: mit je unterschiedlicher Gewichtung sowohl fürstliche Hausinteressen wie die politische Praxis einer sich bildenden Verwaltungselite und die das Land mitkonstituierenden Stände. So unterschiedliche Ausformungen die frühmoderne Staatlichkeit erfuhr, konstitutiv wurde für sie vor allem die Autonomisierung der mehr offenen traditionellen Landesherrschaft zu einem geschlossenen Territorialstaat, der Ausbau einer zentralen Regierungs- und Verwaltungsorganisation mit juristisch gebildeten Beamten, sowie die Errichtung eines das ganze Territorium umfassenden Steuersystems, das, wenn auch weitgehend von den Ständen mitgetragen, erstmals alle Untertanen erfaßte und unter eine zentrale Gewalt stellte. Schließlich bedurfte der frühmoderne Staat neben der traditionellen religiösen zunehmend einer rationalen Legitimation: die neue politische Theorie der Souveränität begründete seine Autonomie nach innen wie nach außen. Diese mit einer ›Entpolitisierung‹ der Stände verbundene Rationalisierung der traditionellen Herrschaftspraxis vollzog sich zwar überall in Europa; welche politische und soziale Verfassungsform sie aber hervorbrachte, hing jeweils von der politischen Konstellation, der Sozialstruktur der betreffenden Länder und ihrem ökonomischen

Entwicklungsstand ab. Der absolutistische Weg zeigt sich dabei keineswegs als die einzige Möglichkeit einer ›Modernisierung‹ der frühneuzeitlichen Gesellschaft, und der Entstehungsprozeß des frühmodernen Staates erfolgte nicht ohne Konflikte und ohne Widerstand des Volkes.

Widerstandsbewegungen waren mehr als bloße Störfaktoren, sie gehörten konstitutiv zum Formierungsprozeß selbst. Bekanntlich stieß die Zentralisierung der Fürstenherrschaft überall auf Widerstand, sogar auf organisierten Protest, der je nach Situation unterschiedliche Erfolge zeitigte. Keine Zeit vorher und nachher wurde so sehr wie die Jahre von 1550 bis 1660 durch eine Unzahl von Aufständen, Kriegen, Rebellionen und Revolten erschüttert. Die stärkste Dichte und Intensität erreichte die frühneuzeitliche Aufstandsbewegung um die Mitte des Jahrhunderts. Verschieden waren die Anlässe, Ursachen und Zielsetzungen der Aufstände, doch vorrangig wandten sie sich alle gegen den zunehmenden Druck eines sich formierenden zentralistischen Staatensystems, das die Autonomie altständischer Gewalten und die Lebensverhältnisse des Volkes bedrohte. Politische Alternativkonzepte mit neuen antiabsolutistischen Ordnungsprinzipien, die über das traditionelle Selbstverständnis hinauswiesen, entstanden nur dort, wo eine aufgelockerte, ›verbürgerlichte‹ Ständegesellschaft es verstand, das Land politisch zu repräsentieren und staatliche Funktionen im Namen des Volkes wahrzunehmen (England/Holland).

Das Wechselspiel von Formierung und Widerstand hat im Herausbildungsprozeß frühmoderner Staatlichkeit keineswegs nur den Untergang der traditionellen Reiche befördert und die Errichtung einer absolutistisch nationalen Monarchie unterstützt. Je nach Stellung des Adels und des Bürgertums, nach der Funktion der zentralen Regierungsgewalt und der Rolle der Ständeversammlungen sowie dem Stand der Produktivkräfte kristallisierten sich drei neue staatliche Formen heraus, die die politische Geschichte der europäischen Gesellschaft maßgeblich bestimmten. In Ländern mit starker zentraler Verwaltung, aber traditioneller wirtschaftlicher Struktur kam (wie in Frankreich) das absolutistische System zur Geltung. Ein ›libertäres‹ System schufen hingegen Länder, wo es (wie in England) eine schwach ausgebildete zentrale Verwaltung, aber eine gesamtrepräsentative Institution (Parlament) mit einem starken Bürgertum gab. Länder schließlich ohne zentrale Verwaltung und ohne Bürgertum, aber mit starker ständischer Tradition (wie Polen) entwickelten eine Adels- bzw. Ständerepublik. Während diese allerdings wie die alten Reiche dem Druck der politischen und ökonomischen Expansion nicht standhielten, stehen am Beginn der Neuzeit der absolutistische und der libertäre Staat als zwei alternative staatliche Formationen.

Ein Spezifikum der frühen Neuzeit in Europa war auch die Festschreibung der Ständegesellschaft, die im Zuge der Rationalisierung der Herrschaftspraxis und der ›Entpolitisierung‹ der Gesellschaft zwar unterschiedlich intensiv erfolgte, aber sich strukturell überall zeigte. Die frühneuzeitliche Ständegesellschaft war kein Relikt ›mittelalterlicher‹ Zustände, sondern in ihrer regionalen Ausprägung gerade ein Produkt der durch den entstehenden frühmodernen Staat und die entwickelte Marktwirtschaft erfolgten sozialen Differenzierung, die dem einzelnen Stand erstmals eine klar definierte Rolle zuschrieb. Diese Neuregelung der gesellschaftlichen Beziehungen erfolgte nicht nach Reichtum und Armut – so wichtig Reichtum für den Aufstieg war, während Armut den Ausschluß aus der Gesellschaft bedeuten konnte –, sondern nach Tradition, Privilegien und Ehre innerhalb einer zunehmend hierarchisierten Gesellschaft. Es verstärkte sich die gegenseitige Abgrenzung von Bauern, Bürgern und Adeligen, die sich als soziale Stände mit eigenen kulturellen Selbstdarstellungsformen begriffen. Entscheidender noch war die Abschließung von Führungsschichten innerhalb dieser jeweiligen Stände und eine verschärfte Ausgrenzung und gesellschaftliche Stigmatisierung nichtständischer bzw. unterständischer Gruppen. Der frühmoderne Staat regelte diesen Prozeß der Rangordnung bzw. Ausgrenzung mit Unterstützung der neuen Moral der Kirchen durch Befehl oder Strafgewalt.

Die soziale Festschreibung innerhalb dieser hierarchisierten Gesellschaft erfolgte weitgehend durch die Vermittlung des Staates, sie gründete aber letztlich in der durch Bevölkerungszuwachs, Agrarkrisen und Kriege verursachten Ressourcenverknappung und der durch die Ausweitung des Marktes erfolgten größeren Differenzierung zwischen ›ehrbarer‹ Oberschicht und ›unehrlichen‹ Unterschichten, worauf der sich formierende Staat und die sich neu etablierende Adelsherrschaft restriktiv reagierten. Diese erste ›offizielle‹ Zuschreibung aller Menschen zu bestimmten sozialen Funktionen, wie sie in der frühneuzeitlichen Ständegesellschaft vorgenommen wurde, bildete allerdings nur die eine Seite der Festigung sozial-politischer Herrschaft. Ihr korrespondierte im Zuge der Zentralisierung herrschaftlicher Gewalt die durchgängige Tendenz einer Reorganisation des ›Hauses‹ als zweiter Grundzug des Formierungsprozesses der frühneuzeitlichen Gesellschaft. Sie betraf nicht nur die Festigung der überkommenen Herrschaft auf der ›unteren‹ Ebene, indem die sozialen Beziehungen zwischen den Hausmitgliedern: Hausherr und Gesinde, Mann und Frau, Eltern und Kinder sowohl in adeligen, bürgerlichen wie bäuerlichen Haushalten erstmals strengen und allgemeinen Normen unterworfen wurden, sondern auch im Zusammenhang des Ausbaus der Territorialherrschaft die Durchsetzung der quasi hausherrschaftlichen Gewalt des Fürsten auf der ›oberen‹ Ebene über alle Stände und Untertanen. Stand und Haus wurden zu komplementären, sich gegenseitig bedingenden Ordnungsprinzipien der Gesellschaft, durch die die in ›Unordnung‹ geratene Welt des 16. Jahrhunderts wieder – zum Vorteil der Herrschenden – in harmonische Ordnung gebracht werden sollte. Die Dialektik von Integration und Ausschluß, wie sie die neue Ständegesellschaft bedingte, aber auch von Festschreibung einer Prestigeordnung und Auflockerung durch die Marktausweitung blieb jedenfalls konstitutiv für den Vergesellschaftungsprozeß im frühmodernen Staat.

Schließlich kam es zu neuen kulturellen Formationen, die keine von der sozialen Welt abgehobene Wertordnung darstellten, sondern als Formen sozialen Zusammenlebens die Entstehung der neuzeitlichen Gesellschaft mitbedingten. Entsprechend den durch die Entstehung der Moderne ausgelösten gesellschaftlichen Polarisierungen entwickelte sich allerdings keine einheitliche Kultur – eine einheitliche Barockkultur gab es nicht –, sondern es differenzierte sich das Kultursystem der frühen Neuzeit auf drei verschiedenen Ebenen.

Konstitutiv wurde einmal der zunehmende Gegensatz von Volks- und Adelskultur. Während im Mittelalter Adel und Volk (aber auch die Bürger) lange noch relativ ungeschieden nebeneinander lebten, setzte sich in der frühen Neuzeit die überregionale repräsentative Adelskultur mit ihrer ritualisierten Geselligkeit, ihrem Herrscherkult und ihrem höfischen Ethos ab von der regionalen Volkskultur mit ihrer symbolischen Gestik, schriftlosen Tradition und ihren magisch-religiösen Praktiken, die, wenn auch früh reglementiert von der neuen Moral der Kirchen und des frühmodernen Staates, lange ihre relative Autonomie wahren konnte. Während sie im Zuge der Pauperisierung der Unterschichten plebeisch überformt wurde, integrierte die höfische Kultur in zunehmendem Maße das Bürgertum. Die soziale Funktion der höfischen Gesellschaft zeigte sich im Angleichungsprozeß von Adel und Bürgerlichen sowie in der Ausweitung der Produktion weltlicher Literatur, Kunst und Musik.

Ebenso prägte die Entstehung der Moderne die Absetzung einer neuen kulturellen Elite von der akademisch-ständischen Gelehrsamkeit. Wie nämlich Universitäten und Kirchen gelehrtes und religiöses Wissen monopolisierten und seine Träger sich als Stand mit entsprechenden Ritualen präsentierten, entwickelte sich erstmals im 16. Jahrhundert eine intellektuelle Kultur, die sich zu einer überständischen Kommunikation aller am Gemeinwohl interessierten Gelehrten, zu einer neuen, nicht mehr an Autoritäten fixierten Wissenschaft sowie einem neuen Praxisbezug des Wissens bekannten. Wissen diente nicht mehr zur Selbstdarstellung oder Legitimierung bestehender Zustände, sondern zur Veränderung und Verbesserung der Welt. Akkumulation von Wissen, nicht von ständischer Ehre wurde das Ziel einer intellektuellen Elite, die sich in obrigkeitlich geschützten ›gelehrten‹ Gesellschaften organisieren konnte.

Schließlich differenzierten sich unter diesen Bedingungen auch die Religionssysteme der frühen Neuzeit. Während aus den reformatorischen Volkskirchen orthodoxe Staatskirchen wurden, die die ständische Gesellschaft sanktionierten und auf Kosten von Selbstbestimmung Gehorsamshaltung einübten, entstand in ›bürgerlichen‹ Kreisen ein ›asketischer‹ Protestantismus, dessen puritanische Kultur deutlich antiständische und antihöfische Akzente zeigte, die in der Rationalisierung der praktischen Lebensführung, der Freiwilligkeit des Zusammenschlusses Gleichgesinnter und der Gleichstellung aller Mitglieder das Ziel religiöser Selbstbestimmung des Volkes sahen. Während die orthodoxen Kirchen das absolutistische System begünstigten und die Ausbildung der höfischen Gesellschaft (wie in Frankreich) mitermöglichten, unterstützte der asketische Protestantismus die ›liberalen‹ Elemente der Gesellschaft (wie in England) und schuf dort Möglichkeiten einer Anpassung zunehmend größer werdender Gruppen an die Auflösungsprozesse feudaler Abhängigkeiten in der Gesellschaft.

Diese Prozesse einer ökonomischen, staatlichen, sozialen und kulturellen Formierung der frühmodernen Gesellschaft sind zwar Phänomene, deren Anfänge weit zurückreichen und deren Folgen bis ins 18. Jahrhundert weisen, bestimmen aber vorrangig den Charakter unserer Epoche. In der Zeit zwischen 1550 und 1650 schuf Europa Dispositionen, die die frühneuzeitliche Gesellschaftsstruktur maßgeblich bestimmten und ihre Dynamik begründeten. Im Zuge der Entstehung des frühmodernen Staates und des kapitalistischen Weltmarktes kam es dabei, das ist eine wesentliche Einsicht, nicht zur Auflösung der feudalen Gesellschaft, sondern lediglich zu einer ›Rationalisierung‹ bzw. Reformierung im Sinne der frühneuzeitlichen Ständeordnung. In dem

Maße allerdings, wie diese staatlich organisierte feudale Gesellschaft unter dem Druck des neuen Herrschaftssystems und des entstehenden Kapitalismus diszipliniert und neugeordnet wurde, verselbständigte sich die Gesellschaft von der sie organisierenden Herrschaft. Ein unmittelbarer, gradliniger Übergang von der feudalen Gesellschaft zur Moderne fand mit der Entstehung des frühmodernen Staates und des kapitalistischen Weltmarktes nicht statt. Die Auflösung der feudalen Ordnung wurde erst möglich, als eine mittels staatlicher Herrschaft pazifizierte Gesellschaft entstand, die anstelle politischer Rechte der ›Stände‹ den sozialen Status ›ehrte‹, sowie ›libertäre‹ ökonomische Interessen die feudalen Abhängigkeiten lockerten und das gesellschaftliche Leben unter die Bedingungen des Marktes stellten. Diesen komplexen Übergangsprozeß gilt es weiterhin ebenso hervorzuheben wie den absolutistischen Weg als nur eine der Möglichkeiten der Umwandlung alteuropäischer Gesellschaft in ein modernes Ordnungssystem aufzuzeigen. Während in sozial rückständigen Herrschaftsräumen mit starker Zentralgewalt die Veränderung der Gesellschaft durch absolutistische Gewalt geschah, bot sich in ökonomisch weiterentwickelten Gesellschaften durch Abbau von Ständeschranken eine Möglichkeit der Modernisierung auf ›libertäre‹ Weise. Zu zeigen, daß in diesem Zusammenhang der kulturellen Artikulation der polarisierten Gesellschaft schließlich eine wichtige soziale Funktion zukam, über sie die zentralen Vermittlungen von Herrschaft und Ökonomie stattfanden, ist ein Hauptanliegen der Untersuchung. Der Ordnungsprozeß Europas war jedenfalls kein einheitlicher gradliniger Prozeß, vor allem kein Siegeszug der rationalen humanen Vernunft. Der Durchbruch des neuen Ordnungssystems erfolgte weitgehend auf Kosten einer ›Entmachtung‹ des Volkes sowie der Zerstörung der ›traditionellen‹ Kultur.

II.

Die Geschichte Europas in der frühen Neuzeit zwischen 1550 und 1650 in diesem Zusammenhang zur Darstellung zu bringen, ist gleichbedeutend mit dem Versuch einer Strukturgeschichte der europäischen Gesellschaft der entstehenden Moderne, die weniger an politischen Ereignissen und den Einzelentwicklungen der verschiedenen Länder Europas orientiert und interessiert ist, als an Problemen, die die Strukturprozesse unter den Bedingungen der Vielfalt unterschiedlicher Entwicklungen in der Neuzeit wesentlich begründeten. Diesen sachlichen Interessen versucht die Darstellung in folgender Weise zu entsprechen:

1. So sehr durchgehend versucht wird, die frühe Neuzeit unter den ihr eigenen Bedingungen zu verstehen und zu analysieren, so unverkennbar bleibt die Problemstellung und die Interpretation doch an das heutige Denken gebunden. Denn soll die Geschichtswissenschaft die Vergangenheit aufarbeiten und ihre kritische Aneignung möglich machen, muß eine Darstellung und Interpretation der Probleme geleistet werden, die zwar die eigene ›Rationalität‹ der frühneuzeitlichen Gesellschaft erkennt und achtet, sie aber dem modernen Bewußtsein mit seinen Kategorien verständlich macht. Die Problemstellung ist vom Interesse geleitet, die Geschichte unserer Vergangenheit zu verstehen und zu erklären.

2. Generell wurde versucht, das ganze Europa zu berücksichtigen, ohne dabei Europa bereits als eine politische Einheit zu verstehen oder aber die Geschichte Europas in eine Aufreihung von Ländergeschichten aufzulösen. Zentrales Anliegen ist es, ganz Europa betreffende Strukturentwicklungen an konkreten Länderbeispielen zu spezifizieren, ohne das jeweils Besondere und Allgemeine außer acht zu lassen. Es wurden also sowohl die Verhältnisse in Spanien wie in Rußland, in Schweden und Italien berücksichtigt. Naheliegend war es allerdings, bestimmte Phänomene und Prozesse vorwiegend an der französischen, englischen und deutschen Geschichte zu exemplifizieren; auch paradigmatische Gründe spielen hier eine Rolle. Nicht zuletzt zwang die ungewöhnliche Masse von Literatur zu einer Auswahl von mitteilbaren Daten und einer Konzentration auf die wichtigsten Strukturen und Prozesse in der frühen Neuzeit. Bestimmte Einseitigkeiten mußten in Kauf genommen werden.

3. Im Mittelpunkt steht die Darstellung und Interpretation der Epoche von 1550–1648/50 unter der Perspektive des sozialen Wandels und der entstehenden Moderne. Da aber traditionelle Strukturen noch lange und weitgehend das konkrete gesellschaftliche Leben bestimmten, ja oft nicht einmal genau auszumachen ist, was konservativ-traditionelle und was fortschrittlich-moderne Aspekte, Entwicklungen und Erscheinungen sind, waren Untersuchungen sog. traditioneller Strukturen und Kulturen der frühen Neuzeit integral in die Analyse der frühmodernen Gesellschaft einzubringen. Nicht ohne Einfluß bleibt weiterhin die Tatsache, daß uns über die politischen Aktionen, die Interessen der Herrschenden sowie über soziale und politische Institutionen, vor allem über das geistige Leben der Eliten mehr Informationen zur Verfügung stehen als über das Alltagsleben der Zeit im allgemei-

nen und die soziale und kulturelle Situation des Volkes im besonderen. Dennoch soll versucht werden, sowohl die Aktivitäten und Interessen der Unterschichten deutlich zu machen, als auch die Wirkung epocheübergreifender Prozesse auf das Volk zu beschreiben und seinen Anteil an der Entstehung der frühneuzeitlichen Gesellschaft aufzuzeigen. Daß dabei nicht alle Probleme gelöst werden konnten, soll nicht verschwiegen werden. Es war jedenfalls wichtig, sie überhaupt als solche zu thematisieren.

4. Nicht zuletzt wird angestrebt, der ›ganzen‹ sozialen Wirklichkeit gerecht zu werden, so wie sie durch das Interdependenzsystem von Gesellschaft, Wirtschaft und Kultur konstituiert wird. Aus diesem Grunde wurden gleicherweise soziale, wirtschaftliche, politische und nicht zuletzt auch kulturelle Entwicklungen, Bewegungen und Strukturen behandelt, ohne daß dabei das politische, ökonomische oder kulturelle Moment dominant werden sollte. – Wenn der Darstellung kultureller Formationen in der frühen Neuzeit ein relativ großer Raum zugemessen wird, dann rechtfertigt sich dies vielleicht durch die bis in die Gegenwart reichende Vernachlässigung der kulturhistorischen Fragestellung, auf deren konstitutiven Erklärungswert hiermit hingewiesen wird. – Mit der getrennten Behandlung der Ökonomie, Politik und Kultur in der frühen Neuzeit soll nicht eine Autonomie suggeriert werden, im Gegenteil, die meisten Phänomene der frühneuzeitlichen Gesellschaft lassen sich adäquat nur im Kontext zunehmender Marktausweitung, herrschaftlicher Machtexpansion, kultureller Verhaltensdispositionen und sozialer Klassenkonstellationen begreifen. Den strukturellen Zusammenhang z. B. der frühkapitalistischen Entwicklung mit dem Formierungsprozeß des frühmodernen Staates, von der Entstehung der modernen Wissenschaft und der Festschreibung der Ständegesellschaft eigens zu thematisieren, überschreitet allerdings das Ziel und die Möglichkeiten unserer Darstellung und Analyse. Mit einer getrennten Darstellung von an sich untrennbaren Bereichen wie Gesellschaft, Wirtschaft und Kultur unterwirft sich die Arbeit letztlich wieder Ordnungskriterien, die nicht der frühen Neuzeit entstammen, sondern der modernen Gesellschaft verpflichtet sind.

R. v. D. Zorneding, Herbst 1981

1. Frühkapitalismus und europäische Expansion

I. BEVÖLKERUNG UND VERSTÄDTERUNG

»Die Bevölkerungsstatistik beginnt damit, daß der Mensch seine Fähigkeit zu zählen auf sozialer Ebene anwendet.«[1] Bevölkerungszählungen waren der mittelalterlichen Gesellschaft fremd. Alle von der Forschung angegebenen Größen sind Schätzwerte. Wenn mittelalterliche Chronisten von vielen Tausenden sprechen, dann meinten sie nichts weiter als eine sehr große Zahl. Dies änderte sich erstmals im Laufe des 16. Jahrhunderts, als Humanisten eine ›akademische Statistik‹ entwickelten und Kompilationen zur Regionalbeschreibung veröffentlichten (Francesco Sansovino beschrieb 1567 die wichtigsten Städte Italiens, Luigi Guicciardini 1581 die gesamten Niederlande) und frühmoderne Verwaltungen aus fiskalischem Interesse die Einwohner bzw. die Häuser von Stadtstaaten und Territorien zu zählen begannen. Herdstätten- und Steuerverzeichnisse, selbst erste, wenn auch nicht ganz exakte Bevölkerungsstatistiken, entstehen auf großer Breite. Die bekanntesten frühen Volkszählungen fanden in Venedig seit 1509, von 1540 an in regelmäßigen Abständen statt, 1607 sogar nach vorgedruckten Formularen. Es spricht von besonderem politisch-sozialem Bewußtsein, wenn diese Statistiken bereits nicht nur in drei Gesellschafts- bzw. Berufsgruppen Adel, Bürger, Handwerker bzw. Ladeninhaber unterteilt sind, sondern auch nach Geschlecht und Alter differenzieren. Alle größeren Städte und Stadtstaaten Italiens folgten bald dem Beispiel Venedigs.[2] Eine verhältnismäßig vollständige Bevölkerungsgeschichte des 16. und 17. Jahrhunderts läßt sich außerhalb Italiens nur noch für Spanien rekonstruieren. Eine 1574 von Ambrosio de Morales durchgeführte beschreibende Untersuchung (Relaciones typograficas) zählte die Besonderheiten jedes Ortes auf: Anzahl der Häuser, der Familien und der Einwohner. In Europa sind dies Ausnahmen, von Frankreich und England kennen wir derartige, die ganze Bevölkerung betreffende Verzeichnisse erst aus dem späten 17. Jahrhundert. Eine andere, nicht minder bedeutsame demographische Quelle sind die Kirchenbücher, wie sie im Zuge der Durchsetzung der Reformation

Tab. 1: *Bevölkerungsentwicklung*

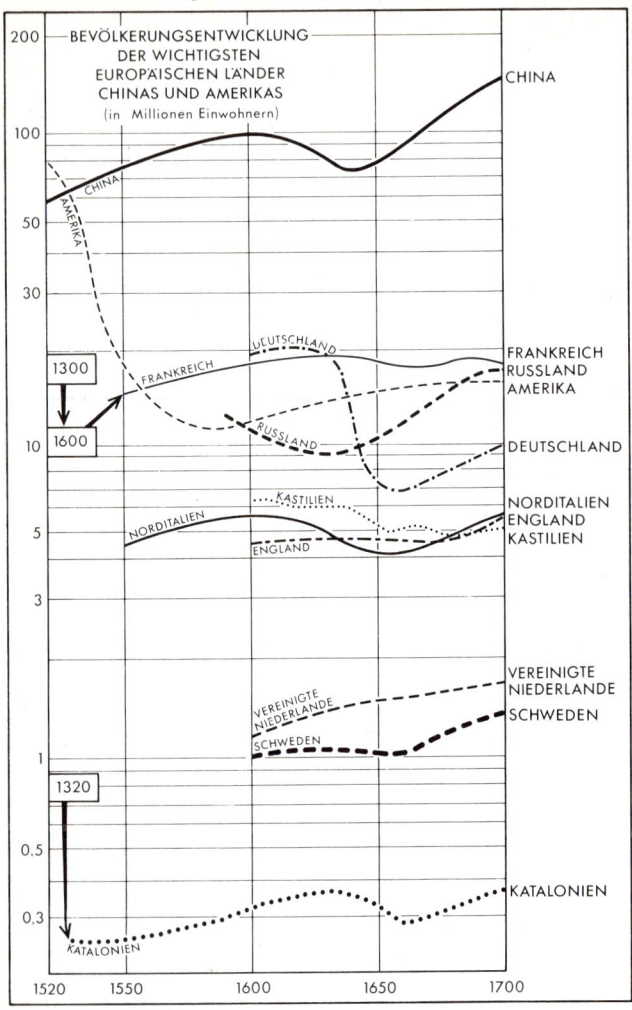

bzw. der tridentinischen Reform in vielen Teilen Europas angefertigt wurden. Obwohl auch ihre Verbreitungsdichte und ihre wissenschaftliche Zuverlässigkeit vor allem bis in die zweite Hälfte des 17. Jahrhunderts zu wünschen übriglassen, sind wir doch dank dieser kirchlichen Quellen in der Lage, zumindest punktuell und regional die Bevölkerung Europas, ihre Größe und Dichte, insbesondere ihr Wachstum und ihre Krisen, selbst auch ihre Mobilität und Stagnation in Zahlen zu fassen.[3] Die französische und englische Forschung zeigen dies deutlich. Sicheren Boden freilich, der dann auch weiträumigere Vergleiche zuläßt, gewinnt die Bevölkerungsgeschichte erst seit der zweiten Hälfte des 17. Jahrhunderts. Europa (mit Rußland) zählte wie heute bereits in der frühen Neuzeit neben China und Indien zu den bevölkerungsreichsten und dichtestbesiedelten Ländern der Erde.[4] Nach dem großen Bevölkerungsschwund in der Krisenzeit von 1350 bis 1450 begann zu Anfang des 16. Jahrhunderts in ganz Europa ein starker Bevölkerungsanstieg, der selbst den Zeitgenossen auffiel. Während in Europa um 1500 zwischen 80 und 85 Millionen Menschen wohnten, stieg um 1600 ihre Zahl auf 100 bis 110 Millionen an. Wenn man die Entwicklung bis 1700 einbezieht (110–120 Millionen), so zeigt sich das ›lange‹ 16. Jahrhundert als die eigentliche Wachstumsperiode der frühen Neuzeit, während die zweite Hälfte des 17. Jahrhunderts wieder einen Rückgang verzeichnet. Aber trotz der Krisen und Einbrüche gab es selbst im 17. Jahrhundert gesamteuropäisch noch einen beträchtlichen Bevölkerungsanstieg. Von 1600 bis 1650 haben Regionen eine Zuwachsrate von 6,2 %.[5] Das bevölkerungsreichste Land Europas um 1600 war Frankreich (heutige Größe) mit seinen rund 18,5 Millionen Menschen, dann folgten das Deutsche Reich und Rußland mit je rund 15 Millionen, wobei allerdings hervorzuheben ist, daß Rußlands Grenzen sich in dieser Zeit rasch ausdehnten, Italien mit 13,3 Millionen, die Iberische Halbinsel, d.h. Spanien und Portugal zusammen, mit 11,3, die Britischen Inseln mit 6,8, schließlich Polen mit 5 und Skandinavien mit 2,5 Millionen. Im 16. Jahrhundert nahmen weitgehend alle Länder Europas fast gleichmäßig zu. Als repräsentativ für ganz Deutschland gilt eine Untersuchung aus dem sächsischen Raum von 100 000 qkm mit 676 Städten und ca. 14 193 Dörfern. Hier nahm die Bevölkerung im Durchschnitt der Jahre 1520/30 um etwa 0,71 %, um die Mitte des 16. Jahrhunderts um etwa 0,62 % und zu Ende des Jahrhunderts um etwa 0,33 %, im Durchschnitt des ganzen Zeitraums also von 1520 bis 1600 um jährlich 0,55 % zu.[6] Wenngleich in Deutschland der Zuwachs langsam abnahm, stieg die Bevölkerung insgesamt bis zum Anfang des Dreißigjährigen Krieges noch beträchtlich.

Nach 1600/20 zeigten sich, was ganz Europa betrifft, erstmals beträchtliche Unterschiede. Während Frankreichs Bevölkerung von den Religionskriegen sich nur langsam erholen konnte, England, Holland und Skandinavien relativ stark zunahmen, erlitten die alten, z. T. intensiv bevölkerten Herrschaftsräume Spanien, Italien und Deutschland erhebliche Bevölkerungsverluste. Das für ganz Europa feststellbare Wachstum im 17. Jahrhundert kam damit vor allem von den Ländern, die fortan auch das politische Zentrum Europas ausmachten. Mitursache der Verlagerung politischer und wirtschaftlicher Schwerpunkte vom Mittelmeerraum nach West- und Nordeuropa, die sich allerdings nur langsam und fast unbemerkt vollzog, war die demographische Krise durch Kriege und Seuchen zu Anfang bis Mitte des Jahrhunderts, die zwar alle europäischen Länder in Mitleidenschaft zog, aber sich in Spanien und Italien, dann vor allem im Deutschland des Dreißigjährigen Krieges verheerend auswirkte. Erst in den 50er bzw. 70er Jahren des 18. Jahrhunderts sollte der Bevölkerungsstand von um 1600 hier wieder erreicht werden. Daß Kriege und Seuchen allerdings überhaupt dieses Maß an Zerstörung verursachen konnten, lag begründet in der zu Ende des 16. Jahrhunderts einsetzenden wirtschaftlichen Depression und Verarmung der Bevölkerung.

Die Bevölkerung Spaniens sank im Laufe von 60 Jahren (1590–1650) von 8,5 auf 6,5 Millionen, wobei besonders die Pest der Jahre 1596/1602 und 1647/52 das Land verwüstete.[7] Valencia zählte allein 1647/8 16 789 Tote. Die Auswirkungen waren allerdings in den Regionen sehr unterschiedlich, manche blieben weitgehend verschont, andere waren für lange Jahre verwüstet. Besonders verhängnisvoll wirkte sich die Seuche auf das wirtschaftliche Zentrum Sevilla aus. Nachdem es bereits 1599 8000 Menschen verloren und sich dann nochmals kurz erholt hatte, traf die Stadt 1649/50 ein tödlicher Schlag. In kurzer Zeit wurden 60 000 von rund 100 000–110 000 Menschen dahingerafft. Das Schicksal Sevillas als Handelszentrum Spaniens war damit besiegelt, es sollte sich nie wieder recht erholen. Die demographische Krise hatte hier eindeutig wirtschaftliche Folgen, in anderen Fällen wirkte sie sich politisch aus. Die Pest des Jahres 1651 trug beträchtlich dazu bei, daß der Widerstand Kataloniens gegen die spanische Krone zusammenbrach.[8]

Nicht minder verheerend wirkte sich die Epidemie der 20er bis 30er Jahre des 17. Jahrhunderts in Italien aus, nachdem noch zu Ende des 16. Jahrhunderts ein beträchtlicher Bevölkerungszuwachs stattgefunden hatte. Die Pest war begleitet von einer Abschwächung der wirtschaftlichen Konjunktur und einer Bevölkerungsverschiebung im Gefolge des Dreißigjährigen Krieges. Der Bevölkerungsrückgang für ganz Italien betrug 14 %, die Pest raffte in wenigen Jahren also 172 900 Menschen dahin. Aber auch die Regionen Italiens wurden nicht alle gleicherweise erfaßt, während nämlich Süditalien weitgehend verschont blieb, Mittelitalien einen Rückgang von 10 % verzeichnete, erlebte Norditalien, vor allem das Herzogtum Mailand und die Venetianische Lombardei, eine seiner größten Krisen. Der Bevölkerungsrückgang betrug hier 22–25 %. Damit lebten in Norditalien 1650 10 % weniger Menschen als 100 Jahre zuvor.

Den stärksten Bevölkerungsverlust in der ersten Hälfte des 17. Jahrhunderts aber erlebte das Deutsche Reich. Er korrespondierte mit dem Norditaliens. Doch zu wirtschaftlicher Stagnation und Pest kamen noch die unmittelbaren Auswirkungen des Dreißigjährigen Krieges mitsamt seinen Zerstörungen und Hungersnöten.[9] Auch im Reich gab es Regionen (Nordwestdeutschland), die von Verheerungen weitgehend verschont blieben und sogar einen beträchtlichen Bevölkerungsanstieg kannten, wie beispielsweise Hamburg. Zahlreicher aber waren die Territorien, die bis zu 50 % Bevölkerungsverluste erlitten. Am stärksten waren Mecklenburg, Hessen, die Pfalz und Württemberg betroffen. Ihre Verluste werden auf 60 bis 70 % der Bevölkerung geschätzt. Württemberg hatte 1618 eine Bevölkerung von 450 000 Menschen, 1639 lebten davon noch rund 100 000.[10] Dabei wurde die Landbevölkerung oft stärker getroffen als die besser geschützten Städter; rechnet man auf dem Land insgesamt mit einem Bevölkerungsrückgang von 40 %, so verloren die Städte 33 % ihrer Einwohner. Unter den Städten litt das süddeutsche Augsburg besonders stark. Vor dem Krieg zählte es rund 48 000 Einwohner, nach dem Krieg lebten dort nur noch 17 000 Menschen, wobei wie für Sevilla die demographische Krise politischen und wirtschaftlichen Machtverlust bedeutete. Mit dem Dreißigjährigen Krieg war Augsburgs führende Stellung endgültig erschüttert.

Die meisten Menschen Europas lebten in der frühen Neuzeit auf dem Lande. Nur knapp 5 % waren Städter, in Italien und in den Niederlanden (bis zu 30 %) natürlich entschieden mehr als in Deutschland, Polen oder Rußland. Alle heute bekannten Städte gab es bereits im 16. Jahrhundert, sie waren allerdings wesentlich kleiner. Großstädte mit mehr als 100 000 Einwohnern gab es nur 12 (um 1500: 4); alle lagen im Süden, Westen bzw. Nordwesten Europas. Die meisten Großstädte waren im Mittelmeergebiet; zumeist in Italien: so Neapel mit rund 280 000 Einwohnern, Europas größte Stadt, Mailand, Venedig, Lissabon, Rom, Palermo,

Abb. 1: *Amsterdam um 1600*. Kupferstich von Jan Saenredam

Messina und Sevilla. Großstädte in Nordwesteuropa waren nur
Paris, London, Amsterdam und für kurze Zeit auch Antwerpen.
Ihre Einwohnerzahlen stiegen bis Mitte des 16. Jahrhunderts
entsprechend der allgemeinen Zunahme auf dem Lande, seither
allerdings wuchsen sie unterschiedlich, je nach den Bevölkerungs-
bewegungen in Europa. Während die alten Handelszentren Venedig, Sevilla und Augsburg unter der allgemeinen Krise des
17. Jahrhunderts litten, stiegen die nordeuropäischen Städte Paris
und London auf[11], besonders rasch entwickelten sich das kleinere
Hamburg und vor allem Amsterdam. Neben Madrid, das als
Herrschaftsmittelpunkt der spanischen Monarchie sogar größer
wurde als Sevilla, verdankte Amsterdam seinen Aufstieg speziell
der politisch-ökonomischen Situation Spaniens bzw. Hollands im
16. bzw. 17. Jahrhundert.
1557 hatte Amsterdam nur 35 000 Einwohner, 1622 lebten dort
bereits mehr als 100 000 Menschen, so daß es Antwerpen auch als
größte Stadt der Niederlande ablöste. Ihren Aufstieg verdankte die
neue Metropole ihrer Rolle im Überseehandel und Bankenwesen.
Amsterdam war kein reiner Einzelfall; alle holländischen Städte
erlebten zu Anfang des 17. Jahrhunderts einen stärkeren Bevölkerungsanstieg.[12] Vom allgemeinen Zuwachs der europäischen Be-

völkerung profitierten seit der Jahrhundertwende nicht nur die westlichen und nördlichen Länder als ganze, sondern besonders die Städte, zumal die neuen politischen Zentren: Paris, London und Amsterdam. In Paris etwa wohnten 1590 200 000 Menschen, 1637 bereits 412 000. Italien und seine Städte konnten zwar ihre alte Stellung noch lange behaupten, seine Städte zählten bis weit ins 17. Jahrhundert zu den größten, aber seinen demographischen und ökonomischen Höhepunkt hatte es bereits Anfang des 17. Jahrhunderts überschritten. Der Niedergang Venedigs macht dies im Vergleich zu Amsterdam besonders deutlich.[13]

Die fast unmerkliche Verschiebung und Umverteilung des Bevölkerungsschwerpunktes vom Süden nach dem Norden (und zum Teil dann nach dem Nordosten) unterstreicht ein Hinweis auf die Bevölkerungsdichte, so schwierig es ist, sie für alle Länder genau zu bestimmen. Denn Europa war zu dieser Zeit noch sehr unterschiedlich intensiv besiedelt. Es gab nicht nur den grundlegenden Unterschied zwischen dem relativ stark besiedelten Westen und dem extrem schwach besiedelten Osteuropa, sondern selbst in dicht bewohnten Ländern wie England, Frankreich und Italien gab es Ödland und unbewohnbare Wälder größten Ausmaßes, so daß Durchschnittswerte wenig besagen. Die Bevöl-

kerung konzentrierte sich meistens in städtischen Ballungs-
regionen.

In Italien lebte bereits ein Großteil der Bevölkerung in den
Städten, es war auch noch bis ins 18. Jahrhundert hinein das
dichtestbesiedelte Land Europas. Im ausgehenden 16. Jahrhundert
betrug hier die Bevölkerungsdichte 44 Ew/qkm (nach der Krise
1650 38 Ew/qkm). Eine besonders hohe Bevölkerungskonzentra-
tion zeigen das Herzogtum Mailand und Ligurien mit 80 Ew/qkm
sowie Venedig und Sizilien mit 60 Ew/qkm. Es folgen das
Königreich Neapel mit 57, Florenz mit 47 und das Herzogtum
Toskana mit 38 Ew/qkm. Von den kleineren Staaten hatten die
Niederlande die größte (50 Ew/qkm) Bevölkerungsdichte. In
Frankreich trafen zu Ende des 16. Jahrhunderts 34, im Deutschen
Reich 22 (nach 1648: 8,8) und in England 25 Einwohner auf einen
Quadratkilometer. Entschieden dünner besiedelt als diese Länder
waren Spanien (14) und vor allem Skandinavien (2). Hier gab es
allerdings wieder extreme Unterschiede. In Spanien war $^1/_3$ des
ganzen Landes unbewohnt. Die dicht besiedelten Gebiete lagen
um Valencia mit 25 Ew/qkm und vor allem an der katalonischen
Küste mit 30 Ew/qkm. Ebenso gab es in Skandinavien dicht und
extrem dünn besiedelte Gebiete. Dänemark kannte eine Dichte
von 12 Ew/qkm, einen Wert also, der die Gesamtverhältnisse von
Spanien weit übertrifft.[14] Die Werte sagen also erst in bestimmten
Relationen etwas aus.

Allgemein zeigt der Überblick jedoch, daß das dichter besiedelte
Europa sich vom Gebiet um London über die Meerprovinzen in
den Niederlanden, das Rheinland und das Pariser Becken bis zur
Poebene und der Campagna mit dem Zentrum Neapel erstreckte.
In diesem ›eigentlichen‹ Europa des späten 16. und frühen 17. Jahrhunderts lebten 30 bis 40 Menschen pro Quadratkilometer, d. h.
insgesamt 35 Millionen. Diese Kernzone, die sich im ausgehenden
15. Jahrhundert herausgebildet hatte, konnte ihre Bedeutung bis
ins 18. Jahrhundert beibehalten. Erst während dieses Jahrhunderts
verlagerte sich ihre Achse.

Europa verzeichnet insgesamt im 16. und auch noch im 17. Jahrhundert, vor allem in dessen erster Hälfte, einen beträchtlichen
Bevölkerungsanstieg. Wenngleich in sehr unterschiedlicher Intensität, nahm damit auch allgemein die Bevölkerungsdichte in
den einzelnen Ländern zu. Das auffallendste Merkmal ist der
überproportionale Zuwachs der Bevölkerung im Umkreis der
Städte, der nicht auf natürliche Zunahme allein zurückgeführt
werden kann. Es ist anzunehmen, daß, während die große Bevölkerungsdichte in den Städten der wirtschaftlich stagnierenden

Länder des Südens durch ein Überangebot an Dienstleistungen mit-
zuerklären ist, die Verstädterung im Norden durch die Ausweitung
der gewerblichen Produktion verursacht ist. Die Überbevölkerung
zahlreicher Landregionen führte zu Arbeitslosigkeit und Verarmung, so daß die Leute in den Städten neue Erwerbsmöglichkeiten
suchten.[15] Die Landwirtschaft konnte offensichtlich trotz Rodung,
Neulandgewinnung und Kolonisierung in Holland, Italien,
Deutschland und Rußland die Landbevölkerung nicht mehr ausreichend ernähren. Die zahllosen Bettler in den Städten und Vaganten
auf dem Lande sind neben der Landflucht ein weiteres Indiz dafür.[16]
Freilich gibt es auch gegenläufige Tendenzen, den Zug aufs Land in
Regionen beginnender Industrialisierung, doch allgemein ist in
vielen Regionen Europas trotz natürlicher Bevölkerungszunahme
ein ›Rückgang‹ der Landbevölkerung bzw. eine nicht den Städten
vergleichbare Zunahme festzustellen. Die Attraktivität der Städte,
die auf diesen Zustrom von Menschen durch Neubauten, Ausbau
der Straßen etc. reagierten, hat verschiedene Ursachen.[17] In dem
Maße, wie die rechtliche und ökonomische Situation auf dem Lande
sich verschlechterte, steigerte sich die Hoffnung auf eine Verbesserung in den Städten, deren Produktionsbetriebe immer neue
Arbeitsmöglichkeiten boten. Zudem war das Land in Krisenzeiten
gefährdeter als die Stadt, wo man immer Vorkehrungen traf, um
das Existenzminimum der Einwohner zu sichern.
Im einzelnen ist uns das Ausmaß der Bevölkerungsbewegung in
der frühen Neuzeit nicht bekannt, die mit durch den Bevölkerungsanstieg verursacht wurde. Der Zuzug in die Städte bildete
nur die eine Seite dieses Prozesses, auch Auswanderung und
Vertreibung in andere Länder hatten im 16. und 17. Jahrhundert
beträchtlich zugenommen. Die Auswanderung nach Amerika war
zwar noch keineswegs intensiv, doch sind im 16. Jahrhundert
bereits schätzungsweise 1 000 000 Menschen ausgewandert. In
Spanien wurden Juden und Moslems vertrieben, die Vertreibung
der Morisken in den Jahren 1609/14 betraf 250 000 Menschen und
war ein bedeutender Verlust für das Land. Aus Frankreich flohen
1569/75 rund 150 000 Hugenotten in das Elsaß, während zugleich
rund 200 000 Franzosen nach Spanien zogen.[18] Holland nahm seit
1570 60 000 Verfolgte aus den südlichen Niederlanden auf und
kultivierte zwischen 1612 und 1640 45 000 Hektar fruchtbares
Land. Die Einhegungen in England und die Umwandlung von
Grundherrschaften in Gutsbetriebe in Spanien, Italien wie Polen
und Rußland vertrieben die ihre Rechte verlierenden Bauern.
Gleichzeitig schuf eine zweite Kolonisierungsphase Raum für viele
Menschen; in Italien wurden Sümpfe trockengelegt, im Osten
Europas weite Landstriche kolonisiert. Einen interessanten Fall

bildet die Schweiz, deren natürliches Wachstum gleich dem anderer Länder zunahm, ohne daß damit eine innere Kolonisierung parallel gehen konnte. Doch durch das Reislaufen verlor die Schweiz jeweils im 16. und 17. Jahrhundert 250 000–300 000 Männer. Außerdem wanderten im 16. (17.) Jahrhundert schätzungsweise 20 000–25 000 bzw. 40 000–50 000 Menschen in neues Siedlungsland außerhalb der Schweiz ab.[19]

Ganz Europa hat im 16. Jahrhundert also eine relativ gleiche und starke Bevölkerungsvermehrung erlebt, während der gesamteuropäische Bevölkerungszuwachs im 17. Jahrhundert vornehmlich den west- und nordeuropäischen Ländern zugute kam. Bei der allgemeinen Wanderungsbewegung vom Land in die Stadt – die Städte wuchsen stärker als das Land – stieg die Bevölkerungszahl in den neuen europäischen Großstädten wie Paris, London, Amsterdam stärker als in den alten mittelmeerischen Städten. Schließlich entsprach der allgemeine Bevölkerungszuwachs auf dem Lande nicht mehr den dort vorhandenen Ressourcen, was eine Mobilität verursachte, wie sie das Spätmittelalter und die Reformationszeit nicht gekannt hatten. Der Aufschwung der Landwirtschaft im 16. Jahrhundert und die Ausweitung der gewerblichen Produktion im Umkreis der Städte waren mit eine Folge des allgemeinen Bevölkerungsanstiegs, so ungleichmäßig er auch erfolgte und so unterschiedlich er sich auswirkte.

II. PREISREVOLUTION: KRISEN UND KONJUNKTUR

»Bei Gott, Ihr sagt die Wahrheit, wir leben, so scheint mir, in einer völlig veränderten Welt«, so bestätigt bei Noël du Fail ein Gesprächspartner die bretonischen Bauern 1548[1], als der zunehmende Geldverkehr im 16. Jahrhundert mitsamt seinen Teuerungserscheinungen und Preisschwankungen zusehends die soziale Lebenswelt des einzelnen veränderte und seine traditionellen Wertvorstellungen bedrohte. In der Tat hatte der Geldverkehr im 16. Jahrhundert, dem Jahrhundert des großen Wirtschaftsaufschwungs in ganz Europa, beträchtlich zugenommen, ohne daß allerdings die Geldwirtschaft den Naturaltausch gänzlich verdrängt hätte. »Unter der ziemlich dünnen Schicht von Geldwirtschaften halten sich immer primitive Formen wirtschaftlichen Lebens, die auf den städtischen Märkten nicht weniger als auf den großen Messen mit moderneren Systemen in Berührung kommen, ohne dadurch verdrängt zu werden.«[2] Wenn dies noch für viele Bereiche bis ins 19. Jahrhundert galt, so vollzog sich der

Wirtschaftsverkehr im 16. Jahrhundert quantitativ noch um so mehr auf der Basis des Tausches. Dementsprechend hart wurde das erste stärkere Eindringen der Geldwirtschaft empfunden.

Sahen die meisten in der Teuerung noch eine Strafe Gottes, vor allem eine Folge von Wucher und Mißernten – das 16. Jahrhundert kannte ja tatsächlich eine Reihe bedeutender und schwerer Ernteausfälle –, so wies erstmals Jean Bodin auf das überreichliche Einströmen des Edelmetalls aus Amerika nach Europa als »wichtigste und fast einzige Ursache« der Preissteigerung hin.[3] Diese Meinung beherrschte lange die Ursachenanalyse der sog. ›Preisrevolution‹ des 16. Jahrhunderts.

Wirklich war seit Anfang des Jahrhunderts die Produktion und der Umlauf von Silber gestiegen, einmal aus europäischen Gruben, bis diese Ende des 16. Jahrhunderts erschöpft waren, zum anderen aus Amerika. Gold verschaffte sich Europa während der ganzen frühen Neuzeit aus Afrika. Die Menge des aus Amerika eingeführten Silbers stieg von 149 kg um 1521/30 auf rund 2,2 Millionen kg um 1611/22 – von 1521 bis 1620 gingen in Europa 12 Millionen kg Silber in Umlauf –, nahm dann allerdings wieder rasch ab. An seine Stelle trat dann das brasilianische Gold.[4] Die rasche und überreiche Zufuhr von Silber hatte zu einer Beschleunigung der Geldzirkulation geführt. Während der Geldwert sank, erhöhte sich das Preisniveau von Ware und Leistung. Die Zunahme des europäischen Geldvolumens war beträchtlich, und ohne sie wäre sowohl die neue bzw. vermehrte Wirtschaftätigkeit wie auch der Ausbau des frühneuzeitlichen Staates mitsamt seinen Unkosten für Verwaltung, Hof und Heer nicht möglich gewesen. Das Bedürfnis nach Geld stieg konstant, konnte aber bald nicht mehr befriedigt werden. Bereits zu Anfang des 17. Jahrhunderts herrschte Geldmangel; ein englischer Kaufmann klagte: »Im ganzen Königreich herrscht großer Geldmangel, so daß keiner sich auf irgendeine Zahlung verlassen oder Geld, das ihm gebührt, erhalten kann.«[5] Grund hierfür war nicht nur die nie ausreichende Zufuhr an amerikanischem Silber, sondern auch die steigende Ausfuhr von Geld. Der Handel mit der Levante, mit Ostindien und auch mit dem Baltikum wurde weitgehend mit Geld beglichen. Interesse an europäischen Handelsgütern bestand im Osten kaum. In den 80er Jahren des 16. Jahrhunderts hat Portugal jährlich rund 1 Million spanische Dukaten für Ware aus dem Fernen Osten ausgegeben, zwischen 1601 und 1624 hat die englische Ostindische Kompanie 750 000 Sterling ausgeführt. Insgesamt verschiffte der europäische Handel im 16. Jahrhundert wahrscheinlich rund 2,5 Millionen Dukaten oder fast 80 000 kg Silber in den Nahen und Fernen Osten.[6] Zur Geldausfuhr kam das fast grenzenlose Horten von

Tabelle 2: *Getreidepreise in Mitteleuropa 1500–1670*
(Zehnjahresdurchschnitte, Gramm Silber je 100 Kilogramm)
1476–1500 = 100

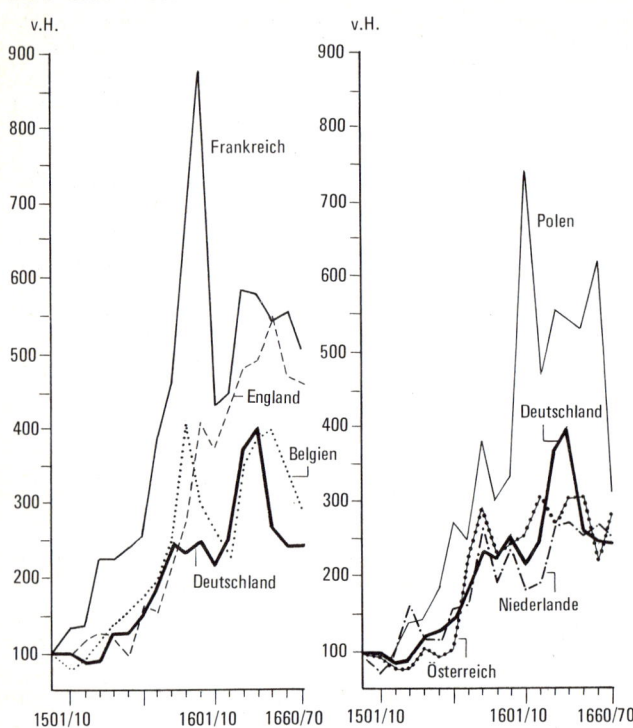

Silber zum Zwecke der Repräsentation. Die zahlreich entstehenden Palais und Schlösser des Adels und der Bürger im Europa des 16. Jahrhunderts bargen Schätze an Silbergegenständen und Geld. Bekannt ist z. B., daß der Herzog von Alba 1582 seinen Erben 600 Dutzend Silberteller und 800 Silberschüsseln vermachte.[7] Es wird angenommen, daß das Verhältnis des gehorteten zu dem im Umlauf befindlichen Edelmetall 3 zu 4 war, so daß es kein Wunder ist, wenn der Abfluß von Edelmetall im 17. Jahrhundert bedrohliche Formen annahm und den Aufstieg des Kupfergeldes beschleunigte. Weil die meisten Geldtransaktionen über Amsterdam liefen, war Holland fast allein von dieser Sorge frei.
Der Zufluß des amerikanischen Silbers verursachte ohne Zweifel

eine inflationäre Entwicklung. Aber als eigentliche Ursache der ›Preisrevolution‹ gilt heute das amerikanische Silber nicht mehr.[8] Denn die Preissteigerung zwischen 1552 und 1617 lag letztlich nur bei rund 2% im Jahr, war also viel niedriger als heute. Bedeutsamer als die Preissteigerung im 16. Jahrhundert war das gleichzeitige Sinken der Löhne und Leistungen. Das unter dem Begriff Preisrevolution thematisierte Problem lag damit in der völligen Verschiebung des Preisgefüges, relevant wurde vor allem, daß Preise und Löhne sich unterschiedlich entwickelten.[9]

Im einzelnen läßt sich dies dahingehend aufschlüsseln: über den Zeitraum des 16. und beginnenden 17. Jahrhunderts stiegen die Getreidepreise, d. h. die Preise der Grundnahrungsmittel stärker als die Preise tierischer Produkte; die Lebensmittelpreise stiegen insgesamt auch stärker als die Preise gewerblicher Produktion, dagegen lagen die Löhne, gemessen am Haushaltsbedarf mittlerer und unterer Einkommen, entschieden unter den Preisen. Die Verhältnisse variierten nach Klima und Region, aber außerhalb Hollands waren alle Länder gleicherweise von diesem Problem betroffen. Aufschlußreich erscheint eine nähere Untersuchung: Die Preise für die Grundnahrungsmittel Roggen, Weizen, Gerste und Hafer stiegen fast gleich stark, wogegen die Preise der tierischen Produkte Fleisch, Butter und Käse hinter den Getreidepreisen zurückblieben. Fisch spielte zwar regional eine große Rolle, wirkte sich aber auf das Ganze der Preisentwicklung wenig aus. Auch Getränke, Gewürze wie Kolonialwaren blieben unterhalb der Getreidepreise. Auf sie konnte man jedoch weitgehend verzichten, weswegen ihre Produktion mit Ausnahme der von Bier auch nicht erheblich stieg. Interessant ist der ansteigende Verbrauch von billigem Bier gegenüber dem von teurem Wein. Im Spätmittelalter war der Weinbau bekanntlich selbst im Osten und Norden Europas weit verbreitet, konzentrierte sich aber im 16. Jahrhundert zusehends auf die Regionen, in denen auch heute noch Wein produziert wird. Statt dessen breitete sich das Bier als Volksgetränk aus, weil es gewisserweise Brot ersetzen konnte. Gewürze waren stets teuer, aber weitgehend entbehrlich, weil sie nicht von der Masse des Volkes benötigt wurden, so daß sie nicht allzu stark gewichtet werden dürfen. Verteilt auf die ganze Bevölkerung hat jeder Europäer um 1600 nicht mehr als 17 bis 21 Gramm Pfeffer in einem Jahr verzehrt. Aufgrund der abnehmenden Transportkosten und steigenden Konkurrenz stiegen Gewürze im Preis nicht sonderlich. Ebenso gab es bei Holz, Baumaterialien, Textilien und Metallwaren nur einen mäßigen Preisanstieg, wenn man von einzelnen Produkten in manchen Regionen absieht. Die Kluft zwischen der Preisentwicklung bei Getreide sowie tierischen

Erzeugnissen einerseits und Gewerbeerzeugnissen andererseits war beträchtlich. Sollte man annehmen, daß mit ansteigender Wirtschaftskonjunktur auch die Gewerbeproduktion entsprechend zunahm, so hat dies für das 16. Jahrhundert nur beschränkte Gültigkeit. Solange nicht genügend verdient wurde, mußte auf gewerbliche Erzeugnisse verzichtet werden; wenn dennoch im 16. und 17. Jahrhundert eine Produktionssteigerung festzustellen ist, so kam sie weitgehend den oberen Schichten zugute. Vergleicht man die Preis- mit der Lohnentwicklung, ausgehend von den Löhnen verschiedener Arbeitergruppen mittlerer und unterer Einkommen, so haben wir hier eine »Art Schlüsselstellung im Zusammenhang der Ursachen der Preisstreuungen des 16. Jahrhunderts«.[10] Die Löhne blieben weit hinter den Preisen für Getreide, aber auch für Gewerbeerzeugnisse zurück.

Es gab auch noch zu Ende des 16. Jahrhunderts Bauern, die vermögend waren. So hinterließ etwa ein Bauer in Kornwestheim (bei Stuttgart) bei seinem Tod 1599 ein Vermögen von 70 000 fl. Ihm gehörten 424 Morgen Äcker, Wiesen und Weinberge, 38 388 Gulden in Form von Forderungen und 4479 Gulden in bar.[11] Auch in anderen Fällen ist der Wohlstand von Bauern und Bürgern überliefert, er dürfte sogar bis in die 20–30er Jahre des 17. Jahrhunderts gestiegen sein, doch die Masse der Bevölkerung, die Kleinbauern, Handwerker, vor allem Taglöhner und Lohnarbeiter, »die Masse der Menschen, die von ihrer Hände oder Kopfe Arbeit lebten, verarmte«.[12] Während beispielsweise ein Maurer aus Augsburg zu Anfang des 16. Jahrhunderts den 1,4 bis 1,5fachen Mindestbedarf seiner Familie durch seinen Geldlohn abdecken konnte, reichte sein Lohn um die Jahrhundertwende nur noch zur Deckung von 75 % der Lebensbedarfskosten. Selbst in den europäischen Regionen, in denen die höchsten Löhne bezahlt wurden, war die Situation nicht anders. 1596/1600 gab eine 5köpfige Maurerfamilie in Antwerpen 78,5 % des Lohns für Lebensmittel aus, davon allein 49,4 % für Brot. Für die Miete zahlte sie allerdings nur 5,4 %.[13] Die Verschlechterung der Lebenssituation der kleinen Leute hatte verschiedene Folgen: Einerseits sank der Bedarf an gewerblichen Produkten, zumindest für diese Schicht, andererseits wuchs der Bedarf an Getreide auf Kosten des Fleischkonsums. Langfristig aktivierte dies die landwirtschaftliche Produktion.

Die wachsende Differenz zwischen Getreidepreis und Löhnen hatte eine doppelte Wirkung: einmal eine zunehmende Verarmung breiter Volksschichten; die Klagen über den steigenden Bettel zu Ende des 16. Jahrhunderts dürften diese Probleme berühren. Andererseits stiegen die Gewinnchancen für Besitzer frucht-

Tabelle 3: *Preis- und Lohnbewegung in Mitteleuropa
im 16. Jahrhundert*
(25jährige Durchschnitte, Silbergewichte der Münzsummen,
1501–1525 = 100)

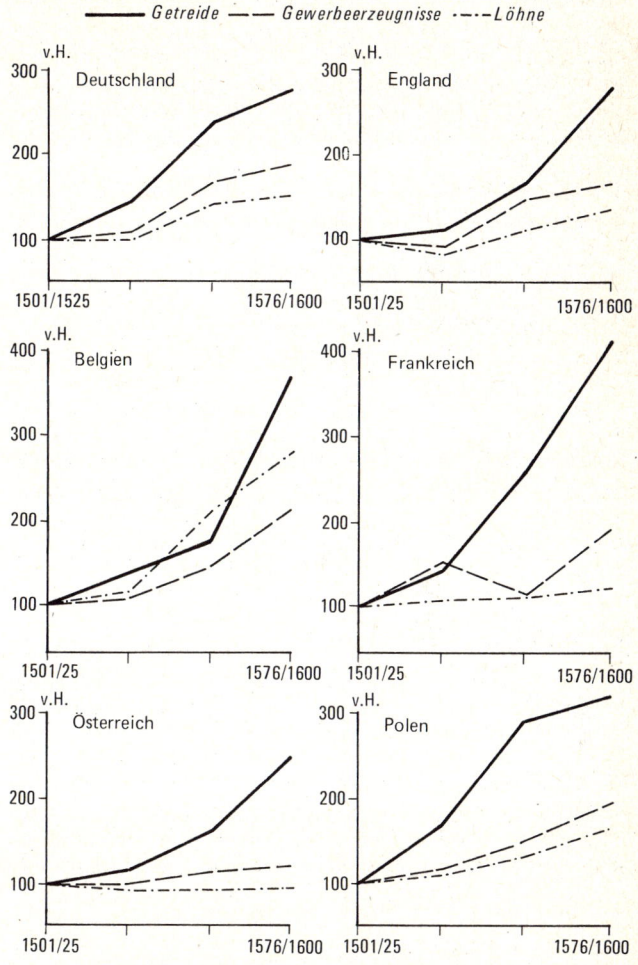

barer und verkehrsgünstig gelegener Böden, wobei allerdings die Bezieher von festgelegten grundherrlichen Abgaben weniger profitierten als der variablere eigenwirtschaftliche Betrieb im Sinne der Guts- oder Pachtwirtschaft. Nichts Erstrebenswerteres gab es daher während des späten 16. Jahrhunderts für Adel und Bürgerliche als den Erwerb und Besitz von Boden, dessen Preise sprunghaft stiegen. »Die Chancen der Agrarkonjunktur, der Wunsch nach Sicherheit, sozialem Aufstieg oder politischem Einfluß zog Mittel, die in städtisch-bürgerlicher oder höfisch-kriegerischer Umgebung erworben worden waren, in den Kauf von Land und ländlichen Rechten.«[14]

Die großen Gewinne des wirtschaftlichen Aufschwungs im 16. Jahrhundert flossen nur zu einem geringen Teil in die landwirtschaftlichen Betriebe bzw. in die gewerbliche Produktion zurück. Sie wurden größtenteils aufgebraucht vor allem beim Aufbau der Verwaltung, des Justizwesens und des Militärs der frühmodernen Staaten sowie durch die verschwenderische Hofhaltung und fürstliche Repräsentation. Unsummen verschlang auch die außergewöhnliche Baulust von Adel und Bürgern. Gewannen Adel und Bürgerliche, die sich am Handel und Gewerbe beteiligt hatten, überdurchschnittlich, konnte die ländliche und unterschichtische Bevölkerung ihren sozialen Stand nur schwer halten. Sie verarmte nicht nur, weil sie von steigenden Abgaben und Diensten gedrückt wurde, sondern vor allem, weil die Entwicklung der Wirtschaft hinter der Zunahme der Bevölkerung zurückblieb.

Trotz eines allgemeinen wirtschaftlichen Aufschwungs, ja eines geradezu blühenden Wirtschaftslebens im 16. Jahrhundert kannte das ›lange Jahrhundert‹ eine Fülle von Krisen, nicht zuletzt durch die extrem schwankenden Ernteerträge, wenn auf reiche Jahre Hungersnöte folgten. Frühneuzeitliche Agrarkrisen bedingten in der Regel Hungerkrisen. Es ist schwer, sich hier ein vollständiges Bild zu machen und zu rekonstruieren, wie die verschiedenen Gruppen auf Krisen und Konjunkturen reagierten, denn ein sozialer Auf- wie Abstieg waren gleicherweise möglich. Unter den vielen Krisen des 16. Jahrhunderts kommt der Hunger- und Teuerungskrise von 1571/74 eine exzeptionelle Bedeutung zu. Der Intensität, Dauer und Ausdehnung nach war sie die schwerste des ausgehenden 16. Jahrhunderts, und weil über sie einiges Nähere bekannt ist, kann an ihr das Typische einer Teuerungskrise des vorindustriellen Europa demonstriert werden.[15] Zwischen 1570 und 1574 gab es viele kalte und lange Winter, verregnete Sommer mit katastrophalen Mißernten. Die Ernteausfälle betrafen den

Raum von Rußland bis Frankreich. Zahlreiche Quellen berichten, wie eine Ernährungs- und Hungerkrise von Osten her fast ganz Europa erfaßte, so unterschiedlich die einzelnen Länder auch getroffen wurden. Die Preise für Getreide stiegen rasch auf das Vier- bis Fünffache des Niedrigpreises. Die Preiswelle setzte im Osten ein, wo 1569 eine Ernte mißriet, erreichte 1571/2 Polen, Ostdeutschland und Norddeutschland und 1572/3 das westliche Deutschland, die Niederlande und Frankreich. Dem allgemeinen Preisanstieg für Getreide folgte ein Anstieg der Kosten für alle anderen Nahrungsmittel. Nur die gewerblichen Erzeugnisse waren wenig betroffen. Vermögend wurden die, die Getreide zu verkaufen hatten, während die Kaufkraft der Bevölkerung gänzlich vom Preisanstieg der Nahrungsmittel aufgesogen wurde. Eine Mißernte war allgemein noch zu verkraften, aber eine zweite hatte verheerende Folgen, weil es dann auch an Saatgut fehlte.

Daß die Krise von 1571/74 nicht auf einige Regionen beschränkt blieb, wie es zumeist der Fall war, sondern ganz Europa, zumindest ganz Mitteleuropa traf, lag daran, daß der Getreidehandel aus dem Ostseeraum wie auch die Getreidezufuhr aus dem Süden zusammenbrachen. Die Abhängigkeit von einem internationalen Handelsverbund wurde nun deutlich. Die Zollstelle von Wlodarek etwa passierten 1569 anstelle von 4639 Last im Vergleich nur noch 876 Last, die Zollstelle in Leslau an der Weichsel anstelle von 24 826 bzw. 10 671 Last in den Jahren 1568 bzw. 1569 nur noch 426 Last. Der Preis des Getreides stieg im Osten um das Fünffache.[16] Aber nicht nur eine Ernährungskrise suchte ganz Europa heim. Der Zusammenbruch des Getreidehandels schädigte allgemein Handel und Gewerbe. Das Antwerpener Wirtschaftsleben kam 1572 zu völligem Stillstand.[17] »Innerhalb weniger Jahre haben viele Bankerotte gespielt, aber eine solche Alteration wie in diesem Jahr habe ich nie auf der Börse gesehen«, berichtete die Fuggerzeitung aus dem Jahre 1570. Aus Zürich heißt es: »Wie ist es neulich in diesem 1570sten Jahr zu Wien und im ganzen Österreich ergangen: da etlich unter uns gesehen haben Leut tot liegen, deren etlich Grasbüsche in ihrem Mund gehabt. In Italia, welches so ein fruchtbar Land ist, sind auch viel Hungers gestorben: ihrer viel, wie wahrhaftig von denen angezeigt wird, die aus dem Land den nächsten (vor kurzem) kommend, den Meerschiffen zugelaufen, sich selbst gutwillig erboten, in Schiffen zu ziehen, welches bisher für der größten Strafen eine geachtet ist, allein daß sie nit müssen Hunger sterben.«[18] Den Städtern erging es bei den Hungersnöten besser als den Bauern, die zumeist gezwungen waren, ihre Überschüsse unter dem Marktpreis an ihre Herren abzugeben. Die Städte dagegen kannten eine Vorratswirtschaft, was ihre Anziehungskraft für die verarmte Landbevölkerung wesentlich verstärkte.

Teuerungskrisen stand die Gesellschaft des 16. und 17. Jahrhunderts weitgehend hilflos gegenüber, überregionale Lösungsversuche gab es kaum. Einzelne Landesherrn und Städte versuchten, über den Umschlag und die Verteilung des Getreides der Probleme Herr zu werden. Ausfuhren wurden verhindert bzw. verboten und Einfuhren gefördert.[19] Die Vorratswirtschaft wurde verbessert und Einflußnahme auf die Kauf- und Verkaufspolitik der Märkte gesucht. Nicht selten nutzten ›staatliche‹ Gewalten die Gelegenheit, mit der Behebung solcher Krisen gleichzeitig die staatlichen Einflußmöglichkeiten zu stärken. Am weitesten ging dabei Frankreich, wo durch eine Getreidegesetzgebung von 1571/3 das Vorrecht des Königs sanktioniert wurde, allein die Getreideausfuhr in das Ausland zu erlauben.[20] Gewöhnlich beschränkten sich die Versuche der Landesherrn auf Empfehlungen, sparsam zu sein, den Verkauf zu stoppen, die Preise der Müller und Bäcker zu kontrollieren und landfremde Bettler zu vertreiben. Aktiv griffen nur die wenigsten Landesherrn ein. Schließlich profitierte ja oft gerade der eigene Adel nicht wenig von der Teuerungskrise.

Wie groß der Aufwand für die Versorgung der verarmten Schichten in den Städten war, zeigen die Beispiele von Augsburg und Nürnberg. In 13 Monaten soll Augsburg 1571 58 000 fl für Getreideeinkäufe und Fuhrlohn ausgegeben haben, und 25 Monate lang wurden für die Ärmsten 23 000 Achtpfenniglaibe zu je $\frac{1}{4}$ Pfund hergestellt.[21] Auch Nürnberg hat dank seiner guten Handelsbeziehungen noch in den schlimmsten Jahren Getreide kaufen können. An einem einzigen Tag im Jahre 1570 vergab der Rat rund 13 000 Laib Brot, mit denen ein Drittel der Bevölkerung der Stadt ernährt wurde.[22] Die Krise von 1570/75 war nicht nur eine Krise der Preise und Löhne, sondern vor allem eine Krise der Armut und des Hungers. Wie schwierig die Versorgung selbst reicher Städte war, zeigen die Verbote, Stadtfremde mitzuernähren; sie hatten mit ihren eigenen Armen Probleme genug, zumal deren Zahl in diesen Jahren auf $\frac{1}{3}$ der Bevölkerung anstieg. Das Sterben infolge von Hunger nahm dementsprechend sprunghaft zu. So starben im Jahre 1571 in Augsburg 2971 und 1572 sogar 3305 Menschen, also fast doppelt so viele wie 1567/70. Noch größer war der Hunger auf dem Lande. Hier traf er vor allem die zahlreichen Dorfarmen.

Nach 1574 normalisierte sich die wirtschaftliche Situation in Europa wieder. Die Agrarkrise beruhigte sich langsam, wenn auch überall unterschiedlich intensiv. Die kleinen Schwankungen zwischen Absatzstockungen und Aufschwungsspannen aber blieben. Der allgemeine wirtschaftliche Aufschwung des 16. Jahrhunderts stagnierte erstmals wieder zu Beginn des 17. Jahrhunderts, um dann in den 30er bzw. 50er Jahren völlig zusammenzubrechen. Das ›lange 16. Jahrhundert‹ ging zu Ende. Eine »Umschwungsspanne« nach 1600 mündete nach der Jahrhundertmitte ein in eine »Stockungsspanne«. Dieser Wandel korrespondierte mit Krisen in der gewerblichen Produktion und im Handel, so vor allem auch mit der Stagnation der Bevölkerungsentwicklung. Die Ursachen der allgemeinen Depression, die auch als ›Krise des 17. Jahrhunderts‹ bezeichnet wird, sind bisher nur in Umrissen bekannt.[23]

Die Preise waren unmittelbar vor dem neuen Jahrhundert noch in dem Maße gestiegen, wie der Landesausbau erfolgreich war, die Intensivierung der Landwirtschaft fortschritt und der Handel blühte, als vor allem die guten Ernten der Jahre 1598/1600 einen sehr empfindlichen Preisverfall einleiteten. Sowohl in Polen, Deutschland wie auch in Italien fielen die Preise in diesen Jahren bis ums Dreifache bzw. noch darunter. Dieser Preissturz traf allerdings weniger die Bauern, Lohnempfänger und Armen als die Herren und Händler, die bisher von den ansteigenden Preisen beträchtliche Profite eingezogen und in Erwartung bleibender Konjunktur weiteren Landbesitz erworben hatten und nun überraschend Bankrott erklären mußten. Aus England wird berichtet: »England ist, so lange ich lebe, nie so allgemein arm gewesen, wie gegenwärtig, da alle klagen, daß sie ihre Renten nicht erhalten können. Und doch ist an allem Überfluß außer an Geld, welches so rar ist, daß die Leute Korn, Vieh oder was sie sonst besitzen, anstatt der Renten anbieten, aber Geld bringen sie nicht.«[24] Da der Absatz stockte, Westeuropa kein Getreide zu kaufen brauchte, blieben nicht nur die heimischen Überschußproduzenten, sondern vor allem die Osteuropas auf ihrem Getreide sitzen. Die den Sund passierenden Getreidetransporte aus Danzig sanken von 677 000 (1598) auf 26 500 (1611) Last.[25] Hohe Verschuldungen bzw. Bankrotte von Adelsgütern waren die Folge des Preisverfalls. Eines der bekannten Beispiele ist Stats von Münchhausen: er hatte höchst aufwendig das Schloß Bevern an der Weser erbaut, besaß und kaufte zahlreiche Landgüter und errichtete sogar Hochöfen und Eisenhütten, war also ein Prototyp des Adeligen als frühkapitalistischer Unternehmer. 1618 aber machte er mit 1 Million Taler Schulden Bankrott.[26] Mit der Absatzkrise war zu Beginn des 17. Jahrhunderts offensichtlich eine Kreditkrise verbunden. Sie traf zahlreiche Unternehmer im deutschen Raum, aber auch in England und vor allem in Italien. Konkurse und Verschuldungen korrespondierten mit Produktionsrückgang. Hatten in Italien die Seiden- und Wollindustrien Ende des 16. Jahrhunderts noch ihre größte Prosperität erreicht, zeichnete sich dann zu Anfang des neuen Jahrhunderts ein drastischer Rückgang ab. In Genua z. B. fiel die Zahl der Webstühle von 16 000 auf 3000 (1608), dasselbe galt für Florenz, Mailand und Venedig. Dieser Produktionsrückgang leitete den folgenschweren Niedergang Italiens ein.[27]

Die Absatzkrise zu Beginn des 17. Jahrhunderts, offensichtlich Folge einer Überproduktion und ›Überspekulation‹, mündete allerdings noch nicht unmittelbar in die bekannte Depression des 17. Jahrhunderts. Es kam vor und im Dreißigjährigen Krieg noch zu einem beträchtlichen wirtschaftlichen Aufschwung vor allem der Agrarkonjunktur in West- und Nordeuropa. Aber dann stagnierte bald die Entwicklung nicht nur in Deutschland, sondern in ganz Europa, wobei der Dreißigjährige Krieg nur einer der Gründe war. Wann der folgenreiche Umschwung, der den Aufschwung des 16. Jahrhunderts beendete und in die Depression des 17. Jahrhunderts führte, anzusetzen ist, darüber ist sich die Forschung nicht einig.[28] Was die Preise betrifft, läßt sich um 1620/30 ein Wendepunkt feststellen. Die eigentliche Depression aber, die mit Preisverfall, Stockung in der gewerblichen Produktion und Bevölkerungsrückgang verbunden ist, ereignete sich erst um die Mitte des Jahrhunderts. Zwischen der Aufschwungsphase des 16. und der Depression des 17. Jahrhunderts wird deswegen eine ›Umschwungsspanne‹ angesetzt, in der sich ›Stockungs- und Auftriebstendenzen‹ kreuzten.

Zu dem konstanten Preisanstieg bis zum Beginn des Dreißigjährigen Krieges trug nicht nur die Knappheit an Lebensmitteln bei aller Produktionssteigerung bei, sondern auch die Knappheit an Geld. Dies führte bei der sinkenden Silberproduktion bzw. dem starken Abfluß ins Ausland zu einer Münzverschlechterung, die in den 20er Jahren katastrophale Folgen zeitigte, so die Einführung von Kupfergeld, das vor allem durch die großen schwedischen Funde in Umlauf kam. Spanien etwa prägte zwischen 1599 und 1606 22 000 000 Dukaten in Kupfergeld.[29]

Münzverschlechterungen (der tatsächliche Metallwert sinkt erheblich unter den nominellen Geldwert) hatte es auch früher schon häufig gegeben, aber der Schub der Verschlechterung zu Anfang des 17. Jahrhunderts, in Deutschland Kipper- und Wipperzeit genannt, hatte einen Grad an Verschlechterung gebracht, der jedes bisherige Maß sprengte.[30] Diese Münzverschlechterung ist ein gesamteuropäisches Phänomen, förderte aber den Inflationsprozeß in Spanien und Deutschland am stärksten. Beispielsweise verringerte sich der Augsburger Rechnungsgulden, der 210 pf galt, zwischen 1600 und 1620 um rund ein Drittel. Noch offen-

Abb. 2: *Spottbild auf die Münzzerrüttung im 16. und 17. Jahrhundert.*
Kupferstich aus einem Flugblatt

sichtlicher wird dieser Prozeß an den Einnahmen der Ämter aus
Kursachsen: von 179 000 (1604/20) stiegen sie 1622 auf 242 000,
1622/3 sogar auf 418 000 Gulden.[31] Da das schlechte Geld das gute
verdrängte, war die soziale Folge bald greifbar; es vollzog sich eine
beträchtliche Umschichtung der Einkommen und Vermögen, das
gute Geld verschwand in den Säcken der Spekulanten, während
den Armen das schlechte Geld verblieb. Einer der bekanntesten
Gewinner war Wallenstein, dessen Reichtum aus der Beteiligung
an der kaiserlichen Münzverschlechterung und der Anlage des
Gewinns in konfiszierten böhmischen Gütern rührte.
Nach einem konstanten wirtschaftlichen Aufstieg mit steigenden
Preisen und blühender Konjunktur in Landwirtschaft, gewerblicher Produktion und Handel vollzog sich seit der Jahrhundertwende, spätestens seit den 20er Jahren ein Umschwung, der in
Spanien begann und bald fast alle Länder Europas erfaßte. Diese
tiefgreifende Wirtschaftskrise sollte erst im 18. Jahrhundert überwunden werden.
Der Prozeß der europäischen Konjunktur im 16./17. Jahrhundert
vollzog sich also in zwei entscheidenden Phasen[32]: Die Jahre 1595/
1620 sind gekennzeichnet durch den Rückgang des spanisch-
amerikanischen Handels. Pestausbrüche und Moriskenvertrei-
bung schwächten so das Wirtschaftsleben Spaniens, daß selbst
England und Frankreich in Mitleidenschaft gerieten, nur Deutsch-

land war von der Krise des Amerikahandels wenig betroffen gewesen. Nach einem leichten Wiederaufstieg der westeuropäischen Länder trafen 1620/35 dann Spanien abermals die Pest und eine Wirtschaftskrise größten Ausmaßes. Nicht anders erging es dem vom Dreißigjährigen Krieg völlig verheerten Deutschland. Während so das Wirtschaftsleben der alten Reiche des 16. Jahrhunderts zerrüttet wurde, kam es in England und Holland zu einer Wirtschaftsblüte. Allein sie gingen eher stabilisiert aus der Finanz- und Agrarkrise hervor.

III. LANDWIRTSCHAFT: AGRARVERFASSUNG UND PRODUKTIVITÄT

Die europäische Gesellschaft des 16. und 17. Jahrhunderts war noch eine reine Agrargesellschaft. Die meisten Menschen lebten auf dem Lande. 80 bis 90% der arbeitenden Bevölkerung waren in der Landwirtschaft tätig. Nur in Holland und Italien gab es einen starken städtischen Anteil. Der Zustand der Landwirtschaft, ihre Organisation und Produktivität entschieden über das Schicksal von Millionen Menschen, sie bildete ihre Subsistenzvoraussetzung.[1] Die Landwirtschaft im 16. Jahrhundert ruhte zwar noch in ihren Grundlagen weitgehend auf der mittelalterlichen Agrarrevolution, daran sollte sich bis ins 18. Jahrhundert nichts grundlegend ändern. Die traditionelle Hausökonomie herrschte vor, sie war wesentlich auf Deckung des Eigenbedarfs angelegt, ja in manchen Bereichen läßt sich nach dem mobilen 16. Jahrhundert unter den Bedingungen der Krise des 17. Jahrhunderts sogar eine Verfestigung und Verhärtung ökonomischen Verhaltens feststellen. Einen Eindruck von der marktfernen Landökonomie gibt die frühneuzeitliche Hausväterliteratur.[2] Aber so unterschiedlich die Entwicklungen in den verschiedenen Ländern verliefen, je nach ihren herrschaftlichen und sozialen Voraussetzungen, setzten doch im späten 16. Jahrhundert unmerklich, aber konstant Prozesse ein, die für die Agrikultur entscheidend waren und langfristig die ländliche Gesellschaft umändern sollten. Mitbedingt, wenn nicht mitverursacht durch die steigende Mobilität der Bevölkerung, die sog. Preisrevolution und die Konjunkturkrise im 16. Jahrhundert fiel in steigendem Maße der Handelskapitalismus als unmittelbarer ›Regulator‹ landwirtschaftlicher Aktivitäten ins Gewicht, marktwirtschaftliche Interessen der Grundherrn und Eigentümer forcierten die Produktivität und änderten die soziale Verfassung der Agrarwelt wesentlich.[3] Das ländliche Europa verlor damit noch keineswegs seinen feudalen Charakter, im

Gegenteil, die beginnende Kommerzialisierung der Landwirtschaft schloß paradoxerweise zum Teil sogar eine ›Refeudalisierung‹ nicht aus. Im frühneuzeitlichen Europa gab es noch lange ein unentschiedenes Nebeneinander von hausökonomischer Bedarfsdeckung und marktorientierter Kommerzialisierung, wobei allerdings in dem Maße, wie die Bedürfnisse der Grundeigentümer, d. h. zumeist des Adels, stiegen oder die Landwirtschaft in den Sog frühkapitalistischer Interessen geriet, die Kommerzialisierung sich zur Kapitalisierung der Landwirtschaft fortentwickelte.

Seit dem Frühmittelalter bis zum Ende des 18. Jahrhunderts, ja in manchen Regionen Europas bis zum 19. Jahrhundert, stellte die Grundherrschaft das fundamentale Element der Agrarverfassung und der gesamten bäuerlichen Lebensordnung dar. Ursprünglich war sie gleichermaßen ein ökonomischer, politischer und sozialer Verband. Der zumeist adelige oder kirchliche Grundherr – bürgerliche oder bäuerliche Grundherrn gab es nur wenige – verstand sich als Herr über die das Land bebauenden Leute, deren Dienste und Abgaben ihm den Unterhalt, d. h. auch die Sicherung dieser Lebensordnung garantierten. Als Landbesitzer bewirtschaftete er seine Herrschaft entweder in Eigenregie oder übergab die Bewirtschaftung abhängigen Bauern, die ihr Land zu unterschiedlichen Rechten innehatten. Die Grundherrschaft gründete auf herrschaftlicher Macht, sie bildete keinen freien Verband: während der Herr zu Schutz und Schirm der Hintersassen verpflichtet war, war der Bauer vom Kriegsdienst befreit und leistete dafür den Herrn Abgaben.[4] Mit der Verdinglichung der Abgaben und der Entpersonalisierung der Grundherrschaft, je mehr also das feudale Verhältnis von Treue und Leistung als Prinzip aufgegeben bzw. politisch durch den aufkommenden Staat ausgehöhlt wurde, verlor sie zwar an herrschaftlicher Funktion, blieb aber als Organisationsbasis der frühneuzeitlichen Agrarverfassung in Europa erhalten. Dieser politischen Auflösung korrespondierte eine allgemeine Verbesserung der rechtlichen und sozialen Lage der Bauern und Hintersassen, als, vor allem forciert durch die Agrardepression und die demographische Krise des Spätmittelalters und den damit verbundenen Arbeitskräftemangel, die Leibeigenschaft verschwand und die Rechte der Bauern zunahmen. Mit dem späten 15. und vor allem dem 16. Jahrhundert änderte sich die Situation in Europa grundlegend. Europa begann sich, was die Agrarverfassung betrifft, entlang der Elbe zu spalten, was nicht ohne Auswirkung auf die je spezifische staatliche Organisation der Gesellschaft im Osten und Westen blieb. Während in Westeuropa die traditionelle Grundherrschaft weiterhin das fundamentale Organisationselement der Agrargesellschaft blieb, mit einigen neuen, ›liberaleren‹ Modifikationen allerdings, bildete sich die Grundherrschaft in Osteuropa zur Gutsherrschaft um.

Im Unterschied zum Westen wurde die Gutsherrschaft in Ostelbien eigenwirtschaftlich entweder vom Adel oder von der Kirche betrieben, bürgerliche Betriebe gab es nicht. Die Entwicklung der Gutsherrschaft mit dem Ausbau einer Gutswirtschaft, d.h. die gutsherrliche Abweichung des Ostens von der Grundherrschaft, vollzog sich nicht auf einmal, sondern je nach Land unterschiedlich in zwei entscheidenden Schritten.[5] Ihre Wurzeln liegen in den Änderungsprozessen des 15. Jahrhunderts, als einzelne Grundherrn im Zuge der Bevölkerungskrise ihre Nutzflächen erheblich vergrößerten. Um zugleich den Abzug der Bauern in die Städte zu unterbinden und damit die Bewirtschaftung der Güter zu sichern, wurde die Freizügigkeit der Bauern aufgehoben. Dies konnten die Gutsherrn aufgrund ihrer – im Vergleich zu den Verhältnissen im Westen – größeren Unabhängigkeit und politischen Autonomie durchsetzen. Während also die Verknappung der Arbeitskräfte im 15. Jahrhundert im Westen gerade freiere Rechtsformen ermöglichte, vollzog sich im Osten das Gegenteil: Die Schollengebundenheit wurde endgültig durchgeführt. Als im 16. Jahrhundert die Bevölkerung wieder anstieg, Arbeitskräfte also nicht mehr fehlten, zugleich aber die Anforderungen an die Gutswirtschaft durch die zunehmende Marktorientierung stiegen, wurde neben der Beschränkung der Freizügigkeit auch das Besitzrecht verschlechtert. Es kam zum Bauernlegen und zur Einführung der sog. zweiten Leibeigenschaft[6], während zahlreiche Bauern im Westen ihre Güter mittlerweile zu Erbrecht erhielten, also unter anderem das Recht besaßen, sie in der Familie zu vererben. Der Bauer in Osteuropa wurde seit dem 16. Jahrhundert zusehends so stark mit Arbeitsleistungen für den Grundeigentümer belastet, daß die Bestellung der eigenen Felder kaum mehr möglich war. Extreme Zustände entstanden vor allem in Rußland, hier kamen sie einer neuen Sklaverei gleich.[7]

Die Expansion des gutsherrlich landwirtschaftlichen Betriebes, der in Ostelbien bald ganze Bauernschaften umfaßte und nach dem Dreißigjährigen Krieg zur vollen Ausbildung kam, gründete einerseits in der Schwäche der zentralen Herrschaftsgewalten, die aus fiskalischen Interessen die Macht des Adels gegenüber den Bauern stärkten, andererseits aber auch in der Ausweitung des Weltmarktes, aufgrund dessen die Steigerung der landwirtschaftlichen Produktion und Vergrößerung der Nutzflächen vor allem in verkehrsgünstig gelegenen Regionen dem adeligen Gutsherrn große Gewinne einbringen konnten. Bei der Gutsherrschaft handelt es sich also weder um eine Restitution mittelalterlicher Feudalhöfe noch bereits um einen kapitalistischen Betrieb.[8] Während im Osten die beginnende Kommerzialisierung der Landwirtschaft zum Ausbau einer eigenwirtschaftlich betriebenen Gutsherrschaft bei gleichzeitiger Versklavung der Bauern führte, förderten die gleichen Gewinninteressen und -chancen des Adels bzw. bürgerlichen Grundherrn im Westen eine andere Agrarverfassung, eine Transformation der Grundherrschaft mit größeren Freiheitsrechten der Bauern.

Zwar war und blieb auch in West- und Südeuropa der Adel bzw. die Kirche vorherrschender Grundherr, Herr über Land und Leute. Aber in zweifacher Hinsicht ergaben sich beträchtliche Änderungen. Einmal stieg die Zahl bürgerlicher Grundherren, zum anderen wurden, da die Böden weitgehend nicht mehr eigenwirtschaftlich betrieben wurden, Bauern zunehmend Miteigentümer. Damit bewahrten bzw. erzwangen die Bauern im Westen, hier allerdings im Norden mehr als im Süden, im allgemeinen eine größere Autonomie in der Organisation der Arbeit und in ihren Besitzverhältnissen zum Boden. Fronarbeit war weitgehend ersetzt durch Natural- und entsprechende Geldabgaben. Wenngleich zu Anfang des 17. Jahrhunderts auch im Westen und Süden (Italien, Spanien) aufgrund der Agrarkrise Bestrebungen aufkamen, die bäuerlichen Rechte wieder zu vermindern, die Abgaben zu erhöhen, bäuerliche Wirtschaften einzuziehen, Gemeindeland in Privatbesitz überzuführen und gutsähnliche Großbetriebe zu schaffen, wie wir es vor allem aus Irland und Süditalien kennen, so kam es insgesamt doch nicht zu östlichen Zuständen.[9] Gerade in den Gegenden, die intensiv vom Markt erschlossen waren und wo bürgerliche Initiative und Kapital in die Landwirtschaft investiert wurden, kam es zu ersten Auflösungserscheinungen der feudalen Grundherrschaft, wie beispielsweise in England und Holland.

Gründe für die andersartige Entwicklung in Westeuropa waren einmal die Ausbildung staatlicher Institutionen, die die Grundherrschaften politisch unterminierten, das Bauernlegen verboten und Anstrengungen unternahmen, den Adel auszuschalten, um alle Hintersassen steuerlich als Untertanen zu erfassen. Andererseits spielte auch die Abwesenheit der Grundherrn von ihren Gütern eine Rolle, die mit der Ausbildung der höfischen Zentren ihre Aktivitäten dorthin verlagerten und primär an der Grundrente bzw. an der Verpachtung ihrer Grundherrschaften interessiert waren. Der Bauer geriet in dem Maße, wie sein persönliches Verhältnis zum Grundherrn aufgelöst wurde, unter den Schutz und die Gewalt des entstehenden Staates. Das besserte zwar konkret seine soziale Lage nicht allzusehr, denn ein Grundherr hatte eher Verständnis für die Bauern als ein Pächter, den nur die Einnahmen interessierten, wie vor allem die frühneuzeitlichen Bauernaufstände in Frankreich zeigen. Aber aus steuerlichen Gründen war der Staat im Prinzip für die Erhaltung des Bauernstandes.

Die Zahl der selbständigen Bauern war in jedem Land unterschiedlich, doch wo sie als Stand noch existierten, waren sie weitgehend Miteigentümer ihres Bodens geworden. Dies gilt vor allem für West- und Süddeutschland, etwas geringer ausgeprägt auch für Frankreich.[10] In diesen Ländern herrschte der kleinbäuerliche Besitz vor. Er war in Zentraleuropa weitgehend zu Grundleihe vergeben, der Bauer zahlte Abgaben, die über lange Zeit gleichblieben, oder er war zur Pacht ausgegeben, was besonders in den romanischen Ländern üblich war. Im Unterschied zur Grundleihe paßte sich das Pachtsystem der allgemeinen Preisentwicklung an, weswegen die Grundherrn allenthalben versuchten, diese für den Bauern ungünstige Agrarverfassung durchzusetzen. Bei aller Strukturgleichheit von Frankreichs und Westdeutschlands Agrarordnung bestanden doch noch etliche Unterschiede. Die Lage der Bauern nach dem Bauernkrieg war in Deutschland besser als im übrigen Westeuropa, wo sie zunehmend unter den Steuerdruck gerieten. In West- und Süddeutschland waren viele Bauern ›Miteigentümer‹ geworden, sowohl in Gegenden mit vorherrschendem Anerbenrecht wie solchen mit Realteilung. Während im ersten Fall der Hof immer in einer Hand blieb, zumeist der des ältesten Sohns, wurde er im zweiten Fall unter allen Erben aufgeteilt, was nicht selten zur völligen Zersplitterung der Grundherrschaft führte. Der Grundherr selbst, der Obereigentümer blieb und als solcher weiterhin seine Abgaben einzog, betrieb in Eigenwirtschaft nur Gewerbebetriebe wie Mühlen, Brauereien etc.[11] In Frankreich bewirtschafteten Adel, Kirche und Bürgertum mehr als in Deutschland ihre Güter selber; diese umfaßten über 60% des landwirtschaftlich genutzten Bodens und wurden in der Regel verpachtet, zumeist gegen die Hälfte des Ertrages oder ein Drittel der Ernte. Pächter konnten zweifellos auch Bauern sein, aber in Frage kamen nur kapitalkräftige Leute, die das gepachtete Land kommerziell nutzten. Dies geschah weniger durch Änderung der Sozialstruktur der Grundherrschaft oder Einführung neuer Techniken, also weniger durch Rationalisierung als durch verstärkte Ausbeutung der abhängigen Bauern und Lohnarbeiter. Dementsprechend war im Frankreich der frühen Neuzeit die landlose Schicht, ein entstehendes ländliches Proletariat, das sich als Lohnarbeiter verdingte, größer als in Deutschland, wo zugleich auch die Marktorientierung viel schwächer ausgeprägt war.[12]

Abb. 3: *Ländliche Arbeit*. »Der Sommer«.
Kupferstich von P. Brueghel d. Ä. (1568)

Eine eigene Entwicklung erfuhr die Agrarverfassung in den
Niederlanden und in England. Grundherrschaftliche Strukturen
blieben zwar weitgehend erhalten, doch der Anteil bürgerlicher
Grundbesitzer war gestiegen, ja es zeigten sich hier erste Ansätze
einer Unterwerfung der Landwirtschaft unter kapitalistische Interessen. Während sich in den südlichen Niederlanden Formen
herausbildeten, die denen in Westdeutschland und Frankreich
ähnelten, drangen im Norden nach Erreichung der Unabhängigkeit 1599 grundlegende Neuerungen durch. Alle grundherrlichen
Rechte wurden aufgehoben, der Boden wurde weitgehend parzel-
liert und aufgeteilt. Dies und die Tatsache, daß ein großer Teil in
›bürgerliche‹ Hände überging, begünstigte die Einführung moderner einträglicher Betriebsmethoden auf den Bauerngütern, die
zumeist verpachtet wurden, so daß Holland lange Jahre als
europäisches Musterland des Fortschritts galt.[13] In der Umgebung
der Städte entstand zudem eine intensive Gartenkultur, und
erhebliche Summen wurden in die Gewinnung von Neuland
investiert. All dies ermöglichte, daß Holland als einziges Land die
Agrarkrise zu Beginn des 17. Jahrhunderts unbeschadet überstand
und seine gesamte Bevölkerung ausreichend mit Nahrungsmitteln
versorgen konnte.

Einen Sonderweg anderer Art, allerdings in manchem in der Nachfolge Hollands, ging England, insofern hier erstmals konsequent der Weg der Kapitalisierung der Landwirtschaft beschritten wurde.[14] Grundherrliche Verhältnisse waren hier schon früh einerseits durch die mit der Aufhebung der Klöster verbundenen Land- und Grundstückverkäufe in großem Stile, andererseits durch die rasche Entwicklung der Märkte in den Städten und die Zunahme des Handels, schließlich auch durch die Expansion der Geldwirtschaft und des Gewerbes bis zum Ende des Jahrhunderts gelockert worden. Der landwirtschaftlich nutzbare Boden wurde wie in anderen, vor allem südeuropäischen Ländern vom Adel eigenwirtschaftlich bearbeitet. Vorherrschendes Leihesystem war die Pacht. In dem Maße, wie sie sich durchsetzte, stieg die Zahl der landlosen Landarbeiter, ohne daß es allerdings dabei zu osteuropäischen Verhältnissen kam. Zwei Tendenzen waren es seit dem 15. und vor allem 16. Jahrhundert – wenn man von regionalen Unterschieden absieht –, die die Zerstörung der feudalen Strukturen beschleunigten: Einmal zwang der steigende Bedarf an Wolle für die aufblühende Textilindustrie den Adel und andere Grundherren, altes Ackerland in Weideland zu überführen, um durch intensivierte Schafzucht den Aufträgen der Textilindustrie entsprechen zu können. Zum anderen wurden zur Vergrößerung des Grundbesitzes und Erhöhung der Nutzerträge die Einhegungen (enclosures) eingeführt. Viele Bauern verloren ihr Land, bis 1637 wurden in etwa 35000 Bauern auf diese Weise entwurzelt, was einen einschneidenden Wandel der ländlichen Gesellschaft einleitete.

Allerdings darf man die Praxis der Einhegungen für die frühe Neuzeit nicht überschätzen, denn zwischen 1455 und 1637 sind nur rund 3035 qkm eingezäunt worden. Die umfänglichen Einhegungen, die der Agrarrevolution vorausgingen, fanden erst im 18. Jahrhundert statt.[15] Die Bildung von Großgrundbesitz, der zu Pacht verliehen wurde, die Vermehrung landloser Landarbeiter und die Einführung neuer Agrartechniken haben in kurzer Zeit die ländliche Gesellschaft Englands geändert. Die eigentlichen Nutznießer waren allerdings nicht der hohe Adel oder der Bauer, sondern neureiche Adelige (Gentry) und Bürgerliche sowie auch kapitalkräftige Bauern bildeten eine neue Schicht von Grundherrn.

Höchst unterschiedlich hatten sich die Agrarverfassungen in den einzelnen Ländern Europas seit dem 16. Jahrhundert entwickelt. Nicht minder verschieden wurden der Boden bewirtschaftet und Viehhaltungen betrieben. Dies hing allerdings nicht nur von den jeweiligen Agrarverfassungen ab, sondern auch Klima, Qualität des Bodens und nicht zuletzt die Preis- und Lohnentwicklung in der ländlichen Gesellschaft beeinflußten die Art und Methode der Bodenbewirtschaftung und der Viehzucht sowie die Steigerung der Produktivität. Denn gerade aufgrund der hohen Agrarkonjunktur im 16. Jahrhundert war Landbesitz begehrt und die Vermehrung des Landbesitzes eine Kapitalanlage.

Unter dem Druck des Bevölkerungszuwachses und der Konjunktur im 16. Jahrhundert versuchte man allenthalben, die Nutzflächen auszudehnen und in Ackerland umzuwandeln.[16] Bildete er ja die wichtigste Voraussetzung einer Produktionssteigerung, so wenig er je ausreichte. Nie ist vor dem 19. Jahrhundert der Landesausbau so intensiv betrieben worden wie im 16. Jahrhundert. Zunächst wurden alle im späten Mittelalter wüstgewordenen Ackerflächen in Ost und West wieder als Ackerland nutzbar gemacht. Darüber hinaus gewannen auch erstmals Moor- und Waldflächen an Bedeutung. Die Kolonisierung wurde so intensiv betrieben, daß mancherorts sogar ein Rodeverbot erging. Die Vermehrung der Nutzflächen in Osteuropa erfolgte im Zusammenhang des Ausbaus der Gutsherrschaft. So wurde in der Herrschaft Filehne (Polen) beispielsweise zwischen 1590 und 1650 der Ackerboden verachtfacht. Aber auch im Westen stieg die Anbaufläche. Das zeigt Lattes (bei Montpellier), wo zwischen 1547 und 1607 die Nutzfläche um 400 ha anwuchs.[17] Sie kam überall vorwiegend dem gewinnbringenden Getreideanbau zugute. Eine besondere Leistung in der frühen Neuzeit stellte die Trockenlegung und Eindeichung an der Nordseeküste dar, zwischen 1565 und 1615 wurden allein in Holland rund 44000 ha Neuland gewonnen.[18] Die Erweiterung der Nutzflächen blieb zweifellos die wirksamste Möglichkeit der Verbreiterung der Nahrungsbasis.

Daneben gab es auch erste Ansätze einer spürbaren Intensivierung der Landwirtschaft. Dies geschah zumeist dort, wo der Bevölkerungsdruck am größten war und die Ausweitung der landwirtschaftlichen Nutzflächen bald auf natürliche Grenzen stieß. Eine beträchtliche Hilfe leistete dabei die aufkommende landwirtschaftliche Literatur mit ihren zahlreichen Verbesserungsvorschlägen zur Produktionssteigerung, wenngleich ihre eigentliche Wirkung erst im 18. Jahrhundert einsetzte.

Während allenthalben in Europa die Dreifelderwirtschaft vorherrschte, nach der Getreide nur zwei Jahre hintereinander auf dem gleichen Boden angebaut werden konnte, was große Brachflächen voraussetzte, kam es in Nordwestdeutschland, Norditalien, in England und vor allem in den Niederlanden erstmals zu einer die Produktion erheblich steigernden Fruchtwechselwirtschaft.[19] Die Fortentwicklung der Dreifelderwirtschaft vollzog sich keineswegs auf einmal, sondern schrittweise. Zunächst ging man zur Mehrfelderwirtschaft über, d. h. die Brache wurde auf das vierte, fünfte oder sechste Jahr verschoben, was allerdings sehr fruchtbaren Boden voraussetzte, dann kam die Feldgraswirtschaft auf, bei der auf zwei Getreidejahre ein Jahr Brache und drei oder sechs Jahre Weide folgten, und schließlich entstand der Ackerfutterbau, bei dem entweder Futterpflanzen auf der Brache angebaut oder in der Fruchtfolge als Zwischenfrucht eingeschoben wurden.

Neben dieser Fruchtwechselfolge gab es noch weitere Steigerungsmöglichkeiten der landwirtschaftlichen Produktion, einmal durch eine bessere Nährstoffversorgung des Bodens mit alter Asche oder Stalldung, was aber eine starke Viehhaltung voraussetzte bzw. abhängig war vom Verbrauch an Brennholz, während es bei Kalk beträchtliche Transportprobleme gab; zum anderen wurden vor allem im südeuropäischen Raum Bewässerungsanlagen verbessert. Auch die Umwandlung von Ackerland in Gartenflächen wirkte sich ertragsteigernd aus. Die zunehmende Zahl von Gärten, die im 16. Jahrhundert zu beobachten ist, diente entweder zur Selbstversorgung oder war wie in Holland zur Versorgung der Stadtbürger angelegt.

Parallel zur allgemeinen Intensivierung der landwirtschaftlichen Produktion erfolgte auch eine Spezialisierung. Diese betraf nicht nur den verstärkten Anbau von Bohnen und Erbsen bzw. Wein, Mais, Reis und Oliven, sondern noch mehr den Anbau von Rohstoffen wie Hanf und Flachs für die gewerbliche Produktion. Gerade dies ermöglichte den Ausbau des ländlichen Verlagswesens, aktivierte also die Kapitalisierung. Zugleich schuf es eine zusätzliche Einkommensmöglichkeit für die im Wachstum begriffene unterbäuerliche Schicht in arbeitslosen Zeiten, wie dies vor allem in England, den Niederlanden und in Deutschland wichtig wurde.

In den Niederlanden erreichte die europäische Landwirtschaft des 16. Jahrhunderts ihre höchste Intensitätsstufe, die auch im 17. Jahrhundert anhielt, während andere Länder, die alle zunächst im 16. Jahrhundert auch eine Produktionssteigerung kannten, im 17. Jahrhundert ihren Stand nicht mehr halten konnten. Während das Verhältnis von Aussaat zur Ernte im späten Mittelalter fast überall in Europa 1:3 betragen hatte, gewann im 16. Jahrhundert Westeuropa einen deutlichen Vorsprung. Während Rußland nur einen durchschnittlichen Ertrag von 1:2/3, Polen 1:3/4, Deutschland 1:4 erreichten, kannten Frankreich einen Durchschnitt von

1:4/5, England 1:6 und schließlich die Niederlande sogar 1:10/11.
Reichte Rußlands Produktion knapp zur Selbstversorgung aus,
produzierten die niederländischen Bauern in guten Zeiten bereits
einen beträchtlichen Überschuß. Dennoch genügte das Erreichte
im Westen nicht, die Bevölkerung in den Niederlanden und in
England immer ausreichend zu ernähren. Förderte diese Knappheit die Produktionssteigerung in Westeuropa, so zwang sie
zugleich die Länder, die sich bisher ausreichend, zumindest knapp
mit landwirtschaftlichen Produkten selbst versorgt hatten und
nicht zu stark besiedelt waren, wie Polen oder das Baltikum, sich in
steigendem Maße auf den westeuropäischen Markt hin zu orientieren. Im 16. Jahrhundert wurden »die Möglichkeiten einer
Standortsdifferenzierung nach Maßgabe der Lage zum Markte
erstmals in größeren Räumen Europas zur Wirklichkeit.«[20] Der
entstehende europäische Markt begann Europa nicht nur nach
Agrarverfassungen, hier Gutsherrschaft dort Grundherrschaft, zu
teilen, sondern auch nach der Produktionsweise. Während der
Osten Getreide für den Export produzierte, konzentrierte sich der
Westen auf die gewerbliche Produktion. Die Getreideknappheit
des Westens (außerhalb Englands vor allem) begünstigte die
Exportproduktion der Gutswirtschaft in Osteuropa. Der Export
von etwa 100 000 t Getreide jährlich – das entsprach dem jährlichen Export aus Danzig – reichte aus, um in Westeuropa vor
allem in den volksreichen Niederlanden etwa 400 000 bis 500 000
Personen zu ernähren.[21] Die traditionelle regionale Arbeitsteilung
Stadt – Land wurde zusehends überformt von einer interregionalen: Gewerbe treibende – Getreide produzierende Länder.

Mit der Knappheit an Agrarprodukten im Westen, die trotz aller
Produktionssteigerung blieb, wurden nicht nur die Exportchancen
der östlichen Gutsbetriebe verbessert, sondern auch deren Viehhandel aktiviert. Wurde mit der starken Bevölkerungsvermehrung schon das Getreide im Westen knapper, so galt dies um so
mehr für die Fleischproduktion. Die spätmittelalterliche Gesellschaft war eine fleischessende Gesellschaft.[22] Mit der stärkeren
Ausweitung des Ackerbaus änderte sich dies im 16. Jahrhundert
spürbar. Da man auf Fleisch verzichten konnte, wenn es zu teuer
wurde, ging auch dessen Produktion zugunsten des Ackerbaus
zurück. Wenn es auch zu Ende des 16. Jahrhunderts immer noch
zahlreiche Beispiele hohen Fleischkonsums gibt, wurden doch die
allgemeinen Klagen über den Mangel an Fleisch seit der Mitte des
16. Jahrhunderts häufiger. »Im Jahr 1550 aß man bei den schwäbi-
schen Bauern anders, als es heute der Fall ist. Damals gab es jeden
Tag Fleisch und Essen in Hülle und Fülle, an der Kirmes und an
Feiertagen bogen sich die Tische unter der Last. Heute ist alles

ganz anders geworden. In welch miserablen Zeiten leben wir, seit Jahren wird das Leben immer teurer. Das Essen begüterter Bauern ist beinahe schlimmer als früher das der Taglöhner und Dienstboten«.[23] Mit der steigenden Bevölkerung und verstärkten Konzentration auf Getreideproduktion war man zusehends auf die Viehhaltung im Osten angewiesen.[24] Die Fleischpreise im Westen waren derart hoch, daß sich jeder Transport lohnte.[25] »Es zeigt sich auch hier, daß vom dicht besiedelten Nordwesten des Kontinents die Preise nach Norden, Osten und Süden und – mit einer Unterbrechung wohl in Frankreich – nach dem Westen Europas abfielen.«[26]

Eine besondere Rolle spielte die Schafzucht für die aufblühende Textilindustrie; während sie in Ost- und Mitteleuropa fast völlig fehlte, ja wegen der hohen Flurschäden, die sie verursachte, verboten war, blühte sie vor allem in England und Spanien. Ohne die ortsfesten Herden gab es in Kastilien allein an Wanderschafen drei Millionen Stück. Der größte Teil der Wolle wurde exportiert. Als Karl V. die Zahl drücken wollte, stieß er auf den Widerstand der Mesta, der mächtigen Schafzüchtervereinigung Spaniens, die auf den hohen Gewinn nicht verzichten wollte.[27] Während die Wollproduktion allerdings in Spanien die Kapitalisierung der Landwirtschaft verhinderte, indem sie einerseits Getreideland vernichtete, andererseits keinen Boden für eine Protoindustrialisierung schuf, da Spanien die Wolle ausführte, aktivierte in England gerade die Schafzucht die Aufweichung feudaler Strukturen. Sie bildete den Hintergrund der aufblühenden Textilindustrie.

Verfolgen wir die Entwicklung der europäischen Landwirtschaft, so zeigt sich insgesamt:

1. Die Bevölkerungszunahme und die steigende Agrarkonjunktur beschleunigten bis in die 20er Jahre des 17. Jahrhunderts in Europa den Prozeß der Transformation der alteuropäischen Grundherrschaft. In hochentwickelten Regionen setzte eine Kapitalisierung der Landwirtschaft ein, die die grundherrschaftliche Agrarverfassung langfristig zerstörte; in wirtschaftlich schwach entwickelten Regionen setzte sich eine Gutsherrschaft durch, die ihre Exportchancen und Gewinne mit der Errichtung einer despotischen Herrschaftsorganisation bezahlte.

2. Es besteht eine Korrespondenz von Produktionssteigerung und Bevölkerungswachstum. Während im Westen das Wachstum eine Intensivierung bei gleichzeitiger Flächenausweitung und damit eine neue Produktionsweise einleitete, orientierte sich der Osten auf den Export von Getreide, das aber auf traditionelle extensive Weise produziert wurde.

3. Der Ackerbau nahm seit der Jahrhundertmitte zu, dafür ging die Viehhaltung zurück. Die Versorgung differenzierte sich: während der Adel, die Bürger und Bauern noch ausreichend versorgt wurden, ihr Aufwand sogar noch stieg, verschlechterte sich die soziale Situation der unterbäuerlichen Schicht, die z. B. kein Fleisch mehr konsumieren konnte und für die auch die Versorgung mit Getreide problematisch wurde.
4. Mit der Ausdehnung der Anbauflächen und der Intensivierung der Landwirtschaft vollzog sich ein Prozeß der interregionalen Verflechtung, ein Aufschwung von Warenaustausch und Handel, der nicht mehr nur die Luxusgüter betraf. »Unbeschadet aller territorialen Besonderheiten präsentierten sich fortan große Teile Europas von Spanien bis tief in den polnisch-russischen Osten hinein als eine Einheit, die um die Zentren des Gewerbefleißes und Handels gruppiert war.«[28]

IV. DIE GEWERBLICHE PRODUKTION

Die gewerbliche Produktion spielte für die Gesellschaft der frühen Neuzeit eine der Landwirtschaft insgesamt nachgeordnete Rolle. Hierin unterschied sich die frühe Neuzeit nur graduell vom Mittelalter. Einmal waren in ihr weit weniger Menschen tätig – über genaues Zahlenmaterial verfügen wir hier allerdings ebensowenig wie für die Agrarproduktion. Zum anderen versorgten sich noch die meisten Menschen in der frühen Neuzeit selbst mit den lebensnotwendigen gewerblichen Produkten, so mit Schuhen, Kleidern, Arbeitsgeräten, auch bauten sie zumeist ihre Häuser und Hütten selbst. Die wenigsten Menschen bedurften eines von Handwerk oder protoindustriellem Gewerbe beschickten Marktes. Außerdem lebte über ein Drittel der europäischen Bevölkerung um 1600 am Rand des physischen Existenzminimums. Jeder Erwerb gewerblicher Produkte, selbst der einfachsten, erschien daher als Luxus.

Doch war es gerade die Intensivierung der gewerblichen Produktion und die Ausdehnung des Marktes im Europa des ›langen 16. Jahrhunderts‹, die, auch wenn sie nur eine dünne Bevölkerungsschicht erreichte, die Differenzierung der Gesellschaft beträchtlich förderte.[1]

Gleich der Landwirtschaft erlebte auch das Gewerbe in der frühen Neuzeit eine beträchtliche Produktionssteigerung, um dann zu Anfang des 17. Jahrhunderts ebenfalls tiefgreifende Veränderungen zu erfahren. Während unter dem Bevölkerungsdruck und der

Konjunktur im 16. Jahrhundert die Agrarpreise stiegen, blieben die gewerblichen Produktionsgüter weitgehend von der ›Preisrevolution‹ verschont. Steigende Konkurrenz und Rationalisierungsmaßnahmen sowie das große Angebot armer Lohnarbeiter begünstigten die relative Stabilität. Sollte man allerdings annehmen, daß mit der Vermehrung und gleichzeitigen Verbilligung dieser Güter weitere Schichten der Bevölkerung als Abnehmer in Frage kamen, so stimmt dies nur bedingt. Denn neue Käuferkreise wurden eigentlich nicht gewonnen; wer von dem Zuwachs profitierte, waren nach wie vor die Vermögenden. Da sie alles kaufen konnten, verschärfte sich nur der schon bestehende Gegensatz von reich und arm. Viele trugen zu der Produktionsvermehrung bei, aber nur wenige profitierten verhältnismäßig von ihr. Für diese bedeutete sie eine Steigerung des Lebensstandards und Ausbau ihrer Machtstellung, während sie jenen eine neue Chance des Überlebens durch Zuerwerb gab. Dies war eine soziale Voraussetzung und zugleich Konsequenz der im 16. Jahrhundert aufblühenden Heimindustrie und des Verlagswesens und ihrer gesellschaftlichen Dynamik.

Der Auftrieb der gewerblichen Produktion im 16. Jahrhundert steht im Zusammenhang der genannten Bevölkerungsbewegung und der Freisetzung billiger Arbeitskräfte, die in der Landwirtschaft nicht benötigt wurden bzw. aufgrund der saisonbedingten Tätigkeit nicht ausreichend beschäftigt und auf Nebenerwerbsmöglichkeiten angewiesen waren. Darüber hinaus aber – das ist nicht minder entscheidend – förderte die gewerbliche Produktion und ihre Ausweitung in bisher vom Gewerbe weitgehend freie Regionen die Nachfrage bei einer immer größer werdenden Zahl von Adligen, Bürgern und auch manchen Bauern nach gewerblichen Gütern. Wenn dies gleicherweise eine steigende Arbeitsteiligkeit in der frühneuzeitlichen Agrargesellschaft sowie die Ausdehnung regionaler Märkte voraussetzte, an denen zusehends nicht zuletzt auch durch die landwirtschaftlichen Produktionsüberschüsse immer mehr Menschen partizipierten und sich dort mit nicht selbstproduzierten Lebensgütern versorgten, begünstigte die Bedürfnisstruktur der europäischen Oberschicht wiederum diese Entwicklung. Gesellschaftliche Differenzierung und Steigerung der Nachfrage bedingten sich gegenseitig.[2]

Besonders wirksam war einmal die im Zuge der Verstädterung sowie durch den Bevölkerungsanstieg verursachte Anhebung der Baukonjunktur. Deutlich dieses etwa der Aufschwung der Städte Madrid, Amsterdam und London. Allein in Rom wurden im 16. Jahrhundert 54 Kirchen, 60 Paläste, 20 Villen, 3 Wasserleitungen und 35 öffentliche Brunnen gebaut. Dazu kamen 30 neue

Straßen und Häuser für rund 50 000 neue Einwohner.[3] Die Rolle des Luxus in den oberen Schichten des Adels und Bürgertums ist bekannt. Nicht nur ihre Bautätigkeit animierte neue Industrien, sondern vor allem ihre Kleidung, die sich erstmals nach Moden richtete und für die ganze Gesellschaft vorbildlich wurde. Leinen-, Kammgarn- und Seidenunternehmen wurden ausgebaut und buchten große Gewinne. Die frühneuzeitlichen Kleiderordnungen dokumentieren die weite Verbreitung teurer Kleidung. Neu war auch die überaus starke Aktivierung der Rüstungsindustrie durch die neue Heerführung im 16. Jahrhundert. Die neue Kriegstechnik verbrauchte beträchtliche Mengen von Gewehren und Kanonen, sowohl zu Land wie auf See (Schiffe). Die zahlreich entstehenden Festungsbauten zählten zu den kostspieligsten Unternehmungen des 16. und 17. Jahrhunderts. Schließlich hob auch der Übersee-handel die Nachfrage nach gewerblichen Produkten. Dieser Handel war keinesfalls einseitig, für Silber und exotische Güter gingen so zahlreiche europäische Gewerbeprodukte nach Übersee, daß Spanien der Nachfrage bald nicht mehr entsprechen konnte. »Die Spanier«, schrieb J. Bodin 1568, »deren Lebensunterhalt zur Gänze von Frankreich abhängig ist, und die durch unerbittliche Umstände gezwungen sind, Getreide, Leinen, Tuch, Waid, Papier, Bücher, sogar Zimmererarbeit – kurz gesagt, alle gewerblichen Erzeugnisse – von uns zu beziehen, segeln bis ans Ende der Welt, um für uns Gold, Silber und Gewürze zu besorgen.«[4] Außer Frankreich profitierte vor allem Holland davon. Die Produktionssteigerung im 16. Jahrhundert war eine Folge des entstehenden Weltmarktes im Zusammenhang zunehmender überregionaler Arbeitsteilung.

Im Mittelpunkt der gewerblichen Produktion des 16. und 17. Jahrhunderts standen die Montan- und Tuchindustrie, die abhängig waren von der entsprechenden Rohstoffgewinnung. Wenngleich nicht alle Länder Europas gleicherweise daran teilnehmen konnten, erlebten sie allgemein doch einen beträchtlichen Aufschwung. Die Nachfrage war groß, und dem Bedürfnisstand konnte wie bei der Agrarproduktion nicht entsprochen werden. Eine räumliche Verlagerung ergab sich auch hier aufgrund von Konkurrenz, unterschiedlicher Marktqualität und vor allem des Rückgangs des Bergbaus in Mitteleuropa bzw. der Erschließung neuer Rohstoff-quellen in anderen Ländern. Hatte sich bis Ende des 16. Jahrhunderts die gewerbliche Produktion auf Italien, Deutschland und Flandern konzentriert, traten nun Frankreich, Holland, England und Schweden in den Vordergrund.[5] Diese Verlagerung vom Süden nach Westen bzw. Norden, die erstmals um die Jahrhundertwende spürbar wird, entspricht einer gleichzeitigen Abnahme

(Stagnation) gewerblicher Aktivitäten in Osteuropa, das sich mehr oder weniger ausschließlich der agrarischen Produktion widmete.

An Beschäftigungszahl, Ausweitung und Wichtigkeit rangierte die Tuchindustrie vor dem Bergbau und der Metallverarbeitung. Sie war über ganz Europa zersplittert und konzentrierte sich nicht nur in den Städten, sondern mit ihrer Produktionsausweitung im 16. Jahrhundert in zunehmendem Maße auch auf dem Lande, wo zahlreiche unterbeschäftigte Bevölkerungsschichten außerhalb jeder Zunftordnung ihr Brot erwarben.[6] Die alten bekannten Industriegebiete für die Wollverarbeitung lagen in Flandern und Italien, wohin auch die Rohwolle aus England und Spanien kam; doch allmählich wurde Flandern von England abgelöst, das nicht zuletzt von der großen Zahl von Glaubensflüchtlingen profitierte. Zentren der Leinenindustrie waren Oberdeutschland und Sachsen, deren Betriebe weitgehend ebenfalls in Händen oberdeutscher Kaufleute lagen. Auch in Deutschland gab es eine bedeutsame Verlagerung im 17. Jahrhundert. Zu den wichtigsten Regionen der Leinenproduktion rückten Schlesien und der Niederrhein auf.[7] Die Verarbeitung von Baumwolle erfolgte zwar früh, das neue Produkt wurde oft vor allem in Italien und in Süddeutschland zusammen mit Flachs zu Barchent verwoben, aber seine Bedeutung für die Tuchindustrie erlangte es später. Besonders gewinnträchtig war die Herstellung von Seide. Ursprünglich war Italien (Genua, Mailand, Florenz) ausschließlicher Hersteller, dann aber wurde Lyon zum europäischen Zentrum der Seiden-, Samt-, Band- und Brokatindustrie. Hier wurde ungefähr die Hälfte der gesamten in Frankreich produzierten Seidenwaren erzeugt. Bekannt war die Seidenindustrie auch am ganzen Rhein von Basel bis Antwerpen.

Über die Größenordnung der Betriebe und den Produktionsstand haben wir keine genauen Informationen. Bekannt ist nur die starke Ausbreitung der Tuchindustrie im 16. Jahrhundert überhaupt. Um die Mitte des 17. Jahrhunderts produzierte Leiden jährlich rund 10 000 Stück Tuch und war damit wahrscheinlich das größte Zentrum der Tucherzeugung in Europa.[8]

Die Tuchherstellung wurde vorwiegend manuell betrieben, Produktionssteigerung vollzog sich weitgehend nur durch Vergrößerung der Betriebe bzw. Erweiterung der Verlagssysteme, wobei religiös und politisch Verfolgte als zusätzliche Arbeitskräfte eine besondere Rolle spielten. Wenn auch der eigentliche industrielle Durchbruch sich erst im 18. Jahrhundert vollzog, gab es doch einige entscheidende Neuerungen bzw. Erfindungen, deren Auswirkungen immer spürbarer wurden, so sehr sie auch durch die

Zünfte hintertrieben wurden. Ende des 16. Jahrhunderts kam der Bandstuhl auf, ein mechanischer Webstuhl zur Verfertigung von Bändern, Schnüren und Spitzen. Er verbreitete sich von den Niederlanden aus, war aber 1645 in Ulm und Augsburg, den alten Tuchherstellungszentren, noch unbekannt – so langsam konnte er sich durchsetzen. Von welcher Bedeutung dieser Bandstuhl für die Änderung der Produktionsprozesse werden konnte, zeigt die Tatsache, daß von einem einzigen Arbeiter nun gleichzeitig 10 bis 20 Bänder gewebt werden konnten. Ebenso wichtig wurde der Strumpfwirkstuhl, eine handbetriebene Strickmaschine, der von William Lee ebenfalls Ende des 16. Jahrhunderts erfunden wurde. Auch diese Erfindung wurde anfangs radikal unterdrückt.

Der zweitwichtigste Gewerbezweig in der frühen Neuzeit war die Metallindustrie in Verbindung mit dem Bergbau. Nicht zuletzt aufgrund des steigenden Geldbedarfs der entstehenden Territorialstaaten erlebte der Bergbau seit dem Ende des 15. Jahrhunderts einen vehementen Aufschwung. Die Erhaltung der Produktivität, ihre Steigerung und Verwertung hingen freilich weitgehend davon ab, wie reichhaltig die Gruben waren, wie kostspielig der Abbau war und welches technische Gerät eingesetzt werden konnte. Nicht nur die Verarbeitungsindustrie war abhängig vom Stand der Technik, sondern in steigendem Maße auch der Bergbau selbst.[9]

Allem Erzgewinn vorrangig war der Abbau von Silber, hier wurden keine Kosten gescheut, die Stollen bis zu 300 m Tiefe getrieben. Hauptfundgebiete waren bis zum Eindringen des amerikanischen Silbers in Mitteleuropa vor allem Sachsen und Tirol. An zweiter Stelle stand das Kupfer, das ebenso als Münzmetall, dann aber auch für gewerbliche Zwecke Verwendung fand. Ebenso wie der Abbau von Silber war auch der von Kupfer auf wenige Gebiete Europas beschränkt. In dem Maße allerdings, wie in Mitteleuropa die Kupferproduktion abnahm, stieg sie in Schweden, bis Mitte des 17. Jahrhunderts konnte Schweden bereits jährlich 3000 Tonnen Kupfer ausführen. Wie beim Silberabbau scheute man auch bei der Gewinnung von Kupfer keine Kosten. Wesentliche Voraussetzung für eine Steigerung der Produktion waren das Seigerverfahren und die verbesserten Entwässerungseinrichtungen. Die Silber- und Kupfergewinnung lag weitgehend in Händen deutscher Bergleute, sowohl in Deutschland wie in Ungarn, Schweden und selbst in Spanien. Kupfermarkt Europas war Antwerpen.[10] Ohne die Erfindungsgabe von Ingenieuren und die Verbreitung oder Bekanntgabe ihrer Erfindungen, hätte es kaum eine so intensive Ausweitung der Metallindustrie geben können. Das klassische Handbuch des Bergbaus, Georg Agricolas

›De re metallica‹ von 1556, fand weiteste Verbreitung. Langfristig am meisten gebraucht wurde das Eisen, das in ganz Europa vorkommt und dessen Abbau in großem Maße bereits im Mittelalter betrieben wurde. Seine Bedeutung vor allem für die Rüstungsindustrie wurde jedoch erst jetzt erkannt. Geradezu spektakulär stieg die Produktion in Schweden. Nach 1620 konnte Schweden rund 6600 Tonnen ausführen, um die Jahrhundertmitte erreichte es eine Ausfuhrkapazität von 17 000 Tonnen Eisen.[11]

Über die Ausmaße des Bergbaus, seine Verfahren und Produktionssteigerung sind wir nur unzureichend informiert. Genaue Zahlen liegen selten vor. Hier nur zwei Beispiele: Die »Gemain-Gesellschaft des Bergbaus« zu Amberg, ein bedeutendes Metallgewinnungs- und -verarbeitungszentrum Deutschlands mit 180 Eisenhämmern, hatte 1595/6 1025 Mann beschäftigt, davon waren 630 Bergknappen; 210 Hilfsarbeiter sorgten für den Grubenbau und die Entwässerung, 65 Hilfsarbeiter für das Abkarren der Erze, außerdem waren 100 Handwerker im Bergwerk beschäftigt, und 20 Personen verwalteten das ganze Unternehmen. Rund $^1\!/_3$ der deutschen Eisenproduktion, also 10 000 Tonnen Eisen, kam aus der Oberpfalz.[12] Was technische Verbesserungen an Einsparungen möglich machten, zeigt ein Fall aus dem Bergbaurevier Falkenstein bei Schwaz in Tirol. Zu Anfang des 16. Jahrhunderts waren 274 Gruben in Betrieb, die rund 10 000 Menschen beschäftigten. Die Schächte waren bis zu 240 m tief. Während 1514 600 Wasserheber benötigt wurden, die das Wasser förderten, waren nach dem Einbau von 8 großen Handpumpen 1538 nur noch 240 Mann nötig, die sie betrieben. Als schließlich W. Leuschner ein mit Wasser betriebenes Kehrrad (Schwazer Wasserkunst) mit 10 m Durchmesser einsetzen konnte, das täglich in 8 Stunden 100 m³ Wasser hob, brauchte man zur Bedienung dieser Maschine nur noch 2 Mann.[13]

Aufgrund der hohen Investitionskosten gab es Probleme bei der Einführung technischer Neuerungen. Aber im Prinzip zeigten sich die Metallindustrie und der Bergbau technischen Verbesserungen aufgeschlossener als die Tuchherstellung und -verarbeitung. Förderungs- und Verarbeitungsmethoden hatten sich gerade im 16. Jahrhundert und auch noch im 17. Jahrhundert vor allem in Deutschland und um Lüttich erstaunlich gebessert, und dank der zahlreichen, im Ausland wirkenden deutschen Bergbaufachleute fanden die neuen Verfahren rasch Verbreitung. Die Erzgewinnung war seit langem bekannt. Vom niedrigen Stückofen ging man im 16. Jahrhundert zum Hochofen über, wenngleich mit zunehmender Höhe – im frühen 17. Jahrhundert war der erste am Rhein über 6 m hoch – der Produktion durch die fehlende Holzkohle eine natürliche Grenze gesetzt war, die erst aufgehoben wurde, als Koks eingesetzt werden konnte.[14] Deutschland, dann auch Schweden und England waren die wichtigsten Eisenproduzenten. Insgesamt wird die europäische Eisenjahresproduktion auf 60 000 bis 100 000 Tonnen geschätzt. Das wichtigste deutsche Produktionsgebiet mit ca. 180 Eisenhämmern lag in der Oberpfalz.[15] Mit dem Aufstieg des schwedischen und englischen Eisens geriet das Eisengewerbe in Deutschland in eine Krise. In England waren Anfang des 17. Jahrhunderts bereits rund 100 Gebläse-Hochöfen in Betrieb, die jährlich schätzungsweise 25 000 Tonnen Roheisen produzierten.[16] Hochbau, Schiffbau und Rüstungen förderten in England und Schweden Anfang des 17. Jahrhunderts sowohl Bergbau wie Verhüttung. Die zahlreichen Kriege seit der Jahrhundertmitte mit den erstmals großen Heeren verbrauchten Unmengen von Waffen. Traditionelle Zentren der Waffenindustrie waren das Bistum Lüttich und die Provinz Brescia. Geschütze aus Bronze wurden in den Niederlanden, Süddeutschland und Italien hergestellt, doch zusehends durch die billigeren Eisengeschütze ersetzt. Den größten Fortschritt machte Schweden. Ausländische Bergarbeiter und Unternehmer sowie neue Gußverfahren intensivierten die schwedische Waffenindustrie. In den 40er Jahren des 17. Jahrhunderts stieg die jährliche Ausfuhr von gußeisernen Geschützen auf fast 11 000 Tonnen.

Ursprünglich wurden der Bergbau und das Hüttenwesen von ansässigen Bauern nebenberuflich betrieben, die sich oft zu Genossenschaften zusammenschlossen. Dort, wo Tiefbau betrieben wurde und viel Kapital nötig war sowie beim Aufbau eines großen Hüttenbetriebes, kam es zum Zusammenschluß großer Gesellschaften.[17]

Neben der Metallindustrie erlebten die Glasproduktion und die Druckereibetriebe einen besonderen Aufschwung. Die Glasindustrie war hauptsächlich in Italien beheimatet, verbreitete sich von hier aus aber über ganz Europa. Entscheidend wurde der Einsatz von Steinkohle statt Holz beim Heizen der Glasöfen. Dank der höheren Temperaturen gelang es erstmals, klares Glas herzustellen. Ein wesentliches Nebenprodukt, für das die Änderung der Herstellungsverfahren und der Einsatz chemischer Kenntnisse Voraussetzung waren, waren optische Instrumente. Das astronomische Fernrohr und das Mikroskop wurden zu Anfang des 17. Jahrhunderts erfunden und trugen dazu bei, das naturwissenschaftliche Weltbild zu revolutionieren. Auf die Idee, Glaslinsen zu verwenden, kam man fast gleichzeitig in Holland und Italien, also den Zentren der Glasindustrie.

Das Interesse einer wohlhabenden Oberschicht aktivierte auch die

Papierindustrie und den Buchdruck. 25 000 Ausgaben erschienen im 16. Jahrhundert in Paris, 13 000 in Lyon, 45 000 in Deutschland, 10 000 in England und rund 8000 in den Niederlanden. Ende des Jahrhunderts gab es 140 000 bis 200 000 Ausgaben mit rund 140 bis 200 Millionen Büchern. Aus kleinen Druckereien wurden kapitalkräftige Großunternehmen. Ein bekanntes Beispiel ist die Druckerei Plantin in Antwerpen mit 24 Druckpressen und 100 Beschäftigten.[18] Seinen Aufstieg verdankte Plantin nicht nur der Qualität seiner Bücher und dem Druck religiöser Schriften, sondern seinem Geschick, finanzkräftige Gesellschafter unter den Bürgern in Antwerpen zu finden. Es entstanden eigene Buchmessen, im 16. Jahrhundert die Frankfurter und Lyoner und im 17. Jahrhundert die Leipziger, die für rasche Verbreitung der Druckerzeugnisse sorgten.[19] Da Bücher auch in steigendem Maße der Verbreitung neuer technischer Errungenschaften dienten, hing die Anwendung neuer Verfahren und damit die Produktionssteigerung oft ab von der Verbreitung bestimmter Bücher.

Für die Ausweitung der frühmodernen Industrie waren nicht nur ausreichende Rohstoffe vonnöten, keine Metallverarbeitung, aber auch kein ebenfalls gewinnbringender Schiffsbau gelang ohne ausreichende Holzvorräte. Im Spätmittelalter gab es in ganz Europa noch ausreichende Waldbestände, doch in dem Maße, wie im 16. und 17. Jahrhundert im Zusammenhang der Bevölkerungsvermehrung und Ausweitung der gewerblichen Produktion der Holzverbrauch im Hoch- und Schiffbau vor allem, dann aber auch als Energiequelle für Schmelzöfen, Eisenhämmer, Brennöfen und Herde zunahm, gleichzeitig die Ausdehnung des Getreideanbaus und der Schafzucht z. B. die Holzbestände Englands in Mitleidenschaft zog, drohte in den Gewerberegionen und um die großen Städte eine alarmierende Holzverknappung. Am schwersten betroffen waren die Mittelmeerländer. Die zahlreichen Wald- und Forstordnungen in der frühen Neuzeit sind ein Indiz für den Rückgang der Wälder, die man weitgehend der heimischen Industrie und der herrschaftlichen Jagd erhalten wissen wollte. In manchen Ländern drohte eine Krise. Die Lösung des Holz- bzw. Energieproblems zeigte sich rasch als wichtiger Anzeiger für eine fortschreitende Entwicklung der gewerblichen Produktion, damit auch der frühen Industrialisierung. Der Übergang zu Ziegeln und Stein im Bauwesen vollzog sich in dieser Zeit, reichte aber noch nicht aus. Als eine Möglichkeit bot sich die Einfuhr von Holz aus den Ostseeländern, dann auch aus Übersee, doch setzte dies eine große Handelsflotte voraus. Langfristig entscheidend wurde der Abbau von Steinkohle.[20] Steinkohle war zwar schon früh bekannt, doch für die Eisenverhüttung wurde sie erst im 16. Jahrhundert im

Raum Lüttich verwandt. Besonderen Aufschwung nahm die Kohlenproduktion in England. Sie stieg hier von 200 000 Tonnen um die Mitte des 16. Jahrhunderts auf 3 Millionen Tonnen zu Ende des 17. Jahrhunderts. Bald folgten auch andere Länder, soweit sie über entsprechende Bodenschätze verfügten. Jedenfalls ist es berechtigt zu sagen, daß Kohle noch gerade rechtzeitig als Ersatz für Brennholz und Holzkohle in den Verkehr kam, um eine »katastrophale Situation« abzuwenden.[21]

Aufgrund der Ausweitung der gewerblichen Produktion und der konstanten Steigerung der Nachfrage hat sich seit dem frühen 16. Jahrhundert eine weitaus stärkere Differenzierung und Ablösung von traditionellen Produktionsweisen vollzogen als in der Landwirtschaft, die bei aller Spezialisierung auf einzelne Produktionsgüter und Intensivierung durch Einführung neuer Methoden letztlich weiterhin traditionell und wenig gewinnbringend blieb. Die gewerbliche Produktion kennzeichnet grundlegend einmal eine Spezialisierung der Produktion nicht nur in zahlreichen verschiedenen industriellen Betrieben, sondern der Arbeit selbst, was nun vom Arbeiter neue Qualifikationen verlangte. Soweit das Gewerbe nicht in Händen zünftischer Handwerker lag, rekrutierte sich die Arbeiterschaft im Bergbau, Hüttenwesen, aber auch in der Tuchindustrie zusehends aus spezialisierten Lohnarbeitern oder teilzeitbeschäftigten Bevölkerungsteilen der Agrarwelt, die entweder in Taglohn oder Stücklohn bezahlt wurden. Der Bedarf an Spezialisten, und zwar ausgebildeten Spezialisten, stieg konstant. Dies war auch einer der Gründe, warum glaubensverfolgte Handwerker in anderen Ländern so rasche Aufnahme fanden, wenn sie für deren Gewerbebetriebe nützlich sein konnten. So war der Aufstieg der Niederlande in der Tuchindustrie mitbegründet durch die Zuwanderung zahlreicher ausgebildeter Fachkräfte aus dem Ausland.
Neben der Spezialisierung in der gewerblichen Produktion nahm auch die Anwendung neuer Erfindungen und neuen technischen Wissens zu, ja es kam erstmals zu einer Verbindung von Handwerk, Technik und Wissenschaft, was den Aufstieg verschiedener Wissenschaften wie der Alchimie, Mechanik und des Ingenieurwesens vorantrieb. Freilich blieb das Interesse an Neuerungen im zünftischen Handwerk gering, im Gegenteil, die Zünfte wehrten sich oft jahrzehntelang erfolgreich, Neuerungen zuzulassen, um so stärker kamen sie dafür in nichtzünftischen Industriezweigen wie dem Bergbau, dem Hüttenwesen, der Glas- und Waffenindustrie zum Zuge. Ein großartiges Beispiel technischer Leistungen war die Trinkwasserversorgung Londons durch eine mit Wasser-

rädern betriebene Pumpmaschine, die Pieter Moritz 1582 konstruierte und mit Erfolg einsetzte. Die gewerbliche Produktion konnte sich allzuoft nur in dem Maße entfalten, wie sie von obrigkeitlichen Institutionen geschützt und gefördert wurde. Da gerade der Bergbau und die Metallindustrie vor allem aus fiskalischen Gründen interessant wurden, setzt hier erstmals eine eigenständige Wirtschaftspolitik der Länder und Staaten an.

Weitaus entscheidender für eine erfolgreiche Produktionstätigkeit war schließlich die Investition betriebsfremden Kapitals, denn vor allem Bergbau und Hüttenunternehmungen konnten nicht mehr von einzelnen betrieben werden, da für technische Neuerungen und effektivere Produktion viel Geld investiert werden mußte, das erst durch den Handel wieder gewinnbringend eingebracht werden konnte. Die Verbindung mit Kapital und Handel war also das dritte wesentliche Moment für den Aufstieg der gewerblichen Produktion. In der Tat eröffnete sich für Unternehmer aller Art ein weites Feld gewinnbringender Aktivitäten.

Eine breite Unternehmerschaft entstand im 16. Jahrhundert, die nicht nur aus der bürgerlich-städtischen Kaufmannschaft stammte; auch Großbauern und Adelige sind als Unternehmer bekannt. Eine Besonderheit des 16. und 17. Jahrhunderts sind die fürstlichen Unternehmer, allen voran Herzog Julius von Braunschweig und Jakob von Kurland, der in seinem Land allein 70 gewerbliche Anlagen errichtete.[22] Aber entscheidender noch als einzelne Finanzleute waren die Investitionen von Handelsgesellschaften, in denen sich oft Händler, Adlige und Beamte zusammenschlossen.

Die Entwicklung der gewerblichen Produktion in Europa war stark abhängig vom Stand ihrer Organisation. Hauptorganisationsform des vorindustriellen Gewerbes war im 16. und 17. Jahrhundert immer noch das zünftische Handwerk.[23] Zwar versorgten sich die meisten Menschen, vor allem die Stadtarmen und die Landbevölkerung noch weitgehend selbst mit den lebensnotwendigen Gütern wie Kleidern, Schuhen und Werkzeugen, die Herstellung aller anderen Waren aber, so vor allem von Qualitäts- und Luxusgütern, lag ausschließlich in Händen gelernter Handwerker. Sie gab es auch auf dem Lande, ihre Hauptwirkstätte aber war die Stadt. Ihre Betriebe ruhten auf der Einheit von Haushalt und Arbeitsstätte und bestanden zumeist aus kleinen Gruppen: dem Meister und seiner Familie, mit zwei bis drei Gesellen und einigen Lehrlingen. In Städten waren die Handwerker in Zünften organisiert, die einerseits für die Regelung der Arbeit sorgten, d.h. die Ware kontrollierten, die Zahl der Lehrlinge und Arbeiter regulier-

Abb. 4: *Das ehrbare Handwerk der Tischler* (mit Verkaufsszene).
Holzschnitt (Ende des 16. Jahrhunderts)

ten, für Beschaffung der Rohstoffe sorgten und unter Ausschaltung von Konkurrenz den Bedarf der Städter wie der Handwerker
an gewerblichen Produkten deckten, andererseits aber auch für
den Absatz sorgten und nach außen eine Monopolpolitik betrieben, die jede andere Form handwerklicher Tätigkeit zugunsten der
Stadtzünfte zu unterbinden suchte.[24] Waren die Zünfte in der
Frühzeit durchaus ›fortschrittlich‹, garantierten sie doch unter den
Bedingungen feudaler Herrschaft den Ausbau qualitativer Gewer-
bearbeit sowie die ausreichende Lebenssicherung der sich heranbildenden Handwerksbetriebe, so wurden sie in der frühen Neuzeit bei restriktiver Anwendung der gleichen Mittel zunehmend
hemmend für die Entwicklung. Obwohl sie den allgemeinen
Anforderungen der Zeit, der Zunahme des Exports und der
Nachfrage nach Billigware nicht mehr voll entsprechen konnten,
erlebten sie gerade im späten 16. Jahrhundert und frühen 17. Jahrhundert einen ungeahnten Aufschwung. Wenn auch im Zuge der
Formierung des frühneuzeitlichen Staates die Zünfte an politischem Gewicht verloren, so förderte der Staat schon aus fiskalischem Interesse mit Privilegien ihre Vermehrung und Spezialisierung. In Spanien und Frankreich kam es sogar zu dem Versuch,
Staatszünfte zu organisieren, also das städtische Zunftwesen über
das ganze Land auszuweiten.[25] Stand hinter diesem Versuch
durchaus der Wunsch, die Zünfte zu kontrollieren und den
Staatsinteressen dienstbar zu machen, so zeigte er doch zugleich
das Interesse des frühmodernen Staates an der Erhaltung der
traditionellen Sozialform des Gewerbes. Während im England des
17. Jahrhunderts die Zünfte zusehends an Macht verloren, versuchte bezeichnenderweise noch Peter I. von Rußland die gewerblichen Aktivitäten seines Landes durch Einführung von Zünften
zu stärken. Die Zünfte hatten also für das 16. und beginnende

17. Jahrhundert durchaus nicht ihre Funktion verloren, sondern organisierten noch den größten Teil der gewerblichen Produktion. Zur Erhaltung ihrer Existenz und ihres Besitzstandes wehrten sie sich gegen jeden Außenseiter, sowohl gegen unzünftische Handwerker wie das Verlagswesen. Dieser Verhärtung nach außen korrespondierte eine Verhärtung der inneren Struktur. Der Aufstieg vom Lehrling über den Gesellen zum Meister wurde immer schwieriger. Während im Mittelalter noch jeder Handwerker vom Zunftmonopol profitierte, schloß sich die Schicht der Meister immer exklusiver zusammen. Das innerzünftische Leben wurde einem Reglement unterworfen, das den Aufgabenbereich und die Lebensweise jedes einzelnen Handwerkers und Gesellen genau festschrieb. Die Blütezeit der Zünfte war gekennzeichnet durch die politische Auseinandersetzung mit dem Magistrat um die Mitsprache des Handwerks, die Abschließung der Zünfte dagegen brachte die soziale Unterdrückung der Gesellen. Gesellenproteste treten seit dem späten 16. Jahrhundert an die Stelle der Zunftaufstände, was deutlicher als alles andere den Wandel der Zünfte als ehemals entscheidende soziale Organisationsformen vorindustriellen Gewerbes aufzeigt.

Die Abschließung und Verhärtung der Zünfte bedeutete zwar keine allgemeine Stagnation der gewerblichen Produktion, beeinträchtigte aber sowohl die Rolle der alten Städte innerhalb der industriellen Revolution als auch die Änderung der Produktionsweise für neue handwerkliche Produktionssektoren, die sowohl neue Techniken zuließen wie erstmals Produktion in großem Maßstab ermöglichten. Daneben traten erste Werkstattproduktionen, die im Unterschied zur Heimarbeit wie dem zünftischen Handwerk und der Heimindustrie erstmals die Trennung von Haushalt und Betrieb durchführten und eine Kontrolle über die Gleichmäßigkeit der Produktion und des Arbeitsquantums ermöglichten. Wenngleich der eigentliche Werkstattbetrieb, der derzeit im Manufakturwesen seinen ersten Höhepunkt erlebte, erst voll im 17. Jahrhundert zum Ausbau kam, gibt es doch in der Papierindustrie, in Druckereien, Färbereien und in der Luxusartikelindustrie (Teppiche, Porzellan, Glas, Waffen) des 16. Jahrhunderts Ansätze hierzu, die die traditionellen Organisationsformen gewerblicher Produktion sprengten. An Bedeutung und Zahl waren diese Betriebe noch gering und beschränkten sich weitgehend auf die Warenproduktion für die Oberschicht, wurden deswegen allerdings auch intensiv gefördert.[26]

Entscheidender für die Entwicklung der gewerblichen Produktion vor dem Fabriksystem wurde die ländliche Produktion, die dem

Verlagssystem unterlag und weitgehend hausindustriell betrieben wurde.[27] Hausindustrielle Produktion entstand nicht aus dem Handwerk, sondern neben ihm, als die Zünfte nur noch einen Teil des Bedarfs an gewerblichen Produkten deckten, zahlreiche Arbeitskräfte zur Verfügung standen und die Nachfrage nach billiger Exportware stieg. Das Verlagssystem war im Spätmittelalter aufgekommen, aber den entscheidenden Entwicklungsschub, der in die Phase der Protoindustrialisierung hinüberleitete, brachte das ausgehende 16. und 17. Jahrhundert. Das neue System verbreitete sich von Norditalien, Flandern und Oberdeutschland über ganz West- und Mitteleuropa nach Frankreich, England und Deutschland, hier vor allem am Niederrhein, in Sachsen und Schlesien, also in jenen Gewerberegionen Europas, die aufgrund der Agrarstruktur eine Verdichtung der gewerblichen Warenproduktion zuließen. Von früh an kennen wir das Verlagssystem im Bergbau, in der Metallverarbeitung, in der Verarbeitung von Holz und anderen Rohstoffen, vor allem aber im Textilgewerbe, der Woll-, Leinen- und Seidenindustrie. Das Verlagssystem kennzeichneten drei wesentliche Neuerungen, mit denen es über die Struktur des Zunfthandwerks hinausging, die ihm deswegen auch eine beträchtliche Rolle im Auflösungsprozeß des Feudalismus wie beim Prozeß der Durchsetzung kapitalistischer Produktionsverhältnisse zuwiesen.

Im Unterschied zum Zunfthandwerk trennte einmal das Verlagswesen erstmals den Absatz von der Produktion. Während der Handwerker sich allein auf die Produktion konzentrierte und diese unter den Bedingungen und Normen des Marktes herstellte, sorgte der Verleger für ihren Absatz auf dem Markt wie für die Belieferung der Handwerker mit Rohstoffen, sofern sie über große Entfernungen herbeigeschafft werden mußten. Verleger konnten zunächst vermögende Handwerker sein, später waren es in der Regel kapitalkräftige Kaufleute. Der Verlag verband die Vorteile des Großunternehmens (Standardisierung, zentrale Marktdisposition und Kapitalbereitstellung) mit den Vorteilen der unveränderten kleinbetrieblichen Fertigung.

Durch die Trennung von Produktion und Absatz, von Gewerbe und Handel stellte das Verlagssystem zum anderen ein neues Abhängigkeitsverhältnis her. Durch die Ausschließlichkeit, mit der allein der Verleger den Absatz garantierte und die Rohstoffe lieferte, entstand eine Abhängigkeit, die weder vergleichbar war mit der Abhängigkeit des Hintersassen vom Grundherrn noch der der Gesellen vom Meister im Zunfthandwerk. »Aus einem selbständigen unmittelbar für den Kunden arbeitenden Handwerker war er zu einem vom Verleger abhängigen Arbeiter geworden.«[28]

Solange der Handwerker noch zünftisch organisiert war, hatte der einzelne noch einen gewissen Schutz vor Ausbeutung, während der Heimarbeiter auf dem Land, auf den sich der Verlag zusehends stützte, in seiner Subsistenzsicherung vollständig vom Verleger abhängig wurde.

Schließlich wurde entscheidend, daß das Verlagssystem nicht auf neuen Betriebsformen gründete, sondern auf der traditionellen Haus- und Familienwirtschaft der ländlichen Bevölkerung. Hier wurden nicht nur in großem Maße überschüssige ländliche Arbeitskräfte beruflich beschäftigt, sondern erstmals auch Frauen und Kinder in den Produktionsprozeß fast gleichberechtigt mit den Hausvätern einbezogen. Die spezifische Rollenverteilung der Geschlechter wurde unter dem Druck der Produktion für den Markt und der Subsistenzsicherung partiell aufgehoben und zugleich das »ganze Haus« auf die Kernfamilie reduziert. »Insgesamt resultierte aus dem Versuch, die familienwirtschaftliche Eigenständigkeit der bäuerlich-gewerblichen Subsistenzwirtschaft unter den Bedingungen einer kapitalistischen Organisation von Markt, Absatz und Vertrieb zu bewahren, ein Mechanismus der Verelendung und Verschuldung der Produzenten, der das ›ganze Haus‹ zunehmend von seiner agrarischen Basis löste, die Familie vom Geldeinkommen abhängig machte und zur (unbezahlten) Mehrarbeit zwang, ohne ihr dadurch jedoch die Subsistenz auf Dauer zu sichern.«[29]

V. HANDEL, VERKEHR, FINANZEN

Voraussetzung und Bedingung der steigenden Agrarkonjunktur und des Aufschwungs der gewerblichen Warenproduktion im ›langen 16. Jahrhundert‹ war die Ausweitung des Handels. Zweifellos wuchs der Binnenhandel im Maße der Verdichtung des regionalen Marktes, der Verdrängung von Natural- durch Geldabgaben, des Wachstums der Städte und der steigenden Nachfrage, doch entwicklungsgeschichtlich gesehen war der eigentliche Motor und das dynamisierende Element der europäischen Wirtschaft, das ihr Wachstum förderte und ihre Struktur langfristig umänderte, der Fernhandel. Er ermöglichte die Bedürfnisdeckung einer steigenden Bevölkerung, die Erhöhung des Lebensstandards der oberen Gesellschaftsschichten, bedingte aber auch die zunehmende Ungleichheit der Entwicklung in Süd- und Nordeuropa wie West- und Osteuropa. Nicht allein die Aneignung der bäuerlichen Überschüsse oder die Gewinne der Agrar- und Warenproduktion führten zur Anhäufung des frühneuzeitlichen Kapitals, sondern im Fernhandel vollzog sich durch Abschöpfung, durch ›ungleichen Tausch‹, erstmals die für die Entstehung des Kapitalismus notwendige Akkumulation von Kapital. Die erste Blüte des Handelskapitalismus erlebte das ›Zeitalter der Fugger‹ unter der Voraussetzung der europäischen Expansion, ohne daß dies allerdings unmittelbar eine Auflösung der feudalen Ökonomie und Herrschaft eingeleitet hätte. Diese vollzog sich erst unter der Bedingung einer Wechselwirkung, in der »die ›äußere‹, in der Zirkulationssphäre gründende und vom Handelskapital vermittelte Dynamik der Austausch- und Handelsbeziehungen während der Übergangsphase zum Kapitalismus mit der ›inneren‹ Veränderung der Produktionsweisen und Produktionsverhältnisse in Stadt und Land«[1] stand und die sich erstmals zu Ende des 16. Jahrhunderts bzw. zu Anfang des 17. Jahrhunderts abzeichnete.

Der allgemeine Aufschwung und die steigende Verdichtung des europäischen Handels ist seit dem frühen 16. Jahrhundert ein auffälliger Zug der frühneuzeitlichen Geschichte. Doch zweierlei muß einschränkend hinzugefügt werden: Der europäische Handel erfaßte zum einen nicht alle Länder Europas in gleicher Intensität. Außer politischen bestimmten in hohem Grade geographische, klimatische und demographische Besonderheiten die Wirtschaftsstruktur wie den Handel. Es gab sehr weit auseinanderliegende Regionen mit starkem Kontakt untereinander und Regionen, die völlig isoliert waren und es noch lange blieben. Der europäische Handel kam zum anderen nicht allen Bevölkerungsschichten gleicherweise zugute, er korrespondierte nicht der allgemeinen Bedürfnisstruktur der Bevölkerung, sondern war überwiegend bestimmt von den Interessen des Adels wie des städtischen Bürgertums. Erst als zunehmend im 17. Jahrhundert Massengüter gehandelt wurden, konnten untere Bevölkerungsschichten an dem überregionalen Tausch partizipieren.

Der Handel war entscheidend abhängig vom Zustand und Ausbau des europäischen Verkehrssystems, das seiner Ausdehnung eindeutige Grenzen setzte.[2] Allgemein kennzeichnen den Verkehr in der frühen Neuzeit eine niedrige Reisegeschwindigkeit und große Unsicherheit auf den Landstraßen wie auf dem Meer. Der Verlust von Transportfahrzeugen und ihrer Fracht war beträchtlich. Zwar war ganz Europa von einem relativ dichten Verkehrsnetz durchzogen, von Sevilla bis Danzig konnte man ebenso reisen wie von Messina nach London, nur der Osten Europas blieb beträchtlich hinter dem westeuropäischen Stand zurück. Hier glichen Reisen Abenteuern. Doch die Landstraßen waren allgemein sehr schlecht und viel zu eng, so daß jedes Überholen zum waghalsigen Unternehmen wurde. Das mehrspännige Fahren diente weniger der Luxusdarstellung als der Notwendigkeit, das Ziel heil und schnell zu erreichen. Räuberische Überfälle drohten ebenso wie ein Zusammenbrechen des Wagens. Ein Frachttransport von Straßburg nach Augsburg dauerte z. B. 1590 rund acht Tage. Maximal konnten unter normalen Bedingungen in 24 Stunden rund 100 km Entfernung überwunden werden. Pflasterstraßen kamen relativ spät auf, die erste entstand zwischen Paris und Orléans.

Das Frachtfuhrgewerbe lag im Spätmittelalter und auch später in Händen nebenberuflich tätiger Bauern. Sie verdienten damit nicht viel Geld, was nicht heißt, daß der Transport von Gütern billig war; vor allem der Verlust durch Überfälle, Bruch und besonders die Zollunkosten waren hoch. Seit der Mitte des Jahrhunderts treten zunehmend große Speditionsfirmen auf, die Annoni in Mailand, Della Faille in Antwerpen und Kleinhans und Enzensperger aus Schwaben u. a. organisierten Frachtfuhren durch ganz Europa.[3] Das Landstraßensystem wurde vor Ende des 18. Jahrhunderts nicht entscheidend verbessert, so sehr sich die Obrigkeiten bemühten, nicht zuletzt um die Zolleinnahmen zu steigern. Die Klagen über den Zustand der Straßen klangen von England bis Spanien vom 16. bis ins 18. Jahrhundert gleich.[4] Als beträchtliche Errungenschaften galten immerhin das Aufkommen von Speichenrädern, die die Scheibenräder endgültig ersetzten, von Gefährten mit beweglichem Vorderteil, was ihre Wendigkeit erhöhte, und in Italien von Kutschen und Karossen mit Glasfenstern; außerdem wurde das Geschirr verbessert, indem man allgemein nicht mehr den Hals, sondern die Schultern des Tieres ziehen ließ, womit eine Steigerung der Zugkraft um das 3,6fache erreicht wurde. Trotz andauernder Kriege und Seuchen nahm der Fracht- und Reiseverkehr über weite Strecken konstant zu. Selbst der Dreißigjährige Krieg unterband diese Entwicklung in Deutschland nur zeitweilig. Wichtige und neuartige Hilfe boten Landkarten und historisch-geographische Handbücher zur Information über die einzelnen Länder. Bekannt vor allem ist Mercators ›Atlas sive cosmographicae meditationes de fabrica mundi et fabricati figura‹ (1595). Im Laufe des 17. Jahrhunderts wurden die Holländer führend in der Kartographie, sowohl für Land- wie für Seekarten.

Der Landverkehr war langsam, unsicher und vor allem kostspielig, die Frachtfuhren waren klein und beanspruchten zu ihrer Führung viele Fuhrleute. Langstreckentransporte für große Lasten und Mengen waren weitgehend unrentabel. Der Fernhandel vollzog sich soweit als möglich auf den Flüssen und dem Meer. Die Weichsel wie die Oder, der Rhein wie die Donau kannten einen so regen Verkehr wie die Küste um ganz Kontinentaleuropa und um England, wie die Ostsee und das Mittelmeer. Alle großen Handelsstädte lagen an Flüssen oder am Meer. Der Landverkehr über einige Meilen war (1546) teurer als über 8000 Meilen auf dem Meer. Dabei war die Seefahrt keineswegs ungefährlich, die Zahl der Schiffbrüche war beträchtlich, und die Seeräuberei erlebte gerade zu Ende des 16. Jahrhunderts einen Höhepunkt. Aber die Lasten, die Schiffe mit sich führen konnten, waren sehr groß. Ein Rohsegelschiff, das auf Amerikatouren oder im Ostseehandel eingesetzt wurde, transportierte 400 bis 600 Tonnen. Bei aller Schwerfälligkeit taten sie ebenso gute Dienste wie die Passagierschiffe, z. B. die portugiesischen Galeonen, die mit ihren 2000 Tonnen immerhin 800 Passagiere an Bord nehmen konnten. Auf keinem Gebiet fanden zudem so viele Verbesserungen statt wie im Navigationswesen, so daß die Schiffahrt bis zum Aufkommen der Eisenbahn konkurrenzlos war und die entscheidende Voraussetzung für die europäische Expansion. Die Verbesserungen zielten allgemein auf eine erhöhte Manövrierfähigkeit und auf die Verkürzung der Fahrzeit.[5]

Bis zu Beginn des 16. Jahrhunderts lag der Schiffbau in Händen der Ostseehäfen, dann aber wurden die Holländer absolut führend. Der Schiffbau zählte zu ihren einträglichsten Geschäften. Sie organisierten damit nicht nur ihre eigenen Getreidezufuhren, sondern monopolisierten überhaupt den europäischen Getreidehandel, ja ihrem Schiffbau ist wesentlich die Errichtung ihres großen Kolonialreiches zu verdanken. Eine ihrer großen Errungenschaften war der Bau der ›Bojer‹, die im Verkehr mit Frankreich, England und den Ostseeländern eingesetzt wurde. Im Unterschied zum englischen Dreimaster, der 100 Lasten beförderte und 14 Mann Besatzung nötig hatte, führte die Bojer zwar nur 50 Lasten, brauchte aber nur 5 bis 6 Mann Besatzung, außerdem konnte sie pro Jahr dreimal eine Ostseereise unternehmen, während alle übrigen Schiffe gewöhnlich nur einmal unterwegs waren. Die gewinnbringendste Errungenschaft des 16. Jahrhunderts war die ›Fleute‹, die erstmals 1575 eingesetzt wurde; sie war schmal, ihre Masten waren höher als gewöhnlich und ihre Segel kleiner, so daß das Schiff viel schneller als andere fuhr. »Mit diesen Schiffen konnten die Holländer nach dem Waffenstillstand von 1609 ihren Siegeszug in der Frachtfahrt antreten.«[6]

Der Frachttransport im frühneuzeitlichen Europa war bereits gut organisiert. Wenn auch viele Regionen Europas verkehrstechnisch noch unerschlossen waren, vor allem solange sie nicht von schiffbaren Flüssen durchzogen waren, wurde das Verkehrsnetz doch zunehmend dichter und der Warenaustausch intensiver. Korrespondierend entfaltete sich auch das Post- und Nachrichtenwesen, das zunächst international organisiert war, dann aber im 16. Jahrhundert zusehends nationalisiert wurde. Die Post der Kaufleute konkurrierte mit der der Fürsten und Länder. Im Reich lag das Postwesen seit 1595 in Händen des kaiserlichen Generalpostmeisters Thurn und Taxis und war für seine Effektivität bekannt. Der Postverkehr diente nicht nur dem Kontakt unter Kaufleuten, Fürsten und Privatpersonen, ihm verdanken wir auch die ersten Nachrichtenübermittlungen. Vor allem die von Handelshäusern versandten Avisen bilden eine Nachrichtenquelle ersten Ranges (Fuggerzeitungen). Seit der zweiten Hälfte des 16. Jahrhunderts kamen die gedruckten sog. Meßrelationen hinzu.[7]

Europa teilte sich in vier große Handelsräume auf.[8] Ein Handelsraum ersten Ranges war nach wie vor das Mittelmeer, das zahlreiche große, ja die größten Handelsstädte miteinander verband, so Konstantinopel und Kairo, Venedig und Genua, Barcelona und Marseille. Bis weit ins 16. Jahrhundert hinein unterlag es weitgehend der Potenz der norditalienischen Stadtstaaten, sie waren die Warenvermittler zwischen der Levante und Nord- und Westeuropa. Güter aller Arten zirkulierten, vor allem Getreide, Öl, Wein und Alaun. Am einträglichsten war der Getreidehandel, den Venedig weitgehend monopolisiert hatte. Doch nachdem der Seeweg nach Indien entdeckt wurde, die Holländer Gewürze aus Übersee einzuführen begannen und der Mittelmeerraum seit der zweiten Hälfte des 16. Jahrhunderts, wohl aufgrund einer allgemeinen Bevölkerungszunahme, von Importen zur Deckung des lebenswichtigen Bedarfs, vor allem an Getreide, abhängig wurde, verlor der Mittelmeerraum seine ehemals zentrale wirtschaftliche Bedeutung.[9]

Einen weiteren Handelsraum bildete Mitteleuropa. Hier gab es die reichsten Erzvorkommen Europas und weitausgedehnte Gewerberegionen. In dem Maße allerdings, in dem Oberdeutschland an wirtschaftlicher Kraft einbüßte, der Handel über die wichtigen Überlandstraßen wie die Donau und den Rhein zugunsten des transkontinentalen Handels an Gewicht verlor, konzentrierte sich der mitteleuropäische Markt zunächst auf Antwerpen, dann auf Amsterdam.[10]

Unter den dominanten Einfluß der Niederländer geriet auch der dritte Handelsraum, die Ostsee. Der Seehandel umfaßte vor allem Getreide, Salz und Holz, weiterhin aber auch Felle, Wachs und Erze. Die Ostsee war lange fast ausschließlich Handelsraum der norddeutschen Hanse. Seit der Mitte des 16. Jahrhunderts drangen aber auch hier die Holländer derartig vor, daß in den 90er Jahren die Mehrzahl aller Schiffe, die den Sund passierten, bereits holländische waren. Zwar partizipierten auch Engländer und Skandinavier am Ostseehandel, doch im 17. Jahrhundert dominierten die Holländer. Amsterdam wurde zum Hauptgetreidemarkt für ganz Europa.[11]

Nicht minder lebhaft schließlich war der Schiffsverkehr im vierten europäischen Handelsraum, der Atlantikküste von Gibraltar bis Amsterdam. Auch hier wurden Güter des täglichen Bedarfs, vor allem Getreide und Salz transportiert. England, Frankreich, Portugal und Spanien nahmen am Gütertausch gleicherweise teil, doch den Verkehr selbst beherrschten auch hier bald die Holländer. Im Getreidetransport von Danzig nach Lissabon verfügten sie über die zentralste Lage, die ihnen einen raschen Umschlag des Handelskapitals erlaubte. So trat innerhalb Europas an die Stelle der Wirtschaftsmacht der Venezianer im Mittelmeerraum die der Holländer, auch wenn sie im Unterschied zu Frankreich am Levantehandel nicht teil hatten.

Diese großen Handelsräume waren keinesfalls autonome Wirtschaftsgebiete, sie standen nicht nur in reger Beziehung untereinander, sondern waren alle auch mit dem Überseehandel verbunden, der weitgehend ihr wirtschaftliches Handeln bestimmte.[12] Der Asienhandel unterschied sich dabei wesentlich vom Amerikahandel. Aus Asien importierte Europa gegen Geld vor allem Luxusgüter, Pfeffer, dann auch indische Textilien. Der Asienhandel lag in Händen der Portugiesen, dann aber der Holländer, die in Batavia auf Java ihren Hauptstützpunkt errichteten. Im Unterschied zu Asien, wo nur Handelsstützpunkte entstanden, folgte dem Atlantikhandel eine Besiedlung Amerikas. Edelmetalle, Zucker und Baumwolle wurden nach Europa importiert, während Europa Amerika mit gewerblichen Produkten, dann vor allem mit Sklaven versorgte. Auch hier verdrängten die Holländer bald die Portugiesen und Spanier, erst später machten ihnen die Engländer Konkurrenz. Mit der Zeit war ein großes Netz von Handelswegen innerhalb und außerhalb Europas entstanden. Knotenpunkte des europäischen Absatzsystems waren nicht länger Lissabon, Sevilla, Genua oder Venedig, sondern zusehends traten Antwerpen und Amsterdam, dann auch London und Hamburg an ihre Stelle.

Die Waren, die in Europa auf große Entfernungen hin gehandelt wurden, dienten keinesfalls mehr allein dem Luxus, es handelte sich oft um lebensnotwendige Massenprodukte wie Getreide, Vieh und Textilien. Größte Bedeutung in der frühen Neuzeit erlangte der Getreidehandel (Weizen und Roggen).[13] Er erfolgte weitgehend auf See und unterlag krassen Schwankungen. Zum Aufschwung des Getreidehandels kam es, als im Mittelmeerraum im 16. Jahrhundert die Versorgungslage schlecht wurde und der Verstädterungsprozeß in Nordwesteuropa so rasch zunahm, daß das umliegende Land zur Getreideversorgung nicht mehr ausreichte. Zunächst wurde das Getreide in Portugal knapp, dann in Spanien. Besonders bedrohlich war die Versorgungslage in Italien, als ab 1586 eine Reihe von Mißernten folgten und Hungersnot ausbrach. Große Mengen von Getreide wurden vor allem aus Danzig erworben. Sie reichten zwar nicht, um die Hungersnot zu beheben, aber zumindest die großen Städte waren versorgt. Vom Getreidehandel profitierten einmal die Kaufmannschaft Danzigs und anderer Hafenstädte an der Ostsee sowie der polnische Adel, der seine gutsherrschaftlichen Betriebe rasch auf diese Gewinnmöglichkeit einstellte, zum anderen holländische Händler, vor allem aus Amsterdam, das den ganzen Handel von der Ostsee zum Mittelmeer monopolisierte. Zuungunsten von Lübeck und Brügge protektionierte die Stadt Amsterdam die Interessen ihrer Getreidehändler. Aber nicht sie allein wurden reich, sondern im Unterschied zu Polen, wo der getreideproduzierende Bauer eher verlor, gewannen auch verschiedene Gewerbe durch den Getreidehandel, so vor allem der Schiffsbau.

Genaue Zahlen über den Handel liegen nicht vor. Zwischen 1497 und 1660 zählte man am Sundzoll 400 000 Durchfahrten, das entspricht in etwa 4,6 Millionen Lasten. Die Mengen, die in der ersten Hälfte des 17. Jahrhunderts transportiert wurden, reichten, um $^{3}/_{4}$ Millionen Menschen zu ernähren.[14] Im Verhältnis zur Gesamtbevölkerung West- und Südeuropas war das recht wenig. Aber es reichte oft aus, um den Städten über die Engpässe zu helfen. Der Getreidehandel aus den Ostländern hatte im 16. Jahrhundert einen Höhepunkt erreicht, bis sich dann die Versorgungssituation im Mittelmeerraum im 17. Jahrhundert besserte. Als Danzig unter die Herrschaft der Schweden geriet, ging der Handel zurück. Unbekannter, aber von nicht minderer Bedeutung war der Rinderhandel aus Dänemark, Polen und Ungarn.[15] Zwar ging bereits im 16. Jahrhundert der große Fleischkonsum in Europa zurück, aber zur Versorgung der anwachsenden Städte, der Haushalte der Fürsten und Armeen sowie der Schiffe für den Fernhandel waren immer noch große Mengen nötig. Einer der großen Rindermärkte war Buttstädt in Thüringen, wohin Vieh aus Polen, Brandenburg und Pommern kam, ein zweiter Markt war in Wedel bei Hamburg, wo dänische Rinder von holländischen und deutschen Käufern erworben wurden. Die Handelsgeschäfte lagen

Tabelle 4: *Die Getreideverschiffungen durch den Sund nach West-*
europa 1562–1710 (Zehnjahresdurchschnitte in Last)

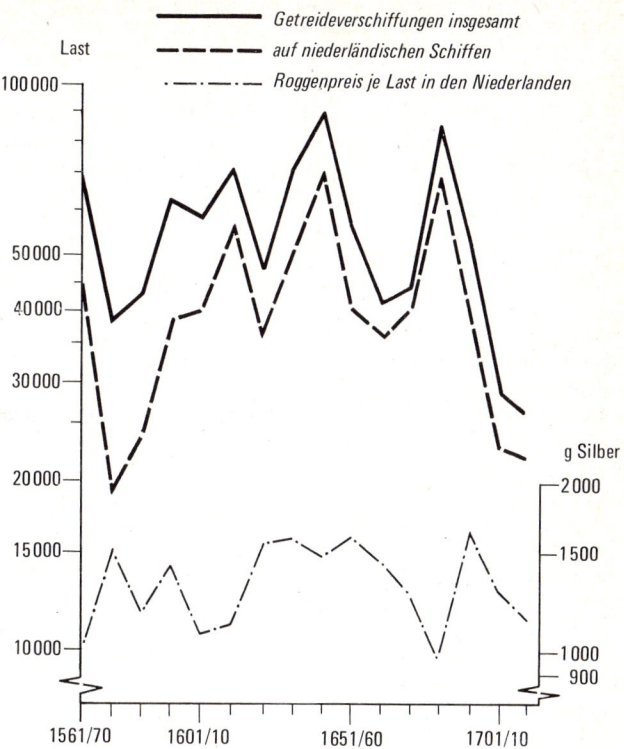

zumeist in Händen von Aufkäufern. Die Aufzucht der Rinder
besorgten die Bauern, während die Ausfuhr allein den Grundherrn erlaubt war. Ein erster Höhepunkt des Viehhandels wurde
um die Mitte des Jahrhunderts erreicht, dann ging der Handel
zurück, bis er Anfang des 17. Jahrhunderts zu einem zweiten
Höhepunkt anstieg. In Gottorp-Rendsburg wurden bis 1625 nach
den Zolleingängen jährlich mehr als 30 000 Stück Vieh gezählt,
1612 stieg die Zahl sogar auf 52 350 Rinder.[16] Mit dem Ausbruch
des Dreißigjährigen Krieges verschlechterte sich der Viehhandel,
zumal er primär über Deutschland lief. Aus dem Rinderhandel
zogen vielerlei Leute beträchtliche Gewinne, an erster Stelle der
Adel in Dänemark, Polen und Ungarn. »Die Hochkonjunktur im

Rinderhandel fiel mit dem goldenen Zeitalter des Adels zusammen.«[17]

Reich war das Angebot an Nahrungsmitteln aus Übersee. Während Zucker, Tabak, Kaffee und Tee erst im 17. und 18. Jahrhundert den Überseehandel bestimmten, hatten Gewürze, allen voran der Pfeffer, im 16. und frühen 17. Jahrhundert eine Hochkonjunktur.[18] Sie korrespondierte mit dem hohen Fleischverbrauch und der Gewohnheit, alle Speisen stark zu würzen. Der Pfeffer war, wenn auch ein Luxusgegenstand, dennoch ein Massengut und, weil er hohe Gewinne bringen konnte, ein Spekulationsobjekt ersten Ranges. Bei keinem anderen Handelsgut gab es so viele Monopolisierungsversuche und Kartellabsprachen sowie Phasen härtesten Wettbewerbs. Der erste Pfeffer kam von der Westküste Indiens und gelangte über indische und arabische Fernhändler auf Karawanenwegen über die Levante in die Hände italienischer Kaufleute.[19] Erster zentraler Pfeffermarkt Europas war Venedig, wo u. a. auch die Fugger kräftigst ihre Interessen vertraten. Eine erste einschneidende Konkurrenz entstand, als die Portugiesen sich mit der Herrschaft über die Malabarküste gleichfalls ein klassisches Pfefferland sicherten und Pfeffer auf dem Seeweg nach Europa brachten, wo sie ihn in Lissabon ebenfalls zu monopolisieren versuchten. Die mit der Seefahrt verbundenen Unsicherheiten, Seeräuberei und Schiffbruch, dann auch Kriege Portugals mit der Türkei, hinderten den Ausbau des Pfefferhandels nicht, auch wenn 1586/91 in etwa nur 62% der Sendungen aus Goa in Lissabon ankamen. Aber auch der Handel der Venezianer war nicht frei von Schwierigkeiten. Jedenfalls konkurrierten der Mittelmeerpfeffer, der über die Levante kam, und der Atlantikpfeffer, der über Lissabon nach Europa gelangte, bis ins frühe 17. Jahrhundert, als die Holländer die Portugiesen aus Asien verdrängten und der Atlantikpfeffer und sein Vertrieb über Amsterdam so dominant wurden, daß selbst Venedig nach dem Niedergang des Levantehandels aus Holland mit Pfeffer versorgt werden mußte. Die neue Ostindische Kompanie zog den ganzen europäischen Handel an sich, sie führte so große Mengen ein, daß sie den Preis drücken und damit den Levantehandel langfristig ausschalten konnte.[20] Dabei vollzog sich der Handelskampf keineswegs immer eindeutig zugunsten der Holländer. Aufgrund seines hohen Spekulationswertes und der unregelmäßigen Lieferungen schwankte der Preis für Pfeffer außerdem lange. Stieg der Preis z. B. 1630 aufgrund seiner Verknappung auf 175 holl. Gulden, so sank er 1652 auf 38 Gulden für hundert Pfund. Eine Preiskurve zu zeichnen, ist ebenso schwierig wie die genaue Pfeffermenge anzugeben, die auf den europäischen Markt gelangte. Für das

16. Jahrhundert wird eine Menge von drei bis vier Millionen Pfund geschätzt; im 17. Jahrhundert stieg sie auf das Doppelte. Je größer die importierte Menge wurde, um so stärker fielen die Preise. Um die Mitte des 17. Jahrhunderts schien der Markt gesättigt zu sein, nicht zuletzt aufgrund des zurückgehenden Fleischkonsums.[21]

Einen bedeutenden Aufschwung erlebte auch der Textilhandel, wenngleich er unter den Folgen des niederländischen Aufstandes und der Religionskriege beträchtlich zu leiden hatte. Textilien für den täglichen Bedarf wurden überall erzeugt und auf regionalen Märkten verkauft. Doch war ihre Qualität schlecht, auch reichten sie nicht für den steigenden Bedarf in der frühen Neuzeit. Feinere und kostbarere Tuche, für die sich vor allem die europäische Oberschicht, der Adel und das städtische Bürgertum, interessierten, stammten weitgehend aus den alten Produktionsgebieten in Norditalien, Flandern, Brabant, Süddeutschland, England und den Niederlanden. Zentraler Umschlagsmarkt für die hochwertigen und viel gefragten englischen Tuche war Antwerpen, so daß es einen beträchtlichen Einbruch für den englischen Tuchhandel bedeutete, als der Antwerpener Markt infolge der Religionskriege der 50er Jahre zusammenbrach, zumal kein Land so abhängig war vom Textilhandel wie England. Der Zusammenbruch des Antwerpener Marktes und der Bedarf an neuen, leichteren Tuchen führte zum Verfall alter Industrien, vor allem in Flandern und Norditalien, und gab der neuen Industrie eine Chance, sich auf die veränderte Situation einzustellen. Denn in dem Maße, wie seit der 2. Hälfte des 16. Jahrhunderts die sich ausweitende Adelskultur, der steigende Kleiderluxus und die häufig wechselnden Moden erstmals das Bedürfnis nach leichterem und billigem Tuch steigerten, gab es neue Entwicklungschancen, die vor allem England (Merchant Adventurers) in der Weise ausnützte, daß die englischen Kaufleute ihre neue Ware nicht nur in den Niederlanden und in Norddeutschland, sondern auch im Mittelmeerraum, dem Wirtschaftsraum der Venezianer, absetzen konnten. Aufgrund des leichten Zugangs zu Rohstoffen und niedriger Produktionskosten der Engländer kapitulierte die Tuchindustrie Venedigs, die mit spanischer Wolle versorgt wurde. Der Aufschwung des englischen Tuchhandels wäre sicherlich nicht so erfolgreich gewesen, hätten die Engländer zudem nicht in Livorno, dem Hafen von Pisa, Fuß fassen können. Livorno wurde unter der Herrschaft des Großherzogs von Toskana 1593 zum Freihafen erklärt, eine blühende Handelsstadt mit zahlreichen Kaufleuten.[22]

Ein nicht uneinträgliches Geschäft wurde im 16. Jahrhundert auch der Sklavenhandel. Nachdem in Amerika die Sklaverei der Indianer abgeschafft war, wurden in steigendem Maße Neger als

Sklaven auf den Plantagen eingesetzt. Der Handel war ursprünglich ein Monopol Portugals bzw. Spaniens, geriet dann aber in die Hände privater Gesellschaften. An ihm partizipierten nicht nur Spanien, sondern auch oberdeutsche, niederländische und englische Kaufleute. Während im 16. Jahrhundert bereits 900 000 Neger nach Amerika verschifft wurden, stieg ihre Zahl im 17. Jahrhundert auf 2,75 Millionen an, wobei anzunehmen ist, daß die gleiche Zahl beim Transport erbärmlich an Hunger, Krankheit und Heimweh zugrunde ging.[23] Wie lukrativ der Handel war, zeigt eine Zahl: Die holländische Westindische Kompanie verkaufte 1636/45 23 000 Neger für 6,7 Millionen holländische Gulden, das sind rund 300 Gulden pro Person.[24]

Mit einer konstanten Ausweitung des regionalen wie des interregionalen Marktes aufgrund der europäischen Expansion sowohl durch den Ausbau des Verkehrswesens als auch vor allem durch die Produktionssteigerung, die immer mehr auch entlegene Räume erfaßte, bahnten sich Änderungen in der Technik und Organisation des Handels an, die in ihrer Wirkung zwar erst später spürbar, doch bereits im Laufe des 16. und 17. Jahrhunderts ausgebildet wurden. Langfristig bedeutsam wurde die Spezialisierung: Der Warenhandel trennte sich sukzessiv vom Kommissionsgeschäft, von der Spedition und vor allem vom Bankgeschäft. Die großen Handelsherrn des frühen 16. Jahrhunderts vereinten noch weitgehend Fernhandel, Finanzgeschäfte und unternehmerische Tätigkeiten im Verlagswesen oder Bergbau; dies änderte sich mit dem Zusammenbruch der alten Handelsgesellschaften in der zweiten Hälfte des 16. Jahrhunderts und der Entstehung des modernen Finanzwesens unter anderem im Zusammenhang der Gründung von Banken. Auch trennte sich der Großhandel vom Detailhandel in dem Maße, wie im Zusammenhang der Spezialisierung nach Warenbranchen insbesondere in den konzentrierten Gewerbelandschaften Europas die Bedeutung der Jahrmärkte und Messen zurückging.[25] Erste Einzelhandelsläden mit speziellen Handelsangeboten entstehen in London.

Der Großteil des Handels vollzog sich zwar noch traditionell, aber so sehr auch städtische Obrigkeiten und Territorialherrn aus fiskalischen Gründen die Jahrmärkte als einzigen regionalen Umschlagpunkt für Städter und Bauern schützten bzw. schützen mußten, trat daneben doch ein Hausierertum von Ortsfremden, das trotz aller offiziellen Verbote toleriert wurde.[26] Die Jahrmärkte genügten nicht länger dem steigenden Bedarf der über das weite Land verstreuten Bevölkerung an Haushaltswaren, Gewürzen und Textilien. Ebensowenig entsprach die Institution der alljährlichen

Abb. 5: *Markt von Impruneta in der Toskana.*
Kupferstich v. J. Callot (um 1620)

Messen für den Fernhandel mehr der Ausdehnung der Geschäfts-
tätigkeiten. Die großen Städte London und Paris, Lyon und Antwerpen, Amsterdam und Hamburg entwickelten bzw. unterstützten Märkte als beinahe ständige Einrichtungen.[27] Der Großhandel
verlagerte seine Geschäfte zunehmend von den freien Plätzen in
Speicher, Börsen oder gar Wirtshäuser, während die Jahrmärkte
selbst immer mehr zu reinen Belustigungsstätten wurden.
Auch der Kaufmannsstand selbst wurde in Geschäftsgebaren wie
Ausbildung zunehmend rationalen Regeln unterworfen. Die doppelte Buchführung war schon lange bekannt, doch außerhalb
Italiens setzte sie sich erst in der zweiten Hälfte des 16. Jahrhunderts durch. Wie die großen oberdeutschen Handelshäuser zeigen,
war eine rationale Rechnungsführung noch selten, doch Rechen-
bücher fanden starken Absatz in allen Handelsstädten. Gefördert
wurde die Buchführung außerhalb Italiens besonders durch Simon
Stevin, dessen ›Hypomnemata Mathematica‹ (1605/8) als ein
Lehrbuch der Praxis und nicht der Gelehrtenwelt den Bedürfnissen des neuen Kaufmannstandes sehr entgegenkam. Wichtig
wurde vor allem die Ausbildung des Kaufmanns. Neben der
Lehrzeit – in der Regel absolvierte der angehende Kaufmann fünf
bis sechs Lehrjahre, um dann noch zwei Jahre im Ausland für
seinen ›Herrn‹ zu arbeiten – trat die Ausbildung anhand von
Lehrbüchern. Gefordert wurden vom Kaufmann Schreiben, Rechnen und Buchführung, Kenntnisse der Maße und Gewichte

fremder Länder wie der verschiedenen Handelstechniken und -gewohnheiten sowie in Fremdsprachen.[28] Die soziale Kluft innerhalb der Kaufmannschaft, vor allem zwischen Fernhändlern und Krämern, vertiefte sich. Eine ähnliche ›Verwissenschaftlichung‹ der Ausbildung fand sich übrigens auch bei manchen Handwerkern, wo sich etwa die neuen Berufe des Architekten, Ingenieurs und Apothekers herausbildeten. Der Kaufmann besaß entsprechend der europäischen Sozialordnung unterschiedliches soziales Prestige; galt er in den südeuropäischen Staaten, außer in Norditalien, wenig, so genoß er etwa in Holland und England größtes Ansehen.

Das 16. und 17. Jahrhundert kennt nicht nur eine konstante Ausweitung des Handels in ganz Europa, sondern auch eine Verlagerung der Handelsschwerpunkte von Südeuropa nach Nordwesteuropa bzw. den Untergang alter Handelszentren und Handelsfamilien sowie den Aufstieg neuer Unternehmens- und Organisationsformen des Handels. In dem Maße, wie Holland und England den europäischen Handelsmarkt zunehmend beherrschten, vollzog sich der Niedergang der Hanse, was keineswegs nur auf die internen Probleme der norddeutschen Städte zurückzuführen ist, sondern auf die neue Konstellation des nordeuropäischen Handels. Zwar wurde immer wieder versucht, die Hanse neu zu organisieren (1557), noch 1603/07 baute die Hanse ihr Gesandtschaftswesen aus, aber unverkennbare Zeichen ihres Untergangs sind die Schließung der Hansekontore in Antwerpen, London und Brügge. Als 1669 der letzte Hansetag stattfand, war der Städtebund bereits völlig zerfallen.[29] Sein Untergang war ohne Zweifel mitbedingt durch die holländische Konkurrenz, die fast den ganzen Zuwachs des Handelsvolumens an sich zog, doch waren auch andere Gründe im Spiel. Maßgeblich war einmal die Herausbildung der Territorialstaaten, die dem überregionalen Städtebund entgegenstand, dann die Stärkung der niederländischen Städte, vor allem aber das »Zerbröckeln einer nie festgefügten Organisation, die eigentlich zu fast jeder Zeit genügend innere Differenzen hatte, um durch einen geschickt geführten Stoß von außen, unter Ausnutzung der Zwistigkeiten und Interessengegensätze auseinanderzufallen«.[30] Der Niedergang der Hanse betraf freilich nicht alle Hansestädte als Handelsmetropolen. Hamburgs Aufstieg etwa erklärt sich aus seiner Öffnung gegenüber Holland und England.

Weit dramatischer vollzog sich der Zusammenbruch der oberdeutschen Handelsgesellschaften, vor allem in Augsburg. Während die Bedeutung der Hanse bereits abnahm, dehnte sich der Handel der oberdeutschen Gesellschaften von Anfang bis Mitte des 16. Jahrhunderts aufgrund ihrer geographischen Lage zwischen Oberita-

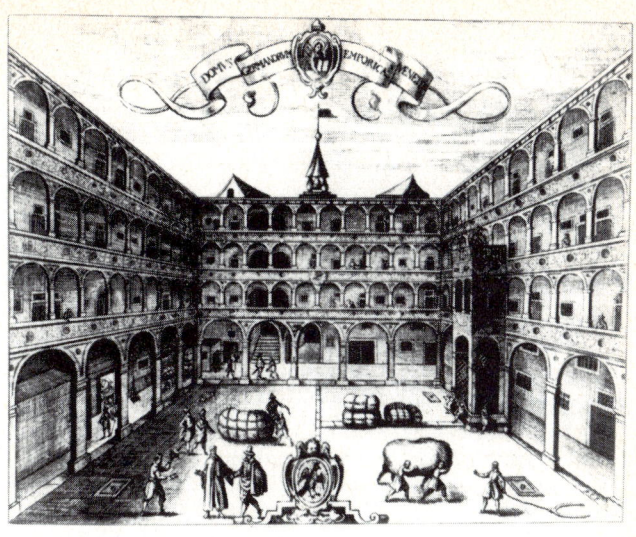

Abb. 6: *Der Fondaco dei Tedeschi in Venedig.*
Kupferstich von R. Custos (1616)

lien und den Niederlanden sowie dank der Verbindung von
Fernhandel und Geldgeschäften noch aus. Seit der Jahrhundertmitte aber meldeten im Zuge der Wirtschaftskrisen Spaniens,
seiner Staatsbankrotte und der wirtschaftlichen Stagnation in
Norditalien mehr oder weniger alle großen oberdeutschen Firmen
Konkurs an. 1546 hatte in Augsburg das große, fast monarchisch
regierte Haus der Fugger ein Vermögen von fünf Millionen
Gulden angehäuft. Als es aber 1645 seine verhängnisvollen spanischen Beziehungen auflösen konnte, verzeichneten die Erben
vier bis fünf Millionen Gulden ungedeckte Forderungen. Was vom
Fuggerischen Vermögen übrigblieb, waren einige Grundherrschaften in Schwaben.[31] Nicht minder spektakulär war der Aufstieg der Familienunternehmen der Welser. Auch sie überstanden
zwar die Finanzkrise um die Mitte des Jahrhunderts, machten aber
1614 Bankrott. So vorteilhaft die Verbindung der oberdeutschen
Kaufleute zu den Habsburgern war, so führten doch deren Krisen
die oberdeutsche Wirtschaft zum Ruin. Das ahnten die Fugger
bereits früh: »Langwieriger Kriegsläufe halber haben sich die
Sachen dermaßen beschwerlich geschickt, daß wir nicht allein
unsere Handelssachen nicht zu Ende haben führen und unsere
Schulden einbringen können, sondern wir haben auch, um dem

Kaiser und dem Könige zu dienen, mehr ausleihen, selbst Geld aufnehmen und uns in Schulden stecken müssen.«[32]
Die großen Handelshäuser prägten zwar das Wirtschaftsleben ihrer Städte, ihr Untergang berührte diese aber letztlich weniger, als man bisher annahm: Statt einiger großer Vermögen dominierte nun die große Zahl mittlerer Unternehmen.[33] Der Reichtum Augsburgs schwand nicht primär durch den Untergang seiner großen Handelsgesellschaften, sondern durch den Dreißigjährigen Krieg.

Der Fernhandel der frühen Neuzeit wurde durch Handelsgesellschaften organisiert. Ihr Vorteil war ganz allgemein, daß sich das Risiko auf mehrere Parteien verteilte, über große Entfernungen nur gemeinsamer Handel erfolgversprechend war und vor allem das Gesamtkapital am besten geschützt wurde. Der Fernhändler reiste seit dem Spätmittelalter nicht mehr selbst, statt dessen wurden seine Interessen durch Faktoren und Verkaufsagenten vertreten, die in allen entscheidenden europäischen, dann auch außereuropäischen Handelszentren ihre Kontore hatten. Die Faktoreien, die im Zuge der Expansion Europas steigende Bedeutung gewannen, bildeten oft eine Kombination von mehr oder weniger staatlich geschützten bzw. privilegierten Speichern, Marktplätzen, Militärstützpunkten und Zollstellen. Staatlich organisierter Handel ist grundlegend zu unterscheiden vom Privathandel.[34] In Spanien und Portugal hatte der Staat das ausschließliche Monopol für den ganzen Überseehandel, der durch die Casa da India in Lissabon bzw. die Casa de Contratacion in Sevilla betrieben wurde. Anders in Holland, England und Frankreich, den aufstrebenden Handelsnationen: Hier wurde der Handel durchaus vom Staat gefördert, unterstützt und privilegiert, in Frankreich stärker als in England, lag aber ausschließlich in Händen von ›Privatleuten‹, d. h. von privilegierten Kaufleuten oder Handelsgesellschaften. Dabei sind wiederum die älteren regulierten Kompanien von den neuen Kapitalgesellschaften zu unterscheiden.[35] Die erste Form vereinte Kaufleute, die zwar einzeln, d. h. auf eigene Gefahr Handel trieben, deren Handelsgewohnheiten aber einer bestimmten Regel unterworfen waren. Jeder, der mit bestimmten Ländern Handel treiben wollte, mußte einer derartigen regulierten Kompanie beitreten. Die frühest bekannte war die Gesellschaft der Merchant Adventurers, die das Monopol über den englischen Tuchhandel mit den Niederlanden und Hamburg besaß und um 1550 bereits 7200 Mitglieder hatte. Von nicht geringerer Bedeutung war die Eastland Company von 1579, die Handel mit den Ostseeländern betrieb.[36] Ihr zünftisch-kooperativer‹ Geist unterschied die regulierten Kompanien von den Kapitalgesellschaften, die zur Organisation des Überseehandels geschaffen wurden. Auch sie waren gewisserweise Selbstorganisationen, denen der Staat Teilsouveränität außerhalb Europas überließ. Oft entstanden sie im Rahmen der regulierten Kompanien, bildeten auf Dauer gegründete Handelsgesellschaften mit einem gemeinsamen Kapital, an dem sich erstmals nicht nur Kaufleute, sondern auch Nichthandelsleute wie überhaupt dem Handel fremde, aber an Geldanlagen interessierte Personen beteiligen konnten. Als erste Aktiengesellschaften erlebten sie mit der Ausbeutung der Überseeländer einen schnellen Aufschwung. Die bekanntesten frühen Kapitalgesellschaften entstanden in Holland und England, hier vor allem die englische Ostindische Kompanie, deren Aktien 550 Personen, ausschließlich Londonern, gehörten.[37] Die englische Levantekompanie ist zwar älter, 1581 als Kapitalgesellschaft gegründet, wurde dann aber 1605 wieder in eine regulierte Kompanie zurückverwandelt. Diesen voran steht aber noch die für den Überseehandel mit Indien in Konkurrenz zu Portugal 1602 gegründete niederländische Westindische Kompanie mit Konzentration auf Amerika. Hinter ihr wie auch der bald darauf gegründeten Ostindischen Kompanie stand nicht mehr nur das Interesse einzelner Kaufleute, sondern das des ganzen Amsterdamer Bürgertums. Dementsprechend heißt es auch im Oktroi von 1602, »daß diese Schiffahrt, Handel und Kommerz unter eine gute allgemeine Ordnung, Polizey, Korrespondenz und Gemeinschaft gestellet und daß sie unterhalten und vermehrt werden und daher gutbefunden, Vorsteher dieser Gesellschaft zu ernennen und vorzuschlagen, daß es nicht nur den Vereinigten Provinzen, sondern auch allen denen, welche diese rühmliche Sache unternommen und daran teil hätten, anständig, dienlich und vorteilhaft sein würde, wenn diese Gesellschaft vereinigt und vorbesagte Unternehmung unter eine feste sichere Einigkeit, Ordnung und Polizey verbunden betrieben und vermehrt würden, so daß alle Einwohner der Vereinigten Provinzen, die dazu geneigt wären, daran teilnehmen könnten«.[38] Daß der über die Kompanien organisierte Handel, gemessen am gesamten Handelsvolumen in der europäischen Frühzeit, relativ gering war, mindert nicht die maßgebliche Bedeutung der Kompanien für die europäische Expansion und die Ausbeutung sowohl Asiens wie Amerikas.

Die Ausweitung des Handels war aufs engste verknüpft mit der Entstehung eines modernen Geld- und Finanzwesens.[39] Bis in die frühe Neuzeit hinein erfolgte der Warenaustausch auf regionaler Ebene vielfach noch geldlos, wie ja auch die Entlöhnung z. B. von

Handwerkern und Beamten noch lange z. T. mit Naturalien und gewerblichen Produkten getätigt wurde. Dies änderte sich im 16. Jahrhundert in dem Maße, wie die Silberproduktion in Europa anstieg und seit der Mitte des Jahrhunderts die Silbereinfuhr aus Amerika den Geldumlauf erhöhte. Da allerdings Gold wie Silber gehortet wurden und für den Handel nach Asien abflossen, blieb die Münzgeldmenge immer sehr beschränkt. Außerdem schwankte der Preis der Münzen stark, feste Kurse wurden so wenig erreicht wie einheitliche Münzsysteme, so sehr staatliche Institutionen sich immer wieder darum bemühten. Dies waren entscheidende Hemmnisse für einen systematischen Ausbau des Handels bei allen sonstigen fortschrittlichen Entwicklungen. Entscheidende Neuanstöße gingen nicht mehr von den alten Finanzzentren Venedig, Augsburg oder Genua aus, so sehr diese, vor allem Genua, noch für lange Zeit die eigentlichen Kreditgeber Spaniens waren.[40]

Das Zentrum des europäischen Edelmetallhandels wie auch des entstehenden internationalen Zahlungssystems wurde immer mehr Amsterdam. »Das Geheimnis des finanziellen Erfolges der Stadt Amsterdam lag in der Allgegenwart holländischer Handelsinteressen.«[41] Hier wurden die entscheidenden Weichen zur Festlegung der für fast ganz Europa verbindlichen Preise für viele Fernhandelswaren gestellt. Vor allem sorgte Amsterdam wie kein anderes Handelszentrum für einen reibungslosen Ausgleich der internationalen Verschuldungsbilanzen.

Zur Abwicklung eines bargeldlosen Zahlungsverkehrs, der schnellere Bezahlung garantierte und es unnötig machen sollte, große Geldmengen zu transportieren, zumal die Münzgeldmenge beschränkt war, wurden anstelle der internationalen Messen mit ihrer zeitlich begrenzten Handelstätigkeit die Börsen errichtet (Antwerpen 1531, London 1571, Sevilla 1583, Amsterdam 1611), an denen erstmals ständiger Handel stattfinden konnte. Die Amsterdamer Börse schien Zeitgenossen »eine kleine Welt zu sein, in der alle Teile der großen vereinigt« waren.[42] Außerdem entstanden öffentliche privilegierte Banken, in denen Kaufleute ihre Geldwerte sicher deponieren und kurzfristig abrufen konnten. Dies belebte die Handelsaktivitäten, Sicherheit verband sich mit großen Gewinnchancen.

Private Banken bestanden seit langem, sie gaben vor allem Kredite an Privatpersonen und Staaten, neu und entscheidend wurden für den Fernhandel aber die öffentlichen Banken, so in Italien der venezianische Banco della Piazza di Rialto 1584/7 – spanische Vorbilder wirkten hier nach –, dem der Banco di San Ambrogio 1593 in Mailand und der Banco del Spiritu Santo 1605 in Rom folgten.[43] Diese Banken nahmen Einlagen an und zahlten sie aus, sie führten Konten und nahmen Wechselbriefe an. Vorbildlich für den gesamteuropäischen Handel und Markt wurde schließlich die Gründung der in ihrem Aufgabenbereich der Rialto-Bank ähnlichen Amsterdamer Wisselbank 1609.[44] Sie galt als sicherer Einlageort für das Betriebskapital der Geschäftsleute und leistete kostenlose Verrechnung für Kredithilfe. Jeder Kaufmann, der in Amsterdam handelte, war gezwungen, hier ein Konto zu eröffnen, was wiederum die Möglichkeit für großzügige Kredite schuf. Da die Stadt Amsterdam für die Bank bürgte, begann hier eine einmalige Konzentration des europäischen Handels in der Nachfolge von Venedig und Augsburg, wie sie erst zu Ende des 17. Jahrhunderts von London abgelöst wurde. Die neuen ›öffentlichen‹ Banken kamen so sehr den Bedürfnissen der Kaufleute entgegen, daß bald eine Bankgründung der anderen folgte: Hamburg 1619, Nürnberg 1621, Rotterdam 1635, Stockholm 1655.

Parallel zur Entwicklung des Bank- und Kreditwesens, das den Fernhandel in neue regulierbare Bahnen leitete, entstand mit den neuen Handelsgesellschaften ein vielschichtiger spekulationsträchtiger Aktienmarkt, dem ebenfalls die Amsterdamer Börse entscheidende Impulse gab. Die älteren Familienunternehmer (Fugger) hatten für ihren Handel weitgehend eigenes Kapital verwendet. Mit den Kapitalgesellschaften entstanden erstmals, wenn auch bescheidene, Aktiengesellschaften mit übertragbaren Aktien. Die Aktien der niederländischen Ostindischen Kompanie z. B. konnten seit 1617 durch offenen Verkauf auf der Börse eingelöst werden, was einen schwunghaften Spekulationshandel auslöste. Die englische Ostindische Kompanie institutionalisierte erstmals die Trennung von Gewinn und Kapital. Gewinne schüttete sie als Dividenden aus, während sie das Kapital einbehielt. Der Handel war damit nicht länger ausschließlich Sache einzelner Kaufleute, die für alle Handelsleistungen aufkamen, aber auch alle Gewinne einsteckten, sondern auch die Angelegenheit einer vermögenden Bürgerschicht, die in Aktiengesellschaften ihr Kapital anlegen konnte und an der Ausweitung des Marktes und Intensivierung des Handels ebenso partizipierte.

Das 16. und 17. Jahrhundert erlebten eine beträchtliche Zunahme des Handels, die freilich ohne Verbesserung der Verkehrswege, die Entstehung eines modernen Finanzwesens und die europäische Expansion nicht verstehbar wäre, in diesen Bedingungen zugleich aber auch ihre Ausdehnungsgrenzen fand. Entscheidend ist die durch die Ausweitung erfolgte Umorganisation des Handels zumindest im Fernhandel und die hierdurch ermöglichte Akkumulation von Kapital.

Der Ausweitung und Intensivierung der Landwirtschaft, des Gewerbes und des Handels infolge einer zunehmenden Verdichtung der europäischen Gesellschaft einerseits und des Ausbaus des frühneuzeitlichen Staates und Staatensystems andererseits korrespondiert eine Expansion über Europas Grenzen hinaus.[1] Beide Prozesse, die Expansion innerhalb Europas und die Expansion Europas nach Übersee, bedingen sich gegenseitig und sind Folge eines entstehenden Weltmarktes. »In Wahrheit lag der Beitrag des 16. Jahrhunderts, neben den ausgeprägt neuen geographischen Eroberungen, nicht in beispiellosen Schöpfungen auf den Gebieten der Politik oder Wirtschaft, noch weniger im technologischen Fortschritt, vielmehr brachte das Jahrhundert eine Aktivität von wachsender Anpassung, eine lebensvolle Üppigkeit, wie sie sich in den Unternehmungen der bedeutenden Staaten und Reiche wie dem spanischen, portugiesischen, türkischen und dem Reich des Großen Mogul beispielhaft ausdrückte.«[2] Zweifellos spielten Abenteuerlust, Missionseifer, soziale Spannungen auf der Iberischen Halbinsel etc. vor allem anfangs eine starke Rolle bei der Entdeckung der außereuropäischen Länder, daß aber im ›langen‹ 16. Jahrhundert ein internationales Handelssystem errichtet wurde, in das jedes entdeckte Territorium eingegliedert wurde, auf dessen Grundlagen die großen frühneuzeitlichen Kolonialreiche entstanden, gründet in dem wirtschaftlichen Interesse der europäischen Gesellschaften. Zunächst benötigten sie Gold und Silber und dies in steigendem Maße, dann vor allem Rohstoffe und Gewürze, die in Europa fehlten, und schließlich suchten sie neue Absatzmärkte für die gewerbliche Warenproduktion. Handel mit dem Fernen Osten gab es seit langem, nun ging es darum, die außereuropäische Konkurrenz auszuschalten. Der Handel mit den außereuropäischen Ländern war kein gleichberechtigter Handel, sondern glich mehr einer Ausbeutung, in Asien freilich weniger als in Afrika.

Die Eroberung und Gründung von Kolonialreichen war ein langer Prozeß, der die Geschichte Europas entscheidend mitbestimmte. Als Expansionsursachen sind u. a. die Preisrevolution zu nennen und die unmerkliche, aber wirksame Verlagerung des politisch-ökonomischen Zentrums Europas vom Mittelmeer nach Nordwesteuropa zu Ende des 16. bzw. Beginn des 17. Jahrhunderts. Zwei Phasen des Expansionsprozesses müssen unterschieden werden. Anfangs ging es nur darum, ein Netz von Handelszentren entlang den Küsten zu errichten, ohne Interesse an einer Eroberung der ganzen Länder bzw. der Errichtung von Kolonialreichen; diese war außerhalb Amerikas der zweiten Phase vorbehalten, die erst im 18. Jahrhundert einsetzte. Die Beziehungen europäischer Länder nach Amerika, Afrika, Indien und Hinterindien bzw. nach China und Japan gestalteten sich höchst unterschiedlich. Während es hier mit Japan und China nur zu sporadischen, aber streng geregelten Handelskontakten kam, die einer Ausbeutung strenge Grenzen setzten, errichtete Europa sowohl entlang der Küste Afrikas wie Ostasiens Handelsstationen. Allein in Amerika erfolgte eine Eroberung mit völliger Zerstörung der alten Kulturen bzw. Vernichtung der Eingeborenen und Errichtung von europaabhängigen Kolonien. In Asien siedelten im Laufe des 16. Jahrhunderts 25 000–30 000 Europäer, in Amerika gab es dagegen zu Ende des 16. Jahrhunderts bereits 120 000 – um 1630 sogar eine halbe Million Siedler. Neulandgewinnung stand auch hier nicht im Vordergrund, sondern es ging um wirtschaftliche Erschließung der süd- und mittelamerikanischen Länder für den europäischen Markt.

Die Ausweitung der Kolonialinteressen der verschiedenen europäischen Länder entsprach der politischen Machtkonstellation bzw. den ökonomischen Interessen dieser Länder. Dominant in der ersten Phase der kolonialen Ausbreitung waren die Portugiesen und Spanier, die ihren Einfluß bereits gegenseitig absprachen und den Überseehandel zu monopolisieren suchten, um damit auch ihre politische Macht in Europa zu festigen. Drängten bis Mitte des 16. Jahrhunderts zusehends Holländer, dann Engländer und Franzosen konkurrierend auf den überseeischen Markt, so gab es zu Anfang des 17. Jahrhunderts in ganz Europa ein fieberhaftes Bemühen um die Gründung von Kolonien.[3] Aber die Kolonialpolitik der Dänen, Kurländer u. a. blieb weit hinter der der Holländer bzw. Engländer zurück. Unterlag die Expansion Spaniens und Portugals staatlichen Interessen, so entstanden die holländischen und englischen Kolonialreiche primär aus der privaten Initiative von Kaufleuten und reichen Bürgern, die zwar staatliche Förderung erhielten, aber allein von bürgerlichen Profitinteressen getrieben waren. Was Gewaltsamkeit und Ausmaß der Ausbeutung anbelangt, so unterschieden sich staatliche und handelskapitalistische Unterwerfung kaum. Ehe sich in Übersee quasi ›staatliche‹ Neuorganisationen, Kolonialreiche im eigentlichen Sinne herausbildeten, unterlagen die eroberten Gebiete einer Willkürherrschaft von Konquistadoren, Abenteurern und Sklavenhändlern, die sich ihrerseits lange gegen eine politische Unterordnung unter die Mutterländer wehrten. Dies galt vor allem für Amerika.

Die Portugiesen und Spanier waren die ersten Europäer, die überseeische Kontinente entdeckten. Ihr Vorsprung vor den anderen Staaten gründete in ihrer wissenschaftlichen und technischen Kenntnis, seemännischen Erfahrung und einem aus der Reconquista geborenen Missionseifer. Soziale Gegensätze und Spannungen im Innern drängten Kräfte nach außen. Die Eroberung Amerikas steht in enger Beziehung zur Krise des spanischen Feudaladels. Portugals Kolonialreich umfaßte das portugiesische Amerika (Brasilien) und ein Handelsimperium in Asien.[4] Seine Entstehung weist zurück ins 15. Jahrhundert. Die Portugiesen interessierte eine Eroberung der afrikanischen bzw. asiatischen Länder nicht, dafür waren sie auch militärisch zu schwach, ihr Interesse war ausschließlich auf den Handel, vor allem mit Gewürzen, konzentriert. Zwar scheuten sie keine Gewalt, es dominierte aber ein System von Verträgen mit einheimischen Fürsten, denen die begehrten Waren abgekauft wurden. Zum Schutz ihres Warenhandels bauten die Portugiesen allenthalben Festungen, die als Handelszentren, staatliche Handelsfaktoreien wie als Umschlaghäfen dienten. Residenz des Vizekönigs wurde Goa an der Malabarküste. Rasch breitete sich das Handelsimperium der Portugiesen in Asien aus. Gegen Mitte des 16. Jahrhunderts erreichten sie die Molukken, und 1557 knüpften sie erste Handelskontakte mit China und Japan. Aber das Geschäft war nicht so einträglich, wie ursprünglich erhofft. Osmanen, Piraten und Schmuggler, später auch die Holländer, durchkreuzten konstant die Interessen der Portugiesen. Von 625 zwischen 1497 und 1572 nach Hinterindien ausgelaufenen Schiffen kehrten nur 315 zurück. Im Unterschied zu Asien ging es in Portugiesisch-Amerika um eine wirtschaftliche Erschließung des Landes. Farbholzhandel und Zuckergewinnung bildeten die ökonomischen Grundlagen des späteren Brasilien. Damit die Kolonie sich nicht dem Mutterland entfremdete und der Zuckerexport gesichert war, errichteten die Portugiesen eine straffe königliche Kolonialbürokratie. Die Stabilisierung der Abhängigkeit, die dadurch garantiert war, begünstigte aber zugleich eine feudale Struktur, an der Brasilien schwer und lange zu leiden hatte.[5]

Das spanische Kolonialreich, das zeitlich unmittelbar nach dem portugiesischen entstand, umfaßte ganz Mittel- und Südamerika ohne Brasilien.[6] Es gründete ebenso auf grausamer Unterdrückung und Ausrottung der Eingeborenen wie auf rücksichtsloser Ausbeutung und Vernichtung der amerikanischen Hochkulturen (Azteken, Inka), die goldgierige Konquistadoren im Auftrag des spanischen Königs durchführten. Nicht der Handel stand im Vordergrund, sondern die wirtschaftliche Erschließung. Dem

Tabelle 5: *Der Schiffsverkehr zwischen Sevilla und Spanisch-Amerika 1606–1710*

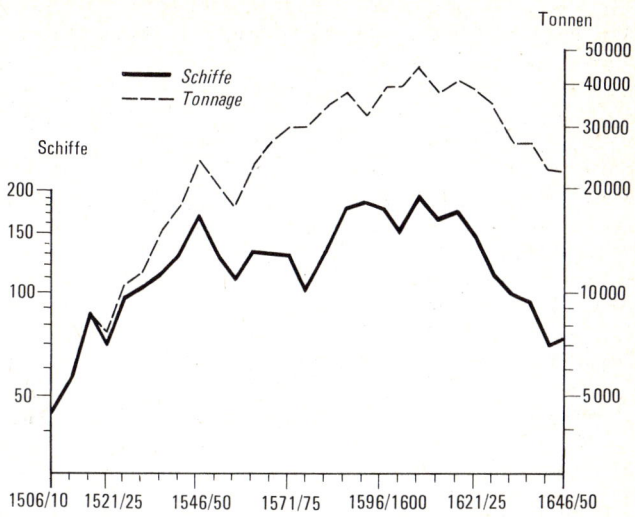

ausschließlich fiskalischen Interesse der Krone lag vor allem an der Ausbeutung der reichen Silber- und Goldgruben. Hierfür wurden wie überall in Amerika zunächst Indianer versklavt. Da sie der Arbeit nicht gewachsen waren, zudem Hunger, Seuchen, grobe Behandlung zu einem Massensterben führten, das auch nicht aufhörte, als auf Veranlassung von Missionaren der Indianerversklavung ein Ende gesetzt wurde, wurden Neger importiert. Der gesamte Kolonialhandel ging ausschließlich nach Spanien (Sevilla), was aber einen regen, von amerikanischen Siedlungen tolerierten Schmuggel nicht ausschloß, an dem Portugiesen, Holländer, Engländer und Franzosen sich beteiligten.[7] 20% aller Silber- und Goldgewinne beanspruchte die königliche Kasse.

Ihren Höhepunkt erreichten die amerikanischen Silberlieferungen 1591–1600. Dem Silber galt jedoch nicht das alleinige Interesse. Zusehends wurde Amerika Absatzgebiet europäischer Waren, was die Entwicklung eigener Gewerbe behinderte. Spanisch-Amerika war eine spanische Kolonie, d. h. sie unterstand Konquistadoren und Vizekönigen, Beamten auf Zeit, die, obwohl sie durch oberste Gerichtsbehörden streng kontrolliert wurden, doch stets ein freies Herrenleben zu führen suchten. Weitgehend stammte die spanische Eroberschicht in Amerika aus dem kastilischen Adel, der ohne Hoffnung auf eine standesgemäße Versorgung in Spanien in der neuen Welt vor allem Ruhm und standesgemäßes Leben suchte. Die neue Feudalwelt in Spanisch-Amerika stand trotz aller Konflikte mit der Krone nicht in Gegensatz zu den spanischen Kolonialinteressen. Im Gegenteil, bei der schwachen Neubesiedlung garantierte die ›amerikanische Feudalordnung‹ auf der Grundlage von Sklavenarbeit die Erfüllung der fiskalischen Bedürfnisse der Herrenschicht wie der spanischen Krone. »Als der europäische Feudalismus seinen Höhepunkt längst überwunden hatte, gelangte er in der amerikanischen Feudalordnung zu neuem Leben und zu neuer Blüte, freilich auch – infolge der besonderen Voraussetzungen – zu schärferer Ausprägung.«[8] Gewiß war es nicht zuletzt dem Einfluß von Missionaren zu danken, daß die Versklavung der Indianer eingestellt wurde und sie einen minimalen Schutz erhielten, doch allgemein unterstützte die der Eroberung nachfolgende Mission die Sicherung der portugiesischen bzw. spanischen Herrschaft.[9]

Der spanisch-portugiesische Expansionsdrang hatte seinen Höhepunkt erreicht, als im Zuge des Machtverfalls des Universalreichs Spanien in Europa Holländer, Engländer sowie Franzosen seit der Mitte des 16. Jahrhunderts als Konkurrenten auf dem Weltmarkt hervortraten. Ihr Anspruch stand dem der Portugiesen und Spanier nicht nach. Daß zugleich auch Rußland mit der Eroberung und wirtschaftlichen Erschließung Sibiriens begann, zeigt, daß die Expansion ein gesamteuropäisches Phänomen war. Sie war allerdings, wie auch die Kolonisierung Nordamerikas durch Engländer und Franzosen, nicht gegen Spanien bzw. Portugal gerichtet. Nach der Vereinigung von Spanien und Portugal 1580 beanspruchte die spanische Krone das Monopol für den ganzen Überseehandel sowohl nach West- wie nach Ostindien, und da die spanische Flotte auch alle Handelswege kontrollierte, gab es für die aufstrebende antispanische Koalition in Europa zunächst nur die Möglichkeit, eigene, d. h. neue Wege vor allem nach Ostindien zu finden. Zwar aktivierte der Vorstoß der Engländer, nördlich Rußlands eine Nordostpassage zu entdecken, den Handel mit Rußland, Archangelsk wurde Handelstor der Russen nach dem Westen, aber weder dieser Versuch noch jener, nördlich Amerikas (Nordwestpassage) eine Route zu finden, glückten. Statt dessen aber gelangen den Niederländern, Engländern und auch Franzosen durch Lagerfahrten und Piraterie in Westindien schwere Einbrüche in den spanischen Herrschaftsbereich. Nach und nach eroberte England die Bermuda-Inseln und Jamaika, die Franzosen besetzten Guadeloupe, Martinique und einen Teil Haitis, während die Niederländer

Aruba, Curaçao, Bonaire okkupierten. 1628 glückte den Niederländern der Raub einer spanischen Flotte im Hafen von Matanzas auf Cuba mit einem Warenwert von 11,5 bis 15 Millionen Gulden. Das erbeutete Silber diente der holländischen Kriegführung gegen Spanien. Die meisten Raubzüge der Franzosen, Engländer und Niederländer waren privat organisiert, sind aber aufs engste verbunden mit dem politischen Konflikt zwischen Nord- und Westeuropa und Spanien.

Unter den neuen Kolonialmächten, die gegen das Monopol der Spanier aufstrebten, nehmen die Niederländer eine exponierte Stellung ein, da sie ihr Bemühen gewissermaße zu einem Teil des niederländischen Freiheitskrieges machten.[10] Die Expansion der Niederländer zu Ende des 16. Jahrhunderts mit dem Ziel eines Handelsimperiums gründet in der maritimen Tradition Hollands und seiner handelspolitischen Stellung in Europa. Anstoß gaben vor allem das Nachlassen des Handels mit Spanien bzw. Venedig und die Eroberung Antwerpens 1585, die zum Aufstieg Amsterdams führte. Während der Überseehandel in Spanien und in Portugal staatlich organisiert war, lag er in Holland in Händen reicher Kaufleute und Bürger, die zu diesem Zwecke Handelsgesellschaften wie die Ostindische Kompanie oder wenig später die Westindische Kompanie gründeten. Diese unterlagen zwar privaten Interessen, wurden aber ›staatlich‹ privilegiert und genossen staatlichen Schutz. Das niederländische Handelsimperium orientierte sich einerseits nach Ostindien, andererseits nach Westindien, konzentrierte sich also genau auf den Raum des spanischen bzw. portugiesischen Einflusses und mußte dementsprechend offensiv wirken. Im Mittelpunkt seines Interesses standen der Gewürzhandel nach Europa sowie eine gewinnbringende Beteiligung am innerasiatischen Handel. In der Tat gelang ihm ein beträchtlicher Einbruch in den portugiesischen Handelsraum. Ebenso rasch wie vormals die Portugiesen, errichteten die niederländischen Gesellschaften nach und nach Stützpunkte, Versorgungsbasen und Handelskontore vor allem in Hinterindien und auf den südostasiatischen Inseln. Mittelpunkt wurde Batavia auf Westjava (1619). Seit 1641 (bis 1859) wurden die Holländer alleinige Handelspartner der Japaner. Ihr Handelskontor lag auf der Insel Deschima in der Bucht von Nagasaki. Während sie in Ostasien ausschließlich Handelsstützpunkte errichteten, entstand in Kapstadt, allerdings erst nach 1652, eine holländische Kolonie. Nach dem großen Erfolg der Ostindischen Kompanie versuchte die Westindische Kompanie nach dem Ende des Waffenstillstandes mit Spanien 1621 auch in die anderen Herrschaftsbereiche der Spanier bzw. Portugiesen vorzudringen, sowohl in Westafrika wie in Amerika, wo ihre Kaperfahrten beträchtliche Erfolge zeitigten. Vorübergehend ließen sich die Holländer an der brasilianischen Küste (1630) nieder, aber hier wie auch in Nordamerika konnten sie sich nicht lange halten; in Südamerika stießen sie auf den Widerstand der portugiesischen Siedler, in Nordamerika einige Zeit später auf die Interessen der Engländer. 1612 gründeten sie Neu-Amsterdam; bevor 1655 die Neu-Niederlande an die Engländer gingen, gab es in diesem Raum ungefähr 10 000 Kolonisten. Als die Westindische Kompanie und damit auch Holland schließlich in Nordamerika der englischen und französischen Konkurrenz erlag, stützte es sich fast ausschließlich auf die Ausbeutung in den ostasiatischen und afrikanischen Ländern.

Expansionsinteressen regten sich in Frankreich erstmals unter Franz I.[11] Aber solange die Auseinandersetzungen mit Spanien in Europa anhielten und das Hugenottenproblem ganz Frankreich beschäftigte (1598), war Frankreich gebunden. Auch war das französische Bürgertum lange schwer zu bewegen, sich in Übersee zu engagieren, da es auch vom spanischen Handel beträchtlich profitierte. Ohne starkes Engagement der Krone wäre das französische Kolonialreich kaum entstanden. Die französischen Interessen unterschieden sich nicht wesentlich von denen anderer Länder: Unterwerfung der Eingeborenen in den nord- und südamerikanischen Ländern bzw. deren militärische Eroberung und Versorgung des Mutterlandes mit Rohstoffen, ansatzweise Schaffung von Absatzmärkten für französische Produkte. Auch von einer Eroberung mittelamerikanischer Inseln war die Rede. Ein starkes Interesse richtete sich wie bei den Niederländern auf Westafrika und Indien. Bereits vor Mitte des 17. Jahrhunderts gab es zwei Kontore auf Madagaskar. Im Mittelpunkt der französischen Kolonialpolitik aber stand Kanada (Neufrankreich). Quebec wurde 1608 gegründet und 1642 Montreal. Zahlreiche Kämpfe mit Engländern und Indianern, bei denen der Pelzhandel eine große Rolle spielte, sowie Konflikte zwischen Missionaren und Siedlern erschwerten den Aufbau eines Kolonialreiches in Nordamerika. Auch war der Zufluß von Siedlern nur zögernd. Die Verflechtung einer allerdings weitgehend friedlichen Unterwerfung der Einwohner mit der Missionierung und Errichtung von Großgrundbesitz, an der auch die Kirche teilnahm, ähnelt der Kolonialpolitik in Neuspanien.

Auch England zeigte im 16. Jahrhundert keine sonderlichen Interessen, sich in Übersee zu engagieren.[12] Die gewinnbringenden Handelsbeziehungen mit den Niederlanden und mit Rußland genügten den Bedürfnissen der englischen Kaufleute. Erst als die Tuchgeschäfte mit den Niederlanden stagnierten, forcierte die

Suche nach neuen Absatzgebieten erste größere überseeische Unternehmungen. Hinzu kam der Seekrieg gegen Spanien, der nach Übersee ausgeweitet wurde. Wie in Holland traten kaufmännische Kreise als Akteure auf, staatliche Interessen wurden erst später relevant. An ein britisches Weltreich dachte vor 1640 noch niemand, doch entscheidende Grundlagen dazu wurden um 1600 gelegt. Mit der Toleranz, wenn nicht mit der Beteiligung des Hofes, hatten seit längerem englische Privatleute spanische Handelsflotten vor allem in Westindien aufgebracht. Reiche Beute gelangte auch nach England. Die eigentliche Wende in der überseeischen Einstellung Englands brachten die Erfolge der Piraterie des zum Ritter geschlagenen Seeräubers Francis Drake, des Freibeuters und Sklavenhändlers John Hawkins und Sir Walter Raleighs. Hatte dieser eine erste englische Niederlassung in Nordamerika (Virginia 1584) gegründet, brachte Drake von seiner Weltumsegelung reiche Schätze aus dem Pazifik mit. Der Konflikt Spaniens mit England aktivierte die überseeische Expansion. Zwar gab es anfangs nur bescheidene Erfolge, aber das englische Bürgertum zeigte sich erstmals investitionsfreudiger. Londoner Kaufleute gründeten 1600 die Ostindische Kompanie. Während die Portugiesen und Holländer sich auf Südostasien konzentrierten, interessierten sich die Engländer vor allem für Indien, wo sie bis 1647 bereits 23 Faktoreien gründeten. In Asien trieben sie ausschließlich Handel; Einmischungen in die Politik gab es so wenig wie Eroberungen. Anders organisierte sich das Interesse an und in Nordamerika, wo allerdings noch lange die Holländer als Konkurrenten auftraten. Hier entstand an der Ostküste Neuengland. Die Besiedlung von Virginia (Jamestown) begann 1607. 1624 wurde es Kronland, das einem Gouverneur unterstand, dem ein Council und eine gewählte Volksversammlung der Siedler zur Seite standen (Virginia Assembly 1619). Die Besiedlung Neuenglands erfolgte durch drei verschiedene Gruppen: einmal waren es Puritaner aus England. Die Mayflower landete mit den bekannten Pilgervätern 1620 in Plymouth. Dann band das Interesse an Pelzhandel und Fischfang England an Nordamerika. Aus einer Fischereistation 1623 in Kap Ann ging Boston hervor, ein faktisch ›autonomes‹ Gemeinwesen. Schließlich gründete der katholische Lord Baltimore für unterdrückte englische Katholiken 1632 eine von der Krone als »Eigentümerkolonie ausgewiesene Siedlung in Maryland«. Erstanden hier wiederum feudale Herrschaften alten Stils, hoben sich die anderen beiden Kommunen durch ihre relativ starke Autonomie und ihren demokratischen Geist erheblich ab von allen anderen Siedlerkolonien in Übersee. Diese ihre Struktur sollte für die Entwicklung Nordamerikas entscheidend werden.[13]

Abb. 7: *Seeräuberei an den Küsten Spanisch-Amerikas.*
Kupferstich eines Unbekannten (17. Jahrhundert)

Englands überseeische Unternehmungen waren anfangs das un-
koordinierte Werk von Einzelgängern, Piraten, Entdeckern und
Kaufleuten. Dies änderte sich erst, als mit dem Sieg des Parlaments
über die Krone die englischen Kaufleute eine systematische
Kolonialpolitik begannen; gegen das katholische Weltreich Spanien richtete sich ein protestantischer Weltherrschaftsanspruch.
An der Aufteilung der Welt partizipierten keineswegs nur die
westeuropäischen Großmächte. Oft vergessen wird Rußland, das
innerhalb eines Jahrhunderts zum größten Staat der Welt heran-
wuchs, wenn es auch auf dem internationalen Markt keine große

Rolle spielte.[14] Die Eroberung Sibiriens zählt zu den der Kolonisation Amerikas vergleichbaren Unternehmungen, sowohl was den Unternehmergeist wie die langfristige Bedeutung betrifft. Die Expansion Rußlands unter Iwan IV. trägt eigenwillige Züge: Während der Vorstoß nach Westen scheiterte, glückte zunächst 1552 die Unterwerfung der Tataren in Astrachan, wodurch der Weg frei war für die Eroberung des dünn besiedelten und weiten Ostens. Sie geht zurück auf die Initiative der Kaufmannsfamilie Stroganow, die in drei Generationen ein großes Handelsimperium aufgebaut und den Pelzhandel monopolisiert hatte und 1558 vom Zaren das Perner Land (um Molotow) für 20 Jahre überschrieben bekam. Es wurde Ausgangspunkt des großen Eroberungszuges, für den der Kaufmann die Kosaken gewann. In der ungewöhnlich kurzen Zeit von 1581 (Uralüberschreitung) bis 1644 (Amur) hatten sie Sibirien erobert. Den Kosaken folgten Pelztierjäger, dann auch Siedler und zaristische Beamte. Die Eroberung des dünn besiedelten Sibiriens war ebenso ein Gewaltakt wie die Amerikas, doch folgte im Unterschied dazu keine Ausrottung der Einheimischen. Der Wert Sibiriens lag in seinem Tierreichtum; der Pelzhandel wurde zur beträchtlichen Einnahmequelle des Moskauer Staates. Erste Handelsbeziehungen mit China knüpften auch über Rußland Kontakte zwischen China und Europa.

Die Kolonisation und Stabilisierung europäischer Herrschaften in Übersee, vor allem in Amerika, wäre sicher nicht so erfolgreich gewesen, hätten die Eroberer und Kolonisten nicht durch die Kirchen und Missionare Unterstützung gefunden. Gerade die spanische Expansion leitete ja ihre Legitimation aus der Idee der Verbreitung des Christentums ab. Allgemein entstand mit der Gründung von Handelsstützpunkten und Siedlerkolonien rund um die Welt ein großes Netz von Missionsstationen, die die Überlegenheit europäischer Kultur demonstrieren sollten. Die Mission leistete zwar Beträchtliches bei der ›kulturellen‹ Erschließung der Länder, letztlich aber war sie durch ihre Rechtfertigung der ausbeuterischen Kolonialpolitik kaum von den Handels- oder Kolonisierungsinteressen ablösbar. Der Erfolg blieb trotz momentaner Höhepunkte gering, zumal Streitigkeiten untereinander, mit Siedlern und staatlichen Instanzen die Glaubwürdigkeit der Missionare bei den Eingeborenen schmälerten. In der ersten Phase der Kolonisierung der Überseeländer und der Errichtung von Handelsimperien der westeuropäischen Staaten blieb die Missionierung recht äußerlich, diente aber immerhin dazu, den europäischen Einfluß zu festigen.

Die europäische Expansion, die seit der Mitte des 16. Jahrhunderts zur Gründung von Kolonialreichen und Handelsimperien von Kanada bis Paraguay, von Südafrika bis zu den Philippinen reichte, war eine Folge innerer Konflikte, der Rohstoffverknappung und des steigenden Luxusbedürfnisses der sich konsolidierenden Staatengesellschaften Europas und der Ausweitung des internationalen Marktes, die erstmals in dem Maße, wie überseeische Länder an den europäischen Markt angeschlossen wurden, zu gesamteuropäischen Konzentrationen in mächtigen Wirtschaftszentren führte. »Es unterliegt keinem Zweifel, ... daß im 16. und 17. Jahrhundert die großen Revolutionen, die mit den geographischen Entdeckungen im Handel vorgingen und die Entwicklung des Kaufmannskapitals rasch steigerten, ein Hauptmoment bilden in der Förderung des Übergangs der feudalen Produktionsweise in die kapitalistische. Die plötzliche Ausdehnung des Weltmarktes, die Vervielfältigung der umlaufenden Waren, der Wetteifer unter den europäischen Nationen, sich der asiatischen Produkte und der amerikanischen Schätze zu bemächtigen, das Kolonialsystem, trugen wesentlich bei zur Sprengung der feudalen Schranken der Produktion.«[15]. Während mit Ländern entwickelter Kulturen (Japan, China) regelrechte Handelsbeziehungen geknüpft wurden, brachte die europäische Expansion in ›unterlegenen‹ Gesellschaften, vor allem in Afrika und Amerika, Zerfall bzw. Zerstörung der vorhandenen Kulturen, die Ausrottung ganzer Einwohnerschaften oder Versklavung, zumindest Unterdrückung der Eingeborenen, zu deren Lasten ein feudales Kolonialsystem errichtet wurde, dessen mit Sklaven betriebene Plantagen für den europäischen Markt produzierten. Der Wert der Länder Amerikas bemaß sich allein nach ihrer Bedeutung für den europäischen Markt, wie weit sie europäische Waren aufnehmen und Kolonisten neue Lebensmöglichkeiten bieten konnten. Während Asien vom Eroberungsdrang der europäischen Länder weitgehend unberührt blieb, wurde Amerika um so stärker abhängig von Europa. Die Expansion vernichtete nicht nur die einheimischen Kulturen, sondern erlaubte auch den neu entstehenden Kolonialreichen keine eigene Entwicklung. Von der im Zuge der Expansion erfolgten Marktausweitung profitierte allein Europa, und auch hier vor allem die Fürsten wie die entstehende Bourgeoisie in Amsterdam, London und Hamburg. Während Amerika den Bevölkerungsüberschuß Europas auffangen konnte oder verfolgten Volksschichten eine Auswanderung bzw. ein neues Leben in Übersee ermöglichte, floß nach Europa vor allem eine konstant ansteigende Menge von Rohstoffen, von Silber und Gewürzen, später auch Zucker und Baumwolle, auf die Europa immer mehr angewiesen war. Diese Entwicklung darf zwar für das 16. und 17. Jahrhundert nicht überschätzt werden, aber mit der Gründung von militärisch gesicherten Kolonialreichen war ein System zur Ausbeutung überseeischer Länder geschaffen, das den steigenden Reichtum Europas mitbegründete, den Ausbau seiner Produktionsstätten garantierte und neue Absatzmärkte schuf. Über den materiellen Güteraustausch bzw. die Güterzufuhr hinaus hatte die politisch-ökonomische Ausweitung Europas nach Amerika, Afrika und Asien zugleich eine Wirkung auf die mentale Entwicklung, die zwar erst im 18. Jahrhundert voll sichtbar, im 16. Jahrhundert aber bereits begründet wurde.

Seit es die Möglichkeit gab, verschiedene Kulturen miteinander zu vergleichen – alle Nachrichten aus Übersee fanden ein großes Interesse in Europa –, entwickelte sich einerseits so etwas wie ein spezifisch europäisches Überlegenheitsbewußtsein, ein säkularisierter europäischer Missionswille, der zwar zur Rechtfertigung der Ausbeutung diente, zugleich aber Anzeichen einer Bewußtwerdung europäischer Zivilisation war, die wesentlich unterschieden war von der mittelalterlichen Selbsteinschätzung, andererseits begann aber auch ein erster Prozeß der Relativierung europäischer Werte, vor allem religiös-christlicher Werte, als man auf anderen Kontinenten Kulturen entdeckte, deren Faszination sich die europäische Oberschicht nicht entziehen konnte. Europäische Kultur war nur eine unter anderen, ihre Moralität wurde zudem aufgrund der barbarischen Eroberung, der Versklavung und Ausrottung von Millionen von Menschen erstmals angezweifelt.[16] Als einer der ersten ahnte Montaigne die Folgen der europäischen Expansion, durch die die Welt sich ins Unermeßliche auszuweiten schien. »Diese Entdeckung eines unendlichen Gebietes scheint von großer Bedeutung zu sein. Ich weiß nicht, ob ich dafür stehen kann, daß in Zukunft nicht noch andere dergleichen gemacht werden, so viele größere Persönlichkeiten als wir waren über diese im Irrtum. Ich fürchte fast, daß unsere Augen größer sind als unsere Mägen und unsere Neugierde größer als unsere Fassungskraft. Wir greifen nach allem, aber fassen nur den Wind.«[17]

VII. VOM FEUDALISMUS ZUM KAPITALISMUS

Der Übergang vom Feudalismus zum Kapitalismus bzw. die Entstehung der kapitalistischen Weltökonomie, die mit der europäischen Expansion einsetzte, war ein ebenso langfristiger wie komplexer Vorgang.[1] Der Feudalismus brach bei seiner großen Krise im Spätmittelalter noch keineswegs zusammen.[2] Seine zwar sich konstant vermindernde Bedeutung für das Ganze der europäischen Gesellschaft behielt er weit über das Mittelalter hinaus in die frühe Neuzeit, auch als die kapitalistische Ökonomie bereits ihre ersten Wirkungen hervorbrachte und sich zu formieren begann. Die Entstehung der kapitalistischen Akkumulation und die Auflösung der feudalen Produktionsweise sind keine getrennten, sondern miteinander verbundene Prozesse. Ihren Ausgang nahm die kapitalistische Entwicklung in England, erfaßte aber bald alle europäischen Gesellschaften und zeitigte dabei die unterschiedlichsten politischen wie sozialen Folgen, die oft konträr zu denen in England waren. Ihre Voraussetzungen gründen in der spätmittelalterlichen Gesellschaft, ihren Höhepunkt bzw. Abschluß fand sie erst zu Ende des 18. bzw. zu Beginn des 19. Jahrhunderts, während die Anfänge auf das 16. bzw. das frühe 17. Jahrhundert weisen. »Obwohl die ersten Anfänge kapitalistischer Produktion uns schon im 14. und 15. Jahrhundert in einigen Städten am Mittelmeer sporadisch entgegentreten, datiert die kapitalistische Ära im 16. Jahrhundert.«[3]

Die europäische Gesellschaft kennzeichnet im Spätmittelalter lange ein ›Nebeneinander‹ von städtischem Handel, Gewerbe und feudaler Landwirtschaft. Der Aufstieg des Handelskapitals, die Ausweitung der gewerblichen Warenproduktion und der Ausbau des Bergbau- und Hüttenwesens berührten noch wenig den Lebensrhythmus und die feudale Produktionsweise, die das soziale Leben der herrschaftlich organisierten Agrargesellschaft bestimmten. Während der regionale Handel, den es seit jeher gab und der konstitutiv zum Feudalsystem gehörte, nur dem Tausch lebenswichtiger Güter diente und strengen Normen unterworfen war, galt der Fernhandel weitgehend dem Warenverkehr von Luxusgütern, die ausschließlich der städtischen und adligen Herrenschicht zuflossen. Sein reichlicherer Gewinn diente dem sozialen Aufstieg der vom Produzenten völlig unabhängigen Kaufleute, floß entweder in den Handel zurück, der dadurch eine konstante Ausweitung erfuhr, oder wurde in der Form von Krediten und Zöllen vor allem von adligen Herrn abgeschöpft. Produktive Anlagemöglichkeiten gab es außerhalb des Hüttenwesens kaum. Aber selbst hier unterlag die Produktion feudalen Schranken. Wie das anfängliche Maß des Fernhandels mit dem Feudalsystem nicht unvereinbar war, geradezu zum System einer herrschaftlich organisierten Agrargesellschaft gehörte, entsprach auch die Arbeitsteilung von Stadt und Land in handwerkliches Gewerbe und landwirtschaftliche Produktion der feudalen Struktur der Gesellschaft. War die gewerbliche Warenproduktion in den Städten konzentriert, zünftisch organisiert und ausschließlich auf Bedarfsdeckung für die städtische Kommune, das Umland und den adligen Hof ausgerichtet, versorgte sich das Land weitgehend selbst durch eine familienbetriebliche Landwirtschaft. Die Bauern bedurften nur beschränkt der handel- und gewerbetreibenden Städte. Die geringen Überschüsse flossen in die umliegenden Märkte und Städte, vor allem aber wurden sie von den Herrschaften abgeschöpft, entweder in Naturalien oder Geld, die sie zum Lebensunterhalt und für Repräsentations- und Hausmachtinteressen verwandten. Wenn zusehends Geldabgaben anstelle von Naturalabgaben traten, ist dies zwar ein Zeichen größerer Geldzirkulation, doch änderte es nichts an den Produktionsverhältnissen. Solange der Produzent, d.h. der Bauer, Grundherr, Handwerker oder Hüttenbesitzer, nicht selbst verkaufte und seine Ware für den Markt produzierte, solange die Geldvorräte nicht reichten, um Handelsbeziehungen auszuweiten und vor allem die Produktion zu intensivieren bzw. rationalisieren, um so große Erträge und Profite zu machen, die wieder gewinnbringend nicht nur zur Reproduktion verwandt wurden, blieb es bei der alten Produktionsweise und der feudalen Sozialstruktur.

Entscheidende Voraussetzungen für die kapitalistische Ökonomie wurden im Spätmittelalter vor allem im Flandern und Norditalien der Renaissance geschaffen. Eine erste Formierung, die die Sozialstruktur Europas grundlegend ändern sollte, trat erst zu Ende des 15. bzw. verstärkt seit der Mitte des 16. Jahrhunderts ein. Ursache war einmal die erhöhte Nachfrage nach Massengütern (Getreide, Textilien), dann ein gleichzeitiges Absinken der Bodenerträge, was die feudale Produktionsweise an die Grenze ihrer Leistungsfähigkeit brachte, und schließlich die durch die europäische Expansion und die überregionale Marktausweitung beschleunigte kapitalistische Akkumulation. Erst unter den Bedingungen einer Ausschöpfung der auf Bedarfsdeckung orientierten feudalen Produktionsweise bei gleichzeitiger Entstehung eines Weltmarktes im Zuge der europäischen Expansion waren die Voraussetzungen einer Formierung des Kapitalismus geschaffen.[4] »Welthandel und Weltmarkt eröffnen im 16. Jahrhundert die moderne Lebensgeschichte des Kapitals.«[5]

Ergebnis einer Ausweitung der Austausch- und Handelsbeziehungen war eine Kommerzialisierung der Agrarproduktion.[6] Bauern und Grundherrn begannen zusehends über den Eigenbedarf hinaus für den Markt zu produzieren, und zwar nicht mehr nur in unmittelbarer Nähe der großen Städte, sondern auch in abgelegenen Regionen, soweit diese sich verkehrstechnisch erschließen ließen und der Handel rentabel war. Das Profitinteresse der Produzenten und die Nachfrage nach Agrargütern führten einerseits zur Intensivierung der Produktion zumeist durch Ausweitung der Nutzflächen, Spezialisierung der Produktion und vor allem durch Umänderung der Arbeitsorganisation. Marktorientierung bedeutete andererseits entweder verstärkte Ausbeutung der Grunduntertanen oder Umwandlung der kleinen agrarischen Produzenten zu Lohnarbeitern, soweit die politische Organisation der Gesellschaft dies zuließ.

Die traditionelle feudale Arbeitsteilung von Stadt und Land, hier zünftisches Gewerbe, dort agrarische Produktion, wurde zum anderen ›aufgeweicht‹ durch das verlagsmäßig organisierte Landgewerbe.[7] Das Landgewerbe der Verlagsindustrie trat zusehends in Konkurrenz zum städtischen Handwerk, das den steigenden Bedürfnissen nach Massengütern nicht mehr entsprach. Aber die durch die Ausweitung des Handels ermöglichte Verlagsindustrie füllte nicht nur eine Produktionslücke, schuf nicht nur neue Produktionsmöglichkeiten und erschloß abgelegene Gebiete für den internationalen Handel, sondern sie schuf zudem eine erste produktive Investitionsmöglichkeit für den Kaufmann sowie neue Beschäftigung für die pauperisierte Landbevölkerung, die sich mit der Landwirtschaft nicht mehr ausreichend ernähren konnte. Diese Arbeitsteilung von Land und Stadt wurde darüber hinaus von einer ökonomischen Arbeitsteilung überlagert, die über den entstehenden Weltmarkt vermittelt wurde und ganze Regionen und Länder betraf. Während im Zuge der europäischen Expansion die europäischen Ostländer immer mehr Getreide für den Markt produzierten und dabei ihre eigene Gewerbeproduktion stagnieren ließen, die neuen Kolonialländer sich auf Baumwolle und Zuckerproduktion konzentrierten, monopolisierten die west- und nordeuropäischen Länder die Gewerbeproduktion, womit ihnen ein ökonomisches Übergewicht zuwuchs.[8] Die steigenden Profite flossen hier in die Hände einer breiten bürgerlich-adligen Händler- und Grundbesitzerschicht, dort in die Hände einer kleinen Adelskaste.

Die Expansion der Austauschbeziehungen auf der Basis einer Akkumulation des Handelskapitals seit der Mitte des 16. Jahrhunderts hätte kaum erfolgreich sein können, wenn nicht ›technische‹ und organisatorische Neuerungen bzw. Voraussetzungen den Prozeß gesteuert und unterstützt hätten.[9] Während die Lebensmittelverknappung und die Gewinnchancen auf dem Getreidemarkt zur Rationalisierung-Intensivierung, zur Einführung der Dreifelderwirtschaft vor allem in Regionen minderer Ausdehnungsmöglichkeit zwangen, eröffneten doppelte Buchführung und Kaufmannslehre eine erste analytische Erfassung von Marktverhältnissen in Verbindung mit vermehrten Kenntnissen auch über die Randgebiete der europäischen Gesellschaft, damit eine Verminderung der Handelsrisiken und erfolgversprechendes ökonomisches Handeln. Vor allem neue Arbeitsorganisationen in der Landwirtschaft – wie Pachtsystem, Domänenwirtschaft – und in der gewerblichen Produktion – hier insbesondere das Verlagssystem – schufen günstige Voraussetzungen einer Gewinnmaximierung und ihrer Sicherung. Entscheidend für die Akkumulation des Handelskapitals wurde vor allem die Umwandlung der alten Kaufmannsgilden und Familiengesellschaften in Kapitalgesellschaften im Zusammenhang der Gründung von öffentlichen Banken und Börsen, in denen durch die Trennung von ökonomischem Betrieb und sozialer Lebensform eine weitere Partizipation auch von kapitalkräftigen Nichtkaufleuten am gewinnbringenden Überseehandel möglich wurde. Die konstante Ausweitung der Handelsbeziehungen jedenfalls, die durch steigende Bedürfnisse nach gewerblichen Produkten und Agrargütern gefördert wurde, bedurfte zu ihrer Sicherung neuer ›Techniken‹ und flexibler Organisationen und nicht zuletzt eines theoretischen Wissens, wobei zwar oft in diesem neuen Stadium der Rationalisierung nur geringe Gewinne bei konstanter Investition erzielt, dafür aber sichere Profite garantiert wurden. Vor allem gewährleisteten die technischen und organisatorischen Neuerungen ein dauerndes Funktionieren der ›neuen‹ arbeitsteiligen Ökonomie.

Schließlich förderte die Marktausdehnung die Institutionalisierung des frühmodernen Staates.[10] Obwohl der frühmoderne Staat kein ›liberaler‹ Staat war und eine kapitalistische Warenproduktion nicht aktiv unterstützte, kam es doch zu Beziehungen, die interessanterweise sowohl dem Ausbau des Staates wie der Ausweitung der kapitalistischen Weltökonomie zugute kamen. Zwei Prozesse müssen dabei als miteinander verschränkt gesehen werden:

1. Aufgrund der expandierenden ökonomischen Macht – zumindest der Kontrollinteressen des Territorialstaates bzw. der politischen Monopolansprüche – greift der Staat einerseits regelnd in den regionalen Marktprozeß ein, um Produktion und Handel im Territorium zu aktivieren. Der Staat entwickelt so etwas wie eine Wirtschaftspolitik; andererseits gewährte er dem Adel für dessen Abtretung politischer Rechte Nutzungsrechte in seiner Grundherrschaft den abhängigen Hintersassen gegenüber, was den Prozeß der Kommerzialisierung von Agrarprodukten förderte. Die Verselbständigung der Wirtschaft, d. h. eine Emanzipation von feudaler Herrschaft, korrespondiert mit Interessenübereinstimmungen von Händlern,

Warenproduzenten bzw. adligen Grundherrn mit dem frühmodernen Staat. In diesem Sinne unterstützte der frühmoderne Staat bewußt das Wirtschaftsinteresse seiner ›Untertanen‹, wichtiger wurde aber seine indirekte Förderung.

2. In dem Maße, wie der frühmoderne Staat zum Ausbau seiner Verwaltung, des Heeres und der Repräsentation auf Zolleinnahmen und Kredite von Handelsgesellschaften und Banken angewiesen war, sowie deren Geld zur Ausbeutung der Bergwerke und Errichtung profitabler Hüttenwerke nötig hatte, gewährte er zugleich Schutz, Privilegien und vermittelte Verträge. Enge Kontakte zwischen den oberdeutschen Kaufleuten und dem Habsburgerreich gab es bereits im 15. Jahrhundert. Neu im 16. Jahrhundert war die Verflechtung mit dem Bankwesen und den Kapitalgesellschaften, auf deren Geld der Staat immer mehr angewiesen war. Bürger und Kaufleute nutzten diese Gelegenheit und trieben zur Ausweitung und zur Sicherung ihrer Profitinteressen den Ausbau frühmoderner Staatlichkeit voran. Daß diese Interessen freilich nur in dem Maße gefördert wurden, wie sie mit herrschaftlichen Hausinteressen nicht kollidierten, versteht sich aus der noch recht beschränkten Entfaltungsmöglichkeit einer kapitalistischen Akkumulation und ihrer letztlich geringen Bedeutung für die Gesamtökonomie der Zeit. Aber immerhin schuf die Ausweitung des Marktes wichtige Voraussetzungen für die Ausbildung des frühmodernen Staates, der seinerseits zwar den Kapitalismus nicht aktiv und konsequent förderte, aber ohne dessen Erfolge selbst nicht mehr bestehen konnte. In dem Maße, wie bürgerlich-kapitalistische Kräfte sich politisch emanzipieren konnten, haben sie dementsprechend auch den Staat (wie in Holland und England) bewußt ›liberalisiert‹.

Die Entstehung des Kapitalismus verlangte keineswegs nur institutionelle Voraussetzungen, eine wichtige Rolle spielte auch die kapitalistische ›Gesinnung‹. »Was letzten Endes den Kapitalismus geschaffen hat, ist die rationale Dauerunternehmung, rationale Buchführung, rationale Technik, das rationale Recht, aber auch nicht sie allein: Es mußte ergänzend hinzutreten die rationale Gesinnung, die Rationalisierung der Lebensführung, das rationale Wirtschaftsethos.«[11] Eine paradigmatische Rolle wurde dabei dem ›asketischen Protestantismus‹ zugeschrieben.[12]

In der Tat gibt es Entsprechungen von protestantischer Arbeitsmoral und kapitalistischer Profitgesinnung. Unter allen religiösen Bewegungen der Zeit des 16. Jahrhunderts bekannten sich allein der Calvinismus und asketische Protestantismus zur uneingeschränkten Bejahung der Arbeit und des Gewinnstrebens auch im Kaufmannsberuf, vor allem waren die modernen Träger des Handels Protestanten, wie auch protestantische Länder am ehesten eine Möglichkeit der kapitalistischen Akkumulation schufen. Zweifellos spielte die Religion, besonders der asketische Protestantismus, im Wirtschaftsleben wie überhaupt in der Sozialisationsgeschichte der Frühmoderne eine große Rolle. Doch unmittelbare Beziehungen zwischen Religion und Wirtschaft sind ebenso schwer herzustellen wie zwischen Kapitalismus und Staat. Denn von ihrer offiziellen Lehre her waren der Calvinismus sowie die englischen Sekten keine Verteidiger des Kapitalismus, so sehr sie mehr als andere in der alltäglichen, disziplinierten Arbeit den eigentlichen Gottesdienst sahen und städtischem Gewerbe und Handel gegenüber aufgeschlossen waren. Auch wissen wir über die religiöse Gesinnung der führenden Unternehmer und Kaufleute bei aller offiziellen Zugehörigkeit zur protestantischen Konfession zu wenig, um annehmen zu können, daß ihre Disziplinierung des Alltagslebens, ihr rationales Handeln und ihre Erfolgsorientierung aus religiöser Wurzel stammten. Sicherlich hat der ›asketische Protestantismus‹ beträchtlichen Anteil an der entstehenden bürgerlichen Kultur, auch mag er hier und da motivierend gewirkt haben, doch entscheidend war wohl, daß er insgesamt ein Milieu begünstigte, das der Rationalisierung des Lebens allgemein Vorschub leistete sowie die modernen Entwicklungen rechtfertigte bzw. sogar verstärkte. In diesem Sinne entsprachen einer frühmodernen, im Umbruch befindlichen Gesellschaft, die sich zusehends kapitalistischem Handel und Gewerbe öffnete, mehr der Calvinismus und Formen asketischen Protestantismus als der Altkatholizismus und das Luthertum. Bezeichnend ist, daß die im Formierungsprozeß der kapitalistischen Weltökonomie stagnierenden Gesellschaften in Italien und Spanien zugleich Länder rigider gegenreformatorischer Aktivitäten waren. Die Widerstände gegen eine Durchsetzung des Kapitalismus in katholischen und lutherischen Ländern schwerer zu überwinden als in calvinistischen Ländern bzw. Ländern pluralistischer asketischer Glaubensrichtungen. Dies kann freilich nicht allein mit den Glaubensinhalten begründet werden, aber immerhin legitimierte die traditionelle Frömmigkeit die alten wirtschaftlich-sozialen Zustände mehr als die neue reformatorische. »Einmal überhaupt, wenn auch mit allen Kautelen, aufgenommen, wirkt der Kapitalismus überall, wo er mit dem Milieu gegeben war, seine sich selbst steigernden Folgen aus, zog aus der spezifisch reformierten Frömmigkeit und Arbeitsamkeit Rechtfertigungen und Verstärkungsmittel an sich, die ihm in den reformierten Gemeinden einen besonderen Charakter und eine besondere Intensität verliehen.«[13] Das rationale Wirtschaftsethos, die kapitalistische Gesinnung hatten ihre Wurzeln keineswegs allein im asketischen Protestantismus, sondern die Entwicklung des Kapitalismus selbst, seine Rationalität und Erfolgsorientierung zwangen ein rationales Verhalten auf, das in einem langen Prozeß eingeübt wurde, die Institutionalisierung des Kapitalismus möglich machte und zu einer rationalen Lebensgestaltung führte. Dementsprechend setzt nicht der okzidentale Rationalismus den modernen Kapitalismus wie den asketischen Protestantismus frei, sondern die Formierung des Kapitalismus im Zusammenhang der Entstehung des frühmodernen Staates und der modernen Kultur, zu der wesentlich die reformatorische Religion zählte, brachte eher umgekehrt die spezifisch okzidentale Rationalität hervor. In diesem Sinne kam der Kapitalismus tatsächlich erstmals dort zum Tragen, wo auf der Grundlage einer ›neuen Moral‹, wie sie vor allem im asketischen Protestantismus greifbar ist, es zu einer intensiven Wechselbeziehung von Ausweitung der Handelsbeziehungen und Änderung der alten Produktionsweise in Land und Stadt kam, die vom Staat unterstützt, zumindest toleriert wurde.

Die ökonomisch-politische Entwicklung in Europa verlief in der frühen Neuzeit keineswegs einheitlich, so daß sich der Kapitalismus, einmal entstanden, dann überall etwa nach dem Vorbild Englands gleichmäßig ausgebreitet und die internationale Ausweitung des Marktes überall die Auflösung des Feudalismus und Beschleunigung der kapitalistischen Akkumulation gefördert hätte.[14] Die Ausgangsbedingungen der europäischen Länder von England bis Polen, Italien bis Dänemark im Spätmittelalter waren von nur geringer struktureller Divergenz gekennzeichnet, zumindest war es zu Anfang des 16. Jahrhunderts noch keinesfalls klar, daß die nordwesteuropäischen Gesellschaften die neuen Mittelpunkte der entstehenden Weltökonomie werden sollten. Eine sozialökonomische Differenzierung vollzog sich in Europa seit der zweiten Hälfte des 16. Jahrhunderts. Sie war davon abhängig, wie rasch Handelsprofite eine intensive industrielle Anwendung fanden und wie stark der Markt herrschaftlich-staatlich gesichert wurde.[15] »Wenn also zu einem gegebenen Zeitpunkt eine Region aufgrund einer Reihe von Faktoren der Vergangenheit hinsichtlich eines wesentlichen Faktors einen leichten Vorteil gegenüber einer anderen Region hat und dazu eine Konjunktur von Ereignissen kommt, die diesem leichten Vorteil eine zentrale Bedeutung in der Determination der sozialen Aktion geben, dann verwandelt sich ein geringer Vorteil in eine starke Disparität, und die Überlegenheit dauert an, auch wenn die Konjunktur vorbei ist.«[16] Um die im frühneuzeitlichen Europa einsetzende ungleiche ökonomische Entwicklung zu erklären, muß man sie als Folge eines »einheitlich weltwirtschaftlichen Zusammenhangs verstehen, in dem Arbeitsteilung und Warentausch zunehmend das Verhältnis der ökonomischen Einheiten zueinander prägen«. Mit der zunehmenden überregionalen Arbeitsteilung und indirekten Abschöpfung durch ungleichen Tausch, die mit der europäischen Expansion, einer Entwicklung neuer Methoden der Arbeitskontrollen und einer relativ starken Staatsmacht in Gang kamen, stellte sich ein ökonomisches Weltsystem her, das allen Ländern eine bestimmte Rolle zuschrieb. Während Nord- und Westeuropa, Nordfrankreich, England, Holland, Nord- und Westdeutschland ins politische und ökonomische Zentrum des Marktes rückten, den Absatz hochwertiger Güter sichern und durch Handel monopolisieren konnten, wurden Osteuropa und die neuen Kolonialländer in Amerika als ausschließliche Getreide- bzw. Baumwolle- und Zuckerproduzenten für Westeuropa an die Peripherie gedrängt. Die Mittelmeerländer hielten zwar noch lange der westeuropäischen Konkurrenz in der Warenproduktion und im Handelskapital stand, erlebten aber seit Anfang des 17. Jahrhunderts einen einschneidenden Prozeß der Entindustrialisierung und gesellschaftlichen Rückentwicklung, durch den sie sich fast den Ländern der Peripherie anglichen. Dieses neue Welthandelssystem begründete und begünstigte bei gleichzeitigem Bevölkerungswachstum in den westeuropäischen Ländern die Entstehung einer einheimischen Bourgeoisie, einer freien Lohnarbeiterschaft bzw. einer relativ unabhängigen kleinen Produzentenschicht in Stadt und Land. An der Peripherie dagegen, in den Ländern sich ausbildender Monokulturen, gründete die Produktion entweder auf Fronarbeit und der zweiten Leibeigenschaft oder auf Sklaverei in der Plantagenwirtschaft bzw. Zwangsarbeit in den überseeischen Bergwerken. Da eine bürgerliche Schicht fehlte, entstanden im Interesse des Marktes erneut feudale Strukturen.

Die unterschiedlichen Rollen innerhalb der Arbeitsteilung der entstehenden Weltökonomie hatten nicht nur ein frühneuzeitliches Welthandelssystem, das alle Waren und alle Länder einbezog, begründet, sondern entscheidend auch zu unterschiedlicher Sozialstruktur und Staatsform geführt. Während in England die feudalen Abhängigkeiten durch den entstehenden kapitalistischen Markt sich verminderten, wurden sie in Ost- und Südeuropa geradezu verschärft. Die Formierung der frühmodernen Gesellschaft jedenfalls vollzog sich im Rahmen einer entstehenden Weltökonomie, d. h. sie verstärkte die Entwicklungstendenzen des frühmodernen Staates und der frühneuzeitlichen Kultur, die ihrer Durchsetzung letztlich günstig waren.

2. Ständegesellschaft und politische Herrschaft

FRÜHNEUZEITLICHE STÄNDEGESELLSCHAFT

Die Gesellschaft des Spätmittelalters und der frühen Neuzeit begriff sich als eine Ständegesellschaft, in der jeder einzelne durch Geburt oder Privileg Mitglied eines Standes war und aufgrund dieser Zugehörigkeit Anspruch auf die von einem Stand monopolisierten Lebenschancen besaß.[1] Jeder Stand unterschied sich »durch ein bestimmtes Maß der Teilhabe an der politischen Herrschaft, durch eine besondere Form materieller Subsistenzbegründung und spezifisches Prestige (Ehre)«.[2] Sollte man allerdings annehmen, daß mit der Ausweitung der Marktwirtschaft im Zusammenhang der gleichzeitigen Entstehung des frühmodernen Staates sich diese Ständeordnung auflöste, so läßt sich im Gegenteil nachweisen, daß nach der Zeit der Auflockerung und Mobilität im ›langen‹ 16. Jahrhundert unter den Bedingungen der Moderne die mittelalterliche Ständegesellschaft nicht aufgehoben wurde, sondern sich in eine rigid festgeschriebene und erstmals auch herrschaftlich abgesicherte Ständeordnung umwandelte.[3]

Es gab zwar vor allem in den frühkapitalistischen Ländern England und Holland ständenivellierende Tendenzen. In Europa als Ganzem aber bewirkte die beginnende kapitalistische Akkumulation eher eine Festschreibung der ständischen Strukturen, eine Verhärtung, die zwar die sozialen Gruppen unterschiedlich traf und sich in den verschiedenen Ländern Europas unterschiedlich auswirkte, doch überall aufzuweisen ist. Aus einer mobilen, noch ungeschlossenen ständischen Gesellschaft des Mittelalters jedenfalls war eine geschlossene, stark differenzierte soziale Ordnung mit einer fast starren Ständestruktur geworden, in der jede Gruppe und jeder einzelne erstmals eine klar definierte Rolle zugewiesen bekam, der er sich bei Verlust von Ehre und Privileg fügen mußte.[4] Es ging nicht mehr allein um Regelung der feudalen Ökonomie, Organisierung sozialer Herrschaft und um ständische Selbstdarstellung, sondern um Sicherung der Versorgung einzelner Gruppen durch verstärkte Ausschaltung der Konkurrenz und um Festschreibung einer tendenziell alle Bereiche des Alltagsverhaltens normativ regelnden, konventionell geprägten, standesgemäßen Lebensführung, die die soziale Vorrangstellung des Adels und die Unterdrückung des Volkes unter der politischen Führung eines Fürsten oder der Adelsklasse garantierte.

Alle führenden Schichten sahen deswegen in der ausgebildeten, klare Unterschiede schaffenden Ständegesellschaft den eigentlichen Garanten der politischen Ordnung. Wenn allein der Adel politische Führungspositionen übernahm, der Bürger sich dem Handel und Gewerbe widmete und der Bauer den Boden bestellte, schienen Konflikte und Unruhen ebenso vermindert wie die Versorgung der Gesellschaft gesichert. Die wiedererstarkte orthodoxe Kirchlichkeit sanktionierte diese Ständestruktur im Zuge der Gegenreformation als der Welt- und Gottesordnung allein entsprechend auch noch dort, wo die Grundlagen dazu nicht mehr ganz gegeben waren, wie in Westeuropa.

Die frühneuzeitliche Ständeordnung empfand sich als ein System sozialer Harmonie und des Ausgleichs ständischer Interessen, war aber nichts anderes als ein System sozialer Ungleichheit, das die steigenden sozialen Konflikte verdeckte, die sich aus einem unter den Bedingungen der Ausweitung des Marktes, der Bevölkerungsvermehrung und der Verknappung der Nahrungsressourcen resultierenden Kampf um Macht, Sozialprestige und um die Verteilung des Reichtums ergaben. Diese Tendenz war zwar stärker ausgeprägt in Ländern des sich heranbildenden Absolutismus als in Ländern mit ›libertärer‹ Entwicklung. Es gab sie aber prinzipiell überall. Die Verhärtung der Ständegesellschaft bahnte sich in manchen Ländern bereits in der ersten Hälfte des 16. Jahrhunderts an, einen Höhepunkt erreichte sie fast überall zu Ende des 16. bzw. zu Beginn des 17. Jahrhunderts. Was noch während des 16. Jahrhunderts an Mobilität und Freiheit möglich war, war um die Mitte des 17. Jahrhunderts fast ausgeschlossen.

Die durch den frühmodernen Staat und die neuen Konfessionskirchen abgestützte Verhärtung der Ständestruktur hatte beträchtliche soziale Wirkungen. Zum einen hoben sich die Hauptstände Adel, Bürger, Bauern immer stärker voneinander ab. Während sich im Mittelalter noch ein armer Adliger und ein reicher Bauer kaum voneinander unterschieden, ein Bürgerlicher höhere politische Stellungen einnehmen konnte als ein Adliger, die Lebenswelten noch nicht radikal geschieden waren, alle Stände bei allem politischen und rechtlichen Unterschied in etwa die gleiche Lebensweise hatten, wurde die Kluft seit dem 16. Jahrhundert immer größer. Eine abgeschlossene höfische Gesellschaft, die in kaum einem direkten Bezug mehr stand zum Volk, gab es zwar noch nicht, aber der Adel setzte sich in dem Maße schärfer als früher

Abb. 8: *Ständisch-bürgerliches Leben in Augsburg.*
Gemälde von H. Vogtherr d. J. (um 1550)

von Bürgern und Bauern ab, als er innerhalb eines Territoriums
hoch privilegiert war, starkes Bewußtsein seiner Bedeutung hatte
und sich auf den fürstlichen Hof orientierte, sich also durch
veränderte Lebensgewohnheiten, durch Sitte, Kleider und Geselligkeit zunehmend vom Volk distanzierte. Jedem Stand kamen
eigene soziale Symbole zu, die den Stand selbst zusammenhielten
und ihn von den anderen abgrenzten. Auch wenn ein Bürger oder
Bauer so vermögend war wie ein Adliger, mußte er sich doch
deutlich von diesem unterscheiden. »Also ein jeder (muß) seiner
Vorfahren Fußstapfen nachfolgen, damit unter Adel, Bürgern und
Bauern ein Unterschied zu finden sey.«[5]
Parallel zur Abschließung der Stände Adel, Bürger und Bauern
voneinander differenzierten sich die einzelnen Stände in der
Weise, daß sich aus dem Adelsstand der höhere Adel, aus dem
Bürgertum die patrizische Oberschicht und aus der bäuerlichen
Dorfgemeinschaft die Dorfehrbarkeit klar abhoben. Auch diese
Differenzierung wurde vom frühmodernen Staat abgesichert. Eine
Verletzung der strengen Rangordnungen konnte Ehrverlust oder
Strafe nach sich ziehen. Aus dem hohen Adel, dem städtischen
Patriziat und der Dorfehrbarkeit bildeten sich scharf abgehobene
Familienkasten, die ihre soziale Stellung unabhängig von Lei-
stung, Reichtum und sozialer Funktion durch Patronage und
Heiratspolitik zu sichern suchten. Öffentliche Ämter in Dorf,
Stadt und Staat wurden zunehmend zu Pfründen bestimmter

Familien. Mit gleicher Intensität, wie die obersten Schichten sich durch standesgemäßes Leben, Privilegien, Titel und den Nachweis ehrbarer Familientradition von den ›mittleren‹ absetzten, grenzten sich diese aufgrund gleichen Prestigedenkens von den ›unteren‹ ab.[6]

Dies mußte schließlich in die Ausgrenzung und Abschließung all derjenigen aus der Gesellschaft münden, die keinen ›ehrbaren‹ Stand hatten.[7] Das Mittelalter hatte noch weitgehend außer- und unterständische Gruppen toleriert, Bettler und Hausierer gehörten ebenso zum sozialen Bild wie Prostituierte und Komödianten. Äußerlich änderte sich zwar noch lange nichts, doch mit der gleichzeitigen Zunahme pauperisierter Schichten, der Abschließung der Zünfte, der Konsolidierung der frühmodernen Staaten und der gegenreformatorischen Verfolgung Andersdenkender wurden seit Ende des 16. Jahrhunderts erstmals weite Gruppen aus der Gesellschaft ausgestoßen und stigmatisiert, so unabkömmlich gerade diese diskriminierten Schichten für die protoindustrielle Warenproduktion und die Entstehung der großen frühneuzeitlichen Heere wurden. Bettler und Vaganten, Komödianten und Hausierer wurden ebenso zu Außenseitern, als nicht mehr Integrationsfähige kriminalisiert, wie religiöse Separatisten und die steigende Zahl der Mitglieder ›unehrlicher‹ Berufe. Zwar war man allgemein zu machtlos, sie zu disziplinieren oder tatsächlich zu vertreiben, aber die soziale Kontrolle und Gewaltanwendung, die der frühneuzeitliche Staat einsetzte, zeitigten doch die Wirkung einer diskriminierenden Ausgrenzung: Eine große Zahl von außer- und unterständischen Menschen wurde, weil sie keine Steuern zahlen und keine produktive Tätigkeit ausüben konnten, als ›nutzloses‹ Gesindel diffamiert.

Die Entstehung der frühneuzeitlichen Ständegesellschaft signalisierte einen bedeutsamen Wandel in der sozialen Stellung des einzelnen wie einzelner sozialer Gruppen. Auf Kosten von Mobilität, Sozialität und feudaler Selbstbestimmung, wie sie das Mittelalter und weitgehend auch noch das 16. Jahrhundert kannten, wurde dem einzelnen erstmals eine klar definierte Funktion und Rolle in der frühmodernen Gesellschaft zugewiesen, sein Verhalten und seine Denkweise kontrolliert und ihm eine unverrückbar festgeschriebene Stellung innerhalb der Ständeordnung zugewiesen, wo nicht Reichtum und Leistung eine Rolle spielten, sondern Herkunft, Herrschaft und Prestige. Der vermehrte Geldumlauf, die Marktverdichtung im Zuge der Territorialisierung wie der beginnenden kapitalistischen Akkumulation hatten nicht zur Auflösung der mittelalterlichen Ständewelt geführt, sondern die traditionelle Gesellschaftsordnung in der Form der frühneuzeitlichen Ständegesellschaft ›rationalisiert‹. Wer sich der neuen, durch den frühmodernen Staat abgestimmten Ordnung fügte, profitierte von der sozialen Ungleichheit und partizipierte an der Sicherung des Lebens durch die staatlich abgestützte Ständegesellschaft, in der an die Stelle feudaler Selbstbestimmung prestigeorientiertes Handeln trat. In dem Maße allerdings, wie dabei die Gesellschaft differenziert wurde, korrespondierte mit der Anpassung an die neue Struktur eine Ausgrenzung aller außer- und unterständischen, nicht ›nützlichen‹ Schichten, die sich selbst zusehends nicht nur als Arme, sondern auch als Ausgestoßene begriffen. Der Prozeß der Vergesellschaftung, der mit der Entstehung der frühneuzeitlichen Ständegesellschaft sich verstärkte, hatte damit ein zwiespältiges Gesicht.

So sehr eigentlich die Ständegesellschaft alle sozialen Gruppen integrieren und jedem die Sicherung des Lebens garantieren wollte, entstanden de facto mit der neuen Ständeordnung doch erstmals eine Differenzierung in Ober- und Unterschichten, darüber hinaus Ansätze zu einer Klassenformation. Sahen doch die herrschenden Schichten quer durch alle Stände in der formierten Ständegesellschaft ein geeignetes Mittel, ihre errungene Machtposition und Verfügung über materielle Güter zur Sicherung ihres Lebens zu verewigen, während diejenigen, die im Vergesellschaftungsprozeß zu kurz kamen, sich zunehmend als Ausgebeutete verstanden und so letztendlich in der Ständegesellschaft ein Hindernis der Verwirklichung ihrer Interessen sehen mußten.

II. DIE BÄUERLICHE WELT

In der frühneuzeitlichen Gesellschaft bildeten die Bauern, die in der agrarischen Produktion tätige ländliche Bevölkerung, den zahlenmäßig größten Stand, woran auch der große Aufschwung der Städte und des Bürgertums nichts geändert hatte. Von ihrer Arbeit und Produktivität hing sowohl die Lebenssicherung aller anderen wie insbesondere der steigende Wohlstand der oberen Stände ab. Obwohl ihre »Nützlichkeit« allgemein bewußt war, wissen wir über die Arbeit, die Lebensgewohnheiten und die soziale Situation der Bauern recht wenig.[1] Der Bauer erscheint in den Quellen lediglich als steuer- oder abgabenzahlender Untertan. Nur wenn er in Konflikt mit der Umwelt oder Obrigkeit geriet und dies zu Beschwerdebriefen oder Verhörsprotokollen führte, gibt es darüber hinausgehende Äußerungen, aber diese sind zumeist überformt von der Begrifflichkeit des der bäuerlichen Welt oft unkundigen Schreibers. Selbstzeugnisse von Bauern sind aufgrund ihres weitgehenden Analphabetismus so gut wie unbekannt. Die meisten differenzierten, uns überlieferten Zeugnisse stammen von bürgerlichen Gelehrten und Schriftstellern, die als Vertreter höherer Stände allerdings in ihren Äußerungen zu Extremen neigen oder nur herrschaftliche Bilder reproduzieren. Der dumme und rohe Bauer war ein gängiger Topos, zahlreich waren die Vorurteile bzw. die Anweisungen, wie ein Bauer sich zu verhalten hat. Verteidigt wurden der Bauernstand und seine Bedürfnisse nur von wenigen. So schrieb Grimmelshausen über die Rolle der Bauern in seinem Simplicissimus:

> »Du sehr verachter Bauernstand,
> Bist doch der beste in dem Land ...
> Wie stund es jetzt und um die Welt,
> Hätt Adam nicht gebaut das Feld?
> Mit Hacken nährt sich anfangs der,
> Von dem die Fürsten kommen her ...
> Drum bist du billig hoch zu ehren,
> Weil du uns alle tust ernähren ...«[2]

Einblicke weitreichender Art vermitteln – neben einigen Beschreibungen kritischer Schriftsteller – ikonographische Darstellungen. Auch sie sind nicht frei von Voreingenommenheit, spiegeln aber wie die Bilder der niederländischen Maler unmittelbar die bäuerliche Welt mit ihren Leiden und Freuden, ihrer Arbeit und Geselligkeit.

Die allgemeine soziale Situation der Bauern in der frühen Neuzeit zu beschreiben, ist schwierig: Einen in sich geschlossenen Bauernstand unter einheitlichen Lebensbedingungen gab es nicht. Sowohl in rechtlicher wie in sozialer Hinsicht war er höchst differenziert, es gab freie Bauern und Leibeigene: sehr reiche wie in Friesland, deren Stellung durchaus Landadeligen ähnlich war, und sehr arme wie in Spanien, die besitzlosen Lohnarbeitern gleichstanden. Dabei korrespondierte die rechtliche Stellung keineswegs immer mit dem Vermögens- und Besitzstand. Freie Bauern, von denen es in Europa jedoch nur noch wenige gab, konnten durchaus ärmer sein als abhängige, auf deren Besitz selbst Adelige neidisch sein konnten.

Die allgemeine Situation der europäischen Bauern hing zunächst wesentlich ab von den jeweiligen Naturgegebenheiten. Der russische Bauer konnte noch so viel arbeiten, den Reichtum eines norddeutschen Bauern konnte er nie erlangen. Sie war vor allem abhängig vom Klima, das die Zahl der Ernten und die Produktionsmethode stark beeinflussen konnte, und nicht zuletzt von den zahlreichen bekannten Agrarkrisen und Mißernten. Bauern auch der frühen Neuzeit kannten keine große Vorratswirtschaft, der Intensivierung ihrer Produktion waren klare Grenzen gesetzt, und technische Neuerungen hingen vom Marktnetz ab. Auch Krieg und Frieden spielten eine nicht unbeträchtliche Rolle. So litt der französische Bauer beispielsweise besonders stark unter den das Land stark verheerenden Religionskriegen des 16. Jahrhunderts, und der Dreißigjährige Krieg zerstörte in Deutschland Hab und Gut der Bauern in einer bisher nicht gekannten Weise.[3] Die Qualität des Bodens, Klima, Mißernten und Kriegssituationen waren nicht nur nach Ländern unterschiedlich. Jede Region Europas stand unter anderen Bedingungen.

Darüber hinaus war das soziale Leben der Bauern abhängig von der Agrarverfassung, innerhalb derer sie produzierten. In der Zeit der unterschiedlichen Entwicklung in Europa, als es in West- und Mitteleuropa zu einer Modifizierung der Grundherrschaft, in Osteuropa zur Gutsherrschaft kam, gewann der Bauer im Westen eine rechtlich freiere Stellung, wo leibeigenschaftliche Elemente ganz verschwanden, während im Osten eine neue Versklavung durch Einführung der Leibeigenschaft begann, die nicht nur die rechtliche Stellung der Höfe, sondern auch die persönliche der Bauern verschlechterte.[4] Während in Osteuropa die Bauern zu Sklaven, in Südeuropa zu Pachtbauern minderen Rechts wurden, konnte ein Bauer in Mittel- und Westeuropa Miteigentümer an Grund und Boden sein. Unter je unterschiedlichen Bedingungen entwickelte sich in England und Spanien eine proletarisierte Bauernschaft, die ins Vagantentum abgedrängt wurde: dort war sie Opfer der Kommerzialisierung der Landwirtschaft, hier wurde sie von den adligen Schafzüchtern der Mesta ausgekauft.[5] Rechtlosigkeit, wachsender Steuerdruck, Mesta und Majorat haben den spanischen Bauernstand zu Beginn des 17. Jahrhunderts völlig vernichtet. Der Spanier Penalosa y Mondragón klagte 1629: »Der Bauernstand ist gegenwärtig in Spanien der ärmste, der elendste, der am tiefsten darniederliegende; ja es ist, als ob sich alle übrigen Stände zusammengetan und verschworen hätten, ihn zu ruinieren und zu vernichten. Soweit ist es schon gekommen, daß der Name Bauer einen so schlechten Klang hat, daß er mit Schurke, Tölpel, Schmutzfink und schlimmerem gleichbedeutend ist. Wenn man Bauer sagt, so denkt man an grobes Essen, Knoblauch- und Zwiebelgerichte, an das Fleisch von verendeten Tieren und das Gerstenbrot, an die ungegerbten Lederschuhe und zerrissenen Kittel, die Narrenkapuze und groben Krägen, die rupfenen Hemden und plumpen Tragbeutel, die halbzerfallenen Lehmhütten, den Fleck schlechtbebauter Erde und die paar mageren Rinder und an die Last der Hypotheken, Zinsen, Steuern und Abgaben. Kommt der Bauer in die Stadt, besonders wenn es in Rechtssachen geschieht, so warten seiner endlose Enttäuschungen, Spott über seine Tracht und Sprache, und Betrügereien obendrein. Zum richtigen Märtyrer aber wird er, sobald Gerichtspersonen oder Militär den Weg in seine bescheidene Hütte finden.«[6]

Die soziale Lage der Bauern war schließlich vom Grad der Belastung durch grundherrliche Abgaben und landesherrliche Steuern bestimmt, hinzu kam je nach Region und rechtlicher Stellung Fronarbeit bzw. Kirchenzehnt. Das ganze System der frühneuzeitlichen Belastung der Bauern, die in Naturalien oder in Geld, zumeist in beidem, abgeführt wurde, ist höchst vielfältig. Da wir zugleich nur ungefähr wissen, wieviel ein Hof produzierte, was der Bauer also verdiente, ist auch eine genaue Berechnung der Abschöpfung schwer zu erstellen. Haushaltsbücher der frühen Neuzeit sind nur von herrschaftlichen Haushalten erhalten. Doch sicher ist, daß die Belastung der Bauern so hoch war, daß ihr Großteil, bis zu 60–70 %, sich nur knapp über dem Lebensminimum hielt. Es waren nur wenige Bauern, eine bäuerliche Oberschicht, die sich repräsentative Bauernhäuser errichten, große Feste geben und beträchtliche Gewinne aus Getreide oder Viehhandel erzielen konnten. Die überwiegende Mehrheit kennzeichnete die konstante Sorge ums Überleben. Um so schwerer wirkten trotz Intensivierung der Landwirtschaft und rechtlicher Besserstellung zumindest im Westen die Versuche der Grundherrn, die Abgaben zu erhöhen. Dem adligen Grundherrn reichten die alten Abgaben nicht, da er für seine Repräsentationsbedürfnisse in der sich herausbildenden höfischen Gesellschaft immer mehr Geld brauchte. Dem korrespondierte denn auch sein Bestreben, seine Grundherrschaft unter dem Gebot des kapitalistischen Marktes zu kommerzialisieren. Noch entscheidender für den Bauern wurde die steuerliche Belastung durch den Landesherrn, der die steigenden Kosten für Verwaltung und Heer nicht mehr aus seinen Krongütern bestreiten konnte und, da der Adel von Steuern befreit war, auf den Bauern zurückgriff. Der Bauernstand trug weitgehend die Lasten des frühneuzeitlichen Staates. Zieht man zusätzlich die Veränderungen für die Landwirtschaft durch die Entstehung des Weltmarktes in Betracht, die den Reicheren mehr Gewinn brachten als den Ärmeren, so bahnte sich in Europa für die ganze Bauernschaft eine Verschlechterung an, die auch durch die rechtliche Sicherung von seiten des Staates nicht aufgefangen wurde.[7]

Der Bauernstand war vielmehr nach Besitz, Vermögen, Rang und Recht höchst differenziert. Seit dem 16. Jahrhundert, vor allem zu Ende, begann die letztlich zahlenmäßig gleichbleibende Schicht der reichen Bauern sich abzuschließen und, wie in der Stadt die reichsten Kaufmannsfamilien, eine Kaste zu bilden, während die arme und unterbäuerliche Schicht im Dorf zunahm. Der Vollbauer, Großbauer, wie wir ihn vor allem in Norddeutschland kennen, unterschied sich, was Vermögen und Lebensstandard betrifft, oft wenig vom adligen Grundherrn. Auf seinem Hof arbeitete eine große Zahl von Gesinde und Taglöhnern; zwar war er nur in wenigen Fällen frei, aber seinen Überschuß setzte er gewinnbringend auf dem Markt ab. Wenn er wie der Yeoman in England oder Großbauer in Holstein seinen Betrieb sogar zu rationalisieren verstand, trat er selbstbewußt als Bauernunternehmer auf.[8] Die Erhaltung des Besitzes wurde durch strenge Auslegung des Erbrechts und durch gezielte Heiratspolitik über Generationen hinweg garantiert. Ein ausgeprägtes Familienbewußtsein begründete seine dominante Stellung in der dörflichen Gemeinschaft, innerhalb derer er oft auch Ämter innehatte. So wichtig die von derartigen Bauern gebildete Schicht war als Gegenpol zum adligen Grundherrn, so klein war sie doch. Vermögende, Überschuß produzierende Bauern gab es z. B. in Württemberg, wo Zahlen überliefert sind, nur rund 5%.[9] Der Schicht der Großbauern folgte die zahlenmäßig größere bäuerliche Mittelschicht von rund 20 bis 25%, sofern sie nicht wie in Rußland oder Spanien durch Pachtsystem oder Leibeigenschaft völlig vernichtet wurde. Die ihr angehörenden Bauern konnten sich ausreichend ernähren und hier und da sogar Überschüsse produzieren, selten gelang ihnen der Aufstieg in die dörfliche Ehrbarkeit, um so leichter konnten sie aufgrund von Agrarkrisen und Mißernten absinken. Zusammen mit der Schicht der Vollbauern setzten sie sich entschieden ab von der 70 bis 80% bzw. sogar 65 bis 83% umfassenden Schicht der Dorfarmen. In Zeiten guter Ernte und Konjunktur konnten sich die ihr angehörenden Kleinbauern selbst ernähren. Sie besaßen noch selbständige, aber kleine Höfe mit geringem Ertrag und kleinem Viehbestand. In Krisenzeiten mußten sie sich nebenher als Taglöhner verdingen oder eine nebengewerbliche Tätigkeit ausüben. Zwar gehörten sie bereits zu den Dorfarmen, doch der eigene Hof und die Möglichkeit zur Gründung einer Familie unterschied sie von der großen Schicht des Gesindes und der reinen Taglöhner.

Bildeten die Vollbauern, die bäuerliche Mittelschicht und die kleinen Bauern als die eigentliche bäuerliche Bevölkerung noch im Spätmittelalter den Großteil der dörflichen Bevölkerung, so wurden diese eigentlichen Bauern seit dem 17. Jahrhundert zunehmend zur Minderheit. Denn im Zuge des Bevölkerungszuwachses und der Pauperisierung durch wachsende steuerliche Belastungen und Preisrevolution nahm die unterbäuerliche Schicht trotz der großen Sterblichkeit konstant zu.[10] Genaue Zahlenangaben fehlen, auch sind die wenigen statistischen Auswertungen in den verschiedenen Regionen Europas schwer miteinander vergleichbar, doch überall kann beobachtet werden, daß mit der Konsolidierung einer kleinbäuerlichen Schicht zugleich die Schicht der Häusler, Söldner, die über keinen eigenen Betrieb verfügen, entsteht und das dörfliche Bild der frühen Neuzeit zusehends prägt. Es gab sie meistens in der Nähe der Städte oder in größeren Bauerndörfern, vor allem in den entstehenden Gewerberegionen. Solange die Leute noch über ein Haus verfügten und sich so selbst mit Lebensmitteln versorgen konnten, zählten sie zu den Dorfansässigen, die sich nebenher als Taglöhner verdingen konnten oder einen Zuerwerb durch handwerkliche Tätigkeit in der Verlagsindustrie gewannen. Diese Schicht wird in Württemberg um die Mitte des 16. Jahrhunderts bereits auf 15 bis 22 % geschätzt. Schlechter war noch die Lage der völlig vermögenslosen Tagwerker, die sich ausschließlich verdingen mußten und deswegen, wenn sie nicht im Dorfhandwerk tätig sein konnten, auch nur selten seßhaft waren. Im Unterschied zum Gesinde und den Dienstboten waren die Tagwerker zwar frei und, insofern sie eine Familie unterhalten konnten, durften sie auch heiraten, aber die Lebenssicherung war schwierig, der Abstieg ins Bettlertum schnell gegeben. Sozial ganz unten standen die Dienstboten, z. T. auch die ›neuen‹ Leibeigenen Ostelbiens, die zum Bestand eines Hofes zählten. Zwar unterstanden sie vertraglichen Regelungen, aber gegen die Gewalt der Herren waren sie hilflos. Essen und Wohnen waren oft gesichert, z. T. erhielten sie auch Kleidung, aber ihre Tätigkeit galt meist als entehrend. Die Klage über den Mangel an Dienstboten ist ebenso verbreitet wie die über ihre Unzuverlässigkeit und Faulheit. Zusammen mit den Taglöhnern bildete die unterbäuerliche Schicht in einer freien Grundherrschaft des Westens 30 bis 40 %, in Gegenden des neuen Pachtsystems wie in Spanien und Italien 70 bis 80 %.[11] Ein ländliches Proletariat entstand, dessen soziale Stellung trotz nicht gänzlich aufgehobener feudaler Bande sich nicht wesentlich von der der neuen Lohnarbeiterklasse unterschied, die in England im Zuge der Enclosuresbewegung vermögenslos wurde. Diese erlangten zwar persönliche Freiheit, galten aber nur als billige Arbeitskräfte der neuen kapitalistischen Grundherrn. Zur bäuerlichen Bevölkerung, soweit sie in Dörfern lebte, aber nicht unmittelbar in der agrari-

schen Produktion tätig war, zählt auch die Schicht der Dorfhand-
werker und Gewerbetreibenden. Vor allem sind hier die Wirte,
Schmiede, Müller und Bader zu nennen. Oft verband sich ein
Handwerk oder Gewerbe mit einem landwirtschaftlichen Betrieb,
wie beim Wirt, oder die Leute verfügten über Gärten oder eine
kleine Länderei zur Selbstversorgung, wie etwa häufig die Schmiede und Müller. Daneben gab es in zunehmendem Maße Schneider
und Weber, die völlig besitzlos waren und im Rahmen der
organisierten Heimindustrie ihren Lebensunterhalt zu sichern
suchten.[12]

Das frühneuzeitliche Dorf mit seinem der Tradition verbundenen
Bauerntum war jedenfalls in seiner Sozialstruktur keineswegs so
starr, wie die grundherrschaftliche Agrarverfassung vermuten
läßt. Seit dem Spätmittelalter änderte sich die Struktur der
ländlichen Bevölkerung beträchtlich. Während die eigentlich bäuerliche Schicht zahlenmäßig fast konstant blieb, ihre Vollbauern
sich zu einer bäuerlichen Oberschicht abschlossen, vermehrte sich
die unterbäuerliche Schicht der Dorfarmut. Zu Ende des 16. Jahrhunderts entstand ein ländliches Proletariat, das nicht mehr in die
dörfliche Gemeinschaft integriert war; einerseits bildete es sich
aus unterbeschäftigten Taglöhnern, andererseits aus ländlichen
Heimarbeitern, die ihr Brot mit industrieller Tätigkeit erwarben.
Langfristig wurde so die ländliche Struktur Alteuropas durch das
Vordringen des Gewerbes und die Proletarisierung der Unterschichten geändert. Eine stark differenzierte Landbevölkerung
findet sich natürlich mehr in den Regionen Europas mit grund-
herrschaftlicher Verfassung, in denen Bauern Miteigentümer
ihres Bodens waren. In Ländern der Gutsherrschaft wie der
feudalen oder auch frühkapitalistischen Pachtsysteme gab es kaum
ein selbständiges Bauerntum; hier dominierten Klassenverhält-
nisse: Einer kleinen Zahl von adligen Herrn und adligen, bürgerlichen und bäuerlichen Großpächtern stand eine überaus große
Schicht von abhängigen Landarbeitern, Tagwerkern und leibeigenen Bauern gegenüber.

Die bäuerliche Bevölkerung, vom Vollbauern bis zu den kleinen
Leuten des Dorfes, führte ein Leben, das starkem Wechsel unterworfen war; einerseits gab es gleichförmige schwere Arbeit,
andererseits eine lautstarke derbe Geselligkeit und häufige Feste.
»Es ist ein jeder von dem andern abgeschieden und lebt für sich
selbs mit seinem Gesind und Vieh. Ihre Heuser sind schlechte
Heuser von Kot und Holz gemacht, auf das Erdrich gesetzt, und
mit Strow gedeckt. Ihre Speiß ist schwarz Rockenbrot, Haberbrei
oder gekocht Erbsen und Linsen. Wasser und Molken ist vast ihr

Trank. Ein Zwilch (Joppe), zwen Bundschuch und ein Filzhut ist ihr Kleidung. Diese Leute haben nimmer Rhu, frü und spät hangen sie der Arbeit an. Sie tragen in die nechsten Stett zu verkaufen, was sie Nutzung uberkommen auf dem Feld und von dem Viech, und kaufen ein dargegen was sie bedörfen . . . Ihren Herren müssen sie oft durch das Jar dienen, das Feld bauen, säen, die Frucht abschneiden und in die Scheunen führen, Holz hauen und Gräben machen. Da ist nichts, daß das arm Volk nicht tun muß und ohn Verlust nicht aufschieben darf.«[13] Die bäuerliche Produktivität war nicht groß. Die meiste Arbeit mußte unmittelbar mit den Händen getan werden. Pferde bzw. Ochsen, Pflug, Sensen und Rechen waren die einzigen Hilfen für die meisten Bauern, die verschiedenen kleinen technischen Verbesserungen in der Landwirtschaft des 16. und 17. Jahrhunderts kamen nur wenigen zugute. Die Bauern arbeiteten ausschließlich für ihren Lebensunterhalt, die geringen Überschüsse, soweit sie nicht von den weltlichen Herrn oder der Kirche abgeschöpft wurden, kamen auf den Markt, um dafür nicht selbstproduzierte, aber lebensnotwendige Güter zu erwerben. Die bäuerliche Arbeit war nicht auf Profit orientiert, sondern diente nur zur Sicherung des Lebens. Sie folgte dem Rhythmus der Natur. Dieser bedingte die berüchtigte harte Arbeit bei jeder Witterung wie auch die ›Faulheit‹ in Zeiten geringer Beschäftigung. Es wurde gearbeitet, soviel zu tun war und solange es hell war. Freizeit gab es nicht, dafür allerdings viele Fest- und Feiertage. Im Winter gab es weniger zu tun als zur Zeit der Saat und Ernte, wo alle Kräfte aufgeboten wurden. Eine ertragreiche Ernte entschied über Leben und Tod. Die größten Höfe waren weitgehend autarke Familienbetriebe, wo alle mitarbeiten mußten, Männer und Frauen, Kinder und Alte, Gesinde und Taglöhner. Ackerbau in Verbindung mit Viehhaltung garantierte den nötigen ökonomischen Ausgleich. Soweit es erlaubt war, wurden auch Schafe gehalten sowie in anderen Gegenden eine oft einträgliche Käserei betrieben. Kleidung, Schuhe und Geräte wurden oft noch selbst gemacht, dazu wurde der lange Winter genutzt. Mühlen, Schmieden und Bäder waren ausschließlich auf die Bedürfnisse der Dorfeinwohner orientiert. Das herrschaftliche Brau- und Mahlrecht wurde meistens an Bauern verpachtet, entzog sich aber weitgehend der dörflichen Kontrolle. Die Organisierung der landwirtschaftlichen Arbeit oblag, soweit es sich nicht um eine Gutsherrschaft handelte, dem Bauern selbst. Dies gilt sogar für die Leibeigenen des Ostens, wo sich der Grundherr kaum einmischte. Sie vollzog sich aber im Rahmen einer Nachbarschaft und begründete eine dörfliche Solidarität, die von reichen wie von armen Bauern gleicherweise getragen wurde. Was der einzelne

Bauer nicht allein leisten konnte, wurde gemeinsam von der dörflichen Gemeinschaft geregelt. Hier lagen die Stärke und Schwäche der bäuerlichen Gesellschaft der frühen Neuzeit, die Gemeinschaft gab Schutz gegen herrschaftliche Übergriffe, verpflichtete aber auch jeden einzelnen auf feste traditionelle Normen.[14]

Die in der dörflichen Gemeinschaft geleistete Arbeit bildete nur die eine Seite des bäuerlichen Lebens. Entlastung von der eintönigen und schweren Arbeit fand der Bauer bei seinen zahlreichen Feiern und Festen. Sie bildeten nicht nur eine Gegenwelt, sondern begründeten ebenso wie die Arbeit die bäuerliche Lebenswelt selbst und sind mit der bäuerlichen Ökonomie aufs engste verbunden. Spiele, Feiern und Feste bildeten eins der »Hauptmittel, über die eine Gesellschaft verfügte, um die gemeinschaftlichen Bande enger zu knüpfen, ein Zusammengehörigkeitsgefühl zu entwickeln«.[15] An den Festen und Feierlichkeiten nahmen wie bei der alltäglichen Arbeit alle Alten und Jungen, Frauen und Männer, Arme und Reiche teil. Oft fehlten auch nicht die adligen Herren. Brueghels Bilder vermitteln hier einen farbigen Einblick. Es gab kirchliche und weltliche öffentliche Feste, die sich an den Jahreszeiten und am Brauchtum orientierten. Gesellschaftliche Mittelpunkte waren die Kirche und das Gasthaus.

Einen Höhepunkt des geselligen Lebens im Dorf bildete der Jahrmarkt, wo religiöse, ökonomische und soziale Interessen verschmolzen. Soweit die Reformation das kirchliche Leben des Dorfes umorganisiert hatte, wurden kirchliche Festlichkeiten reduziert, wohingegen in katholischen Regionen auch alte, nichtkirchliche Feierlichkeiten kirchlich überformt wurden. Neu war das Wiederaufblühen von Heiligenkulten und Wallfahrten. Für den an den Boden gebundenen Bauern bedeutete die Teilnahme an Wallfahrten im Unterschied zum Bürger oft die einzige Möglichkeit, andere Gegenden und andere Menschen kennenzulernen. Öffentliche kirchliche oder weltliche Feste gab es seit langem, hinzu kamen in der frühen Neuzeit Feste, die in Verbindung mit Geburt, Hochzeit und Beerdigung standen. Zwar waren dies Familienfeste, sie symbolisierten aber zugleich die Solidarität der bäuerlichen Gemeinde, insofern weitgehend das ganze Dorf daran teilnahm, also die Dorfarmen wie der Hausherr. Diesem gaben sie die Möglichkeit, seinen Reichtum und seine Ehre zu präsentieren, jenen, einmal sich satt zu essen.[16] Wenn die Obrigkeit gegen die Festgewohnheiten der Bauern vorging, dann entsprang dies einerseits der Sorge, daß der Bauer sich dadurch verausgabte, also in seiner Steuerleistung geschwächt wurde, andererseits aber auch der Furcht vor Unruhen und Krawallen, womit bäuerliche Feste nicht selten endeten. Auch zeigten sich in der Bevormundung

Abb. 9: *Bäuerliche Geselligkeit.* »Der Bauerntanz«.
Gemälde von P. Brueghel d. Ä. (um 1567)

Ansätze eines öffentlichen Puritanismus, der moralisch entsetzt
war über die »sambarn reden, geschrey, singen und andern ublen
geberden«.[17] Wenn die Feste der Bauern seit dem 17. Jahrhundert
zunehmend für die Gemeinschaft an Bedeutung verloren, dann lag
dies allerdings weniger in der ›neuen Moral‹ begründet; die
feudalen Strukturen des Dorfes wurden vor allem durch die
verstärkte Marktausweitung zerstört.[18]
Der bäuerlichen Geselligkeit und Arbeit entsprach eine Frömmigkeit, ein Glaube, der insgesamt weit weniger von den christlichen
Kirchen geformt war, als man gemeinhin annimmt. Ohne Zweifel
fügte sich die dörfliche Gesellschaft kirchlichen Normen, hatte das
Dorf sich doch weitgehend an die feudale Gesellschaft und ihre
Lebensformen angepaßt. Auch der bäuerliche Alltag war eingebunden in die kirchlichen Feste, ob aber der Bauer denselben
Glauben hatte wie der Dorfpfarrer, der zudem oft auch der Herr
war, ist zu bezweifeln. Dokumente fehlen weitgehend, doch waren
die Welt des Pfarrers und die des Bauern zu verschieden, als daß
man unmittelbare Entsprechungen annehmen könnte.
In der nachreformatorischen Zeit ist zwar eine Intensivierung der
ländlichen Seelsorge feststellbar, sowohl auf katholischer wie auf
protestantischer Seite, die über die mittelalterliche Glaubenspraxis
hinaus erstmals das religiöse Leben der Bauern zu formen, d. h. zu
verkirchlichen suchte und vor allem vom Aberglauben zu reinigen

bemüht war. Aber neben bzw. unter dem christlichen Glauben verbarg sich noch lange eine Welt des Aberglaubens und religiös-magischer Praktiken, die aufs engste mit dem traditionellen Brauchtum verbunden war – der Hexenglauben war ein integraler Bestandteil bäuerlicher Religiosität[19] –, ebenso aber auch der Traum eines Lebens ohne soziale und politische Unterdrückung, wie er in manchen bäuerlichen Aufstandsbewegungen durchscheint[20], gewissermaßen eine ›Utopie eines Schlaraffenlandes‹ ohne Arbeit und Sorge. Gerade ihre Feste waren weniger Ausdruck eines kirchlich-religiösen Bewußtseins als Momente eines Freiheitstraums, der auf der Erfahrung dörflicher Solidarität gründete, die zu wahren wichtiges Interesse war. Nach der Niederlage der deutschen Bauern im Bauernkrieg war der Bauer nur selten noch ein aktiver Teilnehmer der Reformation – weder der Calvinismus noch die katholische Gegenreformation nahmen spezielle bäuerliche Traditionen auf, aber bedeutungslos wurde damit die Frage des Bekenntnisses des Bauern nicht; ob er protestantisch wurde oder katholisch blieb, entschieden weitgehend die Herren. Frömmigkeitsgeschichtlich ist aber etwas anderes entscheidender. Zwar bekämpften alle Kirchen den bäuerlichen Aberglauben. Aber während die katholische Kirche ihn mit seinen neuen religiösen Praktiken (Heiligenkult und Wallfahrt) verdrängte und bäuerliche Magie damit überformte und verchristlichte, leitete der Protestantismus mit seinem magiefeindlichen Gotteswort und antibäuerlichen Weltbild in der bäuerlichen Welt eine Säkularisierung ein, die nicht nur die eigenständige Kultur der Bauern erschütterte, sondern bedeutsamen Vorschub leistete für die Auflösung einer feudalen Gesellschaftsordnung auf der Grundlage bäuerlicher Solidaritäten.

Der Bauer war gewohnt, sein Leben selbst zu regeln. Seine politische Welt war das Dorf, wie es als quasi autonome Gemeinde im Spätmittelalter entstanden war und von den jeweiligen Grundherren akzeptiert wurde.[21] Dies änderte sich, als einmal im Maße der Ausbildung einer privilegierten Ständegesellschaft im sich konsolidierenden Territorialstaat der Bauer erstmals als Untertan definiert wurde, dessen ausschließliche Aufgabe es war, zu arbeiten und zu gehorchen und die materielle Reproduktion der Gesellschaft zu gewährleisten, zum anderen als zwischen Bauern und Grundherrn der Staat mit seinen neuen Steuerforderungen und Polizeivorschriften trat, und schließlich als der entstehende kapitalistische Markt, wenn auch in den verschiedenen Regionen Europas unterschiedlich intensiv, die bäuerliche Subsistenzwirtschaft aufzulösen begann und der Bauer in Abhängigkeit vom

Markt geriet. So langfristig diese Prozesse angelegt waren, so wirkten sie doch auf das politische Leben und Bewußtsein der Bauern nachhaltig ein. Im Unterschied zum Bürgertum, zur Geistlichkeit und vor allem zum Adel, die im frühneuzeitlichen Staat ihre partikularen Rechte und Privilegien als politisch organisierte Stände behielten und damit Mitträger ›staatlicher‹ Gewalt wurden, wurde der Bauer vom Formierungsprozeß nicht nur ausgeschlossen – abgesehen von wenigen Fällen wie in Tirol und Ostfriesland, wo ihm die Standschaft gesichert blieb, kamen ihm keine politischen Rechte im Territorium zu –, sondern er verlor darüber hinaus alle Möglichkeit politischer Selbstbestimmung selbst auf der Ebene des Dorfes. Signifikant ist nicht nur der Untergang der Republik der Dithmarscher Bauern 1559[22], sondern auch die unaufhaltsame Aushöhlung politischer Rechte im Dorf sowohl von seiten der Grundherrn wie des Staates. Den »staatlichen« Integrationsprozeß erlebte der Bauer weitgehend als Verschlechterung seiner sozialen Situation, als vermehrte Belastung durch Steuern und Fron; demgegenüber erwies sich der neue Schutz von seiten des frühneuzeitlichen Staates, der prinzipiell an einem starken Bauernstand interessiert war, im 16. und 17. Jahrhundert konkret als bedeutungslos. Da dem Bauern rechtliche Protestmöglichkeiten de jure zwar offenstanden, im Alltag aber wirkungslos waren, blieb ihm zur Abwehr neuer Belastung und weiterer Zerstörung seiner Subsistenzwirtschaft nur der Widerstand. Vom aktiven und passiven Widerstand hat der frühneuzeitliche Bauer in ganz Europa reichlich Gebrauch gemacht, vor allem in Frankreich und Rußland.

Dem Formierungsprozeß der frühmodernen europäischen Gesellschaft korrespondiert eine Protestbewegung der Bauern, deren Reichweite und Bedeutung erst in jüngster Zeit richtig erkannt wurde.[23] Sie offenbart nicht nur, daß die Bauern keineswegs widerstandslos sich unterdrücken ließen und Mehrbelastungen auf sich nahmen, obwohl der deutsche Bauernkrieg gezeigt hatte, wie machtlos bäuerliche Aktionen gegenüber der Obrigkeit waren, sondern auch, daß sie eigene Vorstellungen vom sozialen Zusammenleben entwickelten, die sich nicht in einer antimodernen Ideologie erschöpften. Wie die frühe Neuzeit sich ohne die bäuerlichen Proteste entwickelt hätte, wissen wir zwar nicht, doch sicherlich wäre die herrschaftliche Gewalt schrankenloser geworden. Die Angst vor Revolten der Bauern hielt sie zurück. Bauern protestierten in England gegen die Einhegungspolitik der kapitalistischen Grundherrn, in Frankreich reihte sich seit der Mitte des 16. Jahrhunderts bis zur Fronde ein Bauernaufstand an den anderen, in Rußland flohen Bauern vor der Versklavung in die

Leibeigenschaft zu den Kosaken und kämpften mit ihnen gegen die Zentralisierungsbemühungen der zaristischen Regierung. Selbst im Deutschen Reich fügten sich die Bauern nicht so in die Territorialstaatlichkeit, wie es die Niederlage der Bauern im Bauernkrieg vermuten ließe. Alle Aufstandsbewegungen dieser Zeit waren zwar nicht allein von Bauern getragen, aber es ging immer wieder um den Widerstand gegen die Zerstörung der traditionellen bäuerlichen Welt. Die Ziele der Bauern waren weitgehend sehr konkret, so etwa der Protest in Frankreich gegen die Steuern. Die Bauern waren realistisch genug, ihre Forderungen im Rahmen der Durchsetzungsmöglichkeiten zu lassen – doch das Ideal aller bäuerlichen Vorstellungen blieb eine autonome Gemeinde ohne Herrn, ohne Abgaben, Dienste und Zwänge, die Vorstellung einer bäuerlichen und selbstverwalteten Welt.[24]

Obwohl der frühmoderne Staat den Bauern anstelle ihrer Dorfautonomie zumindest de jure Schutz gegenüber der Willkür der Grundherrn, der Kaufleute und Beamten gewährte, prinzipiell also die bäuerlichen Konflikte verrechtlicht wurden,[25] sollte es noch lange dauern, bis dem Bauern die rechtlich-politische Stellung zugemessen wurde, die seiner sozialökonomischen Bedeutung in der Gesellschaft entsprach. Die Formierung des frühmodernen Staates und des kapitalistischen Marktes geschah weitgehend ohne den Bauern, die Kosten seiner ›Anpassung‹ waren beträchtlich.

III. STÄNDISCHES BÜRGERTUM UND AUFSTIEG DER FRÜHMODERNEN BOURGEOISIE

Das europäische Bürgertum der frühen Neuzeit stellt entsprechend der städtischen Entwicklung der ländlich-bäuerlichen Bevölkerung gegenüber eine zahlenmäßig kleinere Gesellschaftsschicht dar, wobei es in Holland und in Italien allerdings von entschieden größerer Bedeutung war als in Spanien oder Polen. Seine geringere Zahl stand aber in umgekehrtem Verhältnis zu seiner (gesellschaftlichen) Rolle in Handel und Gewerbe, in der entstehenden Verwaltung des frühmodernen Staates sowie in den frühneuzeitlichen Kulturinstitutionen. In dem Maße, wie diese Institutionen an gesellschaftlichen Funktionen zunahmen, wurde auch das Bürgertum quantitativ stärker, bis es schließlich im 19. Jahrhundert zur dominanten Gesellschaftsschicht wurde. Noch aber formierte sich das Bürgertum erst zu einer Klasse in der frühmodernen Ständegesellschaft.[1]

Das Bürgertum läßt sich nach Lebensweise, städtischer Umwelt und

Arbeit eindeutig vom Adel und Bauerntum unterscheiden. Aber so sehr es etwas Eigenständiges in der frühneuzeitlichen Ständegesellschaft darstellte, bildete es noch alles andere als einen geschlossenen Stand, geschweige eine einheitliche, von gleichen sozialpolitischen Interessen getragene Klasse. Die Unterschiede des Bürgertums der verschiedenen Länder Europas waren beträchtlich – außerdem waren die Übergänge von Patriziern zum Adel oder vom ländlichen Bauern zum Ackerbürger gleitend. Was Reichtum, politische Rolle und sozialen Status betrifft, gab es keine Einheitlichkeit. Wenn dennoch von einem europäischen Bürgertum wie vom europäischen Adel und Bauerntum die Rede ist, so waren es vor allem die grundsätzlich andere Arbeit, eben in Handel oder Handwerk, und die andere, von der Stadt geprägte Lebenswelt, die seine wichtigste Charakterisierung ausmachten.[2]

Wenn in der frühen Neuzeit der Aufstieg der frühmodernen Bourgeoisie bzw. die Anfänge eines kapitalistischen Bürgertums konstatiert werden, dessen gesamtgesellschaftlicher Anspruch erstmals im niederländischen Aufstand wie in der englischen Revolution deutlich wurde, muß über die genannte Differenzierung hinaus ein strenger Unterschied gemacht werden zwischen dem ständischen bzw. Stadtbürgertum und einer sich mit der Ausweitung des Marktes formierenden bürgerlichen Klasse, die über Handel, Bildung oder Verwaltung aus der ständisch gebundenen Welt herausbrach, ohne politisch revolutionär zu sein. Der Aufstieg des Kapitalismus war nicht unmittelbar verbunden mit dem Aufstieg des Bürgertums, sondern nur mit Teilen der sich aus ihm herausbildenden Bourgeoisie. Das altständische Bürgertum in Deutschland, das bürgerliche Beamtentum in Frankreich und die entstehende Bourgeoisie in England trennten Welten.

Das Stadtbürgertum der frühen Neuzeit war entsprechend der mittelalterlichen Tradition, in der es weitgehend noch stand, stark differenziert. Seine Sozialstruktur entsprach weitgehend der Gliederung innerhalb der bäuerlichen, aber auch der adligen Gesellschaft. Vollbürger war nur einer, der als Hausbesitzer über das Bürgerrecht verfügte, so daß die Gesamtzahl aller Stadteinwohner viel größer war als die eigentliche Bürgerschaft. Das Bürgertum gliederte sich im großen und ganzen in drei Schichten, wobei neben Beruf und Vermögen gleicherweise Herkunft und Amt eine Rolle spielten. Über die soziale Stellung entschieden letzten Endes auch hier nicht Leistung und Reichtum, sondern Geburt und Privileg. Führungspositionen sowohl in politischer, wirtschaftlicher wie sozialer Hinsicht nahm das Patriziat ein, es bildete weitgehend eine adelsgleiche Oligarchie aus Mitgliedern der alten

Ratsgeschlechter. Ursprünglich aktiv in Handel und Gewerbe aufgestiegen, begann es zu Ende des 16. Jahrhunderts im Maße seines ökonomischen Rückzugs und der Vermögensanlage in Land- und Hauskauf sich sozial abzuschließen und dem Ideal adlig-patrizischer Repräsentation zu leben. Sein monopolisierter Herrschaftsanspruch war seit dem Spätmittelalter nicht unangefochten, doch im Zuge der herrschaftlich unterstützten Verfestigung der Ständegesellschaft konnte es seine Führungsposition behaupten. Zwar spielte alterworbener Reichtum eine bedeutsame Rolle, doch seine dominante Stellung rechtfertigte das Patriziat immer noch mit alten Privilegien und seiner Herkunft. Situation und Stellung des Patriziats waren in den verschiedenen Ländern Europas höchst unterschiedlich. Je stärker die wirtschaftliche Macht einer Stadt war und bürgerliche Interessen sich uneingeschränkt entfalten konnten, wie in Amsterdam oder London, um so größer war die Mobilität und Öffnung gegenüber neu aufsteigenden vermögenden Kaufleuten, die nicht dem Patriziat angehörten. Je schwieriger aber die wirtschaftliche Stellung des Patriziats einer Stadt wurde, zumal wenn es zugunsten eines adligen Lebens die Handelsgeschäfte aufgab, desto stärker ist seit Ende des 16. Jahrhunderts eine Abschließungstendenz festzustellen.[3]

Unmittelbar unter dem Patriziat, ihm in der Macht zum Teil jedoch eng verbunden, stand die Kaufmannschaft.[4] Je nach Größe der Stadt repräsentierte sie das eigentliche dynamische Element der Stadtgesellschaft, hier herrschte am stärksten und längsten das Prinzip des ökonomischen Erfolges. Dementsprechend litt der Kaufmann, wenn er von der Herrschaft ausgeschlossen war, unter der Inflexibilität der patrizischen Politik bzw. der sozialen Diskriminierung und suchte sein erworbenes Vermögen in den Dienst seines sozialen und politischen Aufstiegs zu stellen. Gleichzeitig schloß sich auch die Kaufmannschaft wiederum nach unten ab, wenn sie in ihrem sozialen oder politischen Prestige gefährdet war. Insofern richtete sich der Handwerkerprotest in den frühneuzeitlichen Städten häufig nicht nur gegen das Patriziat, das sich immer mehr als Obrigkeit ausgab, sondern auch gegen die Kaufleute, die sich oft mit den Handwerksmeistern verbanden, sofern diese über große Betriebe oder einflußreiche Ämter verfügten.

Zahlenmäßig die größte Schicht des Stadtbürgertums bildeten die Handwerker, die einfachen bzw. gemeinen Bürger, die zusammen mit den Krämern, städtischen Beamten und Stadtgelehrten das ›mittlere‹ Bürgertum darstellten.[5] Sie waren in einer Vielzahl von Zünften organisiert. Jede Zunft stellte eine Lebensgemeinschaft von jeweils unterschiedlicher sozialer Stellung dar. Prestige und Gewinnchancen korrespondierten nicht immer. Die Zünfte waren streng bedacht auf ihre Monopolrechte, die Sicherung ihrer Produktion sowie ihre Absatzmöglichkeit. Sie garantierten zwar die Lebenssicherung des einzelnen Handwerkers, hemmten aber insofern die ökonomische Entwicklung mancher Stadt, als sie sich oft gegen Neuerungen vor allem technischer Art stellten, um jede Bedrohung ihrer Existenz durch die Konkurrenz unzünftischen Gewerbes abzuwehren. Wie das Patriziat sich zur Sicherung seiner Machtstellung zu Ende des 16. Jahrhunderts zusehends abschloß, suchten ihrerseits auch die Zünfte ihre Produktion zu monopolisieren, was nicht immer hieß, daß sie tatsächlich das aufsteigende außerzünftische Gewerbe unterdrücken konnten, da gerade die großen Städte sich einer engstirnigen Zunftpolitik wirksam entgegenstellten.

Auf die neuen Bedürfnisse konnte das traditionelle Handwerk nur durch Differenzierung seiner Tätigkeit reagieren. Zu Anfang des 17. Jahrhunderts gab es in zahlreichen Städten mehr als 120 Handwerke. Schwerwiegend bei der Abschließung der Zünfte waren die schwindenden Aufstiegschancen für Gesellen, die sich oft in Gesellenvereinigungen organisierten und nach 1600 zu einem sozialen Problem mancher Städte wurden. Der Konflikt zwischen Meistern und Gesellen schwelte konstant. Freilich war die Verhärtung der Zünfte und die Verringerung der Mobilität unter den Handwerkern in den Städten stagnierender Wirtschaft wie in Italien und Deutschland stärker ausgeprägt als in England und Holland, wo neben den Zünften auch andere Organisationsformen vorindustriellen Gewerbes entstanden und Gesellen auch außerhalb von Meisterbetrieben Arbeit fanden. Doch allenthalben erschwerte das ehrliche Handwerk die Aufnahme in die Zunft bzw. drängte andere Gewerbetreibende an den Rand der Gesellschaft. Wegen dieses Drucks hatten Zentren der neuen Montan- und Textilindustrie außerhalb der Städte keine Probleme, Arbeitskräfte zu bekommen.

Jede europäische Stadt besaß nicht nur eine breite Handwerkerschicht, sondern auch eine sich konstant vermehrende Unterschicht, die weitgehend vom Bürgerrecht ausgeschlossen war und wegen ihrer Armut keine oder nur geringe Steuern zahlte. Diese Gruppe, die bis zu 30 bis 40% der Stadtbevölkerung ausmachte, lebte am Rande des Existenzminimums bzw. wurde vom Überschuß der städtischen Wirtschaft ernährt. Zu ihr zählten verarmte Handwerker, Kleinhändler, Tagelöhner, Altgesellen, Lohnarbeiter; sie war oft kaum zu unterscheiden von Bettlern, Vagabunden und fahrendem Volk, die ebenso zum Bild einer frühneuzeitlichen Stadtgesellschaft gehörten wie das reiche Patriziat. Gab es für den Kaufmann durchaus eine Möglichkeit aufzusteigen, ebenso noch

Tabelle 6: *Vermögensverhältnisse in Augsburg (in Gulden)*

	1509	1540		1618
Steuerzahler	4990	6780		9532
»Habnits«			»Habnits«	4083
Kleinvermögen	4868	6492	Kleinvermögen unter	
Vermögen (3600–7200)			20 fl. Steuer	4875
bis (5000–10 000)	40	52		
Vermögen (5000–10 000)			Mittelvermögen	
bis (100 000–200 000)	43	104	bis (20 000–40 000)	432
Vermögen (100 000–200 000)			Vermögen	
bis (300 000–600 000)	36	80	(20 000–40 000)	
			bis (40 000–80 000)	83
Vermögen (300 000–600 000)			Vermögen	
bis (1–2 Millionen)	3	37	(40 000–80 000)	
			bis (140 000–180 000)	51
Vermögen (1–2 Millionen)			Vermögen über	
bis (1,7–3,4 Millionen)	–	5	(140 000–180 000)	8

für den Handwerker, so waren die Aufstiegschancen aus der Unterschicht äußerst gering. Sie stand außerhalb der eigentlichen stadtbürgerlichen Gesellschaft.[6]

Die soziale Hierarchie war nicht identisch mit der Vermögenslage; es gab Kaufleute, die reicher waren als Patrizier, Handwerksmeister, die vermögender waren als Kaufleute, und auch außerzünftische Gewerbetreibende, die mehr verdienten als zünftische Handwerker. Welche sozialen Unterschiede in den Städten herrschten, zeigen die Vermögenslisten der Städter.[7]

Zur Stadtgesellschaft kam schließlich noch eine große Zahl von Personen, die kein Bürgerrecht besaßen und nicht zur politischen Gemeinde zählten, wie etwa Glaubensflüchtlinge, weltliche Gelehrte, Adelige, Beamte und Geistliche. Diese Schicht war zu Anfang des 16. Jahrhunderts ebenso wie die Unterschicht noch relativ gering. Bezeichnend aber für die frühneuzeitliche Entwicklung der Stadt ist, daß gerade der Anteil dieser beiden gesellschaftlichen Gruppen, die nicht zum eigentlichen Bürgertum zählten, so zunahm, daß die Vollbürger letztlich zur Minderheit wurden. Das Stadtbürgertum war also kein geschlossener Stand, sondern höchst differenziert, wobei geburtsständische Gliederungen durch Klassentrennungen verschärft wurden.

Die Lebenswelt des Bürgertums war geprägt durch das enge Zusammenleben verschiedenster Menschen in einer Stadt sowie durch die spezifische Arbeit des Handels und Handwerks, die sich dadurch von der bäuerlichen Tätigkeit abhob, daß sie nicht an den Boden gebunden war und nicht einem von der Natur vorgegebenen Jahreszyklus unterlag, sondern weitgehend sich nach dem Bedarf der Gesellschaft an gewerblichen Produkten und an den Gewinnchancen orientierte. So sehr der Handwerker wie der Kaufmann seine Abhängigkeit vom Markt zu spüren hatte und in der Ausübung seiner Arbeit einem städtischen Reglement unterworfen war, konnte er doch seinen Lebenslauf selber mehr regulieren als der Bauer, und vor allem durch Sparsamkeit, Ordnung und Fleiß seinen Status sichern bzw. verbessern. Die Welt des Bürgers war komplexer und differenzierter als die des Bauern, vor allem als mit der Ausweitung des Handels und Gewerbes die Verbindung mit dem umliegenden Land sich intensivierte, Kontakte zu anderen, teils sehr fernen Städten zunahmen und die Städte immer mehr in die entstehenden frühmodernen Staatengebilde eingegliedert wurden. Dank seiner Arbeit, die ihn oft zu Reisen veranlaßte, war der Bürger mobiler und flexibler als der Bauer, kannte die Welt und wußte sich in ihr darzustellen. Während in der bäuerlichen Wirtschaft Männer und Frauen, Kinder wie Alte eingespannt wurden, gab es in der städtisch-bürgerlichen Welt eine viel stärkere Trennung der Geschlechter. Obwohl auch Frauen im Handel tätig sein konnten und in der gewerblichen Produktion mitarbeiteten, waren sie doch in der Stadt stärker als auf dem Land auf den häuslichen Bereich und die Kinderaufzucht beschränkt. Häuslichkeit und Familienleben gewinnen im Maße des städtischen Wohlstandes an Bedeutung, vor allem als auch die Wohnverhältnisse sich besserten und eine Stadtkultur entstand, die sich von der der ländlichen Bevölkerung abhob.[8]

Die Arbeit des Städters war freilich nicht leichter als die des Bauern, auch seine Arbeit erfüllte den ganzen Tag, ohne daß es außerhalb der zahlreichen Feiertage Freizeit gab. Doch wie die Bauern kannte auch das Bürgertum neben der konstanten Arbeit ein intensives geselliges Leben, das mit zum Alltag der Stadt gehörte, ja wesentlicher Bestandteil der bürgerlichen Sozialität war. Aufgrund der städtischen Sozialstruktur gab es neben einer alle Einwohner umfassenden Geselligkeit wie kirchlichen Festen, Karneval oder Jahrmärkten zugleich ständische Festlichkeiten der einzelnen Ratsgesellschaften, Zünfte oder Gesellenvereinigungen, die nicht ›öffentlich‹ waren, aber eine wichtige gruppensolidarische Funktion ausübten.[9] Bezeichnend ist vor allem im Zuge der Differenzierung der Stadtgesellschaft, daß die öffentlichen Feierlichkeiten weniger Ausdruck der geschlossenen Stadtgesellschaft waren, als eine Darstellung der Eigenständigkeit der verschiedenen Gruppen und Kooperationen. Erst als im Zuge der Bevöl-

Abb. 10: *Bürgerliche Frauen im Hinterhof.*
Gemälde von P. de Hooch (1658)

kerungsdifferenzierung und Verfestigung ständischer Formen
einerseits das Patriziat adlige Verhaltensformen annahm, sich also
aus der Stadtgesellschaft ausschloß, sowie gleichzeitig in den
wachsenden Unterschichten ein plebejisches Bewußtsein der Aus-
geschlossenheit sich entwickelte, andererseits jeder auf Wahrung
seines Besitzstandes und seiner Hausehre orientiert war, verlor
das Stadtbürgertum an selbständigem öffentlichen Charakter und
an dynamischer Kraft.

Die bürgerliche Stadtgesellschaft als Zentrum des Handels und des
Handwerks verlangte einen relativ hohen Bildungsstand. Dement-

sprechend verbreitete sich Lesen und Schreiben in den Städten schneller als auf dem Land oder auch an den Höfen. Gerade die nachreformatorische Zeit kannte ein starkes Zurückgehen des Analphabetismus, nicht nur in der Oberschicht, sondern auch in der Unterschicht. Elementarschul- und Gymnasialwesen entfalteten sich in dem Maße, wie praktisches und gelehrtes Wissen soziale Bedeutung erlangten. Nicht nur künstlerische Fähigkeiten verbanden sich mit technischem Können, sondern auch humanistische Gelehrsamkeit fand in der städtischen Gesellschaft Resonanz. Wenn neben der klerikalen Kultur erstmals weltliches Schrifttum von praktischer Relevanz an Bedeutung gewann, dann hat das städtische Bürgertum wesentlich dazu beigetragen. Der Aufgeschlossenheit gegenüber praktischem Wissen und humanistischer Gelehrsamkeit, die sowohl über die Handelstätigkeit wie die politische Kultur des Bürgertums vermittelt wurden, korrespondierte ein Glaubensbewußtsein, eine Frömmigkeit, die sich grundlegend von der der Bauern, aber auch des Adels und der Kleriker unterschied. Spirituelle und praktische Bezüge herrschten von Anfang an vor. Aufschlußreich ist dabei nicht nur, daß die Reformation anfänglich eine spezifisch städtische Angelegenheit war, von bürgerlichem Interesse getragen wurde, und daß sie der spezifischen Kommunikation der Städter, sowohl der Patrizier wie der Handwerker, entsprach, sondern auch, daß im Bürgertum Ansatzpunkte für eine besonders spirituelle und rationale Interpretation der Reformation vorhanden waren. Calvinistische und puritanische Formen der Reformation fanden bekanntlich nicht überall gleicherweise Resonanz im Bürgertum, manche Städte verblieben im Katholizismus, doch gab es kaum eine konfessionell bzw. dogmatisch ausgeformte Frömmigkeit, die dem Bürgertum so sehr entsprach wie eine humanistisch-puritanische Glaubensrichtung.[10] Es mag dies mitbegründet sein im politischen Bewußtsein der Städter. Nicht minder aufschlußreich ist, daß Städte mit entwickelter Ökonomie eine sehr starke Rezeptionsfähigkeit für rationalistische Religionsformen besaßen, die ihrer spezifischen praktischen Tätigkeit, ihren ökonomischen Interessen und ihrem politischen Bewußtsein entsprachen. Jedenfalls entschied das konservative wie ›progressive‹ Bürgertum sich jeweils für religiöse Formen, die seinem rationalen frühmodernen Bewußtsein entsprachen und seinen Problemen Ausdruck gaben. So rigide Formen der Reformation sich auch anfänglich gerade in Städten durchsetzen mochten, so bekannte sich das Bürgertum doch früh zu religiöser Toleranz, zu einer praktischen Frömmigkeit und einer Trennung von Politik und Religion.[11] Darin ging die Praxis einiger Städte den territorialen Entwicklungen weit voraus. Trotz des Bekenntnisses der Venezianer zum Katholizismus gab es hier beträchtlichen religiösen Spielraum, dasselbe gilt etwa für das lutherische Nürnberg oder das calvinistische Amsterdam. Solange fürstliche Höfe noch nicht diese Funktion erlangten, waren die Städte trotz aller reformatorischen bzw. gegenreformatorischen Bewegungen Stätten relativ freier Meinungsbildung. Dies galt zumindest so lange, als nicht außerstädtische, territorial-staatliche Kräfte in das politische Leben der Städte eingriffen, wie es zu Ende des 16. Jahrhunderts in den Ländern des reaktivierten Katholizismus zunehmend der Fall war. Dennoch war auch das Bürgertum nicht frei von Aberglauben – gerade Städte wurden anfängliche Zentren der organisierten Hexenverfolgungen, allerdings kleine stärker als größere –, aber magisches Denken und abergläubige Heilspraktiken wurden von ihm früher aufgegeben als von der ländlichen Gesellschaft.

Das frühmoderne Bürgertum besaß ein ausgeprägtes politisches Bewußtsein und hatte spezifische Formen politischen Lebens entwickelt.[12] Im Unterschied zum Bauerntum, das weitgehend politisch entmachtet und grundherrschaftlich organisiert, also vom Adel bzw. von Bürgern und Klerikern beherrscht war, kannten die frühneuzeitlichen Städte einen freien politischen Raum, der nicht von der Adelsgesellschaft bestimmt wurde. Das politische Leben der Bürger in Europa hat sich dabei allerdings sehr unterschiedlich artikuliert. Grundsätzlich muß man unterscheiden zwischen der politischen Regelung des sozialen Lebens in der Stadt selbst und ihrer Stellung innerhalb des sich konsolidierenden bzw. konsolidierten Territorialstaates und seiner Verfassung. Das städtische Bürgertum hat sich im Spätmittelalter im Zusammenhang sehr ›lockerer‹ Strukturen politischer Herrschaft entwickelt.

In der frühen Neuzeit gab es drei grundlegend verschiedene Typen städtischen organisierten Bürgertums. Territorial- bzw. landesherrliche Städte, die zwar eine eigene Verwaltung kannten, aber unter territorialstaatlicher Oberherrschaft standen, bildeten zumeist regionale Märkte und gewannen als regionale Zentren fürstlicher Regierung Bedeutung. Sie waren oft als bürgerliche Stadt in die politische Ständegesellschaft integriert und partizipierten im Maße ihrer eigenen politischen Selbständigkeit an der allgemeinen Machtausübung in den Territorialstaaten.[13] Freie bzw. Reichsstädte, zu denen ursprünglich die meisten Großstädte West- und Mitteleuropas zählten, waren quasi geschlossene Territorien, politisch autonome Republiken, die sich selbst verwalteten, einen selbstgewählten Magistrat und politische Mitsprache auf den Reichstagen und Generalständeversammlungen besaßen. Im

Grad ihrer politischen Autonomie gab es zwar beträchtliche Unterschiede, z. B. Danzigs, Hamburgs, Amsterdams, Genfs und Venedigs politische Verfassungen differierten ganz wesentlich, doch international traten alle als quasi souveräne Republiken auf. So sehr diese Städte sich als Republiken frei von monarchistischen Zügen sahen, waren sie doch alles andere als Demokratien im modernen Sinne; es regierte zwar ein gewählter Rat, aber das Wahlrecht besaß nur ein enger Honoratiorenkreis von Ratsgeschlechtern, die dem Patriziat zugehörten. Handwerkerzünfte partizipierten nur bedingt an der Machtausübung.[14] Stadtstaaten schließlich, wie es sie vor allem in Italien gab, hatten zwar manche Ähnlichkeit mit den freien, d. h. von Adelsherrschaft unabhängigen Städten Mitteleuropas, besaßen aber tatsächlich volle Autonomie in der Ausübung ihrer Herrschaft nach innen und außen, außerdem gehörte zu vielen ein weites Umland. Auch hier übte zumeist ein Patriziat die Herrschaft aus, von der Verfassung her eine bürgerlich-patrizische Aristokratie, wie wir sie von Venedig kennen; aber es gab auch, wie in Florenz, Stadtstaaten mit quasi monarchischer Verfassung, die letztlich anderen Territorialherrschaften glichen.[15]

Diese drei Typen hatte die mittelalterliche Gesellschaft ausgebildet, sie blieben auch in der frühen Neuzeit erhalten, doch im Zuge der gesamtgesellschaftlichen Änderung im Rahmen der Ausweitung des Handels, der Herausbildung absolutistischer Systeme wie der Entwicklung von Nationalstaaten änderte sich ihre politische Stellung wie ihr politisches Selbstbewußtsein. Vor allem wirtschaftlich weniger potente Städte gerieten in den territorialstaatlichen Sog, zahlreiche ehemals freie oder autonome Städte verloren ihr politisches Selbstbestimmungsrecht und wurden zu herrschaftlichen Verwaltungs- und Handelsumschlagplätzen. Hierzu zählen auch die Städte, die zu Residenzen wurden und damit in Abhängigkeit vom entstehenden Hof gerieten, bzw. Städte, die wie Madrid als Verwaltungsmittelpunkt errichtet wurden. Aber auch die Städte, die ihre Freiheit behaupten konnten, änderten sich unter dem Druck der staatlichen Formierungen und der Ausbildung einer höfischen Gesellschaft; das Patriziat schloß immer mehr die Mitregentschaft nicht-aristokratischer Elemente aus, so daß hier eine obrigkeitliche Struktur die genossenschaftlichen Formen aushöhlte, was den Anpassungsprozeß des Bürgertums an die Adelsgesellschaft beschleunigte. So große Unterstützung dieser Prozeß bei der Adelsgesellschaft fand, so entschieden wehrten sich vor allem die politisch ausgeschlossenen Handwerkerzünfte gegen die Einengung der bürgerlichen Demokratie der Städte auf eine aristokratische Oligarchie. Der Kampf der Handwerker um politische Mitbestimmung hatte im Zuge der Reformation in ganz Europa einen Höhepunkt erreicht. Wenn er dann in seiner Schärfe und Ausschließlichkeit nachließ, hatte sich in den Stadtgesellschaften nach dem reformatorischen Jahrhundert damit allerdings noch kein konfliktfreies Verhältnis von Patriziat und Handwerkern eingespielt. Zahlreiche Aufstände in den Städten vor allem zwischen 1580 und 1630 dokumentieren, daß das städtische Bürgertum sich nicht mit den Entwicklungen abgab.[16] Die sich in den Stadtunruhen artikulierenden sozialen Konflikte korrespondierten mit den Bauernaufständen, es gab auch zahlreiche Berührungspunkte zwischen rebellischen Handwerkern und Bauern, aber aufgrund unterschiedlicher Interessen kam es selten zu wirkungsvollen gemeinsamen Aktionen. Das frühneuzeitliche Bürgertum hatte ein hochentwickeltes politisches Leben, das sich nicht nur in der Erhaltung seiner bürgerlich-autonomen Stadtverwaltung artikulierte, sondern auch darin, daß bereits in Königs- oder Fürstenherrschaften integrierte Städte als Landstände unmittelbaren Einfluß auf die Landesherrschaft erlangten. Hier unterscheiden sich im frühneuzeitlichen Europa drei Regionen:

1. Keine oder nur eine schwache politische Rolle übernahm das allerdings auch nur schwach entwickelte Bürgertum in fast allen osteuropäischen Ländern (in Rußland wie in Polen).
2. In Spanien, Frankreich und Deutschland war das Stadtbürgertum – zusammen mit Adel und Kirche – in den regionalen Ständeversammlungen vertreten. In Deutschland und Frankreich partizipierte es zudem als dritter Stand an der Macht der Reichs- bzw. Generalstände.
3. Den größten Einfluß übte das Bürgertum in England und in den Niederlanden aus, dank der Dominanz von London bzw. der verstädterten Gesellschaft Hollands. Hier formierte es sich nicht als ein politischer Stand neben anderen, sondern wurde zum Teil zusammen mit bestimmten Adelsgruppen unmittelbarer Mitträger politischer Gewalt.

Das frühneuzeitliche Stadtbürgertum und das ständisch formierte Bürgertum der frühmodernen Territorialstaaten war nach sozialer Situation, ökonomischer Macht und politischem Recht sehr unterschiedlich. Auch wenn es überall den Handel und das Handwerk beherrschte, zugleich maßgeblich beteiligt war am modernen ökonomischen System, an der Entstehung moderner Bildung und Wissenschaft sowie der Bürokratie der verschiedenen Staaten, bildete das Bürgertum keine geschlossene progressive bzw. revolutionäre Klasse. Weder propagierte es eine bürgerliche Demokratie, noch dominierte ein kapitalistisches Bürgertum, sondern als

Ganzes artikulierte sich das Bürgertum im Sinne bürgerlicher Handelsinteressen und relativer Liberalität eher reformerisch und konservativ als umstürzlerisch. Selbst dort, wo bürgerliche Kräfte politisch und sozial dominierten wie in den italienischen Stadtstaaten, deutschen Reichsstädten, vor allem in England und Holland, entwickelte es ein politisches Bewußtsein und ökonomische Interessen, die in vielem denen der libertär adligen Gesellschaft vergleichbar sind. Unter Bürgern finden wir ebenso viele Verteidiger monarchischer Verfassungen wie unter Adligen Gegner des Absolutismus.

Das Bürgertum war dennoch – im Westen Europas allerdings nur – die stärkste dynamische Kraft im 16. Jahrhundert. Es expandierte ökonomisch über die traditionellen Grenzen im Maße der Ausweitung von Handel und Gewerbe und häufte in ganz Europa ein großes Vermögen an. Die noch heute erhaltenen städtischen Baudenkmäler und bürgerlichen Kunstgegenstände lassen ahnen, welche Dimension das bürgerliche Leben im 16. Jahrhundert erlangt hat. Der soziale und politische Aufstieg des Bürgertums vollzog sich in vier verschiedenen Formen mit je unterschiedlichen Konsequenzen.

Mit steigendem Vermögen bzw. bei der rezessiven Entwicklung zu Ende des 16. Jahrhunderts zog sich ein Teil des Großbürgertums aus dem Handel zurück – manche zwang auch der Niedergang der Firmen dazu wie in Oberdeutschland und Italien –, orientierte sich zusehends an der Adelsgesellschaft, legte sein Vermögen in Länder- und Hauskauf an und begann ein adliges Landleben zu führen. Manchen Bürgern gelang sogar die Nobilitierung entweder als Entschädigung für nicht zurückerhaltene Darlehen oder durch Kauf, so daß sie in die Adelsgesellschaft aufsteigen bzw. Inhaber von Hofämtern werden konnten. Bekanntestes Beispiel aus dem Reichsgebiet war die Familie Fugger.[17] Diese bereits zu Ende des 16. Jahrhunderts nicht nur in den alten Handelsräumen, sondern selbst in Frankreich, England und Holland mit der Verminderung der ökonomischen Expansion einsetzende Entwicklung wurde allgemein als Refeudalisierung bezeichnet, sogar als Verrat am Bürgertum und seinen Interessen, da sie letztlich der Neuetablierung einer Adelsgesellschaft im entstehenden absolutistischen System entgegenkam. Zwar hinderte der Abzug von Kapital aus dem Handel dessen Expansion, aber aufgrund mangelnder Investitionsmöglichkeit war der Landerwerb, sogar der Erwerb ehemals adliger Grundherrschaften, oft eine vernünftigere und realistischere Geldanlage als das Geldgeschäft, zumal es jedem Bürgerlichen freigestellt war, den landwirtschaftlichen Betrieb zu rationalisieren, was allerdings außerhalb Hollands und Englands bzw. Norditaliens nur selten geschah. Hinzu kam, daß in der sich formierenden Adelsgesellschaft das adelige Leben zum Ideal vieler wurde, weil es mit Privilegien verbunden war und Prestigesteigerung bedeutete. Deshalb erlebte der Kaufmann die Nobilitierung als sozialen Aufstieg.

Das Vermögen bildete aber nur eine Voraussetzung des sozialen Aufstiegs. Denn gleichzeitig erhielten Bürger sogar aus den unteren Schichten dank ihrer Bildung auch Chancen, als Beamte in der Verwaltungsbürokratie der frühmodernen Staaten wichtige Positionen einzunehmen.[18] Ihre Karriere mündete nicht selten auch in der Nobilitierung. Mit der Ausweitung der staatlichen Steuer-, Rechts- und Heeresverwaltung wurde eine große Zahl von ausgebildeten Kräften erforderlich, und da der Adel in der Regel über keine gelehrte Ausbildung verfügte, kamen weitgehend nur Bürgerliche zur Bildung funktionaler Eliten in Frage. Wenn man sich vergegenwärtigt, daß zu Beginn des 17. Jahrhunderts in den englischen Zentralverwaltungen zwischen 1400 und 2000 Beamte beschäftigt waren, in Frankreich neben 650 höheren Beamten eine große Zahl von Provinzial- und Lokalbeamten, so allein in der Normandie 3000 bis 4000, dann kann dies als Indiz dafür gelten, daß bereits frühmoderne Staaten über eine große Verwaltungsbürokratie verfügten, deren Spitze freilich der Adel blieb, deren breite Trägerschaft aber aus nobilitierten bürgerlichen Beamten bestand, die ein Studium absolviert hatten. »Das bürgerliche Leistungsethos setzte sich hier an entscheidender Stelle gegenüber den tradierten Tugenden der Adelswelt durch.«[19] Hinzu kommt der Aufstieg von bürgerlichen Ingenieuren und Heerführern.

Der steigende Bedarf an fachlichen Kräften wurde weitgehend aus dem Bürgertum gedeckt, bis dann im späten 17. Jahrhundert die neuen Positionen auch den Adel zu interessieren begannen. Besonders bekannt vor allem für Frankreich ist der allerdings nur reichen Bürgern vorbehaltene Aufstieg über den Ämterkauf.[20] Mitglieder des Großbürgertums konnten gegen eine hohe Summe Geldes ein staatliches Amt kaufen. Dieses System wurde aus der permanenten Geldnot des Staates geboren und nicht nur vom Adel, sondern auch von Bürgerlichen als Quelle sozialer Mißstände scharf kritisiert, schuf andererseits aber dem Großbürgertum nicht nur eine Möglichkeit zu neuen Investitionen, sondern auch zur Steigerung des sozialen Prestiges und zur Standeserhöhung. Aus dem aufsteigenden reichen Bürgertum bildete sich eine noblesse de robe, die in die Adelswelt eindringen konnte. Obwohl Richelieu anfangs gegen das System war, förderte gerade er es, als es galt, die finanziellen Ausgaben des frühabsolutistischen Staates zu sichern. Zwischen 1620 und 1634 zog Frankreich auf einem der

Höhepunkte des Ämterverkaufs im Durchschnitt 37%, maximal sogar 52% der jährlichen Staatseinnahmen aus dieser Quelle. Da die Beamtenschaft der frühen Neuzeit sich selbst rekrutierte und die Ämter in Frankreich 1604 erblich wurden, kam es zu einer sozialen Abschließung der noblesse de robe und damit zur endgültigen Ablösung vom bürgerlichen Stand, was die aristokratischen Tendenzen der Gesamtgesellschaft in Frankreich erheblich stärkte. So sehr die Ämterkäuflichkeit dem Staate Geld einbrachte und dem Monarchen eine treuergebene Beamtenschaft schuf, ohne die er wohl kaum so leicht von der Bindung an den alten Adel freigekommen wäre, förderte sie zugleich eine neue Verknechtung der Untertanen unter ein Heer von Beamten, zudem durch den Entzug von Kapital aus dem Wirtschaftsleben einen Rückgang von Handel und Handwerk, was die merkantilistische Entwicklung Frankreichs stark beeinflussen sollte. Die wirtschaftliche Expansion Frankreichs, die hinter der Englands allerdings immer zurückstand, wurde nicht länger von bürgerlichen, sondern von staatlichen Interessen betrieben. Ohne Zweifel vollzog sich durch den Ämterkauf eine Stärkung der privilegierten Adelsgesellschaft, damit eine Refeudalisierung der Gesellschaft, doch war es gerade das aufgestiegene Bürgertum, das die Bedingungen für den französischen Absolutismus schuf. Der absolutistische Staat Frankreichs war mit ein Produkt des bürgerlichen Aufstiegs, erwuchs wesentlich aus bürgerlichem Kapital, war aber selbst alles andere als ein bürgerlicher Staat, sondern eine aristokratische Herrschaft. Die politische Macht übte allein der Adel aus.

Eine vierte Aufstiegsmöglichkeit für das Bürgertum wurde sichtbar in dem niederländischen Aufstand wie in der englischen Revolution. Mit der sozial-ökonomischen Emanzipation verband sich in Holland und England eine unmittelbare Partizipation an der politischen Macht. In dem niederländischen Aufstand befreite sich eine Handelsnation von der spanischen feudalen Herrschaft. So sehr hier aus einer Revolution eine »in wesentlichen Zügen bürgerlich geprägte Welt« entstanden war, bildeten die Generalstaaten doch alles andere als einen demokratisch-bürgerlichen Staatsverband, sondern, ähnlich wie die italienischen Stadtstaaten, einen oligarchisch-korporativ-föderalen Verbund, in dem der Adel gemeinsam mit dem Handels- und Großbürgertum die Macht ausübte. Auch trugen nicht bürgerliche bzw. kapitalistische Interessen die Aufstandsbewegung, da die Handelsinteressen des Großbürgertums durchaus von der spanischen Regierung unterstützt wurden, sondern der politische Unabhängigkeitsdrang und ständische Selbsterhaltungswille einer allerdings entscheidend von Bürgern gestellten regionalen Herrschaftselite. Nicht durch Aufstieg in den Adel und Aufgabe bürgerlich-ökonomischer Interessen wie in Frankreich vollzog sich hier also die Konsolidierung einer neuen Staatsgesellschaft, sondern »durch Angleichung der Interessen aller herrschenden ›Stände‹«, wobei allerdings »innerhalb der relativ breitgestreuten Herrschaftselite die ständischen Unterschiede in den Hintergrund traten, das Bürgertum selbstbewußt agieren konnte, ohne zum Adel aufzuschauen und durch ein Streben nach Aufstieg in den höheren Stand sich ständig selbst zu schwächen«.[21]

Die gleiche Ausgewogenheit von Adel und Bürgertum mit antiabsolutistischen Interessen kennzeichnet auch den Aufstieg des Bürgertums in England. Allerdings bestand hier ein völlig anderes Verhältnis von Adel und Bürgertum. Im Unterschied zu Frankreich, wo es für die Errichtung einer absoluten Monarchie zur Koalition von König und Bürgertum kam, verbanden sich in England der Adel und das Großbürgertum vor allem Londons, so daß einerseits das Bürgertum in den Adel aufsteigen, andererseits aber auch der Adel bürgerliche Tätigkeiten übernehmen konnte. Die kapitalistischen Unternehmer in England finden wir sowohl in bürgerlichen wie in adeligen Kreisen. Wenn es in der englischen Revolution auch nicht um den Durchbruch bürgerlich-kapitalistischer Interessen im Sinne einer bürgerlichen Republik ging, so etablierte sich doch eine bürgerliche Macht (bürgerliche Aristokratie), die das ökonomische, kulturelle wie politische Leben Englands entscheidend beeinflußte. »Die aristokratische Ordnung blieb, aber in einer neuen Gestalt, denn ihre Grundlage war jetzt mehr das Geld als die Geburt. Und das Parlament selbst wurde zum Werkzeug der grundbesitzenden Kapitalisten sowie ihres Anhangs und ihrer Verbündeten, deren Interessen jetzt der Staat unerschütterlich verfolgte.«[22]

Eine eigentlich frühmoderne Bourgeoisie formierte sich allein in Holland und England. Aber auch hier blieb sie stark in die aristokratische Kultur eingebunden.

IV. DER EUROPÄISCHE ADEL UND DIE KRISE DER ARISTOKRATIE

Die Führungs- und Herrenschicht der Gesellschaft der frühen Neuzeit bildete der Adel. Seine politische und soziale Vorrangstellung sollte er auch als Ganzes trotz allen gesellschaftlichen Wandels bis Ende des 18. Jahrhunderts bzw. Anfang des 19. Jahrhunderts, in Osteuropa sogar bis zum Anfang des 20. Jahrhunderts behalten.[1] Als zahlenmäßig kleinste Bevölkerungsschicht, die außerhalb von Polen und Spanien, wo der Adel bis zu 8 bzw. 5% der Gesamtbevölkerung ausmachte, nur 0,3 bis 1% betrug, verfügte der Adel über den Hauptanteil an politischer Macht und Grundbesitz. Zählen wir die kirchlichen Güter hinzu, da sie ja auch weitgehend in adeligen Händen lagen, waren die Aristokraten die größten Grundeigentümer und als solche, da jeder Grundbesitz politische Rechte implizierte, die fast ausschließlichen Herren der europäischen Gesellschaft. Dies gilt für ganz Europa, unabhängig von der politischen Verfassung eines Landes, sowohl in Rußland wie in Spanien, in England wie in Ungarn war der Adel der privilegierte Stand schlechthin. Sein politisches Ansehen, seine soziale Stellung und seine ökonomische Macht ruhten auf Grundbesitz und auf Gerichtsrechten, er bezog von seinen Untertanen Abgaben und Fronleistungen, profitierte vom ländlichen Handel und Gewerbe, verfügte über die besten Pfründe und höheren Ämter in den Kirchen und besaß vor allem Vorrechte auf einträgliche fürstliche Ämter, zahlte dabei weitgehend keine Steuern, durfte das freie Einigungsrecht ausüben und unterstand einer eigenen Gerichtsbarkeit. Nicht Leistung entschied dabei über seine soziale Stellung, sondern das fürstliche Privileg oder die Familienzugehörigkeit und Verbindung zum Fürstenhaus. Obwohl die Rangfolge je nach Besitz und Privilegien in der adeligen Welt sehr streng war, die Differenzierung im Adel weit ausgeprägter war als in der bäuerlichen oder bürgerlichen Welt, kennzeichnet den Adel als Ganzes ein stärkeres Standesbewußtsein. Obwohl die soziale und politische Vorrangstellung des Adels vom Mittelalter bis ins 19. Jahrhundert sein Kennzeichen war, hatten sich der Status und die Struktur der Adelswelt in der frühen Neuzeit mit der Entwicklung des internationalen Marktes, der Entstehung des frühmodernen Staates und der Krise des Feudalismus beträchtlich geändert. Es differenzierte sich nicht nur der Adel je nach Vermögen, politischer Macht und fürstlichem Privileg, sondern weitaus gravierender waren einerseits die Entpolitisierung des alten Feudaladels, d. h. der Machtverlust des hohen Adels im Zuge seiner Integration in die entstehende Staatsgesellschaft, wobei der Verlust seiner autonomen Rechte kompensiert wurde durch eine erhöhte soziale Rangstellung am Hofe, andererseits der Aufstieg des Landadels bzw. niederen Adels (Gentry) sowie des Neuadels in Führungspositionen des Staates, wobei Loyalität dem Fürsten gegenüber wichtiger war als Bestechlichkeit und erworbenes Vermögen für die Stabilisierung der absolutistischen Fürstenherrschaft eingesetzt werden konnte. An die Stelle des autonomen Adels der Renaissance trat eine organisierte Adelsgesellschaft: In dem Maße, wie die politischen Rechte des alten Adels vom Staat aufgesogen wurden und sich die höfische Gesellschaft selbst für bürgerliche Schichten öffnete, schloß sich die Aristokratie zu einer aristokratischen Kaste ab und begann alle sozialen und politischen Ämter in der Gesellschaft zu monopolisieren.[2] Diesen Funktionswandel gilt es im Zusammenhang der Krise der Aristokratie genauer aufzuzeigen.

Obwohl der europäische Adel durch Herkunft, Ethos und Privileg viel geschlossener auftrat als das Bürgertum und die bäuerliche Bevölkerung, war er dennoch gewisserweise stärker differenziert als die anderen Klassen. Hier spielten nicht nur die verschiedenen Traditionen der verschiedenen europäischen Länder eine Rolle, sondern die jeweilige politische und ökonomische Verfassung spiegelt sich in der hierarchischen Ordnung des Adels wider. Die Stellung des einzelnen innerhalb der Adelsgesellschaft bestimmten im 16. Jahrhundert nicht nur seine Herkunft bzw. seine Familie, sondern in zunehmendem Maße die fürstliche Privilegierung und die Titel. Der Titel wurde geradezu zum Symbol seines Status, nicht nur innerhalb der Gesamtgesellschaft, sondern vor allem innerhalb der Adelswelt.[3]

Wie in den anderen Gesellschaftsschichten unterscheiden wir auch beim Adel allgemein drei Gruppen: den zahlenmäßig kleinen, scharf umgrenzten Hochadel und die größere Schicht des niederen bzw. Landadels, die sich wiederum je nach Land von dem aufsteigenden Beamten- bzw. dem Hofadel abhob, wobei jede dieser Schichten noch stark aufgegliedert werden kann. Über allen erhob sich die Gruppe der Fürsten, die immer dem Hochadel angehörten. Die französische Gesellschaft, die den Prototyp der höfischen Gesellschaft entwickeln sollte, unterscheidet den alten Geblütsadel, der königliche Stellung beansprucht, und den eigentlichen Hochadel vom wappentragenden niederen bzw. Landadel sowie dem neuen Amtsadel (noblesse de robe). In dem Maße, wie dieser durch Vermögen sozial und politisch aufsteigt, ohne allerdings vom Schwertadel voll anerkannt zu werden, verliert jener, durch ›Preisrevolution‹, kostspielige Hofhaltung, Adelsfehden und nicht zuletzt durch gewaltsame Eingriffe des Königs geschwächt, an autonomer politischer Macht und wird zum Hofadel, dessen politische Potenz vom König abhängig ist.[4] In Deutschland ist die Situation durch die Unterscheidung von reichsunmittelbarem und landständischem Adel komplizierter, sowenig damit die Gliederung in hohen, niederen und Beamten- bzw. Hofadel aufgehoben wird. Reichsunmittelbar waren sowohl die Reichsfürsten wie die reichsunmittelbaren Grafen, Herrn und Ritter, die oft weit ärmer und unvermögender waren als der landständische Adel, der Adel einer fürstlichen Landesherrschaft. Zu diesem landständischen Adel

zählte nicht nur der bayerische Landadelige, sondern auch der böhmische Graf. Besondere Bedeutung erlangte der ostdeutsche Junker, der durch seinen Aufstieg zu Ende des 16. Jahrhunderts zusehends die brandenburgische Herrschaft prägte, während in den west- und süddeutschen Territorien der Beamtenadel steigendes Ansehen gewann.[5] Völlig anders war die Adelsstruktur in England. Auch hier setzte sich die kleine Schicht der nobility (Peerage) ab vom Landadel (Gentry). Während der Hochadel aufgrund von Vermögensverlusten auf Hofämter angewiesen war und zum Kernbestand des Hofadels wurde, begann die sich der bürgerlichen Welt öffnende Gentry sich politisch zu artikulieren. Sie monopolisierte zusehends über das Parlament die Macht des Staates, während aufgrund der geringen Staatlichkeit Englands kein Beamtenadel entstehen konnte. Das Bürgertum stieg hier nicht in den Beamten-, sondern in den Landadel auf.[6] Ein Amtsadel fehlte ebenfalls in Polen und Spanien, Gesellschaften, in denen die Autonomie der Aristokratie nie gebrochen wurde, allerdings das Bürgertum auch keine Konkurrenz darstellte. Die oberste Schicht in Spanien bildete die kleine Zahl der Granden, die alle einträglichen Staatsämter innehatte, wohingegen die Caballeros und Hidalgos zum niederen und nicht selten zum armen Adel zählten. Bei der Entstehung des Kolonialreiches spielten die Hidalgos eine große Rolle, suchten sie doch in Übersee das zu erreichen, was ihnen in Spanien verwehrt wurde, ein standesgemäßes adeliges Leben im Stile der Granden.[7]
Polen ist ein Sonderfall in der europäischen Gesellschaft, da hier der Adel eine Adelsrepublik mit allen hoheitlichen Rechten bildete. Rangunterschiede wie auch Titel gab es offiziell nicht, dennoch sind beträchtliche Abstufungen bekannt vom großen Magnaten, der wie ein deutscher Territorialfürst über ein weites Land Herr war, bis zum verarmten Adeligen, der sich nur knapp ernähren konnte, aber auch nicht Handelskaufmann werden konnte, ohne seine adeligen Rechte zu verlieren.[8] In keinem Land Europas war der Adel so autonom und unabhängig wie in Polen, während Rußland das Land ist, in dem der feudale alte Adel fast völlig seiner Macht beraubt wurde. Nachdem die Bojaren rücksichtslos bekämpft wurden und ihre Selbständigkeit verloren hatten, gab es seit dem 16. Jahrhundert nur noch einen Dienstadel. Seine Macht gründete nicht länger auf Landbesitz, wie in Westeuropa, noch auf der Zugehörigkeit zu einer Adelsgesellschaft, sondern im Dienst für den Zaren. Eine Aristokratie wie im Westen gab es nicht, dafür standen dem Aufstieg in den Dienstadel keine Standesschranken im Wege. Obwohl auch der russische Adel differenziert war, bildete sich seit dem 16. Jahrhundert wie in Polen nur eine geschlossene Adelsklasse aus.[9]

Unterschiede gab es seit je im Adel. Neu war aber einmal eine durch Titel und soziale Rangstellung klar definierte, oft auch schriftlich fixierte Adelshierarchie gewissermaße als Folge einer politischen und ökonomischen Schwächung und sozialen Bindung an den Hof zugleich. Neu war auch die Nobilitierung von Bürgerlichen, die die Zahl der Adeligen beträchtlich vermehrte, vor allem aber die Orientierung auf die Fürsten, denen der Titel unmittelbar zu verdanken war, in einer staatstragenden Führungsschicht, vor allem in Verwaltung und Heer, verstärkte. Weiterhin kam es zu einer Nationalisierung des Adels, der ehemals als einziger Stand international ausgerichtet war. Seit dem 16. Jahrhundert konnte man erstmals eindeutig von einem englischen oder polnischen, deutschen oder französischen Adel sprechen, was nicht nur durch nationalspezifische Verhaltensweisen und Kulturformen vermittelt wurde, sondern Ausdruck einer vollzogenen Zuordnung zur formierten Monarchie war, wie sie am stärksten in Frankreich und Spanien ausgeprägt war. Schließlich begann seit dem 16. Jahrhundert die Hinwendung des Stadtbürgertums, insbesondere aller aufstrebenden Kräfte, zu adeligen Lebensformen, die zunehmend das Ideal eines arbeitsfreien, luxuriösen und gesicherten Lebens vorspiegelten. Der Neofeudalismus der beginnenden Barockzeit mit seiner Ausformung einer höfischen Adelskultur war keineswegs ein Rückfall in mittelalterliche Zustände, sondern Zeichen der Konsolidierung einer Staatsgesellschaft.

Der Adelige verstand sich als Angehöriger des Herrenstandes, ob er noch unmittelbar über Untertanen herrschte oder bereits als Rentier lebte und sich ausschließlich der Ehre seines Hauses widmete. Seine herausragende soziale Stellung gründete in seiner Funktion als Grundherr, als Gerichtsherr und Krieger. Unmittelbare Kontakte banden ihn sowohl an seine Untertanen wie an den Fürsten. Mit der Entstehung des Territorialstaates und der Domestizierung des Adels änderte dieser nicht nur seine politische Funktion, sondern auch seine soziale Lebenswelt, ob er sich dabei auf seinen Adelssitz zurückzog oder am Hof des Fürsten bzw. Königs lebte, jedenfalls entfaltete er eine Kultur, die sich beträchtlich von der mittelalterlichen unterschied, sich über ganz Europa verbreitete und in ihren verschiedenen Formen nicht mehr herrschaftlichen Aufgaben, sondern adeliger Repräsentation und der Steigerung der Ehre des eigenen Hauses diente. In dem Maße, wie der Verkehr mit seinen Untertanen aufhörte, er nun Rentenempfänger wurde und der Fürst als Primus unter Gleichen sich vom hohen Adel abhob, wurde der einzelne Adelige zum Mitglied einer geschlossenen adeligen Gesellschaft mit eigenen Verhaltensnormen und eigenem Statusdenken, in der jeder auf seine ihm durch Herkunft, Privileg und fürstliche Gnade zukommende Rangstellung bedacht war. Zwar gab es Adelige, die in der entstehenden Verwaltung oder dem Heer des Territorialstaates bzw. der Monarchie als fürstliche Amtsträger (wie Richelieu) am Aufbau des frühmodernen Staates mitwirkten, oder auch solche, die auf dem Lande sich ausschließlich den Belangen ihrer Grundherrschaften widmeten und sie zu leistungsfähigen ökonomischen Betrieben umänderten und das wirtschaftliche Leben in ihrer Herrschaft aktivierten. Aber dies geschah nicht primär aus staatspolitischem oder rein wirtschaftlichem Interesse, sondern vor allem zur Ehre des Hauses, zur Sicherung des Einflusses der Familie und um ein standesgemäßes Leben zu führen. Hierin unterschieden sich die Adeligen, die sich den neuen Entwicklungen anpaßten, nicht wesentlich von denen, die als Pfründen- und Rentenbezieher ihr ganzes Vermögen und ihren ganzen Gewinn in ein Herrenleben ohne Arbeit investierten. Grundidee ihres Lebens war die Erhaltung und Steigerung der Ehre. Schweinichen dankte 1583, daß Gott »mir zeitliche Wohlfahrt gegeben und mir meine adeliche Ehre hat erhalten helfen, welche ich mir lieber habe sein lassen als Gold und Silber oder auch das Gut Mertschütz (sein Besitztum). Gott gebe mir ferner das täglich Brot, erhalte mich bei reiner Lehre und bei meiner Ehre, Amen«.[10] Die Ehre war dem Adeligen wichtiger als die Ansammlung von Vermögen. Die dem adeligen Leben eigene Rationalität unterschied sich wesentlich von der bürgerlichen. Wenn im 16. Jahrhundert zahlreiche Adelsfamilien hoch verschuldet waren oder sogar Bankrott machten, so lag dies nicht daran, daß sie sich mit den Erträgen ihrer Güter nicht ernähren konnten, sondern wesentlich am Zwang zur repräsentativen Selbstdarstellung, die die Vermögensmittel häufig überschritt, was zugleich aber den Interessen des Landesfürsten entgegenkam, da der Adel so von ihm abhängig wurde, ohne daß er seiner sozialen Stellung prinzipiell beraubt wurde. Die Forderung nach einem standesgemäßen Leben jedenfalls, das die Grundlage der Adelskultur ausmachte und vom Fürsten garantiert wurde, bedingte die Entpolitisierung und Integration des Adels in die Hofgesellschaft.[11]

Im sozialen Leben des Adels vollzog sich ein beträchtlicher Wandel. Wenn in seinem Mittelpunkt zunehmend die Repräsentation, seine Sonderstellung nach außen gegenüber Bürgern und Bauern, sein Rang innerhalb der Adelshierarchie und der Ausbau machtvoller Beziehungen standen, so gewinnen der Ausbau der alten Adelssitze zu prunkvollen Schlössern, die Anlage von Ziergärten, sowie das Interesse an Theater, Musik und Kunst, das eine zunehmende Zahl

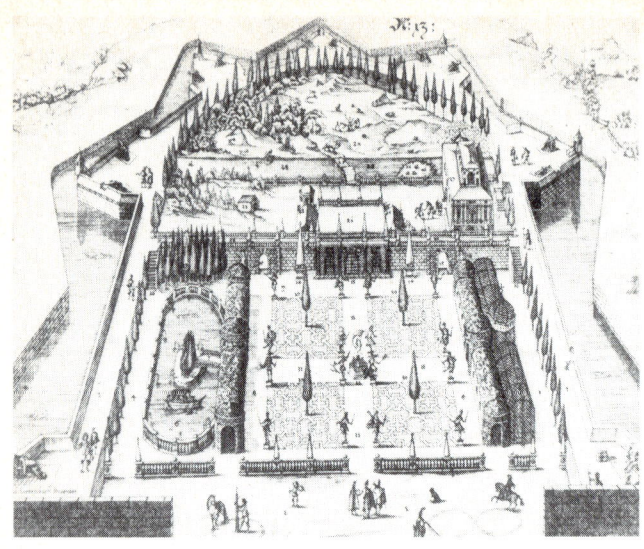

Abb. 11: *Lustgarten.* Kupferstich von J. Furttenbach (1629)

von Künstlern, Musikern und Dichtern förderte, wesentliche Bedeutung. Die Macht eines Adeligen war nun nicht mehr meßbar an seinen Herrschaftsrechten, sondern wurde sichtbar an der Zahl von Hofleuten und Dienstboten, an den üppigen Festen, kostbaren Wagen und teuren Kleidern, an der Zucht von Pferden und der Haltung von Hunden. Symbolischen Ausdruck seiner gesellschaftlichen Stellung fand der Adel im Turnier, das aber im 16. Jahrhundert zunehmend an Bedeutung verliert. Mitte des 17. Jahrhunderts klagte der österreichische Landedelmann Hohberg, der die adelige Renaissancekultur gut kannte:

> »Rechten, Spielen, Prächtig bauen
> Bürge werden, Viel vertrauen
> Über seinen Stand sich zieren
> Gäste halten, Banquetieren
> Unnütz Roß, Viel Hund und Wind
> Übrig großes Hausgesind
> Gleichfalls Löfflen, Buhlen, Naschen
> Macht leere Küchen, Keller, Taschen.«[12]

Die Zeit des 16. und frühen 17. Jahrhunderts war eine Zeit des Übergangs. Die aus der Malerei und Literatur bekannte Stilisierung des adeligen Lebens, die in der höfischen Gesellschaft Wirklichkeit wurde, bildete freilich nur eine Seite des vornehmen adeligen Lebens, daneben gab es noch einen großen Raum für derbes Herrenleben, vor allem auf dem Land, das sich nicht wesentlich vom Leben der Großbauern unterschied. Der Landadel anerkannte noch seine Verpflichtungen gegenüber den Untertanen und zeigte trotz Schindereien Verständnis für deren Klagen. Das offenbart ihre Unterstützung zahlreicher Bauernrevolten. Viel häufiger allerdings litten die Bauern und Bürger unter der Willkürherrschaft des Adels, der seine Vorrechte, vor allem das Jagdrecht, schonungslos ausnützte. Sie kennen nichts »als Jagen, Beizen, Trinken, Prassen und Spielen; sie leben von Renten, Zinsen und Gülten im Überfluß köstlich. Warum sie es aber nehmen und was sie dafür zu tun schuldig sind, gedencket kaum einer seines Amtes . . . Auf die Wolle sieht man wohl, aber auf die Wohlfahrt der Schafe achtet niemand«.[13] Dabei waren die heftigsten Kritiker des Adels im 16. Jahrhundert keineswegs prinzipielle Gegner der Adelsgesellschaft. Auf der Generalständeversammlung in Frankreich 1614 klagte der Dritte Stand: »Euer Leben, edle Herren, verläuft in verwegenem Spiel, in Völlerei, Verschwendung, öffentlichen und privaten Gewalttätigkeiten, der ganze Glanz Eures Standes ist verdunkelt. Das Volk geht ächzend seines Weges, muß alles schaffen für Eure Majestät, für Adel und Geistlichkeit.«[14] Das Luxusleben blieb, die Verschwendungssucht unter dem Schleier herrschaftlicher Repräsentation steigerte sich sogar noch im 17. Jahrhundert; während des Dreißigjährigen Krieges errichtete selbst Richelieu sich ein fürstliches Schloß. Das gewalttätige und unbeherrschte Herrenleben verschwand allerdings im Maße der Domestizierung des Adels, wie sie am vollkommensten in Frankreich gelang, wo Richelieu beispielsweise davon überzeugt war, daß der Adel den »Hauptnerv des Staates« darstellt, und deshalb um dessen »Erhaltung und Einrichtung« kämpfte.[15] Ausdruck des neuen Ideals wurde in Frankreich der Honnête homme und in England der Gentleman. Sie bildeten das Leitbild einer entstehenden höfischen Gesellschaft, die ihren Herrschaftsanspruch erstmals mit ›Höflichkeit‹ durchsetzte, nach Grazian der »größten politischen Zauberei der Großen«.[16]

Der Funktionswandel des Adels und seine politische Entlastung zugunsten symbolischer Repräsentation und höfischen Stils hatten ihre Auswirkung auf die Adelsfamilie selbst. Da die adelige Frau nicht zu arbeiten brauchte, keinem Haushalt unmittelbar vorstand, sondern ebenfalls Gegenstand der Repräsentation wurde, konnte sie ausschließlich ›weibliche‹ Tugenden hervorkehren, sich der von Wirtschaftssorgen entlasteten Familie widmen oder ihren Privatbedürfnissen nachgehen. Zwar spielte die Liebe in der Heiratspolitik der Adeligen eine ebenso geringe Rolle wie beim Bauern und Bürger, aber die neue Lebenssituation der adeligen Frau in den erstmals behaglichen Schlössern ermöglichte eine Sensibilisierung und Emanzipation, die vom allgemeinen Standard abwichen. Noch nachhaltiger wirkte diese Änderung auf das Leben der Kinder und Jugendlichen bzw. auf deren Erziehung, da sie frei von Arbeit aufwuchsen. Neben den eine Schule besuchenden Bürgerkindern waren die jungen Adeligen die ersten, die eine Erziehung genossen, d. h. einem Erzieher übergeben wurden, der sie auf ihren späteren Beruf, d. h. auf ein Herrenleben als Grundherr oder Amtsträger vorbereitete. Kavaliersreisen und Studien an fremden Höfen und Universitäten schlossen sich an, mehr zum Kennenlernen der Welt als zu eigentlichen Studien. Bezeichnenderweise wurde in den entstehenden Adelsakademien ein moderner Wissenskanon vermittelt, der nicht auf bürgerliche Tätigkeit gerichtet war, sondern höfische Ehre ermöglichte: moderne Sprachen, Tanzen und Fechten. Arbeitsentlastetes Familienleben und bewußte Hinwendung zum Kind mit seinen Erziehungsproblemen gewannen erstmals beim Adel im 16. Jahrhundert soziale Relevanz.[17]

Bildung, literarisches, technisches Wissen und Gelehrsamkeit gehörten zu Anfang des 16. Jahrhunderts noch keineswegs zu den Tugenden des Adels; elementares Wissen war zwar allgemein verbreitet, aber die Zahl derer, die eine Schulausbildung oder gar eine Universität absolviert hatten, war noch so gering, daß Fürsten für ihre Bürokratie noch lange nur bürgerliche Beamte (Juristen) zur Verfügung hatten. Bürgerliche Gelehrsamkeit war ebenso verpönt wie Handelsgeschäfte und ließ sich mit dem Ideal adeligen Lebens nicht vereinen. Groß war dafür das Interesse an der Renaissance-Kultur, an der neuen Kunst und Literatur wie an den modernen Wissenschaften. Besondere Vorliebe galt der Astronomie (Astrologie) und Alchimie, wofür manche Fürsten viel Geld auszugeben bereit waren. Ebenso legten sich viele Adelige erstmals Bibliotheken und Kabinette an, freilich oft weniger aus intellektuellem Interesse als aus Repräsentationsgründen. Selbst einige Schriftsteller brachte der Adel hervor. Montaigne bildet allerdings eine Ausnahme, die Werke anderer hatten oft nur geringe Bedeutung. Jedenfalls hatte die späthumanistische intellektuelle Kultur eine Unterstützung von seiten des Adels auch noch, als die Gegenreformation eine freiere Entwicklung zu unterbinden suchte. Fürstliche und adelige Höfe wurden zu Schutz- und Pflegestätten der modernen Wissenschaft.[18]

Bedeutsamer noch wurde der Adel für die Entwicklung der Reformation. Nicht nur aus ›privaten‹, sondern vor allem aus herrschaftlichen Interessen mußte er sich ihr stellen. Hing es doch weitgehend von dem Fürsten und seinem Adel ab, ob ein Land im Altkatholizismus verblieb oder sich der Reformation anschloß. Gegenreformatorische Kleriker wie reformatorische Prediger durften nur so lange aktiv sein, als die Herrschaftsinteressen nicht gefährdet wurden. Wenngleich sich im 17. Jahrhundert bereits der größte Teil des europäischen Adels wieder zur katholischen Kirche bekannte und die gegenreformatorischen Kräfte mit unterstützte – zumal neofeudale Interessen sich letztlich auch durch den reformierten Katholizismus besser legitimieren ließen –, neigte der Adel anfangs der reformatorischen Bewegung zu, sowohl dem Luthertum wie dem Calvinismus, wohingegen separatistisch-spirituelle Richtungen weniger Unterstützung fanden. So entstanden die ersten protestantischen Gemeinden außerhalb der Städte zumeist auf Adelssitzen, sowohl beim polnischen und ungarischen, wie dem österreichischen oder französischen Adel, während er im 17. Jahrhundert unter dem Druck gegenreformatorischer bzw. staatlicher Maßnahmen meist seine Position wieder aufgab. Die Reformation bedeutete für den Adel zunächst eine Minderung des kirchlichen Einflusses wie Bereicherung durch säkularisierte Güter. Vor allem erwartete er eine Stärkung der adeligen Macht gegenüber den fürstlichen Zentralisierungsbemühungen. Diese Begründung muß allerdings dahingehend relativiert werden, daß der Adel zugleich durch die Abschaffung der katholischen Adelskirche Versorgungsmöglichkeiten und Einfluß auf die kirchliche Hierarchie verlor. Die reformatorische Bewegung erlangte gerade dort politische Brisanz, wo ständische Bewegungen, vor allem des Adels, durch den Frühabsolutismus bedroht wurden. Durch Unterstützung des Protestantismus hoffte der Adel seine Teilautonomie zu erhalten bzw. zu stabilisieren. Jedenfalls dort, wo eine starke Zentralgewalt beim Katholizismus verblieb, erhoffte der Adel durch sein Bekenntnis zum Protestantismus seine alte Machtstellung zu bewahren, wie etwa in Frankreich und Österreich. Wenngleich später mentale Unterschiede zwischen dem protestantischen und katholischen Adel immer mehr schwanden, so zeigt sich doch, daß in den Ländern, wo protestantischer Adel mitregierte, die Entwicklungspotentiale für eine Verbürgerlichung der Gesellschaft größer waren als in Gesellschaften mit herrschender katholischer Adelskultur.[19]

Im Zentrum der Adelswelt, aus dem auch seine soziale Vorrangstellung über Bauern und Bürger abgeleitet wurde, steht die Ausübung herrschaftlich-politischer Gewalt. Wie dem Bauern die Bestellung der Felder und dem Bürger Handel und Gewerbe zukamen, oblag dem Adel die Ausübung von herrschaftlicher Macht. Ob sie ihm nun kraft Herkunft, Tradition oder quasi autonom zukam oder aufgrund einer Privilegierung durch den Landesherrn verliehen war, sie war nie an eine Einzelperson gebunden, sondern immer an eine Familie, auch wurde sie nie unmittelbar vom Staat oder Fürsten abgeleitet, sondern gründete in der konkreten Herrschaft über Land und Leute. Nicht zuletzt weil auch der Amtsadel ein standesgemäßes Leben nur dank eigener Güter führen konnte, war alle Macht weitgehend an Landbesitz gebunden. Entsprechend der sozialen Unterschiede differenzierte sich auch die Machtfülle der einzelnen adeligen Rechte; ein bayerischer Landadeliger, ein spanischer Hidalgo stand in der politischen Hierarchie weit unter einem englischen Peer. Die politische Macht, das politische Recht, die der einzelne Adelige in den verschiedenen Ländern der frühen Neuzeit besaß, hingen weitgehend ab vom Organisationsgrad der Territorialgesellschaft. Je lockerer der politische Gesamtverband war, desto selbständiger konnte der Adel agieren, auch wenn er nur über eine kleine Herrschaft verfügte, und umgekehrt, je intensiver eine Landesherrschaft zentralisiert war und partikulare Gewalten zu monopolisieren verstand, um so machtloser war der Adel, auch wenn er verstärkt auf die Zentralgewalt durch Ämterhäufung einwirken konnte. Es kennzeichnet gerade die politisch-soziale Situation des 16. Jahrhunderts – zumindest was Europa ganz allgemein betrifft –, daß trotz aller Refeudalisierung und Aristokratisierung des gesellschaftlichen Lebens der feudale Adel im Zuge der Territorialisierung an autonomer Macht verlor und schließlich als Hofadel nur noch die fürstliche Macht präsentierte.

Wenn von der politischen Machtstellung und Herrschaft des Adels in der frühen Neuzeit gesprochen wird, so müssen prinzipiell verschiedene Ebenen unterschieden werden, innerhalb deren der Adel seine Herrschaftsrechte ausübte bzw. an der politischen Gewalt der Landesherrschaft partizipierte. Zunächst war der Adel als Grundherr innerhalb einer Fürstenherrschaft Herr über sein Land und seine Leute, für weitgehend von ihm selbst festgelegte Abgaben und Steuern leistete er Schutz und gewährleistete den reibungslosen Ablauf des gesellschaftlichen Lebens seiner Untertanen. Zwar war er kein souveräner Herr, aber soweit es mit den Interessen der Landesherrschaft nicht kollidierte, konnte er alle seine unmittelbare Herrschaft betreffenden Angelegenheiten allein regeln.[20] Als Inhaber herrschaftlicher Rechte partizipierte er darüber hinaus zusammen mit den anderen Ständen, dem Klerus und Stadtbürgertum, auf den Ständeversammlungen und Parlamenten am Gesamtregiment eines Territoriums oder der Monarchie. Im Besitz der Steuerbewilligung und des Beschwerderechts nahm der organisierte Adelsstand beratenden Einfluß auf die Regierung des Fürsten, beanspruchte, bei der Ämtervergabe gebührend berücksichtigt zu werden, und garantierte nicht selten die Einheit des Landes. Wie groß jeweils die Macht des ständisch organisierten Adels werden konnte, zeigt die Geschichte des frühneuzeitlichen Europa. Um die Mitte des 16. Jahrhunderts, wo allenthalben sich Ständeversammlungen gebildet hatten, war es noch keineswegs entschieden, ob sich die Verfassungsstruktur eines Landes zugunsten der Adelsgesellschaft oder zugunsten der Fürstenherrschaft entwickeln würde. Der Kampf war erst Mitte des 17. Jahrhunderts entschieden. Der Adel war nirgendwo politisch völlig entmachtet, aber in den deutschen Territorien, in Schweden, Rußland und Frankreich vor allem hatte das absolute Königtum über den Adel weitgehend gesiegt, während in Polen und England der Adel seine unabhängigen Herrschaftsrechte behielt bzw. der König seine Macht mit dem Adel teilen mußte. Der Adel hatte durch Integration in einen ständisch organisierten Territorialstaat an unmittelbarer politischer Potenz zwar verloren, gesamtstaatlich konnte er seinen Machteinfluß aber durchaus behalten, sofern er den König an seine Interessen band.[21] Schließlich gab es für einige Adlige durchaus die Möglichkeit, ihre Grundherrschaft auszubauen, sich dem Zugriff der expandierenden Territorialfürsten zu entziehen und ihre autonome Herrschaft zu behalten, wie es vor allem im Reich geschah, wo die Adeligen als Mitglieder der Reichsversammlung den Fürsten gleichgestellt wurden und volle hoheitliche Rechte erhielten. Derartige unabhängige und autonome Herrschaften gab es außerhalb des Reichs auch in Spanien und vor allem in Frankreich. Sie bildeten oft die letzten Bastionen der dem Zugriff des Absolutismus noch entzogenen Adelsherrschaften.

Das traditionelle Verhältnis zwischen Aristokratie und Fürst, das auf einem Miteinanderherrschen und der feudalen Libertät begründet war, unterlag seit dem 16. Jahrhundert einem beträchtlichen Wandel.[22] Dem Aufstieg des Amts- und Hofadels korrespondierte eine Krise der alten Aristokratie, die sowohl den Untergang des alten Renaissanceadels brachte wie die Anpassung und Integration des Adels in die höfische Gesellschaft. Die politische Entmachtung des hohen Adels, um die es den Fürsten Europas zwischen 1550 und 1650 hauptsächlich ging, wäre sicherlich nicht so erfolgreich gewesen, wäre die Aristokratie nicht durch die Preisrevolution, die steigenden Repräsentationskosten und die

Verluste sozialer Privilegien in eine Finanzkrise geraten, die eine Anlehnung an den fürstlichen Hof und die Übernahme von einträglichen Ämtern förderte. Doch die Hauptursache des Machtverlustes des hohen Adels seit dem 16. Jahrhundert ist einerseits in seiner zunehmenden Funktionslosigkeit als Kriegerstand zu suchen, als dessen Spuren allein kostspielige Jagden und Turniere, fruchtlose Adelsfehden und Duelle übriggeblieben waren, andererseits in der Pazifizierungspolitik der Fürsten, die alle ständischen Gewaltkonflikte, nicht nur der Bauern, sondern auch des Adels, kriminalisierte und den Anspruch auf das Monopol aller feudalen Gewalten durchsetzte, wobei der Fürst Belange an sich zog, die bis dahin dem hohen Adel zustanden. Der expandierende frühmoderne Staat höhlte die Libertät des alten Adels aus. Dabei ging es nicht um eine Vernichtung der Aristokratie als herrschender Klasse, sondern um die politische Unterordnung des Adels unter die Krone. Als Herrenstand innerhalb einer staatlich organisierten Ständegesellschaft konnte er entscheidende politische Positionen sogar wiedergewinnen, allerdings nicht mehr dank seiner feudalen Autonomie, sondern dank seiner Stellung zum fürstlichen Hof. Insofern war der Absolutismus in der Tat der »neue politische Rückenschild einer bedrohten Nobilität«, einer Nobilität, die, durch die Ausweitung der Warenproduktion und des Warenaustausches bedroht, sich in den Schutz eines mächtigen Fürsten begab, um ihre eigene Position zu erhalten und bestätigt zu bekommen.[23]

Die Auseinandersetzung zwischen Aristokratie und Fürst bzw. dem sich formierenden Staat verlief nicht ohne gewaltsame Konflikte. Ehe sich der Adel endgültig anpaßte, wehrte er sich noch stärker als die Bauern und Bürger gegen die Pazifizierung und Monopolisierungsansprüche des frühabsolutistischen Fürsten. Schließlich sollte ja auch aus einem feudalen Herrenstand mit eigenen Rechten ein diensttuender Hofadel werden, der nicht mehr um seine Ehre, sondern nur für die des Fürsten kämpfen sollte. Einmal versuchte die Aristokratie über die Ständeversammlungen, Parlamente und Landtage das prinzipiell nicht angetastete Steuerbewilligungsrecht der Stände als Instrument der Einflußnahme auf die fürstliche Politik auszunutzen und so die eigene Libertät sicherzustellen. Die Versammlungen der Stände zeigten sich im 16. Jahrhundert als Foren der politischen Auseinandersetzung zwischen Adel und Fürsten. Zum anderen versuchte die Aristokratie im Zuge der reformatorischen Bewegung durch Religionswechsel vor allem zum Calvinismus den Einigungstendenzen der Fürsten entgegenzuwirken. Da sie sich vom Protestantismus eine Stärkung libertärer und antiabsolutistischer Traditionen versprach, versteckte sich hinter den zum Teil gewaltsamen religiösen Auseinandersetzungen, wie im Hugenottenkrieg, aber auch im Dreißigjährigen Krieg, das politische Bestreben der Aristokratie, ihre alten Rechte zu verteidigen und zu erhalten. Schließlich scheuten Adelige, wie die Bauern und Bürger, nicht davor, den absolutistischen Zugriff der Zentralgewalt mit Gewalt abzuwehren. Parallel zu der Vielzahl der bäuerlichen Widerstandsbewegungen von der Mitte des 16. bis weit ins 17. Jahrhundert hinein ist für unsere Epoche eine sich bis in die Mitte des 17. Jahrhunderts hin steigernde Reihe von Adelsrevolten festzustellen, sowohl in England (1601), in Österreich (1618), in Katalonien (1626) und in Frankreich (1650) – bei denen es überall um die Erhaltung der ständisch-adligen Libertät ging.[24] Wenn auch die Konflikte zu unterschiedlichen Ergebnissen führten, siegte doch außerhalb der spanischen Monarchie die fürstliche Zentralgewalt allgemein über die regionale Aristokratie. Dies gelang ihr einmal, weil sie den Adel untereinander und gegen das Bürgertum ausspielte und ihn zugleich mit hohen Staatsämtern lockte, andererseits weil sie sich durch Schaffung eines stehenden Heeres und einer Finanzierung außerhalb der Ständebewilligung von den politischen Ständen und ihrem starken Einfluß freimachte. Der Prozeß war freilich keineswegs gradlinig, der Protestwille stieg oft parallel zur Anpassung des Adels an die frühmoderne Staatlichkeit, aber seit der französischen Fronde schwand der aktive Widerstand. Die Krise der Aristokratie lief unter den Bedingungen der gesellschaftlichen Entwicklung vom Feudalismus zum Kapitalismus, vom feudalen Staat zum frühmodernen Staat auf einen Funktionswandel des Adels hinaus. Trotz des rigorosen Kampfes der Fürsten gegen die Aristokratie, auf den die Adelsrevolten antworteten, ging es nicht um die Abschaffung der Aristokratie, sondern um ihre Entmachtung als autonome Klasse. Dieser Prozeß war um die Mitte des 17. Jahrhunderts weitgehend abgeschlossen, und der domestizierte Adel begann sich als die Herrenklasse der neuen Nationen zu begreifen.

V. DER KLERUS ALS STAND

Zu den privilegierten Ständen der europäischen Gesellschaft zählte auch der Klerus, in der sozialen Rangstellung gebührte ihm sogar Vorrang vor dem Adel.[1] Er genoß Steuerfreiheit, unterstand eigener Gerichtsbarkeit, präsentierte mit seinen Kirchen, Klöstern und Pfarrhäusern sowie seinem Ornat seine soziale Bedeutung.

Die Kleriker verfügten z. T. über beträchtlichen politischen Einfluß, nicht nur dank ihrer Landstandschaft, sondern vor allem in den Funktionen als Ratgeber und Hofprediger an fürstlichen Höfen, wenn sie nicht überhaupt als geistliche Landesherren oder Grundherren unmittelbare politische Gewalt über ihre Untertanen ausübten. »An erster Stelle«, schrieb Loyeau 1610, steht »der geistliche Stand, der Klerus, denn mit Recht müssen die Diener Gottes den ersten Ehrenplatz erhalten«.[2] Obwohl ihm allenthalben offiziell dieser Platz zukam, hinderte dies nicht, daß Bauern, Bürger, erst recht der Adel oft keine Scheu kannten, wenn der Klerus sich nicht seinem Stande gemäß verhielt bzw. seine Herrschaft durchsetzen wollte, mit Spott, Protest oder gar Gewalt gegen ihn vorzugehen. Seine allgemein mit den anderen sozialen Gruppen und Klassen nicht vergleichbare Sonderrolle verdankte er einerseits der Zugehörigkeit zur überstaatlichen, ja überständischen Organisation einer hierarchisch strukturierten Kirche, was ihn zum Vertreter autonomer kirchlicher Gewalt machte, andererseits seiner Rolle als Verkünder der wahren Lehre in der reformatorischen Bewegung wie auch in der Gegenreformation, d. h. als Verwalter und Vermittler religiöser Heilsgüter, die bei der breiten Masse der Bevölkerung im 16. und 17. Jahrhundert noch in höchsten Ehren standen, und schließlich seiner Stellung als Volkslehrer und Vermittler von Wissen und Bildung. Dem katholischen und nicht minder dem protestantischen Klerus oblag noch weitgehend die Bildung des Volkes auch in nicht unmittelbar religiösen Bereichen. Er fühlte sich allein berufen, die Heilsgüter zu verwalten, Gottes Wort zu erforschen und zu predigen und auch Wissen zu verbreiten. Nichts traf den Klerus mehr als das Aufkommen unberufener Laienprediger, das seit der Reformation konstant zunahm. Zumeist aber konnte der herrschaftlich abgesicherte und kirchlich organisierte Kleriker im 16. und 17. Jahrhundert außerhalb Englands noch sein Monopol auf Glaubensauslegung und Vermittlung göttlicher Gnaden aufrechterhalten.

Der Klerus umfaßte alle Personen, die im Auftrag einer organisierten Kirche als Vermittler religiöser Heilsgüter, als Verkünder der christlichen Botschaft und als Vertreter kirchlicher Obrigkeiten dienten. Im Protestantismus zählten zu ihm alle Prediger, Pfarrer, Diakone und Hilfsgeistliche wie Bischöfe und Äbte, die es nach wie vor gab, dann auch Superintendenten und Theologieprofessoren; im katholischen Kirchensystem, das nach wie vor mit dem Papst an der Spitze am strengsten hierarchisiert war, gehörten ihm Kardinäle, Bischöfe, Weltgeistliche und Ordensangehörige, d. h. Dekane, Pfarrer, Prälaten und einfache Mönche an. Die.

soziale Stellung der einzelnen differierte aber beträchtlich. Die Welt des Dorfpfarrers unterschied sich wesentlich vom Leben des Prälaten oder Bischofs, das, vor allem wenn dieser zugleich herrschaftliche Rechte als Fürstabt oder Fürstbischof ausübte, weitgehend dem des adeligen Standes glich, während das Leben des Dorfpfarrers in vielen Regionen Europas dem anderer Dorfeinwohner ähnelte. Daran hatten die Reformation und ihre Folgen lange nichts Wesentliches geändert. Zwar gab es vor allem im Protestantismus bereits eine ›Besoldung‹, die der von Beamten glich, weitgehend aber lebte der Klerus von Pfründen und dem Ertrag seines ›Landes‹; der große kirchliche Besitz sicherte vor allem im Katholizismus den Unterhalt seiner Amtsträger. So scharf auch die hierarchische Rangfolge besonders im Katholizismus ausgeprägt war, der Herkunft nach setzte sich der Klerus aus allen sozialen Schichten zusammen. Die Masse der Kleriker, der Weltgeistlichen wie der Ordensleute, stammte aus dem Bürgertum und der ländlichen Bevölkerung, für die der geistliche Stand nicht nur die Möglichkeit eines religiös-kirchlichen Lebens in aller Kompromißlosigkeit darstellte, sondern zumeist auch den einzig möglichen sozialen Aufstieg, der nicht von Geburt oder Privileg abhängig war.[3] Nicht die Zugehörigkeit zu einer Familie oder zu einem Stand, sondern die religiös-theologische Ausbildung und die Weihe (Ordination) bildeten die Voraussetzungen für ein kirchliches Amt. Zwar waren die höheren Ämter in der katholischen Kirche weitgehend dem Adel vorbehalten, während sich im Protestantismus der Pfarrerstand zunehmend aus sich selbst ergänzte, doch prinzipiell stand das geistliche Amt allen Leuten, selbst aus der unvermögenden Unterschicht offen. So geschah es nicht selten, daß ein aus dem Bürgertum stammender Kleriker in der öffentlichen Repräsentation eine höhere Rangstellung einnahm als die Adligen. Auch für die frühbürgerliche Intelligenz blieb der Klerus bis ins 18. Jahrhundert neben dem Beamtentum der einzige Stand, in dem sie ein Aktionsfeld fand, das ihr Emanzipation ermöglichte. Die Zahl der frühneuzeitlichen Gelehrten, die zugleich Geistliche waren, ist beträchtlich.

Die mit dem Klerikerstand errungene Position war aber kein Schritt in eine nichtständische Freiheit, sie wurde im Gegenteil erkauft durch eine Unterwerfung in Denken und Verhalten unter streng reglementierende Normen. Sie waren nicht minder wirksam als die der Handwerker oder des Adels. Denn einerseits förderten sie in den führenden Gruppen eine kastenmäßige Abschließung, andererseits hoben sie die von der Reformation geforderte christliche Freiheit bzw. Individualisierung des Glaubens zugunsten von kirchlich sanktionierten Verhaltensregeln wieder auf. Bedeutete die Aufhebung des Zölibats beim evangelischen Klerus einen beträchtlichen Bruch mit der Tradition und leitete damit eine Verbürgerlichung ein, so blieb das Zölibat in der katholischen Kirche nicht nur die offizielle Norm, sondern wurde erstmals rigide durchgesetzt, womit die Sonderstellung des Klerus erneut hervorgehoben und die Idee eines Priestertums wieder aktiviert wurde, die in der Nachfolge Christi und dem charismatischen Charakter des religiösen Amtes gründete. Einer individuellen Entfaltung des einzelnen Geistlichen waren damit enge Grenzen gesetzt. In keinem sozialen Stand erfolgte letztlich eine so wirksame Disziplinierung wie beim Klerus, sowohl beim katholischen, nicht minder auch beim protestantischen.[4]

Obwohl der Klerus als sozialer Stand die Reformation überlebt hatte und bis weit ins 18. und 19. Jahrhundert Einfluß und Macht behielt, hatte sich mit der Reformation und der Konfessionalisierung gesellschaftlich Entscheidendes geändert. In protestantischen Ländern wurde der alte Klerus (und die Klöster) aufgehoben bzw. entstand auf der Basis des neuen reformatorischen Verständnisses vom allgemeinen Priestertum ein völlig neuer Klerus.[5]
Auch im katholischen Bereich formierte sich unter dem Druck der reformatorischen Erfolge nach dem tridentinischen Konzil (1563) ein neuer Klerikerstand, der sich darin wesentlich vom mittelalterlichen unterschied, daß er straff organisiert war und höchst wirksam die moralisch-spirituelle Macht des Papsttums überall, vom Dorf bis zum fürstlichen Hof, zur Geltung brachte. Dies war nicht nur das Ergebnis einer selbstinitiierten Reform des Papsttums bzw. der katholischen Kirche, bezeichnend ist vielmehr, daß der Erfolg der katholischen Reform nicht selten den weltlichen Mächten zu verdanken war, die beim Katholizismus verblieben und im Interesse eines Staatskirchentums und verstärkter Verfügungsgewalt über die nationalisierten Kirchen die Reform des Klerus intensiv förderten.[6] Drei Ziele wurden dabei verfolgt. Einmal wurde das moralisch-sittliche Leben gebessert: Streng durchgeführte Visitationen sorgten für vorbildliche Lebensführung, vor allem die Einhaltung des Zölibats. Die Kleidung als sichtbares Zeichen einer hierarchisierten Zugehörigkeit zu der universalen Kirche wurde normiert, der alltägliche Pflichtenkreis genau definiert und die kirchlichen Rituale strikt vorgeschrieben und ihre Durchführung überwacht. Dann folgte eine intensive Ausbildung der Theologen und Seelsorger weitgehend in den neu errichteten Priesterseminaren. Geistliche Übungen intensivierten das neue Sendungsbewußtsein, und ein systematisches Studium der theologischen Disziplin hob und normierte den Bildungsstand

der Geistlichen, wobei freilich subjektiv-individuelle Aneignung hinter der Indoktrination der gegenreformatorischen Theologie zurückstand. Schließlich erfolgte eine strenge Orientierung auf Rom durch die Übertragung der Klerikerausbildung an die Jesuiten, durch die Kontrolle des Episkopats durch römische Institutionen (Nuntiaturen etc.) und durch eine entschiedene Unterstellung der Bischöfe unter den Supremat des Papstes. Die Ausbildung der kirchlichen Führungsspitze im Collegium Romanum (1551) bzw. im Collegium Germanicum (1552) sicherte den römischen Einfluß. Die Einführung des Breviarium Romanum 1568 und des Missale Romanum 1570 stärkte die Einheitlichkeit der Kirche, die es früher, vor der Reformation, so nicht gegeben hatte, und ordnete alle Geistlichen vom Bischof bis zum Dorfpfarrer Ritualen und Verhaltensnormen unter, die von Rom aus vorgeschrieben wurden.

Mit der Stärkung der monarchisch-absolutistischen Tendenzen in der Kirche wurde zugleich die Macht des Klerus gestärkt. Hatten bis in die Reformationszeit Laien, vor allem Adel und Fürsten, noch beträchtlichen Einfluß auf die Kirche ausgeübt, herrschte nun fast ausschließlich der geweihte Klerus. Die römischen Rituale und die Neubetonung des Lateins gegenüber der Muttersprache verschärften die Grenze zwischen Laien und Klerus.

Im Mittelpunkt der religiösen Praxis des Klerus standen die Verwaltung und Spendung der Sakramente und die Abhaltung von Gottesdiensten, deren Teilnahme jedem Gemeindemitglied eingeschärft wurde. Der Klerus verstand sich als Vermittler zwischen Gott und den Gläubigen. Ihm oblag die religiöse Unterweisung durch Predigt, Katechese und die Verteidigung der katholischen Lehre gegen reformatorische Angriffe. Im Kampf gegen die Häresie wurden alle geistlichen und weltlichen Mittel eingesetzt, wobei der ordinierte Klerus das alleinige Monopol für die Auslegung der kirchlichen Lehre beanspruchte. Neue Seelsorgepraktiken und Überwachungsmöglichkeiten boten die Beichtpraxis und die Schule. Wallfahrten, Heiligenkulte und kirchliche Feste gab es bereits im Mittelalter, neu war, daß sie zielbewußt eingesetzt wurden zur Verchristlichung der Gesellschaft, spontane religiöse Volksaktionen wurden verdrängt durch kirchlich organisierte religiöse Massendemonstrationen.[7] Bezeichnend ist, daß als Leitbilder religiösen Handelns immer mehr heiliggesprochene Kleriker in den Vordergrund traten, im Mittelpunkt die Vielzahl neuer Ordensgründer. Ein üppiger Neubau von Kirchen und Wallfahrtsstätten bzw. ihre Renovierung dokumentierte die neuerrungene Stellung des Klerus in Stadt und Land. So sehr der Klerus reglementierend in das Alltagsleben der Gläubigen eingriff,

Abb. 12: *Der Großinquisitor* Kardinal Fernando Nino de Guevara.
Gemalte Skizze von El Greco (1596).

so wenig tangierte dies im Unterschied zum Protestantismus das moralische Leben der Katholiken. Kirchenzucht gab es nicht, das Heil konnte der Katholik ausschließlich durch seinen Glauben an die Kirche, durch Erfüllung religiöser Pflichten erlangen. Dem moralischen Leben wurde dabei relativ geringe Bedeutung zugemessen.

Die mittelalterliche Kirche war im wesentlichen eine Mönchskirche. Das Mönchtum hatte sich trotz der heftigen Angriffe von seiten der reformierten Kirche gehalten, aber die Aufwertung der Weltgeistlichkeit und die Entstehung neuer Kongregationen änderten das Erscheinungsbild. Ihre neue spirituelle Rolle verdankte die Klerikerkirche der Neugründung von Orden, die bezeichnenderweise eine Zwischenstellung einnahmen zwischen den streng monastischen Orden und der nicht organisierten Weltgeistlichkeit und damit auf die geänderte Situation und Aufgabenstellung reagierten. Nicht mehr monastische Einsamkeit war das Ideal, der Geistliche sollte mitten in der Welt um die Seele der Menschen kämpfen durch Mission, Unterricht und Seelsorge; insofern brachte die Reformation auch für die katholische Kirche eine Hinwendung zur Welt. Eine große Zahl von neuen Orden entstand, deren Pathos und Frömmigkeit in einem seltsamen Verhältnis zur religiösen Starrheit und Prunksucht der römischen Kirche standen. Unter ihnen ragte besonders die Gesellschaft Jesu hervor.[8] Wie kaum ein anderer Orden vereinte sie strenge Romhörigkeit, ausgeprägte Spiritualität, asketische Frömmigkeit und disziplinierte Mission. Zählte der Orden 1565 3500 Personen in 130 Häusern, so hatte er bereits 1615 rund 30 000 Mitglieder mit 372 Kollegien. Im Mittelpunkt seiner gegenreformatorischen Aktivität standen Seelsorge, Predigt und Schulbildung, wobei er sich auf die Oberschicht mehr konzentrierte als auf das gemeine Volk, dem er allerdings durch das kostenfreie Lehrangebot in seinen zahlreichen, mit weltlichen Mitteln errichteten Schulen entgegenkam. Der Orden verstand sich als militia Christi, als Elite der Kirche, und forderte von seinen Mitgliedern das Äußerste an intellektuellem und moralischem Einsatz; mit seinen exercitia spiritualia erfolgte eine geistliche und körperliche Disziplinierung, die Bewunderung wie Abschrecken zugleich einbrachte. Durch die weitgehende Monopolisierung der Klerikerausbildung und des höheren Schulwesens in den katholischen Ländern, für die die Ratio studiorum von 1599 eine einheitliche Grundlage schuf, sowie der Hofbeichtvater- und Hofpredigerstellen sicherten sich die Jesuiten ihren Einfluß bis zu den fürstlichen Höfen. Alle Mittel wurden zur Rekatholisierung eingesetzt, Predigten, Schauspiele, Massendemonstration, Inquisition und wissenschaftliche Auseinandersetzung. Aufgrund ihres Erfolges und ihres rigorosen Einsatzes, in dem ihnen nur die calvinistischen Prediger gleichkamen, galten die Jesuiten bereits von früh an bei ihren Gegnern als »schlimmste Kreaturen des Teufels, welche die Hölle ausgespien hat«,[9] was aber nicht hinderte, daß selbst Protestanten ihre Kinder auf Jesuitengymnasien schickten und selbst Fr. Bacon sie als vorbildlich pries.[10] Jedenfalls prägte der Jesuit einen Typ des Klerikers, der ebenso zum Bild des Katholizismus gehörte wie der hohe Prälat und der simple Dorfpfarrer.

Die Reformation brachte mit dem Kampf gegen die kirchliche Hierarchie als Ausgeburt des päpstlichen Antichristen ein völlig neues Verständnis des geistlichen Standes hervor. Wesentlich sei, daß der Geistliche frei von weltlicher Macht nur Diener Gottes sein und der Gemeinde Christi das reine Wort verkünden sollte, ohne sich in einen eigenen Klerikerstand abzuschließen und die göttlichen Heilsgüter zu monopolisieren. »Darum sollte ein Priesterstand in der Christenheit nichts anderes sein als ein Amtmann, solange er im Amt ist, geht er vor, wird er abgesetzt, ist er ein Bauer oder Bürger, wie die anderen.«[11] So rasch die evangelische Bewegung sich ausbreitete, so große Schwierigkeiten stellten sich überall bei der Organisierung einer Kirche ein, die diesen Forderungen der Reformation entsprach. Dadurch, daß sich der Protestantismus ohne zentrale geistliche Gewalt nur im Rahmen der bestehenden herrschaftlichen Toleranz entfalten konnte, spielte der Territorialstaat, d. h. die Obrigkeit bzw. der entstehende Staat, von Anfang an eine große Rolle. Die Obrigkeit wurde Garant der Einheit der Landeskirche und ihr Klerus damit gewisserweise geistlicher Amtsträger des weltlichen Staates. »So wollen Seine Churf. Gnaden«, heißt es 1580 in der sächsischen Kirchenordnung, »daß beide, Kirchen- und Schuldiener, vornehmlich in der Lehre richtig und rein seien, auch sonsten in ihrem Leben und Wandel sie beide in Worten, Werken und Kleidung sich also verhalten.«[12] Zwar differierte die Stellung des Klerus je nach den protestantischen Bekenntnissen bzw. den Landeskirchen, aber überall außerhalb des Katholizismus und des separatistischen Sektenwesens galt die weltliche Obrigkeit als unmittelbare Schutzherrin der Kirche.

Das prägte den entstehenden geistlichen Stand des Protestantismus nachhaltig. Als Staatsdiener mußten die Geistlichen die Fürsten gewinnen und um ihren Schutz bitten, andererseits fühlten sie sich verpflichtet, für die Unabhängigkeit ihrer Kirche und damit die Unabhängigkeit der Lehrverkündigung zu streiten. Obwohl die Reformation jeden Kompromiß ablehnte, schwankte die neue Geistlichkeit konstant zwischen diesen beiden Extremen.

Der kämpferische Geist, einmal gegen die gegenreformatorischen Aktivitäten der erneuerten katholischen Kirche, zum anderen gegen die Übergriffe und Einmischungen durch den Staat, prägte den protestantischen Klerus bis weit ins 17. Jahrhundert.[13] So unausweichlich diese Verwicklungen waren, so wurde der evangelische Geistliche in dieser Situation bald ebenso heftig attackiert wie ehemals der katholische. Fischart schrieb:

> »Die Geistlichen sollten predigen, lehren,
> Mit Beten dienen Gott dem Herren,
> Aller Tugend ein Vorbild führen
> Und mit dem Schwert des Geists regieren,
> Wie sie der heilig Paulus lehrt.
> So hat es sich gar umgekehrt,
> Daß sie jetzt führen das weltlich Schwert;
> Sind geistlich und weltlich, wie man will:
> Ihres Amtes achten sie nit viel,
> Befehlen es den weltlichen Herrn,
> Die müssen dann versehen und wehrn,
> Daß man der Kirchen Ordnung hält.«[14]

Da der Gegensatz von Klerus und Laien in der reformatorischen Kirche aufgehoben werden sollte, gab es prinzipiell eine stärkere Einflußnahme bzw. ein Mitspracherecht der Glaubensgemeinde bei der kirchlichen Praxis, im Calvinismus freilich wesentlich stärker als im Luthertum, sei es durch die Bildung eines Ältestenrats, der Einfluß nahm auf das religiöse sittliche Leben und den Alltag der Gemeinde, sei es, daß die Gemeinde an der Einsetzung des Pfarrers beteiligt war.[15] Obwohl eine stärkere Trennung von Geistlichkeit und Gemeinde, wie etwa im Katholizismus, auch später ausgeschlossen war, eine Monopolisierung der Bibelauslegung durch den Klerus niemals gelang, schlichte Kleidung und muttersprachlichkeit des Gottesdienstes auch neue Herrschaftspraktiken unterbanden, wurde doch im Zuge der Ausbildung von Staatskirchen wie durch die orthodoxe Verhärtung aller Konfessionen das Laienelement wieder reduziert. Die Geistlichkeit deklarierte sich selbst als Stand. Wenn ein protestantischer Theologe schrieb: »Das Predigtamt ist das höchste Amt, soviel besser als das weltliche Amt, als die Seele besser ist denn der Leib«,[16] dann signalisiert dies eine beträchtliche Konsolidierung eines geistlichen Standes im Protestantismus seit dem Ende des 16. Jahrhunderts, wie sie z. Z. der Reformation noch unvorstellbar war. Repräsentant der evangelischen Kirche wurde der Pfarrer und Prediger.
Im Mittelpunkt der religiösen Praxis des Pfarrers standen nicht mehr das Zeremoniell, die Messe und die Spendung der Sakra-

mente, sondern die neue evangelische Botschaft, die Wortpredigt, die Auslegung der Schrift, was auf seiten der Gemeinde intellektuelle Bereitschaft förderte, auf seiten des Klerus gründliche Ausbildung und Kenntnis in den theologischen Wissenschaften. Der Abbau des Analphabetismus und die Intensivierung des Schulwesens im Protestantismus waren eine Folge der Konzentration auf das Wort, auf die Schrift, die selbst zu lesen Gebot des evangelischen Glaubens wurde.[17] Eine andere Folge der Konzentration auf die Schrift waren die beträchtlichen Normierungsversuche der Bibellektüre durch die Geistlichkeit. Individuelle unorthodoxe Interpretation der Schrift wurde ebenso streng verfolgt wie im Katholizismus. Der Kampf gegen den katholischen Aberglauben und um die Verbreitung des unverfälschten Evangeliums war aber nur die eine Aufgabe des protestantischen Pfarrers und Predigers, die andere war die Verbesserung des moralisch-sittlichen Lebens der Gemeinde.[18]

Auf das sittliche Leben der Gemeinde hatten die katholischen Pfarrer wenig geachtet, auch lag es dem tridentinischen Klerus fern, das soziale Leben der Gemeinde zu disziplinieren; dies geschah nur im Kloster. Heil erwarb der Katholik letztlich nur durch fromme Werke, die Erfüllung religiöser Pflichten, der Geistliche fungierte dementsprechend als Heilsvermittler, während es dem Protestanten im Grunde um die Verwirklichung der evangelischen Botschaft im konkreten Alltagsleben ging. Der evangelische Pfarrer war wesentlich Lehrer und Moralist, wenn auch nicht überall das Gebot der Kirchenzucht so rigoros gehandhabt wurde wie im calvinistischen Genf. Die dortige Gemeinde, die Calvin selbst zum Modell einer christlichen Gemeinde, d. h. eines Klerikerstaats formierte, bildet einen paradigmatischen Sonderfall.[19] Hier wurde nicht nur das gottesdienstliche Leben genau geregelt und der organisatorische Aufbau der Kirche festgelegt, sondern die Kirchenzucht zur ersten Pflicht erhoben. Ziel Calvins war die völlige Verchristlichung des Gemeindewesens durch Kontrolle des häuslichen Lebens und völlige Unterwerfung des bürgerlichen Lebens unter die Normen und Weisungen des calvinistischen Pfarrers, der sich als Prophet Gottes legitimiert sah. So sehr Genf als Muster eines christlichen Staates gepriesen wurde, als Modell konnte es sich nirgendwo sonst – auch in Holland und Schottland nicht – so radikal verwirklichen.

Mit der Aufhebung des Zölibats vollzog sich innerhalb des protestantischen Christentums der stärkste Bruch mit der Tradition. Indem alle Pfarrer und Prediger verheiratet sein mußten, waren der Hierarchisierung strenge Grenzen gesetzt und die Orientierung auf die Gemeindepraxis stabilisiert. Durch seine

Heirat wurde der Geistliche einmal selbst Mitglied der kirchlichen Gemeinde, nicht mehr nur ihr Leiter, zum anderen erstand im protestantischen Pfarrhaus zu Ende des 16. und 17. Jahrhunderts das Zentrum einer neuen religiösen Kultur und eines Bildungslebens, das besonders in Deutschland und England die allgemeine Kulturentwicklung stark beeinflußte.[20] Durch seine Rolle als legitimierter Interpret der Hl. Schrift, als wissenschaftlich gebildeter Theologe und Erzieher nahm der Pfarrer eine überragende Stellung im öffentlichen Leben ein, die im Unterschied zur Wirkung der katholischen Geistlichkeit zur Verbürgerlichung des Lebens wesentlich beitrug.

Obwohl der Protestantismus nichts mehr mit der katholischen Kirche gemein haben wollte, kam es auch hier im Zuge seiner Ausbreitung zur Bildung eines geistlichen Standes, der sich in die weltliche Ständegesellschaft eingliedern ließ. Ein grundlegend anderes Verständnis kennzeichnet allein die verschiedenen freikirchlichen Sekten auf dem Kontinent und vor allem in England. In diesen Vereinigungen wurden die Gemeindevorsteher gewählt – das demokratisch-laizistische Element kam allein hier zum Durchbruch –, sie zeichneten sich auch durch keine Sonderstellung aus, waren berufstätig oder konnten zumindest einen bürgerlichen Beruf ausüben und erhielten keine eigene Standesausbildung.[21] Die Befähigung zu ihrem Amt lag allein in ihrer Redegabe und ihrem geistlichen Charisma, worüber nicht eine Hierarchie befand, sondern die Gemeinde. Es war Ausdruck der reformatorischen Theologie der ›Unmittelbarkeit‹ oder der presbyterischen Kirchenverfassung, wenn der Prediger auf jedes Zeremoniell, das seine Rolle unterstreichen konnte, verzichtete und ausschließlich die Predigt, die religiöse Unterweisung und moralische Überwachung der Gemeinde in den Mittelpunkt seiner seelsorgerischen Praxis stellte. Aufgrund eines radikal demokratischen bzw. theokratischen Kirchenverständnisses und der Unterwerfung des Alltagslebens unter die Normen des Evangeliums nahmen diese religiösen Gesellschaften eine Sonderstellung ein, die nicht mehr in die Ständegesellschaft integrierbar war. Die Prediger einer Baptistenkirche oder der Quäker z.B. zählten nicht mehr zum Klerus als einem Stand, dem eine eigene Ehre zukam und der sich vom Laien durch Sprache, Kleidung, Ausbildung oder Ritual unterschied. Was ihn auszeichnete, verdankte er nicht dem Amt, der Ausbildung oder der sozialen Stellung, sondern ausschließlich seiner religiösen Begabung bzw. seinem Verhältnis zur Gemeinde. Damit stellten sich diese religiösen Gruppierungen außerhalb der ständischen Gesellschaft.

Der Klerus der protestantischen wie der katholischen Kirche war ein privilegierter Stand, insofern er in die Ständeversammlungen der frühen Neuzeit integriert war. Als Grundherr partizipierte er auch an der Ausübung politischer Macht und Herrschaft. Dennoch war sein politisches Bewußtsein und Interesse keineswegs festgelegt, sondern wie das des Adels und des Stadtbürgertums different, er stand weder immer auf seiten der Obrigkeit noch immer auf der der Unterschichten. Zwar kann nicht geleugnet werden, daß es starke konfessionsspezifische Zuordnungen gab, zumindest stellten sich besondere Korrespondenzen zwischen politischen und religiösen Systemen in der Herausbildung der frühmodernen Gesellschaft heraus, aber es muß die je spezifische Situation der jeweiligen Kirche bzw. des Klerus in einem Land beachtet werden.[22] Solange reformatorische Gruppierungen als Minderheit einem katholischen Monarchen gegenüberstanden, zeigten sie eine stark republikanische Tendenz, wohingegen bedeutsame Anpassungen an das frühabsolutistische System erfolgten, wenn der Landesfürst für die evangelische Konfession gewonnen werden konnte. Ohne Zweifel stellte der katholische Klerus die meisten Legitimationen für das frühabsolutistische System bereit, er stärkte nicht nur wie in Spanien, Frankreich, Bayern und Österreich die monarchischen landesfürstlichen Interessen. Aber wie entschieden sich auch vor allem die Jesuiten für die Macht des Fürsten einsetzten, entwickelten doch gerade sie Ansätze zu einer Lehre der Volkssouveränität und des Tyrannenmordes. Zwar hielt sich der katholische Klerus in den Ständekämpfen des 16. und 17. Jahrhunderts zurück und unterstützte damit die Pazifizierungsbestrebungen der frühabsolutistischen Fürsten, verurteilte wie sie jede Art von gewaltsamer Erhebung des Volkes, aber nicht nur an den Volksaufständen gegen die spanische Monarchie in Katalonien und Süditalien waren Geistliche beteiligt, auch in Frankreich und Deutschland half der Klerus den Bauern bei der Artikulation ihrer Interessen. Grundsätzlich verwarf er keineswegs eine legitime Gewaltanwendung und verstand es im gegenreformatorischen Zeitalter, alle Parteien zu Kämpfen zu aktivieren. Aktiv aber traten katholische Geistliche bei der Führung einer Volkserhebung, eines Ständekampfes oder Konfessionskrieges selten hervor.

Ähnlich passiv verhielt sich der lutherische Geistliche, er legitimierte zwar die Gewaltanwendung der Fürsten, aber ebensowenig wie er für den Fürsten in den Krieg zog, trat er aktiv in einem Volksaufstand hervor. Obwohl der protestantische Klerus unter den gegenreformatorischen Unruhen besonders litt, blieb ihm grundsätzlich jede Obrigkeit heilig.[23] Entschieden politischer zeigte sich der calvinistische Geistliche, der – wohl ein Erbe Calvins – überhaupt für die politische Verwirklichung der Reformation offener eintrat als der Lutheraner. Die Religionskriege in Frankreich, Holland und England zeigen dies deutlich. Es handelt sich hier nicht um die Position einer verfolgten und unterdrückten Gruppe, wie der Täufer, die Position einer Minderheit also, die in Verzweiflung aktiv wird, sondern es war die Glaubensüberzeugung der Calvinisten, notfalls auch mit Gewalt für ihre Sache zu kämpfen und das Gottesreich zu errichten.[24] Der Anteil der calvinistischen Prediger am Hugenottenkrieg war groß, ihre Kirchen wurden geradezu Bollwerke des Widerstandes. Aus ihren Kreisen kamen vor allem auch die stärksten theoretischen Angriffe gegen den Frühabsolutismus. Gegen Tyrannen galt jede Gewalt als legitim. Freilich war die antiabsolutistische Bewegung in Frankreich primär getragen von ständisch-adeligen Interessen, aber dadurch, daß der Klerus den Kampf um die ständische Libertät durch die Idee der christlichen Freiheit überhöhte, verlieh er dem religiösen Ständekrieg die ihm eigene Härte. Der scharfe antiabsolutistische Akzent war Produkt eines ständischen Republikanismus im Calvinismus; nicht minder aber ging in den Kampf um politische Freiheit ein ständischer Selbstbehauptungswille ein.

Erreichte die Politisierung der Reformation im Calvinismus, wie er in Frankreich oder in Schottland zum Durchbruch kam, einen Höhepunkt, so vollzog sich in sektiererischen Kreisen eine Radikalisierung, die das ständische Strukturmuster vollends sprengte. Ihre Prediger zählten zu den entschiedensten Gegnern des Absolutismus, aber auch des ständischen Modells, sie kämpften um die Trennung von Staat und Kirche, für Glaubensfreiheit und politische Rechte des einzelnen. In diesem Sinne wurden Prediger religiöser Randgruppen Protagonisten eines protobürgerlichen Rechtsstaates, in dem allein sie die Verwirklichung ihrer religiösen Praxis, frei von staatlichen oder kirchlichen Repressionen, hoffen konnten.[25] Den Klerus der frühen Neuzeit kennzeichnet aufgrund der reformatorischen Entwicklung und ihrer unterschiedlichen Verwirklichung in den verschiedenen Gesellschaften keineswegs eine einheitliche politische Haltung. Sofern er ständisch organisiert war, paßte er sich an die bestehenden politischen Systeme an, sofern er sich dieser Organisierung entzog, kämpfte er für eine Theokratie oder einen protobürgerlichen Staat.

Ebenso uneinheitlich war seine Stellung zum Späthumanismus und zu den modernen Wissenschaften.[26] Der Klerus als Ganzes, selbst der katholische, war nicht generell wissenschaftsfeindlich, so sehr der Fall Galileis dies vermuten lassen könnte. Die wissenschaftliche Ausbildung des Klerus, seine Rolle in der humanistischen Kultur und seine konstante intellektuelle Beschäftigung machten ihn überaus sensibel für die Entwicklung der modernen Wissenschaft, niemand spürte so wie er das Neue, nicht Integrierbare in den modernen Wissenschaften. Der Anteil der Jesuiten an den modernen Naturwissenschaften bzw. der Oratorianer an der modernen Philosophie darf nicht übersehen werden. Eine wirklich freie Entfaltungsmöglichkeit der Wissenschaften gab es nirgends.

Obwohl es bereits eine breite Laienkultur gab, der Adel und das Bürgertum neue Lebensformen entwickelt hatten, war die nachreformatorische Gesellschaft alles andere als frei von klerikalem Einfluß, der sich nicht nur auf den kirchlichen Bereich beschränkte. Unter dem Anspruch der Reformation bzw. der Gegenreformation kam es sogar zu einer Verchristlichung der Gesellschaft, wie sie früher unbekannt war, dergemäß alles soziale Leben unter die Norm der Konfessionen gepreßt werden sollte. Als Agent dieses Prozesses nahm die Geistlichkeit nach der Reformation eine bedeutsamere und wirksamere soziale Rolle ein als vorher. Ähnlich überraschend ist, daß sich die Kluft zwischen Klerus und Volk nach der Reformation kaum verminderte. Obwohl sich alle Geistlichen erstmals bewußt der Welt und damit auch dem Volk zuwandten, dies durch Muttersprachlichkeit, Kleidung und schulische Einrichtungen zum Ausdruck brachten, blieb eine unüberbrückbare Distanz, die nun nicht mehr in Traditionen, Zeremonien und Ritualen begründet war, sondern in dem modernen Bildungsanspruch, der dem Volk ebenso fremd war wie das Latein als Kirchensprache. Dadurch, daß der protestantische Pfarrer in die bürgerliche Oberschicht der Städte hineinwuchs, war auch er dem Volk ähnlich fremd wie der katholische Pfarrer, der als Verwalter religiöser Heilsgüter seine Sonderrolle bewahrte, mit dem Unterschied allerdings, daß in der frühneuzeitlichen Agrargesellschaft das Bedürfnis nach magisch-religiösen Heilspraktiken größer war als das Interesse an intellektuellem Wissen. Dementsprechend konnte der katholische Klerus seine Macht vor allem in der bäuerlichen Bevölkerung bewahren, während der protestantische Geistliche den stärksten Rückhalt in den Städten fand.

VI. STÄNDISCHE VERFASSUNG UND FÜRSTENHERRSCHAFT

Politischer Herrschaftsträger in den vorneuzeitlichen Gesellschaften Europas war allgemein niemals der Fürst allein; Mitträger von Herrschaft und Gewalt waren die privilegierten Stände. Gemeinsam erst konstituierten sie die Landesherrschaft.[1] Es waren keine abgeleiteten Rechte, die die Stände besaßen, sondern sie übten kraft Herkunft und grundherrlicher Gewalt autogene Herrschaftsrechte aus. In der Regel waren es der hohe und niedere Adel, Prälatenklöster bzw. Kleriker und Städte bzw. Stadtmagistrate, die sich in den Ständeversammlungen vereinigten. Nicht jeder Stand besaß ›politisches‹ Einigungsrecht bzw. politische Standschaft. Die soziale Ständeordnung unterscheidet sich deswegen von der politisch-korporierten. Wie der Fürst bei der Ausübung von Herrschaft seine Schranken in der Libertät der Stände fand und nur im Konsens mit ihnen regieren konnte, so waren die Stände wiederum zu Rat und Hilfe für den Fürsten verpflichtet. Er konnte zu Recht ihre Hilfe beanspruchen, soweit dies die Interessen des Landes erforderten.

Dies war das Erbe mittelalterlicher Herrschaftsentwicklung fast aller vom Feudalismus strukturierten europäischen Länder; doch wie dies Verhältnis von korporierten Ständen und Fürstenherrschaft sich konkret gestaltete, hing von verschiedenen Faktoren ab: von der Machtstellung des Fürsten, der Rolle des Adels und der Bürger und der sozial-ökonomischen Situation des Landes. Immerhin ist aufschlußreich, daß im Maße der Ausbildung der Fürstenherrschaft zu einem Territorialstaat durch die Monopolisierung lokaler Gewalten und des Ausbaus einer von ständischem Einfluß freien Verwaltung fast überall in Europa, zum Teil sogar mit ausdrücklicher Unterstützung der Fürsten, eine Ständeversammlung entstand, die als Repräsentant des Landes durch »Rat und Hilfe« an der Machtausübung im Lande partizipierte, allerdings auch der Fürstengewalt eindeutige Grenzen setzte oder sogar in politische Konkurrenz zur Fürstenherrschaft treten konnte.

Zum anderen stieg gerade in der Formierungsphase des Territorialstaates die Macht der korporierten Stände derart, daß, bevor allenthalben in Europa unterschiedliche Verfassungsformen zum Durchbruch kamen, im 16. Jahrhundert von einem Dualismus von Ständen und Fürsten, wenn nicht sogar von einem Ständestaat gesprochen werden kann, der die politische Entwicklung entscheidend prägte. ›Absolute‹ Fürstenherrschaft gab es im 16. Jahrhundert kaum. Vom Ende des 16. bis zur Mitte des 17. Jahrhunderts vollzog sich der folgenreiche Prozeß der Konsolidierung einer differenzierten herrschaftlichen Staatsform. Aus einem Miteinander, in dem alle Möglichkeiten noch offen standen, erfolgte entweder die Unterordnung der Fürsten unter ein Parlament oder die Unterordnung der Stände unter die Fürstengewalt, wobei aber die Ständeverfassung als Institution nirgendwo aufgehoben wurde. So sehr allenthalben die Macht der Stände beschnitten wurde, eine eigentlich souveräne Stellung konnte der frühneuzeitliche

Monarch auch dort nicht erringen, wo die Stände eindeutig an Macht eingebüßt hatten.[2]

Die korporierten Stände der frühen Neuzeit waren integrierte Institutionen des entstehenden Territorialstaates, deren Funktion sich nicht darin erschöpfte, der expandierenden fürstlichen Gewalt und frühmodernen Staatlichkeit Schranken zu setzen, zumal sich frühmoderne Staatlichkeit und korporierte Ständeinstitution gegenseitig nicht ausschlossen. Die politischen Ständeversammlungen stellen aber auch keine parlamentarischen Vorformen dar; bei aller Betonung von Vertragsverhältnissen zwischen Volk und König und der Souveränität des Volkes in antiabsolutistischen Kreisen ging es niemals um die Partizipation aller Untertanen an der Herrschaft bzw. um eine Übernahme der Landesherrschaft durch die Stände, sondern jeweils nur um mehr oder weniger starke Mitbestimmung der Stände, d. h. des Adels, gewisserweise auch um Vertretungsrechte für Bürger und Bauern.[3] Aber es war auch im Interesse des Landesherrn, die Stände zur Zustimmung und Mitarbeit heranzuziehen. Er berief sie in der Regel zu Landtagen, Parlamenten und Generalversammlungen. Solange keine herrschaftliche Verwaltung vorhanden war und der Landesfürst nicht unmittelbar Herr des ganzen Landes war, konnte der Fürst nicht ohne Stände herrschen. Zwar gab es kein Land, in dem die Fürsten nicht ihre Machtinteressen auszuweiten suchten, aber die erfolgte Entmachtung der politischen Stände in einigen europäischen Ländern war nicht nur das Resultat gewaltsamer Unterdrückung, sondern im Maße der Eingliederung der Stände, vor allem des Adels, in den neuen Staat, in dem sie Herrschaftsämter übernahmen, legten manche Stände keinen Wert mehr auf Ständeversammlungen. Wenn in Frankreich nach 1614 keine Generalstände mehr einberufen wurden, dann entsprach dies nicht nur dem absolutistischen Interesse des Königs, sondern auch dem Desinteresse des Adels an einer ständischen Vertretung.[4]

Die politischen Stände organisierten sich bezeichnenderweise zur selben Zeit, als die mehr oder weniger offene Fürstenherrschaft sich u. a. durch Ausbau einer zentralen Verwaltung zu einem geschlossenen Territorialstaat wandelte. Die Form, wie sich Fürsten und Stände in der Herrschaftspraxis verständigten, ist höchst unterschiedlich, sie hing von der Größe des Landes ab wie von seiner politischen Tradition, vor allem aber von der Autorität der Stände und der Fürsten. Wie die Fürsten jede Gelegenheit ausnutzten, die politische Macht der Stände zu reduzieren, sie zumindest ihren Interessen dienstbar zu machen – so beispielhaft in Frankreich, Kastilien oder auch in Bayern –, so suchten die

Stände lange ihre Freiheiten zu erhalten und jeden Übergriff von seiten der Fürsten vor allem durch Verträge auszuschalten. Freilich geschah dies in Ländern mit einem fremden Herrschaftshaus wie in Katalonien oder in den Niederlanden eher als in Territorien wie Schweden oder Württemberg, in denen das Landesregiment fest in Händen der einheimischen Dynastien lag. Insofern kam es in fast allen europäischen Ländern zwischen absolutistischen und ständestaatlichen Tendenzen zu heftigen Kollisionen. Hier lag einer der Hauptkrisenherde des 17. Jahrhunderts.[5]

Die Stände tagten nicht kontinuierlich, sie traten vornehmlich bei von Fürsten aus bestimmten Anlässen einberufenen Versammlungen, die das ganze Land betrafen, so vor allem bei Steuerbewilligungen oder bei der Gesetzgebung, in Aktion. Eine Unabhängigkeit von den Fürsten bewahrten sich allein die Ständeversammlungen in Katalonien und Polen. Ihre Kompetenz war entsprechend größer als die derer in England oder Schweden. Ob es neben regionalen Ständeversammlungen auch Generalversammlungen gab, was langfristig die Herrschaftsform eines Landes maßgeblich bestimmte, hing zumeist vom Organisationsgrad bzw. dem Zentralisierungsgrad der Territorialherrschaft ab. Die Bildung von Generalständeversammlungen lag durchaus im gesamtstaatlichen Interesse der Fürsten, und solange sie nicht mit der Fürstenherrschaft konkurrierten und die volle Landessouveränität beanspruchten, hat jeder Fürst die Aktivitäten der Stände begrüßt. Oft aber hatten regionale Ständeversammlungen kein Interesse an den Vereinheitlichungstendenzen des Territorialstaates und legten dementsprechend nur Gewicht auf die Erhaltung der regionalen Traditionen. Hohe Aktivitäten entfalteten die Generalstände erst, wenn mit ihrem Anspruch auf Mitsprache und Steuerbewilligung auch die Besetzung von Hofämtern (Indigenat) verbunden war, was in Ländern ohne zentralstaatliche Bürokratie wie in Schweden und Polen zu einem starken Gewicht der Stände in der ›staatlichen‹ Herrschaftspraxis führte. Im allgemeinen unterscheiden wir zwei Typen von ständischer Repräsentation, die sich im 16. Jahrhundert bzw. frühen 17. Jahrhundert ausgebildet haben.[6]

In Mitteleuropa, vor allem in Frankreich, Deutschland und Spanien, konstituierten sich Ständeversammlungen mit drei Kurien, d. h. den Landesfürsten trat eine Versammlung von drei getrennten Korporationen aus Adel, Prälaten und Städten gegenüber, hier und da konnten auch die Bauern Vertreter senden. In europäischen Randstaaten wie England, Schweden, Polen und Ungarn entwickelte sich ein Zweikammersystem; einem Oberhaus mit Mitgliedern des hohen Adels stand das Unterhaus mit Vertretern des niederen Adels, des Klerus und der Bürger und z. T. auch der

Bauern gegenüber. Während Gesellschaften mit dem Dreikurien-system die absolutistischen Tendenzen der Fürstenherrschaft begünstigten, eine Ständedifferenzierung förderten und den sozialen Aufstieg des Bürgertums vornehmlich über die fürstlich absolutistische Verwaltung ermöglichten, schwächte das Zwei-kammersystem zentralistische Aktionen der Fürsten und sonderte den hohen Adel stärker vom niederen ab. Während die Mitglieder des Oberhauses, bzw. der 1. Kammer, sich die hohen Staatsämter reservierten, also den Einfluß des hohen Adels auf die Landes-politik stärkten, vollzog sich im Unterhaus, d. h. der 2. Kammer, eine Annäherung des niederen Adels an die Bürgerlichen, sofern das Stadtbürgertum überhaupt vertreten war. Im Unterschied zu England spielte es nämlich in Polen und Ungarn kaum eine Rolle. Allerdings gibt es in den europäischen Ländern auch ganz andere Verfassungsformen: So lehnte die holländische Gesellschaft über haupt jede Fürstenherrschaft ab, im Deutschen Reich übten nur die Landesfürsten die eigentliche Souveränität aus. Aus Italien kennen wir überhaupt keine eigentliche ständische Verfassung, und schließlich bleibt es problematisch, dem russischen Semski eine ständische Qualifikation zuzuschreiben, da er ein unmittelbares Instrument des Zaren war. Ein Vergleich von Ländern mit und ohne ständische Institutionen macht auf jeden Fall deutlich, daß überall dort, wo Konflikte von Fürst und korporierten Ständen ausgetragen wurden, Territorien entstanden, die im 17. Jahrhundert besonders große politische Macht entwickelt hatten.

In der Zeit der territorialen Expansion und Konsolidierung der frühneuzeitlichen Staaten gab es ein sehr heterogenes Geflecht von ständischen Vertretungen. Fünf Möglichkeiten prädisponierten die künftige staatliche Entwicklung maßgeblich: Einmal gab es Länder mit einem Parlament ohne regionale Ständeversammlungen (England).[7] Die Einheit und Stärke des Landes konstituierte hier nicht nur ein starkes Königtum, sondern eine nicht minder mächtige Gesamtrepräsentation aller privilegierten Stände. Als der König die Rechte der Ständeversammlung verletzte, wurde die Monarchie gestürzt. Die Souveränität beanspruchte zunehmend das Parlament.

Dann gab es Staaten mit einem Reichstag und regionalen Ständeversammlungen (Schweden), die aber im Maße der Stärkung des Reichstags aufgelöst wurden. Der Reichstag bildete ein starkes Gegengewicht zur wachsenden Macht der Monarchie. König und Stände (Adel) begründeten gemeinsam die Macht der expandierenden Monarchie.[8]

Drittens gab es Länder mit lokalen Ständeversammlungen und

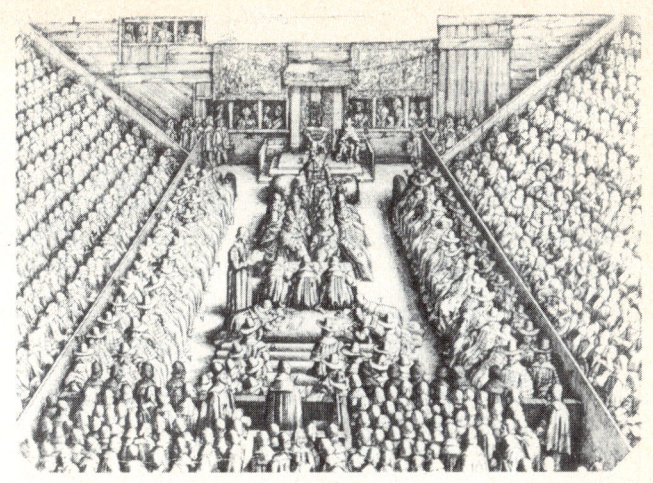

Abb. 13: *Das englische Parlament.* Kupferstich von Hollar (1641)

Generalständeversammlungen, die aber im Maße des Machtzu-
wachses der Monarchie nicht mehr einberufen wurden (Frankreich). Die Krone dominierte über die korporierten Stände und
beanspruchte alleinige Souveränität.[9]
Weiterhin gab es Staaten mit regionalen Ständeversammlungen
ohne Gesamtvertretungen (Spanien, Österreich). Während in
Österreich dies die gesamtstaatliche Schwächung der Stände
begünstigte, unterlag in Spanien die Krone dem ständischen
Regionalismus. Die Cortes beanspruchten in ihren Regionen
politische Selbständigkeit.[10]
Schließlich gab es Länder mit regionalen Ständeversammlungen
(Polen, Holland), die Vertreter in zu bestimmten Anlässen ein-
berufene Generalständeversammlungen schickten. Die Fürsten
unterstanden wie in Polen völlig der Autorität der korporierten
Stände oder wurden als Institution abgeschafft. Träger der gesamtstaatlichen Souveränität waren die regionalen Stände.[11]
Die Macht und Herrschaft über ein Land übte in der frühen
Neuzeit nirgendwo der Fürst allein aus, so stark auch seine
Stellung war, sondern er mußte sie mit den korporierten Ständen
›teilen‹, auf deren Unterstützung er allerdings auch angewiesen
war. Das nähere Verhältnis von landständischer Repräsentation
und Fürstenherrschaft war aber höchst unterschiedlich je nach
geographischer, politischer und sozialer Situation der einzelnen
Länder geregelt. Generelle Aussagen sind schwer zu treffen. Nicht

jede starke Fürstenherrschaft führte zu einem absolutistischen System, und nicht jede politisch selbstbewußte Adelsgesellschaft konstituierte einen adeligen Ständestaat. Nur ungeregelte dynastische Verhältnisse (oft durch fremde Dynastien verursacht) einerseits wie ein starkes Bürgertum andererseits förderten insgesamt einen starken antiabsolutistischen Regionalismus bzw. eine Schwächung der monarchischen Gewalt. So unbestimmt noch im 16. Jahrhundert weithin das Kräfteverhältnis von Fürsten und korporierten Ständen war – aus einer starken Monarchie konnte noch eine ›konstitutionelle Aristokratie‹ werden, wie umgekehrt eine lockere Adelsgesellschaft ein starkes Königtum hervorbringen konnte –, festigte schließlich die Krise des 17. Jahrhunderts entweder das Übergewicht der organisierten Stände über den Fürsten oder des Fürsten über die Stände so, daß die neue Konstellation fortan nicht mehr geändert werden konnte. Ein Vergleich der Länder zeigt, daß nicht unbedingt die Länder, in denen es den Fürsten gelang, ihre politische Macht zu akkumulieren, zugleich die starken und zukunftsreichen Staatsgesellschaften wurden. Der frühmoderne Staat war nicht per se eine absolute Monarchie.

Die politische Funktion der Ständeversammlungen in der frühen Neuzeit variierte je nach Ländern. Volle regionale Autonomie und ständische Selbstverwaltung kannten nur die spanischen Teilkönigreiche, Aragon und Katalonien, dann die Niederlande, die Schweizer Eidgenossenschaft und Polen. Weitreichende Kompetenzen erlangten die Parlamente bzw. Reichstage in England und Schweden, die verfassungsmäßig (Petition of Right 1628, Regeringsform 1634) festgelegt wurden, während die Ständeversammlungen in Frankreich und Deutschland nur eingegrenztes Mitspracherecht besaßen. In allen Fällen aber beschränkte sich die Macht der Stände nicht nur auf die Erhaltung ihrer Rechte und Libertät, so sehr diese angesichts der expandierenden fürstlichen Herrschaft im Vordergrund stand, sondern bezog sich auch auf das ganze Land mitsamt seinen Untertanen, da sie den Anspruch erhoben, das Volk zu repräsentieren. Am deutlichsten wird dies in England (1583) angesprochen: »Das Parlament repräsentiert das ganze Königreich und besitzt seine Macht, sowohl des Hauptes als auch der Glieder. Denn jeder Engländer wird hier als gegenwärtig betrachtet, entweder in Person oder durch Stellvertreter und Anwälte, von wie hohem Rang, Status und von welcher Würde oder Qualität er auch immer sei, vom Herrscher bis zur niedrigsten Person in England. Und die Zustimmung des Parlaments wird als die Zustimmung aller angesehen.«[12] Der gesamtstaatliche Beitrag der Ständeversammlung ist unverkennbar.

Grundlage aller ständischen Mitsprache war das vom Fürsten zumeist auch anerkannte Steuerbewilligungsrecht. Unabhängig von den Ständen konnte kaum ein Fürst Steuern erheben. Da der Fürst die ansteigenden Verwaltungskosten, Kriege und Hofhaltungsausgaben nicht mehr aus seinen Domäneneinkünften bestreiten konnte, war er auf die mehr oder weniger freiwillige Unterstützung seiner selbst von Steuern befreiten Stände (Adel) angewiesen. Mit dem Recht der Steuerbewilligung verbunden war oft auch die Steuereinziehung und Verwaltung – auch die der indirekten Steuern – durch die Stände. Neben der fürstlichen Verwaltung etablierte sich also eine ständische, ohne daß die Grenzen jeweils klar gezogen waren.

Da die Bewilligung von Steuern vom Willen der Stände abhängig war, konnten diese sie abhängig machen von der Sicherung oder Erweiterung ihrer ständischen Privilegien oder auch von der Durchführung bestimmter Reformen bei Hof und in der Verwaltung. Damit hatten die Stände das Recht auf Beschwerde in Form ständischer Gravamina und Petitionen. Sowohl den Ständen selbst wie dem Land als Ganzem nutzte dieses Recht. Auf diesem Weg informierten die Stände den Fürsten und seine Beamten über den Zustand des Landes, übten aber auch Kritik an Mißständen am Hof und in der Verwaltung oder selbst an der Außenpolitik. Wenn sie insgesamt gegen die Ausweitung der Verwaltung, die Verstärkung des Heeres und Vergrößerung des Hofs Klage führten, deren Kosten das Land ruinierten, dann artikulierte sich hier nicht nur ein ständisches bzw. antiabsolutistisches Interesse, sondern tendenziell auch das Interesse am ›allgemeinen Wohl‹. Generell pochten sie auf die Einhaltung landesrechtlicher Satzungen durch den Fürsten und suchten die Untertanen vor allzu großen fürstlichen Belastungen zu schützen.

Weiterhin nahmen die Stände aktiven Anteil an der überall im Europa des 16. Jahrhunderts erfolgenden Kodifizierung des überlieferten Rechts. Indem sie die alten Rechte und ständischen Gewohnheiten garantierten und ihre Allgemeingültigkeit für das ganze Land unterstrichen, trugen sie zur Vereinheitlichung des Territoriums und seiner Ordnung bei, an die auch die Fürsten gebunden waren. Ähnliche Tendenzen verfolgten sie in der Schul- und Religionspolitik, die ebenfalls im Bereich ihres Interesses lag. Die Stände übten also nicht nur Einfluß auf die Finanzverwaltung, sondern ihr Einfluß war weitreichender und konnte die ganze Breite der Verwaltung des frühmodernen Staates erfassen. Durch das Insistieren auf der Einheit des Territoriums – die Unteilbarkeit war ein Hauptinteresse der Stände – gegenüber dynastischen Sonderinteressen, durch das Pochen auf das Indigenat, auf Verwendung von einheimischen Amtsträgern in der Verwaltung, sicherten die Stände sich oft auch eine Kontrolle über die Landespolitik und eine Verwaltung im Interesse des Landes. Freilich überschritten die Stände selten die Grenzen hin zur Hof- und Regierungsebene (Außenpolitik), die als Sphäre des Landesherrn galt.

In Zeiten von Vormundschaft oder dynastischen Streitigkeiten, bei Abwesenheit oder Versagen des Monarchen nahmen die Stände als Repräsentanten des Landes sogar das Recht des landesherrlichen Regiments wahr. In diesen Fällen übten sie die volle Landeshoheit aus. Als Repräsentanten des Landes beanspruchten sie vor allem überall dort, wo die Erbfolge noch nicht geregelt war, das Recht der Wahl eines Königs. Zur Sicherung ihrer Interessen suchten manche Ständeversammlungen überhaupt eine Wahlmonarchie einzuführen (Böhmen, Polen).[13]

Es war nicht das politische Ziel der Stände, quasi Anteil am ›Staat‹ zu erlangen oder im ständigen Rat eines Fürsten mitzuwirken, was auch ganz außerhalb der ständischen Selbstdarstellung lag, sondern sie wollten lediglich ihre Standesinteressen wahren und die Freiheit ihrer Gerichts- und Grundherrschaft vor den Zugriffen des ›Staates‹ sichern. Doch in dem Maße, wie die Territorialherrschaft im 16. Jahrhundert ausgebaut wurde und die Stände unter Zusicherung ihrer Rechte und Freiheiten integriert wurden, partizipierten sie direkt an der Herrschaft des Landes und begannen sich für das ganze Land verantwortlich zu fühlen.

Die Fürsten waren wesentlich an der Entstehung der landständischen Ordnung, an der Korporierung der Stände beteiligt, aber nicht minder bedeutsam war der Anteil der privilegierten politischen Stände an der Entstehung der Territorialherrschaft. In Krisenzeiten waren sie oft die Garanten der Einheit und des Friedens eines Landes. Wie der Fürst die Stände zur Mitarbeit am Aufbau eines einheitlichen Landes heranzog, zwangen die Stände den Fürsten, seine Politik an den Interessen des Landes auszurichten. Dieses Miteinander von Ständen und Fürst, wie es sich bei der Ausübung der Landesherrschaft herausgebildet hatte, änderte sich seit dem Ende des 16. bzw. 17. Jahrhunderts grundlegend. Entweder wurde die Macht der Stände im Zuge der Bürokratisierung der Herrschaft reduziert und durch die Dominanz der Fürsten verdrängt, so daß ihnen nur regionale Bedeutung blieb (Frankreich, Preußen), oder die Stände behaupteten sich, die Ständeversammlungen begründeten einen Ständestaat, in dem sie ihre Rechte absicherten oder ausbauten und einem ohnehin schwachen König wie in Polen nur symbolische Funktionen überließen. Abgeschafft wurde die landesherrliche Obrigkeit nur in Holland.

Der Transformationsprozeß von der feudal-ständischen zur kapitalistisch-bürgerlichen Gesellschaftsordnung, wie er sich seit dem 16. Jahrhundert abzeichnet, vollzog sich weder als Wandel unmittelbar vom feudalen Personenverband des Mittelalters zum neuzeitlichen zentralistischen Territorialstaat, noch entstand aus der feudal-ständischen Herrschaft unmittelbar der moderne Staat. Zwei Entwicklungen müssen miteinander verbunden gesehen werden: Der Formierungsprozeß führte einmal zu einem langsamen Verfall der im Spätmittelalter entstandenen bzw. noch im 16. Jahrhundert expandierenden Großreiche (Spanien, Deutschland und das Osmanische Reich) bzw. zu einer sozialen ›Rückentwicklung‹ mittelalterlicher Stadt- oder Feudalherrschaften wie der italienischen Stadtstaaten oder der spanischen Teilreiche, zum anderen zur Herausbildung unterschiedlicher neuer frühneuzeitlicher Herrschaftssysteme, wobei besonders drei Typen zu nennen sind, die zwar auf je verschiedene Weise einen Beitrag für die moderne Staatlichkeit leisteten, aber selbst noch nicht der moderne Staat sind. Wenn auch allenthalben absolutistisch-zentralistische Tendenzen in entstehenden Territorialstaaten nachweisbar sind, sowohl in England wie in Spanien, in Deutschland wie in Skandinavien, in Polen und Rußland, bildete das absolutistische Staatssystem doch, für ganz Europa gesehen, nur eine Form unter anderen. Neben dem absolutistischen Staat entstanden nämlich unter den Bedingungen der Moderne im 16. und 17. Jahrhundert als eine zweite Form der ›libertäre‹ Verfassungsstaat, dessen Grundmuster ebenfalls vielerorts nachweisbar ist, aber nur in wenigen Ländern zur Ausbildung kam, und die Adelsrepublik, d. h. der vom Adel beherrschte Ständestaat. Diese war ebenfalls eine Möglichkeit für viele Länder, etablierte sich aber nur unter besonderen Bedingungen in einigen Ländern Europas. Wie der libertäre Verfassungsstaat nicht zu verwechseln ist mit der konstitutionellen Monarchie, so stellt der adlige Ständestaat weder eine demokratische Frühform noch eine mittelalterliche Feudalherrschaft dar. Die jeweilige Entstehung der absolutistischen, libertären und Ständestaaten verlief bei aller zeitlichen Phasenverschiebung keineswegs isoliert voneinander, oft besaßen Länder verschiedene Entwicklungsmöglichkeiten, bis bestimmte Umstände dann die Festlegung auf eine politische Form veranlaßten.

Welche herrschaftlichen Organisationsformen sich in den verschiedenen Ländern Europas durchsetzten, hing jeweils ab von der Stellung des Fürsten, der sozial-politischen Rolle des Adels und des Bürgertums, von der Effektivität der Verwaltung sowie der politisch-ökonomischen Struktur des jeweiligen Landes. Sie strukturierten auf dem Hintergrund der Krise des 17. Jahrhunderts die sich im 16. Jahrhundert herausbildende Polarität von Ständen und Fürsten und führten zumeist entweder zur Unterordnung der Fürsten unter eine Ständeordnung oder umgekehrt zur fürstlichen Herrschaft über die Stände.[1]

a) Großreiche

Obwohl allen größeren Staaten Europas in der frühen Neuzeit die Tendenz zur Großreichbildung zu eigen war – dies also per se keine mittelalterliche Erscheinung war –, zeigen die imperialen Entwicklungen der Universalmonarchie Spaniens, des Osmanischen Reichs sowie auch des Römischen Reiches deutscher Nation, daß sie nach der Zeit der größten Expansion im 16. Jahrhundert Opfer ihres eigenen Anspruchs wurden und im Zuge der Entstehung der frühmodernen Gesellschaften verfielen.

Spanien

Die spanische Monarchie verdankt ihre überragende Stellung in Europa einer erfolgreichen dynastischen Heiratspolitik der Habsburger sowie den kolonialen Eroberungen in der neuen Welt.[2] Nach der Abdankung Karls V. und der Teilung der Habsburger Länder vereinigte Philipp II. unter sich die spanischen Königreiche, die Niederlande und Burgund, die nordafrikanischen Besitzungen und die Vizekönigreiche von Neapel und Sizilien sowie Sardinien, Mailand und Siena und schließlich das große überseeische Imperium. Als Portugal 1580 annektiert wurde und damit auch dessen Kolonialbesitz spanisch wurde, erreichte die spanische Universalmonarchie eine Größe, die in der frühen Neuzeit kaum faßbar war. Konnte Philipp II. das Reich noch mit großen Anstrengungen und Kosten erhalten, nahmen die Schwierigkeiten unter seinen Nachfolgern vor allem im 17. Jahrhundert derart zu, daß Spanien nach dem Tode Philipps II. sukzessive seine hegemoniale Stellung verlor. An seine Stelle trat das von Spanien bisher unterdrückte Frankreich.

Das Spanische Reich war alles andere als eine zentral verwaltete und regierte absolute Monarchie. Zwar gelang es Karl V. und Philipp II., die Verwaltung durch systematischen Ausbau der obersten Regierungsorgane zu zentralisieren und sie mit bürgerlichen Räten zu besetzen sowie im Eskorial einen herrschaftlichen

Mittelpunkt zu errichten, der zugleich dynastisches Grabmonument, Residenz, Behördensitz und religiöses Kultzentrum war und der dem Wanderkönigtum ein sichtbares Ende setzte. Aber was die Universalmonarchie zusammenhielt, war allein die königliche Dynastie, das spanische Hofzeremoniell und der Herrschaftsanspruch des kastilischen Adels. Außer der Inquisition gab es keine gesamtspanische Institution; der imperiale gegenreformatorische Kampf um ein katholisches Reich täuschte eine Einheit vor, die es politisch und kulturell nicht gab. Zu Generalständeversammlungen kam es ebensowenig wie zu einer Domestizierung des gesamten spanischen Adels am Hof von Madrid. Während es allein in Kastilien gelang, nach der Niederwerfung des Communero-Aufstandes ein absolutistisches Regiment zu errichten, die Cortes zu entmachten und den Adel fügsam zu machen, indem er durch eine bevorzugte Herrschaftsposition in der ganzen spanischen Monarchie entschädigt wurde, blieben die anderen Reichsteile auf der Iberischen Halbinsel wie Aragon, Katalonien und Valencia und auch Portugal ebenso selbständige und von Ständen beherrschte Vizekönigreiche wie die Niederlande, Burgund und die italienischen Länder: mit Ausnahme der amerikanischen Besitzungen, über die der König unmittelbar verfügte, trugen diese Länder dementsprechend auch wenig zum Bestand des Reiches bei. Alle Lasten des Reiches lagen auf Kastilien, allein ihm flossen allerdings auch die Gewinne aus den Kolonien zu. Die politische Macht Spaniens gründete einerseits auf einer wirksamen Bürokratie und einem durchorganisierten und schlagkräftigen Heer, das auf dem ganzen europäischen Kontinent präsent und gefürchtet war, andererseits auf dem hegemonialen Engagement Kastiliens und den großen Silberströmen aus Amerika.

So rasch und gewaltlos das Spanische Reich vor allem durch gezielte Heiratspolitik gewachsen war, so ungewöhnlich große finanzielle, militärische und moralische Anstrengungen waren vonnöten, um den erreichten Besitzstand zu halten und die spanische Hegemonie zu behaupten. So erfolgreich in der zweiten Hälfte des 16. Jahrhunderts die Auseinandersetzungen mit den Osmanen im Mittelmeerraum noch verliefen (Lepanto 1571) und der spanische Einfluß im Mittelmeer gesichert blieb, so scheiterten bereits die Invasion in England an der Niederlage der Armada 1588 und Spaniens Herrschaftsanspruch über Frankreich an der Wahl Heinrichs IV. zum König. Zwar unternahm Spanien im Dreißigjährigen Krieg noch einmal einen kostspieligen Versuch, seine Stellung zu behaupten, aber Frankreichs und Englands Macht konsolidierten sich auf seine Kosten. Doch nicht nur der erfolglose Kampf um die politische Hegemonie erschütterte die spanische Universalmonar-

chie, tiefgreifender noch wirkten sich die Zentralisierungsbemü-
hungen der spanischen Könige, ihre rigide gegenreformatorische
Politik und die verstärkte finanzielle Ausbeutung der unter der
spanischen Krone vereinten Länder auf die soziale und politische
Struktur Spaniens aus. Das Reich mußte nicht nur in kurzen
Zeitabständen Staatsbankrotte anmelden und eine zunehmende
Preisinflation hinnehmen, verursacht sowohl durch den Silber-
strom aus Amerika und die Münzverschlechterung wie durch die
Zerrüttung des Gewerbes und der Landwirtschaft in Kastilien,
sondern eine Region nach der anderen erhob sich seit Ende des
16. Jahrhunderts gegen die kastilische Vorherrschaft. Am bekanntesten ist der Freiheitskrieg der Niederländer, aber nicht minder
wichtig waren die allerdings nicht erfolgreichen Aufstände in
Aragon 1591, Portugal 1640, Katalonien (1640–52) sowie in
Süditalien 1648, wo es jeweils um die Erhaltung der regionalen
Autonomie und um steuerliche Entlastung ging.
Daß Spanien trotz großer Anstrengungen kein dauerhaftes Herrschaftssystem bzw. keine absolutistische Herrschaft errichten
konnte, hat mehrere Gründe. Dem spanischen Königtum gelang es
weder, eine zentrale Verwaltung für das ganze Reich auf der
Grundlage eines bürgerlichen Beamtentums aufzubauen, noch
den ganzen Adel an den Hof in Madrid zu ziehen, was zum
Interessenausgleich sowie zur Entmachtung des Adels beigetragen
hätte. Weiter vermochte es die Universalmonarchie nicht, die
Vormachtstellung Kastiliens zu mindern und den Regionalismus
vor allem Aragons, Kataloniens und Valencias zu brechen bzw.
den antispanischen Autonomiewillen durch eine Gesamtrepräsentation aller Stände und Länder zu schwächen. Vor allem aber
verstand es Spanien nicht, seinen großen und aus Übersee konstant vermehrten Reichtum im eigenen Land zu investieren und
damit die durchaus vorhandene Produktion in Gewerbe und
Landwirtschaft zu stärken und den Binnenhandel zu heben; statt
dessen schöpfte die Aristokratie die Gewinne ab und investierte sie
für ein arbeitsfreies adliges Leben, oder aber die Gewinne flossen
überhaupt zur Erhaltung der kostspieligen Söldner nach außen. Je
mehr Geld nach Spanien gelangte, um so ärmer wurde die
Bevölkerung, und als dann die Silberproduktion zurückging,
Aufstände, Pest und Hungersnöte das Land erschütterten, halfen
keine Reformpläne mehr. Das ›Goldene Zeitalter‹ – das ohnehin
mehr der Aristokratie als den Bürgern und Bauern zugute kam –
ging bereits in den 20er Jahren des 17. Jahrhunderts zu Ende.
Negativ wirkte sich schließlich noch aus, daß es trotz eines starken
städtischen Bürgertums, gutentwickelten Gewerbes und florieren-
den Handels nicht zur Bildung einer Handelsbourgeoisie kam. Der

Abb. 14: *Traum Philipps II.* »Die Anbetung und Verherrlichung des Namens Jesus«. Gemälde von El Greco (um 1577)

Fernhandel lag in Händen des Staates. Das Bündnis von Monarch und Aristokratie, das zeitweilig durch die Macht der bürgerlichen Räte gelockert wurde, verstärkte sich nach 1600 zusehends. Der Traum von der Universalmonarchie hatte letztlich zum Ruin des Landes geführt, die Chancen für eine Durchsetzung der politischen Herrschaft auf der Iberischen Halbinsel waren vertan, weil die gesamtstaatlichen Belastungen nicht nur zu groß waren, sondern der spanische Anspruch auch immer mehr Feinde mobilisierte. Mit dem Aufstieg Frankreichs und Englands zerfiel Spanien in einen föderalistischen Verband halbautonomer Feudalherrschaften, in denen die vom Adel beherrschten Cortes alle Macht ausübten.

Das Osmanische Reich

Das Osmanische Reich entwickelte sich gleichzeitig mit der spanischen Monarchie, es erreichte unter Soliman den Höhepunkt seiner Expansion als europäisch-asiatische Weltmacht, und, wenngleich es noch lange bestehen blieb, schwand seine europäische Bedeutung doch seit dem 17. Jahrhundert. Obwohl sein Machtzentrum außerhalb Europas lag, griff es in der frühen Neuzeit doch direkt oder indirekt tief in die europäische Geschichte ein. Nicht nur war das Habsburger Reich durch die Türken bedroht, diese beherrschten auch einen großen Teil des Mittelmeeres und damit den Orienthandel sowie den Balkan bis unmittelbar vor Wien.[3]

Das Osmanische Reich unterschied sich in seiner politischen und sozialen Verfassung wesentlich von den europäischen Ländern und Staaten.

Der Sultan besaß als geistliches und weltliches Oberhaupt unbeschränkte, durch keine autonome Gewalt regulierte Machtfülle. Die eroberten Länder wurden zur finanziellen Ausbeutung zu Lehen vergeben, die aber nicht vererbbar waren. Damit war zwar die Gefahr der Partikularisierung und Feudalisierung des Reiches gebannt, zugleich aber auch eine Intensivierung der regionalen Herrschaft unterbunden. Herrschaft blieb immer Fremdherrschaft. Die Macht des Reiches bzw. des Sultans ruhte im wesentlichen auf einem gut ausgebildeten Heer (Janitscharen), das allein dem Sultan unterstand, sowie auf einer durchorganisierten Bürokratie, die von Staatsdienern getragen wurde und vornehmlich zur ›geschickten‹ Ausbeutung aller Untertanen diente. Obwohl alle Gewalt beim Sultan lag, alle Regionen von der Zentrale abhängig waren und die Verwaltung hohe Kosten verursachte, war die Belastung der einzelnen Untertanen zumindest im 16. Jahrhundert wohl geringer als in Europa, wie zugleich bei aller Untertänigkeit und Eigentumslosigkeit die regionalen Kulturen unangetastet blieben. Es gab keinen erblichen Adel, der mit dem Sultan konkurrieren konnte; die soziale Hierarchie des Verwaltungsstabes war durchlässig, jeder Untertan konnte in die höchsten Ämter aufsteigen.

Extreme Situationen – hier Despotie, dort geringe Belastung – kennzeichnen auch das religiöse Leben, die zweite Säule des Reiches neben der Verwaltung. In diesem Imperium, das der Verbreitung des Islams diente, besaß der Klerus in Belangen des Kultus, des Rechts und der Erziehung größte Bedeutung; obwohl sich eine klerikale Hierarchie mit Theologenschulen ausbildete, kam es allerdings nicht zur Trennung von Staat und Kirche. Geistliches Oberhaupt blieb der Sultan. Nicht nur dies ist bezeichnend für das religiöse Leben im Osmanischen Reich, sondern auch das Nebeneinander von islamischem Fanatismus, der zur Unterwerfung aller Nichtmohammedaner aufrief und die militärische Expansion als Ausbreitung des Reichs Gottes legitimierte, und einer Toleranz gegenüber Andersgläubigen, vor allem in den eroberten Provinzen. Anders als in Spanien, wo die Moslems vertrieben wurden, tolerierte das Reich die Religion und Kultur der christlichen Untertanen. Nur Staatsdiener mußten islamisch sein.

Auch unterschied sich das Wirtschaftssystem des Osmanischen Reiches erheblich von dem Europas. Handel und Gewerbe hatten im 16. Jahrhundert einen ungewöhnlichen Aufschwung erlebt. Das Anwachsen Istanbuls innerhalb eines Jahrhunderts von 40 000 auf 400 000 Einwohner zeigt deutlich die expansive Kraft der osmanischen Wirtschaft. Aber wie das Osmanische Reich keine autonomen Stände, Städte und Korporationen (Zünfte) etc. kannte, waren auch Handel und Gewerbe zentral geleitet und reglementiert von einer staatlichen Bürokratie, die alle Überschüsse dem Hof zuleitete. Die verschiedenen Wirtschaftszweige konnten von einzelnen Völkerschaften monopolisiert werden, aber eine eigene unabhängige Handelsbourgeoisie konnte nicht entstehen.

Der Untergang des Osmanischen Reiches, bzw. seine Unfähigkeit, auf die veränderte Situation, die durch Änderung der Handelswege mitverursacht wurde, zu reagieren und ein den europäischen Staaten konkurrierendes Herrschaftssystem zu etablieren, ist auf mehrere Gründe zurückzuführen. Einmal überforderte der Expansionsdrang nach Europa und Persien die natürlichen Ressourcen der Osmanen. Die Erhaltung des Reiches führte nur zu verstärkten Belastungen für den Untertanen. Des weiteren entglitten wachsende Militärausgaben, Bevölkerungszunahme vor allem in Anatolien und inflationäre Preisentwicklung der Kontrolle des Staates. Die Ausbildung des neuen Weltmarktes drängte das Osmanische Reich an die Peripherie. Vor allem aber fehlten das Interesse und die Fähigkeit, die eroberten Gebiete auch herrschaftlich zu integrieren und die Sozialstruktur des Reiches den veränderten Verhältnissen anzupassen. Solange das Osmanische Reich expandieren konnte – ähnlich wie Spanien unter dem Zufluß des amerikanischen Silbers –, behauptete es sich gegen konkurrierende Mächte und entwickelte eine hohe Zivilisation; sobald aber die Expansion auf unüberschreitbare Grenzen stieß, ohne daß eine Umstrukturierung von Herrschaft und Wirtschaft eingeleitet worden war, begann die politisch-soziale Lage zu stagnieren.

Das Reich

Gewisserweise zählte auch das Heilige Römische Reich deutscher Nation zu den Großreichen, die, wenn auch unter anderen Voraussetzungen, im Zuge des 16. Jahrhunderts einen Höhepunkt ihrer Machtentfaltung in Europa erlebten, dann aber im Maße der Formierung der ›Moderne‹ rasch an Bedeutung verloren, ohne daß damit allerdings die Reichseinheit vollends zerfiel.[4] Im Westfälischen Frieden trennten sich allein die Niederlande und die Schweizer Eidgenossenschaft vom Reichsverband. Kaiser Karl V. konnte noch einmal mit Hilfe spanischer Heere und oberdeutschen Kapitals eine expansive Reichspolitik betreiben, aber schon war die Macht der Territorialherrn im Reich zu sehr gefestigt, als daß sie noch entmachtet werden konnten und aus dem Reich ein einheitlicher Herrschaftsverband unter Führung des Kaisers werden konnte. Zudem teilte der Augsburger Religionsfrieden 1555 das Reich für immer in zwei Konfessionen. Zwar gab der Dreißigjährige Krieg nochmals eine letzte Chance für die Errichtung eines Reichsabsolutismus, aber mit dem Westfälischen Frieden wurden die Rechte des Kaisers ein für allemal zugunsten der Reichsstände eingeschränkt. Die eigentliche Macht im Reich lag bei den Reichsständen, an deren Libertät und Superioritas der Kaiser in seinen Entscheidungen gebunden wurde. Die Macht der Stände trat aber nicht in den Dienst des Reiches, sondern wurde ausschließlich zur Intensivierung der Territorialstaatlichkeit eingesetzt. Die Umwandlung in eine Erbmonarchie gelang ebensowenig wie die Errichtung einer funktionsfähigen Reichsbürokratie.

Wenn der deutsche Kaiser dennoch anders als der König von Polen, der ebenso von den Ständen gewählt wurde, noch lange (d. h. zumindest bis zum Westfälischen Frieden) einen Machtfaktor im Reich darstellte, dann gründet dies nicht unmittelbar in seinen kaiserlichen Rechten, sondern in seiner Hausmacht als

Landesherr Österreichs, eines der größten deutschen Territorien, das im Maße der Transformierung der alten Landesfürstentümer in frühmoderne Territorialstaaten gleichsam ein Reich der Habsburger im Reiche bildete und durch die Erweiterung um Böhmen und Ungarn eine eigenständige reichsunabhängige Macht in Europa war, die nicht mit der des Reichs verwechselt werden darf. Die Macht des Deutschen Reiches wurde ausgehöhlt nicht nur durch die vielen fürstlichen Reichsstände, die auf ihre Libertät pochten, sondern auch vom Kaiser selbst, der das Kaisertum mehr in den Dienst der Habsburgischen Hausmachtpolitik stellte, als umgekehrt seine Landesherrschaft als Basis einer Reichspolitik verstand. Was auf der Reichsebene nicht gelang, nämlich die Integration aller Reichsstände durch Domestizierung des Adels und den Aufbau einer rationalen Verwaltung, wurde um so erfolgreicher auf der Ebene der alten Landesfürstentümer betrieben. In dem Maße, wie spätestens mit dem Westfälischen Frieden die Reichsstände ihre Unabhängigkeit und Souveränität im Reich erlangten, vollzog sich weitgehend der umgekehrte Prozeß in den Territorialstaaten, wo die Landstände in die Fürstenherrschaft integriert wurden. Die Durchsetzung eines Erbfürstentums und einer fürstlichen Verwaltung stabilisierte den Prozeß. Allein auf der Landesebene entwickelten sich neue Herrschaftssysteme, absolutistische wie ständestaatliche bzw. libertäre, unter denen die Expansion Habsburgs und Preußens eklatant zeigten, wie ohne Bruch mit dem Reich unter Ausnützung aller landesherrlichen und reichsständischen Rechte innerhalb kurzer Zeit deutsche Territorialstaaten als souveräne Partner Frankreichs oder Schwedens auftreten konnten. Zwar waren die Entwicklungsmöglichkeiten des Reichs im 16. Jahrhundert noch offen, aber bereits der Westfälische Frieden präsentierte kein einheitliches Reich mehr, das entweder mit Rußland oder mit der ständischen Monarchie Polens zu vergleichen wäre, sondern das Reich stellte einen föderalistischen Verband selbständiger halbsouveräner Staaten dar, die sowohl unabhängig vom Reich wie im Reich mit anderen frei operieren konnten.

Im 16. Jahrhundert erlebten die ›spätmittelalterlichen‹ Großreiche noch ihre größte Ausweitung, aber im Maße, wie die frühmodernen Staaten oft in Konfrontation mit diesen Reichen sich zu einem System territorialer ›Mittelstaaten‹ verdichteten, verloren die Reiche an dynamischer Kraft. Ihnen gelang weder die Ausbildung eines frühmodernen Herrschaftssystems, noch konnten sie sich gegen die ›neuen‹ Stände behaupten. Bereits im 17. Jahrhundert gehörten die Großreiche, gewisserweise Begleiterscheinungen des staatlichen Konsolidierungsprozesses, der Vergangenheit an.[5]

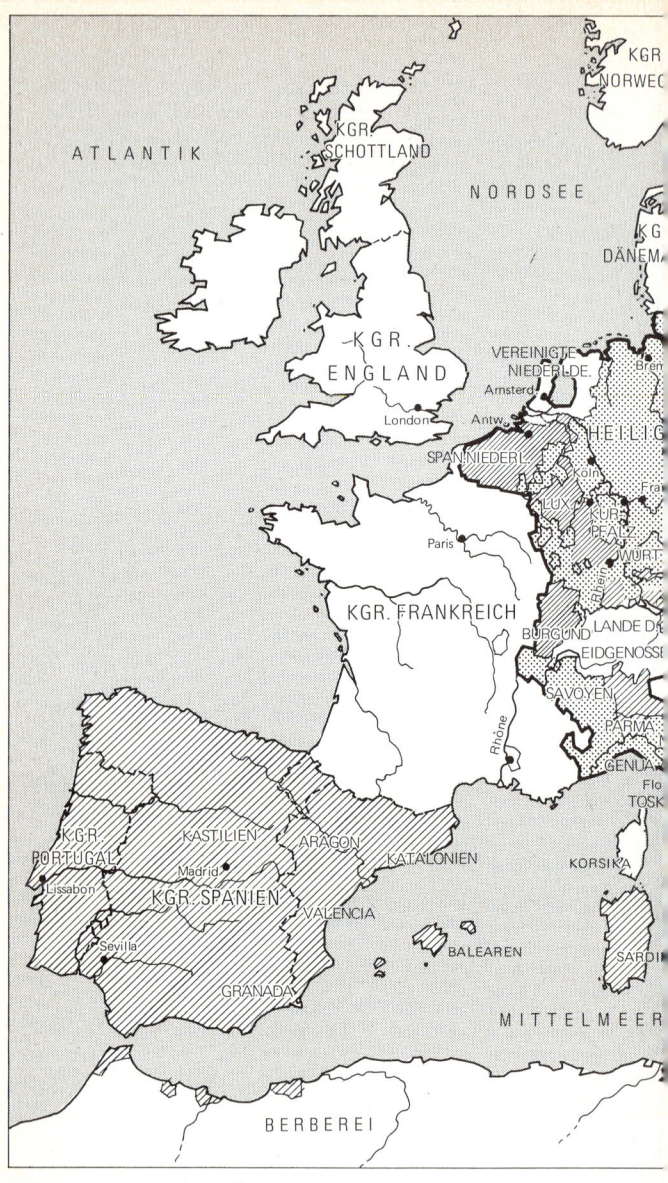

Abb. 15: *Die politische Ordnung Europas um 1620*

Die politische Ordnung Europas um 1620

— Grenze des Heiligen Römischen Reiches
▨ Habsburgische Lande
▩ Territorialstaaten und Freie Reichsstädte

GR. SCHWEDEN

ESTLAND

LIVLAND

KURLAND

nh.   OSTSEE

PREUSSEN   LITAUEN

ANDENBG
Oder

HSEN   SCHLESIEN

POLEN

Dnjepr

Prag   BÖHMEN

RÖMISCHES

SAPOROGER

N ERZHZM
Wien

KGR. UNGARN

ÖSTERREICH

MOLDAU

REICH

SIEBENBÜRGEN

BESSARABIEN

KRIM

KRAIN

IG

ig

WALACHEI

Donau

DALMATIEN

SERBIEN

BULGARIEN

CHENSTAAT

BOSNIEN

RAGUSA

OSMANISCHES REICH

Konstantinopel

om

KGR. NEAPEL

ALBANIEN

Neapel

lermo

Messina

KGR. SIZILIEN

KRETA

0   500   1000 km

177

Der Formierungsprozeß frühneuzeitlicher Gesellschaft unter den Bedingungen einer expandierenden Weltökonomie führte nicht nur zum Untergang der Großreiche, sondern vor allem zur Herausbildung neuer Herrschaftsformen, in denen sich höchst unterschiedliche Modelle frühmoderner Staatlichkeit manifestierten. Jedenfalls weisen die Anfänge der Staatlichkeit, die noch das 20. Jahrhundert prägen sollte, auf das 16. Jahrhundert zurück.

Wenn wir in diesem Formierungsprozeß drei dominante Typen hervorheben und unterscheiden, eben den absolutistischen, den libertären und den adligen Ständestaat, dann geht es, das sei besonders betont, nicht um eine alle verschiedenen Formen frühneuzeitlicher Herrschaften in Europa gleicherweise berücksichtigende Typenbildung, sondern um die politischen Grundmuster. Wir sprechen dort von absolutistischen Fürstenherrschaften, wo sich wie in Frankreich absolutistische Tendenzen durchsetzten, dort von libertären Staaten, wo sich Stände wie in England ihre Freiheitsrechte vertraglich absichern konnten, und schließlich dort von einem adligen Ständestaat, wo wie in Polen der Adel weitgehend von einer landesherrlichen Obrigkeit sich befreite. Obwohl damit Frankreich und Schweden oder England und Polen verschiedenen Grundformen zugeordnet werden, heißt dies nicht, daß es unter anderer Perspektive keine vergleichbare Struktur bei diesen Staaten gab. Auch lassen sich nicht alle Staaten und Länder gleicherweise in die Grundtypen frühmoderner Staatsbildung einordnen. So gibt es Schwierigkeiten, den calvinistischen Stadtstaat Genf oder die Schweizer Eidgenossenschaft einem bestimmten Typ zuzuweisen, ebenso die traditionellen italienischen Stadtstaaten und die Teilreiche der spanischen Monarchie Katalonien oder Süditalien. Dennoch ist es auffallend, daß gerade in den größeren Flächenstaaten mit dynamischer ökonomischer Entwicklung sich die neuen Formen frühneuzeitlicher Herrschaft am stärksten herausbildeten, wohingegen die kleineren Staaten sich im 17. Jahrhundert dem einen oder anderen Muster zuordneten. Die frühneuzeitliche Entwicklung brachte nicht allein den Typ der absolutistischen Fürstenherrschaft hervor. Als Alternative zeigten sich aber auch nicht nur ständestaatliche Entwicklungen. Das Neue der frühmodernen Staatlichkeit lag nicht allein, vielleicht nicht einmal in erster Linie in der absoluten Fürstenherrschaft, sondern weit stärker darin, daß sich alle ausdifferenzierten Herrschaften als ›Staaten‹ begriffen. Der ›Staat‹ wurde seit dem 16. Jahrhundert, also seit der Zeit der herrschaftlichen Expansion, in der politischen Philosophie immer mehr zu einer Größe, die unabhängig vom Staatsträger gesehen wurde. So war nicht der absolutistische Staat allein das Produkt der Formierung der frühmodernen Gesellschaft, sondern als Alternative zeigten sich gleichbedeutend der libertäre und der adlige Ständestaat, wobei gerade der libertäre Staat, wie er sich in England und Holland herausbildete, vielleicht sogar besser als die absolutistische Monarchie in der Lage war, die ›staatlich-öffentlichen‹ Aufgaben zu lösen. Viele Theoretiker des 16. und 17. Jahrhunderts sahen fälschlicherweise im Absolutismus das einzige Herrschaftssystem, das die Krise der Zeit lösen könnte.[6]

1. Der Frühabsolutismus

Absolutistische Tendenzen, d. h. zentralistische Bestrebungen und Etablierungsversuche bürokratischer Fürstenherrschaften, hat es in weiten Teilen Europas zwischen 1550 und 1650 gegeben. Ein frühes Muster hatte sich in Kastilien herausgebildet, das dann aber in seiner Entwicklung bereits im 16. Jahrhundert durch die ökonomischen Krisen nicht weiterentwickelt werden konnte. Auch im Reich und vor allem in England scheiterten absolutistisch zentralistische Versuche, so günstige Entwicklungen sich in der Tudormonarchie angebahnt hatten. Die englische Revolution ist u. a. eine Folge dieses Scheiterns. Voll zum Durchbruch kam das absolutistische System allein in Frankreich, allerdings erst zu Anfang des 17. Jahrhunderts. Es wurde zum Muster absolutistischer Staatsbildung überhaupt, dem bald einige Territorien im deutschen Raum wie Österreich, Bayern und dann nach dem Dreißigjährigen Krieg Preußen folgten, die sich allerdings alle beträchtlich vom französischen Vorbild unterschieden. Schließlich schwenkten dann auch infolge des politischen Erfolges absolutistischer Systeme auf dem Kontinent die skandinavischen Länder und bedingt auch Rußland auf das zentralistische Herrschaftsmodell ein. Unter gewissen Rücksichten könnte Schweden allerdings auch zu den libertären Verfassungsstaaten und Rußland zu den asiatischen Despotien gezählt werden. Das absolutistische Staatensystem, wie es sich im Europa das 17. Jahrhunderts schließlich ausbildete, war also keineswegs einheitlich.

Frankreich
Frankreich zählte im 16. Jahrhundert zu den großen Ländern Europas, es umfaßte bereits den größten Teil des heutigen Staatsgebietes. Allerdings war es weitaus stärker regionalisiert als England, auch war bis Mitte des 17. Jahrhunderts, d. h. bis zur

Niederschlagung der Adelsfronde 1648/52, noch keineswegs entschieden, ob die absolutistische Fürstenherrschaft über die ständische Adelsgesellschaft siegen würde.[7] Das Königtum war allerdings in der Gesellschaft so stark verankert, daß es nicht hätte ganz abgeschafft werden können. Kaum ein Land im 16. und frühen 17. Jahrhundert wurde so sehr durch Kriege, Aufstände und Krisen erschüttert wie Frankreich. In den 60er Jahren bekämpften sich in Frankreich drei große Familienparteien (Guise, Montmorency, Bourbon). »Jedes Haus beherrschte ein ausgedehntes Territorium, kontrollierte eine große Klientel, verfügte innerhalb des Staatsapparats über einen weitreichenden Einfluß, befehligte loyale Truppen und hatte internationale Verbindungen.«[8] Wenn am Ende der Entwicklung dennoch der Kult einer königlichen Autorität entstand, wie er in Westeuropa nicht seinesgleichen hat, dann gründet dies in spezifischen Bedingungen der französischen Geschichte. Entscheidende Weichen zur Konsolidierung Frankreichs stellte nicht erst Richelieu, dessen Politik als die ›erste große Experimentierphase‹ des Absolutismus in Frankreich gilt, sondern bereits Heinrich IV., der als erster die Konflikte zwischen katholischer Liga, französischem Protestantismus und monarchischer Zentralgewalt zugunsten der Monarchie zu lösen verstand.

Vier gleichzeitige Entwicklungen waren es letztlich, die das zeitweise von provinzieller Desintegration und Anarchie bedrohte Frankreich zum stärksten Zentralstaat Europas werden ließen. Einmal war das Königtum mit bestimmten Prärogativen unangefochten geblieben, unentschieden war nur, durch welche fürstliche Familie die Staatsmacht kontrolliert werden sollte. Als dann aber durch Regelung der Thronfolge, durch Festlegung der Primogenitur und der Unveräußerlichkeit der Krondomäne die Dynastie (Bourbonen) gesichert war, Paris zentraler Herrschaftssitz wurde und ein ›antispanisches‹ Hofzeremoniell als Symbol der inneren Souveränität der Monarchie sich durchsetzte, war die absolute Monarchie so gefestigt, daß sie die Vormundschaftsregierung und Volksaufstände des 17. Jahrhunderts, vor allem die Fronde überstehen konnte. Zum zweiten begründete der systematische Ausbau zentralstaatlicher Verwaltungsorgane seit Anfang des 16. Jahrhunderts, vor allem mit der Einrichtung der Intendantur, die institutionelle Absicherung der Monarchie. Der Aufstieg des Bürgertums in die staatliche Ämterhierarchie, vor allem durch Ämterkauf, löste entscheidende politische und soziale Spannungen, er ermöglichte eine Integration des Handelsbürgertums durch Anpassung an die entstehende höfische Gesellschaft. Bürgerliche Opposition wurde dadurch unterlaufen. Vor allem aber gewann der König durch den Verkauf von Ämtern unverzichtbare

Geldquellen. So ruinös diese Entwicklung sich auf die Wirtschaft des Landes auch auswirkte, war für den König doch die Vermehrung loyaler Anhänger von größter Bedeutung. Weiterhin wurde Frankreich befriedet durch die Entmachtung des feudalen Adels, indem die Generalstände, die allerdings in Frankreich niemals eine so bedeutende Rolle gespielt hatten wie in den Niederlanden oder in England, an politischer Bedeutung langsam abnahmen und für den Verlust autonomer Machtstellung mit einträglichen und prestigeträchtigen Hofämtern entschädigt wurden. Die im 17. Jahrhundert entstehende höfische Gesellschaft band in einer für Frankreich spezifischen Weise die heterogenen Kräfte der Aristokratie. Schließlich diente die Trennung von Politik und Religion infolge der Religionskriege der Stärkung eines über allen Parteien stehenden Monarchen. Als der katholisch gewordene König im Edikt von Nantes 1598 Frieden mit den Hugenotten schloß, ohne daß Frankreich dabei wie Deutschland geteilt wurde, bedeutete diese Pazifizierung des Calvinismus und seine Trennung von der Adelsfronde einen Sieg des Königs über die Stände. Zwar wuchsen damit wieder die gegenreformatorischen Kräfte, denen aber die französische Kirche durch die gallikanischen Freiheiten Grenzen setzte. Das französische Königtum hatte sich durch sie als erstes in Europa von kirchlicher bzw. päpstlicher Vormundschaft befreit. Die Monarchie, die im Frieden von Câteau-Cambrésis 1559 der Vormachtstellung Spaniens unterlegen war und mit Beginn der Religionskriege 1562 sogar innerlich gespalten wurde, hatte unter Heinrich IV. 1595 erstmals, dann verstärkt unter der ›Regentschaft‹ Richelieus seit 1624 ihre innenpolitische Handlungsfreiheit soweit wiedergewonnen, daß sie trotz steigender innerer Konflikte im Westfälischen Frieden bzw. im Pyrenäenfrieden von 1659 ihre volle Souveränität nach außen und innen zeigen konnte. Aus einer über lange Zeit bedrohten Monarchie war in kurzer Zeit der stärkste Staat Europas geworden.

Diese ungewöhnliche Machtsteigerung Frankreichs durch die Etablierung eines absolutistischen Systems darf aber nicht darüber hinwegtäuschen, daß mit der inneren und äußeren Souveränität der Monarchie zugleich Probleme entstanden, die für Frankreich eine schwere Belastung waren: Einmal war es die ruinöse wirtschaftliche und soziale Lage der Unterschichten, dann die Festschreibung der ständischen Struktur, die die bürgerliche Mobilität einschränkten, und schließlich der staatliche Dirigismus in der Wirtschaft, durch den Frankreich ökonomisch immer weit hinter England und Holland zurückstand. Wenn zu Anfang des 17. Jahrhunderts die absolute Monarchie als eben die Ordnungsmacht aufgestiegen war, die allein mit den politischen, sozialen und

Abb. 16: *Kardinal und Minister Richelieu.*
Gemälde von Ph. Dechampaigne (1635/40)

ökonomischen Problemen der Zeit fertig werden konnte, so war es
doch zugleich das absolutistische System, das die Anpassung der
Gesellschaft Frankreichs an den sozialökonomischen Wandlungs-
prozeß des späten 17. Jahrhunderts erschwerte.

Schweden

Die Ausbildung des absolutistischen Systems in Schweden vollzog sich unter völlig anderen Bedingungen als in Frankreich.
Schweden war ein nur schwach bevölkertes Land ohne starken
politischen Regionalismus, außerdem im 16. Jahrhundert von
sozial-ökonomischen Krisen und Konflikten verschont geblieben.[9]
Selbst die Einführung der Reformation brachte keine religiösen
Unruhen. Das städtische Bürgertum war schwach entwickelt, um
so stärker war der große freie Bauernstand. Die politische Macht
lag in den Händen einer kleinen Adelsklasse, die, wirksam im
Reichstag organisiert, an den politischen Entscheidungen in
Schweden maßgeblich beteiligt war. Das Verhältnis von Adel und
König war relativ ausgewogen. Ohne Zustimmung des Adels
konnte keine politische Entscheidung getroffen werden, selbst die
Minderung ständisch adeliger Rechte wie die Stärkung der Königsgewalt vollzogen sich nur mit Zustimmung der Stände. Das
Besondere am schwedischen Herrschaftssystem, wie es sich seit
dem 16. Jahrhundert herausgebildet hat, war einmal eine Ständeversammlung mit maximaler Vertretung des Landes und wirksamer politischer Mitsprache, zum anderen ein starkes Königtum

mit effektivem Verwaltungsapparat, das vom Reichstag – trotz aller Spannungen – letztlich unterstützt wurde. Der Aufstieg zu einer europäischen Großmacht zu Anfang des 17. Jahrhunderts erfolgte nicht als Reaktion auf innere Konflikte – eine Adelsfronde hat es in Schweden nicht gegeben –, sondern Außenbedrohungen waren es, zunächst die dänische Vorherrschaft, dann später die Verbindung mit Polen, das zeitweise von der Vasa-Dynastie regiert wurde, die den schwedischen Adel mobilisierten, zur Expansion drängten und ein starkes Königtum begünstigten. Obwohl in keinem anderen Land so früh korporierte Stände und vor allem der Adel an der Landesherrschaft partizipierten, der Ausbau des frühmodernen Staates geradezu in den Händen der Stände lag, überragten doch immer wieder autokratische Könige, allen voran Gustav Adolf II., die schwedische Aristokratie. Seine starke Stellung verdankte das Königtum wesentlich der Unterstützung durch den Reichstag. Sie wäre aber nicht in dem Maße wirksam gewesen, hätte nicht das Königtum durch Erweiterung der Krongüter und durch die Säkularisierung kirchlichen Besitzes im Zuge der Reformation, weiterhin durch Umwandlung des Königtums in eine Erbmonarchie (1544) (Begründung des Hauses Vasa) und schließlich durch seine Verfügungsgewalt über die reichen Kupfer- und Eisenerzgruben, die den König weitgehend von der Steuerbewilligung durch den Reichstag unabhängig machte, seine Machtstellung ausgebaut. Das hinderte zwar nicht, daß in Zeiten schwacher oder junger Könige eine Herrschaft der Magnaten sich erneut etablierte, die aber immer wieder durch einen starken König aufgebrochen werden konnte. Da die kriegerischen Abenteuer in Deutschland, Polen und Rußland nicht auf Kosten des Landes und Adels gingen, brachte die Unterstützung der expansiven Politik dem Adel nur Vorteile.

Die Stärke des schwedischen Herrschaftssystems zu Ende des 16. und Anfang des 17. Jahrhunderts lag also vor allem* in dem Machtausgleich von Adel und König, in der Anerkennung der Vorherrschaft des Königs durch den Reichstag wie der Sicherung der Adelsrechte durch den König, aber auch in dem systematischen Ausbau einer rationalen Staatsverwaltung und eines großen Heeres, das überhaupt erst die militärische Expansion Schwedens möglich machte. Schweden war das einzige Land Europas, in dem eine konstitutionelle Aristokratie eine absolute Herrschaft begründete.

Rußland

Rußlands absolutistische Herrschaftsverfassung unterscheidet sich durch sein autokratisch-despotisches Zarenregiment wesentlich sowohl von Frankreichs wie Schwedens politischem System.[10] Das liegt mit an seiner mittelalterlichen Tradition und seiner Sozialstruktur. Rußland war ein übergroßes, zugleich aber sehr dünn besiedeltes Land mit weiten menschenleeren Räumen, das ursprünglich aus mehreren selbständigen Fürstentümern bestand. Ein Stadtbürgertum hatte sich kaum entwickelt, die bäuerliche Bevölkerung war politisch machtlos, zudem entweder versklavt oder in Leibeigenschaft. Politische Macht besaß allein der Adel, der sich aber, weil es in Rußland keinen Feudalismus im Sinne Westeuropas gegeben hatte, zu keinem hierarchisierten, d. h. integrierten Stand gebildet hat.

Der Aufstieg Rußlands zu einem zentralistischen Staat mit einem autokratischen zaristischen Regiment unter Führung des Moskauer Großfürstentums vollzog sich unter besonderen Schwierigkeiten. Bedrohungen von außen, im Westen von Schweden und Polen, im Süden von Tataren und Türken sowie von innen durch die ursprünglich autogenen Bojaren und unterdrückten Bauern forderten alle Anstrengungen des Moskauer Staates. Die Anfänge des absolutistischen Systems sind nicht unmittelbar mit dem Aufstieg der Romanov-Dynastie nach der Zeit der Schrecken zu Anfang des 17. Jahrhunderts verknüpft. Wesentlichen Grund legte Zar Iwan IV., dessen Schreckensherrschaft (Opricina) zwar das Land innerlich erschütterte, doch durch die Liquidierung der Bojarenherrschaft den Aufstieg des Dienstadels begründete und die Expansion des Moskauer Staates forcierte. Die Macht der Zaren gründete vor allem in ihrem Besitz – sie waren die größten Grundherren –, dann in der orthodoxen Kirche, die die zaristische Autokratie rückhaltlos stützte, ferner auf der Kontrolle des ganzen Außenhandels und nicht zuletzt auf dem ergebenen Adel, der im Unterschied zum Adel des Westens seine Grundherrschaft nicht dank autogener Rechte besaß, sondern sie dem Zaren verdankte. Seine privilegierte Stellung bemaß sich an den Leistungen für den Zaren, der seinerseits als Autokrat regierte. Zwar gab es eine Ständeversammlung, den Semski Sobor, aber als Instrument des Zaren machte er diesem seine Stellung niemals streitig. Nachdem sie die Romanov-Dynastie als Zaren erwählt hatte, die das Reich bald nach innen und außen befriedete, trat die Ständeversammlung als Beratungsgremium immer mehr zurück. Der Aufstieg des absolutistischen Systems in Rußland, das man als einen despotischen Absolutismus bezeichnen könnte, hatte einen starken, expandierenden Staat mit einem gefügigen Adel als Träger von Verwaltung und Heer geschaffen. Die Herrschaft des Adels ging voll auf Kosten des russischen Bauern, der nicht nur unterdrückt, sondern in die Leibeigenschaft überführt wurde. Folge der Zentralisierung Rußlands waren dementsprechend nicht nur die Entstehung der russischen Großmacht, sondern auch zahlreiche, ganz Rußland erschütternde Bauernaufstände, die hier stärker als im Westen Ausdruck einer Hoffnungslosigkeit der Unterdrückten waren. Die Sehnsucht nach einem gerechten Zaren prägte alle großen Volksbewegungen im Rußland der frühen Neuzeit.

2. Die Adelsrepublik

Die frühe Neuzeit kannte aber nicht nur Staaten mit absolutistischen Verfassungen. Gewisserweise ein Gegenstück, in dem der Konflikt von Fürsten und Ständen zugunsten der letzteren entschieden wurde, bildete der adelige Ständestaat. Unter einem adeligen Ständestaat ist ein politisches System zu verstehen, in dem eine Konföderation von autogenen Ständen bzw. Adelsfamilien sich jedem Zugriff einer zentralistischen Fürstenherrschaft entzog und zur Wahrung und Mehrung ihrer partikular-feudalen Interessen über regionale oder Generalständeversammlungen ihre politische Autonomie zu sichern wußte, ohne sich damit zugleich, wie in libertären Staaten, bürgerlichen Impulsen zu öffnen und ein gesamtstaatlich-repräsentatives Bewußtsein zu entwickeln. Adelige Ständestaaten der frühen Neuzeit waren Adelsherrschaften unter der Bedingung spätfeudaler Ökonomie. Ständestaatliche Tendenzen waren im 16. Jahrhundert in ganz Europa verbreitet, entweder waren sie das unmittelbare Erbe mittelalterlicher Ständebildung in herrschaftlich schwach organisierten Ländern oder Produkt einer erfolgreichen Abwehr zentralistischer Fürstenherrschaft. Ständestaatliche Ziele verfolgten französische wie niederländische Adelige, ständestaatliche Gebilde konstituieren sich im Reich (Mecklenburg, Pommern) und in Spanien (Katalonien und Aragon), insofern hier Herzöge oder Vizekönige nur die Interessen der Stände (Adel) vertraten bzw. sie keine von der Adelsgesellschaft abgehobene Politik verfolgen konnten. Prototypische autonome adelige Ständestaaten haben sich also vor allem in Ländern ohne bürgerliche Traditionen herausgebildet; bis zur Unterwerfung unter den Kaiser 1627 waren auch Böhmen und Mähren eine Adelsrepublik, in der der König nur eine von den Ständen abhängige Rolle spielte.[11] Das bekannteste Beispiel einer frühneuzeitlichen Adelsrepublik aber stellt Polen dar.

Polen
Polen war, seit der Lubliner Union 1569 mit Litauen vereint, das zweitgrößte Land Europas.[12] Es hatte zwar eine Reihe von größe-

ren Städten, aber sein Bürgertum war politisch und sozial ebenso machtlos wie die weitgehend der Leibeigenschaft unterworfenen Bauern. Daran änderte auch die Reformation nichts, die in Polen eine starke Resonanz fand, aber letztlich nur Sache des Adels und seiner Libertas blieb. Politische Macht übte allein der Adel (Szlachta) aus, der zwar formell gleiche Rechte besaß, dessen Macht aber je nach den wirtschaftlichen Verhältnissen höchst ungleich verteilt war.

Beträchtlichen Einfluß besaß auch die Kirche, die aber mehr die Autonomie der Adelsgesellschaft stärkte als zentralistische Maßnahmen des Königtums förderte, selbst als die Gegenreformation die reformatorische Bewegung eingrenzte. Polen war ein Königreich, das aber schon sehr früh de facto vom im überregionalen Reichstag und in Landtagen organisierten Adel beherrscht wurde. Eine starke Verwaltung fehlte ebenso wie ein ausdifferenzierter Binnenmarkt. Der Aufstieg des autogenen polnischen Adels im 16. Jahrhundert, der in Westeuropa nicht seinesgleichen hatte, wurde einmal begünstigt durch die Tatsache, daß er niemals in eine starke feudale Monarchie integriert war, dann durch seine großen ökonomischen Gewinne, die ihm durch eine rasche Expansion nach Osten und vor allem durch den Getreidehandel mit Westeuropa zuflossen, und schließlich durch fehlende Bedrohungen von innen und außen; der Aufstieg des Bürgertums war unterbunden, religiöse Toleranz verhinderte Religionskriege, und der russische Nachbar war in so viele Kriege verwickelt, daß sich der Adel ausschließlich auf die Ausweitung seiner Grundherrschaft konzentrieren konnte. Eine Notwendigkeit zur Zentralisierung Polens durch ein starkes Königtum gab es nicht; im Gegenteil, im Maße der Beherrschung des Königreichs durch einen seiner politischen Rechte immer bewußteren Adel wurden zur Sicherung und zum Wachstum seiner ökonomischen Macht nicht nur die Bauern unterdrückt und entrechtet, sondern auch die Rechte des Königs sukzessive reduziert, selbst auf Kosten einer starken Militärmacht, die die Interessen der polnischen Adelsnation nach außen verteidigen sollte. Als 1572 die Dynastie der Jagellonen ausstarb, wurde in den Articuli Henrici Polen zur Wahlmonarchie erklärt, in der der König bei jeder politischen und fiskalischen Entscheidung auf die Zustimmung des nun alle zwei Jahre einzuberufenden Sejm angewiesen war und der Adel sich alle königlichen Ämter sicherte. In dem Maße, wie sich der Adel von der Königsherrschaft befreit und einen adeligen Konstitutionalismus begründet hatte, verfiel seit der Agrardepression (Preisfall für Getreide) in den 20er Jahren des 17. Jahrhunderts, der schwedischen Invasion und den zunehmenden Bauernunruhen, die in der Ukrainischen Revolution 1648 einen Höhepunkt erreichten, die polnische Staatlichkeit. Statt die Königsgewalt zu stärken oder einen stabilen und politisch funktionierenden Konstitutionalismus mit zentraler Verwaltung und einem starken Heer aufzubauen, wurde die Funktionsfähigkeit der National- und Regionalversammlungen suksessive eingeschränkt. Die Provinzialversammlungen konnten durch eine Gegenstimme aufgelöst werden und der Adel im Sejm durch das liberum veto alle parlamentarischen Beschlüsse torpedieren. Die Einheit Polens war damit aufgegeben. Fortan regierte letztlich nicht mehr das Parlament, sondern Polen wurde beherrscht durch ein konstant sich ausweitendes Klientelsystem der großen Magnaten. Polen war im 16. Jahrhundert das Muster einer Adelsrepublik mit allen hoheitlichen Rechten, die zur Sicherung und Mehrung einer feudalpartikularen Macht auf jedes starke Königtum verzichtet, und dank derselben Interessen, die die politische Vorrangstellung des Adels begründeten, schließlich jede Staatlichkeit aufgab. Der Adel überließ Polen als Staat den Interessen Rußlands, Schwedens und Preußens.

Ständestaaten bzw. Adelsrepubliken wie Polen waren typische Herrschaftsgebilde des 16. Jahrhunderts, die aus dem Konflikt von Königtum und Ständegesellschaft hervorgegangen waren. Ihrer politischen Stabilisierung im Zusammenhang der gleichzeitigen Konsolidierung eines europäischen Staatensystems waren enge Grenzen gesetzt, aber sie war prinzipiell nicht ausgeschlossen. Wenn sie dennoch der Krise des 17. Jahrhunderts erlagen und dem Expansionsdrang absolutistischer Staaten nicht wehren konnten, als politische Alternative also keinen weiteren Bestand hatten, so war dies nicht nur eine Folge der äußeren Bedrohung, sondern auch und vor allem Folge der Unfähigkeit von Adelsgesellschaften, mit politischen Neuformierungen zu reagieren, die ihre Macht eingrenzten. Im Unterschied zu absolutistischen und libertären Staaten, die die feudalen Interessen des Adels disziplinierten und ihn zur Änderung seines sozialen Status zwangen, konnten reine Adelsrepubliken keine sozial-politischen Kräfte mobilisieren, die nicht nur ihren Bestand sichern, sondern darüber hinaus ihre Verfassungsstruktur den neuen politischen und sozialen Verhältnissen anpassen sollten. Wie Großreiche, deren Dynastien kein absolutistisches Regiment durchsetzen konnten, als politische Machtfaktoren untergingen, verloren auch autonome Adelsgesellschaften, die keinen staatstragenden Konstitutionalismus hervorbrachten, der alle Adelige unter ein einheitliches Recht stellte, an politischer Selbständigkeit.

3. Libertär-staatliche Systeme

Die eigentliche Alternative zum absolutistisch-bürokratischen System aber war nicht die Adelsrepublik, sondern der libertäre Staat. Unter einem libertär-staatlichen System ist ein politisches Herrschaftssystem zu verstehen, in dem die politisch treibende Kraft nicht der Fürst mit seinen Beamten, sondern die traditionellen korporierten Stände waren, also gerade die Kräfte, die sich im Absolutismus dem Monopolanspruch der Fürsten beugen mußten. Zusammen mit Bürgerlichen setzten sie auf ›revolutionäre‹ Weise ihre Interessen durch, waren nun nicht mehr allein auf den Konsens der Fürsten mit den Ständen bedacht, sondern suchten darüber hinaus die Fürstenherrschaft zu kontrollieren, ja, beanspruchten selbst die Souveränität des Landes. Es handelte sich noch keinesfalls um einen demokratischen Staat, sondern mehr um eine Republik im alten Sinne, in der der Fürst oder ein Parlament an eine Verfassung gebunden ist. Libertäre Tendenzen artikulierten sich in vielen antiabsolutistischen Bewegungen der frühen Neuzeit, zum Tragen kamen sie allerdings nur dort, wo starke ständische Traditionen verbunden waren mit expansiver Wirtschaftsaktivität des Bürgertums, wo nicht allein feudale adelige Rechte zur Herrschaft legitimierten, sondern ökonomische Potenz Mitherrschaft verlangte, d. h. in England und in Holland. Bedingt kann auch Schweden als ein libertärer Verfassungsstaat bezeichnet werden, aufgrund der innerlich aufbrechenden absolutistischen Tendenzen aber muß es doch zu den absolutistischen Staaten gezählt werden, während Polen trotz aller konstitutionellen Tendenzen doch letztlich ein feudaler Ständestaat unter adeliger Führung blieb.

England

England hatte in der ersten Phase der Bildung eines frühneuzeitlichen Staates eine den kontinentaleuropäischen Ländern vergleichbare Entwicklung mitgemacht. Aber allein hier wandelte sich eine starke Feudalmonarchie in einen libertären Verfassungsstaat.[13] Dieser einmalige Prozeß gründet in einer Reihe von Besonderheiten Englands im 16. Jahrhundert:

Das Königtum war in der ganzen englischen Gesellschaft als Institution unangefochten, es stand in einer starken Tradition, war keinem ›feudalen Zentrifugalismus‹ ausgesetzt und wurde von einem Parlament, das alle entscheidenden politischen Kräfte des Landes vereinte, gestützt, obwohl das Parlament zugleich zweifellos zu den wenigen voll ausgebauten Repräsentationsorganen Europas zählte, auf den Konsens der Regierung mit den Interessen des Landes bestand und genau auf die Einhaltung der alten Rechte und Freiheiten achtete. Dadurch aber, daß das Königtum seine Rechte nicht genau definierte, auf ein starkes Heer und eine große Zentralverwaltung verzichtete, d. h. seine relative Unabhängigkeit vom steuerbewilligenden Parlament bewahrte, kam es im 16. Jahrhundert niemals zu einem entscheidenden Eklat zwischen König und Parlament bzw. König und Adel, im Gegenteil, die Macht des Königs nahm sogar mit stillschweigender Toleranz des Parlaments vor allem unter Elisabeth noch zu.

Außerdem kennzeichnet Englands Entwicklung im 16. Jahrhundert der Aufstieg eines Bürgertums, das, wie die Entwicklung Londons zur größten europäischen Stadt zu Ende des 16. Jahrhunderts beispielhaft zeigt, politisch nicht von der Landesherrschaft ausgeschlossen, sondern im Parlament vertreten war und hier für seine Wirtschaftsinteressen Unterstützung fand. Ihm korrespondiert der Aufstieg des niederen Adels (Gentry), der in seinen materiellen Interessen vom Königtum befriedigt wurde und sich im Maße der Pazifizierung der Gesellschaft bürgerlichen Tätigkeiten, vor allem dem Handel öffnete. Der Aufstieg des Bürgertums und der Gentry, die zusammen die neue Mittelklasse ausmachten, vollzog sich nicht wie in Frankreich über die Verwaltung und den Hof, sondern über wirtschaftliche Aktivitäten und politische Mitbestimmung im Parlament.

Schließlich waren in England die sozialen Konflikte nicht so stark ausgeprägt wie in Frankreich und Spanien im 16. Jahrhundert. Geschickt hielt es sich aus gewagten politischen Abenteuern auf dem Kontinent heraus und konnte sich dadurch dem Zugriff Spaniens entziehen, auch erschütterten es keine großen bäuerlichen Aufstände. Ein eigenständiges Bauerntum gab es nicht mehr, und die steuerlichen Belastungen waren nur gering, was zugleich eine größere Unabhängigkeit des Adels vom König ermöglichte. Der Adel brauchte keinen starken Staat gegen potentiell rebellische Untertanen.

Nicht zuletzt verursachte die Einführung der Reformation keine Unruhen wie in Deutschland und Frankreich. Sie wurde von oben eingeführt, brach nicht mit dem katholischen Ritus und stärkte keine regionalistischen Bewegungen. Die Vorteile für den König und für die Gentry waren beträchtlich. Während die anglikanische Kirche zum Instrument des Königtums wurde, teilte die Gentry unter sich die säkularisierten Güter. Dabei war das England des 16. Jahrhunderts keineswegs eine konfliktfreie Gesellschaft, aber auffallend ist, daß in England wenig Interesse und kaum Notwendigkeiten bestanden, das ohnehin schon starke persönliche Regiment des Königs in ein absolutistisches System umzuwandeln. Äußere und innere Bedrohungen wie in Frankreich, Spanien und

Rußland fehlten weitgehend, die eine stärkere Zentralisierung der herrschaftlichen Gewalt nötig gemacht hätten. Das ausgewogene Verhältnis von Hof und Land, von König und Parlament, änderte sich allerdings mit den Stuarts zu Anfang des 17. Jahrhunderts schlagartig. Sicherlich spielte die politische Ungeschicklichkeit, ja Unfähigkeit der Könige eine Rolle bei der Erschütterung des Königtums und der Stärkung des Parlaments. Gleichzeitig wurde England zu Beginn des Jahrhunderts auch erstmals mit Problemen konfrontiert, die den kontinentaleuropäischen Ländern schon vertraut waren: mit der Handelskrise im Zusammenhang der Expansion Hollands sowie mit einer stärkeren Einbeziehung in zentraleuropäische Auseinandersetzungen – Frankreichs Stellung war nach Beendigung des Religionskriegs wieder gestärkt, und der Dreißigjährige Krieg, obwohl England sich nicht an ihm beteiligte, wirkte doch auch auf die politische Struktur in England.

Schließlich radikalisierte sich das Religionsproblem, d. h. sowohl die katholische wie eine nicht anglikanische puritanische Minderheit bedrohten das Kirchensystem Englands. Der Puritanismus bedeutete dabei nicht nur eine Herausforderung für die anglikanische Kirche, sondern brachte durch seine Artikulierung politischer Interessen eine Politisierung des Londoner Bürgertums und der Gentry in Gang, ohne die die Revolution nicht zu verstehen ist. Vor allem aber war es die Betonung der königlichen Prärogative und der Versuch, sie durchzusetzen, die das Parlament und die Führungsschichten Englands nicht hinzunehmen geneigt waren.

Wenn es auch niemals das Ziel des Parlaments war, seine Macht auszubauen oder gar die Herrschaftsgewalt zu übernehmen, sondern es nur den freilich stilisierten Status quo der Tudorzeit aufrechterhalten, also seine alten Rechte und Freiheiten verteidigen wollte, wurde unter dem Druck königlicher Politik und der ihrer Rechte bewußt gewordenen Gentry aus dem Parlament ein Instrument der Führungsschichten bzw. der entstehenden Mittelklassen des Landes. Es wollte nicht mehr allein die königliche Gewalt kontrollieren, Steuern bewilligen und an der Gesetzgebung teilnehmen und vor allem auf der Wahrung der alten Rechte und Freiheiten bestehen. Das Parlament beanspruchte Souveränitätsrechte, steckte den Rahmen der politischen Rechte des Königs ab, innerhalb dessen er sein Herrscherrecht wahrnehmen durfte, vor allem verlangte es bürgerliche Rechte der freien Wahl, der freien parlamentarischen Debatte und der Unabhängigkeit der Richter. Das in England mit der Revolution entstandene konstitutionelle System war einmalig in Europa und bewährte sich als politische Ordnung im Zuge der wirtschaftlichen ›Modernisierung‹ späterer Zeit.

Holland

Im Unterschied zu England hat Holland keinen geschlossenen frühmodernen Staat auf der Basis parlamentarisch kontrollierter Fürstenherrschaft ausgebildet, sondern ein libertär-föderatives System ohne fürstliches Regiment unter Wahrung regionaler Eigenständigkeiten.[14] Die Vereinigten Niederlande, wie sie nach dem Waffenstillstand von 1609 entstanden, waren ein kleines, aber bevölkerungsreiches Land ohne große politische und kulturelle Einheit. Seine Stärke gründete in der wirtschaftlichen Macht seiner Kaufleute, die unter den Kämpfen mit Spanien nicht gelitten, sondern gegenüber dem ehemals mächtigeren und reicheren Flandern an Terrain gewonnen hatten, ferner in einem starken Interessenausgleich von Adel und Bürgertum, da es trotz ständischer Struktur keine große Kluft gab zwischen Adel, Patriziern und Kaufleuten, und schließlich in seinem Regionalismus, der trotz fehlender politischer Einheit und unterschiedlichster Rechte nicht nur gegen die spanische Vorherrschaft seine Selbständigkeit und Eigenständigkeit bewahrte, sondern – allerdings unter der Bedingung der Loslösung von Flandern und Brabant, den späteren Spanisch-Niederlanden – nach einem 80jährigen Befreiungskampf seine politische Unabhängigkeit auch vom Reich erlangte. Unter dem Druck der spanischen Angriffe auf die alten Rechte und Freiheiten der Niederländer sowie einer rigiden Gegenreformation entstand kein einheitlich starker Staat unter Führung einer einheimischen Dynastie. Aus einer ehemals rein ständisch-feudalen Korporation, die politisch nur durch die spanische Vorherrschaft zusammengehalten wurde, entstand eine Konföderation von autonomen Provinzen, die den souveränen Willen des Volkes allerdings nicht durch eine republikanische Staatsverfassung, durch eine souveräne Generalversammlung repräsentierte, Hollands Stärke gründete in der politischen Selbstbestimmung und wirtschaftlichen Aktivität der mächtigen Kaufmannschaft der Städte, vor allem Amsterdams, die nur soviel Staatlichkeit duldete, wie zur Durchsetzung und zum Schutz ihrer Interessen notwendig war. Dabei bildeten die Vereinigten Niederlande keineswegs eine ausgeglichene Gesellschaft; zwar traten die Gegensätze zwischen Adel und Bürgern im Maße der Übernahme der Regierungsmacht durch die Stadtmagistrate immer stärker zurück, um so schärfer traten aber konfessionelle Konflikte in den Vordergrund. Aber gerade dadurch, daß es zu keiner konfessionellen Vorherrschaft, auch nicht des Calvinismus, kam, entwickelte sich in Holland ein Freiheitsraum, wie er in anderen Ländern nicht gegeben war. Der religiösen Spaltung des Landes korrespondierte auch nach der Etablierung der niederländischen Republik eine politische. Dadurch daß die Souveränität des Landes nicht in der Generalversammlung, sondern von den Provinzialversammlungen wahrgenommen wurde, kam es in dem Augenblick, als der Kampf gegen die spanische Tyrannei zu Ende ging, zu einer Parteibildung, die jede außenpolitische Vertretung des Landes schwer machte: hier eine republikanisch-ständische Partei unter der Führung Amsterdams, die am System der Provinz-Generalständeversammlung nichts ändern wollte, also einen bürgerlichen Ständestaat vertrat, dort die Partei des Hauses Oranien, die die Statthalterschaft mehrerer Provinzen innehatte und von der calvinistischen Kirche Unterstützung bekam, um ein landesherrliches Regiment zur Stärkung gesamtstaatlicher Interessen zu erwirken. Da es zu keiner Übereinstimmung kam, gelang der holländischen Republik weder die Einführung eines starken, alle Provinzen umfassenden republikanischen Regiments, noch die Integration der Provinzen unter der Herrschaft eines Fürsten. Für die Wahrung politischer Souveränität nach außen bedeutete die undefinierte Verfassung einen Nachteil, aber für die Stärkung der Handelsmacht der holländischen Kaufleute hatte die geringe Staatlichkeit des Landes ihre Vorteile. Als eine Republik mit von starkem bürgerlichem Interesse überformter Ständekultur – eine bürgerliche Gesellschaft war sie ebenso wenig wie eine Demokratie – dokumentiert Holland, daß die Entstehung patrizisch-bürgerlicher Herrschaft und expansiver Wirtschaft nicht auf einen starken Staat angewiesen war. Erst als der außenpolitische Druck Ende des 17. Jahrhunderts zunahm und die ökonomische Entwicklung stagnierte, erwies sich die fehlende Zentralisierung und Staatlichkeit als ein Mangel.

Alle drei Herrschaftsformen der frühen Neuzeit waren jeweils verschiedene Formen organisierter Adelsherrschaft, denn überall war es der Adel, der die Herrschaft ausübte. Seine Macht und sein Einfluß hingen im Zuge der Formierung frühmoderner Gesellschaft wesentlich davon ab, wie er sich mit dem Königtum und dem Bürgertum arrangierte. Insofern dokumentiert ein Vergleich der drei Formen, des absolutistischen, libertären und Ständestaates, daß allein die enge Zusammenarbeit des Adels mit den Fürsten, d. h. die Integration der Adelsgesellschaft in der Fürstenherrschaft, oder die Kooperation des Adels mit dem Bürgertum, d. h. die Aufnahme bürgerlicher Interessen, Chancen einer Stabilisierung frühmoderner Staatlichkeit boten und damit Anpassung an die gesellschaftlichen Änderungen ermöglichten.

3. Kultur und Alltag

A. Lebensformen

I. FAMILIE UND HAUSHALT

Das zentrale Strukturelement der frühneuzeitlichen Gesellschaft war die Einheit von Familie und Haus.[1] Daran hatte sich mit der Entstehung staatlicher Formationen ebenso wenig geändert wie mit der überregionalen Marktausweitung, im Gegenteil, im Zuge der Disziplinierung der Gesellschaft durch die Territorialstaatlichkeit und die neue Moral der protestantischen wie katholischen Reform des 16. und 17. Jahrhunderts wurden die Familie und das Haus zur dominanten Größe sozialer Ordnung, der andere Sozialisationsformen in Westeuropa untergeordnet wurden. Zwar gibt es erstmals schriftliche Äußerungen über Familie, Haushalt, Frau und Kinder seit dem späten 16. Jahrhundert, seither werden auch Taufen, Hochzeiten und Beerdigungen in den entstehenden Kirchenmatrikeln registriert, aber unsere Kenntnisse sind allgemein noch mangelhaft. Doch sicher ist, daß die Entstehung von Familienchroniken und die Erstellung von Stammbäumen nicht nur in adeligen Haushalten erstmals ein neues Bewußtsein von Familie und Verwandtschaft signalisierten.

Nachdem man lange der Meinung war, daß in der vorindustriellen Gesellschaft die Großfamilie vorherrschte, die zahlreiche Kinder und mehrere Generationen umfaßte, entdeckten neuere Forschungen, vor allem orientiert an England und Frankreich, daß es in Europa zwar je nach Tradition, Arbeitsorganisation und politischer Herrschaft höchst unterschiedliche Familienformen gab, daß aber, was die Größe der Haushalte betrifft, zumindest in Westeuropa in der frühen Neuzeit die Familie kaum mehr als vier bis sechs Mitglieder umfaßte. Die ›moderne‹ Kernfamilie war demnach kein Produkt der Industrialisierung, es gab sie, soweit die Quellen zurückreichen. Das schließt freilich nicht aus, daß es Haushalte mit über 50 Mitgliedern gab, so wie sie aus England belegt sind, aber je geringer der Status des Hausvaters war, desto kleiner war in der Regel auch der Haushalt. Nicht die Größe der Familie in der frühen Neuzeit machte also ihren Unterschied zur modernen Familie aus. Sicher ist auch, daß nicht verwandtschaftliche Beziehungen und Bindungen die Familie primär konstituierten, sondern wie bereits im Mittelalter »die Gesamtheit der in einem Haus lebenden Personen«.[2]

Die Gründung einer Familie war nicht Sache freier Entscheidung zweier sich liebender Personen, sondern sie unterlag ökonomischen und sozialen Normen und war abhängig vom Besitz einer Erwerbsstelle oder eines Hauses. Allein das Haus bot die Möglichkeit zu heiraten, Kinder zu zeugen, gab überhaupt politische Rechte. Die vormoderne Familie erfüllte ein Bündel politischer, ökonomischer und sozialer Funktionen der Gesellschaft. Sie war zugleich zentrale Stätte der Reproduktion, der Produktion und der Arbeitsorganisation. Über die Zugehörigkeit zu der Familie eines Herrn entschied demnach nicht das Verwandtschaftsverhältnis, sondern die Funktion, die ein Haushaltsmitglied im Rahmen der ›häuslichen‹ Arbeitsorganisation innehatte. So gehörte ein nicht blutsmäßig verwandter Knecht durchaus zur Familie des Herrn im Unterschied zu einem Bruder, der nicht geerbt hatte und anderswo wohnte. Was die Mitglieder einer Familie unauflösbar zusammenhielt, war einerseits die christliche Ehe des Hausherrn, die Ehrensolidarität und die gesetzmäßige Autorität des Vaters, andererseits die umfassende wirtschaftliche Abhängigkeit vom gemeinsamen Erbe und die materielle Sicherung des Lebens in der auf ein Haus gegründeten Familie.

Wenn wir die Einheit von Familie und Haushalt hervorheben, die es zwar bereits im Mittelalter gab, die nun aber auch herrschaftlich und religiös als soziale Norm abgestützt wurde, so heißt dies nicht, daß die Blutsverwandtschaft, die Verwandtschaftsbeziehungen überhaupt keine Rolle spielten. In der adligen Welt entschieden Verwandtschaft und Heirat über die soziale Stellung der einzelnen. Auch war der künftige Erbe eines Hofes oder Hauses, der immer ein Kind des Hausherrn war, sozial immer hervorgehoben. Verwandtschaftliche Beziehungen dominierten zunehmend im Haus. In der Arbeit unterschieden sich blutsmäßige Kinder kaum vom Gesinde, aber wenn es um den sozialen Bestand des Hauses als Erbbesitz ging, dann spielten nur die erbberechtigten Kinder eine Rolle.

So wenig einer auch seine ganze Verwandtschaft kannte – Besuchsreisen waren kostspielig und nicht einmal zu den großen familiären Feierlichkeiten bei Geburt, Heirat oder Begräbnis immer möglich, Briefwechsel gab es aufgrund des verbreiteten

Analphabetismus nicht –, bildete die Verwandtschaft doch auch für die bürgerlichen und bäuerlichen Schichten insgesamt eine »Insel der Vertrautheit« in einer Außenwelt, die oft als fremd wahrgenommen wurde.[3] In eben dem Maße, in dem die Verwandtschaft eine Solidarität der Ehre – ja des Vermögens aufgrund der Erbbräuche – schuf, konnte man ihr vertrauen und sich an sie ›natürlicherweise‹ wenden, wenn man in einer unbekannten und feindlichen Welt unterzugehen drohte. Ob man sich persönlich kannte oder nicht, die Zugehörigkeit zur selben Familie verpflichtete zur gegenseitigen Hilfe.

Trotz aller Autonomie des Hauses war die Familie durchaus eingebunden in ein Verwandtschaftssystem.[4] Wichtiger noch aber waren die Nachbarschaftsbeziehungen für die ländlichen und städtischen Haushalte, wie überhaupt das Haus bis weit ins 16. Jahrhundert hinein vielfältig integriert war. Gegenseitige Hilfeleistungen und Pflichten begründeten eine Solidarität, an der oft die Autorität des Hausvaters ihre Grenze fand. So sehr der Hausherr z. B. das Recht hatte, über das Vermögen frei zu verfügen oder seine Kinder zu verheiraten, mußte er doch, wollte er sich durchsetzen und nicht Schande über sein Haus bringen, Rücksicht nehmen auf die Interessen der Nachbarn, d. h. des Dorfes oder Stadtviertels.

Die Haushaltsfamilie bestand in der Regel aus dem Hausvater, der Hausfrau, den Kindern und dem Gesinde, zum Teil noch, je nach Region, zählten auch ›Inwohner‹ und ›Altenteiler‹, also die Großeltern, dazu. Das Haupt der Familie, der pater familias, war nicht nur und primär Ehemann und Vater der Kinder, sondern in erster Linie Herr des Hauses, Betriebes oder Hofes. Ihm oblag die Wirtschaftsführung, er vertrat das Haus nach außen, entweder gegenüber der städtischen Zunft, der ländlichen Gemeinde oder dem Grundherrn.[5] Ihm hatten nicht nur ›uneingeschränkt‹ die Knechte zu gehorchen, sondern auch seine leiblichen Kinder und seine Frau. Als Repräsentant der Familie war er für das Verhalten aller Haushaltsmitglieder verantwortlich. Das galt sowohl für den Umgang untereinander wie dem Dorf gegenüber, es betraf sowohl die Arbeitserfüllung wie die ›Moral‹. Der Hausherr konnte seine Untergebenen nicht nur strafen, sondern von seinem Willen war auch abhängig, welchen Ehepartner seine Kinder auszuwählen hatten. Die Erhaltung des Besitzstandes, die Aufrechterhaltung des Wirtschaftsbetriebes und der Familienehre erforderten, daß er seine Autorität notfalls mit Gewalt durchsetzte; dies erwartete auch die Gesellschaft von ihm. Nichts konnte seinem Familienruf mehr schaden, als wenn seine Frau das Haus beherrschte und das

Abb. 17: Adelige Familie: *Cobham* (1567)

Gesinde sich nicht fügte. War die patriarchalische Stellung des Hausherrn im Mittelalter bereits ausgeprägt, so wuchs sie nun in dem Maße, wie Staat und Kirche von ihm die Erhaltung der häuslichen Ordnung erwarteten, ihn nicht nur verantwortlich machten für das leibliche Wohl seiner Untergebenen, sondern auch für ihr Verhalten und für ihr Seelenheil. »Die häusliche Ordnung, wo der Vater wie ein Diktator ist, will es, daß von seiner Stimme all das abhängig war, was unter ihm ist.«[6]

Nicht weniger wichtig für das Haus war die Rolle der Hausfrau, wenngleich sie nur eine Person minderen Rechts war. Ihr oblag die Aufzucht der Kinder, die Leitung des Haushaltes und das Wohl aller an der Hausarbeit beteiligten Familienmitglieder. Häufige Schwangerschaften, Fehlgeburten und Leid um frühverstorbene Kinder schwächten die Frauen oft frühzeitig. Entlastungen kannten nur die Frauen adeliger und patrizischer Haushalte, wo an die Stelle körperlicher Arbeiten zusehends repräsentative Aufgaben traten. Wie unverzichtbar die Funktion der Hausfrau war, zeigt der Tatbestand, daß der Hausherr bald nach dem Tod seiner Frau wieder heiraten mußte. Wenn im 16. Jahrhundert immer wieder beklagt wurde, daß die Witwer zu früh sich anderen Frauen zuwandten, so war dies nicht Gefühllosigkeit, sondern häufig schlichte Notwendigkeit für den Haushalt. Die Vielzahl der Zweit- und Dritttehen der Hausväter zeigt dies. Obwohl die Hausfrau im

Haus weitgehend ›frei‹ walten konnte, obwohl sie auf dem Markte kaufen und verkaufen konnte, war sie doch dem Mann völlig unterworfen, Rechtsgeschäfte konnte sie ohne seine Einwilligung nicht tätigen. Emotionale Bindungen spielten keine oder nur eine untergeordnete Rolle. Mit der Heirat hatte die Frau ihrem Mann zu gehorchen, die Ehre des Hauses aufrechtzuerhalten und zu mehren, den Haushalt zu führen und Kinder, vor allem einen männlichen Erben, auf die Welt zu bringen. Die Unterordnung der Frau unter den Mann war schon im Mittelalter eine Selbstverständlichkeit. Mit der Stärkung der Autorität des Mannes im 16., vor allem im 17. Jahrhundert durch die ›Neue Moral‹ wurde ihre rechtlich-soziale Lage, bei aller erstmaligen moralischen Achtung der Frau, aber insgesamt eher verschlechtert. Ungehorsam war nicht mehr allein ein Vergehen gegen die Tradition, sondern auch gegen die göttliche Ordnung. »Die Frau, die ihrem Mann in dem, was die Leitung der Familie und des Hauses angeht und in dem, was die Tugenden und Sitten angeht, nicht gehorchen will, sündigt. Denn die Frau ist verpflichtet, den Befehl ihres Mannes auszuführen. Wenn sie sich dagegen der Regierung des Hauses, hartnäckig gegen den Willen ihres Mannes, wenn er ihr es aus irgendeinem guten Grund verbietet, bemächtigen will, so sündigt sie, denn sie darf nichts gegen ihren Mann tun, dem sie durch das göttliche und menschliche Recht untertan ist.«[7] Freilich unterwarfen sich die Frauen nicht immer dieser öffentlichen Moral, doch die geforderte strenge Unterordnung schränkte zunehmend ihre Entfaltungsmöglichkeiten ein. Dies betraf vor allem die oberen Stände, die immer mehr gezwungen waren, zur Erhaltung ihrer sozialen Stellung den neuen Normen zu entsprechen. Zwar erfuhr die Frau als Person in der Reformation eine Aufwertung, sie konnte nicht mehr nur als Arbeitstier behandelt werden, aber ihre Rolle als Hausfrau und als Mutter, die sich aus jeder öffentlichen Tätigkeit herauszuhalten hatte, wurde so eng definiert, daß ein Abweichen von der Norm zur Sünde wurde. Die Fixierung der Aufgaben der Frau allein auf die Führung des Haushalts vollzog sich im Zuge einer immer stärkeren Trennung der Arbeitsbereiche von Männern und Frauen, wobei die fraulichen Aufgaben gegenüber denen der Männer disqualifiziert wurden. »Wenn sie (die Frauen) aber außer der Haushaltung reden, so taugen sie nichts. Denn wiewohl sie Wert genug haben, doch fehlts und mangelts ihnen an Sachen, die sie nicht verstehen, drum reden sie auch davon läppisch, unordentlich und wüste durcheinander über die Maaße. Daraus erscheinet, daß das Weib geschaffen ist zur Haushaltung, der Mann aber zur Policey, zu weltlichem Regiment, zu Kriegen und Gerichtshändeln, die zu verwalten und führen.« Dieses Urteil Luthers teilte die ganze Gesellschaft des 16. und 17. Jahrhunderts.[8]

Die Kinder, deren Anzahl pro Familie weitaus kleiner war, als lange angenommen wurde, waren von früh an in den Arbeitsprozeß des Hauses einbezogen.[9] Waren es mehr, als das Haus ernähren konnte, mußten sie sich bei Verwandten oder Nachbarn als Knechte oder Mägde verdingen. Auch sie unterlagen der Gewalt des Hausherrn. Sie konnten in der Regel keine Verträge schließen, besaßen kein Eigentum, aller Zugewinn des Hauses floß ausschließlich dem Vater zu. Es war dem Hausherrn anheimgestellt, den Beruf und den Ehepartner seiner Kinder zu wählen. Für gewöhnlich übernahmen die Kinder den ›Beruf‹ des Vaters. Nichterbberechtigte heirateten kaum, da Heirat ja an Besitz gebunden war. Galten die Kinder vor allem als Arbeitskräfte, die zum materiellen Bestand des Hauses beitragen mußten und dabei ihren Lebensunterhalt fanden, kam dem ältesten oder jüngsten Sohn – die Erbbräuche im frühneuzeitlichen Europa waren höchst unterschiedlich – als Erben des Hauses oft besondere Fürsorge zu. Aufgrund der hohen Kindersterblichkeit blieb es allerdings oft lange ungewiß, wer der Erbe sein würde. Die Hof- oder Hausübergabe erfolgte meist nach dem Tod des Vaters, oder wenn er sich ›zurückzog‹, wobei immer in einem Testament die Erbschaft schriftlich festgelegt wurde, oder die Mutter führte den Hof, unverheiratet oder wieder verehelicht, bis zu ihrem Tod weiter. Oft vermehrten Kinder anderer Familien die Zahl der Haushaltsmitglieder. Es bestand zwar allenthalben eine ausreichende Versorgungspflicht der Eltern gegenüber den Kindern, die nicht erbberechtigt waren oder außer Haus gingen, doch war sie an die Unterwerfung unter die Gewalt des Vaters gebunden. Die soziale Lage der Mädchen war zumeist schlechter als die der Jungen. Jede Familie wünschte sich einen männlichen Erben. Wenn aber ein Mädchen den Hof erbte, richtete sich die ganze Sorge der Familie darauf, durch ihre Heirat einen vermögenden Haushaltsvorstand ins Haus zu bekommen. Die Reformation hatte an der Stellung der Kinder nichts geändert, im Gegenteil, die Gehorsamspflicht der Kinder wurde nun nicht nur traditionell, sondern auch religiös begründet. Ungehorsam wurde zur Sünde gegen die göttliche Ordnung.[10]

Auch das Gesinde und die Handwerksgesellen gehörten zum Haus, ebenso die unehelichen Kinder eines Hausmitgliedes. Die Zahl des Gesindes schwankte, war aber nur bei großen Bauern hoch. Häufig waren die Knechte und Mägde Verwandte, Nichten, Neffen oder auch Stiefkinder. Ihre Arbeit unterschied sich selten von der der Kinder, sie wurden aber bezahlt und konnten prinzi-

piell die Arbeitsstelle wechseln. Obwohl es in einem Vertrags-
verhältnis stand, war auch das Gesinde der Hausherrngewalt
unterworfen. Die vielen Gesindeordnungen der frühen Neuzeit
versuchten, Arbeitszeit, Entlohnung und Untertänigkeit genau zu
regeln. Verbreitet war der Wunsch des Gesindes wie auch der
Gesellen, so bald als möglich ein eigenes Haus zu gründen.
Manchem gelang dieser Sprung, wenn der Hausvater keinen
Erben hatte, oder durch Wechsel in die aufblühenden Städte, die
meisten aber verblieben zeit ihres Lebens unverheiratet auf dem
Hof des Herrn. Die soziale Situation des Gesindes war sehr
unterschiedlich, die vielen Klagen der Herrn über Frechheit und
Faulheit sollten nicht allzu wörtlich genommen werden. Das
Gesinde arbeitete weitgehend nur, solange Geld für den Unterhalt
nötig war. ›Faulheit‹ war oft eine Reaktion auf die Rechtlosigkeit.
Auch von Gesinde und Gesellen wurde seit dem 16. Jahrhundert
mehr verlangt, ihre Arbeit wurde genau definiert und ihr Verhalten strengeren Normen unterworfen. Einschneidend wirkte sich
die im 17. Jahrhundert erfolgte zunehmende Differenzierung zwischen Herrn und Gesinde einerseits und Kindern und Gesinde
andererseits aus. Lange Zeit hatten Herrn und Knechte gemeinsam gelebt, im Zuge der Disziplinierung des Hausverbandes
wurden die Knechte aus dem familiären Verband gelöst und lebten
auch dank der verbesserten Wohnverhältnisse nun getrennt von
der eigentlichen Familie. Diese Isolierung mußte sie empfindlich
treffen, zumal sie nicht neue Freiheiten mit sich brachte, sondern
die moralische Unterwerfung und Abhängigkeit vom Herrn deutlicher machte.

Die Einheit von Familie und Haushalt, die in der bäuerlichen,
städtischen wie adeligen Welt gleichermaßen bestand, war ein
Erbe des Mittelalters, sie wurde erst im Zuge der Industrialisierung und Urbanisierung im 18. und 19. Jahrhundert aufgelöst.
Obwohl sich im 16. und 17. Jahrhundert diese Familienstruktur
nicht wesentlich änderte, eher noch verhärtete, begann doch unter
dem Einfluß der Entstehung staatlicher Formationen und der
kirchlichen Reformen – die sich erstmals dem häuslichen Leben
zuwandten – zugleich eine Moralisierung der Familie. Dabei
bildete sich sowohl ein Familienbewußtsein wie ein neues Rollenverständnis der Mitglieder des Haushaltes heraus. Während der
bäuerliche und adelige Haushalt noch lange dem alten Selbstverständnis verhaftet blieb, berührte die Änderung am stärksten die
bürgerlichen Familien. In dem Maße, wie mit Unterstützung von
Staat und Kirche durch Predigt oder Strafe die Hausvatergewalt
ausgeweitet und die Rechte der Frauen reduziert wurden, entstand

erstmals ein definierbares Rollenverständnis mit genauer Abgrenzung dessen, was Männer, Väter, Frauen, Kinder und Gesinde zu tun und zu lassen haben. Die steigende Zahl von Verhaltensbüchern nicht nur für den Adel belegt dies deutlich. Die Hausökonomie gab nicht nur Anweisungen für die Ordnung des Haushaltens, sondern auch für die Tugend der Mitglieder des Hauses. Grundsätzlich neue Impulse allerdings erfuhr das frühneuzeitliche Familienleben allein im englischen Puritanismus.[11]

Die Heirat sowohl im bäuerlichen, bürgerlichen wie adeligen Haushalt gründete noch keineswegs auf der freien Entscheidung zweier Menschen, auch wenn es gelegentlich Winkelheiraten gab, die ohne Zustimmung der Eltern vollzogen wurden, und sich erstmals im puritanischen England leise Proteste der Frauen zugunsten einer freien Gattenwahl ankündigten. Die Heirat war weitgehend ein Kontrakt zweier Familien und vollzog sich im Rahmen der vom Hausvater repräsentierten und sanktionierten Familienehre und -ordnung.[12] Heiraten konnte nicht jeder, Voraussetzung waren Haus und Besitz, je nach Erbgewohnheiten und Tradition wurde dies freilich sehr unterschiedlich geregelt. Der Kampf gegen die Winkelheirat, die heimliche Heirat, die den offiziellen Normen nicht entsprach, der vor allem nach der Reformation einsetzte, ist ein Indiz dafür, daß die Zeit der früheren Toleranz vorbei war, sei es um die Autorität des Hausherrn zu festigen, sei es um dem Pauperismus keinen Vorschub zu leisten.[13] Denn Heiratsverbote und die späte Heirat waren immer noch die wirksamsten Mittel, den Bevölkerungszuwachs zu stoppen und der Entstehung von Armut vorzubeugen.[14] Während in Adelskreisen aus Gründen der Besitzpolitik bereits Kinder einander versprochen wurden, richtete sich das Heiratsalter in bäuerlichen und bürgerlichen Kreisen weitgehend nach der freiwerdenden Erwerbsquelle. In der Regel wurde spät geheiratet, d. h. nicht vor dem 28. bzw. 30. Lebensjahr. Die Zahl der Kinder war hier dementsprechend geringer als beim Adel. Der ›öffentlich‹ unterstützten, vom Hausvater eingeleiteten Heirat ging in der Regel ein Eheversprechen, eine Verlobung voraus, wobei die Besitzverhältnisse geregelt wurden und die Partner sich kennenlernten. Vorehelicher Verkehr war ursprünglich nicht verboten, sondern wurde es erst mit Durchsetzung der neuen Moral, die die Ehe zum alleinigen Ort legaler Sexualität erklärte. Dennoch war die Zahl der »antizipierten« Ehen groß, also auch der Ehen, die aufgrund einer Schwangerschaft geschlossen wurden. Die Hochzeit selbst war kein ›privater Akt‹, sondern ein Fest der Familie und des Dorfes, deren Interessen sich das Paar fügen mußte. Das Ritual war genau vorgeschrieben. Das öffentliche Zubettlegen des Paares und das Hochzeitsessen waren wesentliche Teile der Feier. Organisiert wurde die Hochzeit meist von Jugendlichen. Auch eine kirchliche Trauung gab es ursprünglich nicht; erst im Zuge der kirchlichen Reformen wurde die Eheschließung zu einem kirchlichen und damit öffentlichen Akt. Die Ehe galt als unauflöslich, nicht nur im Katholizismus, sondern auch im Protestantismus, wenn auch hier erstmals eine Lockerung stattfand.

Ehebruch und außerehelicher Verkehr, die vor der Reformation allenthalben üblich waren, wurden nun nicht nur strikt verboten, sondern auch streng bestraft. Die Ehegerichtsbarkeit, von der man rigoros Gebrauch machte, war ein wesentlicher Bestandteil der allgemeinen Sittenkontrolle, die Kirche und Staat ausübten. Die Eheleute sollten »einander lieben, Kinder zeugen und keusch leben« (Becon), war die neue Devise.[15] Obwohl die Ehepartner oft nur kurz zusammen lebten und mit viel Arbeit belastet waren, war das Eheleben höchst konfliktreich. Die Quellen berichten reichlich davon. Die Verhaltensvorschriften für Männer und Frauen waren vergebliche Versuche, durch Stärkung der Autorität des Ehemanns wie der Gehorsamshaltung der Frauen den häuslichen Frieden zu stiften. Gab es aber in der bäuerlichen und adeligen Welt, solange der Besitz die Familienehre ausmachte, keine andere Möglichkeit als diese Lösung durch starke Hierarchisierung – es sei denn, daß im Adel die Konflikte dadurch entschärft wurden, daß die Ehepartner bald nach der Heirat eigene Wege auch in der Liebe gingen –, so setzte in der bürgerlichen Welt ein langsamer Wandel ein. Die Männer wurden angehalten, mehr Rücksicht auf ihre Frauen zu nehmen, neben dem Wunsch der Hausväter, Besitzungen zusammenzuführen, wurden die Liebeswünsche der Kinder stärker berücksichtigt. Vor allem aber versuchten Frauen selbst Scheidungen durchzusetzen. In dem Maße, wie das Familienleben durch die neue Moral geprägt wurde, wurde die Heirat zwar rigoros unter die Familienehre gestellt, andererseits aber wurden auch die verwandtschaftlichen Beziehungen emotionalisiert. Erstmals sprach man von ehelicher Liebe, »wenn die Herzen nicht verbunden sind, noch Zuneigungen vereint, so ist es keine wahre Ehe, sondern ein Anschein von Ehe«.[16]

Über das Sexualleben und die Illegitimität im 16. und 17. Jahrhundert wissen wir wenig. Noch weit ins 16. Jahrhundert hinein kannte die Gesellschaft eine beträchtliche Toleranz gegenüber illegitimer Sexualität.[17] Dies entsprach den Lebensverhältnissen, alle Menschen lebten eng zusammen, man schlief und feierte gemeinsam, derbe Erotik prägte die Feste und Vergnügungen. Es gab zwar strenge Verhaltensregeln, so wurden Inzest und Ehebruch immer streng bestraft, aber ihre Verletzung wurde noch nicht diskriminiert, zur Sünde erklärt. Die außereheliche Sexualität war weit verbreitet. Wenn nun in der nachreformatorischen Zeit erstmals in steigendem Maße über Sittenlosigkeit in allen Ständen geklagt wird, so ist dies kein Indiz für einen plötzlichen Sittenverfall im 16. Jahrhundert, sondern nur dafür, daß sich die ›offizielle‹ Beurteilung des sittlichen Lebens gründlich geändert hatte, wobei die Klagen im Zusammenhang einer zunehmenden Organisation der Sittenkontrolle stehen. Was lange toleriert war, wurde nun sukzessive verboten. Doch geht die beginnende Unterdrückung der Sexualität nicht allein auf die Reformation zurück, sondern auch staatliche Instanzen hatten eigene, ausgeprägte Ordnungsvorstellungen.

Jedenfalls kennzeichnet das ganze 16. Jahrhundert, vor allem seine zweite Hälfte, ein unermüdlicher Kampf gegen Prostitution, Konkubinat, Ehebruch, dann auch gegen Vergewaltigung, Sodomie und Homosexualität. Gegen alle diese Formen illegaler Sexualität wurde allein die von der Kirche abgesegnete Ehe zum legitimen Ort der Sexualität erklärt, die auch hier ausschließlich der Kinderzeugung dienen durfte. Alle nicht verheirateten Leute, und deren Zahl war immer größer als die der verheirateten, sollten also asketisch leben. Ehebruch, Prostitution, Vergewaltigung gab es zwar immer noch, sie waren nun aber strafwürdig, und die Prostitution mußte heimlich betrieben werden. Zwar dauerte es lange, bis sich die neue Moral der Wohlanständigkeit durchsetzte, doch die Trennung von legaler und illegaler Sexualität setzte seit dem 16. Jahrhundert einen Maßstab. Freudenhäuser, Badstuben und verdächtige Trinkstuben wurden geschlossen, Ehebruch, Vergewaltigungen und insbesondere Sodomie streng bestraft, Prozeßakten sprechen eine deutliche Sprache. Gerade und besonders der Kampf gegen Hexen und Zauberer signalisiert diese Feindschaft gegen jede nichteheliche Sexualität. Ob sich das sittliche Verhalten der Menschen allerdings tatsächlich besserte, wissen wir nicht, bekannt ist aber immerhin, daß die Klagen der Moralisten seit der zweiten Hälfte des 17. Jahrhunderts nachlassen. Entweder war die Toleranzschwelle wieder größer geworden bzw. die Kontrolle hatte nachgelassen, oder aber die illegale Sexualität war tatsächlich unterdrückt. Alle Indizien weisen darauf hin, daß zwar zu Ende des 16. Jahrhunderts die Zahl illegitimer Kinder stieg, sie aber insgesamt erstaunlich niedrig war. Bewußte Kindstötung und Kindesaussetzung waren bekannt, aber nicht verbreitet.

»Die Kindheit war lediglich ein biologisch notwendiges Vorspiel für die soziologisch allein wichtige Erwachsenenwelt.«[18] Bis ins 16. Jahrhundert hinein und für die arbeitende Bevölkerung weit darüber hinaus wurden Kinder nach dem 7. bis 9. Lebensjahr unmittelbar in die Welt der Erwachsenen eingeführt. Kindheit als einen eindeutig abgehobenen Lebensabschnitt gab es nicht. Die Erwachsenen standen den Kindern weitgehend gleichgültig gegenüber. Ihr Tod wurde recht gelassen hingenommen. »Ich habe zwei oder drei Kinder im Säuglingsalter verloren«, schrieb Montaigne, »nicht ohne Bedauern, aber ohne Kummer.«[19] Die hohe Kindersterblichkeit und der häufig allzu frühe Tod der Mutter ließen emotionale Beziehungen kaum aufkommen. Die Kinder standen nicht im Mittelpunkt des Familienlebens. Zu Gehorsam und häuslicher Arbeit wurden sie von früh an und mit viel Prügel angehalten. Ein Unterschied gegenüber den Erwachsenen wurde selten gemacht. Kinder aßen und tranken mit ihnen, kleideten sich wie Erwachsene und kannten dieselben Vergnügungen. Während die Jungen in die Arbeitswelt des Vaters eingeführt wurden, unterstanden die Mädchen der besonderen Obhut der Mutter. So sehr der Erbe, vor allem wenn er das einzige Kind war, bevorzugt wurde, wurde ihm doch ebenso wenig wie anderen Kindern ein Sonderleben gestattet. Bei allen Festen, vor allem auf dem Dorf, trat die Jugend zwar mit eigenen Aktivitäten stark hervor, dennoch gab es keine Kinder- oder Jugendfeste. Straffällig gewordene Kinder wurden wie Erwachsene behandelt. Gewisse Änderungen traten erst im späten 16. und frühen 17. Jahrhundert ein, als mit der bewußten Erziehung von Kindern, sei es daheim, in der Schule oder in fremden Häusern neue Erfahrungen gemacht wurden. Eine pädagogische Hinwendung zum Kind blieb in der bäuerlichen Bevölkerung freilich noch lange aus, in bürgerlichen und adeligen Familien wurde die Erziehung dafür um so sorgfältiger betrieben. Es entsprach ihrem Status, sich durch Bildung und Anstand vom Volk abzusetzen. Zwar war die bewußte Zuwendung zum Kind noch gering – am deutlichsten wird dies in der Literatur und Malerei zum Ausdruck gebracht –, auch änderte sie zunächst nicht die Struktur des ganzen Hauses, dennoch war mit der Erziehung und Ausbildung des Kindes ein erster Ansatz zur Auflösung der Einheit von Haus und Familie gegeben. Denn während noch im 16. Jahrhundert trotz der herausragenden Rolle des Hausvaters sowohl der Umgang von Hausherr und Gesinde wie von Eltern und Kindern direkt war, die Welt der Kinder sich nicht grundlegend von der der Eltern und des Gesindes unterschied, begann vor allem in bürgerlichen Kreisen des 17. Jahrhunderts eine zunehmende Isolierung nicht nur der Herrschaft vom Gesinde, sondern auch der Kinder von der ganzen Erwachsenenwelt. Die Entdeckung der Kindheit, durch das Schulsystem beträchtlich verstärkt, brachte ohne Zweifel neue Qualitäten an Emotionalität, zugleich aber auch durch die Isolierung Realitätsverluste, zumal durch die Schule eine fremde Welt vermittelt wurde, die mit der Erfahrungswelt in den Familien wenig mehr zu tun hatte.

Nicht Liebe, Zuneigung und Fürsorge konstituierten die frühneuzeitliche Familie – wenn es sie auch durchaus gab –, sie war keine ›private‹ Institution, sondern eine ›öffentliche‹, in der hausherrliche Gewalt bzw. Gehorsam und Unterwerfung herrschten und die gemeinsame Arbeit, aber auch gemeinsame Geselligkeit den Lauf des Tages bestimmten. Zwar änderte sich an der strukturellen Einheit von Familie und Haushalt wenig, weder in der adeligen, kaufmännischen, handwerklichen oder bäuerlichen Welt, selbst nicht in den neu entstandenen Pfarrhaushalten, doch unterlag das Familienleben mit gewissen regionalen Unterschieden einem beträchtlichen ›moralischen‹ Wandel. Einmal ist allenthalben vom 16. zum 17. Jahrhundert entsprechend den sich durchsetzenden monarchisch-absolutistischen Ordnungsmustern eine Stärkung der hausväterlichen Gewalt festzustellen. Zum anderen kommt es zur ersten Rollendefinition von Frauen, Kindern und Gesinde, die mit der allgemeinen ständischen Differenzierung der Gesellschaft korrespondierte. Weiterhin erfolgte mit der Strukturierung und Hierarchisierung des Haushaltes eine verstärkte bzw. erstmalige Kontrolle des moralischen Lebens der Haushaltsmitglieder. Eigenständige Geselligkeitsformen von Frauen und Jugendlichen, wie sie im Spätmittelalter weit verbreitet waren, verloren an Gewicht. Schließlich gewann mit der Zunahme des Patriarchalismus nicht nur die Verantwortung des Hausherrn für das sittlich-moralische Leben seiner Untergebenen Gewicht, sondern auch die christliche Ehe wurde zum Ideal erklärt, wobei sich allerdings bedeutsame Unterschiede zwischen katholischen und protestantischen Haushalten herausbildeten. Während im Protestantismus zunehmend die Familie als ein kleines Modell christlicher Gemeinde zur zentralen christlichen Erziehungsinstitution wurde, hier also rascher ein Bruch mit der traditionellen Sozialität erfolgte, blieb das katholische Familienleben stärker eingebunden in nichtfamiliare kirchliche oder weltliche Lebensformen. Katholische Religiosität gründete nicht primär in der ›privaten‹ Andacht und Moral.

Die Änderungen im Familienleben sind sicherlich nicht allein aus dem Zugriff des neuen Staates, der sich erstmals für das Alltagsleben seiner Untertanen zu interessieren begann, und der neuen Kirche zu erklären, die nicht mehr allein einen Glauben verkündeten, sondern moralische Besserung durch disziplinierende Kontrollen durchzusetzen suchten. Ein nicht minder bedeutsamer Faktor war die zunehmende Verflechtung und Differenzierung der ständischen Gesellschaft, die erstmals in der Ordnung der Haushaltsfamilien den Garanten für Sicherung der politischen Ordnung, für die Versorgung von Kindern und Gesinde und für die Stabilität der Familienehre sah.

II. LEBENSFORMEN, GESELLIGKEIT, LUXUS

Gleiche Lebensansprüche waren unbekannt in einer Gesellschaft wie der der frühen Neuzeit, wo einzelne Gruppen und Stände unterschiedliche Lebensformen hatten und sich so auch unterschiedliche Lebensstile und Verhaltensmuster ausbildeten. Ständeübergreifende Normen gab es nicht. Nicht einmal das nachreformatorische Christentum artikulierte allgemeingültige Maßstäbe der äußeren Lebensführung. So etwa galt Armut zwar theoretisch als Tugend, praktisch machte sie aber schandhaft, während Reichtum sogar als Zeichen für Gottes Gnade galt, obgleich er theoretisch als Hindernis zur Erlangung des Heils beurteilt wurde. Die ausschließliche Orientierung der Forschung auf rechtlich-politische bzw. ökonomisch-soziale Probleme der Gesellschaft hat lange verdeckt, daß diese rechtliche und ökonomische Situierung erst im Zusammenhang einer Rekonstruktion der Erfahrungswelt und Bewußtseinsstruktur frühneuzeitlicher Gruppen und Klassen adäquat aufgeschlüsselt werden kann. Zur Einschätzung des Lebensstandards, der Lebenschancen oder auch der Qualität des Lebens von Bauern, Bürgern und Adel reicht es nicht aus, nach Vermögen, Lohn oder Rechtsverhältnissen zu fragen, wenn nicht auch deren Wert und Bedeutung für das soziale Leben analysiert werden. Denn die Wahrnehmung sozialer Interessen, wie z. B. im Kampf um die Tradition gegen herrschaftliche Übergriffe in den bäuerlich-städtischen Bewegungen der frühen Neuzeit, war oft zugleich ein Kampf um die Sicherung der Lebenschancen.[1] Zu diesen gehörten nicht nur ein erträgliches Abgabensystem, Erhaltung alter Rechte, sondern auch die Gewißheit, ausreichend essen, sich kleiden und wohnen wie auch ungehindert den eigenen Bedürfnissen nachgehen zu können. Diese standen in der frühneuzeitlichen Gesellschaft der harten Arbeitswelt gleichgewichtig gegenüber. So wurden Beschränkungen der elementaren Bedürfnisse nach Essen, Kleidung und Wohnung ebenso als Bedrohung empfunden wie der in der frühen Neuzeit beginnende obrigkeitliche Kampf gegen Feste, Spiele und Vergnügungen des Volkes. Vermögen und Lohn, rechtliche und politische Stellung jedenfalls bedeuteten in der frühneuzeitlichen Gesellschaft nur soviel, wie sie dem einzelnen und den Gruppen – außer der unmittelbaren Lebenssicherung – für den sozialen Status einbrachten. Denn das Fehlen von Nahrung und einem eigenen Dach bedeutete allzuoft nicht nur eine biologische, sondern auch eine soziale Lebensbedrohung. Zur Signatur jener Zeit, ja der feudalen Welt überhaupt, gehörte, daß einer nur nach dem galt, was er durch seinen Lebensstil äußerlich repräsentierte. So sehr Knappheit das Alltagsleben von Bauern und Bürgern bestimmte, schloß sie doch gelegentliche luxuriöse Selbstdarstellung nicht aus.

Essen – Trinken

Zu kaum einer Zeit lebten die Menschen so üppig und verschwenderisch, aßen und tranken so viel, feierten und vergnügten sich so intensiv wie im 16. Jahrhundert.[2] Dennoch war es keine Selbstverständlichkeit, ausreichend essen und trinken zu können. Trotz der Ausweitung der Anbauflächen für Getreide, der Steigerung der Ernteerträge, des Ausbaus von Obst- und Gemüsegärten und der Anhebung der Fleisch- und Fischproduktion reichte vor allem seit dem letzten Drittel des 16. Jahrhunderts die Nahrungsgrundlage für die konstant steigende Bevölkerung nicht mehr aus. Die Zahl derjenigen, die sich nur knapp ernähren konnten oder bei einer Mißernte hungern mußten, war groß und stieg bis in den Dreißigjährigen Krieg hinein weiter an. Folge des Hungers war zumeist nicht der unmittelbare Tod, aber eine allgemeine Schwächung und zunehmende Anfälligkeit für Krankheiten, was dann durchaus zu einem frühen Tod führen konnte. Die geringe Lebenserwartung in der frühen Neuzeit stand also in unmittelbarem Zusammenhang mit der unzureichenden und schlechten Ernährung.[3] Insofern muß die allenthalben bezeugte Völlerei, Freß- und Trunksucht des 16. und 17. Jahrhunderts differenziert betrachtet werden.

Das alltägliche Essen war auf keinen Fall üppig, im Gegenteil, bei der breiten Unterschicht recht dürftig. Häufig genug mußten Arme von den Stadtmagistraten oder Kirchen verköstigt werden. Die Mahlzeiten bestanden zumeist aus Suppen oder breiartigen Gerichten, hinzu kamen Brot, Käse und Eier, doch waren die Eßgewohnheiten regional recht unterschiedlich. Wasser diente selten als Getränk, wichtiger war der Wein in den Südländern und das Bier in Mittel- und Nordeuropa, sowohl als Genuß- wie vor allem auch als Nahrungsmittel. Gerade das 16. Jahrhundert brachte einen großen Aufschwung des Brauereiwesens, das weitgehend in herrschaftlichen Händen lag. Fleisch, Fisch, Weißbrot, Gewürze, Salz und Gemüse waren zwar überall bekannt, aber ihr Verzehr galt schon als Luxus und war den Festlichkeiten vorbehalten.[4] Ganz anders in der Oberschicht: Adel, Patriziat und reichen

Bauern galt das reichliche Essen als Zeichen ihrer sozialen Stellung, die es zu demonstrieren galt. Weltliche wie kirchliche Feiertage, vor allem Taufen, Hochzeiten und Begräbnisse wie auch die großen Zunft- und Ratsveranstaltungen wurden mit üppigen Festessen begangen. Sie waren ein wesentlicher Teil der Geselligkeit. So etwa richteten drei Doctores der Universität Köln 1591 für zahlreiche Gäste eine Feier aus, bei der 1 Ochse, 3 Hirsche, 106 Feldhühner, 106 Hennen, 106 Kapaunen, 16 junge Hühner, 2 Schwäne, 2 Pfaue, 62 Pfund Salm, 55 Pfund Karpfen, 42 Pfund Stör, 50 Pfund Hecht, dazu ausreichend Backwerk, Brot und Gewürze gereicht wurden. Derartige Gelage dauerten oft Stunden und endeten nicht selten zur Ehre des Gastgebers mit völliger Trunkenheit der Gäste.[5] Daß diese Essen allzuoft die Vermögensverhältnisse überschritten und manchen ruinierten, belegen zahlreiche Quellen. Allerdings ließ die Üppigkeit außerhalb der Adelswelt seit Ende des 16. Jahrhunderts merklich nach.

Die Maßlosigkeit im Essen und Trinken versteht sich nur aus der sozialen Funktion, die Essen und Trinken im 16. Jahrhundert hatten. Sie waren nicht nur lebenserhaltende Notwendigkeit, sondern Grundbestand der vormodernen Geselligkeit in Dorf, Stadt und am Hof. Trunkenheit und ›Maßlosigkeit‹ galten dabei nicht als Schande, im Gegenteil, während die Gastgeber durch die Essensmenge ihren Status und ihre Ehre repräsentierten, fühlten sich die Gäste verpflichtet, sich wie bei einem Wettkampf als stärkster Esser und Trinker hervorzutun, wobei das Trinken zumeist einem strengen Ritual folgte. Daß das Wettrinken bis zur Bewußtlosigkeit zu den normalen Lebensäußerungen der vorindustriellen Welt überhaupt gehörte, zeigt die Flut der Flugschriften, Karikaturen, Predigten und Bücher, die zur Mäßigung aufriefen.[6]

Dem reichlichen Essen und Trinken entsprachen die derben und lauten Tischsitten selbst an der festlichen Tafel. Die im 16. Jahrhundert zahlreich erscheinenden Manierbücher, zumeist aus Italien und an die aristokratische Gesellschaft gerichtet, hatten erst eine späte Wirkung.[7] Als Besteck waren nur Messer und Löffel bekannt, die in unteren Kreisen oft mitgebracht wurden oder wie auch Becher und Krüge reihum gingen. Die Gabel war weitgehend unbekannt, sie tauchte erst Ende des 16. Jahrhunderts als Kuriosität auf. Man aß mit den Fingern. Servietten waren zwar bekannt, wurden aber erst spät benützt, zwischen den Gängen wusch man sich die Hände mit Wasser – und auch das nicht immer. Die Tischmanieren der Oberschicht änderten sich allerdings im Zuge der Verhöflichung der Gesellschaft und ihrer Abhebung vom Volk, während die unteren Schichten kaum etwas von den neuen

Verhaltensformen übernahmen, da ihre Notwendigkeit nicht eingesehen wurde und sie auch den sozialen Verhältnissen nicht entsprachen. Die ›groben‹ Sitten werden so zunehmend kennzeichnend für das gemeine Volk.

Essen und Trinken waren ein zentraler Teil des gesellschaftlichen Lebens, selten tafelte einer allein. Das Mahl konnte zu Hause stattfinden wie zumeist beim Adel, dessen neue repräsentative Schloßräume der gestiegenen Geselligkeit dienten. Eine große Zahl von Dienern stand hier immer zur Verfügung. In bürgerlichen Kreisen trank und aß man oft in den ständischen Trinkstuben, die es in jeder größeren Stadt in großer Anzahl gab.[8] Im Unterschied zum häuslichen Essen war jeder Stand, sei es eine Handwerkerzunft oder eine patrizische Gesellschaft, dort unter sich. Während die Frauen am adligen Festessen zumeist teilnahmen, fanden sie in den Trinkstuben nur selten Zutritt. Schließlich gab es noch die öffentlichen Schenken und Gasthäuser, deren Zahl sowohl auf dem Land wie in der Stadt in diesem eßfreudigen Zeitalter beträchtlich zunahm.[9] Hier kehrte man allerdings nicht nur zu feierlichen Anlässen wie Taufe, Hochzeit oder Begräbnis ein, sondern hier saß die Stadt- und Dorfbevölkerung allfeierabendlich beim Trunk. Noch lange im 16. Jahrhundert saßen auch Adlige unter ihnen. Erst im 17. Jahrhundert wurden Gasthäuser ausschließlich Stätten des Volkes bzw. der Männer, nachdem sie – wie viele Bilder zeigen – früher durchaus auch von Frauen besucht worden waren. Obwohl die Kirchen den häufigen Gasthausbesuch verurteilten und obrigkeitliche Verordnungen ergingen, um die Zahl der Schenken einzuschränken, jeden Betrug zu verhindern, die Preise genau vorzuschreiben, die Öffnungszeiten zu regeln bzw. den Ausschank auf bestimmte Getränke zu begrenzen, nutzte diese Reglementierung wenig, da das Wirtshaus den Bedürfnissen der Leute entsprechen mußte, wollte der Wirt seine wichtige Rolle nicht verlieren.

Die in ganz Europa verbreitete Eß- und Trinkkultur des 16. Jahrhunderts blieb aufgrund ihrer Maßlosigkeit nicht unkritisiert und wurde von kirchlicher wie staatlicher Seite bekämpft. Verurteilten die Kirchen den Freß- und Saufteufel der Zeit, weil er wegführe von Glauben und christlichem Verhalten, so bekämpften ihn die staatlichen Instanzen mehr aus ökonomisch-pragmatischen Gesichtspunkten. Der Aufwand ruiniere die Familien, und die Trunkenheit führe zu Rauferei und Aufruhr. Die Maßhaltedekrete waren vorwiegend an die Unterschichten gerichtet und sollten gleichzeitig den Unterschied zu den höheren Ständen wahren helfen. Aber der seit der Reformation verstärkte Kampf um Mäßigkeit blieb lange relativ wirkungslos. Wenn sich dennoch die

Eß- und Trinkkultur vom 16. zum 17. Jahrhundert entscheidend änderte, dann lag dies einerseits daran, daß die Ende des 16. Jahrhunderts verstärkt einsetzende Pauperisierung der Unterschichten üppige Gelage immer weniger zuließ, andererseits die Zivilisierung der Oberschicht dahin wirksam wurde, daß nicht mehr die Menge des Essens als ehrenvoll galt, sondern der perfekte Umgang mit dem neuen Tischritual. Sich maßvoll und schicklich zu verhalten, begründete nun zusehends Ansehen und Karriere. Wie mühselig dieser Prozeß war, zeigt der Befehl an junge Offiziere, die 1624 beim Erzherzog von Österreich zu Tisch geladen waren, u. a. in ordentlicher Kleidung und nicht halb betrunken zu erscheinen, sich weder die Finger abzulecken noch in die Teller zu spucken, sich auch nicht in die Tischdecken zu schneuzen und gar zu gierig zu trinken.[10]

Wohnen – Kleiden

Das Wohnen gehörte ebenso wie Essen und Trinken zu den elementaren Bedürfnissen.[11] Vor allem wo mit strengen Wintern zu rechnen war, bedurfte es fester geschützter Häuser. Bis in die Neuzeit bedeutete in Europa ohne Haus zu leben, nicht nur gefährdet zu sein, sondern vor allem als rechtlos aus der ständischen Gesellschaft ausgeschlossen zu sein. Das europäische Haus war allerdings nicht nur einfach eine Wohnstätte, in der auch gearbeitet wurde, sondern mit dem Begriff Haus war der von Frieden und Herrschaft verbunden. Über die äußere Gestaltung der repräsentativen Häuser in der frühen Neuzeit, über ihre Architektur, den Wandel von der Gotik zur Renaissance und dann zum Barock sind wir dank der Kunstgeschichte gut unterrichtet. Aber über die Häuser des einfachen Volkes wissen wir wenig, zumal sie weitgehend untergegangen sind. Noch weniger Vorstellung haben wir von dem Wohnen in diesen Häusern und ihrer Bedeutung im Leben der Menschen. Beträchtlich war bereits im 16. Jahrhundert der Unterschied zwischen den Hütten der Bauern und den Palästen der Herren. So anziehend aber die Bauernhäuser etwa auf den niederländischen Bildern erscheinen und so prunkvoll die Renaissanceschlösser wirken, eine unseren Vorstellungen entsprechende Wohnkultur gab es weder hier noch dort, am ehesten in den Wohnhäusern der Bürger, wie wir sie aus Holland oder England kennen.

Die Häuser der ländlichen Bevölkerung, aber auch der städtischen Unterschichten waren bis weit in die frühe Neuzeit hinein nur für die elementaren Bedürfnisse eingerichtet. Sie sollten Mensch und Tier Schutz vor Regen, Kälte und bösen Geistern geben. Im Osten und Süden Europas glichen sie oft Erdhöhlen. In Nordeuropa waren sie zumeist aus Holz, der Steinbau setzte sich erst zu Ende des 16. Jahrhunderts vor allem bei vermögenderen Leuten durch, während er im Süden Europas seit je vorherrschte. Zwar gab es oft mehrere Räume, die aber selten streng nach Funktionen getrennt waren. Einen von Arbeit, Essen und Schlafen abgehobenen Bereich des ›Wohnens‹ gab es sowenig wie eine strikte Trennung von Mensch und Tier. Außer der Herdstätte (Küche – Stube) gab es oft nur eine Schlafkammer, noch häufiger bestand das Haus überhaupt nur aus einem Raum. An Möbeln gab es ein paar Hocker, eine Bank und einen Tisch, geschlafen wurde auf Strohsäcken, das Gesinde und die Kinder waren unter dem Dach untergebracht. Der Boden war häufig nur festgetretenes Erdreich, der Unrat wurde entweder auf den Boden geworfen oder aus den Fenstern wie in den Städten. Den Mittelpunkt des Hauses bildete der Herd – nur in wenigen Fällen, vor allem in West- und Mitteleuropa, gab es noch offene Herdstätten –, die Stube oder Küche, hier wurde nicht nur gegessen, sondern auch die Hausarbeit verrichtet und der gesellige Abend verbracht, soweit man nicht sowohl in Dörfern wie in Städten überhaupt draußen saß. Bei allen regionalen Unterschieden kann man davon ausgehen, daß alle kleinen Bauernhäuser sehr bescheiden und nur mit dem Allernotwendigsten eingerichtet waren.[12] Während sich dies bei den Unterschichten bis ins 18. Jahrhundert kaum änderte, wandelte sich dank der beträchtlichen Vermögensvermehrung der größeren Bauern im 16. und 17. Jahrhundert deren Wohnkultur in der Weise, daß sie auch im Norden – nicht zuletzt wegen der Brandgefahr – ihre Häuser aus Stein erbauten, ihre Fassaden repräsentativen Anforderungen anpaßten, vor allem mehrere Zimmer ausbauten und diese reicher mit Truhen und Schränken ausstatteten. Mittelpunkt blieb die Herdstätte bzw. die Stube mit dem Kachelofen, der nun ein bedeutsames Repräsentationsobjekt wurde. Tiere und Menschen blieben zwar oft noch unter einem Dach, aber der eigentliche Wohnbereich der Familie sonderte sich stärker von dem der Tiere, während eine Trennung von Familie und Gesinde, von Arbeitsraum und Wohnraum noch nicht stattfand. Auch das Mobiliar und Geschirr wurde reichhaltiger, doch überflüssigen Luxus konnten sich nur die reichen Bauern leisten. Wo mit dem Haus keine repräsentativen Funktionen verbunden waren, herrschte arbeitsorientierte Nützlichkeit vor.

Völlig anders, aber nicht unbedingt bequemer und behaglicher wohnte man in den Häusern und Schlössern der Oberschicht. Auch ihr Wohnen unterlag seit dem 16. Jahrhundert einem starken Wandel.[13] Aufgrund des sozialen Funktionswandels des Adels und seiner neuen Herrschaftspraxis im frühmodernen Staat löste sich das Wohnen des Adels von alten Herrschaftsfunktionen und wurde zusehends Mittel eines neuen Repräsentationsbedürfnisses auf der Basis repräsentativer Kultur. Waren die Wohnstätten des Adels bis ins 16. Jahrhundert hinein burgartig und wehrhaft, Schloß, Schutzburg und Wirtschaftshof zugleich, und standen in Notfällen auch den Untertanen offen, so wurden nun in ganz Europa immer mehr Schlösser gebaut, die weit über ihre bloße Funktion als Mittelpunkt einer Grundherrschaft hinausgingen. Die zahlreichen prunkvollen, oft von einem Baumeister einheitlich konzipierten Schlösser zeigen dies deutlich. Nichts macht die beginnende Trennung der Herrschaft von den Untertanen und der landwirtschaftlichen Tätigkeit vom adligen Leben deutlicher als der Schloßbau, der inmitten eines künstlich angelegten Parkes immer ausschließlicher der Selbstdarstellung des Adels diente. Dies schloß allerdings nicht aus, daß das Schloß, das herrschaftliche Haus oder die Villa vor allem des Landadels sich geradezu zum sichtbaren Mittelpunkt einer grundherrschaftlichen Familie ausbildete, dem wie in einem Mikrokosmos alles zugeordnet wurde.[14] Gegen alle Naturwüchsigkeit propagierte die neue Architektur einen rational geordneten Wohnstil. Die Trennung des Herrschaftssitzes von der Gerichtsstätte und dem ökonomischen Betrieb, die sich vor allem beim hohen Adel durchsetzte, brachte eine neue Qualität des Wohnens hervor. Die Schlösser und Herrensitze waren aus Stein gebaut und hatten oft mehrere Stockwerke. Es gab viele und große Zimmer, viele Fenster, sogar mit Glas, einen repräsentativen Eingang und eine prunkvolle Treppe. Das Mobiliar war entschieden reicher als bei Bauern und Bürgern, ohne daß die Zimmer im 16. Jahrhundert allerdings schon überfüllt gewesen wären. Schränke, Truhen, Tische und Stühle schmückten den Raum, eine unmittelbar praktische Funktion war mit ihnen nicht verbunden. Besonderer Stolz des Hauses waren Luxusgegenstände wie Bilder, Uhren und Silbergeschirr. Die Böden waren entweder aus Holz oder Stein, die Decken bemalt und die Wände getäfelt. Die neue Einheit von Wohnen und Repräsentation war nicht mehr an Nützlichkeit orientiert, sondern an der kulturellen Selbstdarstellung der Hausehre. Eine Funktionszuteilung der Räume, um privates Wohnen, Arbeiten bzw. Repräsentation zu trennen, gab es hier ebensowenig wie im bäuerlichen oder bürgerlichen Haus, aber die Gesellschaftsräume waren streng geschieden von der Küche und von den Gesinderäumen. Zentrum des Hauses waren die Festsäle, die neue Bibliothek und die Schlafzimmer, in denen man in Himmelbetten schlief. Diese Räume waren aber nicht minder öffentlich wie die anderen Räume; einen privaten Bereich gab es nicht. Talg oder Kerzen spendeten abends Licht, reichlich verzierte Kamine und Öfen heizten die Räume im Winter, und große Fenster ermöglichten konstante Entlüftung. Behaglichkeit und Komfort waren damit aber noch nicht gegeben.

Einen wesentlichen Unterschied im Wohnen des Adels und der Unterschichten, wie es sich seit dem 16. Jahrhundert ausbildete, machte einmal das Verhältnis der Bewohner zueinander aus. Während die Bauern dicht beisammen wohnten und nur geringe Unterschiede machten zwischen Männern und Frauen, Kindern und Alten, Hausherrn und Knechten, selbst zwischen Menschen und Tieren, dokumentierte das Wohnen in den neuen Schlössern zunehmend auch eine räumliche Distanzierung nicht nur von den Untertanen, sondern auch zwischen Männern und Frauen, Herren und Dienern. Zum anderen entsprach das Wohnen der Bauern und auch der städtischen Unterschichten der Befriedigung unmittelbarer Bedürfnisse; Arbeit, Wohnen, Schlafen und Essen waren kaum getrennt, während im Schloß alles der Repräsentation sowohl gegenüber den Standesherren wie den Untertanen untergeordnet war. Moderne Wohnqualität allerdings findet sich weder im adligen noch im bäuerlichen Haus.

Wenn sich auch das Wohnen der städtischen Unterschichten wenig von dem der ländlichen Bevölkerung, die Wohnkultur des Patriziats wenig von der des Adels unterschied, so war doch das Wohnen in den Städten etwas anderes, da Handwerker und Kaufleute wie auch die Lohnarbeiter in den Städten einen eigenen Stil entwickelt hatten.[15] Prägend war hier, daß das Haus bzw. die Wohnung sozial einbezogen war in ein reges städtisches Leben, zur Straße und zu den Gärten hin offen war. Das starke Wachstum der Städte zwang sowohl zum Bau mehrstöckiger Häuser wie zu einem engen Zusammenleben, das die Landbevölkerung nicht kannte. Hygienische Probleme kamen damit ebenso auf wie soziale Konflikte. »Grobe Zwietracht nimmt täglich zu und steigt, weil die Häuser mit ganz verschieden gearteten Familien geplagt und Zuflucht aller möglichen Bewohner sind, wodurch große Häuser in mehrere Wohnungen unterteilt wurden«, heißt es in einer Londoner Parlamentsakte von 1593.[16] Vorbildlich dagegen war die holländische Wohnkultur. Das typische Bürgerhaus war aufgrund des raren und teuren Baugrundes sehr schmal. An der Straße lag das Vorhaus, während die eigentlichen Wohn- und Wirtschaftsräume im hintern Teil des Hauses waren, dem sich ein als Blumen- oder Obstgarten dienender Hof anschloß. Das Vorhaus diente als Werkstatt, Geschäft oder Kontor oder als ›Staatszimmer‹, d.h. als ein repräsentativer Raum mit wertvollen Möbeln, Spiegeln und Teppichen, der aber kaum benutzt wurde. Das Zentrum des hinteren Hauses bildete eine reich ausgestattete

Küche mit großem Kamin und kostbarem Küchen- und Tafelgeschirr. Es gab hier sogar fließendes Wasser. Die anderen Räume im Hinterhaus waren schlicht möbliert. Während man noch lange im 16. Jahrhundert in einer Nische der Wohnstube schlief, wurden im 17. Jahrhundert zusehends separate Schlafzimmer eingerichtet. Das gesellige Leben der Familie spielte sich im langen Raum zwischen Vorder- und Hinterhaus ab. Den ersten Stock erreichte man über enge Wendeltreppen, entweder von innen oder außen. Galten die unteren Räume weitgehend der Repräsentation, dienten die oberen Kammern mehr dem Privatgebrauch. Fenster gab es wenige. Die Böden waren mit Steinplatten oder Holz belegt oder bestanden aus Holzbohlen. Die Wände waren mit Holz getäfelt oder weiß gehalten. Die Einrichtung bestand aus wenigen, aber kunstvollen Möbeln; Eichentische, Stühle und einen geschnitzten Schrank gab es in allen Häusern. Aufwand trieb man keinen, achtete aber auf die Qualität von Möbeln, Stoffen und Geschirr. Was die holländischen Häuser vor allem auszeichnet, war nicht nur ihre Wohnlichkeit, die Verbindung von Nützlichkeit und Kunst, sondern ihre Sauberkeit. Im Unterschied etwa zu Venedig, Paris oder London galten die holländischen Städte insgesamt als sauber. »Wie ihre Räume und Einrichtungen vor Sauberkeit strahlen«, schrieb ein Franzose im 17. Jahrhundert, »das geht über alles hinaus, was man sich vorstellen kann, sie waschen und polieren ohne Unterlaß alles, was es an Holzmöbeln gibt bis hin zu den Bänken und unbedeutenden Brettern und selbst die Stufen der Treppen, die die meisten nur barfuß betreten. Wenn man einen Fremden eintreten läßt, reicht man ihm oft Hausschuhe aus Stroh, in die er mit seinen Schuhen hineinschlüpfen kann, wenigstens hat man Strohmatten und Lappen, auf denen man mit größter Sorgfalt die Füße abzutreten hat.«[17]

Zumindest im bürgerlichen Haus wurde erstmals das Wohnen als eine neue Qualität des Lebens erkannt. Das darf aber nicht darüber hinwegtäuschen, daß die meisten Menschen nicht nur in bescheidenen, sondern in ärmlichen Behausungen lebten.

Den weitaus größten Aufwand betrieb die Gesellschaft des 16. und auch noch 17. Jahrhunderts für die Kleidung. Sie konnte weit mehr als Gastereien und Wohnen der individuellen Selbstentfaltung und für Adel und Bürgertum als Symbol kultureller Vorherrschaft und Distinktion dienen.[18] Es wurden keine Extravaganzen gescheut, die Stoffe waren farbenprächtig und üppig, die Schnitte individuell, ausgefallen und körperbetont und unterlagen erstmals rasch wechselnden Moden. Bequemlichkeit war nicht gefragt, es ging ausschließlich um die öffentliche Wirkung, wobei die höheren Stände sich von den unteren unterscheiden und ihre soziale Position dokumentieren wollten, während die unteren Stände, soweit sie sich den Luxus leisteten oder leisten konnten, ihre Zugehörigkeit zur Gesellschaft zu dokumentieren bzw. sogar ständische Schranken zu durchbrechen trachteten. Die Kleidung war nicht einmal innerhalb einer Klasse einheitlich, sie differierte je nach Stand, Geschlecht und Region, wie auch zu unterschiedlichen Anlässen wie Feiertagen und Trauer verschiedene Kleidung getragen wurde. Die Einführung neuer Gewebe, schmiegsamer wollener Tuche, fein bedruckter Baumwolle, Seide dank intensiverer Handelstätigkeit, die verbesserten Herstellungstechniken sowie das Aufkommen großer Textilbetriebe bzw. die Ausweitung hausindustrieller Produktion begünstigten die Mode, wie natürlich auch umgekehrt der steigende Kleiderluxus nicht unbeträchtlich zur Förderung der Tuchindustrie beitrug. »Alles Dichten und Trachten sonderlich bei Weibspersonen, auch junger Bursch«, klagt die Leipziger Kleiderordnung von 1640, sei »dahin gerichtet, daß fast monatlich eine neue schändliche Kleiderhoffart erdacht worden, daß sich auch Weibspersonen finden, welche gleichsam eine Hanthierung daraus machen, neue Arten und Modellen von Kleidern und Schuhen auszusinnen, solche unter die Leute zu bringen...«[19]

Die Menschen der frühneuzeitlichen Gesellschaft kleideten sich allerdings nicht alle gleich üppig. Auch im Kleiden unterschieden sich die breite arme Landbevölkerung und die städtischen Unterschichten von den Mitgliedern des Adels, Bürgertums und von den wohlhabenden Bauern. Große Teile der Bevölkerung – auch ohne Berücksichtigung der Bettler – waren nur mit dem Notwendigsten bekleidet, besaßen nicht einmal Schuhe und erzeugten ihre schmucklose Kleidung selbst. Allgemein trugen Männer Schuhe und Strümpfe, Hose und einen Wams, darüber oft einen Rock oder einen Mantel. Wichtig waren Kopfbedeckungen und nicht selten als Symbol männlicher Autorität ein Schwert, das in der Oberschicht bald durch einen Degen ersetzt wurde. Die Frauen trugen Schuhe, Unterwäsche und Röcke, die bei Adeligen lang sein mußten, dann ein Mieder, Kopftuch oder eine Haube (Hut). Der Schleier war den adeligen Damen vorbehalten. Während im 16. Jahrhundert allgemein die Kleidung der Männer üppiger war als die der Frauen, trat im 17. Jahrhundert die Damenmode entschieden in den Vordergrund. Trotz der puritanischen Tendenzen der Reformation kannten die Menschen keine Scheu, ihren Körper zu zeigen und mit allem Prunk herauszuputzen.

Die Moden bestimmte weitgehend der Adel bzw. die entstehende höfische Gesellschaft. Nach der Reformation herrschte im

16. Jahrhundert an den Höfen vor allem Südeuropas die spanische Kleidung vor, doch im Zuge des politischen Aufstiegs Hollands und vor allem Frankreichs gaben diese Länder in West- und Nordeuropa den Ton an, ein Zeichen, wie stark die Mode so gut wie die Sprache mit der politischen und ökonomischen Hegemonie verbunden war. Die kulturelle Vorherrschaft Frankreichs, die bereits Ende des 16. Jahrhunderts sich durchsetzte, war die einer Adelskultur.

Dem Zwang zum Luxus in der Kleidung unterlagen alle, die sich zu einer adeligen, bürgerlichen oder auch bäuerlichen Oberschicht rechnen wollten; die Konfession machte dabei keinen Unterschied. Allein in den bürgerlich-puritanischen Kreisen Hollands und Englands setzte sich eine bewußt bescheidenere Kleidung durch, die Ziemlichkeit und Wohlanständigkeit betonte. Doch auch hier sollte die Kleidung soziale Unterschiede akzentuieren: vom Pöbel hob sie sich durch Sauberkeit, vom Adel durch Schlichtheit ab.

Die Unterschiede in der Kleidung je nach der Selbsteinschätzung der Stände waren keineswegs identisch mit der offiziellen staatlich und kirchlich sanktionierten Kleiderordnung, für deren Übertretung man ohne weiteres eine Strafe in Kauf nahm. Ebenfalls außerhalb der ständischen Kleiderordnung kam im 16. Jahrhundert zunehmend Kleidung auf, die man nur zu bestimmten Anlässen oder Tätigkeiten trug wie etwa die in England aufkommende Reitkleidung oder schwarze Trauerkleidung, die bei Beerdigungen geradezu vorgeschrieben wurde. Auch die Soldaten wurden zunehmend einheitlich gekleidet. Während die Söldner jeder Uniformierung feind waren, setzte sich diese für die stehenden Heere durch. Eine erste Uniformierung der Soldaten nahmen bezeichnenderweise jene Herrscher vor, die ihre Macht einem Heer verdankten, wie Gustav Adolf und Cromwell.

Das Ausufern des Kleiderluxus und der Prunksucht, die selbst die unteren Stände erfaßte, wirkte trotz der Darstellung ständischen Selbstbewußtseins doch zusehends ständenivellierend. Zahlreiche Kleider- und Luxusordnungen versuchten dieser Entwicklung zu steuern. Soziale, moralische und ökonomische Bedenken wurden gegen die Luxusentfaltung vorgebracht, ohne daß allerdings die in ihr zum Ausdruck kommende ständische Ordnungsvorstellung angegriffen wurde. Der Kleiderluxus verwische die ständischen Unterschiede, fördere Eitelkeit und Hoffart und untergrabe die christliche Moral, die Demut, Bescheidenheit und Schlichtheit verlangt. Er ruiniere die Familien und fördere den Außenhandel auf Kosten der einheimischen Industrie. Die »Köstlichkeit der Kleidung unter der Ritterschaft, Adel, Bürger und Bauermann (habe) dermassen und also überhand genommen«, klagt bereits die

Reichspolizeiordnung von 1548, »daß dadurch nicht allein sondere Personen, sondern auch gemeine Landschafften in Abnehmung und Ringerung ihrer Nahrung kommen seynd, als nemlich so wird durch die gülden Tücher, Sammet, Damast, Atlass, fremde Tücher, köstliche Birreten, Perlen und Untz-Gold, dero man sich jetzo zu Köstlichkeit der Kleidung gebraucht, ein überschwencklich Geld aus Teutscher Nation geführt, auch Neyd, Haß und Unwillen zu Abbruch Christlicher Liebe erweckt, und so solche Köstlichkeit der Kleidung durchaus also unmässiglich gebraucht, daß unter den Fürsten und Graffen, Graffen und Edelmann, Edelmann und Bürgern, Bürgern und Bauersmann kein Unterschied erkannt werden mag«.[20] Doch die vielen Predigten gegen die Hoffart des Lebens nutzten wenig. Die häufige Wiederholung der Luxusordnungen bis ins 18. Jahrhundert ist sogar Zeugnis dafür, daß die Kleidung der Gesellschaft trotz Strafandrohungen kaum oder nur wenig von herrschaftlichen oder kirchlichen Instanzen gelenkt werden konnte. Den Prunk überhaupt abschaffen wollte allerdings mit Ausnahme der puritanischen Geistlichen niemand, doch er sollte der Oberschicht vorbehalten bleiben, während das Volk mit den einheimischen Produkten vorlieb nehmen sollte.

In einer Gesellschaft symbolisch-repräsentativer Kultur konnten auf Prunk, Luxus und Repräsentation gegründete gesellschaftliche Ehrbegriffe nicht abgebaut werden, ohne auch ihre ständische Grundlage selbst zu zerstören. Solange Macht und Ehre äußerlich dargestellt werden mußten, bedeutete der Verzicht selbst auf ein Minimum von Luxus einen Verlust an ständischer Ehre.[21] Weit mehr als Essen und Trinken, aber auch Tanz und Spiel war das Kleiden Ausdruck ständischer Selbstdarstellung, und solange die höfische Gesellschaft hierin die prunkvolle Repräsentation ihrer Macht suchte, konnte auch dem Untertan nicht erfolgreich verboten werden, seine Geltung in der Dorf- oder Stadtgesellschaft auf die gleiche Weise zum Ausdruck zu bringen.

Spiel und gesellige Vergnügungen

Das 16. und frühe 17. Jahrhundert sind gegenüber anderen Jahrhunderten nicht nur als Zeitalter des Essens und Trinkens, sondern mehr noch der Spiele, geselligen Vergnügungen und Feste gekennzeichnet.[22] Bilder und Literatur der Zeit bezeugen ein ungewöhnliches Maß an Geselligkeit und Festlichkeit. Es spielte und feierte nicht nur das Volk, sondern auch der Adel und das Bürgertum, ja sogar die römische Geistlichkeit. Im Hofleben wurden Spiel und Fest zum zentralen Bestand des Herrschaftsrituals. An öffentlichen Spielen und Festen nahmen Alte wie Junge,

Männer wie Frauen, Arme wie Reiche teil, selbst Außenseiter wie Bettler und Vaganten waren nicht ausgeschlossen. Nur die reformierte Geistlichkeit und das puritanische Bürgertum entzogen sich den ständischen Geselligkeitsformen. Ohne Zweifel unterschied sich das Feiern und Spielen des Volkes von dem des Adels, jeder Stand hatte seine Tradition und Symbole, doch eine rigorose Trennung von Adel und Volk bzw. Bürgertum, wie sie die höfische Gesellschaft des 17. Jahrhunderts brachte, kannte das 16. Jahrhundert noch nicht. Wir finden Adlige und Patrizier auf Festen des Volkes, wie es auch umgekehrt üblich war, daß das Volk an den Feiern des Adels zumindest als Zuschauer teilnahm. Bei öffentlichen Feiern, Aufzügen, Prozessionen, Karneval gab es kaum eine Trennung, im Gegenteil, hier konnten ständische Symbole wie Kleidung und Rangordnung erst richtig zur Geltung kommen.

Die meisten der im 16. Jahrhundert bekannten Spiele, Feste und Geselligkeitsformen stammten aus dem Spätmittelalter, doch ihre volle sinnliche Entfaltung erreichten sie erst im 16. Jahrhundert, im Jahrhundert der Reformation also, die ihrerseits alles daransetzte, gerade die traditionelle Geselligkeits- und Festkultur entweder aufzuheben oder zu verchristlichen. Feiern und Feste waren nicht Freizeitvergnügen, sie umgaben und durchbrachen den Arbeitsalltag. Arbeit und Freizeit waren nicht voneinander getrennt, beide, Feste bzw. Spiele und Arbeit bestimmten den sozialen Alltag des Volkes.[23] Während gemeinschaftliche Spiele und Feste untrennbar mit der Arbeitswelt verbunden waren und wesentlich die dörfliche und städtische Sozialität begründeten, als Ausdruck sinnlicher Lebensfreude und Gemeinschaftsbewußtseins wie auch als Ort mitmenschlich-erotischer Kontakte, wurden die Spiele und Feste in der Adelswelt als Mittelpunkte des höfischen Lebens zu einem Ritual und wesentlichen Medium herrschaftlicher Praxis.[24]

Die frühneuzeitliche Gesellschaft kannte eine große Reihe geselliger Vergnügungen. Es gab Unterhaltungsspiele, die man im engsten Kreis spielte, mit denen man die alltägliche Arbeit unterbrach oder durch die man sich von der Arbeit erholte, und Feste, die ganze Tage dauerten und an denen ein ganzes Dorf, eine Zunft oder eine Stadt teilnahm. Sie fanden entweder im eigenen Haus, in Gasthäusern, in Zunft- und Geschlechtshäusern bzw. öffentlich auf dem Markt oder sogar im Freien bzw. auf dem Schloß statt, vor allem in Trinkstuben, Tavernen, Spielhäusern und Theatern als neuen Mittelpunkten der festlichen Geselligkeit. Gefeiert wurde zu allen möglichen Anlässen, jedes Dorf, jede Region, jeder Stand und jeder Hof hatte seine Besonderheiten. Große Taufen, Hochzeitsfeiern und Beerdigungen kannte nicht nur der Adel. Gerade tagelange Hochzeitsfeiern mit großen Eßgelagen, die durch Tanz und Spiel unterbrochen wurden, hatten den Ruin mancher Familie zur Folge. Einen prunkvollen Höhepunkt erreichte auch das Leichenbegängnis (pompes funèbres) zu Ende des 16. Jahrhunderts. »Die Anstalten, die bei adligen Begräbnissen getroffen wurden, waren von so grandiosen Ausmaßen und von schauervoller Art, daß die allerverächtlichsten menschlichen Wesen diese Erde kaum verlassen konnten, ohne zum Gegenstand allgemeiner Hochachtung geworden zu sein. Von vielen ließ sich behaupten, daß ihnen nichts so angestanden hätte wie ihr Abgang, er war der letzte Tribut einer unterwürfigen Gesellschaft an die Würde eines Titels.«[25] Kirchlich-öffentliche Feste begleiteten zudem das ganze Jahr, darüber hinaus gab es den Karneval, Jahrmärkte und Kirchweihen mit den Schaustellungen vieler Gaukler und Spielleute, schließlich fanden auch noch Fürstenbesuche, Hinrichtungen und Autodafés statt, deren Festrituale fest in der Gesellschaft des 16./17. Jahrhunderts verankert waren.

Zahlreich waren die sportähnlichen Spiele, von denen jede soziale Gruppe bestimmte bevorzugte oder sich überhaupt allein vorbehielt.[26] Das Volk liebte vor allem Gewehr- und Armbrustschießen, die Bürger bevorzugten Fechten, Ringen und Springen, alles Spiele, die aus Italien kamen und weite Verbreitung fanden. Die vielfältigsten Spielarten waren dem Adel vorbehalten, dessen besondere Vorliebe dem Turnier, dem Reiten, der Jagd, aber auch Ringen und Fechten galt. Einem interessanten Wandel unterlag das Turnier, das aus einem ritterlichen Kampfspiel zu einer Geschicklichkeitsübung des neuen Kavaliers wurde. Besonders wichtig war das Fechten, das den jungen Adligen von eigenen Fechtmeistern beigebracht wurde. Fechtbücher verbreiteten sich wie Musik- und Tanzbücher. Hier spielte die Eleganz eine höhere Rolle als der Mut im Kampf. Schließlich sind noch die vielen Ballspiele zu nennen, die bekanntlich selbst der Kaiser pflegte. Zahlreiche Ballhäuser entstanden in den großen europäischen Städten, die allerdings bald in Theater oder Opernhäuser umgewandelt wurden. Während Tennis bevorzugtes Spiel der Herren wurde, liebten die Damen das Federballspiel.

Neben wettkampfähnlichen Spielen gab es zahlreiche Unterhaltungsspiele. Fischart nennt 600 Arten, vor allem Brett- und Kartenspiele, bei denen nicht selten um Geld gespielt wurde. Wegen der häufig ungeheuren Spielverluste und daraus resultierender Streitigkeiten, »daraus dann Gotslesterung, Verderben und unnutzliche Verschwendung der Zeit, Leibs, Lebens, Ehre und Guts erfolgte«, wurden diese Spiele zumindest für die Unterschichten immer wieder verboten.[27] Beliebt waren außerdem

Hahnenkämpfe, Pferderennen, Boxveranstaltungen und Stier-
kämpfe, denen nicht nur das Volk, sondern auch der Adel mit
Begeisterung zusah. Bei großen Festen gab es ein breites Angebot
an Vergnügungen und Spielen: Schaustücke von Feuerfressern,
Taschenspielern, Seiltänzern, Gauklern und Akrobaten.

Besonderer Beliebtheit erfreuten sich Maskenspiele und Theater
aller Art. Es spielten Schüler, Studenten, Handwerker oder wan-
dernde Schauspieltruppen, von denen die italienischen und englischen bald am bekanntesten wurden. Geistliche Stücke und
Possen, Schauergeschichten und Ritterspiele standen gleicherweise auf dem Programm. Im Unterschied zum entstehenden
Hoftheater sind wir über das Volkstheater wenig informiert. Die
literarische Welt interessierte nur das gehobene Theater, für das
zunehmend Textbücher gedruckt und eigene Gebäude errichtet
wurden. Doch im 16. Jahrhundert war zwischen beiden Formen
noch kaum eine Trennung zu ziehen. Theater wurde zumeist an
Feiertagen, am Nachmittag unter freiem Himmel oder in Wirts-
häusern oder abgeschirmten Innenhöfen gespielt. Zur abendlichen
Unterhaltung wurde das Theater erst mit der Distanzierung von
Volk und Adel, der oft sein eigenes Theater innerhalb des
Schlosses baute. Am bekanntesten und vorbildlich war im 16. und
frühen 17. Jahrhundert das italienische Theater.[28] Hier wirkten
antike Vorbilder, die Comedia dell'arte setzte sich als einflußreich-
ster Typus durch. Ebenfalls in Italien entstand das erste Palast-
theater, das Teatro degli uffizii der Medici 1585 in Florenz. Die
ebenfalls sich ausbreitenden Opernhäuser waren bald dem Adel
vorbehalten. So war das erste, 1637 in Venedig gebaute Opernhaus
ein Logentheater, wo die Zuschauertribüne den sozialen Rängen
der Gesellschaft entsprach. Typisch spanische Spiele waren die
Autosacramentales an den bekannten Corpus Christi Festen. Lope
de Vega und Calderon erlebten hier mit geistlich-liturgischen
Volksspielen ihre großen Erfolge. Organisiert wurden die Autosacramentales von der Kirche oder der Gemeinde, eine eigene
Tradition des Hoftheaters entwickelte sich in Spanien erst im
Laufe des 17. Jahrhunderts. Blieb hier also der geistliche Einfluß
dominant, so bestimmten in Frankreich anfangs freie Schauspieltruppen das Theater mit weltlichen Stücken, bis dann unter
Heinrich II. mit der Vorliebe für antike höfische Stoffe ein höfisch
orientiertes Theater ausgebildet wurde, das unter Richelieu eine
erste große Blüte erlebte. Die klassische Zeit des französischen
Theaters kam jedoch erst in der 2. Hälfte des 17. Jahrhunderts. –
Das Theater der Schauspieltruppen wurde wie ein Geschäftsunter-
nehmen mit Eintrittskarten betrieben, so in Italien, Frankreich
und vor allem in England. Obwohl das Theater bald wesentlicher

Bestandteil des höfischen Lebens wurde, blieb es lange in Händen von selbstorganisierten Theatergruppen. Seinen Aufstieg zum größten Dramatiker der Zeit machte William Shakespeare als Leiter einer solchen Schauspieltruppe, die vor dem Volk und dem Hof spielte. – Ein erstes öffentliches Gebäude, das nur dem Theater diente, entstand 1576 am Rande Londons. Seinen Höhepunkt erlebte das englische Theater unter Elisabeth I. und Jakob I., doch kam es mit der Revolution zu einem plötzlichen Ende.[29]

Die Entstehung des öffentlichen wie höfischen Theaters war ein komplexer Vorgang, da die Nähe zum Volkstheater erst aufgegeben wurde, als das Theater, wie auch die rasch sich verbreitende Oper und das Ballett, integrale Bestandteile der höfischen Feste wurden. Damit endete zwar nicht die Theaterkultur des Volkes, doch wissen wir sehr wenig darüber, wie sich der Rückzug der Oberschicht auswirkte. Mit der Entstehung des höfischen Theaters und einer zunehmenden Schriftlichkeit der Stücke, die bald weite Verbreitung fanden, entstand eine Norm der Schauspielkunst, die der Differenzierung von Volks- und Adelskultur bedeutend Vorschub leistete.

Ebenso hoch entwickelt wie das Theaterleben waren Gesang und Musik im 16. und 17. Jahrhundert.[30] Es wurde zu allen Anlässen gesungen und musiziert, beliebt waren Dudelsack, Laute und Gitarre. Musikunterricht wurde für die Oberschicht fast selbstverständlich. Die Musikpflege zu Hause, im Gasthaus, auf der Straße, in der Kirche und am Hof erreichte im 16. Jahrhundert einen sehr großen Umfang. Neben die private Ausübung trat ein höchst differenziertes Berufsmusikertum. Am Hof gab es den Hofmusikus, die Kirchen stellten Kantoren an, und die Städte hatten schon seit langem ihre Stadtpfeifer. Einen hohen Rang nahmen die Trompeter und Pauker ein, zumal die Trompete als Symbol politischer Hoheit galt. War das Musikleben im Volk, in den Kirchen und am Hof im 16. Jahrhundert noch relativ ungeschieden voneinander, so hob sich im Laufe des 17. Jahrhunderts die höfische Musik völlig von der des Volkes ab. Dabei konkurrierten Höfe und Kirchen um die besten Musiker, die eigene Kapelle förderte wie das eigene Theater das Prestige des Fürsten. Der Aufstieg von Oper und Ballett schließlich kündete endgültig den Bruch mit der Volkstradition.

Keine Kurzweil war im 16. Jahrhundert so beliebt wie der Tanz: getanzt wurde überall und von jedem, nicht nur von der Jugend.[31] Es gab kein öffentliches oder privates Fest ohne Tanz, zwischen dem Essen und inmitten von Spielen wurde sowohl vom Volk wie vom Adel getanzt. Selbst in der Kirche wurde getanzt, wenngleich derartige Bräuche im 17. Jahrhundert zusehends ausstarben. Es gab verschiedene Arten zu tanzen, Reihentänze, den paarweisen Tanz und den kunstvollen Einzeltanz. Nicht allein die Vielzahl der Tänze überrascht, sondern auch die Intensität, mit der man sich diesem Vergnügen widmete, so daß christliche Prediger hier einen Tanzteufel am Werke glaubten. Um 1634 sah Simplicissimus »im Saal Männer, Weiber und ledige Personen so schnell untereinander herumhaspeln, daß es wimmelte; diese vollführten ein solches Getrippel und Gepöhl, daß ich meinte, sie wären Alle rasend geworden; ich konnte es nicht ersinnen, was sie mit diesem Wüthen und Toben vorhaben möchten? Ja ihr Anblick kam mir so grausam, fürchterlich und schrecklich vor, daß mir alle Haare zu Berge standen, und konnte nichts anderes glauben, als daß Alle ihrer Vernunft beraubt sein müßten. An Schweiß, der ihnen über die Gesichter floß, und an ihrem Gschnäuff konnte ich abnehmen, daß sie sich stark zerarbeitet hatten; aber ihre fröhlichen Angesichter gaben zu verstehen, daß ihnen solche Bemühungen nicht sauer ankommen«.[32] Die Kirchenmänner tadelten nicht nur die im Tanzen zum Ausbruch kommende Unterhaltungssucht, sondern sie sahen in dem Hochspringen, Hochwerfen, Stampfen, Klatschen, Umdrehen und Verdrehen Elemente außer-christlicher heidnischer Kultformen.[33]

Nichts verdeutlicht denn auch die in allen kulturellen Bereichen beginnende Differenzierung von Adels- und Volkskultur so stark wie eine Gegenüberstellung des beliebtesten Volkstanzes, der Volte, mit dem Tanz der höfischen Welt, dem Ballett. Die Volte galt als der ausgelassenste, derbste und erotischste Tanz. Hier »nimmt der Tänzer mit einem Sprung der Jungfrau gewahr und greift sie an einem ungebührenden Ort, da sie etwas von Holz oder andere Materie hat machen lassen, und wirft die Jungfrau selbst und sich mit ihr etlich viel Mal sehr künstlich und hoch über die Erde herum, also auch daß der Zuschauer meinen sollte, daß der Tänzer mit der Tänzerin nicht wieder zur Erde kommen können, sie hätten denn beide ihren Hals und ihre Beine gebrochen«.[34] Wenn dieser wilde und erotische Tanz zunehmend vom Adel und vor allem von den Kirchen verworfen wurde, so spielen insbesondere zwei Gründe eine Rolle: Einmal galt der Tanz als unsittlich, zum anderen aber zeigte er Reste naturreligiöser Kulte und war deshalb Teufelswerk. Wenn im 17. Jahrhundert die wilden Tänze etwas außer Mode kamen, dann gründete dies nicht nur in den kirchlichen Verboten, sondern in den veränderten Lebensbedingungen des Volkes.

Im Unterschied zur Volte erfreute sich das Ballett, das Musik, Tanz und Drama zu einem pantomimischen Schautanz vereinte, der vollen Anerkennung. Eingeführt durch Katharina von Medici wurde das Ballett wesentlicher Bestandteil des Hofzeremoniells des französischen Absolutismus. Als 1653 der 15jährige Ludwig XIV. im Ballet de la Nuit selbst den Roi Soleil tanzte, ertanzte er sich die Rolle seines Lebens und seinen Titel vor der Weltgeschichte. Kaum ein Tanz eignete sich für das Hofzeremoniell so wie das Ballett. Es kam hier zu einer aufschlußreichen Entwicklung: Anfangs tanzte der Adel mit im Ballett, doch als bald Berufstänzer engagiert wurden, machte dies das Ballett zum reinen Schauwerk. Doch nicht die Tänzer stehen im Mittelpunkt, sondern die Zuschauer, das auf den Fürsten bezogene Publikum, dem im Ballett (wie auch im Theater) eine Ordnung präsentiert wurde, der es entsprechen sollte. Diesem Interesse korrespondierte eine Sublimierung der Körperlichkeit. Direkte erotische Formen wurden zusehends in stilisierte und normierte Tänze verwandelt. Als Disziplinierungsmittel der höfischen Gesellschaft hat das Ballett eine große Rolle gespielt.[35]

Den Höhepunkt der Spielkultur der frühneuzeitlichen Gesellschaft bildeten die großen Feste zu den verschiedensten kirchlichen wie weltlichen Gelegenheiten, die mit Spielen, Tänzen und Gelagen oft mehrere Tage dauerten. Diese Feste waren ungewöhnlich vielfältig, unterlagen aber gleichwohl einem strengen Ritual, so improvisiert sie wirken mochten. Leider fehlen ausführliche Quellen, nur von höfischen Festen haben sich Beschreibungen erhalten, da bei ihnen der öffentliche Charakter wesentlich war. Eines der großen Feste der Florentiner Geschichte war die prunkvolle Hochzeit des Großherzogs von Toskana mit der Bianca Capella 1579, die zusammen mit der Vermählung ihrer Tochter aus erster Ehe mit dem Grafen Bentivoglio gefeiert wurde. Der italienische Adel reiste in großer Zahl nach Florenz und kam dort voll auf seine Kosten. Die Feierlichkeiten begannen mit einem Turnier und mit einem Stierkampf. Nach der Krönung des Großherzogs im Dom, die mit der Hochzeit verbunden war, wurde als Höhepunkt des Festes ein allegorisches Schauspiel aufgeführt, das auf die Doppelhochzeit zur Ehre der Häuser Medici und Capella vieldeutig anspielte. Das Fest endete schließlich mit einem Bankett, einem weiteren Turnier und einem Tanz bis zum Morgen. Adlige Hochzeiten wie diese gaben zumeist den Anlaß zu kostspieligen exklusiven Festlichkeiten, bei denen das Volk nur Kulisse war.[36]

Ein typisches Volksfest, an dem alle Dorf- und Stadteinwohner teilnahmen, war hingegen die Fastnacht, oder wie sie in südeuropäischen Ländern heißt, der Karneval.[37] Dieses Fest vor Beginn der kirchlichen Fastenzeit gibt es seit dem Mittelalter, es erreichte aber im 16. Jahrhundert seine größte Intensität, bis es im Zuge der Durchsetzung der Reformation bzw. der Gegenreformation entweder eingedämmt oder sogar abgeschafft wurde. Als Fest der Wende vom Winter zum Sommer war es mit den verschiedensten Bräuchen verbunden, das große Fest der Ausgelassenheit, während dessen die Welt auf den Kopf gestellt werden konnte und durfte. Zumeist organisiert von Burschenschaften, Nachbarschaften oder Handwerkern gab es Maskenumzüge, große Gelage und Tanzereien. Den Höhepunkt bildeten oft parodistische Narrengerichte über anstößige Vorkommnisse des letzten Jahres oder etwa im deutschen Raum die Fastnachtspiele. Die Fastnacht präsentierte eine Gegenwelt der Ausgelassenheit, die im Schutze der Maske soziale Zwänge ablegte. Frauen traten als Männer auf, Untertanen als Herren etc. Obwohl Kirche und Obrigkeit moralische Bedenken zeigten, mußten sie das tolle Treiben tolerieren, solange es nicht zu Unruhe und Gewalt kam. Aber gerade das geschah nicht selten. Doch nicht nur diese Gefahr ließ Kirche und Obrigkeit gegen die Mummereien einschreiten, sondern die unter dem Einfluß der reformatorischen bzw. gegenreformatorischen Bewegung steigende Furcht vor antiherrschaftlichem Protest, der in der Fastnacht zur Entladung kam. Dennoch teilte auch und gerade die Oberschicht den Spaß an der Maske, bis schließlich Maskenbälle dem Volk vorenthalten, dafür aber Moment höfischer Kultur wurden.

Anlaß zu Festen gaben auch Abschlüsse von Staatsverträgen und vor allem Friedensverhandlungen. Ein besonders aufwendiges Fest war die Feier nach dem Westfälischen Frieden in Nürnberg 1650, zu der der kaiserliche Gesandte Piccolomini und der schwedische Verhandlungspartner Pfalzgraf Karl Gustav eingeladen hatten. Adel, Bürgerschaft und Volk sollten gemeinsam den Frieden feiern. Im Mittelpunkt stand ein Bankett im festlich geschmückten Rathaus. Vier Musikchöre sangen, und in sechs verschiedenen Räumen versammelten sich die sechs Rangklassen der geladenen Gäste. Auf den Tafeln standen zwei große Schaugerichte und ein Triumphbogen mit mythologischen Figuren. Aufgetragen wurden vier Gänge mit je 150 Speisen sowie Früchte auf sieben Schüsseln. Nürnberg scheute keine Kosten, um sich als Kaiserstadt zu präsentieren. Das Gastmahl dauerte von fünf Uhr nachmittags bis zwei Uhr morgens. Von dem »gesundheits-Trunck« heißt es, er sei »über alle maßen viel und ziemlich stark herumgegangen«, wobei man zu jedem Toast einen derartigen Salut feuerte, daß durch dessen »Schall und Knall vielen Leuten, so sich nicht vorgesehen, an Fenstern, Oeffen und Zierrath auf denen Simsen großer

Abb. 18: *Kampf zwischen Fasching und Fasten.*
Gemälde von P. Brueghel d. Ä. (1559)

Schaden geschehen«.[38] Höhepunkt der Friedensfeier waren Feuerwerke, die als die imposantesten ihrer Zeit von Birken in seiner ›Fried erfreuten Teutonia‹ ausführlich beschrieben werden. Das Fest der großen Reichsfürsten endete mit einem Volksfest und zahlreichen Tanzveranstaltungen.

Alle Gruppen und Stände brachten im 16. und 17. Jahrhundert jeweils höchst unterschiedliche Lebens- und Geselligkeitsformen hervor, die sich alle als stark nach außen gewandte kulturelle Selbstdarstellung kennzeichnen. Geselligkeit war nicht Freizeitbeschäftigung, nicht Entlastung von der schweren Arbeit bzw. Herrschaft, sondern eine Form sozialen Lebens, in der Gemeinsamkeit erfahren wurde. Alles, was einer an Geld und Besitz erarbeitet, erhandelt oder erbeutet hatte, diente nicht zur weiteren Vermehrung des Vermögens, sondern der ständischen Selbstdarstellung und Ehre. Verzicht auf Luxus hätte bedeutet, sich außerhalb der ständischen Ordnung zu stellen, was nur die Puritaner verlangten. Deswegen konnten auch staatliche und kirchliche Maßregelungen nur bedingt wirksam werden.[39] Ihre Mahnungen und Appelle zielten allerdings weniger auf ein völliges Verbot der Bräuche, sondern darauf, die Lebensformen des Volkes der Anforderung einer staatlichen Ordnung anzupassen, die allein die Christlichkeit und Nützlichkeit der Untertanen im Auge hatte. Eine weitere Tendenz ging dahin, im Maße der Ausweitung des Marktes und der Entstehung frühmoderner Staatlichkeit den Adel aus seinem unmittelbaren Bezug zum Volk herauszulösen und über die Verhöflichung zu kultivieren und zivilisieren, so daß er sich von der Welt des Volkes trennte, das zusehends eigene kulturelle Formen entwickelte, deren Unterschiede zur Kultur der Oberschicht immer deutlicher sichtbar wurden.

III. ARMUT, KRIMINALITÄT, SOZIALE AUSGRENZUNG

Trotz steigenden Wohlstandes und einer ausgeprägten Festkultur, die von großer Lebensfreude zeugt, waren das 16. und 17. Jahrhundert alles andere als Goldene Jahrhunderte, auch nicht in Spanien oder Holland, die in dieser Zeit einen Höhepunkt ihrer Geschichte erlebten. Sie waren zugleich nicht nur die Epoche der Religionskriege, der Volksaufstände und vor allem des Dreißigjährigen Krieges, deren Gewalttaten und verheerende Auswirkungen unterschiedlich, aber doch überall spürbar wurden, sondern ein Zeitalter der Armut, Kriminalität und sozialen Diskriminierung. Weder die reformatorische Bewegung noch der Prozeß der Verstaatlichung bzw. Verrechtlichung der Gesellschaft brachten unmittelbare Änderung, so sehr Christlichkeit und rechtliche Ordnung ihr Ziel waren, da sie es aber mit den Mitteln der Gewalt durchzusetzen suchten, steigerten sie Unterdrückung und Gewalt sogar noch. Jeder in der frühneuzeitlichen Gesellschaft erfuhr indirekte wie direkte, materielle wie kulturelle Unterdrückung oder Reglementierung. Oft führte sie zu Verarmung oder zum sozialen Ausschluß, wenn nicht gar zur Liquidierung. Gewalt war nicht nur eine typische Form gesellschaftlichen Umgangs zur Durchsetzung von Eigeninteressen, sondern sie war auch das Instrument, mit dem die Kirchen und Staaten ihre neue Moral durchzusetzen suchten. Was die Analyse der Gewaltstruktur in der frühen Neuzeit besonders schwierig macht, sind die unklaren Grenzen zwischen legaler oder illegitimer Gewalt, zwischen Ausplünderung durch Steuereintreiber oder Räuber, zwischen Brauchtum des Volkes oder Norm der Kirchen bzw. des Staates. Die Vergehen gegen die Normen der neuen staatlichen Ordnung wurden erst jetzt definiert, und damit wurden ganze Sektoren des Verhaltens des Volkes erstmals kriminalisiert.

Armut: Müßiggang, Vagantentum

Armut bedrohte die ganze frühneuzeitliche Gesellschaft in einem bisher kaum gekannten Maße.[1] Trotz Produktionssteigerung und Ausweitung der landwirtschaftlichen Bebauungsflächen konnte sie nicht beseitigt werden. Im Gegenteil, mit der Bevölkerungszunahme im 16. Jahrhundert wurden die wenigen Reichen immer reicher – die neue Wohnkultur ist eines der Indizien dafür –, während die Armen nicht nur ärmer wurden, sondern auch zahlenmäßig zunahmen. So schwer es ist, die Armut zu quantifizieren, so stimmen doch alle erhaltenen Zeugnisse darin überein, daß die inflationäre Entwicklung, die Stagnation der Reallöhne bis nach der Jahrhundertwende sowie die periodisch aufkommenden Mißernten und Seuchen, schließlich auch die großen Kriege eine Armut auf dem Lande wie in den Städten erzeugten, die bisher unbekannt war oder zumindest erstmals als Bedrohung der Gesellschaft verstanden wurde. Die schlechten Lebensverhältnisse, die sich aufgrund der Hausinventare und Steuerlisten rekonstruieren lassen, und die verstärkte Armengesetzgebung vor allem in protestantischen Ländern mit ihrer Kriminalisierungstendenz der Armut bezeugen dies ebenso wie die rabiate Bekämpfung von Bettel und Landstreicherei bzw. von Räuber- und Gaunerwesen auf dem Land wie dem Wasser. Landstreicherei und Räubertum waren bereits seit langem eine Plage der europäischen Länder, aber seit der zweiten Hälfte des 16. Jahrhunderts setzt ein verstärktes

Bemühen ein, durch harte Strafen und Verfolgung ihrer Herr zu werden. Zweifellos weist dies auf ein neues und verändertes Verhältnis der Oberschichten zu den gesellschaftlichen Randgruppen, zugleich signalisieren diese Maßnahmen aber auch eine verstärkte Zunahme von Bettel, Landstreicherei und Räuberwesen. Die Grenze zwischen bloßer Bettelei, Vagantentum und Räuberwesen war zwar fließend, doch läßt sich feststellen, daß bei der großen Zunahme der Armut zu Ende des 16. Jahrhunderts die Zahl der eigentlichen Bettler und Landstreicher auf der Straße quantitativ zu gering blieb (30/2), als daß von daher eine unmittelbare Bedrohung der Gesamtgesellschaft ableitbar und ihre harte Bekämpfung verständlich wäre.[2] Das ungewöhnlich strenge Vorgehen – das sich freilich nur partiell durchsetzte – gründet vielmehr einerseits in der manchmal auch begründeten Furcht, daß sich hinter dem an sich harmlosen Vagantentum Räuber, Aufrührer und Unruhestifter verbargen, andererseits auch in der Logik der sich etablierenden frühmodernen Staaten, alle Einwohner unter Kontrolle zu haben und jeden Müßiggänger auszuschalten.[3]

Die Gesellschaft der frühen Neuzeit differenzierte sehr stark zwischen Armut, Bettelei und Müßiggang.[4] So unterschied sie streng zwischen den ortsansässigen gebrechlichen und arbeitsunfähigen Leuten, die zu Recht auf die Hilfe ihrer Mitbürger rechneten, und den arbeitsfähigen Müßiggängern und fremden Bettlern, die die ohnehin knappe Ernährungsgrundlage der dörflichen und städtischen Bevölkerung bedrohten. Wer durch eigene Schuld im Dorf oder in der Stadt, durch Trunkenheit, Verschwendung oder Verschuldung verarmte, konnte bei aller Toleranz kaum mit der Unterstützung der Gemeinde rechnen. Unschuldig verarmten, durch Krankheit oder Tod betroffenen Gemeindemitgliedern wurde hingegen geholfen, zumindest soweit es die oft nur dürftigen Überschüsse eines Dorfes erlaubten. Diese Verantwortung für die Kranken oder auch Waisenkinder der Gemeinde wurde von staatlichen und kirchlichen Institutionen unterstützt. Arbeitsfähige Müßiggänger dagegen fanden auch in der eigenen Gemeinde wenig Hilfe. Hier zeigen sich allerdings eklatante Unterschiede zwischen den katholisch verbliebenen und den reformierten Ländern mit ihrer neuen Arbeitsmoral. Des weiteren differierte auch die Haltung gegenüber den ortsansässigen Bettlern und den Vaganten, die vor allem der Obrigkeit unlieb waren. So »gebieten wir in gantzem ernst, Daß nun für an allen frembden außlendigen Bettlern, Sonderstechen, Jacobsbrüder und dergleichen, die hin und wider von einem Landt in das ander ziehen und umbstörzen ... in unsern Fürstenthumbn keineswegs mehr zu bettlen gestattet, sondern dieselben allenthalben außgeschafft« werden.[5] Dies betraf auch alle, die »zu einem Deckmantel ein Kramerey mit Zucker, Gewürtz, Holtzwerck und dergleichen sachen treiben: Item, Decken, Messer, und Fellträger seyn oder sich mit Glasen, Wannen, Pfannen, Sattelflicken und Schüsselbinden ein zuschlaichen unterstehn«.[6] Falls sie nach einer Ausweisung wiederkehrten, wurden sie mit körperlichen Strafen belegt. Zahlreich sind in der Tat die Fälle, wo harmlose Vaganten, einfach wegen des Umherziehens, gefangengenommen, gebrandmarkt oder anders bestraft, zu Zwangsarbeit, Kriegs- und Galeerendienst verurteilt wurden. Doch alle Versuche der Obrigkeit, dem Bettel und der Landstreicherei Herr zu werden, um so die Unsicherheit auf den Straßen wie in Dörfern und Städten zu beseitigen, erwiesen sich letztlich als untauglich. Die Bettlerscharen wurden immer größer, und weil sie niemand haben wollte, zogen sie durch ganz Europa und schufen ein Milieu für Räuberbanden und Volksaufläufe, vor allem wenn gartende Söldner zu ihnen stießen.

Bettler und Landstreicher sind aus allen europäischen Ländern bekannt, mit steigenden Zahlen hatten vor allem England, Frankreich und Spanien zu kämpfen. In England wirkten sich die Einhegungen aus, die kleine Landbesitzer auf die Straße warfen, zumal sie auch als freie Arbeitskräfte nicht unterkamen. Die Industrialisierung des Landes steckte noch in den Anfängen. Die früheste Arbeitsgesetzgebung entstand in England,[7] aber sie behob das Problem ebensowenig wie die französische Regierung, die mit massiver Gewalt gegen die Landstreicherei vorzugehen versuchte. Hier hatten nicht zuletzt die Hugenottenkriege weite Landstriche verarmen lassen. Außerdem enteignete die Durchsetzung des Pachtsystems auf dem Lande viele Landeigentümer und bevölkerte die Straßen.[8] Das klassische Land des Vagantentums aber war Spanien (1608: 150 000 Landstreicher), das auch lange die größte Toleranz zeigte. Hier galt körperliche Arbeit weitgehend als ehrenrührig, und so versuchten die Müßiggänger vom Überfluß der Reichen zu leben, die ihrerseits Armut und Bettel geradezu als Folie ihrer sozialen Vorrangstellung benötigten. Jede große Wirtschaftskrise produzierte neue Bettlerscharen, die auch durch den steigenden Bedarf an Söldnern und Galeerensklaven nicht aufgefangen wurden.[9] Das Vagantentum war in England, Frankreich und Spanien zu einem normalen sozialen Phänomen geworden. In Italien und Deutschland dürfte es sich nicht wesentlich anders verhalten haben, nur wissen wir weniger darüber. Die neuen grundherrschaftlichen Verhältnisse in Italien und die Agrarkrise zu Ende des 16. Jahrhunderts wie der Dreißigjährige Krieg mit seinen Folgen in Deutschland wirkten sich nicht minder auf die Verarmung ganzer Landstriche und Städte aus. Scharen von Bettlern und Vaganten verbanden sich mit gartenden Landsknechten, die im Zuge des Dreißigjährigen Krieges aus ganz Europa nach Deutschland zogen.[10]

Landstreicher und Vaganten waren eine sehr bunte, nach keiner Hinsicht einheitliche Gruppe: fahrendes Volk, Artisten, Gaukler, ausgediente Söldner, Handwerksgesellen, Wallfahrer, Hausierer, Zigeuner und Bettler; die meisten kamen aus verarmten Unterschichten, wenn nicht sogar aus verfemten Randgruppen. Zwar verloren die einzelnen vagierenden Gruppen selten ganz den Kontakt zu ihren Heimatregionen, eine Wiedereingliederung in das seßhafte Leben eines Dorfes oder einer Stadt gelang aber nie mehr. Die Vaganten bildeten eine Welt für sich mit eigener Sprache und Kultur. Viele waren alleinstehend und jung, hatten entweder früh die Eltern verloren oder waren aufgrund bestimmter Delikte aus den Dörfern vertrieben worden. Zwar dominierten die Männer, doch auch der Anteil der Frauen war nicht gering. In der Regel bildeten Landstreicher kleine Gruppen, die mit Bettlern oder Hausierern, nicht ehrlichen Handwerkern oder Gauklern entlang den großen Landstraßen ihren Lebensunterhalt suchten. Besondere Anziehungspunkte waren Städte und Jahrmärkte. Während die Vaganten von der Obrigkeit weitgehend verfolgt, zumindest nicht toleriert wurden, fanden sie bei der Bevölkerung immer wieder Unterstützung. Es gehörte zur Selbstdarstellung gehobener Stände, Almosen zu geben. Die Belustigungen und Gaukeleien der Vaganten waren ebenso geschätzt wie die Waren, die sie oft mit sich führten; dafür ertrug man auch ihre kleinen Betrügereien. Eine unmittelbare Gefahr ging von den Bettlern und Vaganten nicht aus, dennoch versuchte der neue Staat sie seiner Ordnung zu unterwerfen.

Berechtigung hatte die Angst des Staates allerdings insofern, als die Grenzen zwischen Armut und Vagantentum, zwischen Landstreicherei und Banditentum durchaus fließend waren. Nur war das Problem kaum mit Gewalt zu lösen. Die bekannten frühneuzeitlichen Räuberbanden rekrutierten sich auch nicht nur aus ehemaligen Vaganten, aus gesellschaftlichen Randgruppen, denen jeder Weg zurück in ihre Heimat verschlossen war, eine besonders große Rolle spielten arbeitslose Söldner, rebellierende bzw. entwurzelte Bauern und bankrotte Adlige, nicht zuletzt auch Juden und Zigeuner.[11] Die Räuberbanden unterschieden sich in den Motiven für ihre Gewalttaten und in ihrer Verhaltensweise stark voneinander, je nachdem, ob es sich um organisierte Räuberbanden, reguläre Söldnertruppen, die sich selbständig gemacht hatten, um bäuerliche Banditen bzw. rebellierende Bauern, um Teilnehmer an Kriegen und Adelsfehden handelte. Doch allen gemeinsam war die Gewalttätigkeit, die Land und Leute gleicherweise bedrohte, allerdings von Volk und Obrigkeit verschieden aufgenommen wurde. Der frühmoderne Staat kriminalisierte alle Gewaltausübung, die seiner Räson gemäß nicht legitim war. Dennoch war es durchaus möglich, daß er die mit aller Härte bekämpften Banditen und rebellierenden Bauern im eigenen Interesse z. B. gegen Stände und Adlige einsetzte.[12] Die englischen, französischen und spanischen Regierungen waren darin Meister. Auch sonst unterschied sich das Unwesen der organisierten und nicht organisierten Banden in der Wirkung nicht allzusehr von den Aktionen legitimer Machtträger, gegen die die Räuber nicht selten auch Deckung beim Volk fanden.

Ein besonderes Phänomen des 16. und 17. Jahrhunderts war das Aufkommen mehr oder weniger großer organisierter Räuberbanden in einzelnen Ländern Europas vor allem im Zusammenhang der vielen Kriege. Ihre Organisierung und Nähe zu sozialem Banditentum unterschied sie vom allgegenwärtigen Raub und Totschlag in der frühneuzeitlichen Gesellschaft. Eine starke Tradition organisierten Banditentums gab es in den Mittelmeerländern als Gegenstück zur Piraterie. Eine vorwiegend ländliche Gesellschaft wehrte sich gegen Ausbeutung und Verarmung durch Unterwerfung. Die ausgeprägteste Verbrecherwelt kannte Spanien, wo sie gewisserweise einen Staat im Staate bildete und kaum kontrollierbar war. Die spanischen Banditen befaßten sich nicht nur mit Betrug und Verbrechen jeder Art im eigenen Interesse, sondern übten auch Mord, Raub, Diebstahl und Rache in fremdem, zumeist adligem Auftrag. Alle Versuche des Staates, wenigstens die Landstraßen vor Räubern zu sichern, blieben weitgehend wirkungslos. Wie sehr die Sozialstruktur des Landes von den Randgruppen geprägt war, läßt sich an der nicht unbeträchtlichen Rolle erkennen, die Banditen beim katalonischen Aufstand von 1640 spielten. Der Bandit und Vagabund gehörte zum Alltagsbild des frühneuzeitlichen Spanien wie der arme Hidalgo und der reiche Grande.[13] Ebenso verbreitet war das Banditentum im Kirchenstaat und im ländlichen Süditalien. Steuerliche Ausbeutung und große Hungerskrisen schufen einen günstigen Boden für den sich ausweitenden banditismo, der weitgehend vom Volk gedeckt wurde, sofern er sich gegen die spanischen Herren wandte. Auch in Süditalien stand das Banditentum im Vorfeld des Volksaufstandes in Neapel und Palermo. Gerade dadurch, daß der ländliche Adel sich seiner gegen die Zentralgewalt bediente, wurde das südeuropäische Banditentum zum Politikum. »Das Zusammentreffen von Mißernten und Hungersnöten mit dieser Revolte des Landadels verursachte einen gewaltigen Ausbruch des Banditenunwesens, das zugleich eine Rebellion der Landbevölkerung gegen das Kapital und der ungezähmten Kräfte des Provinzialismus gegen die Ansprüche der Zentralmacht darstellte.«[13] Während im Norden Europas erste Ansätze eines organisierten Verbrechertums sich herausbildeten, das sich gegen Volk und Fürsten gleicherweise wandte, war das Räuberwesen im Süden Europas häufig von sozialem Banditentum durchwirkt, das rebellische, antiobrigkeitliche Züge besaß. In Frankreich steht die Bandenbildung wie das Vagantentum in engster Verbindung mit der steuerlichen Ausbeutung und der Verwahrlosung durch die Religionskriege. Viele Adelsfehden nahmen den Charakter räuberischer Unternehmungen an. Besonders bedroht war Paris in den Jahren 1621/23.

Eine ganz eigenständige Tradition des Bandenwesens bildete sich im Osteuropa des 16. Jahrhunderts aus, wo Grenzen zwischen rebellierenden Bauern und plündernden Kosaken, die von Raub und Sklavenhandel lebten bzw. als Söldner im Dienst des Zaren kämpften, kaum gezogen werden können. Die Durchsetzung des zaristischen Herrschaftssystems auf der Basis der Schollenbindung der Bauern bzw. der Versklavung der Untertanen produzierte große Gruppen wandernder Leute, die frei leben wollten und vom Raub leben mußten.[15] In Deutschland sammelten sich zwar keine großen Räuberbanden, aber die Klagen über durchs Land ziehende Räuber und Mörder nehmen seit dem Ende des 16. Jahrhunderts beträchtlich zu. »Möchte doch Gott uns einen deutschen Herkules schicken«, schrieb Hans Sachs bereits um die Mitte des 16. Jahrhunderts, »der das Land von Raub, Mord und Plackerei säubere; denn vor den Räubern und Mördern sei niemand mehr sicher.«[16]

Den Höhepunkt erreichte das Räuberunwesen in und unmittelbar nach dem Dreißigjährigen Krieg. Noch niemals, so stellte der brandenburgische Kurfürst 1615 fest, sei die Zahl des verbrecherischen Gesindels so stark gewesen »als eben jetzt, bis auf die 60 laufen sie auf einem Haufen, rottieren sich zu Haufen« und haben »noch niemals mehrern Unwillen und Frevel« begangen als zu »eben jetziger Zeit« – »Sie schatzen die Leute ihres Gefallens, erbrechen Türen und Häuser mit Gewalt, nehmen öfters mit, was nicht mitgehen will, greifen die Fußgänger auf den Straßen an, berauben sie, schlagen sie wohl gar tot, verursachen auch in den Städten viel Unfug, Mord und Totschlag«.[17]

Unsicher waren nicht nur die Straßen Europas, vielleicht noch unsicherer war das Meer, denn mit der Ausweitung des Handels und der Überseeschiffahrt blühte die Piraterie auf.[18] Profite bzw. Schäden der Freibeuterei waren groß. Sie begründeten den sozialen Aufstieg einzelner bis zum Adel, verursachten Bankrotte von bekannten Kaufhäusern und störten den Überseehandel der großen europäischen Staaten beträchtlich. Die Piraten rekrutierten sich aus sozial deklassierten Gruppen. Im Unterschied zum Banditentum waren nicht selten Vertreter des Adels darunter, die das ihnen im Heimatland versagte Glück auf dem Meer zu finden hofften, um dann eventuell mit reichen Schätzen heimzukehren. Es gab in der Tat nicht wenige Piraten, die nach erfolgreicher Kaperfahrt von ihren Heimatländern mit dem Adelstitel belohnt bzw. mit einflußreichen Ämtern betraut wurden. Piraterie war im Zuge der Ausweitung des Seehandels in Europa sowohl in der Nord- und Ostsee, im Mittelmeer wie in Übersee strengstens geahndet.

Aber es gibt auch zahlreiche Fälle, in denen Piraterie bewußt als Kampfmittel gegen befeindete Staaten toleriert und gefördert wurde. So erhielten z. B. 1634 zwei Schiffe von der englischen Regierung das Recht, »alle Meere zu befahren und alle Schätze und Handelswaren, Güter oder sonstige Gegenstände zu erbeuten, die sie Ungläubigen oder Fürsten, Potentaten oder Staaten abnehmen können, die jenseits des Äquators liegen und nicht mit uns verbündet oder befreundet sind«.[19] Die Toleranz vor allem der Engländer und Holländer gegenüber den eigenen Piraten war groß, wenn sie spanische Schiffe überfielen oder gar die Küstenstädte Amerikas verwüsteten, oder wenn sie wie Francis Drake 1580 von einer Weltumsegelung 60 000 Pfund heimbrachten.[20] Freibeuter und Piraten bildeten eine eigene Welt, da sie alle Brücken zur bürgerlichen Gesellschaft abgebrochen hatten, ausschließlich von Raub und Plünderung lebten, weder Kriegs- noch Handelsschiffe schonten und die gesamte Besatzung töteten, Dörfer und Städte ohne Rücksicht verbrannten, wenn es nur ihren Zielen diente. Sie verfügten über eine Reihe von Schmuggelhäfen und Schlupfwinkeln vor allem im Mittelmeer, so daß sie schwer verfolgt werden konnten. In der Regel operierten die Piraten in kleinen Verbänden, aber es gab auch Piratenflotten wie die des Peter Eston mit 25 Schiffen.

Piraterie gab es an allen Küsten, und alle Europäer nahmen daran teil. Englische Freibeuter verunsicherten das Mittelmeer wie die Karibik, die osmanischen Piraten agierten ebenfalls im Mittelmeer und drangen von hier aus bis England und Indien vor. Besonders Spaniens Macht im Mittelmeer, aber auch Venedig litten sehr darunter. So erbeuteten die Engländer 1607 mit einem Schlag

Güter im Werte von 400 000 Kronen, die für Venedig bestimmt waren. Der vielleicht größte und zugleich gewinnreichste Wirkraum der Piraten war die Karibik. Englische, französische und holländische Freibeuter belagerten die spanische Silberflotte, jeder Überfall wurde in den Heimatländern als nationaler Erfolg gegen Spanien gefeiert. Welchen Haß sich England, das wie kein anderes Land die Piraterie unterstützte, von seiten Spaniens und Venedigs zuzog, zeigt eine Äußerung des venezianischen Gesandten 1603: »Wie gerecht ist doch der Haß, den alle Völker gegen die Engländer empfinden, denn sie beunruhigen die ganze Welt; und doch unternehmen sie nichts, um diesem Übel abzuhelfen, sondern rühmen sich dessen, daß der englische Name gerade aus diesem Grund gefürchtet würde. Die Königin verfügt nur über fünfzehn oder sechzehn Schiffe. Ihre Einkünfte erlauben es nicht, eine größere Flotte zu unterhalten. Deshalb beruhen das Ansehen und die Stärke der Nation auf einer großen Zahl kleiner Korsaren. Sie beteiligen die Politiker an ihren Gewinnen, ohne für die Ausrüstung ihrer Schiffe einen Penny zu riskieren. Sie verzichten nur auf einen Teil der Beute, der von juristischen Kreaturen festgesetzt wird, die die Politiker selbst ernannt haben. Soweit ist es mit diesem unglücklichen Königreich gekommen, das sich von den Höhen seiner erhabenen Religion in den Abgrund des Unglaubens stürzen mußte.«[21]

Kriminalität: Verbrechen und Strafen
1654 wurde in Breslau ein vielfacher Mörder hingerichtet: »Montag, den 23. Januarii hat man zu Breslau einen abscheulichen gottlosen Mörder, so ein Schütz, Scherg und Büttel gewesen, namentlich Heinrich Thein, auf hernachfolgende Weise umb weiln er in seiner Verhaft 251 grausame Mordtaten bekennet, ohne die Soldaten, die er umbgebracht und nicht aufgezeichnet noch gemerket hat, vom Leben zum Tod hingerichtet. Deme seind erstlichen alle Glieder von Händen und Füßen abgezwicket, hernacher an vier Orten mit glühenden Zangen an Brüsten und Armen gerissen, darauf aber auf einer Ochsenhaut zum Gericht geschleifet, folgends auf einer zugerichteten Bühnen gerädert und alsdann geviertheilt, hernacher aber die vier Teil auf die Landstraßen gestecket worden. Dieser Übeltäter ist so geduldig gewesen, daß er nicht einmal geschrien noch sonsten ungeberdig getan und sich erzeiget hätte.«[22] Ohne Zweifel ist dies ein hervorragender Kriminalfall, doch ähnliche Verbrechen und Strafen waren im 16. und 17. Jahrhundert weit verbreitet. Nicht zuletzt die vielen Kriege förderten die Gewalttaten und die dafür verhängten Strafen. Gewalt beherrschte den Alltag: Das Volk suchte mit Gewalt

sein Recht zu behaupten, die Obrigkeit mit Feuer und Schwert diese Gewalt zu bekämpfen und ihre Macht durchzusetzen.

Die Erforschung der frühneuzeitlichen Kriminalität ist mit drei großen Problemen belastet.[23] Da Gewalt eine durchaus übliche Form der Konfliktaustragung war, sind die Grenzen zwischen Raubzug und Krieg ebenso schwer zu ziehen wie zwischen bäuerlichem Protest und Plünderungen, Adelsfehden und Hochverrat oder Mord. Die Kriterien einer Straftat bildeten sich in dieser Gesellschaft erst im Zusammenhang des Ausbaus staatlicher Gerichtsorganisation heraus. Dabei stießen verschiedene Rechtsauffassungen aufeinander. Was der Staat als Verbrechen deklarierte, war oft nicht identisch mit dem ungeschriebenen Recht des Volkes, etliche vom Staat verfolgte und bestrafte Verbrechen wurden vom Volk gedeckt, toleriert oder sogar gutgeheißen. Einerseits wurden erstmals soziale Aktivitäten und Selbsthilfeformen zu Verbrechen erklärt, die früher nicht als solche gegolten hatten, andererseits wurden gesellschaftliche Randgruppen rechtlich anders behandelt als Führungsschichten. Erschlug ein Herr seinen Knecht, konnte er vor Gericht, falls es überhaupt zu einer Verhandlung kam, einen Freispruch erhalten, während Landstreicher, Juden oder Zigeuner oft auf bloßen Verdacht hingerichtet wurden. Im übrigen konnten bei weitem nicht alle Straftaten verfolgt werden, da das Gerichtswesen noch zu wenig ausgebaut war. Wer aber ertappt wurde, wurde oft hart und grausam, nicht selten unter Verletzung der offiziellen Rechtsnormen bestraft, sowohl zur Warnung und Einschüchterung des Volkes wie auch zur Demonstration der Gewalt der Herrschaft. Straftaten und Strafe standen in einem dem heutigen Empfinden nicht entsprechenden Verhältnis.[24] Eine Hierarchie der Verbrechen ist schwer auszumachen, und sie änderte sich je nach Brauchtum und Region, aber auch nach Situation und sozialer Stellung des Verbrechers. Die neue Moral der Reformation und des frühmodernen Staates humanisierten nicht etwa das mittelalterliche Rechtsleben, sondern förderten im Gegenteil bei allen Versuchen, einheitliche Normen durchzusetzen und die Gewalttaten ernsthaft einzuschränken, nicht nur die willkürlich harten Bestrafungen, sondern schufen auch neue Deliktformen durch die Kriminalisierung traditionellen Brauchtums und politischer Aktionen. Deklarierte der frühmoderne Staat alle seinen Normen widersprechenden Verhaltensweisen als Verbrechen, wobei Verstöße gegen Verordnungen Straftaten wurden, sanktionierten die Kirchen das neue System, die Verbrechen wurden zugleich Sünde, und die Bestrafung diente der Wiederherstellung auch der göttlichen Ordnung.

Während des 16. und 17. Jahrhunderts klagten Obrigkeiten und Kirchen über die zunehmende Kriminalität. Trotz aller Maßnahmen »nehmen die Morde und Totschläge, Ehebrüche, Blutschanden, mutwillige Frevel, Konkussionen und Vergewaltigungen armer Leute durch den ungezogenen Adel und andere freche Leute auf dem Land und in den Städten je länger je mehr überhand, und mit der Verfolgung auf frischer Tat und ebenfalls mit der Strafe wird ja kein Ernst gebraucht, sondern die Verbrecher werden davongeholfen oder sonst übersehen«.[25] Die häufigsten Missetaten waren Diebstahl und Raub, die nicht nur von organisierten Banden und Piraten verübt wurden, sondern auch von vielen Armen, die sich mit kleinen Diebstählen durchschlagen mußten. Diebstahl umfaßte die unterschiedlichsten Delikte wie Viehdiebstahl oder Waldfrevel, wurde aber immer streng, in allen gewichtigeren Fällen mit dem Tod bestraft. Dabei darf nicht vergessen werden, daß bei vielen Volksschichten ein klares Besitzdenken noch nicht vorhanden war, das ihnen nun durch harte Sanktionen beigebracht werden sollte. Mit der Konsolidierung des frühmodernen Staates verfestigte sich die Eigentumsordnung bzw. bildeten sich Eigentumsvorstellungen aus, die den mittelalterlichen genossenschaftlichen Begriffen widersprachen. An zweiter Stelle der Verbrechensskala standen Gewalttaten wie Mord, Totschlag, Mordbrand und Aufruhr, die unabhängig vom Motiv mit Hinrichtung geahndet wurden. Mord war immer verfolgt worden, daß ihm nun Aufruhr von seiten des Volkes wie des Adels gleichgestellt wurde, war neu. Gemordet wurde nicht nur im Zusammenhang mit Raub, sondern auch aus Rache für verletzte Ehre, heimlich oder öffentlich. Selbst Formen der Blutrache haben sich in der frühen Neuzeit nicht nur auf dem Balkan und in Süditalien erhalten.

Eine besondere Form der Tötung, die zu Anfang des 17. Jahrhunderts vor allem in Frankreich und England verbreitet war, war das Duell.[26] Im Jahre 1607 sollen in Frankreich 4000 Edelleute im Zweikampf gefallen sein. Das adlige Duell verstand sich als eine Wiederherstellung verletzter Ehre, artete aber im 17. Jahrhundert geradezu zu »einer durch gesellschaftliche Sitte aktivierten Form individueller Mordlust« des Adels aus, der seiner Funktion in der Gesellschaft verlustig zu gehen drohte.[27] Harte Sanktionen von seiten der Regierung begrenzten zwar die selbstzerstörerischen Wirkungen des Duells; es blieb aber noch lange das eigentliche Mittel zur Lösung von Ehrenkonflikten, auch wenn es später nur noch heimlich ausgeübt wurde.

Insgesamt waren also Mord und Totschlag an der Tagesordnung, entsetzten die Menschen relativ wenig. Man ging mit ebenso großer Grausamkeit gegen die Mörder vor, doch gab es bereits im 16. Jahrhundert auch Zweifel an der Wirksamkeit dieser Bekämpfung. »Das schlimmste ist, daß, obwohl die Justiz gegen Diebe und Mörder hart zugreift, so daß man täglich sehen muß, wie gehenkt, geviertelt, gerädert und gefoltert wird, man trotzdem nur von Raub, Mord und Totschlag reden hört, so daß man sagen kann, diese Art von Justiz diene in Frankreich nicht ihrem eigentlichen Zweck, durch Bestrafung der einen den anderen ein Beispiel zu geben.«[28]

Alltäglicher als die schweren Delikte waren Betrügerei, Schwindel, Falschspielerei, Urkundenfälschung und Falschmünzerei. Vor allem im Zusammenhang des sukzessiven Wandels vom Natural- zum Geldhandel auf dem Lande und der steigenden steuerlichen Belastung wuchsen Übervorteilung und Betrug. Die Versuche der Territorien, allen Handel außerhalb der lizenzierten Märkte zu verbieten, die Preispolitik der Zünfte zu unterstützen, die Kauf- und Verkaufspraxis zu regulieren und schriftlich fixierten Normen zu unterwerfen, die Preise für Lebensmittel und Gewerbeartikel festzuschreiben und einer landesfürstlichen Kontrolle zu unterwerfen, galten nicht nur merkantilen Interessen, sondern auch dem Wunsch, allgemeine Mißbräuche und Betrügereien aller Art auszuschalten, sowohl zum Schutz der Interessen des Landes wie der Bevölkerung. Die vielen Polizeiordnungen der frühen Neuzeit dokumentieren einen ersten Versuch, hier eine den neuen Verhältnissen angepaßte Ordnung zu schaffen. Die als Eingriffe in private Belange denunzierten Verordnungen waren tatsächlich Ausdruck eines Bemühens, mit den alltäglichen Problemen von Wucher und Betrügereien fertigzuwerden.[29]

Ebenso als Eingriffe in private bzw. häusliche Angelegenheiten gelten auch Bestrafungen von Delikten, die anderen keinen unmittelbaren Schaden zufügten, aber eine Verletzung der Moral- und Sittenordnung darstellten: Es waren sowohl Zauberei, Ketzerei, Unglauben und Gotteslästerung wie auch Ehebruch, Bigamie, außereheliche Sexualität und Unzucht. Es gab keine Trennung von privat und öffentlich, von Denken und Handeln. Entsprechend dem Selbstverständnis des Fürsten als Hausvater und der Unterstellung von Sitte und Denken unter die Normen des Christentums wurden abweichende Gesinnungen im Bereich des Glaubens wie der Sitte ebenso bestraft wie Diebstahl und Mord. So etwa bedeuteten Ehebruch und Unzucht nicht nur Verletzung traditioneller christlicher Moral, sondern der Eigentumsrechte des Hausherren bzw. Abkehr von der öffentlichen Ordnung. Mit der reformatorischen Bewegung setzte eine rigide, aber wenig erfolgreiche Bekämpfung von Ehebruch und Unzucht ein. Seit Mitte des

16. Jahrhunderts wurde über die moralische Verurteilung hinaus Unzucht auch in nicht-calvinistischen Gegenden bestraft. Das Volk allerdings wehrte sich lange gegen die Kriminalisierung der vor- und außerehelichen Sexualität wie auch der Prostitution, zumal zu jener Zeit Eheschließungen weitestgehend von den Besitzverhältnissen bestimmt waren.[30]

Schwere, Mord und Diebstahl vergleichbare Delikte waren Zauberei, Hexerei, Gotteslästerung, Ketzerei und Unglauben. Sie wurden noch rigider bekämpft als weltliche Verbrechen. Diese geistlichen Delikte wurden bereits vor der Reformation streng verurteilt, aber nirgendwo setzte sich der kirchliche Reformgeist so hart durch wie bei der Bekämpfung von Unglauben, Ketzerei und Zauberei. Dabei ging es im Fall der Hexerei nicht nur um Bekämpfung von abergläubischen Praktiken und Abwehr von Malefizien, sondern um die Bekämpfung antichristlichen Verhaltens, einer antichristlichen Verschwörung, durch die sich nicht nur die Kirche bedroht fühlte, sondern auch der frühmoderne Staat, der überhaupt jedes Dissidententum als Gefahr betrachtete.

Der Vielzahl der Verbrechen in der frühen Neuzeit entsprach eine grausame Bestrafungspraxis. Katholische und protestantische Länder unterschieden sich darin kaum, in vielem war die Härte calvinistischer Richter größer als z.B. die der griechisch-orthodoxen in Rußland, doch andererseits fand eine Humanisierung der Strafen eher in reformierten Ländern statt als in katholischen. Das Gerichtswesen war allerdings noch lange nicht so ausgebaut, daß man aller Verbrecher und Betrüger oder auch Ketzer und Gotteslästerer habhaft werden konnte oder alle Einwohner einer Stadt bzw. eines Dorfes überwachen konnte. Auch die heterogenen ständischen Interessen verhinderten ein wirkungsvolles und gleichmäßiges Durchgreifen der polizeilichen Gewalt. Das sehr differenzierte Strafsystem der frühen Neuzeit diente verschiedenen Aufgaben.[31] Im Sinne der neuen staatlichen Ordnung mußten alle Verbrecher verfolgt werden, nur mit harten Strafen meinte man Ruhe und Ordnung herstellen zu können. Kein Land verzichtete darauf, die drakonischen Strafen zur Abschreckung öffentlich zu vollziehen. Wie problematisch diese Praktik war, bezeugen bereits kritische Stimmen des 16. Jahrhunderts.[32] Das harte Vorgehen des Staates provozierte nicht selten entsprechende Reaktionen. Räuber z.B. verfuhren mit ihren Opfern nicht anders als die staatlichen Richter. Als zweiter Hauptzweck neben der Abschreckung wurde die Darstellung der Staatsmacht für die Untertanen betrachtet. Die harte Strafpraxis enthielt eine demonstrative Zurechtweisung jeder Herausforderung an die fürstliche Obrigkeit und an Gott. So sind die Strafpraktiken weniger als eine Folge von Rechtstheorien zu betrachten denn als ein Kapitel der ›politischen Anatomie‹.[33] Die neue Strafgewalt des Staates konnte partiell alle Stände treffen, doch vorrangig war sie ein Züchtigungsmittel der Unterschichten.

Jeder Straftat entsprach eine bestimmte Strafe, sie war zwar der Willkür der Richter entzogen, da sie zusehends schriftlich fixiert wurde, bezog ihre Begründung aber noch aus einem symbolisch-religiösen Ordnungszusammenhang, in dem noch viele magische Vorstellungen eingebunden waren. Nicht die Besserung des Delinquenten war das Ziel der Bestrafung, sondern die Wiederherstellung der Ordnung (Zuchthaus-Arbeitshaus) und Abschreckung des Volkes. Die meisten Strafen waren körperliche Strafen. Freiheitsstrafen waren unbekannt. Zwar gab es Gefängnisse, aber nicht als Dauerinstitution, sondern zur vorübergehenden Verwahrung bzw. für die Folter. Die kleinsten Delikte wie die Verletzung der Ehre von Mitbürgern, kleine Betrügereien, unzüchtiges Verhalten, Verletzung von Dorf- oder Stadtordnungen wurden mit Geldbußen bestraft. Sie wurden für einen beträchtlichen Teil aller Delikte verhängt, nicht zuletzt weil sie nicht unerhebliche Summen für den Fiskus abwarfen. Die Richter und Schergen lebten in der Frühphase des Gerichtswesens weitgehend von diesen Strafgeldern, die so die Permanenz der Kontrolle des Landes wie die Belohnung der zahlreichen Denunzianten ermöglichten. Schwerwiegender im öffentlichen Bewußtsein waren die Ehrenstrafen wie die Strafgeige, der Pranger, öffentliche Prügel oder das Abschneiden der Haare; sie wurden bei Unzucht, Ehebruch, Betrug und Ehrendelikten verhängt und verletzten die Ehre des Delinquenten, ohne sie ihm allerdings vollends zu nehmen. Die Straftäter blieben Mitglieder der Gemeinde. Oft waren die Ehrenstrafen verbunden mit Geldbußen. Einschneidender und für die Ehre des Verbrechers verhängnisvoll war die Dorf-, Stadt- oder Landesverweisung. Diese häufig verhängte Strafe bedeutete den sozialen Abstieg bzw. sogar Untergang, sie traf vor allem begnadigte Diebe und Gotteslästerer, Bettler oder Landstreicher. Ebenso entehrend war das Brandmarken von Dieben und Bettlern; es bedeutete ebenso Ausschluß aus der Gesellschaft wie die eigentlichen körperlichen Strafen und Verstümmelungen, die oft in Verbindung mit anderen Strafen einhergingen: Abschlagen der Hand oder der Schwurfinger für Verletzungen der Gemeindeordnung, das Abschneiden der Zunge oder der Ohren bzw. das Ausstechen der Augen als Strafen für Verbrechen mit der Zunge, den Ohren oder den Augen. Todesstrafen wurden häufig umgewandelt zu Zwangsarbeit in Eisen und Ketten, beim Festungsbau oder im Steinbruch sowie in eine Verurteilung zum Kriegsdienst.

Vor allem im Krieg gegen die Türken wurden viele Kriminelle eingesetzt. Schließlich gab es noch die Galeerenstrafe, die ganz einer Hinrichtung glich, da es eine Befreiung kaum gab.

Die Hinrichtung selbst war unter den strengen Strafen die häufigste: Zwischen 1573 und 1607 wurden in Nürnberg von 706 Personen, die dem Henker übergeben waren, 345 am Körper bestraft und 361 hingerichtet.[34] Dem Tod verfielen einmal Ketzer und Hexen, Ehebrecher und Kindsmörderinnen, andererseits Räuber und Mörder, aber auch Verräter und politische Gegner (Rebellen). Für die Form der Hinrichtung hatte die frühe Neuzeit in der Nachfolge des Mittelalters eine reiche Phantasie entwickelt, Folter und körperliche Verstümmelung waren zumeist damit verbunden. Wenn diese erst nach dem Tod erfolgten, galt das als Strafmilderung. Unterschieden wurden auch Strafen für Männer und Frauen. Männer wurden in der Regel enthauptet, erhängt oder gerädert, was als besonders schmerzhaft galt und der Vierteilung gleichkam. Frauen wurden verbrannt oder ertränkt. Lebendiges Begraben und Pfählen gab es nur noch selten. Die magische Rolle der Strafe trat hinter ihrer Funktion als Abschreckung zurück.

Das Verhältnis von Hinrichtung und Auspeitschung zeigt das Beispiel von Breslau. Zwischen 1609 und 1740 wurden 338 Personen, davon 313 Männer, öffentlich ausgepeitscht, während 304 Todesurteile vollstreckt wurden, unter ihnen 63 Frauen, davon allein 30 Kindsmörderinnen. 30 Verbrecher wurden mit dem Strang gerichtet, 162 enthauptet, 23 gerädert, 2 geviertelt, der Rest wurde ertränkt oder verbrannt, allerdings zumeist nach der Enthauptung.[35] Zur Hinrichtung gehörte die Öffentlichkeit. Die Strafen variierten allgemein nach Straftat, sozialer Stellung und regionaler Rechtstradition, alle aber waren Element einer Dramaturgie der politischen Macht, um die Vergeltung aller Vergehen zur Abschreckung des Volkes in Szene zu setzen.

Grausamer noch als die peinlichen Strafen war die Folter, heute Inbegriff der feudal-absolutistischen Strafpraxis, die nicht primär als Strafe diente, sondern der Überführung eines Verdächtigen, der Wahrheitsfindung also. Die Folter war eine alte Institution, die sich im Zuge der Durchsetzung des Inquisitionsverfahrens im Spätmittelalter verbreitete, als die Verbrechensverfolgung vom geschädigten Ankläger auf den Staat bzw. die Obrigkeit überging, die nun nicht mehr als Schiedsrichter, sondern als Souverän der Strafgewalt fungierte. Ihre rigorose Anwendung fand die Folter im 16. Jahrhundert.[36] Die Gerichte konnten nämlich einen Verdächtigen nur bestrafen, wenn er durch zwei Augenzeugen seiner Tat überführt oder selbst geständig war, was gegebenenfalls durch Folter, Tortur, Marter bzw. die peinliche Befragung erreicht werden mußte, zumal das Geständnis als zuverlässiger galt als die Zeugenaussage. Neben der unmittelbaren Beweisführung diente die Folter der Erpressung von Namen weiterer Mitwisser und Mittäter, wie zahlreiche Prozesse gegen Rebellen, Mörder und Hexen zeigen. »Die Folter ist nicht die entfesselte Tortur der modernen Verhöre. Sie ist zwar grausam, aber nicht maßlos. Es handelt sich um eine geregelte Praxis, die ein genau definiertes Verfahren darstellt. Augenblicke, Dauer, Instrumente, Länge der Seile, Schwere der Gewichte, Zahl der Keile, Eingriffe des verhörenden Beamten – all das ist in den einzelnen Gewohnheitsrechten sorgfältig kodifiziert. Die Folter ist eine Gerichtsprozedur mit strengen Spielregeln, die über die Inquisitionstechniken hinaus an den alten Prüfungen im Anklageverfahren anknüpft: Unschuldsproben, Kampfgerichte, Gottesurteile; zwischen dem Richter, der die Folter anordnet, und den gefolterten Verdächtigen wird gewisserweise noch ein Zweikampf ausgetragen.«[37] Oft reichte zum Bekenntnis das Vorzeigen der Marterwerkzeuge, der Daumen- und Beinschrauben, der Folterleiter, des spanischen Bocks und des Schwitzkastens. Die Art der Folter, wenn der Delinquent noch nicht geständig war, war genau vorgeschrieben, in der Regel gab es drei Grade, wobei der dritte Grad der grausamste war, den kaum jemand lebend überstand. Wie die Folter allerdings angewandt wurde, »oft oder wenig, hart oder linde«, lag weitgehend im »Ermessen eines guten, vernünftigen Richters«.[38] Das Ritual der Folter war grausam, die meisten Angeklagten wurden geständig oder überstanden sie nicht, obwohl man zu vermeiden suchte, daß der Delinquent starb, wahnsinnig wurde oder Selbstmord beging, da dann die öffentliche Hinrichtung hinfällig wurde. Es gab zwar Stimmen, die zur Vorsicht mit der Folter rieten, aber kaum einer lehnte die Folter an sich ab, zumal das, was im Dunkel der Folterkammer ohne Zeugen und ohne Rechtsbeistand im Namen der Wahrheitsfindung vorging, wenigen bekannt war. Wie die Ehrenstrafen, körperlichen Strafen und die Hinrichtung gehörte die Folter zum Ritual herrschaftlicher Strafpraxis, die jeden, der sich der Herrschaft und ihrer Ordnung widersetzte, politisch oder sozial bedrohte bzw. einschüchterte. Der unmittelbare Erfolg der Folter war bei der allgemeinen Kriminalitätsbekämpfung sicherlich ebenso gering wie der der peinlichen Strafen, aber die Allgegenwart des Staates wurde eingeprägt, was deshalb besonders wichtig war, weil der Staatsapparat de facto zur völligen Überwachung nicht ausreichte.

Höhepunkt des staatlichen Strafrituals war die öffentliche Hinrichtung. Sie variierte sehr stark in der Form, häufig gingen ihr noch peinliche Strafen voraus, die wieder einem strengen Ritual

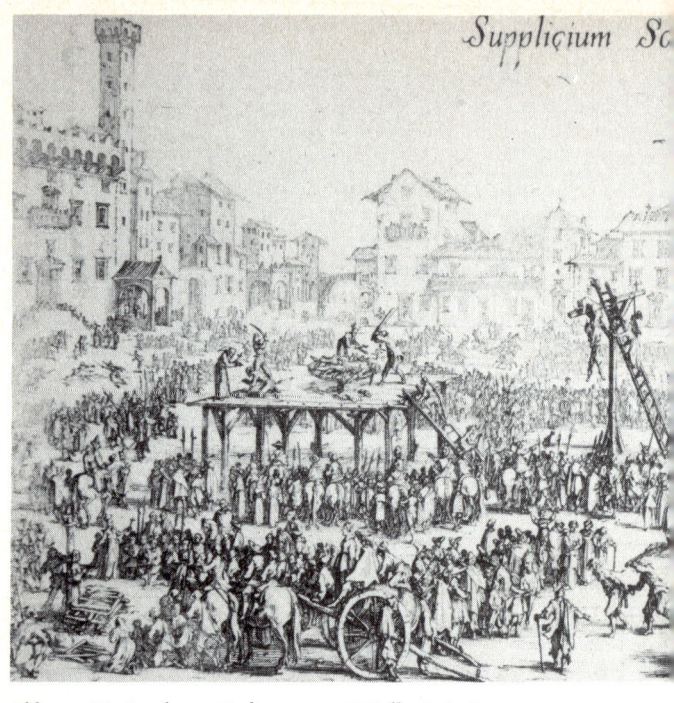

Abb. 19: *Die Strafarten.* Radierung von J. Callot (1634)

unterworfen waren. Dabei war das subjektive Leiden des Verurteilten nicht entscheidend, sondern die Sichtbarkeit für den Zuschauer. Als öffentliche Zurschaustellung der staatlichen Macht
mußte die Straftat mit aller Grausamkeit gerächt werden – selbst
bei Begnadigungen mußten die vorgesehenen Martern zumindest
noch am Leichnam vollzogen werden. »Am Körper des Übeltäters
sollte allen die entfesselte Gewalt des Souveräns spürbar gemacht
werden. Nicht Gerechtigkeit, sondern die Macht wurde durch die
Macht wiederhergestellt.«[39] Die Marter des Körpers des Verurteilten bis zum Tode war die eine Seite des Hinrichtungsrituals, die
andere Seite war ihre Öffentlichkeit, die Beteiligung des Volkes an
der Hinrichtung, wie sie von Volk und Obrigkeit gleicherweise
begehrt wurde. Demonstrierte die Herrschaft in diesem Schauspiel
ihre Macht, so achtete das Volk als Zeuge streng auf die Einhaltung
des Rituals. Wurde es durch irgendeinen Vorfall verletzt, so

konnte es geschehen, daß das Volk eingriff und sich zugunsten des Delinquenten empörte. Die öffentliche Wirkung der Hinrichtung konnte so auch in recht unerwartete Bahnen laufen.

Soziale Ausgrenzung: Marginalität und Unehrlichkeit
Die sozial-kulturelle Ausgrenzung war ein Signum der sich verfestigenden ständischen Gesellschaftsordnung, gewisserweise die Kehrseite der Verhöflichung der Gesellschaft, die nur den Personen Ehre zuteil werden ließ, d. h. sie als vollwertige Mitglieder der Gesellschaft akzeptierte, die über Besitz verfügten, einem Haushalt angehörten oder unter dem Schutz eines Herrn standen. Ausgrenzungsprozesse kannte bereits das Mittelalter, doch die Stigmatisierung gesellschaftlicher Randgruppen, die ständisch nicht mehr integrierbar waren, erreichte erst in der nachreformatorischen Zeit ihren Höhepunkt. Das Schicksal der Betroffenen

war es nicht nur, vom steigenden Wohlstand der Stände ausgeschlossen zu sein, oft nicht einmal ein Haus zu besitzen und damit konstant vom Untergang bedroht zu sein, sondern darüber hinaus als unehrlich zu gelten, d.h. als ehr- und rechtlos Gewalt und Ächtung preisgegeben zu sein. Beide Aspekte der sozialen Ausgrenzung, die Pauperisierung und Ehrlosigkeit der Randgruppen, bedingen einander.

Der Grad der sozio-kulturellen Ausgrenzung war freilich je nach Ansehen und Vermögen abgestuft, die Welt der Randgruppen war ebenso hierarchisiert wie die ständische Welt. Am Rande der ständischen Gesellschaft standen vor allem Arme, Kranke und zum Teil auch die Frauen. Es bedurfte oft nur geringer Vorfälle oder sozialer Krisen zur völligen Ausgrenzung ganzer Gruppen. Alleinstehende Frauen, die es in zunehmendem Maße seit Ende des 16. Jahrhunderts gab, vor allem Bettlerinnen, Hebammen und Prostituierte, hatten es schwer, dem ständischen Patriarchalismus und seiner Rationalität, wie er in der frühmodernen Staatlichkeit zum Durchbruch kam, standzuhalten. Die ihnen zugeschriebene Unvernunft, Hysterie, Melancholie und unheimlich-magischen Kräfte wurden, solange sie nicht unter der Gewalt männlicher Ratio standen, als Bedrohung empfunden. Die Hexenverfolgung, die eine besonders rigide Form der Stigmatisierung war, traf vor allem solche Frauen.[40]

Von sozialem Ausschluß bedroht waren potentiell auch die Kranken. Traditionsgemäß oblag ihre Pflege den einzelnen Haushalten, Gemeinden oder den kirchlichen Spitälern. Krankheit, Krüppelhaftigkeit oder Irrsinn störten die Öffentlichkeit lange nicht. Aber nach der Aufhebung der Klöster und Spitäler, als zudem die Familienhaushalte zusätzliche Kostgänger kaum noch versorgen konnten, lagen viele Kranke, Krüppel und Geisteskranke auf der Straße. Ihnen drohte sozialer Ausschluß, der auch nicht aufgehoben wurde, als mit den ersten Krankenhäusern, die zu Anfang des 17. Jahrhunderts entstanden – so die Charité in Paris 1635 –, eine medizinische Bekämpfung der Krankheiten einsetzte. Jedenfalls wurde krank und gesund stärker geschieden als früher.[41]

Der Arme gehörte zunächst zum Bild jeder frühneuzeitlichen Gemeinde, er war schon allein als Empfänger von Almosen nötig, einer Grundtugend der Stände. Mit der starken Zunahme der Armen zu Ende des 16. Jahrhunderts setzte allerdings eine soziale Ausgrenzung ein, zumal Grenzen zum fahrenden Volk und zu kriminellen Gruppen kaum noch gezogen werden konnten. Armut galt offiziell nicht als diskriminierend, praktisch aber bedeutete sie eine Statusverminderung und Ausschluß vom politischen Leben, denn den Armen fehlte gerade das, was den ständischen Gruppen zu eigen war, die Repräsentationsfähigkeit.

Arme, Kranke und alleinstehende Frauen waren gefährdet, sie gehörten aber noch zur ständischen Gesellschaft. Wirklich ausgestoßen wurden ethnisch-religiöse Minderheiten wie Juden, Zigeuner und Moslems, dann religiös-politische Dissidentengruppen wie Täufer und Antitrinitarier, aber auch protestantische Minderheiten in katholischen Ländern wie umgekehrt katholische Kleinstgruppen in evangelischen Staaten, des weiteren vor allem die große Gruppe des fahrenden Volkes und der Bettler, der Gebrandmarkten und Opfer der Justiz, die »unehrlichen Leute« sowie schließlich das unehrliche Handwerk. Alle diese waren nicht nur gefährdet, sozial-kulturell ausgeschlossen zu werden, ihre partielle Kriminalisierung stempelte sie zu verfolgten Außenseitern der Gesellschaft. Der Ausschluß erfolgte aus höchst komplexen Motiven, die allerdings je nach Region und sozialer Situation unterschiedliche Relevanz besaßen. So tolerierten katholische Länder mehr als die evangelischen das Vagabundenwesen, während umgekehrt das religiöse Außenseitertum eher hier als dort geduldet wurde. Einerseits fühlte sich die etablierte Ständegesellschaft politisch und sozial durch eine Zunahme außerständischer Gruppen in der Weise bedroht, daß sie von ihnen Unruhe, Verbrechen und Aufstände befürchtete: Wer nicht integriert war, galt als Feind der Gesellschaft, als potentieller Rebell. Andererseits ließ ihre unehrliche Beschäftigung eine ausgegrenzte Gruppe als gefährlich erscheinen, weil man sie in Verbindung zu bestimmten magischen Praktiken sah, durch die sie sich für den Ausschluß an den »ehrbaren Leuten« rächen konnten. Das Weltbild dieser Ausgegrenzten unterschied sich als Folge der Marginalisierung wesentlich von der offiziellen Religion und Ratio der Stände. Es ist nicht zuletzt der reformatorischen Bewegung sowie der katholischen Gegenreformation zuzuschreiben, daß die Grenze zwischen ehrbar und unehrlich, normal und unnormal, ordentlich und unordentlich, vernünftig und dumm, sauber und unsauber, vor allem christlich und abergläubisch verstärkt zur Absetzung der ehrbaren Stände von unterständischen und außerständischen Gruppen führte.

Ethnische Minderheiten mit Ausnahme der Juden waren im Mittelalter wenig bedroht. Auch die großen Judenpogrome waren weitgehend vorbei, als die frühmoderne Staatlichkeit ihre soziale Ordnung und konfessionelle Einheitlichkeit propagierte. Die letzten großen Judenverfolgungen fanden in Spanien statt, wo nach 1492 über 150 000 Juden den Empfang der Taufe verweigerten und nach Mittel- und Osteuropa zogen. Aber mit dem Ende der Pogrome erfolgte noch keineswegs eine Integration der Juden, im Gegenteil, ihre Diffamierung und Kriminalisierung war und blieb ein Moment der frühmodernen Gesellschaft. Außer in Holland, wo die Juden relative Freiheit erlangten, lebten sie überall abgeschieden von den Dorf- oder Stadtgemeinden in Ghettos, nur bedingt geschützt von der Obrigkeit. Ihre fremde Religion und Sprache einerseits und die verfemte ländliche Krämertätigkeit machten sie zum Prototyp des Außenseiters. Selbst Familien, die über Generationen an einem Ort ansässig waren, korrekt alle Steuern zahlten und sich nichts zuschulden kommen ließen, blieben isoliert und rechtlich ungeschützt, auf die Ausübung weniger Berufe beschränkt und ohne nachbarliche oder freundschaftliche Kontakte. Die Landesordnungen zeigen, wie hartnäckig sich bei Volk und Obrigkeit das Bild vom arglistigen Juden, vom »nagenden und schädlichen Würm, der dem gemeinen Nutz beschwärlich, die Armen mit ihrem schandlichen Gesuch und Wucher wider Gottes Befelch und Ordnung in Verderben und Sterben richtet«.[42] Genossen die Juden aber auf Grund ihrer finanziellen Potenz und Zivilisation noch gewissen Schutz durch die Obrigkeit, so galten die im 15. und 16. Jahrhundert in Europa auftauchenden Zigeuner von Anfang an als vogelfrei.[43] »Die Heiden oder Zigeuner sollen nicht gelitten, geduldet oder vergleidt werden, sondern, wo sie betreten und jemand mit der Tat gegen sie handeln würd, der sol daran nicht gefrevelt noch unrecht getan haben«, heißt es in der Polizeiordnung von Jülich-Berg 1558.[44] Die Zigeuner galten im 16. bis 18. Jahrhundert als Heiden, doch nicht dadurch allein, sondern durch ihr nomadenhaft-primitives Leben wie auch ihre abergläubisch-magischen Vorstellungen fühlten sich die Westeuropäer bedroht. Sebastian Münster schreibt: »Man hat es wol erfahren, daß diß elend Volck erboren ist, in seinem umbschweiffen ziehen, es hat kein Vaterlandt, zeucht also müßig im Landt umbher, ernehrt sich mit stelen, lebt wie ein Hund, ist kein Religion bey ihnen, ob sie schon ihre Kinder unter den Christen lassen tauffen. Sie leben ohne Sorg, ziehen von einem Landt in das ander ... Es ist ein seltsams und wüst Volck, kan viel Spraache und ist dem Bawersvolck gar beschwerlich.«[45] Die Zigeuner standen wie die Juden außerhalb der ständischen Gesellschaft. Nicht selten lebten sie zusammen mit anderem fahrenden Volk, sie tauchten auf allen europäischen Jahrmärkten auf, fanden sich nicht selten unter Räuberbanden und anderem Gesindel. Ihre Kultur war den Europäern noch fremder als die der Juden.

Anders war die Lebenssituation der maurischen Bevölkerung in Spanien, wo sie eine starke eigene Kultur hervorgebracht hatte und in Andalusien selbst nach der Eroberung von Granada 1492 noch eine Minderheit bildete.[46] Vom gesamtgesellschaftlichen Leben war sie ebenso ausgeschlossen wie die Juden. Obwohl der

Großteil sich (zumindest äußerlich) dem Christentum gebeugt hatte, hörte die Diskriminierung nicht auf, die Inquisition schürte im Gegenteil den Haß zwischen Christen und Moriscos, so daß es schließlich sogar zu einem Aufstand der heimlichen Moslems gegen die spanische Regierung kam. Die Mauren wurden zwar gewaltsam unterdrückt, aber durch die Umsiedlung und Verteilung der Moriscos über ganz Kastilien erreichten die rassischen und sozialen Konflikte einen derartigen Höhepunkt, daß die spanische Regierung 1609 kurzerhand beschloß, rund 150 000 Moriscos des Landes zu verweisen. Politische Befürchtungen über eine Bedrohung durch das Osmanische Reich verschärften nur den gegenreformatorischen Kampf gegen alle nicht katholischen Gruppen in Spanien.[47]

Vielleicht noch problematischer gestaltete sich das Leben von Menschen und Gruppen, die sich in ihrem Glauben dem Konfessionalisierungsdruck der Länder nicht beugten. Diese religiösen Dissidenten sonderten sich allerdings nicht allein durch ihre Ablehnung des neuen Konfessionalismus in seiner Orthodoxie und Staatsgebundenheit ab, sondern auch durch ihr Sendungsbewußtsein, ihren Moralismus und alternativen Lebensstil, der sich grundlegend von dem der Ständegesellschaft unterschied.[48] Der religiöse Separatist, der nur dem Gebot seines Glaubens folgte, wurde im Zeitalter der Gegenreformation zum typischen Außenseiter der frühneuzeitlichen Gesellschaft, denn nicht äußere Merkmale, soziale Herkunft oder bestimmte Tätigkeiten deklassierten ihn, sondern seine ›hochmütige‹ Ablehnung der staatlich gebilligten Lebensformen. Wenn die Obrigkeiten in einer derartig radikalen Separation »Zerrüttung und Untergang des gemeinen nutzens aller guter policei, der natürlichen und gesetzten rechten, auch aller erbarkeit« sahen,[49] so entspricht dem, daß jede Politisierung religiöser Botschaften als Aufruhr deklariert wurde. Dissidentengruppen hatten sich im Zuge der Reformation in allen Ländern Europas gebildet, Überlebenschancen hatten sie aber letztlich nur in nordeuropäischen Ländern, in denen die Reformation einen ersten Freiraum persönlicher Entscheidung erkämpft hatte. So konnten sich in England und Holland manche separatistischen Gruppen behaupten und sogar einen maßgeblichen Anteil an der intellektuellen Kultur dieser Länder nehmen. In südeuropäischen Ländern dagegen wurden alle reformatorischen Gruppierungen von der Inquisition vernichtet. Eher konnten sich in Spanien und Italien Juden halten als Protestanten. Soweit sie nicht kriminalisiert und zerrieben wurden, mußten sie ein Leben außerhalb aller sozialen Kontakte zur ständischen Gesellschaft führen.

Sie standen außerhalb des offiziellen Rechts und waren im weitesten Sinn heimatlos.

Unter den zahllosen Dissidentengruppen, die sich im Zuge der Reformation entwickelt und eine breite religiöse Kultur entfaltet hatten, aber rasch unterdrückt und im 17. Jahrhundert schließlich fast vernichtet wurden, seien vor allem die Täufer und Sozinianer genannt, zumal sie zwei für das 17. Jahrhundert typische Wege der Weigerung aufzeigen. Beide Gruppen wurden aufs härteste verfolgt. Die Täufer, religiöse Gemeinden von letztlich kleinen Leuten in Stadt und Land, wurden vor allem nach dem Aufbruch des Täuferreichs zu Münster als aufrührerische Sekte verurteilt, alle Wiedertäufer, »die aus diesem mutwilligen, verführigen und aufrührigen irrsal und sect, den oberkeiten nicht huldigen und schwören oder gar kein oberheit erkennen wöllen«, sind nach dem Reichsabschied von Augsburg 1551 »vom natürlichen leben zum tod mit feuer, schwerd oder dergleichen nach gelegenheit der person ohne vorgehende der geistlichen richter inquisition« zu richten.[50] Obwohl sie nur streng ihrem Glauben leben wollten, wurden die Täufer allenthalben unterdrückt, nur Reste in den Gemeinschaften der Hutterer und Mennoniten konnten sich durch völlige Zurückgezogenheit retten.[51] Das gleiche Schicksal erlitten die Sozinianer, eine letztlich intellektuelle Bewegung von antitrinitarischen Theologen, die aus Italien vertrieben, kurzfristig in Polen weite Verbreitung fand. Die Sozinianer leugneten die Gottheit Jesu und waren ähnlich den Täufern Pazifisten, traten für die Gleichheit aller Menschen ein und lehnten die feudale Sozialverfassung ab, ohne aber selbst eine eigene Gemeindeorganisation auszubilden. Wurden die Täufer als Aufrührer verfolgt, erlitten viele Antitrinitarier den Martyrertod als Gottlose, allen voran Servet, dessen Hinrichtung Calvin befürwortet hatte. Täufer wie Sozinianer wurden nicht nur von Katholiken, sondern ebenso von Protestanten verfolgt. Im polnischen Rakow fanden die Sozinianer ihr gelehrt-religiöses Zentrum. Die Gegenreformation zerstörte die Bewegung aber bereits 1638;[52] schon 1622 mußten auch die täuferischen Hutterer Mähren verlassen. Wer im 16. und 17. Jahrhundert die religiösen Zustände kritisierte und sich weigerte, sich dem neuen Staatskirchentum zu unterwerfen, mußte damit rechnen, als Täufer oder Sozinianer verdächtigt zu werden und den Tod zu finden. Keine soziale Gruppe erlag de facto so ausnahmslos der Strafgewalt der frühmodernen Staaten wie die religiösen Dissidenten und Nonkonformisten.

Ausgesperrt von der ständischen Gesellschaft waren auch Gruppen, die durch ihren sozialen Status als Vagierende, Bestrafte oder unehelich Geborene gebrandmarkt waren.

Unehelichkeit war im 16. Jahrhundert ein weitverbreitetes Phänomen. Im 17. Jahrhundert sank der Anteil jedoch wieder beträchtlich. Es gab zwar uneheliche Kinder des Adels und der Bauern, die versorgt wurden oder sogar den Stand des Vaters erhielten, aber in der Regel waren uneheliche Kinder nicht erbberechtigt, hatten keinen Zugang zu ständischen Berufen, d. h. galten als unehrlich, ja selbst die Kirche sperrte sich seit ihrer verstärkten Kampagne für den Zölibat nicht nur gegen die Aufnahme von Unehelichen in den kirchlichen Dienst, sondern diskreditierte die Unehelichen als Kinder der Unzucht, so daß ihre Stellung in der frühneuzeitlichen Gesellschaft schlechter wurde als vor der Reformation. Bei allen regionalen Unterschieden und Diskrepanzen zwischen offizieller Norm und gesellschaftlicher Praxis war die eheliche Geburt die wichtigste Voraussetzung sozialer Anerkennung und sozialen Aufstiegs.[53] Die Ehrlichkeit des Handwerks etwa gründete wesentlich auf der Ehelichkeit seiner Mitglieder. Ebenso marginalisiert waren die von öffentlichen Gerichten bestraften Personen, sofern sie durch den Henker körperlich gebrandmarkt waren. Dadurch waren sie in der Regel ausgestoßen aus der ständischen Ordnung, mußten ihren Beruf aufgeben und oft ihren Heimatort verlassen, ohne Chance, anderswo Ehre und Arbeit zu finden. Vor allem war es die Berührung mit einem Scharfrichter, die »unehrlich« machte. Von Bettlern war schon die Rede. Nicht die Hilfsbedürftigkeit an sich war schändlich, aber das Betteln und Umherziehen machte ehrlos. Da Bettler zudem im Ruf des Müßiggangs und der Landstreicherei, wenn nicht sogar der Kriminalität standen, wurden sie wie straffällige Landstreicher behandelt. Einen fremden Bettler aufzunehmen oder gar zu heiraten war entweder überhaupt strafbar oder machte ehrlos. Regionale Rechtsgewohnheiten unterschieden sich hier allerdings stark. Außerhalb der Gesellschaft stand nicht zuletzt auf Grund seines sozialen Status auch das fahrende Volk, die seit dem Mittelalter in ganz Europa bekannte vagierende Gesellschaft der Spielleute, Gaukler, Tierbändiger, Taschenspieler, Seiltänzer und Akrobaten, Sänger und Musikanten. Nirgendwo wird die Zwiespältigkeit der Ausgrenzung deutlicher als hier: Einerseits sind diese Leute unbeliebt, erhalten keine Durchreise- oder Aufenthaltsgenehmigung, andererseits fehlen sie auf keinem Jahrmarkt oder Kirchweih, keiner mochte sie bei öffentlichen Festen in Stadt und am Hof missen. Sicherlich war es weniger das Volk, das den Fahrenden feindselig gegenüberstand, so sehr man auch näheren Kontakt vermied, als die staatlichen Obrigkeiten, die hier potentielle Unruhestifter und Betrüger sahen, vor denen die Untertanen geschützt werden mußten. Von dem Ruf der Ehrlosigkeit blieben lange auch die bekannten Schauspielertruppen der frühen Neuzeit nicht verschont, deren Mitglieder ja oft aus dem fahrenden Volk stammten. Erst in dem Maße, wie die höfische Gesellschaft sie privilegierte, fanden sie – jedoch unter gleichzeitigem Verlust der Volksnähe – gesellschaftliche Anerkennung, ohne daß die Schauspieler und ihre Kinder allerdings in der ständischen Gesellschaft aufsteigen konnten. Es ist bezeichnend für die kulturelle Situation der frühen Neuzeit, daß erst mit der Organisierung und schulischen Ausbildung von Schauspielern und Musikern entweder im Rahmen des Hofes oder der Kirchen ihr sozialer Status sich besserte.[54]

Eine Sondergruppe bildeten schließlich diejenigen, die auf Grund einer bestimmten Tätigkeit unehrlich wurden, obwohl auf sie kein Dorf und keine Stadt verzichten konnten. Sie hatten kein Recht auf zünftischen Zusammenschluß, konnten kein Bürgerrecht erwerben, ihre Kinder durften nur wieder in Außenseitergruppen heiraten, und in manchen Fällen war schon allein der Umgang mit ihnen entehrend. Ausmaß und soziale Konsequenz dieser Unehrlichkeit waren je nach Region sehr unterschiedlich. In der Regel bestimmte das Dorf oder die Stadt selbst den Ausschluß, die Unehrlichkeit war im Zuge der Organisierung des zünftischen Handwerks im Mittelalter entstanden. Die Obrigkeit sanktionierte zwar diese Ordnung, versuchte aber immer wieder, die rigide Haltung gegenüber unehrlichen Berufen zu lockern, um so das Anwachsen des Bettel- und Vagantentums zu hindern, ein Hauptproblem ihrer Sozialpolitik.[55]

Es ist heute nicht mehr klar einsehbar, warum Bader, Leinweber, Müller, Schäfer, Töpfer und Gerber zu den Unehrlichen zählten, zumal ihre Tätigkeiten unverzichtbar waren. Soziale und magisch-religiöse Gründe spielten gleicherweise eine Rolle. Müller, Schäfer und Töpfer lebten in der Regel außerhalb des eigentlichen Dorf- bzw. Stadtverbandes, der Gerber hatte mit totem Vieh zu tun, Schäfer und Hirten waren als Heilkundige geschätzt wie gefürchtet, ebenso die Bader, die für den schweren Aderlaß wie für Heilpraktiken zuständig waren.[56] Auch das Bad selbst, eine bis ins 17. Jahrhundert selbstverständliche und von jedermann besuchte Einrichtung, dürfte als Ort einer von Obrigkeit und Zünften unkontrollierten Belustigung in zweifelhaftem Ruf gestanden haben. Wenn weiterhin Totengräber, Nachtwächter, Türmer, Gassenkehrer und Schornsteinfeger zu den unehrlichen Leuten zählten, so leitete sich dies von ihrer entehrenden Tätigkeit ab, die entweder mit Schmutz verbunden war oder nachts ausgeübt wurde. Diese Gruppen hatten alle einen sozial niedrigen Stand, wurden aber nicht prinzipiell gemieden. Anders war es bei den Scharfrichtern (Henkern), Schindern (Abdeckern) und ihren Helfern. Hier war nicht nur die Tätigkeit entehrend, sondern der Umgang mit diesen Personen galt selbst als ehrenrührig.[57] So sehr ihre Hilfe in Krankheits- und Unglücksfällen gesucht wurde, weil sie über Wissen und angebliche zauberische Kräfte verfügten, wurden persönliche Kontakte öffentlich streng geahndet. Der Henker mußte dementsprechend sich durch Kleidung kenntlich machen und wie der Schinder außerhalb der Dorfgemeinschaft wohnen. Schäfer, Schinder, Scharfrichter und auch die Türmer bildeten gewisserweise die Parias der dörflichen bzw. städtischen Gesellschaft, sie blieben nicht nur im Reflex auf ihren Ausschluß, sondern auch aufgrund eines starken Eigenbewußtseins unter sich, beherrschten monopolartig ihr Geschäft und gründeten förmliche Dynastien.

Die Ausgrenzung der unehrlichen Berufe ist seit dem Mittelalter bekannt, neu ist seit dem 16. Jahrhundert, daß sie viel mehr Gruppen trifft und als bewußtes Kampfmittel der unter ökonomischen Druck geratenen ehrlichen Handwerker eingesetzt wird. Sie steht jedenfalls in enger Beziehung zur Verhärtung der Zunftverfassung und dem verschärften Kampf der Handwerker um Marktanteile, die seit dem 17. Jahrhundert zunehmend dem Konkurrenzdruck der außerzünftischen Betriebe ausgesetzt sind.

IV. VOLKSKULTUR UND ADELSKULTUR

Mit dem im Spätmittelalter und verstärkt in der frühen Neuzeit einsetzenden Prozeß der Polarisierung gesellschaftlicher Gruppen und Stände entwickelte sich trotz des universalistischen Impetus der Reformation keine einheitliche, weder religiöse, individualistische, noch wissenschaftliche oder höfische Kultur – eine alle sozialen Gruppen und Klassen, Staaten und Kirchen umfassende ›Barock‹-Kultur hat es nie gegeben –, sondern entsprechend der sozialen Differenzierung höchst unterschiedliche kulturelle Formationen, die zunehmend einer Qualifizierung in ›höhere‹ und ›niedere‹ Kultur unterlagen und dadurch maßgeblich die sozialen Orientierungen in der europäischen Sozialgeschichte der frühen Neuzeit mitbestimmten.

Drei dominante kulturelle Entwicklungen lassen sich unterscheiden. Mit der Reformation (und Renaissance) brach die das Glaubens- und Weltanschauungsmonopol innehabende mittelalterliche Kirchenkultur zusammen. Es entledigte sich eine Laienkultur erstmals bewußt der Vormundschaft der Kirchen und ihrer Kleriker, zumindest in allen außerreligiösen Dingen, und besann sich in der Selbstdarstellung und sozialen Orientierung auf die ihrer Vernunft eigenen Fähigkeiten. Der Aufstieg sowohl des frühneuzeitlichen Staates wie der modernen kritischen Wissenschaften ist Ergebnis einer Säkularisierung, die zur Emanzipation weltlichen Handelns von kirchlich-religiöser Legitimation führte. Erstmals wurden scharfe Grenzen gezogen zwischen weltlicher und kirchlich-religiöser Kultur.[1]

Dann entstand auf dem Boden des städtischen Humanismus einerseits und der territorialstaatlichen Verwaltung andererseits eine neue Kultur einer ›früh‹-bürgerlichen Elite (Beamte, Kaufleute, Pfarrer), die ihr Selbstbewußtsein nicht mehr aus der ständischen Wertordnung bezog, sondern zunehmend aus wissenschaftlichen, künstlerischen oder religiösen Erfahrungen. Diese Kultur der Elite hob sich durch ihre Schriftlichkeit und rationalen Verhaltensmuster ab sowohl vom Volk wie der Adelsgesellschaft. Es gab zwar Verbindungen zwischen dieser Elite mit Klerikern und Adligen, aber ihre kulturelle Artikulation kennzeichnet eine wesentlich andere soziale Dimension.[2]

Schließlich kam es im 16. Jahrhundert zu einer zunehmenden Abgrenzung von Adelskultur, besser zu einer rigorosen Absetzung des Adels vom Volk, die konsequent zur Herausbildung der ›höfischen‹ Kultur führte.

Die Volkskultur, wie sie uns seit dem späten 15. Jahrhundert in einer Fülle von Ritualen, Gebräuchen, Geselligkeits- und Protestformen deutlich entgegentritt, war nicht Ausfluß und Ausdruck einer Unabhängigkeit von feudaler Herrschaft im Sinne politischer und kultureller Selbstbestimmung des Volkes – die hat es im Europa des 16. Jahrhunderts kaum noch gegeben, außer vielleicht in wenigen Gebirgsgegenden und an den Küsten. Alle Dorfbewohner und die städtischen Unterschichten waren mehr oder weniger integriert in regionale oder überregionale Herrschaftsverbände. Eine autonome Volkskultur, frei von herrschaftlichen Zwängen, hat es in der frühen Neuzeit ebensowenig gegeben wie eine ›archaische‹ Kultur, die sich bis ins 16. Jahrhundert im Volk erhalten hat, dann aber sukzessiv zerstört wurde.[3] Dennoch kann nicht geleugnet werden, daß einerseits politische Freiheiten im Denken und Handeln der Bauern eine große Rolle gespielt haben und andererseits weit zurückreichende eigene Traditionen bis in die Neuzeit virulent geblieben sind. Die Volkskultur, wie sie sich seit dem Spätmittelalter formierte, war das Produkt eines ›Kampfes‹ um einen kulturell-sozialen Freiraum innerhalb der grundherrschaftlich-ständischen Verbände und kirchlichen Organisationen, die dann auch von seiten der Herrn und Pfarrer, sei es um das Abgabesystem nicht zu gefährden, sei es weil sich beide in ihren kulturellen Formen noch wenig vom Volk unterschieden, toleriert wurde und im Zuge einerseits der gesellschaftlichen Verdichtung wie der Lockerung der feudalen Abhängigkeiten einen ›expressiven‹ Höhepunkt im 16. Jahrhundert erlebte.[4] Aber in dem Maße, wie der Adel sich vom sozialen Leben des Volkes löste, die frühmodernen Staaten und Konfessionskirchen besonders das Volk unter die ›neue Moral‹ stellten, sowie die Herrn, vor allem nach den Erfahrungen der Volksaufstände des 16. Jahrhunderts, in der Autonomie des Volkes eine politische und religiöse Gefahr erkannten, begann ein Kampf gegen die Lebensformen des Volkes. Die Bekämpfung der Volkskultur, wie sie in den vielen Verboten gegen Tanzen, Baden, Hochzeitsriten, Feste etc. zum Ausdruck kam, implizierte allerdings anfangs noch keinen Kampf gegen das ›Brauchtum‹ des Volkes schlechthin, sondern nur gegen dessen kulturelle Autonomie. Dementsprechend waren es anfangs auch mehr Pazifizierungsinteressen (gegen Aufruhrgefahr), ökonomische Gründe (Verschwendung von Gütern und Schulden) sowie Bekämpfung von Ketzerei (Hexenprozesse), die zu Eingriffen in die Volkskultur führten. Eine sittlich-moralische bzw. ästhetische Diffamierung der ganzen Volkskultur erfolgte erst mit der Vereinheitlichung und Disziplinierung der Territorialgesellschaft und der Herausbildung ›bürgerlicher‹ Moral.

Im Unterschied zur ›bürgerlichen‹ Kultur, wie sie sich in der Welt der entstehenden funktionalen Elite erstmals zeigte, war die Volkskultur der frühen Neuzeit einmal eine Kultur der Zeichen, Symbole, Rituale, die das ganze soziale Leben, Arbeit und Geselligkeit, Familie und Dorf, Kindheit und Alter, zur Sicherung der Nahrung wie zur Erhaltung der Ehre des einzelnen, der Familie und des Dorfes kollektiven, nicht schriftlich fixierten Normen und Regeln unterwarf und damit gerade das, was die bürgerliche Kultur ausmachte, nämlich individuelles rationales Handeln, ausschloß. Die Volkskultur läßt sich deswegen auch unter modernen Kategorien schwer fassen.

Zum anderen waren die Sitten und Gebräuche mehr als nur ein kultureller, letztlich verzichtbarer ›Überbau‹ ökonomischer Interessen, ebensowenig existierten sie unabhängig von der ökonomischen Praxis. Als die Art und Weise, das gesellschaftliche Leben zu organisieren, war die Volkskultur mit der alltäglichen Gestaltung der Arbeits-, Herrschafts- und Lebensverhältnisse untrennbar verbunden.[5]

So derb und unbekümmert, so zügellos und körperlich, unberechenbar und exotisch sich das Volksleben gab, so war es doch nicht bar jeder ›Rationalität‹. Allerdings gehorchten Sitten und Gebräuche nicht einer ›modernen‹ ökonomisch-sittlichen Logik, sondern sie entsprachen den Verhältnissen, unter denen das Leben des Volkes sich vollzog, eingebunden in Tradition und Arbeitswelt. Damit war die Volkskultur nicht Teil einer Freizeitkultur, die das Volk beliebig gestalten konnte und die der Erholung diente, sondern sie umfaßte die Zeit der Arbeit wie die ›Freizeit‹. Feste, Feiern und Spiele dienten nicht nur zur Erholung von der körperlichen Arbeit bzw. als Entlastung von herrschaftlicher Unterdrückung, sondern sie waren die zentralen Formen kollektiven Lebens und Handelns.

Die Volkskultur gründet weiterhin nicht auf von praktischem sozialen Handeln abgelöster intellektueller Tätigkeit und Schriftlichkeit. Zwar konnten einige Bauern und Handwerker lesen und selbst schreiben, doch war die Vernunft der Bücher dem Volk fremd. Die Vermittlungsformen des Volkes waren nicht-literarische, mündliche Überlieferungen, sinnliche Äußerungen, rituelle soziale Kommunikation und brauchmäßige Handlungen. Erkennen, Sprechen und Handeln waren nicht getrennt, Vernünftigkeit und Leidenschaftlichkeit, Vernunft und Aberglauben noch keine Gegensätze.

Schließlich war der Volkskultur eine eigene Religiosität zu eigen, die dem kirchlich organisierten Christentum gegenüber lange ihre Eigenständigkeit behauptet hat. Die Bräuche, Symbole und Rituale der Unterschichten waren nicht genuin christlich, sondern entsprechend der Erfahrungswelt in einem religiös-magischen Weltbild begründet. Der christliche Glaube war zwar dem Volk nicht in jeder Weise fremd, es hatte ihn aber in seiner Weise rezipiert, wie auch die Kirche ihrerseits viele Elemente der Volkskultur aufgenommen hat. So wie es Verbindendes zwischen Volks- und Adelskultur gab, gab es auch Entsprechungen zwischen dem Glauben des Volkes und der Glaubenspraxis der Kirche.[6]

Insgesamt stellt die Volkskultur eine eigenständige Kultur dar, die zwar aus der Tradition lebte, nicht aber Teil einer archaischen Welt war, sondern ihre Eigenart in der Auseinandersetzung mit der Arbeitswelt wie mit den kirchlichen und weltlichen Herrschaftsverhältnissen entwickelte.

Die Adelskultur der frühen Neuzeit entstand unter völlig anderen Bedingungen. Es gab zwar eine Reihe von Entsprechungen zwischen Volk und Adel, die sie beide latent gleicherweise abhoben von dem kulturellen Lebenszusammenhang der neuen gesellschaftlichen Elite, so die Ritualisierung des Lebenslaufs, die große Bedeutung von kostspieligen Festen und Spielen und die zentrale

Rolle von Repräsentation im Kleiderluxus, die ausgedehnte Geselligkeit mit üppigem Essen und mit Musik. Die Kultur des Adels besaß allerdings eine völlig andere Funktion als die des Volkes; sie war Ausdruck einer sozialen Vorrangstellung – dementsprechend waren ihre Mittel auch üppiger und theatralischer als die der Kultur des Volkes – und damit Attribut einer Herrschaftspraxis, die sich nicht länger unmittelbar und ausschließlich durch Gewalt und körperliche Unterdrückung manifestierte.[7]

Der Adel hatte bereits im Mittelalter eigene kulturelle Selbstdarstellungsformen entwickelt, doch hoben sie sich oft nur graduell von denen des Volkes ab. Volk und Adel lebten miteinander. Mit dem 15./16. Jahrhundert änderte sich dies grundlegend. Der Adel trennte sich zusehends vom Volk, als es ihm einerseits mit der ansteigenden Wirtschaftskonjunktur gelang, seine Wirtschaftserträge zu steigern und alle Überschüsse in die Repräsentation zu investieren, er sich andererseits von der unmittelbaren Verwaltung und Herrschaft seiner Güter zurückzog, sie Amtsleuten übertrug und sich immer mehr selbst auf eine rein kulturelle Repräsentation seiner Herrschaft beschränkte und damit einen eigenen neuen Stil des adeligen Lebens entwickelte. »Ihre Auftritte hatten viel von dem einstudierten Selbstbewußtsein des öffentlichen Theaters an sich. Man ließ das Schwert außer bei zeremoniellen Anlässen beiseite, aber die Kultivierung von Perücke und Puder, von geschmückter Kleidung und Stöcken, ja sogar eingeübten patrizischen Gesten und der Hochmut in Haltung und Ausdruck, alles war darauf angelegt, der Plebs Autorität darzustellen und ihr Ehrerbietung abzufordern.«[8]

Innerhalb kürzester Zeit wurde im 16. Jahrhundert, dann verstärkt im 17. Jahrhundert, ganz Europa von einem Netz von Höfen überzogen. Aus ehemals eher bescheidenen Herrschaftssitzen, Wirtschaftshöfen und Schutzburgen wurden reich ausgestattete Schlösser mit kostbaren Kunst- und Büchersammlungen, in denen sich ein Herrschaftszeremoniell und eine höfische Gesellschaft entfalteten, deren politische und soziale Funktion lange verkannt wurde. Was sich in der adeligen Welt an kulturellen Formen artikulierte, war keine ästhetisch auf sich selbst bezogene Kultur, ebensowenig dokumentiert der Ausbau einer höfischen Kultur den Rückzug des Adels aus der Herrschaft. Die Adelskultur dokumentiert letztlich nur eine neue Herrschaftsform dem Volk gegenüber. Nachdem er ihm weitgehend nicht mehr unmittelbar mit dem Schwert vorstand, zeigte der Adel seine Macht durch eine dem Volk fremde Welt von Prunk und Glanz, Zeremonien und Symbolen. In jedem Bereich sollte der Unterschied des Adels zu anderen Ständen als Herrschaftsstand deutlich werden.

Die höfische Gesellschaft war nur die letzte Konsequenz einer kulturellen Herrschaftspraxis, die sich erstmals im 16. Jahrhundert herausgebildet hatte. Die höfischen Feste, das Hofzeremoniell und der Herrscherkult bildeten eine eigene Welt, zu der das Volk keinen Zugang mehr hatte. Als eine neue Art und Weise, den veränderten gesellschaftlichen Verhältnissen entsprechend über das Volk Macht auszuüben, verlangte die kulturelle Selbstdarstellung des Adels auch ein neues Verhalten vom Volke ab: Demut und Arbeitsamkeit. Das waren dementsprechend auch die Tugenden, die in der ›neuen Moral‹ der Kirchen und Staaten für den Untertan an erster Stelle standen.

Während also bis ins 16. Jahrhundert hinein Adel und Volk sowie auch die städtische Bevölkerung noch relativ ungeschieden nebeneinander lebten bei aller Betonung ständischer Besonderheiten, der Adel inmitten des Volkes sein Herrenleben führte, das Volk seinerseits ein relativ uneingeschränktes Eigenleben besaß, das hartnäckig verteidigt wurde, begann nun der Adel seit dem 17. Jahrhundert vor allem mit der Absetzung vom Volk im Zusammenhang der Verhöflichung aller Oberschichten, eine eigene Kultur zu entwickeln, die sich nicht nur ihres Gegensatzes zu der des Volkes immer bewußter wurde, sondern als eine neue Form herrschaftlicher Repräsentation verstand.

B. Glauben, Bildung, Kunst

V. GLAUBEN, KIRCHENSPALTUNG, NEUE RELIGIOSITÄT

Das 16. Jahrhundert hatte eine entscheidende Tatsache geschaffen, ohne die die Entstehung der Moderne in Europa nicht zu verstehen ist: die Reformation und die ihr folgende Spaltung der universalen mittelalterlichen Kirche in verschiedene Konfessionen.[1] Sie war nicht nur ein religionsgeschichtliches Ereignis ersten Ranges, sie wurde von unterschiedlichen Interessen getragen, war aufs engste verbunden mit der Entstehung des frühmodernen Staates und wirkte sich nachhaltig auf die politisch-soziale Entwicklung, die intellektuelle Kultur und selbst auf das Alltagsleben von Bauern, Bürgern und Adel der europäischen Gesellschaft aus. Aus der universalen Bedeutung der Kirchenspaltung und Konfessionalisierung der Religion und Gesellschaft darf allerdings für das 16. Jahrhundert nicht abgeleitet werden, daß jedermanns Glauben sich nun mit dem Bekenntnis seiner jeweiligen Kirche gedeckt hätte. Die Grenzen der verschiedenen Konfessionen waren noch lange fließend; in der offiziellen Lehre waren die Glaubensdifferenzen zwar rasch deutlich, in der religiösen Praxis aber unterschieden sich in vielem Katholiken, Lutheraner und Calvinisten bis weit ins 16. Jahrhundert hinein noch kaum, ein Religionswechsel war häufig, die Differenzierung war erst das Produkt einer mit staatlicher Unterstützung erfolgten Konfessionalisierung der Gesellschaft. Auch die Einführung der Reformation und die Ausbildung der Konfessionskirchen erfolgten unterschiedlich intensiv, je nach der Fähigkeit der neuen kirchlichen Elite, der Bereitschaft des Volkes und dem Engagement weltlicher Mächte. Die endgültige, kaum mehr verrückbare Konfessionslandschaft bildete sich erst im 17. Jahrhundert aus. Bis dahin war auch noch nicht klar, welche der neuen Konfessionen sich in den einzelnen Ländern endgültig durchsetzen würde. Die nachreformatorischen religiös-kirchlichen Aktivitäten bewirkten zwar eine Verchristlichung, genauer gesagt eine Verkirchlichung der Gesellschaft, wie sie das Mittelalter nicht kannte, sie umfaßte Glaube und Moral, prägte die Einstellung zum öffentlichen und privaten Leben, aber unter dem offiziellen Kirchenglauben verbarg sich vor allem im Volk ein vom Christentum nur recht äußerlich beeinflußter Volksglaube, eine Welt des Aberglaubens, die noch bis ins 18. Jahrhundert wirksam blieb. Die offizielle kirchliche Lehre, die in vielen Fällen letztlich Sache der Kleriker blieb, war jedenfalls nicht identisch mit den Glaubensvorstellungen des Volkes.[2]

Protestantismus

Die reformatorische Bewegung hatte in Deutschland, wo sie als breite Volksbewegung begann, eine große Aufbruchsstimmung in Gang gesetzt, die weit über ihre kirchlich-religiöse Zielsetzung hinaus in soziale und politische Bereiche wies. Dabei war die Reformation keinesfalls eine einheitliche Bewegung – unterschiedliche Lehren konkurrierten bald miteinander –, ihr Erfolg hing weitgehend davon ab, wieweit sich neben oder auch vor dem Volk Adel und Fürsten zu ihr bekannten.[3] Es waren zweifellos nicht nur, aber doch wesentlich materielle und politische Interessen, die diesen die Reformation annehmbar machten: die Aneignung des Kirchenbesitzes und der Verfügungsgewalt über die kirchlichen Institutionen konnten die obrigkeitliche Gewalt stärken, die Aktivitäten der Stände gegen die zentrale Fürstenmacht oder umgekehrt, der Fürstenherrschaft gegen die Stände mochten vom reformierten Bekenntnis abhängen. Obwohl die religiöse

Abb. 20: *Gemeinde der Presbyterianer, mit einer Karikatur von Jesuiten, Papisten, Arminianern sowie sektiererischen Laienpredigern* (1647)

Aufbruchsstimmung in Deutschland wie auch in anderen Ländern bald erlahmte, verbreiteten sich die reformierten Kirchen erstaunlich weit, es war ihre Verbindung mit politischen und sozialen Kräften, die den Katholizismus trotz seiner eigenen Reformbewegung immer mehr in die Defensive trieb. In den 70er Jahren des 16. Jahrhunderts bereits war der Protestantismus in Europa zur stärksten Nord-, West- und Mitteleuropa erfassenden religiöspolitischen Macht geworden. Erst in den 20–30er Jahren des 17. Jahrhunderts minderte sich mit dem Erstarken der katholischen Gegenreformation sein Einfluß wieder, bis um 1648 die europäischen Konfessionsgrenzen endgültig festlagen. Dabei wollten die Reformatoren, aber auch die sie unterstützenden Fürsten und Obrigkeiten, keine neue Kirche, sondern nur die Reform der alten auf der Grundlage der Heiligen Schrift.

Daß dieser Reformwille zur Bildung neuer Konfessionen, zur Aufhebung der einen universalen Kirche führte, war primär der Weigerung der altkatholischen Kirche zur Reform zuzuschreiben; in Spanien und Italien besaß sie immer noch ausreichende Kraft, um der reformatorischen Bewegung standzuhalten und in ganz Europa ihren universalen Anspruch aufrechtzuerhalten. Ein weiterer Grund lag aber auch in der Unfähigkeit der Reformatoren, sich ungeachtet der unterschiedlichen Interpretationen und Interessen auf ein Reformprogramm zu einigen. Schließlich trugen auch die Fürsten dazu bei, mit deren Hilfe die Reformation durchgesetzt werden sollte, da sie ausschließlich auf die Einheit der Religion in ihren Territorien bedacht waren und dementsprechend bei der Formulierung der Lehr- und Glaubensgrundsätze ihrer reformierten Kirchen spezifische Interessen einbrachten. Die Fürsten des Reiches waren es auch, die im Augsburger Religionsfrieden einen ersten Kompromiß zwischen Protestantismus und Katholizismus erzielten, der zwar religionspolitisch dem Reich Frieden brachte, die Kirchen aber nach dem Grundsatz cuius regio eius religio den Landesherren anheimstellte und damit die Formierung der neuen Landeskirchen denen entzog, die anfangs maßgeblich an der Reformation Anteil hatten, nämlich dem Bürgertum und Volk. Die Überzeugung, daß die Abschaffung aller kirchlichen Mißbräuche sowie die radikale Rückbesinnung auf die Schrift die Reform von Kirche und Geistlichkeit von allein und einheitlich vorantreiben würde, erwies sich bald als Illusion. Was an religiösen Kräften hervortrat und die allgemeine Kirche zu reformieren sich anschickte, war alles andere als einheitlich und von Anfang an an höchst unterschiedliche Interessengruppen gebunden. Die Entstehung der Konfessionskirchen war letztlich weniger das unmittelbare Produkt reformatorischer Aktivitäten, so nachhaltig Luthers und Calvins Reformprogramme auch wirkten, als des Strebens weltlicher Obrigkeiten nach einer geschlossenen Landeskirche. Ohne diese politisch-weltlichen Interessen wäre die Reformation entweder in eine Vielzahl von lockeren Gruppen, Sekten und Kirchen zerfallen oder von der gegenreformatorischen Kampagne des Katholizismus wieder vernichtet worden, so daß die Anlehnung an die Obrigkeit die einzige Chance war, die reformatorische Bewegung fruchtbar werden zu lassen, selbst auf Kosten der weltlichen Unabhängigkeit von Kirche und Religion.

Die reformatorische Bewegung hat ein breites Spektrum religiöser Kräfte entfaltet, aber wenn man von den zahlreichen kleinen radikalen Gruppen absieht, mündete sie in Europa in drei neue Großkirchen, in die lutherische, calvinistische und anglikanische Kirche, die allein die Anerkennung der Fürsten und Obrigkeiten gefunden hatten und trotz gegenseitiger Bekämpfung sich schließlich akzeptierten. Selbst die katholische Kirche, die nach dem reformatorischen Prozeß letztlich auch nur noch den Rang einer der europäischen Konfessionskirchen besaß, paßte sich dem Status quo an, ohne allerdings ihren Absolutheitsanspruch aufzugeben. Beispielhaft vollzog sich im Augsburger Religionsfrieden von 1555 erstmals auf obrigkeitlichen Druck die gegenseitige Anerkennung von Katholiken und Lutheranern, im Westfälischen Frieden 1648 wurden dann für das Reich auch die Calvinisten in den Religionsfrieden einbezogen. Erst Kriege hatten die Einsicht in die Notwendigkeit gebracht, sich gegenseitig zu tolerieren. Doch war die Befriedung weniger das Werk der Kirchen selbst, als das der Fürsten.

Das Luthertum hatte sich unmittelbar nach Luthers Auftreten rasch ausgebreitet, bereits zur Zeit des Augsburger Religionsfriedens war seine theologische und organisatorische Entwicklung weitgehend abgeschlossen.[4] Trotz universalen Anspruchs blieb es auf Deutschland und Nordeuropa beschränkt, wobei die Landeskirchen in Sachsen und Württemberg die Hauptbastionen bis ins 17. Jahrhundert hinein wurden. Die eigentliche Initiative im deutschen Raum ging von persönlich sehr verschiedenen Reformatoren aus, die zumeist in Zusammenarbeit mit den das ius reformandi beanspruchenden Landesherrn relativ erfolgreich die Reformation durchsetzen und zur Landesreligion erheben konnten, wohingegen in den nordischen Ländern Dänemark, Norwegen mit Island und Schweden mit Finnland die eigentlichen Aktivitäten von den Fürsten ausgingen, die ihr Kronland durch die Säkularisation um ein beträchtliches vermehrten. Spontane Volksbewegungen jedenfalls fehlten hier. Auch in West- und Osteuropa finden wir lutherische Gruppen, doch beschränkten sie sich weitgehend auf deutsche Minderheiten, deren Kontakt mit Deutschland so stark war, daß sie sich auch dann noch zum Luthertum bekannten, als die zweite große Reformationswelle des Calvinismus sowohl Mittelosteuropa wie Westeuropa erfaßte und hier scharfe Grenzen zum Luthertum zog. Die Expansionskraft des Luthertums erlahmte mit dem Vordringen des Calvinismus und der katholischen Gegenreformation. Seine passive Haltung zur Obrigkeit und sein geringes Interesse, das soziale Leben der Gesellschaft umzuformen, waren wichtige Gründe für diese Entwicklung, wichtiger aber war, daß das Luthertum seine Kirchenorganisation nicht selbst in die Hand nahm, sondern dem jeweiligen Landesherrn und seinen Beamten überließ und so völlig in die Landesherrschaft integriert wurde. Ausschließlich orientiert auf die Erhaltung der reinen Lehre und die Wahrung des Erbes Luthers, wobei die zahlreichen Theologenstreitigkeiten das religiöse Leben zu überwuchern drohten, zeigte das Luthertum insgesamt sich »mehr duldend und leidend, ausharrend in der irdischen Pilgerschaft und geduldig und gottselig als aktiv gestaltend und sozialreformerisch«.[5] Das Luthertum forderte von seinen Anhängern weniger Einsatz und Entschiedenheit als der Calvinismus und bekämpfte auch katholische Relikte weniger heftig als dieser. Über dem Streit um die wahre Lehre kam die Reform der Glaubenspraxis und die Entfaltung einer Volksfrömmigkeit zu kurz. Erst nachdem mit der Konkordienformel 1581 eine maximale Einheit der lutherischen Kirche in Deutschland erreicht war, entwickelte sich eine von der Theologenwelt abgehobene protestantische Kultur, die über religiöse Erbauung stark auf Musik und Literatur wirkte, sich dann unter dem Eindruck des Dreißigjährigen Krieges und der zunehmenden Bedrohung durch die Gegenreformation dem praktischen Christentum öffnete und Voraussetzungen schuf für den Pietismus, der erstmals auf die sittlich-religiöse Praxis im Alltagsleben mehr Wert legte als auf die volle Kenntnis aller Lehrinhalte. Eine Politisierung wie in England fand freilich nicht statt – politisch blieb das Luthertum in allen seinen Formen stets ›enthaltsam‹ –, aber mit seiner gefühlsorientierten Erbauung und seinen sozialreformerischen Bestrebungen prägte das Luthertum die deutsche und nordische Gesellschaft nachhaltig.

»Dem Luthertum kommt weltgeschichtlich eine wesentlich deutsche, dem Calvinismus eine universale Bedeutung zu.«[6] Die eigentliche Dynamik der Reformation, die die Gesellschaft langfristig ändern sollte, entfaltete sich nicht im Luthertum, sondern im Calvinismus, der vom Zentrum Genf aus nicht nur die ehemals lutherischen Gegenden in der Schweiz und am Rhein gewann, sondern ganz West- und Mittelosteuropa eroberte.[7] Calvinistische

Kirchen entstanden in Frankreich, Holland und Schottland, in Osteuropa in Polen und Ungarn, in Ländern also – das gilt auch für Frankreich in der zweiten Hälfte des 16. Jahrhunderts – mit relativ schwacher Zentralgewalt und mächtigen Ständen, die sich gegen jede absolutistische Formierung wehrten. Der Calvinismus vertrat einen theologischen Rationalismus der Prädestination, in dem alle Reste magisch-katholischer Glaubenspraxis ausgeschaltet waren. Nicht mehr um die Rechtfertigung der einzelnen Seele ging es, sondern um die Majestät Gottes und die irdische Verwirklichung der Ehre Gottes in einem Gottesstaat, dem jeder bedingungslos zu dienen hatte. Glaube war nicht nur eine Sache des intellektuellen Bekenntnisses, sondern der Verchristlichung des alltäglichen Lebens, worin das eigene Familienleben wie auch die staatliche Praxis einbezogen wurden. Die Wortverkündigung wurde ergänzt durch strenge Kirchenzucht. Stärke und Schwäche des Calvinismus war seine relative Unabhängigkeit von weltlicher Obrigkeit, so sehr auch der Calvinismus seine Verbreitung durch fürstliche Unterstützung erhoffte und fand. Er gründete dementsprechend organisatorisch nicht auf dem landesherrlichen Kirchenregiment, sondern auf halb autonomen Gemeinden, in denen neben dem Prediger, der allein für die Verkündigung des Wortes zuständig war, Laien (Älteste) ein starkes Mitspracherecht besaßen, denen auch die Durchsetzung der Kirchenzucht oblag. Wir kennen in ganz Europa, vor allem in Holland und Frankreich, starke und aktive calvinistische Gemeinden, doch außerhalb Schottlands, wo der Calvinismus über das von ihm beherrschte Parlament gleichsam Staatsreligion wurde, kam es selten zu geschlossenen calvinistischen Territorien. Der Calvinismus war dementsprechend stärker als das Luthertum vom Aktivismus seiner Anhänger abhängig und wurde mehr die Konfession derjenigen, die sich ihre ständische Autonomie sowohl in Ländern wie in Städten gegen absolutistische Eingriffe bewahrten, als der Obrigkeit und Fürsten, die bestrebt waren, alle ›Nebengewalten‹ zu integrieren. Aber auch gerade dadurch, daß der Calvinismus ein entscheidendes Aktivierungsmoment im ständischen Kampf um die politische Macht in den westeuropäischen Ländern wurde, wurde er stärker politisiert als das Luthertum und stellte Kräfte zur Verfügung, ohne die weder der schottische Aufstand gegen den König, der niederländische Freiheitskrieg gegen Spanien noch die englische Revolution zu verstehen sind.

Der Calvinismus entfaltete ein in alle Lebensbereiche eindringendes aktives Gemeindeleben, in nationalen Bekenntnissen schuf er allgemein verbindliche Orientierungspunkte, an zahlreichen calvinistischen Hochschulen wurde eine Avantgarde ausgebildet, die dem gegenreformatorischen Vormarsch besser gewachsen war als die Lutheraner. Obwohl auch der Kampf um die reine Lehre hier erneut eine von der religiösen Praxis unabhängige Theologie hervorbrachte, konzentrierten sich die Kräfte doch stärker auf praktische Verwirklichung des Glaubens, wodurch die bürgerlich-adlige Führungsschicht vor allem in den Städten gewonnen wurde. Keine der neuen Konfessionen entsprach so den intellektuellen und praktischen Bedürfnissen der Führungselite wie der Calvinismus, weshalb er sich auch mehr in Städten als auf dem Land verbreitete. Wenn der Expansionsdrang der Calvinisten in der zweiten Hälfte des 16. Jahrhunderts seine Grenzen erreichte, dann hat dies mehrere Gründe. Einmal war, wie gesagt, der Calvinismus vorwiegend eine Konfession der Ober- und Mittelschichten; nur so ist es auch erklärbar, daß die Gegenreformation gerade in Ländern mit großem agrarischen Hinterland wie Polen, Ungarn und Frankreich rasch wieder Fuß fassen konnte. Der intellektuelle und moralische Rigorismus bot nur bedingte Engagementmög-lichkeiten für die ländliche Bevölkerung, deren Verhaftung in katholisch-magischen Riten nicht so schnell aufgebrochen werden konnte.

Dementsprechend blieben calvinistische Kräfte dort lange stark und wirksam, wo sich, wie in Holland und England, ein breites Bürgertum entwickelt hatte. Zum anderen war das Verhalten der Calvinisten zur Fürstenherrschaft, zur absoluten Monarchie zwie-spältig. Nur dort, wo Adel und Stände an der politischen Macht partizipierten und der Calvinismus republikanische Verfassungen abstützte, konnte er dem gleichzeitigen Druck der römischen Kirche wie dem Vormarsch des frühmodernen Staates standhal-ten. Der französische und polnische Calvinismus blieb in seiner Wirkung auf eine Minderheit beschränkt, wohingegen es in Holland und England zu einer starken Verschmelzung calvinisti-scher Moral und republikanisch-bürgerlicher Gesinnung kam. In dem Maße, wie der Calvinismus in republikanisch verfaßten Staaten zu einer starken gesellschaftlichen Kraft wurde, während das Luthertum in Landesfürstentümern seine große Stärke erlang-te, wurde der Calvinismus im Unterschied zum Luthertum, das obrigkeitlich-staatlich orientiert blieb, die dem frühmodernen Bürgertum adäquate Religionsform.

Die lutherische wie die calvinistische Kirche verbreiteten sich über Ländergrenzen, so sehr sie nationalkirchlichen Charakter anneh-men konnten, nur der Anglikanismus blieb als Produkt der englischen Reformationsgeschichte auf England beschränkt.[8] Er unterlag durchaus kontinentaleuropäischen Einflüssen, nahm aber als eine dritte protestantische Konfession eine von den anderen Kirchen unterschiedene Stellung ein. Der Anglikanismus war von vornherein eine Staatskirche und stellte in der Weise einen Kompromiß von Katholizismus und Protestantismus dar, als er die episkopale Verfassung und den katholischen Ritus beibehielt, sich in der Lehre aber den radikalen Formen des Protestantismus annäherte. Offiziell war allein der Anglikanismus in England zugelassen, Elisabeth gab ihm die spezifische Form, in der Praxis aber wurden auch andere Glaubensrichtungen geduldet, solange sie bereit waren, nicht die öffentliche Ruhe zu stören und das Staatskirchentum anzugreifen. Gerade diese Toleranz und die episkopale Verfassung der anglikanischen Kirche waren es aber, die den Aufstieg des Puritanismus in der adlig-bürgerlichen Gesellschaft möglich machten. Der Anglikanismus war so stark mit dem Königtum verbunden, noch stärker als die lutherische Kirche, daß er in der englischen Revolution mit dem Fall des Königs untergehen und einem Pluralismus von religiösen Bekenntnissen weichen mußte.

Reformkatholizismus und Gegenreformation

Die Reformation hatte mit großer Wucht die universale römische Kirche sowohl als politisch-soziale Macht wie als kulturell-religiöses System zu Fall gebracht. Nacheinander verlor sie ihren Einfluß in den deutschen Territorien, vor allem in Nord- und Westdeutschland, dann in der Schweiz, weiterhin mit einem Schlag in England, Schottland, ganz Skandinavien, schließlich in den Niederlanden, Polen, Böhmen und Mähren sowie in Ungarn. In der zweiten Hälfte des 16. Jahrhunderts schien es schließlich nur noch eine Frage der Zeit, bis auch Frankreich und Österreich protestantisch wurden. Nur Italien und die Iberische Halbinsel überstanden reformatorische Aktivitäten, weil diese gleich hart unterdrückt wurden. Es war eine bisher nicht gekannte Herausforderung, der die universale Kirche nicht gewachsen war, selbst die Unterstützung des römischen Kaisers half wenig. Die römische Kirche verteidigte zwar bald ihre Position, wo immer sie konnte und mit allen ihr zur Verfügung stehenden Mitteln. Doch ohne Umstellung auf die veränderte Situation, ohne eigene Reform konnte sie sich des sich ausweitenden Drucks der Reformation kaum erwehren noch Länder, die dem Katholizismus verloren schienen, zurückerobern. Was der Katholizismus allerdings unter Reform verstand und dann auch durchzusetzen versuchte, war nicht identisch mit den Inhalten der Reformation. Seine Chance bestand jedoch nicht nur in der Selbstreform, der Behebung der gröbsten Mißstände und Neuorganisation der Kirche, wie sie im Laufe der Reformation immer wieder verlangt worden waren, sondern auch darin, daß abgesehen von der Oberschicht das Volk selbst kaum von der Reformation gewonnen war und sogar in calvinistischen Gegenden noch lange traditionellen katholischen Glaubenspraktiken anhing. Hier also konnte die römische Kirche erfolgreich ansetzen, zumal wenn sie Fürsten und Obrigkeiten dieselben Vorteile gewährte, wie es die reformatorische Bewegung tat, so daß diesen eine evangelische Reformation nicht mehr erforderlich war, um ihre Macht gegenüber den Ständen zu stärken. Zeigte es sich doch Ende des 16. Jahrhunderts deutlich, daß der Katholizismus starke Potenzen zur Stabilisierung eines frühabsolutistischen Systems bereitstellen konnte. Refeudalisierung bzw. frühabsolutistische Anstrengungen europäischer Fürsten und der wiedererstarkte Katholizismus kamen einander sehr entgegen. Ohne dieses Zusammenspiel wären die katholischen Kernländer der Frühmoderne, Frankreich und Polen, aber auch Österreich für die alte Kirche verloren gewesen.

Die Reaktion der römischen Kirche auf die Reformation läßt sich nicht voll unter dem Begriff der Gegenreformation fassen, zumindest wenn man darunter den reinen Gegenzug gegen die Reformation, die Rückeroberung ehemals katholischer Länder versteht.[9] Zweifellos scheute sich die katholische Kirche nicht, mit allen politischen, ideologischen und auch militärischen Mitteln verlorene Territorien wiederzugewinnen. Doch was dann unter der veränderten Situation eingeführt wurde, nicht nur in den ehemals evangelischen Ländern, sondern auch in den südeuropäischen Staaten, war ein Katholizismus, der sich nicht mehr mit dem vorreformatorischen deckte, sondern einerseits wesentlich von den religiösen Erneuerungsbewegungen in den romanischen Ländern geprägt und andererseits durch das Tridentinum so gereinigt und gestärkt war, daß selbst Protestanten die ungeheure Leistung anerkennen mußten und ihrerseits wieder unter Konkurrenzdruck gerieten. Es war nicht mehr der Geist der mittelalterlichen universalen Kirche, der im frühmodernen Katholizismus wiederbelebt wurde, sondern eine neue Kirche entstand, die trotz aller Berufung auf ihre Tradition und trotz ihres Absolutheitsanspruches doch in der konkreten politischen und religiösen Praxis ebenso eine Konfessionskirche darstellte und konfessionelles Bewußtsein präsentierte wie die reformatorische Kirche.

Eine der Forderungen der reformatorischen Bewegung war die nach einem allgemeinen Konzil, von dem sich auch kritische Katholiken Erneuerung der Kirche und Wiederherstellung der christlichen Glaubenseinheit erhofften. Doch das Konzil, das von 1545 bis 1563 stattfand, als die Spaltung der Kirche bereits kaum noch überbrückt werden konnte, war alles andere als ein allgemeines Konzil, auf dem alle religiösen Parteien vertreten waren und eine konstruktive Auseinandersetzung mit dem Protestantismus erfolgte; es war vielmehr eine Versammlung von katholischen Klerikern, auf der nicht nur kein Protestant vertreten war, sondern vorwiegend italienische Papstanhänger abstimmten, bei der eine scharfe und entschiedene Abgrenzung zum Protestantismus erfolgte. Kompromißlos wurde die Reformation in Lehre und Praxis abgelehnt, dafür die altkatholische Lehre von der Transsubstantiation, den Sakramenten, dem freien Willen, der Messe, dem Heiligenkult u.a. erstmals klar definiert. Als Antwort auf die Reformation erfolgte also eine klar umrissene Fixierung der katholischen Lehre, wie es sie bisher nicht gegeben hatte, wobei das Bekenntnis zur Latinität (gegen die Muttersprache), zur Scholastik (gegen die lutherische Lehre) und zur Hierarchie (gegen die Laienkirche) deutlich hervorgehoben wurde. Reformerische Einsichten fanden nur im Verbot des Ablaßmißbrauchs und Ämterverkaufs Niederschlag, in der Einführung strenger Bestimmungen über die Klosterdisziplin, Ausbildung und Pflichten des Klerus sowie in der strikten Durchführung des Zölibats. Fragen der Hl. Schrift, der ·Gnadenlehre und des Heiligenkults wurden traditionell entschieden. Obwohl über die Stellung des Papstes nichts Definitives festgelegt wurde, behauptete sich de facto der päpstliche Primat gegenüber episkopalistischen Bestrebungen. Dementsprechend erfolgte auch eine Bestätigung der Konzilsbeschlüsse durch den Papst, den eigentlichen Gewinner der Kirchenreform. Das Konzil hatte eine Reform in capite also nicht erreicht, außerdem konnten seine Dekrete nur bedingt durchgesetzt werden – Erfolg hatte Rom allein in Polen und Portugal; während Ungarn und das Reich sich weigerten, sie zu publizieren, nahm Spanien die Dekrete nur »unbeschadet der königlichen Rechte« an. In Frankreich wurden sie erst 1615, und zwar allein vom Klerus, anerkannt. Abgesehen davon fanden bei der Durchsetzung keineswegs alle Dekrete gleicherweise Berücksichtigung. Dennoch war das Konzil nicht ohne Erfolg: Erstmals hatte sich die katholische Kirche eine klar definierte Form gegeben, an der sich alle Reformen und gegenreformatorischen Aktionen orientieren konnten, zudem war das Papsttum gestärkt aus den Verhandlungen hervorgegangen, so daß die folgende Erneuerung der Kirche voll in Händen des Papstes lag, was das Reformpapsttum des 16. Jahrhunderts auch uneingeschränkt ausnützte. Die Reform der katholischen Kirche infolge der Ausweitung der reformatorischen Bewegung war künftig Hauptmoment päpstlicher Politik, sie erfolgte auch nicht primär von unten, wie bei den Anfängen der lutherischen und calvinistischen Kirche, sondern von oben.

Abb. 21: *Das große Jüngste Gericht*. Gemälde von P. P. Rubens (1616)

Die neue Papstkirche entfaltete eine breite Aktivität. Der kuriale
Behördenapparat wurde reorganisiert, ein Netz von Nuntiaturen,
die neben Bischöfen und Klöstern die Durchführung des Trienter
Konzils überwachten, wurde in ganz Europa aufgebaut, und zähe
Verhandlungen wurden mit den Staaten geführt. Wesentlicher
aber war der Aufbau neuer kirchlicher Lehr- und Studienanstalten
sowohl in Rom wie außerhalb, die den Priesternachwuchs ausbildeten. Die Neubelebung scholastischer Theologie kam dem Bedürfnis nach einer einheitlichen katholischen Orientierung sehr

267

entgegen. Um das Volk wieder an die katholische Kirche zu binden, aktivierte Rom die Heiligenkulte und förderte alle Arten von sinnlicher Demonstration katholischer Glaubensstärke. Schauspiele und Feste, Prozessionen und der neue Kirchenbau wurden bewußt eingesetzt, um die Gesellschaft zu rekatholisieren. Wie erfolgreich die Reorganisation der katholischen Kirche zu Ende des 16. Jahrhunderts bereits war, zeigt die Anerkennung durch die evangelischen Kirchen, vom Zusammenbruch der römischen Kirche sprachen nur noch chiliastische Kreise.

Eine entscheidende Unterstützung erhielt die Papstkirche durch die neuen Orden, die sich sowohl sozial-charitativ als auch missionarisch betätigten, an vorderster Stelle durch den Jesuitenorden. Seelsorgerische Praxis und gelehrtes Studium ermöglichten es seinen Mitgliedern, in fast allen europäischen Ländern in religiös-ideologische Führungspositionen vorzurücken. Die Rekatholisierung Polens, Deutschlands und Frankreichs ist wesentlich ein Werk dieses Ordens. Noch mehr als in der Volksmission wirkten die Jesuiten in der Heidenmission in Übersee, wo sie im spanischen und portugiesischen, dann auch französischen Herrschaftsraum eine fast monopolartige Stellung innehatten. Ein zweiter Schwerpunkt ihres Wirkens lag im europäischen höheren Bildungswesen. Sie gründeten mit Unterstützung der Fürsten zahlreiche Ordenskollegien und Universitäten, auf denen nicht nur der eigene Nachwuchs ausgebildet wurde, sondern die ganze sowohl geistliche wie weltliche katholische Elite aller europäischen Länder. Maximilian I. von Bayern wie Kaiser Ferdinand II. waren Schüler der Jesuiten, aber auch Männer wie Descartes und Corneille verdankten ihnen entscheidende Anregungen. Um 1600 zählten die jesuitischen Bildungsinstitute zu den besten und attraktivsten Europas, so daß auch Protestanten ihre Kinder dorthin schickten. Schließlich übten die Jesuiten auch als Beichtväter und Prinzenerzieher einen beträchtlichen Einfluß auf die Fürstenhäuser aus. Die Societas Jesu bildete zwar nicht die einzige reformerische Kraft der neuen Papstkirche, auch war ihre Position selbst im theologischen Bereich umstritten – vor allem in Spanien und Frankreich, hier besonders bei den Jansenisten –, dennoch prägte in der Zeit zwischen 1560 und 1650 keine andere Gruppe so stark die Mentalität der offiziellen katholischen Kirche wie dieser Orden der Gegenreformation. Bei aller Aufgeschlossenheit gegenüber den modernen Entwicklungen, den modernen Wissenschaften wie der politischen Theorie der Volkssouveränität war der Orden insgesamt doch ein entschiedener Verfechter der scholastischen Theologie einerseits und des fürstlichen Absolutismus andererseits. Trotz der asketischen Grundhaltung war er weder

politisch enthaltsam noch abgeneigt, die ganze Fülle der frühneuzeitlichen Kunst und Festkultur zur Rekatholisierung der europäischen Gesellschaft einzusetzen.

Nachdem die katholische Kirche in den 60–70er Jahren des
16. Jahrhunderts fast allein auf Südeuropa zurückgedrängt worden
war, hatte sich die Situation zu Anfang des 17. Jahrhunderts nicht
zuletzt als Auswirkung des Dreißigjährigen Krieges dahingehend
geändert, daß in Frankreich, Polen und Österreich Staaten ausschließlicher Katholizität entstanden, die für den Bestand der
katholischen Kirche wesentlich wurden, was allerdings nicht daran
hinderte, daß in ihr der romanische Einfluß dominant blieb. Zwar
gab es in England, Skandinavien, Norddeutschland und den
Niederlanden noch immer Katholiken – über Spanien und Polen
wurden auch noch Anstrengungen unternommen, diese Länder
wiederzugewinnen –, aber seit der Mitte des 17. Jahrhunderts lag
die Konfessionsgrenze in Europa fest.

Die reformatorische Bewegung hatte die kirchlich-religiöse Entwicklung aller europäischen Länder direkt oder indirekt maßgeblich beeinflußt. Nur das große, erstmals nach Westen drängende
Rußland war von diesem Prozeß ausgenommen. Zwar kam es auch
hier über Ausländer zu frühen Begegnungen mit der Reformation.
Die orthodoxe Kirche aber hatte im 16. Jahrhundert Probleme
anderer Art.[10] Einerseits mußte sie den Vorstoß des katholischen
Polens abwehren, andererseits sich als Teil der griechischen Kirche
im entstehenden russischen Frühabsolutismus orientieren. Unter
der Drohung, allen Kirchenbesitz einzuziehen, riß dieser die
Macht in der Kirche an sich und betrieb die volle Integration der
Mönchskirche als Staatskirche, in der Laien keine Rolle spielten.
1589 löste sich dann auch Moskau als Drittes Rom von Konstantinopel. Zu einem der europäischen Kirchenspaltung entsprechenden Vorgang kam es erst in der Mitte des 17. Jahrhunderts, als der
Moskauer Patriarch eine Kirchenreform nach griechischem Muster wagte, die zur Spaltung (Raskol) zwischen der Staatskirche
und den der altrussischen Tradition verpflichteten Altgläubigen
führte. Diese Spaltung, die zugleich die Gründung vieler Sekten
auslöste und ein für die russische Kirche bis zu ihrem Untergang
folgenschweres Ereignis war, hatte nicht die der Reformation
eigene Dynamik entfaltet und blieb für Westeuropa wirkungslos.
Die für Rußland spezifische christologische Theologie und mysti-
sche Frömmigkeit mit ihren zahlreichen Ritualen blieb fremd, so
große Hoffnung der römische Katholizismus auch immer auf eine
Union setzte.

Die Reformation und Gegenreformation hatten die alte Einheit des Glaubens zerstört, anstelle eines (allgemein verbindlichen) Glaubens trat eine Vielfalt von Glaubensvorstellungen, anstelle der einen Lehre miteinander konkurrierende Lehren, anstelle der einen universalen Kirche mehrere Kirchen mit unterschiedlichen Lehrsystemen und Glaubenspraktiken. Doch bei aller Verschiedenheit gab es auch wieder beträchtliche Gemeinsamkeiten.

Gemeinsam war allen Kirchen einmal die Umwandlung in Konfessionskirchen mit einem ausdifferenzierten Glaubens- und Lehrsystem.[11] Auch die mittelalterliche Kirche hatte eine allgemein verbindliche Lehre gekannt und keine Häresie geduldet, ohne dabei aber alle Gläubigen kontrollieren zu wollen und zu können. Im Zuge der reformatorischen Bewegung bzw. der Gegenreformation kam es zu einer Systematisierung der Glaubenslehre und scharfen Abgrenzung gegenüber anderen Lehren und religiösen Vorstellungen. Die einzelnen Kirchen erarbeiteten jeweils eine verbindliche Confessio, in der alle Glaubenswahrheiten systematisiert und klar definiert und schließlich durch die Drucklegung öffentlich wurden. Jede abweichende Meinung wurde verurteilt, und erstmals wurden nicht nur Theologe und Pfarrer, sondern jedes Kirchenmitglied auf das neue Bekenntnis wörtlich verpflichtet.

Diese Entwicklung förderte eine stärkere Ausbildung der Theologen und auch der Laien. Allerdings brachte der Ausbau des Unterrichtswesens bei Protestanten wie Katholiken nicht den reflexiven Umgang mit den Glaubensartikeln, sondern eine Indoktrination mit der Lehre und die Erziehung treu gehorsamer Kirchenmitglieder. Die rigorose Orientierung aller Gläubigen an einer offiziell verkündeten und womöglich gedruckten Lehre förderte eine Intellektualisierung der Glaubenswelt, wie sie im Mittelalter höchstens Theologen kannten. Um ihren Bestand zu sichern, beschränkten sich die Kirchen nicht nur auf das Predigtwesen, sondern gründeten Hochschulen, auf denen die Glaubenslehre weiter differenziert wurde und sowohl der Theologennachwuchs wie auch Laien ausgebildet wurden. Die Zahl der prominenten, eine Vielzahl grundlegender Bücher schreibenden Theologen im 16. und 17. Jahrhundert war in allen Konfessionen sehr hoch. Das Interesse der Theologen galt primär der immer neuen Definition der Lehre und der Abgrenzung bzw. Bekämpfung der Irrlehren. Gleichzeitig setzte man alles daran, auch die Laien in die konfessionellen Streitigkeiten einzubeziehen. Die Kanzel diente als vornehmstes Instrument dieser Indoktrination. Aber auch andere

Mittel wie Schauspiele, Umzüge u. a. wurden bewußt eingesetzt, um die wahre Lehre öffentlich darzustellen.

Ein besonderes Mittel der konfessionellen Auseinandersetzung und der Verteidigung der wahren Lehre bildeten die zahlreichen Religionsgespräche und Kirchenversammlungen. Die katholische Welt einte sich im Tridentinischen Konzil[12], entsprechend organisierte der internationale Calvinismus seine Dordrechter Synode 1618, auf der sich die calvinistische Orthodoxie gegenüber den liberalen arminianischen Calvinisten durchsetzte.[13] Ihre Beschlüsse wurden von den Niederlanden, einigen Schweizer Kantonen, der Rheinpfalz, den französischen Kirchen und den englischen Puritanern angenommen. Interkonfessionelle Religionsgespräche wurden zunächst in der Hoffnung aufgenommen, hier eine die Konfessionen überwindende kirchliche Einigung zu erreichen, doch führten sie letztlich nur zur Vertiefung der Lehrgegensätze. Das übertriebene Gewicht, das die Konfessionskirchen auf die Definierung und Begründung ihrer Bekenntnisse unter besonderer Betonung der Lehrdifferenzen legten, ließen den Glauben zunehmend zu einer intellektuellen Angelegenheit werden. Die Differenz zwischen den Theologen und gebildeten Laien und dem gemeinen Volk, die die Reformation aufheben wollte, wurde stets größer und auch durch die Aktivierung des Schulwesens nicht aufgehoben. Nicht primär die Glaubenspraxis bestimmte die Zugehörigkeit zu einer Konfession, sondern das Wortbekenntnis. Bei aller unterschiedlichen Gewichtung des ›Wortes‹ in den Konfessionen verstanden sich die Kirchen des 16. Jahrhunderts mehr als Lehr- denn als Heilsanstalten.

Alle Konfessionen, wenn auch mit verschiedener Akzentsetzung, forderten weiter eine Verchristlichung des alltäglichen Lebens.[14] Dies war neben der Reinheit der Lehre das zweite Hauptanliegen der Reformation. Das ausdrückliche Bekenntnis zum ›neuen‹ Glauben implizierte auch die Verpflichtung zu einem christlichen Leben, das ganz und ausschließlich nach christlichen Grundsätzen auszurichten war. Die Gewichtung und die Mittel zur Verchristlichung des Lebens, die die verschiedenen Kirchen anboten, waren allerdings unterschiedlich und hingen nicht nur von der jeweiligen Lehre, sondern noch mehr von der gesellschaftlichen Anerkennung der Konfession ab. Je größer die Kirche und je stärker sie zur Staatsreligion wurde, desto laxer war ihr Moralanspruch im Gegensatz zu den oppositionellen kleinen Kirchen. Am stärksten unterstellte der Calvinismus die alltägliche moralische Praxis dem Gebot des Glaubens. Trotz der Prädestinationslehre galt strenge Kirchenzucht für alle, da sich der Glaube nur im sittlich-weltlichen

Handeln realisieren konnte. Aber auch im Luthertum war jeder trotz der Rechtfertigungslehre und der durch sie bedingten Ablehnung jeder Werkheiligkeit zu einem sittlichen Leben verpflichtet. Während der moralische Druck bei den Calvinisten mehr von der Gemeinde ausging, kam die disziplinierende Kraft im Luthertum vorrangig von dem landesfürstlichen Kirchenregiment. Am schwächsten drang der Katholizismus auf die Sittlichkeit des Lebens. Heiligung erreichte der Katholik ja nach wie vor nicht primär durch moralisches Handeln, sondern immer noch durch kirchliche Heilswerke. Dennoch griff auch die katholische Kirche erstmals regelnd in das soziale Leben ihrer Mitglieder ein.

Die Ausbildung einer christlichen Ethik und Moraltheologie mit differenzierter Kasuistik war nur die eine Seite der Hinwendung der Kirche zur Verchristlichung des Lebens, entscheidender waren die gerade auf das praktische Leben der Zuhörer gerichtete Predigt, die das moralische Verhalten kontrollierenden Institutionen wie Beichte, Visitationen und Kirchenzucht, wobei manche Kirchen nicht davor zurückschreckten, auch mit weltlicher Gewalt gegen sittliches Fehlverhalten vorzugehen.[15] »Eine Kirche kann nicht existieren«, verteidigte Calvin die Kontrolle des Lebens, »wenn nicht eine bestimmte Zucht eingeführt wird, wie sie durch das Wort Gottes vorgeschrieben ist. Denn wie die Lehre gleichsam die Seele der Kirche ist, die ihr Leben gibt, so sind die Kirchenzucht und die Bestrafung der Laster wie die Muskeln, die ihrem Körper Halt und Kraft geben.«[16] Der stärkere Zugriff der Kirche auf das Leben war ein wichtiges Ergebnis der Konfessionalisierung der Religion: So sehr der einzelne dadurch erstmals auf allgemeinverbindliche Normen verpflichtet wurde, die nicht selten seiner Welt fremd waren, war doch nicht minder eine Individualisierung der Religion die Folge. Besonders deutlich macht dies im Katholizismus der Ausbau des Beichtsystems, das durchaus der kirchlichen Kontrolle diente, zugleich aber die Sensibilität des Glaubens der einzelnen Gemeindemitglieder förderte. Im Protestantismus etwa dienten das häusliche Gebet und die Lektüre erbaulicher Schriften ebenso der Indoktrination wie auch einer ersten subjektiven Aneignung religiöser Glaubensvorstellungen.

Der Umfang der Disziplinierung des alltäglichen Lebens war groß. Auf drei entscheidende Entwicklungen sei als Beispiel hingewiesen. Einmal wurde der regelmäßige Gottesdienst für alle verpflichtend gemacht, was zur Durchsetzung arbeitsfreier Sonntage zwang, und der normale Alltag wurde kirchlich überformt. Gemeinsames Gebet, vor allem das Tischgebet, wurde integrierter Bestandteil des frühmodernen Familienlebens. Zum anderen wurden die Familie, die Gründung von Familien wie die Aufzucht der

Kinder strenger unter die Kontrolle der Kirche gestellt. Nicht nur wurde die Trauung eingeführt, die kirchliche Registrierung von Geburt, Hochzeit und Tod, sondern die Kirchen formten die Familie selbst um, sie lockerten durch stärkere Bindung an die kirchliche Gemeinde ihre traditionellen verwandtschaftlichen Zwänge und erstellten neue Verhaltensmuster nicht nur für den Hausherrn, sondern für Ehefrau und Kinder. Freilich war diese Tendenz im Protestantismus stärker als im Katholizismus, aber wollte die katholische Kirche ihren generellen Anspruch nicht aufgeben, mußte auch sie sich um das Alltagsleben ihrer Gläubigen kümmern. Durch die Stärkung der Familie, die Betonung der patriarchalischen Gewalt des Hausherrn, der den Glauben seiner Hausangehörigen zu kontrollieren hatte, und die ›freie‹ Unterordnung der Frau griffen die Kirchen schließlich besonders intensiv in das sexuelle Leben ihrer Mitglieder ein. Legitimität und Illegitimität wurden seit je unterschieden, aber außereheliche Sexualität wurde erstmals kriminalisiert. Die Kirchen zogen scharfe Grenzen zwischen Erlaubtem und Unerlaubtem, das nicht nur strafbar, sondern zur Sünde erklärt wurde. Wie ernst nicht nur die reformatorischen Kirchen, sondern auch der Katholizismus dies meinten, zeigt die Fülle der Verurteilungen in der frühen Neuzeit, die die Obrigkeiten im Namen der neuen Moral durchführten. Die mittelalterliche Kirche hatte nur von Mönchen ein asketisches und enthaltsames Leben verlangt, ein asketischer Lebensstil wurde im Zeitalter der Gegenreformation nun zur allgemeinen Forderung aller Kirchen. Freilich ließ sich die neue Moral nur partiell durchsetzen, aber sie wurde zur gültigen, für alle Gesellschaftsschichten verbindlichen Norm. Familien und Schulen gründeten auf ihr. Insofern erwiesen sich die nachreformatorischen Kirchen nicht nur als disziplinierende Lehr-, sondern auch als Moral- und Erziehungsanstalten, die der frühneuzeitlichen Gesellschaft ihren Stempel aufdrückten.[17]

Gemeinsam war allen Kirchen außerdem ihre territoriale Abgrenzung und Etablierung als Staats- bzw. Nationalkirche.[18] Auch die mittelalterliche Kirche war aufs engste verknüpft mit der weltlichen Herrschaftsgewalt, die Vorbehaltlosigkeit aber, mit der die neuen Konfessionskirchen Teil der frühmodernen Staaten wurden, war ihr unbekannt. Die Machtstellung der universalen Kirche vor der Reformation lag gerade in ihrer kulturellen und materiellen Eigenständigkeit. Zwar hatte die Reformation die Unabhängigkeit der Religion und Kirche von staatlich-weltlicher Macht zur Maxime erhoben und gelehrt, daß die Freiheit des Glaubens jeder Unterstellung unter eine weltliche Autorität widerstreite, aber nach der Konfessionsspaltung und unter dem Zwang, sich durchzusetzen, mußten die neuen Kirchen diese Freiheit aufgeben. Wenn auch die Verbindung der katholischen, calvinistischen, lutherischen und anglikanischen Kirchen mit dem weltlichen Regiment jeweils sehr unterschiedlich war, existierten doch alle wesentlich von der Macht der weltlichen Herrschaft, sobald diese eine Konfession zur allein geltenden in ihrem Territorium erhob. Insofern war es nicht allein der Machtanspruch des frühmodernen Staates, der, weil er keine Nebengewalten tolerierte und die Religion als Disziplinierungsinstrument einsetzen konnte, die Kirche in die Staatsgesellschaft zu integrieren suchte, sondern auch die Notwendigkeit wie Bereitschaft der neuen Konfessionskirchen, sich für ihre Etablierung dem herrschaftlichen Willen unterzuordnen. Wie also der Staat die Kirche als Erziehungsinstitut unter die Norm der staatlichen Souveränität zu stellen suchte, so hoffte die Kirche, ihrerseits den Staat als Mittel zur Durchsetzung religiös-politischer Ziele zu benutzen, d. h. mehr den Staat zu beherrschen als ihm zu dienen. Dieses Konkurrenzverhalten gründete im beiderseitigen Bekenntnis zu einem christlichen Staat. Sowohl Katholiken wie Protestanten anerkannten im Prinzip die Einheit von Staat und Kirche; nur separatistische Glaubensbewegungen forderten die Trennung beider Bereiche. Solange deswegen ein Herrscher bereit war, einer Konfession Alleingültigkeit zuzubilligen, ihre Einheit zu sichern und ihre Ansprüche zu verteidigen, war jede Kirche bereit, sich zu unterwerfen und dem Fürsten Vorrechte zuzugestehen. Erst in den Fällen, in denen ein Fürst sich einer anderen Kirche zuwandte oder der Kirche nicht den versprochenen Schutz lieh, erkannte die betroffene Landeskirche die Problematik der Einheit von Staat und Kirche, d. h. die Unfreiheit der Kirche.

Folge der Verstaatlichung bzw. Integration der Kirche als Staatskirche war der unmittelbare Einfluß von Staat und Fürsten auf Lehre und Organisation der Kirche. Diese Praxis gründete zwar auf der mittelalterlichen Tradition der Schutzherrschaft des Adels über die Kirche, aber in der gehandhabten Weise stellte sie etwas Neues dar. Sie betraf einmal die Besetzung der Kirchenstellen, mit denen ja nicht nur geistliche, sondern auch politische Rechte verbunden waren. Konsequent beanspruchten die Fürsten die Ämtervergabe nicht nur in England und Spanien, sondern auch in Deutschland und Frankreich, ein Recht, auf das selbst katholische Fürsten nicht verzichteten, als sich die römische Kirche als neue absolutistische Klerikerkirche etablierte. So sehr an Schulen, Gymnasien und Hochschulen Kleriker dominierten, Theologen die beherrschenden Positionen innehatten, wurde doch ihre Anerkennung in der Weise vom Staat abhängig, daß sie immer mehr zu staatlichen Institutionen wurden. Es konnte schließlich dem frühmodernen Staat nicht gleichgültig sein, in wessen Geist seine künftigen Theologen und Beamten ausgebildet wurden. Eine freie Schule gab es sowenig wie eine freie Kirche. Salamanca und Ingolstadt, Heidelberg und Tübingen bzw. Genf waren als Hochburgen der katholischen Reform bzw. protestantischen Reformation staatliche Anstalten, deren Personal und Lehre von staatlichen Instanzen kontrolliert wurden. Des weiteren fungierten auch die Pfarrer und Geistlichen auf dem Land und in der Stadt nicht nur als Heilsvermittler und Prediger, sondern zugleich als Vertreter staatlicher Obrigkeit, deren herrschaftliche Mandate sie verkündeten und deren Interessen sie vertraten. Sie waren Kirchenbeauftragte wie frühmoderne Beamte zugleich.[19] So wie weltliche Beamte auf das Glaubensbekenntnis der Landeskirche eingeschworen wurden, war die Staatstreue Voraussetzung für die Erlangung von kirchlichen Pfründen. Freilich war dieses Miteinander, diese Zusammenarbeit von Staat und Kirche alles andere als harmonisch, die Kirchen beklagten sich ebenso konstant über die weltlichen Eingriffe wie die Staaten über die kirchliche Bevormundung. Insgesamt jedoch verloren die Kirchen im Maße ihrer Integration in den Staat an Selbständigkeit. Die Befriedung der konfessionellen Streitigkeiten ging also parallel einerseits mit der Verchristlichung der Gesellschaft, andererseits entzog sie langfristig den Kirchen politische Wirksamkeit.

Alle kirchlichen, protestantischen wie katholischen Bewegungen erhoben einen universalen Wahrheitsanspruch, ihre Wirkung reichte durchaus über Territorien und Ländergrenzen, doch als Kirchen etablierten sie sich nur, insoweit sie sich auf die Sozialstruktur und Verfassung der einzelnen Länder bezogen. Deswegen ist es schwer, in der frühen Neuzeit trotz eindeutiger Orientierung auf klar fixierte Bekenntnisse von geschlossenen internationalen Großkirchen zu sprechen. Die Territorialisierung der Religion ließ keine Universalkirche wie im Mittelalter mehr entstehen, nicht einmal die katholische Kirche kann uneingeschränkt als solche betrachtet werden. Obwohl die lutherische Bewegung ganz Nordeuropa erfaßte, waren die Unterschiede zwischen den einzelnen Landeskirchen eklatant. So waren beispielsweise die Gegensätze in den Landeskirchen von Württemberg und Sachsen unüberbrückbar. Die Konkordienformel hatte nur eine grobe Einheit geschaffen. Noch stärker unterschieden sich die Landeskirchen im Calvinismus, auch wenn hier die Orientierung am Landesherrn schwächer war und die Gemeindeverfassung vor staatlichen Eingriffen besser geschützt war als im Luthertum. Die pfälzische Kirche etwa hatte wenig gemeinsam mit der schottischen Kirche. Obwohl die Dordrechter Synode allgemein verbindliche Normen aufgestellt hatte, wurden diese doch sehr unterschiedlich angewandt. Selbst die katholische Kirche stellte trotz des Papsttums keine einheitliche Kirche vor. Die ständische, regalistische und gallikanische Tradition in Polen, Spanien und Frankreich etwa waren so stark ausgebildet, daß der Papst auf die Besetzung von Bischofsstühlen in Spanien und Frankreich kaum Einfluß nehmen konnte, wie auch Frankreich das Tridentinum nicht anerkannte und Spanien eine romunabhängige Inquisition errichtete. Die spezifischen Eigenheiten des polnischen, spanischen und französischen Katholizismus, wie sie sich bis heute zeigen, bildeten sich in diesem nachreformatorischen Zeitalter aus.

Am stärksten bestimmten die ›Glaubenskämpfe‹ die Eigenart des konfessionellen Jahrhunderts. Alle religiösen Bewegungen erlebten unter dem Druck der Territorialisierung der Religion eine Politisierung, wie im übrigen die Politik konfessionalisiert wurde, was nicht nur zum weltlichen Engagement der Kirchen führte, sondern auch und vor allem zu den schrecklichen Kriegen, die die frühe Neuzeit erlebte.[20] Auch im Mittelalter wurde das Christentum mit weltlicher Gewalt verbreitet, Kreuzzüge stabilisierten die universale Kirche gegen innere und äußere Feinde, Gewalt begründete ihre Macht. Doch die enge Verbindung von Politik und Religion in der nachreformatorischen Zeit bewirkte eine bis dahin nicht gekannte Militanz. Diese war wesentlich dadurch bedingt, daß einmal mehrere organisierte Kirchen mit Unterstützung weltlicher Gewalt um ihre Durchsetzung bzw. ihre Rechte kämpften, zum anderen Fürsten und Stände sich mit den religiösen Bewegungen verbanden, um die politische Unabhängigkeit oder Einheit ihres Landes zu erzwingen. Die ihnen eigene Dimension erlangten die Glaubenskämpfe im Zuge der Formierung des Frühabsolutismus. Zwar enthielten sich die Kirchen und Kleriker meist unmittelbarer Gewaltanwendung, aber keine Konfession scheute es, Fürsten, Adel und Städte zu bewegen, in ihrem Interesse Gewalt gegen Andersgläubige zu üben. Eindeutige Ablehnung von Gewalt gab es nur in marginalen Gruppen. Eine volle Verschmelzung von politischem und religiösem Engagement treffen wir einerseits bei Gustav Adolf von Schweden, andererseits bei Cromwell in England. Ein protestantischer politischer Welteroberungsanspruch meldet sich hier gegen den des römischen Katholizismus.

Besonders militant zeigte sich der Calvinismus. Dies lag einmal wesentlich an der höheren Bereitschaft der calvinistischen Kirchen, aktiv in die Welt einzugreifen, andererseits an der sozialpolitischen Situation in Frankreich und Schottland, wo der Calvinismus als Bekenntnis der Aristokratie sich gegen das katholische Herrscherhaus behaupten mußte bzw. als quasi staatsfeindliche Bewegung stärksten Repressionen ausgesetzt war. Hätten die Hugenotten, wie sie in Frankreich genannt wurden, wie auch die holländischen Calvinisten sich nicht mit Gewalt gewehrt, wären sie mit Sicherheit von katholischer Seite vernichtet worden. Nirgendwo wüteten dementsprechend die Religionskriege wie in Frankreich, reformatorische und ständische Bewegungen verschmolzen hier zu einer starken politischen Macht, die erst mit dem Konfessionswechsel Heinrich IV. vom Calvinismus zum Katholizismus und mit dem Edikt von Nantes, das den Hugenotten religiöse und politische Rechte zusicherte, in den Staat integriert wurde. Dann war es nur eine Frage der Zeit, bis sich nicht zum Katholizismus bekennende Gruppen verdrängt waren.

Die Gewaltaktionen der Calvinisten waren im wesentlichen geprägt vom Widerstand gegen das Vordringen der Katholiken, während die Katholiken ihren Weltanspruch offensiv vertraten. Auch im Stil ihres Vorgehens unterschieden sich die militanten Konfessionen: Die Calvinisten richteten ihre Aktionen mehr gegen Sachen als gegen Personen, sie verfolgten nicht primär die Ketzer, sondern zerstörten Kirchen und katholische Kultstätten, im Gegensatz zur katholischen Gegenreformation, die vorrangig gegen die neuen Ketzer vorging.[21] Insgesamt zeigte sich der Katholizismus am militantesten, vertreten durch die spanische Monarchie wie die päpstliche Politik, die die politischen Konflikte in Europa geschickt zugunsten des Katholizismus auszunutzen verstand. Wie im Fall Schwedens unter Gustav Adolf ist auch in Spanien Großmachtpolitik und religiös-kirchliche Aktion nicht zu trennen. Vorrangig waren es freilich politische Interessen, die Spanien gegen die Niederlande, und die französische Krone gegen die Calvinisten aufbrachten, aber ohne die konfessionsspezifische Problematik sind der Freiheitskampf der Holländer und die Hugenottenkriege dennoch nicht zu verstehen. Alles setzte die katholische Macht ein, Gewalt, Mord, Krieg und Inquisition, um ihre Gegner zu liquidieren. Die Bartholomäusnacht, in der die hugenottische Elite vernichtet wurde, war ein typisches Signum der gegenreformatorischen Politik, wobei es um die Durchsetzung des Katholizismus wie um die Macht im Staate ging.[22] Nicht überall erfolgte die Gegenreformation so rigoros wie in Frankreich und Italien. Polen bildet eine klassische Ausnahme, da hier die Gegenreformation ohne Krieg verlief. Protestantische Länder waren früher bereit, religiöse Minderheiten, wenn sie sich den öffentlichen Normen des Staates unterwarfen, zu tolerieren, als katholische. Die protestantischen Minderheiten in Italien, Spanien und Frankreich dagegen wurden im Laufe eines Jahrhunderts weitgehend ausgeschaltet.

Schließlich war noch eine andere Entwicklung allen sich nach der Reformation formierenden Konfessionen gemeinsam. Gewisserweise in Reaktion auf den Prozeß der Verstaatlichung der Kirchen, die Ausbildung von neuen kirchlichen Hierarchien, die Ausdifferenzierung ›scholastischer‹ Lehrsysteme und die Verweltlichung der religiösen Praxis entstanden unter Berufung auf das genuine Erbe der Reformation bzw. der altchristlichen Kirche religiösspirituelle bzw. religiös-soziale Bewegungen, die alle eine grundlegende (zweite) Erneuerung der Kirche anstrebten und religiöse Ziele propagierten, die in Weiterführung der Reformation die Mentalität des frühmodernen Europa wesentlich prägten. Gemeint sind der Jansenismus in der katholischen Kirche, der Puritanismus in der englischen und der Pietismus in der protestantischen Kirche. Wenn man von einigen Randgruppen absieht, so verließ keine dieser Bewegungen den ideologisch-organisatorischen Rahmen ihrer Kirche. Die Idee einer überkonfessionellen Kirche gab es zwar in Randgruppen, sie bot aber keine Alternative. – Bei allem Unterschied in Lehre, Ritus und Stellung zur Obrigkeit, zum weltlichen Wissen und auch durchaus mit unterschiedlicher Intensität kritisierten alle diese Reformbewegungen gleicherweise die neuen katholischen oder protestantischen Staatskirchen durch Ablehnung der offiziellen Kirchenscholastik, die sich ja auch im Protestantismus wieder im Maße seiner Konfessionalisierung etabliert hatte, dann durch den Kampf gegen die Hierarchisierung der Konfessionskirche sowie durch einen moralischen Rigorismus, der dem des Calvinismus sich anpaßte; vor allem die Staatshörigkeit wurde als Verrat an der Freiheit der Religion angeprangert. Es handelte sich weitgehend um innerkirchliche Reformbewegungen, die sich außerhalb Englands erst im zweiten Drittel des 17. Jahrhunderts formierten, als die Konfessionskirchen bereits integrierte Systeme des frühmodernen Staates geworden waren – zu Sektenbildung, d. h. zu separatistischen Bewegungen kam es nur in der anglikanischen Kirche –, aber ihre Anfänge weisen weit zurück.
Sowenig diese neuen Protestbewegungen sich politisch verstanden, da sie ja gerade die religiöse Selbstverantwortung propagierten, wurden sie nicht nur bald zu einem Politikum ersten Ranges, sondern nahmen explizit Stellung gegen die Ausbildung absolutistischer Staatsformationen. Ähnlich vertraten sie auf ökonomischem Gebiet keine bestimmten Praktiken, erwiesen sich aber

durch ihre Ablehnung des Luxus einerseits und des frühkapitalistischen Geschäftsgebarens andererseits letztlich als ›sozialkonservativ‹. Dennoch gab es keine religiösen Bewegungen der frühen Neuzeit, die gerade den Interessen des politisch machtlosen Adels und Bürgertums mehr entsprachen als in Frankreich der Jansenismus, in England der Puritanismus und in Deutschland der Pietismus. Das Programm der religiösen Selbstverantwortung und des moralischen Rigorismus führte damit nicht zwangsläufig zur Unterstützung demokratisch-bürgerlicher Bewegungen und kapitalistisch-marktwirtschaftlicher Interessen, wie immer angenommen wird, ihre politische und soziale Leitvorstellung implizierte auf jeden Fall ein antiabsolutistisches, vor allem aber ›antiweltliches‹ Bewußtsein. Wenn diesen religiösen Kräften dennoch eine gesellschaftstransformierende Bedeutung zukam, dann lag der Grund vor allem in ihrem frühbürgerlichen Bildungsprogramm und ihrer Moral, deren Rationalität den Aufstieg des Bürgertums entscheidend förderte.

Der Jansenismus formierte sich in oppositionellen Kreisen gegen die offizielle Kirche, gegen die Politik der Kardinäle Richelieu und Mazarin und vor allem gegen die Jesuiten und ihren Einfluß.[23] Seine entscheidenden Führer waren Saint-Cyran, Cornelius Jansen und Antoine Arnauld. Theologisch vertraten sie die augustinische Gnadenlehre, wobei es ideologisch zu einer starken Annäherung an den Calvinismus kam, da das Heil nicht aus Werken, sondern aus Gnade erwartet wurde. Gegen jede äußerliche Prachtentfaltung und Luxus, vor allem gegen jede ›jesuitische‹ Weltpolitik, setzte sich der Jansenismus für einen ethischen Rigorismus ein. Unter Wiederaufnahme konziliarer Ideen verwarf er die römische Hierarchie und forderte eine stärker demokratische Kirche mit mehr Rechten für den einzelnen. Sein elitäres Bewußtsein, sein Rigorismus und die Ausbildung eines modernen Bildungssystems, das mit dem der Jesuiten durchaus konkurrieren konnte, schufen die Voraussetzungen, daß die religiöse Erneuerungsbewegung bald über Klerikerkreise hinaus weite Schichten des Adels und gelehrten Bürgertums erfaßte. Die Verbindung mit literarischen und wissenschaftlichen Kreisen (Racine, Pascal) hob ihr gesellschaftliches Ansehen. Was den Jansenismus aber vor allem zum Politikum werden ließ, ihn nicht nur zur starken Oppositionskraft gegen den tridentinischen Katholizismus, sondern auch gegen den französischen Absolutismus machte, war seine Verbindung zur politischen Opposition. »Der Jansenismus wurde bereits während der Fronde zu einem geistig-religiösen Kristallisationszentrum für die Kräfte der Opposition gegen den Absolutismus.«[24] Schärfer als der Calvinismus kam damit der Jansenismus ungewollt ins Kreuzfeuer staatlicher und kirchlicher Auseinandersetzung, was zu seiner Verfolgung und Vernichtung im frühen 18. Jahrhundert führte.

Der viel später entstandene deutsche Pietismus artikulierte sich nicht so rigoros und war auch niemals so intensiv in sozialpolitische Konflikte verwickelt wie der Jansenismus, entstand aber ebenso als eine innerkirchliche Erneuerungs- bzw. Protestbewegung engagierter Pfarrer und Theologen, die dann im Zuge seiner Institutionalisierung in der 2. Hälfte des 17. Jahrhunderts ebenfalls weite Laienkreise, vor allem Adelige und Beamte erfaßte.[25] Der Pietismus berief sich auf eine starke antiorthodoxe Tradition im Luthertum (Arndt, Andreae) und propagierte ein praktisches Christentum auf der Grundlage religiöser Selbstverantwortung und asketischer Lebensführung. Gegen die höfische Luxusentfaltung in Staat und Kirche predigten auch die Pietisten einen ethischen Rigorismus, in den sowohl calvinistische wie auch chiliastisch-enthusiastische Ideen einflossen. Die Bedeutung des Pietismus für Deutschland liegt weniger in der Artikulierung eines politischen Bewußtseins – im Unterschied zum Jansenismus blieb er letztlich obrigkeitstreu –, als in seinem sozialpolitischen und pädagogischen Engagement, das sich auch literarisch äußerte. Charitative Tätigkeit und Schulunterricht waren die Konsequenz eines auf die praktische Verwirklichung des Glaubens angelegten religiösen Bewußtseins.

Der englische Puritanismus, dessen Anfänge auf die Mitte des 16. Jahrhunderts verweisen und in den unmittelbar calvinistische Ideen einflossen, war ebenfalls keine einheitliche innerkirchliche Bewegung, dafür aber eine sozial außerordentlich wirksame Kraft.[26] Auch hier verbanden sich praxisorientierte Religiosität, moralischer Rigorismus und antiepiskopale Verfassungsvorstellungen miteinander. Seine Radikalität war dadurch bedingt, daß mit der Einführung der Reformation in England nur die Lehre, nicht aber die Praxis geändert wurde, daß im Gegenteil der König bewußt die anglikanische Kirche als Herrschaftsinstrument einsetzte, ohne ihren katholischen Habitus abzuschaffen, sowie dadurch, daß England noch lange vom Papsttum (bzw. Spanien) bedroht war (Armada 1588). Den ersten Puritanern ging es dementsprechend vorrangig um die Weiterführung der Reformation, d. h. die Abschaffung aller katholischen Relikte und die Durchsetzung einer auf dem biblischen Christentum gründenden Moral. In keinem Land Europas wurde von seiten der Reformbewegung so rigide wie in England der Kampf gegen Luxus, Spiel und Volksvergnügungen geführt. Die Puritaner waren keine Separatisten – zu separatistischen Bewegungen kam es erst im Zuge der englischen

Revolution –, sondern vertraten eine presbyteriale Kirchenordnung (Th. Cartwright), wonach die Gewalt der Kirche nicht bei den Bischöfen, sondern in der Gemeinde lag. Neben dieser presbyterialen Richtung setzten sich allerdings in dem Maße, wie die puritanische Reformation auf Widerstand stieß und unterdrückt wurde, die radikalen Independenten (R. Browne) durch, die jede Hierarchie verwarfen und dann in der englischen Revolution das Regiment führten. Auch der Puritanismus war zunächst eine rein von Klerikern getragene innerkirchliche Reformbewegung, die aber rasch zu einer breiten Laienbewegung wurde, in der das Bürgertum und der niedere Adel (Gentry) den Ton angaben. Die Wirkung und Bedeutung des Puritanismus gründete allgemein auf seiner das Alltagsleben disziplinierenden Kraft, der Stärkung subjektiver Glaubensverantwortung und Unterwerfung des moralischen Lebens unter biblisch-bürgerliche Maximen; darüber hinaus wurde der Puritanismus in seiner antiabsolutistischen Ausprägung politisch relevant, als seine Mitglieder zunehmend das Unterhaus beherrschten und damit die Politik des Königs kontrollierten. Zwar war die englische Revolution nicht unmittelbares Produkt der puritanischen Bewegung, auch steht der religiöse Radikalismus nach 1640 nicht in unmittelbarer Beziehung zum Puritanismus, aber mit seinem moralischen Rigorismus und seiner chiliastischen Aufbruchstimmung schuf er bei allem ihm eigenen Weltpessimismus wichtige Voraussetzungen für den Sieg der Independenten. Der Puritanismus unterstützte zweifellos bürgerliche Zielvorstellungen, war aber keinesfalls die Ideologie der entstehenden kapitalistischen Bourgeoisie Englands. Politisch war er zwar revolutionär, sozial aber wirkte er eher hemmend auf die frühkapitalistische Entwicklung. Sein moralischer Impetus begünstigte eine strenge Arbeitsmoral, keinesfalls aber Profitgesinnung als Ausfluß innerweltlicher Askese.[27]

Der französische Jansenismus, der deutsche Pietismus und der englische Puritanismus entstanden im Reflex auf das sich im Zuge der Ausbildung frühmoderner Staatlichkeit und der Konfessionalisierung der Gesellschaft etablierende Staatskirchensystem. Sie wollten die religiös-kirchlichen Reformen weiterführen im Sinne eines religiösen Subjektivismus, für den nicht kirchliche Autorität entscheidet, sondern die eigene religiöse Erfahrung als Gewissen – in einem ethischen Rigorismus, der zwar eine tiefe Weltverachtung ausdrückt, zugleich aber einen religiösen Aktivismus in der Welt begründete, der sozialreformerisch starke Spuren hinterließ (Sozialeinrichtungen, Schulen), schließlich in einem religiösen Gemeindemodell, in dem nicht die Amtsdiener herrschen, sondern die Gemeinde ihr religiöses Leben selbst bestimmt. Ihre Wirkung war höchst unterschiedlich, auch nicht in jedem Fall ›fortschrittlich‹. Indem sie absolutistische Herrschaftsstrukturen bekämpften, mobilisierten sie, wenn auch mit unterschiedlicher Intensität, vielseitig bürgerliche Kräfte, sowohl im Kampf gegen die Verhöflichung der Gesellschaft wie zur Ausweitung der bürgerlichen Arbeitsmoral, die für die Formierung einer antiabsolutistischen Bewegung vor allem in England und Frankreich bedeutsam wurde, ohne aber eigentlich das Volk zu erreichen. Ihre Hauptwirkung fiel in das 17. Jahrhundert und beschränkte sich weitgehend auf mittelständische intellektuell-bürgerliche Kreise. Während der Pietismus zunehmend eine herrschaftskonforme Verhaltensweise forderte, der Jansenismus nach der Fronde sowohl von kirchlicher wie staatlicher Seite unterdrückt wurde, mußte der Puritanismus nach der englischen Revolution alle radikal politischen Ziele aufgeben und wurde zu einer quietistischen Bewegung.

VI. INQUISITION, HEXENWAHN, UNGLAUBE

Die Reformation hatte Freiheit des Glaubens gefordert und die Errichtung einer christlichen Gesellschaft angestrebt. Was sich aber im Zuge der religiösen Neuorientierung und Neuordnung durchsetzte, war nicht nur unter dem Druck der Gegenreformation mehr Unfreiheit als Freiheit, mehr gewaltsame Aggression als friedliches Zusammenleben. Im Namen von Freiheit und Wahrheit wurden in keinem Zeitalter mehr Menschen vertrieben und vernichtet als im konfessionellen Zeitalter. Zu den grausamsten wie auch wirksamsten Mitteln, womit das Volk einem ›offiziell‹ anerkannten Christentum in der Form der bekannten Konfessionen unterworfen wurde, gehörten die Inquisition und der Hexenprozeß, zwei Institutionen, die nicht minder im Dienste der Staaten wie der Kirche standen. Sicherlich waren die mentalen und sozialen Folgen dieser brutalen wie systematischen Überwachungsmethoden nicht so groß, wie früher angenommen wurde. Mit menschlichem Leben ging man in anderen Zusammenhängen noch gewaltsamer und willkürlicher um, doch als eine neue Form von Disziplinierung haben sie dem Europa der frühen Neuzeit einen spezifischen Stempel aufgedrückt. Ideologische Abweichung wurde ein weltliches Verbrechen und mit polizeilichen Mitteln bekämpft. Inquisition und Hexenprozesse waren keinesfalls allein dem Katholizismus zu eigen und keineswegs nur mittelalterliche Abwehrformen. Wenn auch die Intensität und Wirkung der Verfolgung und Liquidierung Andersdenkender je nach Land und

Konfession unterschiedlich waren, so wurden Religionsgegner doch überall nicht nur von den Kirchengemeinschaften ausgeschlossen, sondern von der weltlichen Obrigkeit vertrieben oder vernichtet. Während die Hexenverfolgung von allen Konfessionen gleicherweise unterstützt wurde, kam es nur in katholischen Ländern zur Institutionalisierung der Inquisition, d. h. zu einer systematischen, von oben gelenkten Ausrottung Andersdenkender und -gläubiger. Die Inquisition wie auch die Hexenverfolgung sind zwar keine unmittelbaren Produkte der reformatorischen bzw. gegenreformatorischen Bewegung, es gab sie bereits viel früher, aber ihre eigentliche Ausprägung, ihren Höhepunkt erreichten sie im späten 16. und frühen 17. Jahrhundert, was darauf schließen läßt, daß die neuen sozialen Verhältnisse in Europa, die mit der Marktausweitung, der zunehmenden Staatlichkeit und der Konfessionalisierung der Gesellschaft gegeben waren, die ›alten‹ Methoden nicht überflüssig machten, sondern sie sogar in verbesserter und systematischer Form als integrale Überwachungsinstrumente nötig hatten. Ideologische Überwachung und Bestrafung waren die entscheidenden Mittel zur Disziplinierung, allerdings auch zur Befriedung der frühmodernen Gesellschaft.

Was als Inquisition im spanischen Staat und in der römischen Kirche institutionalisiert wurde, ist nicht identisch mit der Ausbildung des Inquisitionsverfahrens, das in der Gerichtspraxis des 15. und 16. Jahrhunderts immer mehr das alte Akkusationsverfahren verdrängte. Es umfaßte mehr als strafrechtliche Verfolgung von Hexerei und Unglauben, wenn es auch hier am erfolgreichsten eingesetzt wurde.

Die Inquisition als eine kirchliche Einrichtung zur Ketzerbekämpfung gab es bereits im Mittelalter. Aber als eigene zentrale Institution entstand die römische Inquisition erst 1542 als Instrument der römischen Kirche gegen das Vordringen der reformatorischen Bewegung vor allem in Italien.[1] Sie steht in enger Verbindung mit anderen Bemühungen, die Lehre und den Büchermarkt zu kontrollieren (Index, Zensur).

Da Italien territorial zersplittert war, die römische Kirche selbst nur im Kirchenstaat unmittelbare, politische Gewalt ausübte, förderte die Einführung der Inquisition in ganz Italien zugleich den römischen Einfluß, was auch eine ihrer wesentlichen Aufgaben war. Kontrolliert wurden nicht mehr nur die Städte, sondern erstmals auch das Land. Die bekanntesten Opfer der römischen Inquisition waren G. Bruno und G. Galilei.[2] Galilei mußte seine Lehre widerrufen, und Bruno wurde öffentlich verbrannt. Die Inquisition war an sich nicht unbedingt wissenschaftsfeindlich, aber mit der Abwehr ketzerischer Bewegungen wurde langsam jede wissenschaftlich-kritische Kultur, die in Italien im 16. Jahrhundert nochmals einen Höhepunkt erreichte, ausgetrocknet.

Die römische Inquisition hatte zwar den ganzen Raum der katholischen Kirche zu ihrem Geltungsbereich erklärt, doch Spanien, das einzige integral katholisch verbliebene Land, bestand auf Selbständigkeit. Die spanische Inquisition unterschied sich wesentlich von der römischen: Sie war zum einen eine staatliche Institution, auf die Rom nicht nur keinen Einfluß ausübte, sondern deren Urteile nicht selten auch anders ausfielen als die Roms.[3] Daß die spanischen Könige ihr alle Unterstützung gewährten, lag daran, daß die Inquisition zugleich die einzige ganz Spanien umfassende Gerichtsinstitution und für das Königreich von großer politischer Bedeutung war.

Zum anderen entstand sie im Zusammenhang mit der Kontrolle der großen Zahl konvertierter Juden und Moslems und sollte zunächst ihre Integration in die spanische Gesellschaft, dann aber ihre Absorbierung betreiben, wobei rassische Gründe bald eine größere Rolle spielten als religiöse. Neben religiösem Eifer war die Reinheit des Blutes für ein öffentliches Amt und jede weitere Karriere unerläßlich. Wie einschneidend dies für die spanische Gesellschaft war, zeigt die große Zahl der konvertierten Juden gerade in den Ober- und Mittelschichten im 16. Jahrhundert. Erst in zweiter Linie diente die Inquisition auch der Abwehr reformatorischer Bewegungen, damit auch allen dem Kirchenglauben nicht völlig konformen Schrifttums, so daß Spanien in kurzer Zeit eine ›abgeschlossene‹ Gesellschaft bildete.

Des weiteren hatte die spanische Inquisition aufgrund der Geheimhaltung der Gerichtsverfahren und ihrer völligen Bürokratisierung in ganz Spanien ein Terrorsystem errichtet, dem jeder durch Denunziation überliefert werden konnte. Im Vergleich zur weltlichen Gerichtsbarkeit und zum Umgang mit den Hexen in Zentraleuropa war allerdings die Praxis der Inquisition geradezu human. Denn das Gericht, das ohne Blutrünstigkeit verfuhr – darin lag gerade auch seine Stärke –, verstand sich selbst nicht als Gerichtshof, sondern als Disziplinarbehörde, die mit einem nationalen Notstand fertig werden mußte. Da es um die ›Versöhnung‹ ging, fielen auch die Urteile sehr unterschiedlich aus. Das Todesurteil war nicht in jedem Anklagefall notwendige Folge. Zwischen 1575 und 1610 wurden z.B. in Toledo folgende Strafen verhängt:

Versöhnung	207
Tragen des Sanbenito	186

Vermögensentzug	185
Einkerkerung	175
Verbannung aus dem Wohnort	167
Auspeitschung	133
Galeere	91
Verbrennung in persona	15
Verbrennung in effigie	18
Verwarnung	56
Freispruch	51
Vertagung des Verfahrens auf unbestimmte Zeit	128

Schließlich inszenierte Spanien die Verurteilung bzw. Hinrichtung als ein mit großem Pomp gefeiertes Autodafé (Akt des Glaubens), dessen wesentliche Bestandteile nicht die Hinrichtung selbst, sondern die Prozession, Messe, Predigt und die ›Versöhnung‹ der Sünder waren und das zuletzt in ein großes Volksfest überging. Deutlicher konnte die Hoheit des Glaubens und der Reinigungsakt der Gesellschaft von Häresie im Dienste des Staates nicht demonstriert werden.

Die spanische Inquisition hatte erhebliche Folgen für Spanien. Ökonomisch litt es unter dem Verlust von Moslems und Juden. Nachhaltiger noch wirkte die ideologische Abschließung, die allerdings – ein Rätsel der spanischen Geschichte – eine kurzfristige große literarische und künstlerische Entfaltung nicht ausschloß. Die Inquisition blieb in Spanien eine Dauereinrichtung, auch dann noch, als in anderen, vor allem nordeuropäischen Ländern die Diskriminierung der religiösen Außenseiter nachließ, sie zumindest nicht mehr einer dauernden Kontrolle unterworfen wurden.

Eine weit größere Zahl von Opfern als die Inquisition forderte der frühneuzeitliche Hexenwahn. Die Hexenverfolgung hatte viel Ähnlichkeit mit der systematischen Häresiebekämpfung, insofern letztlich im Hexenprozeß nur ein besonders extremer Fall von teuflischer Ketzerei verfolgt wurde und die Vernichtung ebenso gründlich mit bürokratischen Mitteln erfolgte.[4]

Der Hexenwahn stellt ein höchst komplexes soziales Phänomen der frühneuzeitlichen Gesellschaft dar. Denn der theologisch begründete ›Hexenwahn‹, der zur systematischen Verfolgung der Hexen im 16. und 17. Jahrhundert führte, war nicht unmittelbar identisch mit dem ›Hexenglauben‹ des Volkes, den wir, wenn auch mit unterschiedlicher Intensität, in allen traditionalen Gesellschaften, damit auch in ganz Europa, antreffen.

Außerdem war der eigentliche Hexenwahn in Europa nicht überall gleich stark verbreitet: Die systematische Hexenverfolgung wurde nur schwach oder gar nicht betrieben in Osteuropa, aber auch in den katholischen Ländern Irland und Süditalien. Spanien schränkte sie am frühesten ein. Besonders verheerende Folgen hatte der Hexenwahn in Frankreich, Süd- und Westdeutschland und England, also in Ländern, die nach der Reformation als die politisch und ökonomisch hochentwickeltesten galten. Auch verbreitete sich der Hexenwahn nicht vornehmlich in zurückgebliebenen Regionen, sondern in Gegenden starker Mobilität.

Obwohl der ›Hexenwahn‹ ohne den weit verbreiteten ›Hexenglauben‹ im Volk nicht zur großen Hexenverfolgung geführt hätte, unterscheidet sich sozial und intellektuell der Hexenwahn wesentlich vom Volksglauben. Der traditionelle Hexenglauben, der aus einer nicht-christlichen, heidnisch magischen Wurzel stammte und deswegen früher auch von der Kirche ›nur‹ als Aberglauben bekämpft wurde, artikulierte das Gefühl unmittelbarer Naturausgeliefertheit im Alltagsleben. Mit der Überzeugung, daß überirdische Mächte unmittelbar in das Leben der Menschen eingreifen können, gehört der Hexenglauben neben Astrologie und Magie zum tragenden Weltbild der Agrargesellschaft. Er diente zugleich als Erklärung für Unglücksfälle wie als vielversprechendes Mittel zur Wiederherstellung der Ordnung und wirkte damit stabilisierend auf die Normen des dörflichen Lebens. Der Hexenwahn der frühen Neuzeit aber, der zu Massenhinrichtungen zumindest in Zentraleuropa führte, gründete zwar auf dem traditionellen Hexenbild, zeigte aber eine grundsätzlich andere städtisch-intellektuelle Qualität. Im Mittelpunkt stand nicht mehr das Malefiz, die unheilstiftende Hexe, sondern die Teilnahme am Hexensabbat, einer antichristlichen Festorgie, durch der der Teufel sich der Menschen bedienend das Christentum vernichten will. Die Hexerei wurde also von herrschaftlicher und kirchlicher Seite nicht als ein Aberglauben, sondern als eine diabolische Sekte bekämpft. Luther und Calvin glaubten nicht nur an die Existenz von unheilstiftenden Hexen, sondern waren ebenso wie ihre katholischen Gegner von einer sich verbreitenden Teufelssekte überzeugt. Klassischen Niederschlag fand die intellektuelle Dämonologie im ›Malleus Malificarum‹ von 1486/7; nicht minder aber auch in ›De Magorum Daemonomania‹ (1580/1) von Jean Bodin, dem bekannten frühneuzeitlichen Staatstheoretiker.

Die systematische Hexenverfolgung der frühen Neuzeit war wesentlich ein Produkt intellektueller Hysterie. Markantes Merkmal war die Bürokratisierung ihrer Vernichtungspraktiken in allen Konfessionen. Im Unterschied zu den Judenpogromen verlief

Abb. 22: *Hexensabbat*. Kupferstich von M. Herr (um 1650)

die Hexenverfolgung alles andere als spontan und war nur bedingt abhängig von der Unterstützung des Volkes. Die ehemals recht beliebige und willkürliche Hexenverfolgung im Mittelalter wurde im Laufe des 16. Jahrhunderts durchgreifend systematisiert, sowohl durch das nun eingeführte Inquisitionsverfahren und die neuen behördlichen Institutionen des frühmodernen Staates, die gebildete Juristen leiteten und von juristischen Fakultäten überwacht und begutachtet wurden. Unkontrollierter Brutalität war damit weitgehend vorgebeugt, wie in der spanischen Inquisition. Die strafrechtliche Verfolgung ruhte nicht mehr allein und unmittelbar auf einer Anklage – so oft auch persönliche Schadensklagen zu Prozessen führten –, sondern zentral war die Folter, durch das Geständnis über einen Pakt mit dem Teufel und die Teilnahme an antichristlichen Festen erpreßt wurde. Verschiedene Proben (Wasserprobe, Muttermal) ergänzten die Suche nach empirischen Schuldbeweisen. Da ohne Geständnis oder Beweis keine Bestrafung erfolgen konnte, wurde die Folter meist so lange angewandt, bis auch nie begangene Taten eingestanden wurden. Zahlreiche Hinrichtungen waren die Folge dieser unter der Folter erpreßten Geständnisse. War einem Delinquenten der Pakt mit dem Teufel nachgewiesen, so galt die schwerste Strafe, da er nicht mehr nur ein Ketzer, sondern ein von Gott Abgefallener war.

Nicht ungebildete, rohe Richter und Mönche trieben im allgemeinen die Hexenprozesse voran – so sehr auch einzelne Hexenjäger und Henker ihr Unwesen trieben –, sondern weitgehend römischrechtlich versierte Juristen, die auf Einhaltung aller Vorschriften sehr bedacht waren. Der Tod infolge der Folter war nicht gewünscht, er störte im Gegenteil die Wahrheitsfindung, weshalb die Schwere der Folter nicht selten mit einem Mediziner besprochen wurde. Auch mußte der ganze Vorgang protokolliert, gewissermaßen wie ein Experiment beschrieben werden. Der Prozeß, die Folter wie auch die Verurteilung, die ja beim Teufelspakt fast immer Todesstrafe bedeutete, stellten ein Ritual dar, das der Wahrheitsfindung, der Reinigung der Angeklagten und der Bekämpfung des Teufels diente.

Der Hexenwahn war nicht in allen Ländern gleich, ebensowenig die durch ihn ausgelöste Verfolgung. So kannte z.B. England die Vorstellung des Hexensabbats nicht, und in Spanien wurde die Hexerei überhaupt bald als Aberglaube abgetan. Dennoch ist es auffallend, daß es überall in Europa nach der Mitte des 16. Jahrhunderts zu einer ziemlich institutionalisierten Hexenjagd kam. Das hat mehrere Gründe. Einmal war sie abhängig von einem ausgebildeten Gerichts- und Inquisitionswesen mit akademisch gebildeten Juristen und Theologen, wie es im frühmodernen Staat vor allem Westeuropas eingerichtet wurde. Weiterhin förderten die Änderungen bzw. Auflockerungen der traditionalen sozialen Beziehungen im Zusammenhang der Herausbildung abstrakter Herrschafts- und marktwirtschaftlicher Verhältnisse über das ganze Land soziale Konflikte in den Dorf- und Stadtgesellschaften, durch die Hexenfurcht und Anklagebereitschaft verstärkt wurden. Des weiteren bestand ein zunehmendes Interesse des Staates wie auch der nachreformatorischen Kirchen an der Integration und Disziplinierung der Untertanen. Als eines der wirksamsten Mittel, neue Ordnungsvorstellungen durchzusetzen und Außenseiter sowie gesellschaftliche Randgruppen auszuschalten, erwies sich der Hexenprozeß. Dementsprechend waren es auch dominant Arme und Alte, Außenseiter und Randgruppen, die als die gesellschaftsstörenden Elemente von der Hexenverfolgung getroffen wurden. Schließlich hatten kirchliche Propaganda und weltliche Folter zur Verbreitung der letztlich intellektuellen Dämonologie geführt und den traditionellen Hexenglauben so überformt, daß die Hexenjäger vom Volk gebilligt wurden.

Ohne diese Voraussetzungen hätten die Intellektuellen der frühen Neuzeit die Hexerei kaum mit Erfolg als Häresie bekämpfen können. Jedes dieser Momente für sich reichte zur Verbreitung des Hexenwahns nicht aus, wo aber mehrere zusammentrafen, wo kein Widerspruch mehr zwischen dem traditionellen Hexenglauben und der intellektuellen Dämonologie, wo gesellschaftliche Konflikte nicht mehr ohne Obrigkeit gelöst werden konnten und neue Staatsinteressen sich konsolidierten und wo schließlich starke Mißernten oder Seuchen verheerende Wirkung ausübten, bedurfte es oft nur eines geringen Anstoßes zur Hexenjagd. Einen derartigen Höhepunkt gab es um 1570/90, einen zweiten um 1640/50.

Die Reformation hatte kein Ende der mittelalterlichen Dämonologie gebracht. Alle christlichen Kirchen und Konfessionen partizipierten gleicherweise an der Hexenverfolgung, allerdings mit dem Unterschied, daß sie in einigen deutschen katholischen Territorien, wie in Trier, Würzburg, Bamberg, Fulda und Paderborn, stärker waren als in anderen Gegenden. Das hat aber weniger religionsspezifische Gründe als seine Ursache in der Härte der gegenreformatorischen Bewegung dieser Länder. Nirgendwo scheint der Hexenprozeß so im Mittelpunkt der Herrschaftsstabilisierung gestanden zu haben wie hier. So rigoros auch gerade calvinistische Gemeinden gegen den Hexenglauben vorgingen, hielt doch die Hexenjagd in katholischen Ländern länger an. Die letzten Prozesse des 18. Jahrhunderts fanden in katholischen Territorien statt, was mit der späten Abschaffung der Folter zusammenhängt. Die Kapazität für eine Liberalisierung der Gesellschaft war in protestantischen Ländern stärker.
Sowenig bestimmte Glaubensinhalte der verschiedenen Konfessionen im 16. Jahrhundert ein bestimmtes Verhalten zum Hexenwahn herausforderten – die wenigen Kritiker stammten sowohl aus dem Calvinismus wie aus dem Katholizismus –, so blieb doch der Hexenglauben allgemein und die Hexenverfolgung insbesondere nicht unbeeinflußt vom christlichen Glauben, insofern reformatorische Bewegung und gegenreformatorische Aktionen eine beträchtliche religiöse Verunsicherung gebracht hatten. Denn in dem Maße, wie die Menschen ihre religiös-kirchliche Orientierung verloren, ihr persönliches Schicksal gerade im krisenreichen 16. Jahrhundert nicht mehr als eigene Schuld oder Strafe Gottes interpretieren konnten, traten magische abergläubische Deutungsmuster wieder stärker in den Vordergrund. Dabei erlebte nicht nur die Volksmagie eine ungeahnte Renaissance, sondern auch die Hermetik und Gelehrtenmagie, so daß der Hexenglauben in der frühen Neuzeit kein marginales Phänomen war. Er ist vielmehr Ausfluß einer tiefgreifenden Krise des religiösen Bewußtseins beim Übergang eines christlich-magischen Weltverständnisses zu einem unkirchlich moralischen Bewußtsein.
Die Hexenjagd konnte in der frühen Neuzeit jeden treffen, Patrizier wie Bettler, Frauen wie Männer, Kinder wie Greise. Doch lassen sich zeitliche wie regionale Unterschiede angeben. So

scheinen anfangs Männer wie Frauen gleicherweise verfolgt worden zu sein. In der Hauptzeit der Verfolgung von 1560 bis 1660 treten dann Frauen in den Vordergrund, während das Ende oft Prozesse gegen Kinder und Bettler wie arme alte Frauen markieren. Danach nahm die Jagd meist ein ebenso rasches Ende, wie wenn sie auf die Herrschaftsschicht übergriff. Denn dies konnte die Obrigkeit nicht hinnehmen. Vorwiegend richtete sich die Hexenverfolgung gegen Angehörige ortsansässiger unterer Schichten – die Betonung der großen Prozesse wie in Loundun z. B. verzerrt dieses Bild. Der Grund war einmal, daß in einer im Wandel befindlichen Gesellschaft sich die führenden Schichten stark von den nicht integrierten Unterschichten und Außenseitern bedroht fühlten, Unheil von ihnen erwarteten und diese Furcht durch Terror abreagierten.

Es war allgemeiner Glaube, daß sich Außenseiter und unterschichtige Randgruppen durch ein Bündnis mit dem Teufel gegen ihre gesellschaftliche Diskriminierung zur Wehr setzen konnten. Zudem hatten diese gesellschaftlichen Randgruppen Verhaltensweisen ausgebildet, die in der Tat auf die ordnungsliebende Oberschicht bedrohlich wirkten. Die Hinweise auf Hysterie, Besessenheit, Schwachsinn usw., die bekanntlich oft als Indiz für einen Pakt mit dem Teufel galten, sollte man m. E. ernstnehmen und sie nicht als anthropologisch-biologische, sondern als soziale Defekte sehen, die aus der Außenseiterstellung resultierten.

Was allgemein für diese Schichten galt, traf verschärft für den hohen Anteil von Frauen zu, die von den Problemen gesellschaftlicher Randgruppen besonders betroffen waren. Die Grundhaltung der Hexenjäger war nachweislich frauenfeindlich. Für die Verfasser des Malleus war die Frau von Natur schlecht, »da (das Weib) schneller am Glauben zweifelt, auch schneller den Glauben ableugnet, was die Grundlage für die Hexerei ist«. Dennoch kann man die bürokratisch organisierte Hexenverfolgung nicht als spezifisch antifeministisches Instrument einer patriarchalischen Gesellschaft erklären.

Entscheidend ist einmal, daß es in der frühen Gesellschaft ein spezifisches Versorgungsproblem für Frauen gab, vor allem für alte und unverheiratete, die ein Dorf nicht mehr integrieren konnte. Diese bildeten unter der Bedingung des Ausgestoßenseins spezifische Verhaltensmuster aus, die nicht nur von den Dorf- und Stadtbewohnern als Bedrohung empfunden wurden, sondern auch als solche wirken sollten. Ein Hexenprozeß traf selten jemanden, der nicht schon vorher im Gerede war.

Zum anderen kann nicht geleugnet werden, daß die Hexenjäger von einem Frauenbild geleitet waren, das eine rigorose Unterordnung verlangte. Dem entsprach der Versuch, die letzten ›autonomen‹ Bereiche, wie den Kontakt mit überirdischen Mächten (Magie), zu unterbinden. Unter dieser Perspektive kommt der Selbstanklage von Frauen eine besondere Bedeutung zu. Sie war Kapitulation wie Protest zugleich. Was blieb einer schutzlosen alten Frau (mit ihren Kindern), die nicht mehr mit der Unterstützung anderer rechnen konnte, als der böse Blick, Rache oder ein Bund mit dem Teufel, dem große Macht zugesprochen wurde.

Schließlich muß die Frauenfeindlichkeit der intellektuellen Hexenjäger, so wie sie in der Hexenliteratur deutlich wird, unterschieden werden von dem die Prozesse durchführenden Richter. Der Antifeminismus der intellektuellen Propagatoren war keine spezifisch feudale, ebensowenig eine bürgerliche Erscheinung, sondern entsprach der im europäischen Intellektualismus lange vorherrschenden gnostischen Grundhaltung, nach der die Frau als Symbol von Natur, Sinnlichkeit und Sexualität den Mann an der intellektuellen Erkenntnis hindert. Denn Erkenntnis und wahres Christsein zugleich konnten nur durch Überwindung von Welt und Sinnlichkeit erreicht werden, hier gab es dann auch Beziehungen zwischen dem alten Gegensatz von Geist und Sinnlichkeit zum neuen von Vernunft und Leidenschaft. In der Frau wird die Verderbtheit, Sinnlichkeit und der Unglaube der Welt bekämpft. Von dieser frauenfeindlichen Grundeinstellung der intellektuellen Dämonologie war aber in der Gerichtspraxis oft wenig zu merken. Zwar wurden auch hier Männer und Frauen nicht gleich behandelt, aber nicht die Vernichtung der Frau als ›Naturwesen‹ stand im Vordergrund, sondern ihre Einfügung in eine Ordnung, die die Frau unter die Herrschaft des Mannes bzw. der dörflichen oder städtischen Gemeinschaft stellt. Fromme und untertänige Frauen hatten von der Hexenverfolgung am wenigsten zu befürchten. Während die gelehrten Hexenjäger systematisch alle unter Folter erpreßten Geständnisse zu einer perfekten, im Volk aber nie ganz präsenten Vorstellung eines Hexenkultes zusammenfügten, bezog sich der Richter im Prozeß auf konkrete Fälle, die dann meist anders aussahen, als die offiziellen Muster es vorschrieben. Die Praxis der Hexenverfolgung vermittelt dementsprechend ein anderes Bild als die Hexenliteratur der Juristen und Theologen des 16. und 17. Jahrhunderts.

Das 16. und 17. Jahrhundert waren zwar Zeiten starker Religiosität. Aber die konfessionelle Zersplitterung, die Religionskriege und gegenseitige Verketzerung blieben nicht ohne Wirkung auf das Glaubensbewußtsein; religiöse Unsicherheit und Skeptizismus, Unglauben und atheistische Regungen verbreiteten sich.[5]

Der Vorwurf des Unglaubens und des Atheismus gehörte an sich zum Repertoire der religiösen Auseinandersetzungen in der nachreformatorischen Zeit und darf deshalb nicht allzu wörtlich verstanden werden. Kirchenfeindschaft, religiöses Desinteresse und bewußte Ablehnung des christlichen Glaubens wurden nur selten getrennt. Erklärte libertinistische, materialistische Positionen gab es nicht, weder im Volk noch in den Kreisen der Künstler, Wissenschaftler oder Beamten. Eine Kirchenfeindlichkeit aber war in intellektuellen Kreisen wie auch im Volk verbreitet, da viele unter dem Wechsel der Konfessionen und ihren Streitigkeiten sehr litten. Gegen ihr Anwachsen half auch nicht, daß die reformatorische Bewegung dem Katholizismus konkurrierende kirchliche Systeme entwickelte und religiöse Selbstbestimmung und Freiheit, wie sie zur Zeit der Reformation bestanden, unterdrückte. Es handelte sich nicht um Gegner des Christentums, sondern in erster Linie um religiös engagierte Einzelgänger, die bereits seit der zweiten Hälfte des 16. Jahrhunderts ein alle Konfessionen umfassendes, kirchenfreies Christentum propagierten.

Zur gleichen Zeit verbreitete sich auch erstmals ein erklärtes religiöses Desinteresse. Überzeugt davon, daß Kirchen und Religionsgemeinschaften mehr Haß als Frieden stiften, gab es zahlreiche Menschen sowohl in der Oberschicht wie auch im Volk, die ohne ausdrückliche Stellungnahme gegen die Kirchen oder die Religion sich dem kirchlich-religiösen Leben ganz entzogen bzw. eine Trennung von Politik und Religion forderten. Die Abnahme religiöser Themen in der Literatur, aber auch in der Kunst, seit dem 17. Jahrhundert kann dafür ebenso als Indiz herangezogen werden wie die Wiederentdeckung der Antike durch den Späthumanismus mit seinen alternativen Moralvorstellungen. Das bekannteste Beispiel stellt Montaigne dar, dessen Weltlichkeit für das 16. Jahrhundert zwar eine Ausnahme war, aber doch prototypisch für die neue Haltung der späthumanistischen Intelligenz, während Rabelais bereits eine entschiedene Skepsis gegenüber allen religiös-kirchlichen Formen repräsentiert.[6]

Während Kirchenfeindlichkeit und religiöses Desinteresse in Verbindung mit einem religiösen Skeptizismus bei aller Marginalität weit verbreitete Haltungen waren, gab es einen expliziten Atheismus kaum. Das schloß allerdings nicht aus, daß es Weltanschauungen gab, in denen christliche Lebensvorstellungen keinen Raum mehr hatten. Das galt weniger für die intellektuellen Schöpfer des frühmodernen Weltbildes wie Montaigne und Descartes, Bacon oder Hobbes, die ja keine Gegner der christlichen Religion waren, als für kleine intellektuelle Kreise, vor allem in Paris und in den Niederlanden. 1582 berichtet ein Pfarrer aus Brüssel erschreckt:

»Allenthalben findet man Atheisten und Freigeister zuhauf, von denen einige jeder Religion offen spotten, sie Märchen und Zierat nennen und sagen, sie sei nichts als ein Stück Politik, von durchtriebenen und verschlagenen Obrigkeiten erfunden, um dem sündhaften Volk Furcht einzuflößen und es in Zucht zu halten... andere, um ihre Gottesverachtung zu verschleiern, behaupten, so viele miteinander im Widerstreit liegende Glaubensbekenntnisse seien in unserem Vaterland entstanden, daß sie nicht wüßten, welches das wahre sei und welchem sie anhängen sollten. Wieder andere drehen ihr Fähnlein nach dem Wind und passen sich nach außen hin jeder Religion an.«[7]

VII. BILDUNG, SCHULSYSTEM, FRÜHMODERNE WISSENSCHAFT

Weltliches Wissen, wissenschaftliche Erkenntnis und institutionalisierte Gelehrsamkeit hat es lange gegeben, im Mittelalter bereits, vor allem aber im Humanismus. Aber was die frühneuzeitliche Gesellschaft an Wissen, Erkenntnis und Wissenschaft hervorbrachte, stellte etwas völlig Neues dar und sprengte in dreifacher Hinsicht alle bisherigen Vorstellungen. Es wurde 1. ein entscheidendes Instrument zur Beherrschung der Welt, der Besserung des materiellen Lebens und der Befreiung der Menschen von Tradition und Natur. War Wissen und Erkennen im Mittelalter weitgehend vom Klerus monopolisiert, so begann es 2. nun allen Volksschichten verfügbar und in der sozialen Praxis wirksam zu werden. Die Zunahme von Wissen ist nicht zu lösen von der sog. Bildungsrevolution, die mit Alphabetisierung und Ausbau des Schulsystems erstmals einen beträchtlichen Höhepunkt erreichte. Schließlich kam es 3. zur Entstehung der modernen Wissenschaften, eines Wissenschaftssystems, das die meisten heute bekannten Wissenschaften umfaßte und in seinem Programm alle mittelalterlichen und auch die Maßstäbe der Renaissance überschritt. Zwar wurde es von einer kleinen Elite getragen, aber direkt oder indirekt partizipierten immer mehr Menschen an ihrem Werk.

Wenn von Wissen, Erkenntnis und intellektuellen Leistungen in der frühen Neuzeit gesprochen wird, dann wird unter dem Eindruck der ›Revolution des Geistes‹ die nicht minder beachtliche und alle Volkskreise potentiell erfassende ›Bildungsrevolution‹ vergessen.[1] Denn mit der Alphabetisierung des Volkes und der starken Ausweitung des Schulsystems vollzog sich vielleicht ein letztlich wirksamerer sozialer Umbruch als mit der Entstehung der modernen Wissenschaft selbst. Zwar herrschte noch lange nicht nur im Volk, sondern auch in den oberen Schichten Analphabetismus vor. Doch insgesamt läßt sich eine beschleunigte Alphabetisierung der ganzen Bevölkerung mit beträchtlicher Ausweitung des unteren und höheren Schulsystems feststellen, die Zahl derjenigen, die eine Unterschrift leisten und auch lesen konnten, stieg konstant. Einen ersten Höhepunkt erreichte die Volksbildung um 1600, seit der Mitte des 17. Jahrhunderts wird sie allerdings wieder für ein Jahrhundert rückläufig.[2] Von der gesamteuropäischen Bildungsrevolution waren mehr die westlichen als die östlichen Länder betroffen, wo außerhalb des gebildeten polnischen Adels weitgehend nur der Klerus schreiben und lesen konnte. Auch im Westen differierten katholische, lutherische und calvinistische Länder beträchtlich, denn es war vor allem die Reformation, die zur Steigerung der Alphabetisierung beitrug, indem sie jeden Gläubigen auf die eigene kritische Schriftlesung verwies. Gesamtgesellschaftlich darf die Verbreitung von Schriftkundigkeit und Lesebefähigung wiederum auch nicht überschätzt werden.

Wie rasch die Alphabetisierung und Schulausbildung im 16. Jahrhundert zunahmen, zeigen einige bekannte Hinweise.[3] Man nimmt an, daß das lesende Publikum in Deutschland im 16. Jahrhundert von 400 000 auf 800 000 stieg. In England soll es unter vier bis fünf Millionen Einwohnern rund 1,5 bis zwei Millionen Leser gegeben haben, und um 1600 konnte angeblich bereits die Hälfte aller Leute lesen. Auch die Zahl der deutschen Studenten stieg zwischen dem 16. und dem 17. Jahrhundert von 3200 auf 7000 bis 8000. Davon waren allein 4000 bis 5000 an lutherischen und calvinistischen Hochschulen. Hinzu kamen die hohen Zahlen von deutschen Studenten in Italien: Es studierten in Siena 1590/1609 2555 und in Padua zur selben Zeit 3145.[4] Um 1600 sollen 16 % der Männer in Frankreich keine Analphabeten mehr gewesen sein, in England sogar 25 %. Hier hatten auch bereits zwischen 1625 und 1640 80% der Parlamentsmitglieder an einer Universität studiert. – Alle Bevölkerungsschichten partizipierten an der Alphabetisierung und an der Schulausbildung, allen voran das Bürgertum und der Adel, zu deren Standesbewußtsein es bald gehörte, auch ›gebildeter‹ zu sein als das Volk. Allgemein erhielten Männer eher eine Ausbildung als Frauen. So konnten z. B. in Amsterdam um 1630 bereits 57% der Männer unterschreiben, aber nur 32% der Frauen.[5] Mit der Zunahme von Alphabetisierung und Bildung des Volkes war zwar noch keine Demokratisierung der Wissensverbreitung und -vermittlung eingetreten, aber das Bildungsmonopol der Kleriker war um die Mitte des 17. Jahrhunderts endgültig gebrochen.

Erziehung und Ausbildung von Kindern und Jugendlichen vollzogen sich bis weit in die frühe Neuzeit weitgehend noch im häuslichen und familiären Bereich. Vor allem berufsspezifische Fähigkeiten und ›allgemeine‹ Bildung erwarb das Volk nicht in der Schule, sondern in der Familie und im Lehrverhältnis, z.T. in fremden Häusern.[6] Die Schule war nur eine Form unter anderen Erziehungsmöglichkeiten, erfuhr aber im Laufe des 16. Jahrhunderts eine ungewöhnliche Ausbreitung. Gemeinden, Städte, Obrigkeiten und Kirchen förderten den Prozeß. Eine allgemeine Schulpflicht war zwar noch unbekannt, aber »den lieben Eltern und dem ganzen gemeinen Nutz« war an Schulen »nit wenig, sondern merklich und hoch gelegen«.[7] Das Schulsystem war bereits allgemein sehr differenziert. Neben den universitären Anstalten und den Lateinschulen, die seit langem bestanden, gab es eine Vielzahl von sehr unterschiedlich qualifizierten, zumeist kleinen Elementarschulen, die Schüler gegen geldliche Vergütung Schreiben, Lesen und Rechnen lehrten und Einführung in den Katechismus gaben. Sie wurden getragen von Klöstern und Kirchen, Gemeinden und Korporationen oder waren völlig unabhängig. Es gab sie vor allem in den Städten, hier und da auch auf dem Lande, obwohl sich die Landbevölkerung am längsten gegen die Verschulung wandte. In Lübeck gab es z.B. zu Ende des 16. Jahrhunderts 60 deutsche Schulen.[8] Am angesehensten waren die Schulen sektiererischer Gemeinden, allen voran die in England. Aufkommende Schulordnungen, die das Erziehungsproblem erstmals als eine ›öffentliche‹ Aufgabe artikulierten, versuchten den Wildwuchs des elementaren Schulsystems zu lenken und zu bessern, doch ihre Wirkung blieb ebenso beschränkt wie die Anstrengung zahlreicher Volkspädagogen gegen Ende des 16. Jahrhunderts, die erstmals eine systematische Ausbildung für Arme und Reiche, für Unter- und Oberschichten, für Jungen und Mädchen verlangten und hier und da Musterschulen gründeten. Wegweisend waren die Bemühungen von Amos Comenius und seinen Freunden.[9]

Der Schulunterricht in den Elementarfächern stand zwar allen Schichten offen, war aber nicht regelmäßig und auch wenig erfolgreich. Manche führten die Verrohung der Jugend gerade auf die Schule zurück. Dies lag nicht nur am fehlenden Interesse, sondern auch an den nicht qualifizierten Lehrkräften, die ihre Tätigkeit weitgehend als Nebenbeschäftigung betrieben. Mehr noch als über die elenden, unhygienischen Räume und den schlechten Unterricht wurde über die rohen Methoden der Lehrer geklagt.

Die Obrigkeit mußte nicht selten gegen die Tyrannei der Lehrer einschreiten. Die Salzburger Schulordnung von 1593 bestand ausdrücklich darauf, beim Zuschlagen »des Kopfs und anderer

Abb. 23: *Das Innere einer Schule*. Holzschnitt (1592)

Glieder zu verschonen, auf das solche Castigation eine Züchtigung und nit eine tyrannisch, unbesinnt und volles Poltern geheißen werden möge und die Jugend nit Ursach haben könnte, ihre Lehr- und Schulmeister mehr zu schelten denn zu lieben«.[10] Aber trotz der Mißstände, die erst sukzessive abgeschafft werden konnten, wurde das Elementarschulwesen ausgebaut. Vor allem waren es die Kirchen und der frühmoderne Staat, die auf Verbesserung der Volksbildung bestanden. Eine große Zahl pädagogischer Schriften wurde veröffentlicht. Bildung und Erziehung wurden jedenfalls zum wichtigen öffentlichen Thema der späthumanistischen Gesellschaft zu Anfang des 17. Jahrhunderts.[11]

Entschieden größeres Interesse schenkte die frühneuzeitliche Gesellschaft, vor allem die Kirche wie die Staaten, dem höheren Schulwesen, wo die staatliche und kirchliche Elite herangezogen wurde.[12] Die zahlreichen Gymnasien und Gelehrtenschulen der frühen Neuzeit waren entweder Neugründungen oder entstanden aus erneuerten alten Lateinschulen im Zusammenhang von Reformation und Gegenreformation. Reformierte Gymnasien konkurrierten in Aufwand, Größe und Einfluß mit den Jesuitengymnasien. Fast jede Stadt besaß eine höhere Bildungsanstalt, auf die das Bürgertum und der Adel ihre Kinder schickten. Aber auch Kinder unterer Schichten fehlten in den frühen Jahren nicht. Ihnen gewährten Kirchen und Staaten Stipendien. Weitreichenden Einfluß und vorbildlichen Charakter hatten vor allem das lutherische Gymnasium in Straßburg und das katholische Jesuitenkolleg in Paris. Die Größe der Gymnasien wuchs nicht selten auf über 1000 Schüler, was entsprechende Räumlichkeiten voraussetzte. Kirchen und weltliche Obrigkeiten unterstützten die Gymnasien nach Kräften. Der Besuch eines Gymnasiums bedeutete für den einzelnen nicht nur Teilhabe an der höheren Bildung, Unterweisung in den christlichen Verhaltensformen, sondern Erhöhung seiner sozialen Stellung. Es ist den Qualitäten des frühneuzeitlichen Schulwesens zu verdanken, daß Bildung mit dem Tugendkanon der adlig-patrizischen Welt verschmolzen wurde.

Das Gymnasium war Bildungs- und Erziehungsinstitut der frühneuzeitlichen Elite. Sein besonderer Wert lag in der Vermittlung humanistisch-lateinischer Bildung, die alle Konfessionen übernommen hatten. Im Mittelpunkt standen Latein- und Rhetorikunterricht sowie die Unterweisung in christlicher Lehre. Perfekte Aneignung der humanistischen Tradition und der selbständige Umgang mit ihr war ein wichtiges Ziel. Detaillierte Lehrpläne, ausreichende Lehrbücher und qualifizierte Lehrer sicherten den Erfolg. So sehr das Gymnasium mit seinem humanistischen Wissenskanon den Erfordernissen des 16. Jahrhunderts entsprach, so erwies sich die Vernachlässigung der Muttersprache (vor allem in Deutschland), der Mathematik und Geschichte später doch als großer Nachteil. Aber Wissensvermittlung war nur die eine Aufgabe der gelehrten Schule. Gleichgewichtig war die Erziehung und Disziplinierung der Schüler zu christlichen Untertanen. Gerade darin lag die ungewöhnlich weitreichende soziale Funktion der Gymnasien, ohne die kein Staat mehr auskommen konnte. Die Einführung eines Klassensystems mit der Trennung nach Altersgruppen – es gab zumindest fünf bis sechs Klassen –, sowie eines Prüfungssystems förderte einerseits die Elite und trug andererseits zur Normierung des Unterrichts bei. Die Stärkung der Lehrerautorität vervollständigte schließlich ein System der Überwachung der Jugend, das paradigmatisch für die ganze Gesellschaft war. Gerade die Kollegs, die den ganzen Tagesablauf von morgens bis abends regelten, mit gemeinsamen Essens-und Erholungsstunden, wurden »zu einer unentbehrlichen Einrichtung der Gesellschaft: Es ist das Kolleg mit dem von den Schülern getrennten Lehrkörper, mit der strengen Disziplin, den sehr zahlenstarken Klassen, in dem sämtliche Generationen von Gebildeten des Ancien Régime heranwachsen werden«.[13] In diesen höheren Bildungsanstalten erreichte die humanistische Bildung einen Wirkungsgrad, der bei aller Verflachung doch erstmals ganz Europa erfaßte und die rationale Diskussionsfähigkeit förderte. Diese unzweifelhaft positiven Errungenschaften hatten aber auch beträchtliche soziale Folgen. Sie wurden einmal erkauft durch eine beträchtliche Praxisferne, da die Unterrichtsgegenstände in keinem unmittelbaren Bezug zur späteren ›beruflichen‹ Praxis standen und nur für die Universität Voraussetzungen vermittelten, zum anderen erfolgte durch sie eine starke Ablösung der kommenden gesellschaftlichen Elite vom Volk, dem die neuen Gelehrten mit ihrem Wissen und Verhalten fremd wurden. Nicht nur die zunehmende Marktverdichtung differenzierte also die Ständegesellschaft, sondern auch das frühneuzeitliche Schulsystem. Lateinische Bildung war nicht länger nur Signum des Klerus, sondern aller gebildeten Schichten, des Adels wie des entstehenden Bürgertums.

Die höchste Bildungs- und Wissenschaftsinstitution war die Universität. Ihre mittelalterliche Struktur hatte sich im Übergang zur Neuzeit wenig geändert. Selbst die Neugründungen im 16. Jahrhundert paßten sich dem alten Muster an. Neben der philosophischen, juristischen und medizinischen Fakultät gab es die die ganze Universität auch zahlenmäßig beherrschende theologische Fakultät.[14] Sie bildete nicht nur den theologischen Nachwuchs aus, sondern kontrollierte weitgehend das ganze religiöse und auch intellektuelle Leben. Daran hatte die Reformation bzw. die Gegenreformation so wenig geändert, wie die stärkere Integration der korporativen Universität in den frühmodernen Staat. Im Gegenteil, die Universität wurde mehr als andere gesellschaftliche Institutionen zentrale Bastion der Reformation (Wittenberg, Heidelberg, Genf, Leiden) bzw. der katholischen Reform (Ingolstadt, Salamanca, Paris). Die verstärkte Akademisierung der Theologenausbildung verlieh der Universität einen fast unbegrenzten Einfluß auf den Geist der Kirchen.

Doch daneben gewannen zunehmend auch die juristischen und medizinischen Fakultäten an Gewicht. Der Bedarf an ausgebildeten Medizinern und vor allem Juristen stieg konstant, weswegen es auch zu eigenen Juristenschulen kam. Überhaupt zeigen die Immatrikulationslisten vor allem in der zweiten Hälfte des 16. Jahrhunderts einen bedeutenden Zuwachs an Studenten, sowohl von Adeligen, Bürgerlichen und selbst Unterschichtischen, die sich durch das Studium einen Aufstieg erhofften. Trotz aller Versuche, Landeskindern das Studium nur an den Landesuniversitäten zu erlauben, war das Interesse noch groß, außer Landes zu gehen. So erfreuten sich die Medizin in Montpellier und das Recht in Padua besonderer Beliebtheit, wie überhaupt Italien noch lange

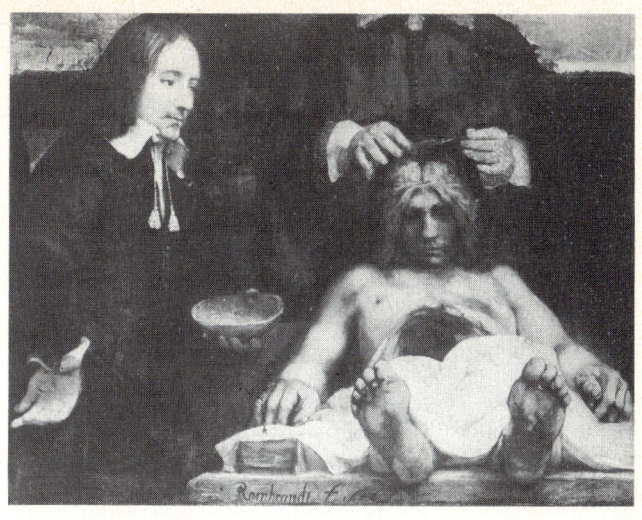

Abb. 24: *Die Anatomie-Vorlesung des Doktor Joan Deyman.*
Gemälde von Rembrandt (1656)

bevorzugtes Studienland gerade für nicht-theologische Fächer
blieb. Eine aufstrebende Universität gesamteuropäischen Stils
wurde das reformierte Leiden. Zahlreiche Universitäten hatten
sich der Reformation geöffnet, ja auch die führenden Männer der
reformatorischen Bewegung gestellt. Die alten Feindseligkeiten
gegenüber dem Humanismus waren weitgehend gefallen.
Einige Universitäten öffneten sich sogar den modernen Erfah-
rungswissenschaften, so etwa Leiden oder Padua, wo Anatomie
bzw. Mechanik und Astronomie blühten. Insgesamt aber litt keine
Institution so sehr unter der Tradition, vor allem unter der
Orientierung an der Antike (Galen, Aristoteles), wie die Universität. Zudem wurde sie immer mehr zu einer reinen Ausbildungs-
stätte für Staat und Kirche und verwickelte sich in zahlreiche
unergiebige Streitigkeiten, während sie einem neuen Bildungssystem letztlich ebenso feind war wie den neuen Erfahrungswissen-
schaften. Dies war dann auch einer der Gründe, warum einerseits
die europäische Aristokratie, die im 16. Jahrhundert erstmals auf
die Universität zog, sich im 17. Jahrhundert wieder abwandte und
eigene Ritterakademien gründete, auf denen vorrangig Mathematik, Sprachen und Geschichte gelehrt und vor allem Einführung in
die neuen Geselligkeitsformen (Tanz, Reiten, Fechten etc.) vermittelt wurden.

Andererseits liegt hier auch der Grund, daß die modernen Wissenschaften nicht an den Universitäten entstanden und sich die europäische Intelligenz außerhalb der universitären Institutionen neue Organisationsformen schuf, die ihren Bedürfnissen nach Zusammenarbeit und Gedankenaustausch mehr entgegenkamen, was nicht hinderte, daß es unter den Begründern der modernen Wissenschaften auch viele Professoren gab.

Eine zentrale Rolle bei der Vermittlung von Wissen, im Austausch von Meinungen und Informationen und bei der Verbreitung von Lehre und Erkenntnissen spielten das Buch und der literarische Markt. Die Reformation hatte erstmals das Buch aus dem Bannkreis des Humanismus gelöst und den Büchermarkt dem ganzen Volk erschließen helfen.

Luther war bereits ein erster großer Volksschriftsteller. Druckereien und Verleger profitierten davon und organisierten einen Markt, der das stetige Lesebedürfnis befriedigen konnte. Die Produktion von Flugschriften, Büchern und seit dem 17. Jahrhundert auch von Zeitschriften wuchs konstant, sowohl was die Auflagenzahl betrifft, die bis auf 3000 Exemplare stieg, wie auch die Zahl der Titel: so wurden z. B. auf der Frankfurter Buchmesse 1585 200, 1593 300, 1603 400 und 1613 500 neue Buchtitel angeboten. 1569 verkaufte ein Frankfurter Buchhändler auf der Messe 5900 Bücher. Es wurde errechnet, daß im Deutschland des 16. Jahrhunderts bereits 200 000 Titel gedruckt wurden. Bei einer Verdoppelung der Bevölkerung von 1500 bis 1600 hatte sich im europäischen Durchschnitt die Bücherproduktion verzehnfacht, doch im 17. Jahrhundert verlangsamte sich der Prozeß wieder.[15] Die steigenden Auflagen und Titel in der frühen Neuzeit waren nur die eine Folge des wachsenden Lese- und Informationsbedürfnisses, nicht minder entscheidend war, daß trotz einer nochmaligen Hochkonjunktur von religiösem Schrifttum durch Reformation und katholische Reform der Anteil an theologisch-religiösen Büchern stark zurückging, während weltliche Literatur, wissenschaftliche Sachbücher und Lehrbücher und nicht zuletzt Reisebeschreibungen immer besseren Absatz fanden. Nirgendwo kann man die Abnahme religiöser Interessen in der gelehrten Welt oder auch im Volk so deutlich ablesen, wie an der Buchproduktion. Neu war des weiteren, daß seit der Reformation nicht mehr allein gelehrte Schichten als Buchkäufer in Frage kamen, sondern sich nicht wenige interessierte Leser in Adels- und Bürgerwelt, ja selbst unter Handwerkern und einfachen Leuten fanden.

Obwohl Bücher teurer Luxus waren, gab es bald beträchtliche Bibliotheken, nicht nur in den gelehrten Haushalten, sondern auch an Höfen und im ungelehrten Bürgertum. Dementsprechend setzte sich zunehmend die Muttersprache gegenüber der lateinischen Gelehrtensprache durch. Bereits um 1575 erschienen in Frankreich erstmals mehr französischsprachige als lateinische Bücher. Außer in Deutschland, wo das Latein noch lange vorherrschte, galt dies für alle Länder, auch für Italien und Spanien, die an sich in der Bücherproduktion hinter den nord- und mitteleuropäischen Ländern zurückblieben. Dies war nicht nur Folge einer Popularisierung von Literatur und Wissen, sondern auch der Integration der Gelehrten in die Nationalgesellschaft. Fachdiskussionen wurden seit dem 17. Jahrhundert außerhalb des universitären Kreises zunehmend in der Muttersprache geführt. Dies verlieh auch der modernen Wissenschaft die ihr eigene Durchschlagskraft.

Einen expliziten Ausdruck fand die Bildungsrevolution in der Begründung der modernen Wissenschaft.[16] Sie revolutionierte das alte kosmologisch-religiöse Weltbild. Die mit den Namen und Werken der Mathematiker und Physiker, Philosophen und Naturforscher Galileo Galilei und Johannes Kepler, William Gilbert, dem Entdecker des Magnetismus, und William Harvey, dem Entdecker des Blutkreislaufs, Giordano Bruno, Francis Bacon und René Descartes eng verbundene wissenschaftliche Bewegung entstand unter spezifischen Bedingungen. Sie setzte einmal die Renaissance als literarisch-kritische Bewegung voraus, die bei aller Abhängigkeit von der Antike entscheidende Anstöße zur Säkularisierung des Denkens gegeben, vor allem durch ihr Pathos ein neues weltliches Bewußtsein freigesetzt hatte. Dann die Reformation, die bei aller Weltfeindlichkeit ein neues weltveränderndes Ethos hervorbrachte und der Subjektivierung des Wissens wie der Erfahrung Vorschub leistete. Schließlich setzte die Entstehung der modernen Wissenschaft einmal einen durch den aufsteigenden Handelskapitalismus ausgelösten steigenden Bedarf an technischem Wissen voraus, zum anderen ein staatsgefördertes Schul- und Bildungssystem. Renaissance und Reformation wie das Bedürfnis nach weltlicher Bildung und praktischem Wissen sensibilisierten erstmals große Teile der Bevölkerung für das Programm der neuen Wissenschaft und schufen über die Universität hinaus ein Klima großer intellektueller Fruchtbarkeit. So erstickend das geistige Klima durch die Religionsstreitigkeiten war, so war das Jahrhundert doch intellektuell zugleich äußerst kreativ, nicht nur in den nordeuropäischen Ländern, in denen dank der großen Toleranz bald Zentren der Wissenschaft entstanden, sondern auch noch in den Südländern, wo die intellektuelle Kraft erst im Laufe des 17. Jahrhunderts versiegte. Offensichtlich war es gerade die konstante Auseinandersetzung mit der traditionellen Kultur, die vor allem im Religionssystem beherrschend war, die der neuen Wissenschaft eine Entschiedenheit und ein Sendungsbewußtsein verlieh, die die intellektuelle Kultur erst wieder im 18. Jahrhundert auszeichnete. Wenn in der frühen Neuzeit protestantische Gelehrte zunehmend das wissenschaftliche Feld beherrschten, so lag es weniger an der Wissenschaftsfreundlichkeit der protestantischen Kirche – sie war z. T. den Wissenschaften gegenüber genauso feindlich eingestellt wie die katholische –, als an der Toleranz der protestantischen Länder.

Die frühmoderne Wissenschaft empfand sich emphatisch als neue Wissenschaft, neue Philosophie. Aber obwohl das heutige Wissenschaftssystem seine erste Formierung in dieser Zeit erfuhr und in diesem Zeitraum viele Einzelwissenschaften entstanden, läßt sich nur wenig Verbindendes mit der heutigen Wissenschaft mehr erkennen. Einmal waren die Schöpfer des frühneuzeitlichen wissenschaftlichen Systems nicht Wissenschaftler im heutigen Sinn, gewissermaßen Spezialisten eines Fachs, sondern letztlich Universalgelehrte, fast im Sinne des späteren Polyhistors, mit einem großen intellektuellen Anspruch. So war beispielsweise Kepler nicht nur Astronom, sondern auch ein ebenso origineller Theologe wie ein erfolgreicher Astrologe. Descartes war nicht nur der Begründer des philosophischen Subjektivismus, sondern auch vorzüglicher Kenner der Mathematik und Physik. Comenius schließlich war nicht nur der Begründer der modernen Pädagogik, sondern auch selbständiger Theologe. Wodurch ein Gelehrter weltbekannt wurde, war oft nur ein Ausschnitt seiner Tätigkeit, der für ihn selbst oft nicht einmal der wichtigste war.

Zum anderen: So sehr alle Wissenschaftler sich einerseits des Gegensatzes von (herrschender) Philosophie und Theologie bewußt waren, sich andererseits auch zu keiner spezifischen kirchlichen Lehre bekannten, waren die Gelehrten selbst keineswegs frei von philosophisch-theologischen Erklärungsansprüchen. Im Gegenteil, sie verkündeten ihre Lehre nicht selten wie eine ›neue‹ Offenbarung, die nicht nur einzelwissenschaftlichen Wert besitzen sollte. Obwohl weiterhin alle sich zu einer rationalen und auf Vernunft, Erfahrung und Natur gründenden Wissenschaft bekannten, setzten sie sich doch kaum ab von theosophischen, alchimistischen und astrologischen Interpretationen; eine strenge Grenze zwischen rationaler und hermetischer Wissenschaft war beispielsweise kaum gezogen. So konnte Kepler ohne weiteres Astronom und Astrologe zugleich sein, Comenius Pädagoge und Pansoph. Nichts macht die Undifferenziertheit des frühmodernen säkularen Weltbildes deutlicher als das »Programm« der Rosen-kreuzer.[17] Schließlich, obwohl sich eine Trennung von Naturforschung und Moralphilosophie durchsetzte, die natürliche von der moralischen Ordnung unterschieden wurde, unterließ es die frühneuzeitliche Naturforschung selten, mit ihrer Naturlehre auch eine neue Moral zu verkünden. Die soziale Komponente ist in allen wissenschaftlichen Richtungen deutlich. Insgesamt war das frühneuzeitliche Wissenschaftssystem also bei aller Rationalität noch ein Konglomerat von unterschiedlich qualifiziertem Wissen und Erkenntnissen. Gemeinsam war allen gelehrten Forschern und Philosophen der frühen Neuzeit aber das Bewußtsein, daß mit der neuen Wissenschaft auch ein neues Zeitalter angebrochen sei. Wie epochal sie ihre Erkenntnis verstanden, formulierte keiner so prägnant wie der erste große Wissenschaftstheoretiker Francis Bacon.

Der soziale Ort der modernen Wissenschaft war nicht die Universität, konnte es auch aufgrund ihres grundlegend anti-akademischen Habitus nicht sein. Durch ihre Orientierung auf die Ausbildung von Theologen und Beamten und die unbeschränkte Herrschaft der Scholastiker war der Universität die Rezeption der neuen Wissenschaften, vor allem der Naturforschung, weitgehend verschlossen. Zugleich konnte sie auch Gelehrte ohne traditionell ständisches Selbstverständnis nicht integrieren. Es war ein besonderes Kennzeichen der frühmodernen Wissenschaft, daß sie eigene Organisationsformen ausbildete, die dem Verständnis einer freien und nutzbringenden Forschung entsprachen.[18] Die Gelehrten schufen sich im frühen 17. Jahrhundert ein eigenes Kommunikationsnetz, lockere und festere Zirkel (Hartlib in England, Peiresc in Frankreich), eine erste wissenschaftliche Akademie (Accademia dei Lincei), der auch Galilei angehörte, entstand 1603 in Rom. Das erste rein wissenschaftliche Institut war das Gresham College in England. Die Gelehrtenrepublik war entsprechend der sozialen Herkunft wie dem Selbstverständnis ihrer Mitglieder eine Welt für sich. Sie verstanden sich bei aller Abhängigkeit von Universität, Hof oder Kirche alle als freie Mitglieder einer Gelehrtengemeinschaft, die nicht mehr ständischen Interessen unterlag, sondern aus sozialer Verantwortung für die Wahrheit und die Gesellschaft sich vor allem der wissenschaftlich intellektuellen Erkenntnis der Natur widmete. Sie anerkannten unter sich kaum noch soziale Schranken. Universitätsgelehrte, wissenschaftlich ausgebildete Privatgelehrte arbeiteten zusammen mit fürstlichen Beamten und Handwerkern und schufen sich einen eigenen Freiraum der Kommunikation, der ausschließlich der Vermehrung der Kenntnisse und des Wissens diente. Selbst der völlig zurückgezogene Descartes wünschte den Meinungsaustausch: In seinem Discours de la méthode formulierte er: »Ich will nicht den Urteilen anderer vorgreifen, indem ich selber über meine Schriften spreche, vielmehr würde es mich freuen, wenn man sie prüfte, und damit man um so mehr Gelegenheit dazu habe, bitte ich alle, die einen Einwand vorzubringen haben, dies [mir] mitzuteilen, damit ich mich bemühen kann, meine eigene Erwiderung hinzuzufügen; wenn die Leser beide nebeneinander sehen, werden sie um so besser die Wahrheit herausfinden können.«[19] Die Idee der Gelehrtengesellschaft, wie sie am stärksten Bacon und Comenius ausformulierten, entsprang nicht nur dem Schutzbedürfnis vor weltlichen und kirchlichen Übergriffen, mit denen alle Gelehrten der frühen Neuzeit zu tun hatten, sondern auch dem Wunsch nach gemeinsamer Wahrheitsfindung und dem utopischen Anspruch, Staat und Gesellschaft durch die neuen Wissenschaften zu bessern. Dabei waren die frühneuzeitlichen Gelehrten alles andere als revolutionär, sie sehnten sich nach einer stabilen politischen und sozialen Ordnung, die der Forschung Sicherheit und Konstanz garantierte.

Das allgemeine Programm der neuen Wissenschaft läßt sich wie folgt umreißen.[20] Die neue Wissenschaft war antiautoritär. Gegen das bestehende Bildungsmonopol der Kirche und der Universität und ihrer philosophischen Autoritäten Ptolemäus, Galen und Aristoteles kämpfte die neue Wissenschaft um Meinungsfreiheit; das Wissen sollte sich nicht länger durch Auslegung der Tradition begründen, sondern durch unmittelbare Beobachtung, Messung und Interpretation der Natur, wobei die Mathematisierung zur Objektivität verhalf. Der Antiaristotelismus, der bereits in der Reformation auftauchte, war das allen Naturforschern gemeinsame Bekenntnis. »Ich bin ein frei geborenes Subjekt. ... ich könnte niemals meine Vernunft zugunsten der Meinung der Alten aufgeben, noch meine Erfahrung irgendeiner anderen Bestimmung unterwerfen.«[21] So deutlich wie der Engländer Agricola Carpenter (1652) auf die wissenschaftliche Freiheit zu pochen, wagte zwar kaum einer, seine Überzeugung teilten aber die meisten seiner Zeitgenossen.

Nicht minder deutlich war das Bekenntnis zum Fortschritt. Wenn mit Emphase von neuer Wissenschaft, neuer Erkenntnis und neuer Gesellschaft gesprochen wird, so impliziert dies, daß die wissenschaftliche Bewegung nicht mehr am Reformationsideal der Renaissance oder auch am Humanismus (der Wiederherstellung alter Ideale) orientiert war, sondern ihr Ziel im Neuen und Unbekannten sah, denn »nichts ist so verborgen, daß man es nicht doch entdeckte«.[22] Deutlicher Ausdruck des wissenschaftlichen

Optimismus war die Utopie des Gesellschaftsmodells der Intellektuellen, in dem allein die wissenschaftliche Erkenntnis aus Unrecht und Chaos führt.

Bei allem Elitarismus war die neue Wissenschaft antiständisch. Wissen war nicht mehr Sache eines Standes, der es verwalten oder monopolisieren konnte, wie der Adel die politische Macht und die Kirche die Heilsgüter, sondern das Gut aller, an dem jeder aufgrund seiner Vernunft partizipieren konnte. Das antiständische Bewußtsein der neuen Wissenschaften enthierarchisiert nicht nur das Wissenschaftssystem – alle Wissensformen sind Diener der Wahrheit und nicht der Theologie und deshalb gleichgestellt –, sondern auch die Gelehrtenwelt, in der alle, die etwas zu sagen hatten, unabhängig von ihrem Stand, eingeladen waren zur wissenschaftlichen Diskussion.

Die Idee der gelehrten Vereinigung spielte untergründig seit dem 16. Jahrhundert eine Rolle. Zur tatsächlichen Gründung effektiver Gesellschaften kam es aber erst nach der Mitte des 17. Jahrhunderts. Die Produktion von Wissen und Erkenntnis hatte keinen Selbstwert, sondern sollte der Erziehung, Bildung und moralischen Besserung der Gesellschaft dienen. Der pädagogische Impetus war allen, wenn auch mit unterschiedlicher Intensität, gemeinsam. Das Bemühen um eine Didaktik und Universalsprache gehörte ebenso dazu wie der konkrete vielfältige Einsatz der Gelehrten für die Besserung von Staat und Gesellschaft, Kirche und Schulen. Die wissenschaftliche Bewegung war nicht trennbar von der pädagogischen Bewegung, die zu Ende des 16. Jahrhunderts vor allem in England und Deutschland sehr stark wurde und gegen die herkömmliche Praxis an Schulen und Universitäten die Konzentration auf Realien, die Betonung der sinnlichen Erfahrung und eine positive Bewertung der körperlichen Arbeit verlangte.[23]

Schließlich propagierte die neue Wissenschaft eine Praxis- und Zweckorientierung aller wissenschaftlichen Beschäftigung. Wissen und Forschung sollten in den Dienst der materiellen und kulturellen Verbesserung der Gesellschaft gestellt werden, sowohl die öffentliche Wohlfahrt fördern, wie Gewerbe und Landwirtschaft unterstützen. »Das wahre und gesetzmäßige Ziel der Wissenschaft ist es, das menschliche Leben durch neue Entdeckungen und Kräfte zu bereichern.«[24] Der Praxisbezug der neuen Wissenschaft, der mit dem Bekenntnis zur Erfahrung als dem Hauptkriterium der wissenschaftlichen Erkenntnis korrespondiert, ist der deutlichste Grundzug der wissenschaftlichen Bewegung, die eine zentrale Dimension der frühbürgerlichen Kultur zum Ausdruck brachte.

Anschaulichen Ausdruck fand das frühneuzeitliche wissenschaftliche Bewußtsein in der Utopie, der Beschreibung einer idealen Welt, die als rationale Konstruktion einer neuen, alle Probleme der ständischen Ordnungskrise überwindenden sozialen Wirklichkeit bis heute an Faszination nicht verloren hat.[25] Es ist wohl kein Zufall, daß gerade um 1600, als die neue säkularisierte Wissenschaft sich formierte, in vielen intellektuellen Kreisen literarische Utopien entstanden, die bekanntesten sind J. V. Andreaes ›Christianopolis‹ (1619), T. Campanellas ›Civitas Solis‹ (1623) und F. Bacons ›Nova Atlantis‹ (1627). Bei allen deutlichen Unterschieden in Struktur und Programmen, wo spezifische Erfahrung der lutherisch-südwestdeutschen, katholisch-süditalienischen bzw. puritanisch-englischen Gesellschaft durchschlägt, stehen doch alle im gleichen Kontext der durch die Renaissance vermittelten rationalen Ordnungsvorstellung, der durch die europäische Expansion ermöglichten Kenntnis von alternativen Kulturen sowie der durch die wissenschaftliche Bewegung des 16. Jahrhunderts gewonnenen Einsicht in die soziale Funktion von Wissenschaft und Bildung. Die frühneuzeitlichen Utopien sind keine revolutionären Handlungsprogramme, sondern bieten eher Anweisungen an die Intellektuellen, sich ihrer sozialen Verantwortung bewußt zu werden und sich zu organisieren, um in der Gesellschaft eine rationale Ordnung auf der Grundlage wissenschaftlich intellektueller Einsicht in die Weltordnung zu fördern, die allein die neuen politischen, sozialen und kulturellen Probleme zu lösen vermag. Die ideale Gesellschaft kann erst entstehen, wenn der Gegensatz von Staat und Kirche aufgehoben ist, anstelle der ständischen Hierarchie mit einer Adelskaste an der Spitze eine durch eine Geisteselite begründete soziale Ordnung erstellt wird, in der einerseits politisches und moralisches Handeln zur Deckung kommen, andererseits alle materiellen und kulturellen Bedürfnisse befriedigt werden. Aufhebung der Eigentumsordnung, Aufwertung körperlicher Arbeit, schulische Ausbildung und strikte Familienplanung sollen eine Ordnung begründen helfen, die der Welt den langersehnten Frieden bringt. Die Wirkung der literarischen Utopien war allerdings recht beschränkt, als Ausdruck des europäischen Intellektualismus der frühen Neuzeit geben sie aber beträchtlichen Aufschluß über die Bedürfnisstruktur der Intellektuellen. Dem Volk blieb diese Welt ›totaler Anschaulichkeit‹ letztlich fremd.

Reicher und vielseitiger noch als der wissenschaftlich-kritische Aufbruch, in vielem mit ihm verwandt und verbunden war die Kunstproduktion in der frühen Neuzeit zwischen reformatorischer Bewegung und höfischer Kultur. Keine Intoleranz, Kriege und Unterdrückung des Jahrhunderts hinderten die Entwicklung der literarischen und künstlerischen Interpretation und Selbstdarstellung. Im Gegenteil, weder der politische Abstieg als Weltmacht noch die Unterdrückung des kleinen Landes behinderten die ungewöhnliche Entfaltung von Kunst und Literatur in Spanien und den Niederlanden. Selbst Italien verfügte noch über große schöpferische Kräfte. Die Idealität und der Optimismus der Renaissance und des Humanismus waren allerdings verloren. Dunkle Töne, profaner Realismus und religiöses Pathos entschlüsselten erstmals die von der kirchlich-sakralen Einbindung befreite Welt als Stätte der Eitelkeit, der Vanitas, die nur überwunden werden kann durch heroisches Selbstbewußtsein, neue religiöse (kirchliche) Bindung oder höfische Integration. Insofern waren Literatur und Kunst des 16. und 17. Jahrhunderts in der Tat Spiegelbilder der Zeit, wenngleich mehr die Welt des Bürgertums und des Adels dargestellt wurde als die des Volkes. Darüber darf auch der soziale Blick und der Realismus der Künstler nicht hinwegtäuschen. Kunst war weitgehend Auftragskunst der herrschenden Schichten. Wenn stilgeschichtlich allgemein vom Zeitalter des ›Manierismus‹ und des Frühbarock für die Zeit von 1550 bis 1650 gesprochen wird, so ist dies ein freilich problematischer Versuch, alle schöpferischen Leistungen eines Jahrhunderts unter einen bzw. zwei Stilbegriffe zu fassen.[1] Denn lange gab es ein produktives Nebeneinander von ›alter‹ und ›neuer‹ Kunst und Literatur. So baute England noch gotisch, als sich in Italien das Barock durchsetzte. In Deutschland schrieb man noch gelehrte Schuldramen, als in England bereits Shakespeare das Publikum faszinierte. Aber selbst die ›neuen‹ Richtungen lassen sich schwer unter einen Begriff bringen. Verbindungen zwischen El Greco und Rubens lassen sich so schwer ziehen wie zwischen Tizian und Brueghel, bzw. Calderon und Shakespeare, oder Cervantes und Racine. Die Entwicklung der künstlerischen (Früh)Moderne war sehr komplex, bei aller Originalität auf vielfältige Weise mit der Tradition verbunden. Einen einheitlichen Kunstbegriff gab es nicht, bevor der Hof den Kunstmarkt beherrschte und der höfische Geschmack dominant wurde. Die Verbindung mit dem Handwerklichen einerseits und der Gelehrsamkeit andererseits war noch so stark, daß das Ziehen von Grenzen einem Willkürakt gleichkäme. Kategorien wie originell und schöpferisch bzw. ›neu‹ und ›künstlerisch‹ setzten sich erst in dem Maße durch, als Kunst und Literatur Gegenstand kritisch-öffentlicher Reflexion wurden, eine Entwicklung, die zwar in der Renaissance begann, sich aber erst im 16. Jahrhundert in weiteren Kreisen durchsetzte. Doch der ›offizielle‹ Geschmack oder die Mode der Zeit formten sich noch lange fern der gelehrten Kritik, wenngleich es auffallend ist, daß die im 16. und 17. Jahrhundert besonders geschätzten Werke auch heute noch als Kunstgegenstände allgemeine Anerkennung finden, obwohl sie z. T. im 18. und 19. Jahrhundert in Vergessenheit gerieten. Cervantes und Shakespeare mußten neu entdeckt werden, noch später anerkannte die Kunstgeschichte die Bedeutung von Tintoretto und El Greco.

Das 16. und 17. Jahrhundert waren reiche und schöpferische Jahrhunderte für die Entwicklung der künstlerischen Produktivität. Für Spanien und die Niederlande war diese Epoche das Goldene Zeitalter, für Italien die seines letzten Einflusses auf ganz Europa, für Frankreich und England aber der Beginn einer neuen kulturellen Blüte. Das betrifft in der Breite sowohl Architektur und Malerei, Kleinkunst und Plastik, wie Dichtung und Literatur, Romane und Theater. Dominante Träger von Kunst und Literatur waren Kirche, Hof und Bürgertum.
Drei miteinander verbundene säkulare Prozesse bestimmten Stil und soziale Geltung der Kunst des Jahrhunderts. Einmal vollzog sich ein Wandel von der mehr oder weniger exklusiven Kunstproduktion der Renaissance, die auf einen kleinen Kreis vornehmlich in Italien beschränkt blieb, zu einer Massenproduktion von Kunst für ein breites, sozial offenes Publikum, an der eine große Schicht von Kunstschaffenden wie von Auftraggebern erstmals fast aller europäischen Länder beteiligt war. Im Zuge der repräsentativen Kulturentfaltung in der römischen Kirche, am adeligen Hof und im bürgerlichen Haushalt scheute man keine Mittel, Kirchen, Höfe und Bürgerhäuser aufwendig zu erneuern, bzw. in neuem Stil zu erbauen und reich auszustatten. Der Escorial (1563 ff), St. Peter in Rom (1546 ff), die Michaelskirche in München (1583 ff) und das Augsburger Rathaus (1605 ff), um nur einige Baudenkmäler zu nennen, entstanden in dieser Zeit. Ein beträchtlicher Teil der Einnahmen der Kirchen und des Adels, aber auch der Bürger und reichen Bauern wurde in Neubauten, Bildern, Kleinkunst sowie in dekorative Festlichkeiten und das Theaterleben investiert.[2] Dies geschah vorwiegend aus Standes- und Repräsentationsinteressen, aber erstmals auch zur Geldanlage. Es

steigerte das Prestige, die besten Künstler für hohe Summen zu engagieren. Bilder von Rubens, Velasquez oder Tizian etwa konnten nur Kirchen und Fürsten bezahlen. Aber selbst weniger vermögende Bürger waren es ihrem Stand schuldig, Kunstgegenstände zu erwerben. Ihnen kam der entstehende Kunstmarkt mit billigen Drucken und einer Flut von fast fabrikmäßig erstellten Bildern entgegen. Gleichzeitig entstanden erste fürstliche und kirchliche Bildergalerien, die öffentlich besichtigt werden konnten. Da das Bild weitgehend noch zur Architektur gehörte, kam die Baukonjunktur des 16. Jahrhunderts auch der Bildproduktion zugute. Aber auch die nicht auf einen bestimmten Raum bezogenen Genrebilder profitierten vom Repräsentationsbedürfnis der Ständegesellschaft, sich durch Glanz und Prunk zu distinguieren. Denn sie waren beliebig verwendbar.

Nicht nur die Zahl der Käufer stieg, sondern auch die Zahl der Künstler. Dem steigenden Bedarf der Gesellschaft an Kunst konnte nur mit Mühe entsprochen werden. Dennoch konnte er die Zahl der Künstler nicht ernähren, es entwickelte sich geradezu ein Künstlerproletariat. Um 1560 gab es in Antwerpen 330 Maler, die sich als Meister bezeichneten, gegenüber 169 Bäckern und 78 Fleischern.[3] Während Rubens etwa 100 Gulden am Tag verdiente und vom spanischen König für ein Bild 14 000 Franc erhielt, kostete ein gutes Portrait nur 60 Gulden. Rembrandt bekam für die Nachtwache nicht mehr als 1600 Gulden. Während die Literaten, soweit sie nicht Gelehrte waren, weitgehend am Theater oder am Hof engagiert waren und trotz steigenden Bücherverkaufs allein vom Schreiben nicht leben konnten, besaßen die Künstler immerhin eine größere materielle Selbständigkeit, standen aber sozial weit unter den Schriftstellern. In der Regel waren sie zünftisch organisiert, zählten also zum Handwerkerstand und mußten eine lange Lehrzeit bei einem Meister durchlaufen.[4] Nur wenige konnten sich selbständig machen und über Hof oder Kirche sozial aufsteigen. Als angestellte Hofmaler etwa wurden sie aber nicht selten auch für andere Dienste (Festorganisation) verwendet oder sie lebten wie in Italien und Spanien in religiösen Konfraternitäten. Abgesehen von einigen Künstlern lebte aber keiner ausschließlich von fürstlichen oder kirchlichen Aufträgen. Die meisten Maler fanden Abnehmer in fast allen sozialen Kreisen. Erst im 17. Jahrhundert gab es die ausschließlichen Hofmaler, die Dekorateure des frühabsolutistischen Staates, die sich oft bei hohen Gehältern völlig dem Geschmack des Hofs unterordnen mußten.[5]

Der Wunsch nach Unabhängigkeit und nach sozialer Anerkennung entwickelte sich in dem Maße, wie die ideologische Fixierung auf kirchliche Kunst aufhörte. Keine Organisation kam diesem Bedürfnis mehr entgegen als die Akademien, die erstmals in Italien entstanden. Es waren erste freie Künstlervereinigungen, die der »Künstlerschaft als Mittel zur Emanzipation von der Zunft und zur Erhebung über den Stand der Handwerker« dienten.[6] So vorteilhaft sich diese Vereinigung für das soziale Bewußtsein der Künstler auswirkte und hier erstmals ein ›autonomer‹ Bereich von Kunst sozial etabliert wurde, so kam es bei dieser Abhebung vom Handwerklichen doch letztlich zu einer neuen Bindung an den Auftraggeber, zu deren Regelung ein »akademischer« Kunstbegriff ausgebildet wurde. Besonders deutlich wird diese Entwicklung mit der Gründung der Académie Royale de Peinture et de Sculpture (1648) in Paris. Gleich dem Theater, das zu dieser Zeit ebenfalls in Frankreich, z. T. auch in Spanien Hoftheater wird, wird Kunst hier zum Dekor der höfischen Gesellschaft und hat ihre Exklusivität abzusichern.

Eine völlig andere Entwicklung bahnte sich in Holland an, dem Land der größten Bilderproduktion, wo es aber kaum nennenswerte Höfe gab und aufgrund der Reformation auch keine kirchlichen Auftraggeber. Hier spielte der bürgerliche Kunstmarkt die entscheidende Rolle, die bis in die Kunstproduktion selbst hineinwirkte. Der Engländer Evelyn berichtete 1641: »Der Jahrmarkt oder die Kirchweih in Rotterdam war dermaßen mit Bildern ausgestattet, daß ich überrascht wurde. Einige kaufte ich und sandte sie nach Hause. Der Grund für diese Menge von Bildern und ihre Billigkeit ist darin zu suchen, daß die Leute Mangel an Land haben, um ihr Geld darin anzulegen, so daß es eine gewöhnliche Erscheinung ist, einen einfachen Bauern neunzig, hundert und auch hundertdreißig Mark auf diese Weise anlegen zu sehen. Ihre Häuser sind damit angefüllt, und sie verkaufen die Bilder auf ihren Jahrmärkten mit großem Gewinn.«[7] Bereits im 17. Jahrhundert tritt hier der Künstler meist nicht mehr in unmittelbaren Kontakt zum Käufer, sondern die Vermittlung läuft über den anonymen Markt. Um die Mitte des 17. Jahrhunderts kommt es folgerichtig zu ersten Kunstausstellungen.[8] Während vor allem in Italien mit seiner lebendigen und intensiven Kunsttradition Maler noch lange zugleich Architekten waren, jedenfalls über eine breite Ausbildung und Fertigkeit verfügten, wurden in Holland die Maler erstmals zu Spezialisten. Es war dies einerseits Folge einer vom ganzen Bürgertum getragenen Massenproduktion an Bildern – Meisterwerkstätten wurden zu Kunstmanufakturen –, andererseits Folge der möglichen Themenvielfalt, die nicht länger nur kirchlichen und höfischen Interessen entsprechen mußte. Dieses Vielerlei erforderte eine beträchtliche Spezialisierung. Nicht mehr jeder konnte alles malen. Vorausgegangen waren bereits die großen Maler, die ihren Aufträgen nur noch mit einem Stab von Helfern nachkommen konnten. Rubens' Werkstatt zählte zu den bestorganisierten Werkstätten, in denen oft mehrere Künstler an einem Bild zusammenarbeiteten. Zumeist signierte zwar der das Bild entwerfende Maler, aber manche uns bekannte Bilder wurden auch von mehreren Malern abgezeichnet.[9]

Unter den Bedingungen eines Wandels von exklusiver Kunstproduktion zur Herstellung von Kunst für eine breite, sozial sehr differenzierte Käuferschicht vollzog sich zum anderen der bedeutsame Übergang von vorwiegend sakralkirchlicher Kunst zu einer profanen Kunst, die sich zunehmend weltlichen Interessen und dem gewöhnlichen Alltagsleben zuwandte, wenngleich mit der Ausbildung höfischer Kunst im 17. Jahrhundert die Darstellung alltäglicher Dinge wieder abnahm. Im 16. Jahrhundert jedenfalls war die gesamte Vorstellungs- und Lebenswelt kunstwürdig, damit aber nicht normen- und traditionslos geworden. Die durch die Renaissance vermittelten antiken Vorbilder einerseits und christliche, reformatorische bzw. gegenreformatorische Wertvorstellungen andererseits setzten den Entfaltungsmöglichkeiten eindeutige Grenzen. Eine subjektive und autonome Kunst gab es in der frühen Neuzeit nicht. Malerei wie auch Literatur verstehen sich als Imitationen objektiver und moralischer Normen, was nicht ausschließt, daß unmittelbar kirchlich-religiöse Bezüge zurücktreten. Zwar bekannten sich die meisten Maler wie auch Schriftsteller als gläubige Christen, aber der Zweifel und die Skepsis, die Sinnlichkeit und Lebensfreude bzw. das Pathos und die Askese weisen darauf hin, daß die Welt nicht mehr ungebrochen als Schöpfung Gottes gesehen wurde. Das schließt nicht aus, daß die Künstler auch in den objektiven Vorgegebenheiten und konkreten Gegenständen zunehmend ein subjektives Empfinden und Denken sichtbar werden lassen, das dem Subjektivismus der frühneuzeitlichen Philosophie entsprach. Auf jeden Fall verbarg sich die eigene Weltsicht nicht mehr hinter einem kirchlich sakralen Weltverständnis wie in der vorreformatorischen Kunst, sondern die spezifische Interpretation der Künstler trat zunehmend in den Vordergrund.

Der Wandel in der Themenstellung von religiös-kirchlichen zu dominant weltlichen Gegenständen geht auf komplexe Ursachen zurück. Zu nennen ist einmal die Entdeckung der Kunst als Selbstdarstellungsmittel der ständischen Gesellschaft, die für das bürgerliche Haus kleine Bilder mit vielseitigen und passenden Themen wünschte, vor allem aber für die entstehenden fürstlichen

Abb. 25: *Die Teppichwirkerinnen.* Gemälde von Velasquez (um 1657)

Höfe zur Darstellung von Macht und Ehre einer repräsentativen Kunst mit weltlichen Gegenständen bedurfte. Ein anderer wesentlicher Faktor ist die Reformation bzw. die gegenreformatorische Reaktion auf Reformation und Renaissance. In protestantischen Ländern tritt die religiöse Kunst nicht nur deshalb stark zurück, weil es an kirchlichen Auftraggebern fehlte, sondern das reformatorische Bekenntnis erlaubte auch aus religiösen Motiven keine pompöse Darstellung christlicher Themen mehr, ganz unabhängig davon, daß der Puritanismus der Kunst überhaupt ablehnend gegenüberstand. Die Sinnlichkeit der Renaissance wurde als katholische Verderbtheit ausgelegt. Aber auch der nachtridentinische Katholizismus kannte kurzfristig eine puritanische Strenge. Die Theologen protestierten gegen die Nacktheit der Figuren, wie auch gegen Willkür in der religiösen Interpretation. Aber trotz seines moralischen Rigorismus war das Tridentinum alles andere als kunstfeindlich, im Gegenteil, Kunst wurde als Propagandamittel der Gegenreformation anerkannt und gefördert. »Sie ist (durch die ästhetische Kultur der Renaissance) geschmeidiger, souveräner und zum Zweck der indirekten Propaganda brauchbarer geworden, so daß die Gegenreformation in ihr ein dem Mittelalter in dieser Wirksamkeit unbekanntes Instrument der Beeinflussung besaß.«[10] Manierismus und Barock werden geradezu als die Kunst des gegenreformatorischen Katholizismus bezeichnet; vom Papsttum und dem Jesuitenorden besonders gefördert, beherrschten sie die Kunst in allen katholischen Ländern von Spanien bis Polen, von Italien bis in die südlichen Niederlande. Ihre Hauptvertreter Tintoretto und El Greco z. B. standen radikal im Dienst der neuen spirituellen Macht und der römischen Kunstrichtung, alle ihre Bilder sind auf die Hauptgeheimnisse und den Heiligenkult der katholischen Kirche konzentriert. Auch Caravaggio und Rubens, selbst wenn sie gleichzeitig auch für andere Auftraggeber malten, galten als Prototypen des römisch-katholischen Barock. Nirgendwo erlebte die Sinnlichkeit der Renaissance eine Fortsetzung und Entfaltung wie in der kirchlichen Kunst von Rubens.[11]

Weltliche Themen waren der spätmittelalterlichen Kunst durchaus nicht fremd, sie waren aber zumeist noch unmittelbar eingebunden in einen religiösen Kontext. In der Renaissance und im Frühbarock verselbständigten sich die weltlichen Gegenstände zusehends, doch wurde Unbedeutendes und Gewöhnliches noch lange allegorisch bzw. moralisch überhöht. Eine unmittelbare Weltzugewandtheit gab es nur bei der Darstellung erhabener Gegenstände, allen voran stand in der profanierten Kunst die Historienmalerei, deren Themen entweder der eigenen Geschichte, der Antike oder wiederum der Bibel entstammten. Ein großartiges Beispiel stellt der Medici-Zyklus von Rubens dar, den er für die französische Königin Maria von Medici im Palais de Luxembourg schuf. Die Heroisierung ihres und Heinrichs IV. Lebens entsprach der königlichen Selbstdarstellung. Besondere Vorliebe fanden Themen und Stoffe aus antiken Mythologien; im Unterschied zu den Gegenständen der religiösen Kunst waren diese nur einem humanistisch-gelehrten Publikum verständlich, das allerdings oft Anstoß nahm an ihrer erotisierenden Darstellung. Rein weltlichen Interessen diente das Portrait, das es zwar schon lange gab, das nun aber geradezu Statussymbol einer ganzen Generation wie auch der deutlichste Ausdruck des neuen realistischen und individualistischen Bewußtseins wurde. In den Portraits, Gruppenbildern und vor allem im Selbstportrait (von Rembrandt oder Hals etwa) wurde das Individuum aus dem vorgegebenen Lebenszusammenhang herausgelöst.[12] Ebenso ganz aus dem religiösen Kontext löste sich das vor allem wieder in Holland sich verbreitende Genrebild, wie es vor allem die Familie Brueghel präsentierte.[13] Es wandte sich dem Alltagsleben der Handwerker, Bauern und Bürger zu. Doch so realistisch diese Bilder anmuten, stellen sie doch häufig Allegorien dar, etwa der vier Jahreszeiten, der fünf Sinne oder der sieben Todsünden. Die Entdeckung des Einfachen, Nichthöfischen geschah nicht um seiner selbst willen, es diente als Spiegel ewiger Wahrheiten, aber nicht selten auch als Kritik an der

Gesellschaft. Selbst Landschaftsbilder und Stilleben entbehrten nicht übersinnlicher Bezüge. Das Stilleben verweist u. a. auf die Eitelkeit der Welt, ein Grundthema des manieristischen Realismus der frühen Neuzeit.

Es gab zwar einen Zusammenhang zwischen Kunst und Literatur, aber die Entstehung von Literatur stand unter anderen Bedingungen, so sehr sie ebenfalls von Humanismus und Reformation geprägt war und die reformatorische Kirche sowie die fürstlichen Höfe sie in ihren Dienst zu bringen suchten. Das sprunghaft zunehmende Interesse an der Literatur hat vielfältige Ursachen. Entscheidend war einerseits die zunehmende, nicht zuletzt durch Reformation und Humanismus geförderte Lesefähigkeit größerer Kreise des Volkes sowie die Herstellung billiger Bücher, die Verleger und Buchhändler schnell und gewinnbringend verbreiteten, andererseits das große Interesse am Theater jeder Art, vom Possenspiel auf dem Jahrmarkt bis zum höfischen Drama, das immer neue Stücke benötigte. Auch die Literatur war Teil der ständischen Kultur. In der frühen Neuzeit entwickelte sie neue literarische Formen.[14]

Die muttersprachliche Literatur verdrängte zusehends die lateinische Dichtung.[15] Der Wechsel der Sprache deutet auf eine stärkere Einbindung der Dichtung in die nationale Gesellschaft. Die Schriftsteller gehörten nicht länger vorwiegend einer abstrakten literarischen Welt an, wie noch in der italienischen Renaissance, sondern bezogen sich auf ihre eigene Gesellschaft, aus der auch die behandelten Stoffe stammen. Nachdem Italien die erste neuere nationalsprachliche Literatur hervorbrachte, folgten im 16. Jahrhundert England, Spanien und Frankreich. Bereits im 17. Jahrhundert erlebte sie einen ersten Höhepunkt.

Die dichterische Literatur gattungsmäßig festzuschreiben, bereitet für das 16., aber auch noch für das 17. Jahrhundert erhebliche Schwierigkeiten. Nicht nur war die Verbindung zur religiösen und wissenschaftlichen Prosa noch sehr eng, sondern die dichterische Literatur erweiterte sich erstmals auf ein breites Spektrum von neuen Gattungen. Es entstanden Romane, Novellen, Dramen, dann auch Briefsammlungen, Memoiren, Reisebeschreibungen und nicht zuletzt erste Autobiographien. Sie alle wurden, wenn auch in unterschiedlichen Kreisen, gleichermaßen zur Erbauung wie zur Unterhaltung gelesen. Zur Kunst wurde Literatur erst spät erhoben.

Die Literaten und Dichter waren nicht wie die Maler zünftisch organisiert, sie schrieben zumeist ›nebenberuflich‹, entstammten zwar allen sozialen Schichten, ihr gesellschaftlicher Status war außerhalb vom Theater aber höher als der der Maler, sie gehörten zu den Literati; ob sie nun gelehrte Humanisten waren, Priester oder Hofpoeten, immer zählten sie zur Schicht der Gebildeten. Dichter oder Schriftsteller als Beruf gab es ebensowenig wie eine autonome Dichtung. Anfänge dazu gab es zwar in der italienischen Renaissance, eine Weiterentwicklung begann aber erst mit der höfischen Kultur, als Dichter und Dramatiker sich sozial und mental eindeutig von Possenreißern einerseits und von Humanisten andererseits absetzten und ein ästhetischer Geschmack sich herausbildete.

Die Verbreitung der Literatur lebte entscheidend vom Buchdruck, der im 16. Jahrhundert beträchtlich expandierte. »Literatur büßte mehr oder weniger den Charakter feiertäglicher Seltenheit ein und fing an, in ihrer neuen, jederzeitlichen Verfügbarkeit ein Element des von keiner kirchlichen und weltlichen Macht kontrollierbaren Alltags zu werden.«[16] Der Dichter wandte sich nicht mehr an ein ausgewähltes Publikum, das ihn bezahlte, sondern an die unbekannten Leser, das kollektive Vergnügen wurde zur Grundlage des Modischen, wovon vor allem der Roman lebte. Anders verhielt es sich mit den Theaterstücken, die unmittelbar für die Aufführung geschrieben und nicht gelesen wurden. Ihr Druck erfolgte erst zu Ende des 16. Jahrhunderts. Er verbreitete sie zwar nicht als Lektürestoff, leistete aber der Normierung des Theaterlebens beträchtlichen Vorschub.

Die Verbreitung von dichterischer Literatur vollzog sich unabhängig von Kirche und Hof, entscheidender Vermittler war der Buchhändler, der nur das Interesse hatte, das steigende Lesebedürfnis zu befriedigen. Ebenso unabhängig hatte sich das Theater entwickelt, es lebte von der unmittelbaren Freude des Volkes am Spiel. Mit der Formierung der nachreformatorischen Kirche und der höfischen Gesellschaft änderte sich diese offene Entfaltung. Die Kirchen unterbanden entweder wie in reformierten Gegenden das freie, unkontrollierte Theaterleben aus Gründen moralischer Zucht überhaupt, oder sie stellten es wie im katholischen Raum bewußt in den Dienst kirchlicher Erbauung und kirchlicher Propaganda. Auch der Hof artikulierte seine eigenen Interessen und bevorzugte eine eigene Literaturgattung, so daß es erstmals zur Unterscheidung von hoher und niederer Literatur kam. Während sich im 16. Jahrhundert Dichtung und Drama noch lange an ein ungeschiedenes Publikum wandten, zu dem Adel wie gleichermaßen das Volk gehörten, entstand im 17. Jahrhundert neben der Volksliteratur, die zusehends an Unmittelbarkeit einbüßte, weil sie nicht mehr von allen sozialen Gruppen getragen wurde, eine aristokratisch-höfische Literatur, deren wesentliche Funktion in der Festigung der höfischen Gesellschaft lag. Höfische Literatur gab es seit je, aber die neue weltlich aristokratische Dichtung lebte intensiv von ihrer Absetzung vom Hanswurst und den Ritterromanen des Volkes.[17]

Die neue Literatur und Dichtung entstand in engem Kontakt mit dem Humanismus und seiner Aktualisierung der literarischen Welt der Antike.[18] Aber die gelehrte literarische Produktion und das humanistische Theater stellten nur ein Element der neuen literarischen Bewegung in der Frühmoderne dar. Das Volk hatte seine eigene, von Gelehrsamkeit freie Literatur. Die Kirchen griffen zwar am stärksten die humanistischen, d.h. moralisch-erbaulichen Anregungen auf, meldeten aber auch eigene, religiöse Ansprüche an und bildeten damit eine eigenständige Tradition aus. Die adlig-höfische Gesellschaft schließlich gehorchte in ihrem zunehmenden literarischen Interesse wiederum eigenen Gesetzen. Die höfische Literatur lernte zwar vom Humanismus, streifte aber bald alle antiquierte Gelehrsamkeit ab und entwickelte eine exklusive höfisch-literarische Kunst, die sich ebenso weit vom Humanismus abhob wie vom Interesse des Volkes und der Kirchen. Die Derbheit des Volkes wurde der adligen Welt ebenso fremd wie das elitäre Bewußtsein der Gelehrten und die Moral der Kirchen.[19]

Die nationalsprachliche Literatur entwickelte sich in den verschiedenen Ländern höchst unterschiedlich. Hof, Kirche und Bürgertum spielten eine jeweils andere Rolle, wobei die Konstellation, die sich im 16. Jahrhundert herausbildete, lange nachwirkte. Es gab zwar Länder, in denen die Literatur in gleicher Weise blühte wie die Kunst, doch merkwürdig bleibt, daß der großen Kunstentfaltung Hollands keine überregional bekannte literarische Produktion korrespondiert, wie umgekehrt das literarisch hochstehende England keine nennenswerten Maler hervorbrachte. Am stärksten verbunden waren beide Kunstbereiche noch in den romanischen Ländern. Werfen wir einen kurzen Blick auf Spanien, England und Frankreich, so haben wir drei je spezifische frühneuzeitliche literarische Kulturen, die ohne unmittelbare Berührung untereinander sind und in die die besonderen Erfahrungen der jeweiligen Gesellschaften eingingen.

Die spanische Literatur ist das volle Spiegelbild der spanischen Gesellschaft und ihrer Probleme zur Zeit ihrer großen politischen und ökonomischen Expansion.[20] Drei Grundtendenzen bestimmten ihre Eigenart; einmal ihr katholisch-missionarisches Bewußtsein, das bis weit ins 17. Jahrhundert wirkte und keine strikte Trennung von weltlicher und religiöser Darstellung kannte; dann ihr starker Realismus sowohl in den Romanen wie in der Dramatik

– nirgendwo spiegeln sich die sozialen Probleme des Adels, der Kirche wie des Volkes in einer frühneuzeitlich nationalen Literatur so wider wie in Spanien – und zuletzt ihre Ungebundenheit an soziale Gruppen. Die Literatur war insgesamt an alle Schichten orientiert. Das gilt sowohl für die Romane, die vom ganzen Volk gelesen wurden, wie vor allem für das Theater, das ein Volkstheater war, an dem aber gleichermaßen die adlige Gesellschaft teilnahm. So sehr auch der spanische Adel sich um Abhebung vom Volk bemühte, realisierte er doch bis weit ins 17. Jahrhundert sein Selbstbewußtsein in Verbindung mit den Unterschichten. Theater wurde sowohl von Kirche, Städten und vom Hof organisiert, ohne daß es thematisch eine Trennung gegeben hätte. Spanisches Sondergut sind die ersten Romane der Weltliteratur, die bald über die spanischen Grenzen hinaus bekannt wurden, zunächst Ritterromane, dann Schäfer- und Schelmenromane. »Nicht Konformität, sondern Opposition, nicht die Gleichförmigkeit klassischer Vollkommenheit, sondern die proteische, der Aktualität und dem Augenblick sich öffnende Wandlungsbereitschaft, nicht die Vorstellung von dichterischer Würde und Feierlichkeit, die den Horizont der aristokratischen Poetik ... begrenzt, sondern die ironische, parodierende Variation und Destruktion vorgegebener Formen sind für den Roman die Bedingungen des Entstehens der ihre Zeit überdauernden Meisterwerke gewesen.«[21]

Den größten Erfolg hatte Cervantes mit seinem ›Don Quijote‹ (1605/14). Wie viele andere spanische Dichter und Schriftsteller hatte Cervantes ein sehr bewegtes Leben, war Soldat, im Staatsdienst, erlebte großen öffentlichen Ruhm und starb als Geistlicher.[22] Nicht minder großer Beliebtheit erfreuten sich im ganzen Volk die großen Dramatiker, unter denen Lope de Vega und Calderon zu den produktivsten und beliebtesten zählten. Bei aller Orientierung an Hof und Kirche verstanden sie sich doch als Volksschriftsteller. Calderon schrieb seine Stücke (120) für den Hof und zu Autodafés an den Fronleichnamstagen.[23] Noch produktiver war Lope de Vega, der selbst behauptete, über 1500 Stücke verfaßt zu haben.[24] Ihre Themen reichten von Wundertaten und Anfechtungen der Heiligen über die Staatssorgen des Königs bis zu den Ehekonflikten eines Tagelöhners. Volk wie Adel kamen auf ihre Kosten, so unverkennbar bei der Darstellung der Welt auf der Bühne Standesunterschiede als göttliche Ordnung präsentiert wurden. Daß der Adel über das Volk herrschte, wurde ebenso selbstverständlich hingenommen wie die Ansicht, daß alles menschliche Tun erst im Religiösen seinen Sinn erfahre. Spanien war ein komplexer Staat, der auf dem Höhepunkt seiner Machtentfaltung bereits mit letztlich unüberwindbaren Krisen zu kämpfen hatte. Diese zunehmende Unsicherheit reflektiert, wenn auch mit unterschiedlichster Intensität, die ganze spanische Literatur. Am deutlichsten spielen Auflösungstendenzen eine Rolle in der mit der Dramatik verbundenen spanischen Moralistik.[25] Spanien war nicht nur ein Land der Leidenschaft, sondern auch der Askese, nicht nur das Land der Verbrechen, sondern auch der rigorosen Moral. Einen besonderen Höhepunkt erreichte die Moralistik bei dem Jesuiten Gracian, der taciteische und stoische Elemente aufnimmt und den Weg zur Sicherung des einzelnen im Lebenskampf in der individuellen Selbstbehauptung erkennt.[26] Verbindungen zwischen Moralistik und Manierismus werden hier deutlich. Mitten im spanischen Universalismus bricht ein radikaler Individualismus hervor, der mit dem humanistischen Bildungsideal wenig gemein hat, aber auch im christlichen Trost keinen Frieden findet. England hatte zwar in der frühen Neuzeit eine weit weniger reiche literarische Kultur hervorgebracht als Spanien – der englische Roman kam erst spät zur Geltung, obwohl ein breites lesendes Publikum seit dem 16. Jahrhundert vorhanden war –, aber durch das elisabethanische Drama hat es auf die Nachwelt eine gewaltige Faszination und Wirkung ausgeübt.[27] Auch die englischen Literaten standen unter den sozialen Bedingungen ihres Landes, die ihrer Entwicklung klare Grenzen setzten. Einmal ist der Puritanismus zu nennen, der aller künstlerischen Entfaltung feind war und 1642 die Schließung der Theater durchsetzte, dann das vorherrschend praktische Lebensinteresse, das zum großen Aufschwung der praktischen Philosophie und Forschung führte, und schließlich die Konzentration auf die Hauptstadt London und den Königshof, der aber die Selbständigkeit des Volkes ebenso tolerierte wie den machtvollen Aufstieg des Bürgertums. Das Drama, das zu Ende des 16. Jahrhunderts das höfische wie städtische Publikum begeisterte und in Shakespeares Werk einen außerordentlichen Höhepunkt erlebte, entwickelte sich sowohl aus dem öffentlichen wie dem höfischen Theater, ist also beiden gleichermaßen verpflichtet. Dem Hauptdramatiker des englischen Theaters, W. Shakespeare, verdanken wir eine Fülle von Tragödien und Komödien, die trotz ihrer vielfältigen Verbundenheit mit der englischen Geschichte und dem Volksleben jener Zeit ihre universale Bedeutung bis heute nicht eingebüßt haben.[28] Shakespeares Theater läßt sich sozial wie religiös nicht festlegen, seine Dramen leben von der Desillusionierung von Liebe und Haß, Leidenschaften und Vernunft; in seine Stücke ging nicht die unmittelbare Wirklichkeit ein, sondern die Erfahrung der Zwiespältigkeit alles menschlichen Wesens und der Unberechenbarkeit des Lebens vor dem Hintergrund kosmischer Ordnung. Shakespeare ist ein Produkt der Gesellschaft des vorrevolutionären England, läßt sich aber dennoch aufgrund seiner Komplexität stilgeschichtlich kaum fest umreißen. Wenn von einer eindeutig höfischen Literatur in der frühneuzeitlichen Gesellschaft gesprochen wird, so gab es sie in wirklicher Geschlossenheit nur in Frankreich.[29] Hier wurde sie bereits im 16. Jahrhundert grundgelegt, erreichte aber erst in der zweiten Hälfte des 17. Jahrhunderts ihren Höhepunkt. Das literarische Leben in Frankreich war im wesentlichen bestimmt durch das Leiden am Religionskrieg und die daraus folgende Sehnsucht nach Ordnung und Vernunft, durch die Stärkung des fürstlichen Hofes, der bewußt nicht nur Theater und Kunst förderte, sondern über Theater und Kunst eine Vereinheitlichung des Geschmacks anstrebte und damit politische Ziele wie die Erhöhung des Königtums und die Einheit des Landes im Auge hatte, und schließlich durch den Aufstieg des Bürgertums in den Adel, das seine Zugehörigkeit zum Hof mehr betonte als seine Verbindung zum Volk.[30] Die Trennung von Hof und Volkskultur war damit gegeben.

Frankreich war stark abhängig von Spanien und Italien, entwickelte aber sowohl im Roman wie im Drama eigene Wege, vor allem als Richelieu bewußt die Schaffung eines klassischen Theaters anstrebte. Sein erster Vertreter war Corneille, dessen ethisch-heroische Gestalten der adligen Welt Vorbild sein sollten. Seine Tragödien wurden Muster höfischen Geschmacks. »Der politische Ideengehalt des Corneilleschen Theaters spiegelt beinahe Jahr für Jahr die Entwicklung der staatlichen Verfassung Frankreichs zwischen 1636 und 1674. Die großen Stücke der Richelieu-Zeit verbreiten die Idee vom Gottesgnadentum des Monarchen und dessen Funktion als höchster Berufungsinstanz.«[31] Die Literatur Frankreichs seit dem späten 16. Jahrhundert war dominant aristokratisch, damit aber keineswegs ausschließlich bezogen auf den zentralen Hof in Paris. Neben dem Pariser Hof begann sich die Elite des Landes seit dem Ende der Religionskriege in Salons zu versammeln. Der Salon der Marquise de Rambouillet (1618) entwickelte das neue Kulturideal der honnêteté und der politesse. »Komplementär zum heroisch-feudalen, männlichen Gepräge des Dramas der Corneille-Zeit hat diese preziöse Salonkultur dem französischen Theater die Note eleganter und kultivierter Veredelung der Realität aufgeprägt.«[32] Der Geschmack der Pariser Gesellschaft schwankte zwischen Heroenverehrung und Schäferromantik.[33]

Die Loslösung der Dichtung und Literatur vom christlichen Weltbild war wie in der Kunst trotz reformatorischer Bewegung und gegenreformatorischer Aktion zwischen 1550 und 1650 beträchtlich fortgeschritten. Die Zunahme an Künstlern und Literaten, selbst aus den unteren Kreisen, wie auch die Ausweitung des Publikums bzw. der Auftraggeber bis in die bürgerlichen Haushalte haben einen Realismus und ein profanes Bewußtsein begünstigt, das sich nicht mehr nur an religiös-kirchlichen Themen begeisterte, sondern ebenso an Szenen des alltäglichen Lebens. Die Balance zwischen dem schwer kontrollierbaren Bücher- und Kunstmarkt einerseits und der Kunstförderung und dem Theater andererseits kam erst ins Wanken, als die höfische Gesellschaft den Geschmack der ganzen Gesellschaft zu beeinflussen und zu lenken, d. h. die Kunst und Literaturproduktion in den Dienst der Fürstenherrschaft zu setzen suchte.

Wie die Beispiele England und Spanien zeigen, bestimmte nach wie vor nicht allein der Hof, was Kunst ist, sondern ebenso das Volk. Durch das stark fördernde Interesse der entstehenden höfischen Gesellschaft an Kunst und Literatur zur Selbstdarstellung oder Machtsteigerung wurde zwar ihre Säkularisierung ermöglicht. Ihre langfristige Befreiung von kirchlich religiöser Einbindung schloß aber zugleich nicht aus, daß die römische Kirche sich ihrer nun als Propagandamittel bedienen konnte. Eine Autonomie war mit der Profanisierung von Kunst und Literatur noch nicht gegeben. Während die entstehende Kunsttheorie in einer ersten Reflexion der Aufgabe von Kunst und Literatur erstmals vornehmlich ihren didaktischen und moralischen Wert betonte, ohne den religiösen Bezug ganz aufzugeben – Kunst als Spiegel des Göttlichen –, übernahm beim Publikum die Kunst eine Rolle, die sie seitdem nicht mehr verlor: den eigenen sozialen Status zu markieren und dabei Ansehen und Freude zu vermitteln. Das moralische Theater der Humanisten oder der Kirche behielt nur marginale Bedeutung.

4. Der frühmoderne Staat und die Krise des 17. Jahrhunderts

A. Der frühmoderne Staat

Die Entstehung des frühmodernen Staates, wie der Staat der europäischen Gesellschaften der frühen Neuzeit im Unterschied zum ausgebildeten ›modernen‹ Staat des 19. Jahrhunderts immer mehr bezeichnet wird, ist höchst komplex.

Seine Anfänge weisen zurück ins Mittelalter. Es gab ohne Zweifel schon früh – nicht nur in Burgund – Ansätze einer Zentralisierung feudaler Gewalten, einer Verdinglichung von Herrschaftsrechten, einer ersten Konsolidierung der Territorialgewalt mit eigenständiger Verwaltung und auch einer partiellen Integration der Kirche. Aber was sich im Laufe des späten 16. und frühen 17. Jahrhunderts an Staatlichkeit in Europa herausbildete, stellt qualitativ etwas Neues dar. Der Autonomieanspruch der Fürstenherrschaft, die Zentralisierung von Verwaltung und Finanzen, die soziale Kontrolle der Untertanen und die Monopolisierung legitimer Gewalten eröffneten eine neue Epoche herrschaftlicher Organisation. Aus dem feudalen Herrschaftsverband unterschiedlicher Abhängigkeiten entstand ein System souveräner, gleichberechtigter Staaten. Ohne damit einerseits die Geburt des modernen Staates bereits ins 16. Jahrhundert zu verlegen, oder andererseits davon zu sprechen, daß der frühmoderne Staat schon die ganze Gesellschaft strukturierte, zeigt sich doch, daß in dieser Zeit die staatliche Souveränität erstmals eine eigene, von fürstlichen Interessen abgehobene dynamische Kraft in der europäischen Geschichte gewinnt, sowohl in politischer, sozialer wie auch kultureller Hinsicht.

Der frühmoderne Staat entwickelte sich aus dem politischen System der spätmittelalterlichen Gesellschaft, war in diesem Sinn ein Produkt der ›Rationalisierung‹ feudaler Herrschaftspraxis in Europa. Die ihm spezifische Dynamik und seine fast sprunghafte Verdichtung aber erklärt sich nicht aus einem quasi immanenten Ausdifferenzierungsprozeß von Herrschaft im Sinne der Entfaltung spätmittelalterlicher Territorialherrschaft zur frühmodernen Staatlichkeit, noch aus dem persönlichen Machtbedürfnis der Renaissancefürsten oder den neuen politischen Lösungsmustern der Theoretiker des souveränen Staates, so unleugbar ihre Bedeutung ist. Es war im wesentlichen eine neue, durch interne und externe Faktoren bedingte gesellschaftliche Problemkonstellation, die zur Formierung des frühmodernen Staates führte. Dieser war allgemein das Produkt neuer gesellschaftlicher Herausforderungen, die sich aus der Krise des Feudalismus, der reformatorischen Bewegung sowie der gesellschaftlichen Differenzierung und Polarisierung gesellschaftlicher Gruppen ergab.[1]

Die steigenden finanziellen Belastungen der Untertanen, die sich aus den Auseinandersetzungen mit auswärtigen Mächten, der gesteigerten höfischen Repräsentation und der Ausschaltung mediater Gewalten ergaben, konnten nicht mehr mit den traditionellen Mitteln gelöst werden und führten damit zur Konzentration der Besteuerung, zur Rationalisierung des Abgabensystems und zur Förderung wirtschaftlicher Aktivitäten in den Territorien. Der erhöhte finanzielle Druck stärkte über die vermehrte finanzielle Abschöpfung die Ausweitung und Perfektionierung der frühmodernen Verwaltung.

Der frühmoderne Staat war mit seinem neuen Verwaltungssystem eine Antwort auf eine neue Konfliktsituation des 16. Jahrhunderts, die sich einerseits allgemein aus dem Druck der Bevölkerungszunahme und der Preisrevolution ergab, andererseits aus den religiös, politisch und sozial bestimmten Kämpfen sowohl der Bauern, Bürger und des Adels untereinander und gegen die sich formierende zentrale Herrschergewalt. In dem Maße, wie die Landesherren zu Schiedsrichtern in feudalen Auseinandersetzungen ›gezwungen‹ und die traditionellen Gewalten der einen Staatsmacht untergeordnet wurden, wurde die Verwaltung die entscheidende Zwischeninstanz zwischen Fürst und Ständegesellschaft. Erst eine funktionsfähige Zivilverwaltung und ein einheitliches Gerichtswesen konnten die traditionelle Machtverteilung abschaffen und damit langfristig innerstaatlichen Frieden schaffen.

Schließlich versteht sich der Ausbau des frühmodernen Staates als Antwort auf die zunehmende Komplexität der Gesellschaft, indem der frühmoderne Staat immer mehr alle sozialen Kompetenzen an sich zog und seine Verantwortlichkeiten nicht nur über das materielle Wohl, sondern auch über die Moral des Landes und die Seelen seiner Untertanen erstreckte – nur so meinte er Ordnung und Frieden wiederherstellen zu können. Es waren damit wesentlich neue Probleme, die zur Herausbildung des frühmodernen Staates drängten, anstelle des willkürlichen Wachstums trat zunehmend bewußte Planung und Lenkung der Gesellschaft. Darin unterscheidet sich die Herrschaftspraxis des frühmodernen Staats wesentlich vom feudalen Verband.

An der Entstehung des frühmodernen Staates waren nicht nur fürstliche Machtinteressen beteiligt, in gleicher Weise spielten auch die politische Praxis einer sich bildenden gesellschaftlichen Elite wie die Libertätsinteressen der das Land mitkonstituierenden politischen Stände, vor allem des Adels, eine Rolle. Der frühmoderne Staat war nicht ausschließlich ein Fürsten-, Beamten- oder Adels-(Stände)-Staat. Mit ihrem Interesse an zentraler Machtstellung und politischer Unabhängigkeit nach innen und außen förderten die Fürsten den Ausbau des frühmodernen Staates auf der Grundlage eines Verwaltungs- und Steuersystems sowie einer Integration der mediaten Gewalten von Adel und Kirche, die ihm allein die Sicherung seiner Herrschaft zu garantieren bzw. die Durchsetzung seiner hegemonialen Stellung zu ermöglichen schien. Bewußter und konkreter war der Beitrag der gesellschaftlichen Elite (Beamte) zur Stabilisierung von Verwaltung und Ausweitung der Fürstenherrschaft. Sie entwarf zur Steigerung der Effektivität des Territorialstaates mit seinem Verwaltungssystem und Gerichtswesen erstmals rationale Ordnungsvorstellungen, wodurch sie einerseits der Verselbständigung des Staates von der patriarchalischen Fürstenherrschaft wie der feudalen Adelsgesellschaft diente, andererseits immer mehr Kompetenzen in die Hände einer funktionalen Beamtenschaft legte und deren Macht festigte. Die Idee der Staatssouveränität war ein Produkt juristisch und humanistisch gebildeter Staatsdiener. Schließlich entstand der frühmoderne Staat nicht ohne Mithilfe der Stände, vor allem des Adels, die durch Teilhabe an der Macht im Staate sowohl die Vereinheitlichung des Landes und seine Friedenssicherung förderten, wie auch die Finanzierung des Staates und das Funktionieren der lokalen Verwaltung sicherstellten. Was sich bei den durchaus differenten Interessen jeweils als ›Staat‹ herauskristallisierte, hing allgemein ab von den besonderen sozialen, politischen und ökonomischen Gegebenheiten der einzelnen Länder in Europa, insbesondere aber vom Interessenzusammenhang der fürstlichen, adligen und beamtischen Ansprüche. Die Dominanz eines bestimmten Interesses war nicht vorgegeben. Jedenfalls bildete das absolutistische Modell, das lange als das Muster des frühmodernen Staates galt, unter diesen Bedingungen nicht mehr als eine der Möglichkeiten der Formierung frühmoderner Staatlichkeit. Es war zwar die konsequenteste Erscheinung, sofern hier am stärksten mediate Gewalten ausgeschaltet waren, was aber noch nicht heißt, daß selbst der Absolutismus bereits auf alle ständische Unterstützung verzichten konnte. Auch dem englischen Herrschaftssystem kommt nicht minder die Qualität eines frühmodernen Staates zu, da auch hier sich eine Monopolisierung herrschaftlicher Gewalt vollzog, der ›staatliche‹ Mittelpunkt sich aber langsam vom Hof zum Parlament verschob. Wie Frankreich erfüllte auch England die Bedingungen eines frühmodernen souveränen Staates.

Der frühmoderne Staat war kein einheitlich strukturierter Staat, mit überall gleichen Institutionen. Es reicht nicht aus, ihn ausschließlich von der Ausschaltung und Entmachtung politischer (autonomer) Stände, von der Schaffung zentraler Verwaltungen, eines Gerichtsmonopols und einer Finanzhoheit und nicht zuletzt von der Entstehung eines von den Ständen unabhängigen stehenden Heeres her zu definieren. Es gab durchaus Staaten ohne stehendes Heer, wie England, oder mit starken ständischen Traditionen, wie Schweden, die in ihrer politisch-staatlichen Potenz ohne Zweifel mit Frankreich konkurrieren konnten. Vor allem aber kann die Qualität des frühmodernen Staates, seine ›Fortschrittlichkeit‹, nicht am Grad des Abbaus feudaler Elemente und der Durchsetzung rationaler Verwaltungsstrukturen gemessen werden, denn dann hätten sich das ›höfische‹ Frankreich und das ›korporative‹ England nie zu frühmodernen Staaten entwickeln können. Nicht allein die Zunahme bürokratischer Rationalität, die die ältere Forschung zum Signum frühmoderner Staatlichkeit erhob, begründete den frühmodernen Staat. Zumindest gleich stark trug die Ausweitung des feudalabsolutistischen Hofes bzw. die Stärkung des libertären Parlaments zur Integration (Überwindung) ständisch-feudaler Strukturen und damit zur Stärkung gesamt-staatlicher, souveräner Entwicklungen bei. Bürokratisierung und Verhöflichung der Gesellschaft sind dabei als zwei miteinander verschränkte Prozesse zu sehen. Die Monopolisierung der legitimen herrscherlichen Gewalt vollzog sich auf vielfältige Weise. Ihr dienten traditionelle Institutionen (Hof) ebenso wie moderne Einrichtungen (Bürokratie).

I. HÖFISCHE REPRÄSENTATION. DAS ZEREMONIAL DER MACHT

Die politische Funktion des Hofes im frühmodernen Staat ist lange verkannt worden, als Mittel zur Disziplinierung des Adels und Unterwerfung des Volkes war sie langfristig vielleicht wirksamer als die militärisch-politische Entmachtung im Zusammenhang der ständischen Auseinandersetzungen des 16./17. Jahrhunderts. Der Hof mit seinem Prunk, seinem Zeremoniell und seinem Machtanspruch über Adel und Untertanen war kein disfunktionales mittelalterliches Relikt in der Welt des entstehenden modernen Staates, sondern im Gegenteil, ein wesentliches, dem modernen Verwaltungssystem gleichgewichtiges Instrument zu seiner Formierung.[1]

Die höfische Repräsentation eines Fürsten mit einem eigenen Herrschaftszeremoniell gab es als Herrschaftsmittel durchaus bereits im Spätmittelalter, der burgundische Hof wurde zum Modell fürstlicher Hofgestaltung.[2] Seine erste Entfaltung als eine alle europäischen Länder erfassende Institution erlebte der Hof aber erst im 16. und 17. Jahrhundert, als Fürsten sich allenthalben feste zentrale Herrschaftssitze errichteten und diese zu politischen Mittelpunkten ihres Landes machten. Es waren zwar noch keine absolutistischen Höfe im Stile Ludwig XIV., doch bereits höfischpolitische Zentren, die normengebende Funktion ausübten, alle politischen Gewalten des Landes zu kontrollieren suchten und als Symbol der Einheit des Landes zunehmend Bezugspunkt der ganzen Territorialgesellschaft der Stände wie der Untertanen wurden. Dies fiel in die Zeit, in der überall die politische Unteilbarkeit des Landes gefordert wurde, die Erblichkeit einer Dynastie sowie die Primogenitur sich durchsetzten, sei es um das Land nach den Wirren des 16. Jahrhunderts zu befrieden oder es einem Herrscher zu unterwerfen und so die Stände ihrer Selbständigkeit zu berauben. Der Hof war also kein spezifisches Produkt der französischen Gesellschaft, sondern eine gesamteuropäische Erscheinung im Zusammenhang der Ausbildung frühmoderner Staaten und der Differenzierung bzw. Polarisierung des Adels und der Ständegesellschaft.

Beträchtlich groß waren bereits im ausgehenden 16. Jahrhundert die Königshöfe in London und Paris, in Madrid und Wien, aber auch in Stockholm. In vielen deutschen Territorien (München, Dresden) legte der Ausbau des Hofes den entscheidenden Grund für die Eigenstaatlichkeit. Ein Hof besonderer, ja vorbildlicher Art war der päpstliche Hof. Höfische Kultur und rationale Verwaltung vereinten sich in Rom auf einmalige Weise. Zwar hatten die jeweiligen Hofstaaten noch nicht den Umfang wie im 18. Jahrhundert, als riesige Schloßanlagen entstanden und ganze Städte in die Hofrepräsentation einbezogen wurden, aber der kaiserliche Hofstaat z. B. zählte 1554 bereits 451 und 1576 531 Personen. Selbst kleinere Länder standen ihm darin nicht wesentlich nach. Der brandenburgische Hof umfaßte um die Jahrhundertmitte 425 Personen, und vom Hof des Markgrafen von Küstrin ist bekannt, daß dort 215 Leute lebten. Die Hofgröße stieg allgemein konstant von der Mitte des 16. Jahrhunderts an und erreichte ihren ersten quantitativen Höhepunkt um 1600. Der Dreißigjährige Krieg und die Wirtschaftskrise des frühen 17. Jahrhunderts hemmten die weitere Expansion, seit der zweiten Hälfte des 17. Jahrhunderts erlebte die Hofentwicklung schließlich ihre größte Entfaltung.[3]

Zum Hofstaat zählten verschiedene, mehr oder weniger klar unterscheidbare Gruppen. Zunächst die Träger der eigentlichen, d. h. traditionellen Hofämter, allen voran das des Hofmarschalls, die zumeist dem Adel vorbehalten waren, dann kamen die fürstlichen Beamten, oft oder zunehmend in Personalunion mit den Hofämtern, wenn es sich um Adlige handelte, denn eine strikte Trennung von Hof und Verwaltung gab es nicht – weiterhin auch die Träger der Hofverwaltung, die für den technischen Ablauf des höfischen Lebens zuständig waren, sowie Personen, denen ausschließlich die persönliche Bedienung der Fürsten oblag. Hierzu zählten Kammerherren und Pagen, aber auch Musiker und Maler.

Die alltägliche Versorgung des Hofes setzte einen großen Haushalt voraus, der enorme Unkosten verursachte. Oft war gar keine Maierwirtschaft mehr mit dem Hof verbunden, jedenfalls wurde das meiste auf dem Markt gekauft. Um die Mitte des 16. Jahrhunderts kostete den Kurfürsten von Sachsen seine Hofhaltung pro Jahr bereits rund 100 000 Gulden. Diese Kosten machten einen beträchtlichen Teil der Landeseinnahmen aus. Sie wurden nicht als ›private‹ Ausgaben des Fürsten verstanden, denn eine Trennung von Hof- und Landesausgaben gab es im 16./17. Jahrhundert noch nicht. Sie setzte sich erst im 18. Jahrhundert durch. Für die Finanzierung beanspruchten die Fürsten in beträchtlichem Maße Steuergelder und Abgaben der Stände. Die Regelung wurde nicht selten erfindungsreichen Beamten überlassen, die überall durch Belastung des Landes neue Gelder ausfindig machen mußten. Auch wenn bereits im 16. Jahrhundert die Stände über den auffälligen Luxus an den Höfen klagten, so hielten sie doch auch ihrerseits eine sinnfällige Präsentation des Fürstenhofes im Prinzip für ebenso selbstverständlich wie die bürgerlichen Beamten, so sehr gerade dieser Luxus ein Grund dafür war, daß andere Aufgaben des frühmodernen Staates vernachlässigt wurden. Daß herrschaftlich-dynastische Macht sich in äußerem Glanz und sichtbarer Größe des Hofstaates manifestierte, wurde von allen sozialen Gruppen akzeptiert. Eine Ausnahme bildeten nur die englischen Puritaner.[4]

Sozialer Rang mußte, wollte er sozial etwas gelten, nach außen hin sichtbar dargestellt werden. Beanspruchte der Fürst eine allem Adel überlegene Position, mußte dies für alle sinnfällig zum Ausdruck kommen. Ohne diese Einstellung, die von der ganzen Gesellschaft getragen wurde, hätten die Unterhaltung der Großhaushalte, die teuren Schloßbauten und die kostspieligen Selbstdarstellungen der höfischen Gesellschaft mit ihren vielen Festen kaum gelingen können. Das wußten die Fürsten und nutzten die darin liegenden Chancen, die symbolische Darstellung ihrer Macht systematisch zur Steigerung ihrer Machtstellung gegenüber dem Volk, Adel und auch anderen Ländern auszuweiten.

Das Hofleben war bereits im 16. Jahrhundert so vielfältig geworden und umschloß so viele soziale Funktionen, daß sein täglicher Ablauf nur noch durch schriftlich fixierte Ordnungen garantiert werden konnte. Solche Hofordnungen sind erstmals aus dem 16. Jahrhundert von allen europäischen Ländern bekannt, auf sie wurde der ganze Hofstaat eingeschworen. Bei aller unterschiedlichen Akzentsetzung – es gab Ordnungen mit dem Schwerpunkt auf Regelung des ökonomischen Betriebes und solche, in denen weitgehend nur das alltägliche Zeremoniell beschrieben wurde –, verfolgten sie doch alle im großen und ganzen drei Ziele:

Einmal wollten sie die Hofökonomie regeln, Wildwuchs und Mißstände, die sich vor allem durch die Vergrößerungen des Hofes ergaben, zur besseren Effizienz ausschalten. Zweifellos brauchte ein ökonomischer Betrieb dieser Größenordnung eine Ordnung, die genauestens überwacht wurde.

Dann wollten sie das Verhältnis des Fürsten zum Hofstaat, die Beziehungen der Hofämter und Beamten untereinander, sowie die Aufgabenbereiche der einzelnen Beamten definieren, wobei nicht Herkunft und Tätigkeit über den Rang in der höfischen Hierarchie entschieden, sondern zunehmend die Stellung der Ämter zum Fürsten. Insofern entstand hier erstmals nicht nur eine Funktionalisierung des Adels, sondern eine Hof-Gesellschaft, die nach rationalen Kriterien organisiert war.

Schließlich regelten die Hofordnungen die Lebensweise aller am Hof tätigen Personen, was sowohl die eigentliche Verwaltung, das gemeinsame Essen, den Kirchgang wie die fürstlichen Vergnügen umfaßte und alles einem auf die Erhöhung des Fürsten zugeschnittenen aufwendigen Zeremoniell unterwarf.

Mit zunehmender Größe und Komplexität des Hofs gab es allerdings seit der zweiten Hälfte des 16. Jahrhunderts beträchtliche Bedeutungsverschiebungen, die für die Ausbildung des auf den Herrscherkult und die Verfeinerung der Sitten bedachten höfischen Lebens wichtig wurden. Castigliones Il Cortegiano wurde das bekannteste, bald in alle Sprachen übersetzte Orientierungsbuch für den angehenden Höfling.

Abb. 26: *Ballett in Florenz.* Stich von J. Callot (1616)

Einmal gewannen Festlichkeiten, wie Spiele, Theater, Maskera-
den, Jagden und Feuerwerke, zu allen besonderen Anlässen (wie
fürstliche Besuche, Landeshuldigungen, Geburt eines Prinzen,
Fürstenhochzeit, Begräbnisse oder Geburtstage des Herrschers) an
eigenständigem Wert und machten es den Teilnehmern immer
schwerer, Ernst und Spiel, Alltag und Fest am Hof zu unterscheiden.[5] »Das Theater lebt nicht mehr isoliert, sondern es ist Mittel-
stück im Höhepunkte des dynastischen Lebens. Regie zwingt alles

Festesleben unter ihre Praktiken ... An allen europäischen Höfen ist die ›Festa teatrale‹ bis zum Abklang des Absolutismus Kundgebung der Staatsmacht.«[6]

Zum anderen trug die Differenzierung des höfischen Lebens zur Verfeinerung der Sitten und des Umgangs miteinander bei, was zum zweiten Signum der höfischen Gesellschaft wurde. Es dauerte allerdings lange, das gesamte Hofpersonal der höfischen Etikette zu unterwerfen, zahlreich sind im 16. Jahrhundert noch die Klagen über ungebührendes Verhalten. Noch 1561 wurden die Hofmitglieder z. B. aufgefordert, sich »bei dem Tage oder nechtlicher Weyl des wuesten Schreyens, Gassirens und aller rumorischen gewaldtsamer Handtlung gegen meniglich gentzlich zu enthallten«.[7]

Doch mit der Zeit verwandelte sich der Hof und die höfische Gesellschaft unter dem Zwang der alltäglichen Einübung in das höfische Zeremoniell, der adligen Erziehung, die zunehmend nach dem Ideal des honnête homme bzw. des gentleman ausgerichtet wurde, und der konstanten und strengen Überwachung des Verhaltens durch den Fürsten selbst, in eine ›gute Gesellschaft‹, in eine »gesellschaftliche Formation, deren Sitten, deren Gebräuche bis in die Art des Sprechens, der Kleidung und selbst der Bewegungen des Körpers beim Gehen und der Gesten bei der Unterhaltung hinein merklich von denen aller nicht-höfischen Formationen abstachen«.[8] Jedes Mitglied der höfischen Gesellschaft hatte eine bestimmte Funktion inne, die es zur Ehre des Fürsten mit Würde und Anstand zu präsentieren hatte; sein Rang am Hof bestimmte sich nach der Nähe zum Fürsten. Dies galt im Prinzip für alle Zentralhöfe. Prototypisches Muster bildete freilich allein der französische Hof.

Der höfische Aufwand mit seinem blendenden Pomp in Festkultur und Schloßbau, in Kleidung und Eßgelagen diente ohne Zweifel der Repräsentation fürstlicher Macht. Er sollte dem Adel wie dem Volk gegenüber, nicht zuletzt auch den auswärtigen Gästen Rang und Ruhm, Würde und Ehre des Herrschers und seiner Dynastie dokumentieren. Aber die höfische Selbstdarstellung des Fürsten in Fest und Zeremoniell beschränkte sich nicht auf kulturelle und künstlerische Selbstverherrlichung, ihre eigentliche Funktion lag darin, einen Machtanspruch gegenüber Volk, Adel und anderen Fürstenhäusern nicht durch Krieg, sondern durch das Zeremoniell zu verwirklichen. »Jedenfalls versuchten sie, nicht nur Machtprestige, sondern auch Macht als solche zu prätendieren, höfischen Aufwand also nicht nur zur Repräsentation, sondern auch zur Prätention von Macht einzusetzen.«[9] Dies läßt sich sowohl in Spanien, Frankreich, in England wie auch in Bayern nachweisen. Sowohl bei Philipp II., Richelieu, Elisabeth von England und

Maximilian I. von Bayern gingen die politisch-diplomatischen Vorbereitungen für die Erstarkung des Königreiches bzw. des Fürstentums Hand in Hand mit der künstlerisch-repräsentativen Überhöhung. Schloßbauten und Feste des 16. und 17. Jahrhunderts sind deutlich durch ganz konkrete politische Ansprüche motiviert. Das repräsentative Leben am Hofe sollte mithelfen, neue reale Machtverhältnisse zu schaffen, es stärkte und hob sowohl die unangefochtene Herrschaft über das Volk, die hegemoniale Stellung des Fürsten über den Adel sowie die gleichberechtigte Stellung gegenüber auswärtigen Fürstenhäusern hervor. Die Vormachtstellung sowohl Spaniens wie Frankreichs gründete nicht nur auf militärischer Macht, sondern auch auf der Vorbildlichkeit des Hofes.

Die Fürsten hoben sich in ihrer Lebensweise immer schon sichtbar vom Volk ab. Was sich aber im Zuge der Ausbildung der höfischen Gesellschaft an Überhöhung von fürstlicher Ehre und Würde durch das kultische Fest und die Charismatisierung des Fürsten vollzog, brachte eine bisher nicht gekannte Dimension von Herrschaft und Gottesgnadentum, die nicht nur das Volk als aktiven Teil ausschloß aus der öffentlichen Welt, sondern es seiner selbständigen Eigenart und Besonderheit beraubte. Hatte das Volk ehemals durchaus eine wesentliche Rolle in der herrschaftlichen Repräsentation gespielt, wobei der Herrscher sich nicht selten seiner unmittelbaren Kontakte zum Volk rühmte, wurden seit dem 17. Jahrhundert alle Aktivitäten des Volkes zunehmend eingeschränkt und, soweit es überhaupt als Staffage noch zum Hof Zugang fand, ihm neue, ›untertänige‹ Verhaltensweisen vorgeschrieben. Wenn der Fürst sich immer mehr in die geheimnisvolle sakrale Sphäre des Hofes (Schloß, Fest) zurückzog, letztlich dem Volk unsichtbar, nur doch seine Chargen gegenwärtig war, so entsprang dies nicht einem ästhetischen Bedürfnis, sondern letztlich der Verachtung für das Volk, wie auch dem Anspruch auf nur quasi religiöse Verehrung. Der Bildung eines einheitlichen, von jeder auch nur symbolischen Herrschaft ausgeschlossenen Untertanenverbandes war damit Vorschub geleistet. Weit mehr aber als eine Distanzierung und Beherrschung des Volkes erstrebte der Fürst durch die Charismatisierung seiner Autorität und die höfische Ausdehnung seiner Autonomie, den Adel an den Hof zu ziehen, durch Teilhabe an seinem Glanz zu domestizieren bzw. zu erhöhen und ihn von seinen regionalen Einflüssen und Kontakten zum Volk zu lösen. Für den Verlust seiner feudalen Autonomie und seiner autogenen politischen Rechte sollte der Adel durch Anhebung seines sozialen Status als Mitglied des Hofes gegenüber den Untertanen entschädigt werden. Daß dieser Prozeß der Ver-höflichung des Adels seit dem Ende des 16. Jahrhunderts nicht nur in Frankreich so erfolgreich gelingen konnte, hatte seine Ursache einerseits in der mit durch die Preisrevolution und die Agrarkrise des 16. Jahrhunderts bedingten Verarmung bzw. im Machtverlust des Adels, die neue Einkommensmöglichkeiten nötig machten, andererseits in der zunehmenden Attraktivität des Hofes und der freizügigen Vergabe einträglicher und prestigeträchtiger Ämter gerade für den hohen Adel.[10] Mit dem Leben am Hof war allerdings die unmittelbare Unterwerfung unter den Herrscher-kult verbunden, der alle Wirklichkeit des Hofes durchdrang. Hier repräsentierte der Adelige nicht mehr seine eigene Ehre, sondern die Ehre des großen königlichen Hauses. Diesen Prozeß der Integration in die Hofgesellschaft bei gleichzeitiger Aufgabe der eigenen autonomen Stellung, zumindest bei Vernachlässigung lokaler Verbindungen, förderten vor allem zwei Mittel, die die Fürsten bewußt einsetzten, das Titelwesen und das Zeremoniell. Die Titel waren keinesfalls bloßer Ausdruck höfischer Eitelkeiten, wie die aufklärerische Kritik nahelegt, sondern kennzeichneten genau die gesellschaftliche Position am Hofe, damit zugleich die Nähe oder Entfernung zum Herrscher.[11] Obwohl die Titel selten materiellen Nutzen brachten, nur in einigen Fällen waren sie mit Pfründen verbunden, mußte der Adel aufgrund des Systems sozialer Wertschätzung so viele Titel anhäufen, wie seine Kasse erlaubte. Für den Fürsten waren die Titel nicht nur das billigste Mittel, seinen Adel zu hierarchisieren, sondern sie brachten nicht selten noch beträchtliche Gelder ein.

Aber auch das höfische Zeremoniell war keine höfische Spielerei, seine politisch-soziale Funktion ist offenkundig. Einmal hatte es den Sinn, den Hofadel zu beschäftigen und zu kontrollieren. Darüber hinaus, und das ist in unserem Zusammenhang noch wichtiger, diente das Zeremoniell wesentlich der kultischen Ver-klärung des Fürsten. Auch innerhalb des Hofes sollte es allgemein Distanz schaffen zwischen Fürst und Adel und damit den Adel als Hofdiener an das sakrale Amt des Herrschers binden. In dem Maße, wie die Herrscher vor allem im Zuge der Gegenreformation ihr Zeremoniell sakral überhöhten, begann es den Charakter einer strengen kirchlichen Liturgie anzunehmen. Der Unterschied zwi-schen dem höfischen Festsaal mit seinem bildnerischen Schmuck und einer katholischen Kirche war kaum mehr wahrzunehmen. Dieser sakralisierten Hofordnung entsprachen nicht nur die Tisch-ordnung, die Aufzüge und Feste, das ganze barocke Schloß »ist ein einziger architektonischer Ausdruck dieser Situation«, nämlich der Verklärung des Fürsten.[12] Schließlich diente das Zeremoniell dem Fürsten dazu, durch Verteilung von Gnaden immer wieder die Hofhierarchie auf sich zu beziehen. »Die Handhabung des Zeremoniells zur Ausübung hierokratischen Zwanges löste einen Kampf aller gegen alle aus, der gleichwohl nicht in Anarchie ausartete, sondern die Macht des Fürsten erhöhte, weil er zugleich in einer disziplinierenden Weise geregelt wurde.«[13] Unter diesen Bedingungen mußte der Hof sowohl zur Stätte von Schmeichelei, Eifersucht, Mißgunst und Intrigen werden, wie zur Schule und zur rationalen Kontrollinstanz der Lebensführung. Bereits Gracian hatte diese Welt der Höflichkeit realistisch beschrieben. Nirgendwo wurde das strategische Verhalten wie die höfische Schmeichelei so gefördert wie am französischen Hof.[14]

Mit der Monopolisierung der sozialen Chancen im frühmodernen Staat und der Akkumulationsmöglichkeit von Prestige und Ehre am Hof griff der Fürst zentral in die Lebensbelange des Adels ein und schuf damit langfristig die Grundlage zur Integration des Adels auch in Regierung, Verwaltung und Heer, wogegen er sich lange gesträubt hatte. Der Hof ist aus der Erziehung des Adels vom Krieger zum Staatsdiener kaum wegzudenken.

Die Zurschaustellung des Glanzes der Höfe, die Größe des Hofstaates, der Pomp der Feste und die Pracht der Schloßbauten, über die allenthalben Nachrichten verbreitet wurden, begründeten auch einen hegemonialen Machtanspruch in Europa. Die außenpolitische Wirkung war beträchtlich. Die Rivalität etwa zwischen Madrid und Paris, Paris und Wien fand hier ihren Ausdruck. Gleichzeitig wurden Abhängigkeiten hergestellt. Die politische Abhängigkeit des bayerischen Hofes war ein Beispiel der erfolgreichen Hof-Politik Frankreichs. Nur Preußen konnte sich der Suggestionskraft einer großangelegten Hofkultur entziehen. Vor allem aber wirkte der Hof durch seine kulturelle Hegemonie auf die politisch-soziale Struktur anderer Länder. Französische Sprache, französische Küche und französische Mode, alles Inbegriffe höfischer Formen, waren keineswegs nur nebensächliche kulturelle Äußerungen, sondern bewußte Mittel französischer Politik, andere Länder in ihre Abhängigkeit zu bringen. Durch das Medium der Sprache und Umgangsformen schuf Frankreich eine einheitliche internationale Adelsgesellschaft, deren Lebensstil sie trotz aller, sogar kriegerischer Differenzen weit enger zusammenband, als es auf nationaler Ebene gegenüber den nicht höfischen Schichten möglich war. Frankreichs Vormachtstellung seit dem Anfang des 17. Jahrhunderts jedenfalls gründete nicht nur in der politisch-militärischen Macht, sondern ganz wesentlich auch in der kulturellen Ausstrahlung und Einflußnahme des Hofes.[15] Der

Ausbau des fürstlichen Hofstaates entsprang also nicht einer höchst aufwendigen Vergnügungssucht des Fürsten und seines Adels, auf den der Staat prinzipiell hätte verzichten können, sondern auch der Hof versteht sich als ›rationales‹ Machtinstrument, das wesentlich zur Zentralisierung der europäischen Länder beitrug, wie zur Festigung der Herrschaft der Fürsten über Volk und Adel.

Zwar verbarg sich hinter dem Zeremoniell oft mehr ein Anspruch als konkrete neue Machtverhältnisse, nicht minder unvollständig vollzog sich aber auch die politische Zentralisierung durch den Ausbau einer rationalen Bürokratie, die immer als das Entscheidende des frühmodernen Staates betrachtet wurde. Es war gerade das Spezifische des frühmodernen Staates, daß seine Formierung nicht nur durch ›moderne‹ Mittel, wie die Bürokratie, vorangetrieben wurde, sondern gleichermaßen auch durch ›traditionelle‹, wie den Hof.

II. BÜROKRATIE UND BEAMTENTUM

Verwaltung war immer schon ein Element der Herrschaft. Es gab kaum ein Herrschaftssystem ohne eigenständige Gerichts- und Steuerinstitutionen und ohne ergebene Dienerschaft, die die Macht und den Willen des Herrschers im ganzen Land repräsentierten und durchsetzten. Seit dem Spätmittelalter gab es eine Fülle von Hofämtern, geistlichen Beratern, schriftkundigen Sekretären und Kanzlern und nicht zuletzt auch die Stände, deren Rat und Hilfe in allen außergewöhnlichen Fällen im Gerichtswesen und in Finanzsachen konstitutiv für die feudale Herrschaftspraxis war. Der Wirkungskreis der Fürstendiener wie der Verwaltungsinstitutionen blieb im Mittelalter allerdings recht begrenzt, nicht nur weil die Mittel beschränkt waren, sondern auch weil der soziale und politische Anspruch der Herrschaft weit unter dem lag, was dann der frühmoderne Staat erstmals anstrebte.

Was sich mit der zunehmenden gesellschaftlichen Komplexität und der Herausforderung durch politische, soziale und ökonomische Krisen seit dem späten 15. Jahrhundert, vor allem seit dem 16. Jahrhundert an bürokratischen Strukturen herausbildete, an administrativen Ordnungsvorstellungen in die politische Praxis einfloß und als ›staatliche‹ Ansprüche formuliert wurde, war nicht nur vom Umfang der Aufgabenstellung und der Aktivitäten her grundsätzlich neu, sondern auch von der Qualität.[1] Die Etablierung einer bürokratischen Herrschaft korrespondierte einerseits mit dem Abbau autonomer ständischer Gewalten, andererseits mit der Hegemonialisierung der Stellung des Fürsten innerhalb einer ausdifferenzierten und polarisierten Ständegesellschaft. Das Neue war gewissermaßen der Ausdruck eines neuen Verständnisses und Umgangs mit herrschaftlicher Ordnung überhaupt, wie es dann in den Begriff des Staates überging. Der ›Staat‹ gewann zusehends ›außerhalb‹ von Fürstenherrschaft und Ständegesellschaft an Eigengewicht, ohne daß damit allerdings behauptet wird, daß die bürokratisierte Herrschaft im 16. und 17. Jahrhundert bereits zur dominanten Form der Herrschaft wurde. Denn einerseits war der entstehende bürokratische Staat noch eingebunden in die höfische Welt, insofern die Verwaltung Teil des höfischen Lebens war, andererseits unterlag er noch den Interessen der Stände, insofern diese versuchten, sich nicht aus der politischen Praxis verdrängen zu lassen und ihren Einfluß auch über die neue Beamtenschaft geltend zu machen. Schließlich gab es in Europa noch lange Territorialherrschaften ohne merkliche Ansätze zu einer rationalen Verwaltung, rationalen Gerichtsbarkeit und staatlichen Steuerpraxis, zentralisiert beim Fürsten oder einer ständischen Institution. So gewinnt in allen osteuropäischen Ländern das frühmoderne Verwaltungssystem erst spät an Bedeutung. Eine von dynastischen und ständischen Interessen abgehobene Administration entstand hier nicht vor Ende des 18. Jahrhunderts. Aber auch Holland, obwohl gerade hier die Gesellschaft erste kapitalistische Organisationsformen schuf, hatte kein zentralistisches Verwaltungssystem. Seine traditionell korporative Verwaltung war allerdings so effektiv, daß eine grundsätzliche Reform auch dann nicht erwogen wurde, als der Druck von Spanien und England Holland politisch gefährdete. Klassische Länder mit einer frühmodernen Bürokratie waren Spanien, Frankreich, die deutschen Territorien und auch England, dessen Verwaltungssystem allzuoft unterschätzt wurde, so unterschiedliche Formierungen jeweils zur Stabilisierung politischer Macht führten.[2]

Die Bürokratisierung von Herrschaft führte nicht zwangsläufig zur Entstehung absolutistischer Systeme, sowenig geleugnet werden kann, daß gerade diese eine Monopolisierung feudaler Gewalten außer durch den Hof und seine hegemoniale Kultur vor allem durch den Aufbau einer von ständischen Interessen unabhängigen Verwaltung zu erreichen suchten. Frankreich und deutsche Territorien wie Bayern, Österreich und Preußen gelten als klassische Muster. Aber auch Spanien gilt als Modell bürokratischer Herrschaft, obwohl es hier ebensowenig zu einem starken, von Ständen unabhängigen Zentralstaat kam wie in England, das unter der Tudorherrschaft eine vom Parlament lange unabhängige Verwaltungspraxis kannte. Während Spaniens Entwicklung zum Zentralstaat gerade durch die Überbürokratisierung gehemmt wurde, wurden in England moderne Verwaltungssysteme seit dem gescheiterten Zentralisierungsversuch Jakobs I. durch die dynamische Kraft des Parlaments gebremst. Aber selbst in den Staaten, die keine zentralstaatlichen Verwaltungssysteme kannten bzw. ausbauten, mußten die traditionellen ständischen oder korporativen Verwaltungsinstitutionen immer mehr Aufgaben übernehmen bzw. den neuen Anforderungen angepaßt werden, ohne die auch diese Länder dem zunehmenden politischen und sozialen Druck im 16./17. Jahrhundert nicht hätten standhalten können. Insofern war die Zunahme und die Intensivierung administrativer Strukturen eine generelle Erscheinung der frühen Neuzeit.[3]

Die ungewöhnlich rasche, fast sprunghafte Ausdehnung und Verdichtung des frühmodernen Verwaltungssystems ergab sich aufgrund neuer Aufgabenstellung für die Herrschaft, die nach und nach alle politischen, rechtlichen, ökonomischen und sozialen Kompetenzen an sich zog und das Land einem einheitlichen Willen unterwarf. Der Strukturwandel der traditionellen Herrschaft zur Verwaltungsherrschaft, wobei persönliche Beziehungen nach und nach durch sachliche verdrängt wurden, vollzog sich auf drei Ebenen.

Seit dem Spätmittelalter beobachten wir einmal eine systematische Intensivierung der Herrschaftspraxis aller fürstlichen, aber auch korporativen Gewaltträger in den ihrer Macht unmittelbar unterstehenden Besitzungen und Ländern. Zur politischen Stabilisierung und Befriedung einerseits und zur erhöhten finanziellen Ausbeute der Untertanen andererseits überziehen die Herrschaftsträger das eigene Territorium mit einem Verwaltungssystem, einem einheitlichen Gerichts- und Steuersystem.[4] So neu dieser Vorgang war, so begreift er sich doch noch als Rationalisierungsprozeß der traditionellen Hausherrschaft. Es gab kaum eine Herrschaft von Fürsten, adligen Grundherren und selbst Städten, die sich nicht der frühmodernen Verwaltungssysteme bediente. Aus relativ offenen Herrschaften wurden umgrenzte Herrschaften auf der Grundlage neuer Verwaltungseinheiten.

Darüber hinaus begannen vor allem Fürsten, mit oder ohne Unterstützung der das Land repräsentierenden Stände, nicht direkt der Landesherrschaft unterstehende, dem Land aber inkorporierte Gewalten unmittelbar in ihren Herrschaftsverband einzubeziehen. Bei dieser innerterritorialen Expansion fürstlicher Gewalt wurden die bestehenden regionalen grundherrschaftlichen oder städtischen Verwaltungsstrukturen selten zerstört, sondern nur schrittweise umgeformt und dem Verwaltungssystem der Territorien angepaßt. Denn so groß war der fürstliche Verwaltungsapparat nie, daß er alles unmittelbar regulieren konnte. Überall, wo die Stände stark waren, setzten sie der Ausweitung zentraler Verwaltung engere Grenzen. Da sie aber nicht selten selbst an der Vereinheitlichung des Territoriums interessiert waren, sei es zum Schutz gegen äußere Feinde oder weil sie nur so ihre Privilegien gesichert sahen, hatten die Fürsten und ihre Beamten, von Ausnahmen abgesehen, immer die Möglichkeit, das Land in ihrem Sinn und Interesse zu verwalten und zu vereinheitlichen. Wo die Stände schwach waren oder über keine überregionale Organisation verfügten, waren sie der neuen Verwaltungsmacht von vornherein unterlegen.[5]

Der Ausbau der Verwaltung war also nicht nur ein Mittel zur Herrschaftsintensivierung in den jeweiligen adligen, städtischen oder fürstlichen Grundherrschaften, sondern das geeignetste Mittel zur Integration quasi autonomer ständischer Gewalten in das fürstliche Territorium. So entstanden u. a. die so einheitlichen Territorien der Könige und Fürsten in Kastilien, in Frankreich, aber auch in Florenz und Bayern. Sie waren wesentlich Produkte zentralisierter Verwaltungssysteme, durch die die Macht der Stände durch eine dem Fürsten unterstehende große Beamtenschaft nach und nach verdrängt wurde.

Die fürstliche Gewalt expandierte seit dem Spätmittelalter, vor allem seit dem 16. Jahrhundert, aber nicht nur innerhalb der an sich von Fürst und Ständen gemeinsam beherrschten Territorien. Die Fürsteninteressen gingen zudem immer stärker über die Grenzen der eigenen Territorien hinaus und gliederten Herrschaften ein, auf die sie keinen traditionellen Anspruch hatten. Durch Raub, Heirat und Erbfall kamen nicht selten höchst unterschiedlich strukturierte Länder zusammen, die zu vereinheitlichen und dem Nutzen der Fürsten dienstbar zu machen, allein das Instrument der Verwaltung zur Verfügung stand. Nicht selten wurde eine derartige Gelegenheit genutzt, gleich alle Länder einer Dynastie einer Zentralverwaltung zu unterwerfen. Denn ohne ein einheitliches Gerichtswesen, ohne Unterwerfung unter ein einheitliches Steuersystem, blieb Herrschaft außerhalb der Stammländer nicht selten wirkungslos.[6] Freilich gelang die Vereinheitlichung von Herrschaften über die Verwaltung sehr unterschiedlich. In Österreich und Spanien – hier hatte der holländische Freiheitskrieg die Habsburger Monarchie erschüttert – weniger als in Frankreich, wo der König über alle Stände siegte. Überall jedenfalls, wo frühmoderne Staaten entstanden, konstituierte die Einheit des Landes neben einem zentralen Hof vor allem ein einheitliches Verwaltungssystem: Jede Herrschaftsintensivierung und Expansion in der frühen Neuzeit gelang soweit, wie das neue Verwaltungssystem den Herrscherwillen bis aufs Land manifestieren konnte. Das Land bzw. der Staat brauchte dabei nicht in allen Bereichen zentral geleitet zu sein, was letztlich selbst in Frankreich oder Bayern unmöglich war; um die Einheitlichkeit zu garantieren, bedurfte es oft nur einer eindeutigen Hierarchisierung der Gewalten, der Gerichte und Steuerinstitutionen.

Die Entstehung des frühmodernen Staates war zweifellos ein Gewaltakt, bei dem körperliche Gewalt durch Krieg oder Gericht eine wesentliche Rolle spielte, aber ohne den gleichzeitigen Aufbau eines rationalen zentralen Verwaltungssystems, das das gesellschaftliche Leben einheitlichen Normen zu unterwerfen begann, hätte der frühmoderne Staat nicht die ihm in der europäischen Geschichte eigene Bedeutung erlangen können.

Die frühmoderne Verwaltung legte ohne Zweifel den Grund für die moderne Bürokratie, unterschied sich aber in wesentlichen Punkten noch von ihr. Das administrative System des frühmodernen Staates war kein in sich geschlossenes, vom Fürsten und seinem Hof abgehobenes System. Im Gegenteil, es etablierte sich einerseits als eine der Stabilisierung der Fürstenstellung sowie der Unterordnung (bzw. Ausschaltung) der Stände dienende Institution – die zentralen Landesbehörden wurden bis ins 18. Jahrhundert hinein am Hof untergebracht. Andererseits war es zwar ein Instrument des Herrschers, aber der ständische Adel hatte zum Teil mit Erfolg darauf bestanden, daß die Fürsten- bzw. Staatsdiener aus dem Adel gewählt wurden und die einträglichen Ämter in den Zentralbehörden wie vor allem in der regionalen Verwaltung ihm vorbehalten wurden. Das Friedensrichteramt in England wurde unter diesen Bedingungen geradezu eine Pfründe der Gentry. Die Verwaltung war nicht per se eine antiständische Institution. Zumindest war die Verbindung von Fürstendiener und Landadel noch lange sehr eng.[7]

Außerdem handelt es sich nicht um ein ausdifferenziertes System mit klar unterschiedenen Institutionen, klarer Hierarchie und eindeutigen Kompetenzabsprachen. Denn einmal waren Verwaltung und Rechtspflege weder personal noch sachlich getrennt, ein von herrschaftlichen Interessen unabhängiges Gerichtswesen gab es nicht. Zum anderen bestand durchaus die Möglichkeit, verschiedenste Ämter in einer Hand zu vereinen. Nicht wenige Adlige, aber auch Bürgerliche häuften viele Ämter an. Dadurch entstanden Kompetenzprobleme, die kaum zu lösen waren. Die vielen Erlasse und Behördenreformen des 16. und 17. Jahrhunderts sind ein Beweis dafür, daß der Ausbau eines effektiven Verwaltungssystems viele Probleme aufwarf, die nicht mit einem Mal gelöst werden konnten. Sachliche Probleme waren oft aufs engste verknüpft mit persönlichen. Auch gab es keine Trennung von privaten und öffentlichen Belangen. Bei allen Versuchen, mit › Vernunft‹ sich den Aufgaben zu stellen, den Interessen des Hofes, der Stände wie des Volks gerecht zu werden, dauerte es lange, bis in den Gremien eine Geschäftsordnung funktionierte, die Beamten sich zu regelmäßigen Aussprachen trafen, sachgerecht über anstehende Probleme referierten und Entscheidungen realisiert wurden. Die Schriftlichkeit aller Verwaltungsakte, dank deren Protokolle, Korrespondenzen, Gutachten usw. in zunehmendem Maße die Archive füllten, förderte zwar die Rationalisierung der Entscheidungen, eine Verselbständigung der einzelnen Behörden wie die Kontrolle durch den Fürsten oder übergeordnete Verwaltungsinstitutionen, insgesamt brachte sie aber aufgrund des Bildungsstandes von Fürst und Beamten nicht geringe neue Probleme, die erst mit einer besonderen bzw. systematischen Ausbildung der Beamten behoben wurden. Der Ausbau der Universitäten, vor allem die Gründung kameralistischer Lehrstühle, steht in engem Zusammenhang mit der Expansion der Verwaltung und der Vermehrung ihrer Aufgaben.[8]

Weiterhin erhob das frühmoderne Verwaltungssystem zwar den Anspruch, den Herrscherwillen bis in die untersten Bereiche zur Geltung zu bringen, doch nicht nur die relative Autonomie der Stände und anderer privilegierter Gruppen unterband eine strikte Durchsetzung der bürokratischen Ordnungsvorstellungen, sondern ganz einfach auch der fehlende Apparat. Vieles, was von Beamten am Schreibtisch, ja von den Fürsten selbst erdacht und als Dekret, Mandat oder Verordnung publiziert wurde, blieb dementsprechend nur Anspruch, dem die Wirklichkeit in keiner Weise entsprach. Die meisten Projekte zur Besserung der Verwaltung, der Territorialwirtschaft, Verkehrsverhältnisse und sozialen Regelungen blieben unausgeführt. Demgemäß verbietet es sich, die Struktur des frühmodernen Staates von seinem Anspruch her zu bestimmen und zu beschreiben, so sehr dieser immer signifikativ für den Staat war. Die Diskrepanz zwischen Anspruch und Wirklichkeit gehörte zum System des frühmodernen Staates.

Schließlich handelte es sich bei den Trägern der frühneuzeitlichen Bürokratie nicht um ein modernes Berufsbeamtentum, das auf die Interessen des Staates eingeschworen, fachmännisch ausgebildet, vom Fürsten besoldet war und unparteiisch für den Staat arbeitete, sondern um Amtsträger, die um der Position willen ein Amt anstrebten, das einen sozialen Rang und Privilegien im Rahmen der ständischen Gesellschaft gewährleistete.[9]

Wir unterscheiden im großen und ganzen drei Gruppen von Beamten, deren Beitrag zur Entstehung des modernen Beamtentums höchst unterschiedlich war.[10] Einmal gab es die am Hof bzw. auf dem Land die Herren oder Obrigkeiten vertretenden bzw. repräsentierenden ›Amtsleute‹, die quantitativ die größte Zahl darstellten. Zwar gab es vor allem im 16. Jahrhundert viele Bürgerliche unter ihnen, doch bei höheren und einträglicheren Ämtern dominierte der Adel. Diese Amtsleute wurden vom fürstlichen Haushalt mit Wohnung, Kost und Kleidung versorgt, sie waren Vertreter der Obrigkeit, ohne festumschriebene Aufgabenbereiche. Ursprünglich lebten sie am Hof, später sonderten sie sich mit ihren Familien ab und verbanden sich auf vielfältige Weise mit den Ständen des Landes. Der Zugang zu einem Amt war weniger durch Leistungen eröffnet als durch die Zugehörigkeit zu einer einflußreichen bürgerlichen oder adligen Familie. Dementsprechend spielte die Treue und Ergebenheit dem Fürsten gegenüber eine größere Rolle als eine spezielle Ausbildung, die erst seit dem 17. Jahrhundert nötig wurde.[11] Diese Beamten sollten »allein Gott und die Gerechtigkeit vor Augen und den gemeinen Nutz lieb haben, die auch Land und Leuten mit Truwen kunden vorstehen und dem gemeinen armen Mann in seinen anliegenden Sachen mit Hilf und Rat wissen zu begegnen«.[12] Eine im 16. und vor allem im 17. Jahrhundert steigende Anzahl von sogenannten Tugendkatalogen des »guten Beamten« zeigt die Schwierigkeit einer Erziehung von zuverlässigen und treuergebenen Beamten.[13] Spielten Familie und Ausbildung eine zentrale Rolle bei der Vergabe von Ämtern, konnten Ämter doch auch gekauft werden, was nicht nur in Frankreich eine weitverbreitete Praxis war.[14] Staatsämter, die dann auch noch vererbbar waren (Paulette), wurden zur Einnahmequelle für die Krone und zur Aufstiegsmöglichkeit zu Prestige und Status für die wohlhabende Bourgeoisie. Obwohl allenthalben dieser Mißbrauch beklagt wurde, war er unvermeidlich, solange keine festen Gehälter und keine Karrierelaufbahn geboten wurden. Gesamtstaatlich mag der Ämterkauf zur Ausbeutung des Landes geführt haben – die für den Kauf des Amtes aufgewendete Summe suchte man aus dem Amt wieder herauszuziehen –, immerhin war er für den Staat eine einträgliche Einnahmequelle und schuf eine loyale Beamtenschaft, die maximal frei war von ständischen Einflüssen und ausschließlich dem Fürsten unterstand.

Eine zweite, anfangs eindeutig, später weniger von den Amtsleuten unterschieden strukturierte Gruppe von Beamten bildeten die gelehrten Räte, die alle fast ausschließlich höhere Ämter innehatten, weitgehend in der Zentralverwaltung saßen und aufgrund ihres Jura- und Humaniora-Studiums von zunehmender Bedeutung für den frühmodernen Staat wurden.[15] Dominierten in der zentralen Verwaltung bald die Juristen, so spielten sie in der Provinzialverwaltung nur eine untergeordnete Rolle. Das Juristenmonopol entstand erst viel später. Das Eindringen der Gelehrten in den Staatsdienst »hat nicht bloß das Beamtentum und den Beamtenstand ganz wesentlich umgestaltet, sondern es steht bekanntlich auch in Zusammenhang mit der Rezeption des römischen Rechts, also mit der Umformung des ganzen hergebrachten Zustandes der Rechtspflege und Gerichtsverfassung«.[16] Diese Beamten standen ursprünglich in einem auf Zeit befristeten Dienstverhältnis, das sowohl vom Fürsten wie von ihnen selbst aufgekündigt werden konnte. Auch hier dominierten anfangs Bürgerliche. Aber im Maße ihrer Etablierung in der Territorialverwaltung wurde die Ratstätigkeit zur Lebensaufgabe. Ihre Träger waren die ersten spezialisierten Beamten, allerdings stiegen sie, wenn sie außerhalb des Hofes eingesetzt waren, in die lokale Honoratiorenschicht auf, so daß sich ihre Abhängigkeit vom Fürsten abschwächte. Nicht primär die persönliche Treuebindung an den Fürsten machte sie zu geeigneten Dienern des frühmodernen Staates, sondern ihre gelehrte Bildung. Ihnen ist es nicht zuletzt zu verdanken, daß das Rechtswesen verwissenschaftlicht, das Steuer- und Verwaltungswesen rationalisiert wurden, vor allem der Staat sich von der patriarchalischen Struktur löste und zunehmend naturrechtlich begründet wurde. Die vielen staatstheoretischen Entwürfe der frühen Neuzeit waren Produkte von vorrangig juristisch gebildeten Beamten.

In dem Maße, wie diese gelehrte Beamenschaft wie die alten Amtsleute durch Erblichkeit der Ämter und durch Verbindungen mit der ständischen regionalen Honoratiorenschicht gleichermaßen feudalisiert wurden, kam es zur Bildung einer dritten Schicht von Beamten, den Kommissaren und Intendanten, wo erstmals so etwas wie der Fachbeamte moderner Prägung zu erkennen ist.[17] Die Fürsten setzten kommissarische Beamte mit außerordentlichen, widerruflichen Amtsbefugnissen ein, die sowohl die einsässige Beamtenschaft kontrollieren wie Sonderaufträge ausführen sollten. Diese Kommissare oder, wie sie in Frankreich hießen, Intendanten unterstanden unmittelbar der Krone und waren an ihre Weisung gebunden. Erstmals aktiv unter Richelieu eingesetzt, der ohne sie weder die Kriege noch die Zentralisierung des Landes hätte durchführen können, erlangten sie noch in der zweiten Hälfte des 17. Jahrhunderts maßgebende Bedeutung. Aufgrund seiner Rolle für den frühmodernen Staat wird in diesem Amt die dritte wichtige Wurzel des modernen Beamtentums erblickt.[18] Die Fürsten des 16. und auch noch des 17. Jahrhunderts führten weitgehend ein persönliches Regiment, daran änderte die Ständebewegung ebensowenig wie das Aufkommen neuer Verwaltungssituationen.[19] Wie sie noch weitgehend einem Heer vorstanden – klassische Beispiele sind Gustav Adolf von Schweden und Heinrich IV. – und auch noch selbst zu Gericht saßen, so leiteten sie auch selbst die Zentralverwaltung. Philipp II. von Spanien, Heinrich IV. von Frankreich, Elisabeth von England und Maximilian I. von Bayern etwa waren arbeitsame Fürsten, die täglich viele Stunden mit Aktenlesen und Konsultationen verbrachten. Erst mit der Zunahme höfischen Lebens und höfischer Geselligkeit änderte sich dies. Auf jeden Fall fand eine beträchtliche Entlastung durch die Ausweitung der frühmodernen Verwaltungsinstitutionen statt, die bereits zahlreiche Elemente eines modernen Regierungssystems ausbildeten.

Die Zentralverwaltung, die bald nicht minder die Einheit des Landes repräsentierte wie die Person des Königs, bestand vor allem aus dem Ratsgremium, das je nach Land Staatsrat (Consejo de Estado), Conseil d'état, Königlicher Rat (Privy Council) oder Geheimer Rat genannt wurde.[20] In Deutschland wurde der Geheime Rat »die erste wirklich außen- und innenpolitische Zentralbehörde des frühmodernen Staates, Vorläufer der späteren Ministerien«[21]. Es waren Kollegiatsbehörden, die zwar in kleineren Angelegenheiten selbständig handeln konnten, alle wichtigen aber dem Fürsten zur Entscheidung überlassen mußten. Im großen und ganzen hatten sie nur eine beratende Funktion. Die Gremien tagten aber bereits im 16. Jahrhundert täglich, arbeiteten nach einer Geschäftsordnung und kannten erste Ressortteilungen. Unter Philipp II. bildeten sich in Spanien zwölf oberste Ratsgremien sowohl nach dem Territorial- wie dem Ressortprinzip, was der föderalistischen Struktur des Landes entsprach.[22] Wegweisender wurden die vier großen Ratsgremien in Frankreich, unter denen es entsprechend der neuen Rolle der Diplomatie auch einen Rat für auswärtige Angelegenheiten (1589) gab.[23] Die Mitglieder der Räte waren weitgehend gebildete Bürger und Adlige, die ein Rechtsstudium absolviert hatten und spezielle Kenntnisse und Erfahrungen aufwiesen. Bildete der Rat so etwas wie die Frühform eines Ministeriums, kam der Staatssekretär in etwa einem Minister gleich. Er war der entscheidende Vermittler zwischen dem Staatsrat und dem Fürsten, konnte aber nicht selbsttätig handeln, sondern verstand sich als die rechte Hand des Fürsten. Im Maße der Spezialisierung der Aufgaben stieg die Autorität des Sekretärs. Er blieb aber prinzipiell absetzbar. Damit seine Macht nicht zu groß wurde, gab es zudem nicht selten mehrere Sekretäre, die sich gegenseitig neutralisieren konnten. Der Posten des Staatssekretärs

Abb. 27: *Sitzung des Court of Words and Liveries.*
Gemälde eines unbekannten Meisters (1585)

war nicht fest umrissen und variierte stark in den verschiedenen
Ländern.
Schließlich gab es noch eine dritte Institution, die vor allem unter
jungen oder schwachen Fürsten von entscheidender Bedeutung
wurde: die Institution des Ersten Sekretärs bzw. Ministers.[24]
Ohne den Herzog von Buckingham in England, ohne Richelieu in
Frankreich oder den Herzog Olivares in Spanien wäre die politische Entwicklung in Europa zu Beginn des 17. Jahrhunderts
sicherlich anders verlaufen. Zwar unterstanden sie alle unmittelbar dem König, besaßen von sich aus keine Kompetenz und
konnten jederzeit entlassen werden, aber ihr Einfluß war bald so
groß, daß das Geschick der Regierung gänzlich von ihnen abhing.
Sie besaßen ihre eigenen Leute in der Verwaltung, unterhielten zu

ihrem Schutz eine eigene Garde und umgaben sich mit einem Netz von Abhängigkeiten und Familienverbindungen.

Der systematische Ausbau der frühmodernen Verwaltung, des Gerichtswesens und des Steuersystems führte zu einer qualitativen Änderung der patriarchalischen Fürstenherrschaft. Zwar war die Bürokratie noch weitgehend abhängig vom fürstlich-adligen Willen und den ständischen Interessen der Beamten, aber neben den personalen Herrschaftsverhältnissen spielten zunehmend sachbezogene und administrative Gewalten eine Rolle. Diente der Ausbau der Bürokratie ursprünglich zur Stabilisierung und Autonomisierung der fürstlichen Herrschaften, zur Monopolisierung herrschaftlicher Gewalten, gewann sie im Maße des höfischen Rückzugs der adligen Gesellschaft von den Regierungsgeschäften an Eigengewicht und unterwarf die politischen Entscheidungen unter Berücksichtigung des Vorranges dynastischer Interessen zunehmend einem rationalen utilitaristischen Kalkül.

III. LEGITIMATION UND THEORIE DES FRÜHMODERNEN STAATES

Der Formierung des frühmodernen Staates korrespondierte eine intensive Reflexion und Diskussion über Wesen und Funktion des Staates: ein Prozeß, der letztlich auch sozialpolitisch wirksam wurde. Es war nicht mehr Theologen und Hofideologen vorbehalten, nach dem Sinn des Staates zu fragen oder die Praxis der Fürsten zu rechtfertigen, sondern eine wachsende Zahl vor allem von humanistisch gebildeten Gelehrten machte sich unter den Erfahrungen der sozialen, politischen und religiösen Wirren, d. h. vor allem der Religions- und Bürgerkriege des 16. und 17. Jahrhunderts, anheischig, einerseits konkret nach staatlichen Lösungsmöglichkeiten der Krise zu suchen, andererseits allgemein die Grundprinzipien staatlicher Organisation aufgrund der neuen Erfahrung des entstehenden Absolutismus rational und wissenschaftlich zu erforschen bzw. den Staat auf weltliche Vernunft zu begründen. In jedem Fall aber entsprang die Entwicklung frühneuzeitlicher politischer Theorie nicht nur der Entdeckung der Politik als einer eigenständigen, vom religiösen und sozialen Handeln unterschiedenen Dimension des Lebens, sondern vor allem einem starken Legitimationsbedürfnis des frühmodernen Staates, der sich von kirchlich-religiösen Banden wie von feudal-ständischen Gewalten löste. Beide Prozesse gehören zusammen. Sie sind sowohl Voraussetzung für die Entwicklung der bekannten frühneuzeitlichen Staatstheorie wie für die Entstehung der politischen

Wissenschaft, wie sie an europäischen Universitäten Bildungsfach der Beamten wurde.[1]

Die politische Theorie des frühmodernen Staates war keine geschlossene, unmittelbar praxisrelevante Theorie mit einheitlichen Interessen und Zielen. Drei Tatbestände bzw. Probleme müssen bei der Aufschlüsselung der frühneuzeitlichen Staatstheorie bedacht werden.

Bei aller erstmals bewußt theoretischen Begründung der Herrschaftspraxis frühneuzeitlicher Fürsten und Stände war der empirische Staat der frühen Neuzeit doch kein Produkt staatstheoretischer Aktivitäten humanistischer Gelehrter. Es läßt sich keine unmittelbare Beeinflussung des frühmodernen Staates durch beispielsweise die Modelle von Bodin oder Hobbes nachweisen.[2] Die ›absolutistische‹ Politik Heinrichs IV. oder Elisabeths von England, selbst die Richelieus, erfolgte ohne Anwendung bestimmter Theorien[3] – ihr Souveränitätsanspruch war Ausfluß königlicher Machtstellung –, nicht einmal die Politik Jakobs I. von England, eines der wenigen Fürsten, die ihr politisches Programm theoretisch begründeten und veröffentlichten[4], läßt sich als Ausfluß seiner Theorie begreifen. Die bekannten Staatstheorien artikulierten ohne Zweifel die Probleme von Staat und Gesellschaft der Zeit, waren aber keine unmittelbare Widerspiegelung der staatlichen Praxis. Die konkrete Theorie, nach der sich der frühmoderne Staat richtete, läßt sich allein aus einer Rekonstruktion der Handlungspraxis der frühneuzeitlichen Herrschaftsträger gewinnen.

Ohne Zweifel spielte die rationale, am römischen Recht orientierte Begründung staatlicher Herrschaftsordnung eine zunehmende Rolle, aber trotz aller Emanzipation von kirchlich-religiösen und feudalen Vorstellungen hatte die traditionelle sakrale Begründung von Herrschaft auch weiter große Bedeutung in der Strategie der Herrscher und Verwaltungen, ja eine Rationalisierung der durch die Reformation noch überhöhten Hausvaterideologie und des durch die Gegenreformation forcierten Gottesgnadentums zeigte sich zur Durchsetzung fürstlicher Autonomie gegenüber Kirche und Ständen und zur Monopolisierung herrschaftlicher Gewalten viel wirksamer als das frühmoderne Naturrecht oder das römische Recht, das Ständen wie Volk letztlich fremd blieb. Verordnungen, Verträge, Dekrete und auch die Landrechte sprechen demgemäß noch eine Sprache, die der traditionell hausväterlichen Argumentation mehr verpflichtet ist als der modernen römisch-rechtlichen oder der naturrechtlichen.[5] Das Nebeneinander von traditionell-religiöser und frühmodern-rationaler Begründung staatlicher Praxis blieb also noch lange konstitutiv für den frühmodernen Staat. Es heißt dies nichts anderes, als daß die neuen Herrschaftsverhältnisse, die der frühmoderne Staat begründete, noch traditiona-listisch-personalistisch vermittelt wurden. Die Rechtsgrundlage des gesellschaftlichen Verkehrs bildete dementsprechend nicht eine definierte frühmoderne Staatslehre, sondern eine Kodifizie-rung alter traditioneller Rechtssätze, die systematisiert und vom Fürsten, zumeist zusammen mit den Ständen, als Landrecht mit allgemein verbindlicher Gültigkeit anerkannt wurden.[6]

Schließlich gilt es zu bedenken, daß die wissenschaftlich-rational begründete Theorie des frühmodernen Staates sich nicht in den Souveränitätslehren, den Ordnungsentwürfen der absolutisti-schen Herrschaft von Bodin und Hobbes erschöpft, sondern daß es daneben zahlreiche zum Teil empirisch einflußreichere Theorien gab, die ihr Ziel gerade in der Einschränkung fürstlicher Macht sahen. Hier sind vor allem die Monarchomachen und die engli-schen Konstitutionalisten zu nennen. Wichtig waren alle rationa-len Begründungen von staatlichen Organisationen, die sich auf absolutistische Konzepte konzentrierten, während republikani-sche bzw. demokratische Staatstheorien auf der Basis der Volks-souveränität nur eine marginale Rolle spielten. Sie entstanden in Kreisen englischer Puritaner zur Zeit der Revolution.

Der Hinweis auf die Staatstheorien Bodins und der Monarchoma-chen im Zusammenhang der Krise der französischen Renaissance-monarchie einerseits und auf die politischen Theorien von Hobbes und Lipsius andererseits mag die Breite der Argumentation und Begründung frühneuzeitlicher Staatlichkeit verdeutlichen.

Bodins ›Six livres de la République‹ (1576), in denen der gebildete Jurist seine Souveränitätslehre ausführte, entstanden unter dem Eindruck der durch die Religions- und Ständekriege des späten 16. Jahrhunderts bedrohten Einheit des Landes und seines König-tums, vier Jahre nach der Bartholomäusnacht.[7] Es war an sich kein revolutionäres Buch. Bodin unterwirft die politische Ordnung keinem rationalen Kalkül. Begriffe wie Staat und Naturrecht spielen keine zentrale Rolle. Es geht ihm vorrangig um die Erhaltung Frankreichs und der französischen Monarchie. Für den in diesem Kontext entwickelten Begriff der Souveränität ist zentral 1. die lebenszeitliche Ausübung des Königsamtes, da ein Wahlkönigtum keine Souveränität besitzen kann. In Absetzung von den Monarchomachen bedeutet Souveränität 2. die absolute und unteilbare Handhabung von Herrschaft. Der Souverän besitzt das Monopol, Gesetze zu geben und aufzuheben, wobei alle Legislativakte nur von seinem Willen abhängen.

Von der berühmten Formel der lateinischen Ausgabe, »Maiestas est summa in cives ac subditos legibusque soluta potestas«, ist die

Bezeichnung Absolutismus abgeleitet. Mit dem absoluten Herrschaftsanspruch steht für Bodin entgegen seinen Kritikern der Souverän nicht außerhalb gesetzter Grenzen. Er ist gebunden an, wie es heißt, unverbrüchlich geltende Normen des ius divinum. »Bodins Absicht ist es, beide Seiten herauszuarbeiten; die absolute Stellung des Herrschers und ihre Begrenzung durch die Vorschriften eines traditionell verstandenen Naturrechts.«[8] Grenzen setzten konkret die ›Lois fondamentales‹ Frankreichs, abgesehen davon, daß sich der Herrscher nicht über die Naturordnung der Familie und des Privateigentums hinwegsetzen kann. Die Respektierung zweiseitiger Abmachungen mit Vertragscharakter stärkt seine Autorität. Obwohl für Bodin, wie auch für andere Theoretiker des absolutistischen Staates, prinzipiell auch eine Demokratie und Aristokratie souverän sein können, spricht er de facto allein der Monarchie die Wahrnehmung der Souveränität zu.[9] In seinem Kampf um die Souveränität der Monarchie als einzigem Mittel, die Einheit und Macht Frankreichs zu wahren, war Bodin kein blinder Verfechter absolutistischer Macht oder utopischer Träumer, er wandte sich sowohl gegen Machiavelli wie gegen die Politik italienischer Tyrannen, gegen die schrankenlose Willkür betont er Recht und Legitimität. Bodins Staat erhebt den Anspruch, ein Rechtsstaat zu sein. So neu die Idee der Souveränität als rationales Prinzip ist, so wesenhaft ist sie verbunden »mit einem breiten Fächer traditionaler Vorstellungen, insbesondere aus dem Bereich der Fürstenethik in ihrer durch den Humanismus aktualisierten Form«.[10] Aber trotz der traditionellen Einbindung blieb auch Bodins Konstruktion aufgrund ihrer Undifferenziertheit nicht gefeit gegen den Vorwurf des Machiavellismus.

Bodins Souveränitätslehre versteht sich als Antwort auf die französische Staatskrise des späten 16. Jahrhunderts.[11] Eine andere, der Bodinschen Position entgegengesetzte Antwort gaben die Monarchomachen, ein Überbegriff für alle katholischen und protestantischen Streiter gegen das absolutistische Königtum, insbesondere aber für eine Gruppe calvinistischer Juristen und Publizisten, die auf seiten der adligen Opposition in Frankreich für die Einschränkung königlicher Macht zugunsten des Volkes und der Stände eintraten.[12] Entgegen landläufiger Meinung war diese Gruppe nicht für die Abschaffung des Königtums, insofern stimmt der Sammelbegriff nicht, noch bekannte sie sich zu einer Volkssouveränität in modernem Sinn. Sie kämpfte nur gegen die ›tyrannischen‹ Auswüchse der Monarchie und berief sich auf die alte ständische Tradition. Mit ihrer Lehre vom erlaubten Tyrannenmord stand sie ganz auf der Linie mittelalterlicher Tradition, die den Tyrannenbegriff bereits differenziert hatte und der auch letztlich noch Bodin verpflichtet war. In seiner ›Franco Gallica‹ plädiert der radikale Hotman für die ständische Repräsentation als eigentlichen Träger der Souveränität. Ebenso wirkungsvoll wie Hotman unterstützt Du Plessis-Mornay mit den ›Vindiciae contra tyrannos‹ (1570) die antiabsolutistische Oppositionsbewegung, die in der Fronde einen Höhepunkt erreichte. Inhaber der Staatshoheit war nach den Monarchomachen das Volk, das gegenüber königlichen Befehlen, die einer gottfeindlichen oder tyrannischen Haltung entspringen, das Widerstandsrecht beanspruchte. Das religiös legitimierte Widerstandsrecht wird hier aus einer aristokratisch interpretierten Volkssouveränität abgeleitet und hat deswegen mit der im modernen Naturrecht begründeten Lehre des Widerstandsrechts nichts gemein. Dem entspricht auch die Ableitung der Herrschaft aus dem Vertrag zwischen Gott, König und Volk. Zwar gaben die Monarchomachen weniger Anstöße für die schließliche Ausbildung der Volkssouveränität, als man lange annahm, aber in der adligen Opposition Frankreichs fanden sie einen fruchtbaren Boden.

Die Situation, in der Hobbes' ›Leviathan‹ (1651), die zweite große Theorie des Absolutismus, entstand, ähnelte der Bodins. In seiner Antwort auf die Krise der englischen Revolution und die Bedrohung des Friedens aber ging Hobbes weit über die vergleichsweise traditionelle Position Bodins hinaus.[13] Hobbes, der unter dem starken Einfluß der modernen Naturwissenschaft stand, versuchte als erster, eine politische Theorie wissenschaftlich und rational zu begründen. Er gründet seine säkularisierte Staatstheorie ähnlich wie Machiavelli nicht auf dem Geselligkeitstrieb des Menschen, sondern, überzeugt von der Verderbtheit des Menschen, sieht er im Staat ein Zwangsmittel gegen die Leidenschaften des Menschen, der ohne die rationalen Kräfte des Staates untergehen würde. Da im vorstaatlichen Zustand Ehrgeiz, Neid, Egoismus, Ruhmsucht und Habgier einen Krieg aller gegen alle auslösten, so argumentiert Hobbes, haben Todesfurcht und Selbsterhaltungstrieb die Einsicht in die Notwendigkeit der Überwindung dieses anarchischen Naturzustandes der Menschen diktiert. Da die Menschen unfähig sind, aus eigener Kraft auf ihre uneingeschränkten Rechte und Freiheiten zu verzichten, haben sie sich freiwillig einem Souverän (nach Hobbes kann Träger der Souveränität außer dem Fürsten auch eine Aristokratie sein) unterworfen, der im Rahmen einer rationalen Zwangsordnung mit allen Gewaltmitteln zum Wohle der menschlichen Sicherheit den Frieden aufrechterhält. Die Vertragsformel lautet bei Hobbes: »Ich übertrage mein Recht, mich selbst zu regieren, diesem Menschen oder dieser Versammlung von Menschen, unter der Bedingung, daß auch du dein Recht ihm überträgst und alle seine Handlungen in der gleichen Weise autorisierst.«[14] Der Inhaber der Staatsgewalt ist aller Bindungen und Verpflichtungen enthoben, die Delegation der Macht an den Herrscher ist absolut, endgültig und unwiderruflich. Dementsprechend liegen Legislative, Exekutive und Jurisdiktion beim Herrscher, dem die Untertanen zu bedingungslosem Gehorsam verpflichtet sind. Da es keinen Widerspruch gibt zwischen den Gesetzen Gottes und denen des christlichen Staates, gibt es nach der Unterwerfung aller individuellen Rechte keine Trennung von geistlichem und weltlichem Regime mehr. So berechtigt es ist, von späteren Erfahrungen her hier einen »aufgeklärten Despotismus« zu erkennen, so wird diese Bezeichnung dem Anliegen Hobbes' doch nicht gerecht. Zentrale Aufgabe des Staates ist für ihn Schutz und Sicherheit der Untertanen. Erfahrungen der englischen Revolution sprechen hier eine deutliche Sprache. So uneingeschränkt Hobbes für die absolutistische Herrschaftsform eintritt, so legitimiert sie sich für ihn dadurch, daß sie aus Zweckmäßigkeitsgründen ihre Macht nicht zur Unterdrükkung der Untertanen einsetzt, sondern, im Gegenteil, durch eine vernünftige Regierungspraxis das Volkswohl fördert, Gleichheit vor dem Gesetz zur Geltung bringt, vernünftig in der Besteuerung bleibt, für Erziehung, Unterricht, Arbeitsbeschaffung und Armenfürsorge sorgt und nicht zuletzt das Privateigentum schützt. Eine Vorwegnahme der Ordnungskonzepte totalitärer Staaten war Hobbes' ›Leviathan‹ damit nicht, auch wenn er kein Widerstandsrecht kennt. Nur wo der Staat den Schutz des einzelnen nicht mehr garantiert, konzediert Hobbes einen Vertragsbruch, so daß das Schicksal des Fürsten abhängig ist vom Wohl des Volkes. Hobbes' ›Leviathan‹ stieß in der Öffentlichkeit nicht nur in England, sondern auch in Frankreich auf starken Protest, obwohl er ihn als Lehrbuch verstand und hoffte, daß ein Fürst diese ›Wahrheit der Spekulation in die Nützlichkeit der Praxis‹ überführe; seine unmittelbare Wirkung war gering.

Der einflußreichste und vielleicht meist gelesene Theoretiker des frühmodernen Staates war der Niederländer Justus Lipsius, sein nachweisbarer Einfluß erstreckte sich über alle Länder Europas.[15] Er bot an sich keine eigene Staatstheorie, in die Diskussion der rechtsphilosophischen und staatstheoretischen Probleme über die Entstehung des Staates und die Trägerschaft der politischen Gewalt wollte er sich nicht einlassen. Sein Werk war ein unmittelbar anwendbares Erziehungs- und Lehrbuch für den Fürsten und die Staatsbeamten, ein Fachbuch der zivilen und militärischen Institutionen im modernen Staat. Grundlage seiner praktischen Philosophie war die spätstoische Constantia. Sie ist eine in der sitt-

Abb. 28: Titelblatt: *Leviathan* von Thomas Hobbes (1651)

lichen Vernunft gegründete ›Lebensenergie‹, eine vom Kampfgeist beseelte Widerstandskraft gegen alle Bedrängnisse in der Welt.

Die politische Theorie der frühen Neuzeit kennzeichnet, bei allen Unterschieden durch die Entstehungssituation und landesspezifischen Voraussetzungen von Macht, die Emanzipation von religiös-kirchlichen Vorstellungen und das Bekenntnis zu einer rationalen Ordnung, in der alle Gewalten einem Souverän untergeordnet werden. Allein darin sahen die Theoretiker eine Lösung der durch soziale, politische und religiöse Konflikte verursachten Krise sowie die Möglichkeit zum Aufbau eines die Sicherheit und das Wohl des Volkes garantierenden Staates. In dem Maße, wie der Staat aus dem religiös-sakralen Begründungszusammenhang gelöst wurde, wuchsen ihm weltliche Aufgaben zu: Frieden nach innen und außen zu halten und die ›Wohlfahrt‹ und das Eigentum der Untertanen zu schützen und zu vermehren.

IV. MONOPOLISIERUNG DER MACHT
UND DIE FRÜHMODERNE STAATSSOUVERÄNITÄT

Der souveräne Staat war das Ergebnis sozialer Kämpfe und einer politischen Konstellation, wobei die Ausschaltung mediater Gewalten im Inneren eines Landes ebenso wichtig war wie die Abgrenzung nach außen, die Freiheit von äußeren Mächten (Kirche, Reich) und Souveränität im Umgang mit ›auswärtigen‹ Staaten. Die Monopolisierung herrschaftlicher Gewalt und Autonomisierung der Landesherrschaft waren zwei miteinander verbundene Prozesse, sie beide begründeten erst den frühmodernen Staat. Orientierungspunkt war dabei nicht die Souveränitätslehre Bodins oder anderer Staatstheoretiker, sondern ein komplexes Interessenspiel sozialer, politischer und religiöser Kräfte führte zum souveränen Staat und dem frühmodernen Staatensystem. Staatstheoretische Diskurse erhielten dadurch Relevanz, daß in diesem Zusammenhang der Bedarf an theoretischer Legitimierung gegenüber Gegnern der neuen Interessenkonstellation konstant stieg.

Wollte der frühmoderne Staat alle feudalen Gewalten monopolisieren und damit einen einheitlichen Rechts- und Friedensstaat garantieren, mußte er nicht nur bis zu einem gewissen Grade alle Stände und Untertanen unterwerfen und ihnen spezifische, staatlich-öffentliche Funktionen zuweisen, sondern Institutionen gründen, die dem Anspruch der Rechtsordnung Geltung verschafften. Selbständige Aktionen mußten innerhalb eines als einheitliche, unteilbare Herrschaft begriffenen Territoriums ebenso ausgeschaltet, wie interregionale und internationale Verbindungen und Kommunikationen unter staatliche Kontrolle gestellt werden.

Zentral war die herrschaftliche Erfassung aller Untertanen, auch und insbesondere der nicht einem Fürsten unmittelbar unterstehenden Grunduntertanen der Stände: Entwaffnung, steuerliche Registrierung und rechtliche Schutzbriefe gegenüber den Grundherrn stärkten den zentralstaatlichen Zugriff auf die Untertanenschaft. Wie konfliktreich dieser Eingliederungsprozeß war, in dem die Autonomie der gesellschaftlichen Gruppen schrittweise abgebaut wurde, zeigen die vielen bäuerlichen Widerstandsaktionen, vor allem in Frankreich.[1]

Nicht minder wichtig war die Ausschaltung der städtischen Freiheiten, indem den Städten nicht selten unter fadenscheinigen Gründen entweder gewaltsam die Freiheit genommen wurde oder der Magistrat unter staatliche Kontrolle geriet und dadurch der herrschaftlichen Zentralmacht, d.h. vor allem dem staatlichen Steuersystem und der staatlichen Gerichtshoheit unterworfen wurde. Finanzielle Gründe spielten dabei eine maßgebliche Rolle. Auf das bürgerliche Kapital konnte der frühmoderne Staat nicht verzichten. Nur wenige Städte konnten sich diesem staatlichen Konzentrationsprozeß entziehen, so vor allem in Holland und Deutschland (Reichsstädte); am erfolgreichsten gelang die Integration der ehemals freien Städte in Frankreich.[2]

Besonders schwierig verlief die Domestizierung des Adels; Hochverratsprozesse, geschickte Verlockungen des Hofes durch Übernahme von Verwaltungs- oder Militäraufgaben bei gleichzeitiger finanzieller Schwächung aufgrund der allgemeinen Krise zwangen auch den Adel, seine Autonomie aufzugeben. Zwar gelang seine Entwaffnung und Besteuerung nur ansatzweise, wichtiger war aber, seine Eigenständigkeit überhaupt staatlich zu registrieren, seinen sozialen Status von der Privilegierung des Staats abhängig zu machen und damit seine unabhängigen inländischen und auswärtigen Kontakte zu kontrollieren.[3]

Schließlich wurde wichtig die Integration der Kirche, indem die Fixierung des nachreformatorischen Kirchenglaubens wie die Stellenbesetzung vom Willen des Souveräns abhängig gemacht wurden. Durch Streichung von Privilegien, Säkularisierung von Kirchengut oder gewaltsame Unterdrückung unbequemer religiöser Gruppen wurden die Kirchen gefügig gemacht. Die Unterwerfung unter den Staat gelang hier am vollständigsten. Kirchliche Institutionen sowohl im Protestantismus wie im Katholizismus wurden zumindest eine Zeitlang geradezu die entscheidenden Vermittler von staatlichem Anspruch und Gewalt.[4] Dies gilt sowohl von Ländern mit absolutistischen wie libertären Verfassungen.

In diesen Monopolisierungs- und Unterwerfungsprozessen spielten drei ›staatliche‹ Instrumente eine entscheidende Rolle, sie wurden zwar nicht ›bewußt‹ eingesetzt, erwiesen sich aber zur Autonomisierung der Landesherrschaft wie auch zur Begründung frühneuzeitlicher Friedensordnung als die entscheidenden Mittel: Vorrangig erwies sich die Entwaffnung von Ständen und Untertanen im Sinne der Befriedung der Gesellschaft. Es war dies ein Ziel, das bereits im Spätmittelalter angestrebt wurde, aber Erfolge erst im Laufe des 16. und 17. Jahrhunderts zeitigte. Ansprüche und Rechte sollten nicht mehr mit Gewalt, auf eigene Faust durchgesetzt, sondern rechtlich und ›öffentlich‹ geregelt werden, wobei der Fürst nicht mehr allein Schiedsrichter spielte, sondern als Inhaber aller hoheitlichen Rechte beanspruchte, allen das zu gewähren, was ihnen aus Staatsräson zustand. Das dokumentiert sowohl die Rebellion von Essex in England wie der Untergang La Rochelles in Frankreich, aber auch die Grumbachschen Händel in Deutschland. Der Kampf gegen die unterschiedlichen Fehden und Selbsthilfeformen, legitimes Recht der Stände in der mittelalterlichen Gesellschaft, entschied über die Stärke des Staates. Voll gelingen konnte er freilich nur in Ländern mit stehendem Heer, das ausschließlich der zentralen Macht unterstand.

Integrierende Wirkung hatte auch die Anstrengung zu einer generellen Besteuerung aller Untertanen und der Stände, die allerdings nur partiell gelang. Sie hatte nicht länger die Form einer freiwilligen Steuer, die die Stände bewilligten, sondern sie wurde regelmäßig; hinzu kamen die indirekten Steuern, die nicht selten mit Gewalt durchgesetzt wurden. Auch wenn Erhebung und Verwaltung der Steuern lange noch in den Händen der korporierten Stände und Parlamente verblieben, dienten die Steuern doch nur dem Staat, durften nur in seinem Interesse erhoben werden. Neben dem Gerichtswesen war das Steuersystem in der frühen Neuzeit das entscheidende Mittel, um die feudal-ständischen Bindungen aller Untertanen langsam aufzulockern und sie einer staatlichen Macht zu unterwerfen.

Den zentralen staatlichen Interessen kam schließlich die Durchsetzung des Inquisitionsverfahrens entgegen, als es nicht mehr den Anklägern überlassen blieb, Beweise zu liefern, sondern der Richter von sich aus ohne vorherige Klageerhebung die Untersuchung eines Tatbestandes auf begründeten Verdacht hin anordnen und durchführen konnte und zu diesem Zweck berechtigt war, alle geeignet erscheinenden Mittel zur Wahrheitsfindung einzusetzen. Obwohl es Mißbräuche gab und die neue Strafpraxis keine unmittelbare Humanisierung gebracht hat – sie arbeitete ja vor allem mit der Tortur –, stellt der Inquisitionsprozeß mit dem Zurückdrängen der Idee des Gottesgerichts (-urteils) die äußere Garantie der vom Staat gewährten Rechtssicherheit dar. Die Strafgerichtsbarkeit wurde zum vollkommensten, jedermann eingängigen Beweis der Existenz eines souveränen Staates.

Die Monopolisierung der Macht vollzog sich in den verschiedenen Ländern höchst unterschiedlich, sie hing weitgehend ab von dem sozial-politischen Kräfteverhältnis zwischen Staat, Ständen und Kirche, aber auch von den unterschiedlichen Möglichkeiten, zentralisierte Macht erfolgreich zu legitimieren und durchzusetzen. Ein Hinweis auf die Entwicklung in Frankreich, England und Österreich mag dies verdeutlichen.

Mit großem Geschick hatte Heinrich IV. nach seiner Konversion zum Katholizismus den Bürgerkrieg beenden können und Frankreich politisch und ökonomisch zu festigen verstanden.[5] Die Befreiung Frankreichs vom spanischen Einfluß bzw. der habsburgischen Umklammerung, die Bindung des Adels an das Königshaus und die Befriedung der Hugenotten im Edikt von Nantes waren maximal erreicht. Mit seinem Tod aber erstarkten unter Maria von Medici erneut die zentrifugalen Kräfte, stellten die hugenottische Partei und die Cliquen des hohen Adels den eben erreichten politischen Frieden wieder in Frage. Die Generalstände traten 1614 ein letztes Mal zusammen. Es wurde zur Lebensaufgabe des 1624 zum Minister ernannten Richelieu, die von Heinrich IV. erreichte absolutistische Staatlichkeit zu festigen und zu erweitern. Sein Kampf und seine Energie mußten sich notwendigerweise außenpolitisch gegen die Habsburger wenden, innenpolitisch sowohl gegen die Hugenotten wie gegen den Feudaladel. Es ging nun nicht mehr um Kompromisse, sondern um eine gänzliche Ausschaltung der Feinde der französischen Krone. Die Hugenotten bildeten einen Staat im Staate. Neu sich ausbreitende Rebellionen gegen den König (1617) beendete Richelieu mit der Unterwerfung der Festung La Rochelle. Die Religionsfreiheit wurde den Hugenotten zwar nicht genommen, aber alle politisch-militärischen Sonderrechte, die ihnen im Edikt von Nantes zugestanden worden waren. Politisch bildeten sie fortan keine Gefahr mehr für den Staat. Schwieriger zeigte sich der Kampf gegen den hohen Adel um Gaston d'Orléans, der immer wieder offen rebellierte (1617). Mit unnachsichtiger Härte ging Richelieu vor. Verschwörer, selbst aus dem Geblütsadel, wurden hingerichtet, ihre Besitzungen konfisziert und befestigte Adelssitze abgerissen. Die Auseinandersetzung mit dem Adel wurde verschärft durch Konflikte mit den Parlamenten und Provinzialständen, als Richelieu mit der Entsendung königlicher Intendanten, die die Rechtsprechung und das Finanzwesen aus dem Bereich der ständischen Kontrolle lösen und dem König unterstellen sollten, die Rechte der regionalen Stände empfindlich beschnitt. Als Richelieu 1642 starb, setzte sein Mitarbeiter Mazarin seine Politik mit unnachgiebiger Energie fort. Als Ausländer gab er allerdings auch Anlaß zu verstärkter Opposition. Höhepunkt der Konflikte zwischen Adel und Krone bzw. Parlament und König bildete die Revolte des Pariser Parlaments 1648, in der die noblesse de robe für ihre neu erworbenen Rechte gegen die Intendanten protestierte und die Einziehung der Steuern ohne ihre Zustimmung verbot. Rasch weitete sich dieser Protest auf den hohen Adel und über das ganze Land aus. Da die Frondeure unter der Führung des Prinzen von Condé kein alternatives politisches Konzept entwickelten, sondern wesentlich nur durch den gemeinsamen Haß gegen Mazarin geeint waren, brach die Fronde 1652/53 zusammen. Das Werk Richelieus und Mazarins war gerettet. Als Ludwig XIV. 1651 mündig wurde und die Regierung übernahm, konnte er unmittelbar an die Politik Mazarins anknüpfen, das Entscheidungsmonopol lag in allen politisch-staatlichen Fragen mittlerweile bei der Krone. Einen Tag nach Mazarins Tod 1661 beanspruchte er dem Staatsrat gegenüber das alleinige Regiment: »Ich war bisher zufrieden gewesen, meine Angelegenheiten durch den verewigten Kardinal leiten zu lassen. Es ist nunmehr an der Zeit, daß ich sie selbst in die Hand nehme. Sie werden mir mit Ihrem Rat zur Seite stehen, wenn ich Sie darum bitte.«[6] Einen die Einheit des Landes gefährdenden Einspruch gab es nicht mehr.

Obwohl das 16. Jahrhundert in England einen ausgeprägten ›Frühabsolutismus‹ hervorgebracht hatte, mündete im Unterschied zu Frankreich der Bürgerkrieg in England in eine antiabsolutistische Richtung.[7] Nachdem die Tudors, vor allem Elisabeth, die Krongewalt gefestigt hatten, ohne das Parlament zu provozieren, sondern es im Gegenteil sogar für die Interessen der Krone einspannten, änderte sich dies schlagartig, als Jakob I., der erste Stuart auf dem englischen Thron, die Engländer mit seiner sehr dezidierten Auffassung vom alles beherrschenden Königtum vor den Kopf stieß. Er bestand auf der königlichen Prärogative in allen Gesetzgebungsfragen und wollte das Parlament auf eine nur beratende Funktion beschränken. Ein Konflikt wurde unvermeidlich. Das Parlament begnügte sich zunächst mit Protesten gegen mißliebige Minister. Als dann aber Karl I. obwohl er die Petition of Right (1628) gebilligt hatte, aufgrund neuer Querelen das Parlament aufhob, kam es zu einer bedeutenden Zuspitzung, die schließlich zur Abschaffung des Königtums führte. Vorerst regierte Karl I. zehn Jahre lang wie ein Fürst auf dem Kontinent absolutistisch ohne Mitwirkung der Stände, erhob eigenmächtig Steuern und Abgaben und verfolgte seine Kritiker. Die Gerichte vor allem wurden zu Vertretern der königlichen Prärogative. Da der König diese Zeit aber nicht nutzte, ein absolutistisches System mit Hilfe eines Beamtentums aufzubauen, im Gegenteil, mit allen seinen Schritten langfristig die unterdrückte parlamentarische Opposition stärkte, mußte sein Versuch der Durchsetzung einer absoluten Monarchie scheitern. Mit der englischen Revolution erloschen alle Möglichkeiten einer Monopolisierung der Macht in Händen des englischen Königs, eigentlicher Souverän wurde das Parlament, das ursprünglich alle Ansprüche auf unmittelbare Machtausübung für sich selbst abgewehrt hatte, dann aber in Auseinandersetzung um die königliche Prärogative sich zur Kontrollinstanz königlicher Politik erhob.

Die Habsburger Monarchie stellte ein politisches Gebilde besonderer Art dar, da sie sich trotz ihrer großen Rolle in der europäischen Geschichte im Vergleich zu Frankreich zu keiner geschlossenen absolutistischen Macht entwickelte.[8] Monopolisierungsversuche gehen zwar weit zurück, Kaiser Ferdinand I. schuf mit seiner Hofstaatsordnung von 1527 eine alle Länder erstmals umfassende Zentralverwaltung. Die Herrschaft der Habsburger an sich war nicht angefochten: Starke ständische Traditionen und Uneinheitlichkeit bzw. relative Selbständigkeit der allein durch die Dynastie miteinander verbundenen Länder bzw. Länderkomplexe, Böhmen, Ungarn und österreichische Erbländer, setzten den Zentralisierungsbemühungen eindeutige Grenzen, die auch durch die Machtstellung des Kaisertums und die konstante Türkengefahr letztlich nur bedingt aufgehoben wurden. Die Türkengefahr war durchaus von ambivalenter Wirkung, einerseits förderte sie den Monopolisierungsprozeß, andererseits half sie aber auch die ständische Struktur des Landes bewahren. Kräfte, die dem Zentralisierungsprozeß entgegenstanden und sich gegen die Vereinheitlichung wandten, waren die Stände, sowohl in Österreich wie in Ungarn und Böhmen. Gefördert durch die Teilung der Monarchie 1625 und unterstützt von der reformatorischen Bewegung wurden die Stände um 1600 zu einer gesamthabsburgischen Gefahr. Obwohl mit der Schlacht am Weißen Berge 1620 die Gefahr der Abtrennung Böhmens sowie der Umwandlung der Habsburger Monarchie in einen Ständestaat gebannt war, und obwohl Ferdinand II. nicht zuletzt mit Hilfe der Gegenreformation die Vereinheitlichung des Landes vorantrieb und 1621 die Unteilbarkeit

Abb. 29: *Aufwerfen von Laufgräben im Dreißigjährigen Krieg.*
Satirisches Flugblatt (von 1631)

(Primogenitur) durchsetzte, konnte letztlich nur ein Kompromiß erreicht werden. Die Habsburger Monarchie ging zwar gestärkt aus dem Dreißigjährigen Krieg hervor, eine Konfession einte alle Länder, auch verdichtete sich das Verwaltungsnetz über alle Erbländer, und das Gewaltmonopol lag unbestritten beim Kaiser, aber die ständische Struktur war nicht vernichtet, und jedes Land behielt eine relative Autonomie. Auf die Vereinheitlichung, die Preußen nach dem Dreißigjährigen Krieg gelang, mußte Österreich verzichten.

Der frühmoderne Staat beanspruchte das Monopol aller politischen Macht. Expliziter Ausdruck wurde der Ausbau eines eigenen Heerwesens, das zugleich zur wesentlichen Stütze des frühmodernen Staates wurde.[9] Zwar konnten die europäischen Fürsten ein eigenes stehendes Heer weitgehend erst nach dem Dreißigjährigen Krieg aufbauen, doch entscheidende Weichen wurden bereits im 16. Jahrhundert gestellt, insofern das bestehende, ständig expandierende Heerwesen unter Kontrolle gebracht und zur Stärkung der politischen Macht des Fürsten nicht nur dem Ausland gegenüber effektiv eingesetzt werden sollte. Verstärktes Interesse galt einmal dem Ziel, eine territoriale Landesverteidigung aufzubauen. Gerade das 16. Jahrhundert kennt zahlreiche Versuche, die eigenen Untertanen zum Kriegsdienst heranzuziehen. Obwohl hier Geld gespart und von den Landeskindern Treue gegenüber dem Fürsten erwartet werden konnte, so blieb doch die aus Untertanen rekrutierte Armee weit hinter der Macht und Durchschlagskraft der Söldnerheere zurück, da sie sich nicht nur jeder militärischen

Übung entzog, sondern auch nur zur eigentlichen Landesverteidigung herangezogen werden konnte. In großem Stile einsetzbare Armeen auf territorialer Basis vermochten allein die Holländer und Schweden aufzustellen. Hier standen allerdings auch andere Kräfte hinter der Militarisierung als in Deutschland und in Frankreich. Die großen Schlachten des 16. und 17. Jahrhunderts schlugen die Söldnerheere. Noch der Dreißigjährige Krieg beweist, daß allein mit Söldnerheeren politisch-militärische Erfolge erzielt werden konnten. Das Besondere des Söldnertums war, daß es »sich nicht durch das lehnrechtliche Treueverhältnis oder gar ethische oder patriotische Gefühle einem Fürsten oder einem Lande verbunden fühlte, sondern um Geld kämpfte«.[10] Sein Aufkommen und seine Expansion im 16. Jahrhundert erklärten sich einerseits aus der politischen Konfliktsituation der europäischen Staatenwelt, die zu immer größeren Schlachten führte, andererseits aus der Umwandlung des Heerwesens in ein geschäftliches Großunternehmen, das für Söldner und Söldnerführer große Gewinne abwarf. Vorteile des Söldnertums waren die beliebige Einsatzfähigkeit und militärische Ausbildung der Söldner. Nach beendeter Schlacht konnten sie wieder entlassen werden. Aber auch die Nachteile waren beträchtlich; Söldnerheere verursachten immense Kosten, die manchen Staat in den Ruin führten, und wenn der Sold ausblieb, was nicht selten geschah, wechselten die Söldner die Fronten oder begannen durch Plünderungen die Bevölkerung zu terrorisieren. Schließlich war auch auf die Söldnerführer kein völliger Verlaß, da sie nicht selten versuchten, ihre militärische Macht für eigene politische Ziele einzusetzen (Wallenstein). Solange es jedoch keinen wirksamen Ersatz gab, blieben alle Fürsten auf die Söldner angewiesen. Diese erledigten ihre Aufträge zwar ›autonom‹, doch mit der Größe der Heere, der Ausrüstung mit modernen Schußwaffen (Artillerie) und der Errichtung von großen Festungen wuchs die Notwendigkeit administrativer Maßnahmen von seiten des Staates. Eine Militärverwaltung entstand, die nicht den Söldnerführern unterstand, sondern dem Staate.

Um die Unsicherheit beim Einsatz von ›freien‹ Söldnern zu beheben, die Schlagkraft der Truppen nicht zuletzt durch den Einsatz neuer Schußwaffen zu stärken, um die notwendig gewordene militärische Präsenz zu garantieren und schließlich auch wieder Kosten zu sparen, setzten seit dem Ende des 16. Jahrhunderts wirksame Reformen ein, die ausgehend von den Niederlanden (Oranische Heeresreform) in Kürze das ganze Militärwesen revolutionierten. Einmal galt es, die Söldner in neuen Strategien auszubilden und an eine militärische Hierarchie zu binden, d. h.

Disziplin und Gehorsam wurden neue Merkmale des Heerwesens. Zum anderen suchte man die Söldner nicht mehr unmittelbar nach jeder Schlacht zu entlassen, sondern sie dauerhaft zu binden und die kriegsfreie Zeit, vor allem den Winter, für Ausbildung und Exerzieren zu nutzen. Dementsprechend wurde zusehends eine technisch-wissenschaftliche Ausbildung für Soldaten vor allem für die Offiziere nötig. Militärschulen übernahmen die Ausbildung militärischer Eliten. Erste Militärlehrbücher entstehen. Von der Oranischen Heeresreform, von der vor allem Gustav Adolf gelernt hatte, war der Schritt zum stehenden Heer des frühmodernen Staates nicht mehr groß. Aus dem alten ›bündisch‹ strukturierten Söldnertum, das die Söldner nur so lange verpflichtete, wie der Sold bezahlt wurde, entstand eine in Disziplin und Gehorsam eingeübte, allein auf den Fürsten verpflichtete Truppe des Staates.

Die Souveränität des frühmodernen Staates nach innen stand in unmittelbarer Verbindung mit der Souveränität nach außen. Unabhängigkeit gegenüber auswärtigen Mächten wie Gleichberechtigung innerhalb des entstehenden europäischen Staatensystems waren wesentliche Voraussetzungen für eine Monopolisierung der Macht. Beides bedingte einander, der Verrechtlichung der sozialen Beziehungen innerhalb des Territoriums, die ja zur Aufhebung innerterritorialer Konkurrenz von Herrschaften führte, korrespondierte eine Verrechtlichung der zwischenstaatlichen Beziehungen durch international anerkannte Verträge, Friedensschlüsse und andere Abkommen.[11] Sie schlossen zwar Kriege nicht aus, unterwarfen sie aber diplomatischen Regeln und staatlichen Nutzen, so sehr noch dynastische Interessen die Außenpolitik bestimmten. Ein bedeutsames Moment bei der Entstehung eines Systems souveräner Staaten war die gegenseitige Anerkennung unantastbarer Grenzen. Der Westfälische Frieden sanktionierte erstmals eine europäische Ordnung, die internationale, d. h. gegenseitige Anerkennung fand. Die Länderkarte von 1648 änderte sich nur noch marginal. Heute existierende Staaten fanden im 17. Jahrhundert ihre innere und äußere Konsolidierung.
Die Entstehung des die Souveränität des frühmodernen Staates begründenden europäischen Staatensystems war allerdings nicht einfach Folge der Schwächung des Reichs und seines reduzierten Herrschaftsanspruchs, ebensowenig Folge der Reformation, nach der nicht länger die römische Kirche das Christentum als internationales Beziehungssystem repräsentierte, sondern Folge eines Zusammenwachsens der europäischen Gesellschaften, bedingt durch starke Bevölkerungszunahme, beträchtliche Marktausweitung, die sich bei aller Konzentration auf territoriale Grenzen

länderübergreifend auswirkte, und nicht zuletzt durch die europäische Expansion, die die Beziehungen zwischen den zu geschlossenen Territorien transformierten Landesherrschaften untereinander intensivierte und zu gegenseitiger Kenntnisnahme, zu Absprachen und Koalitionen drängte. Die angestrebte Gleichberechtigung aller Staaten schloß Konkurrenz nicht aus, machte im Gegenteil eine hegemoniale Politik erst möglich, die es früher nicht gab, nun aber auch zurückwirkte auf die innere Verfassungsstruktur der betroffenen Länder. Nicht allein das Kräfteverhältnis zwischen Ständen und Fürst bestimmte die künftige Staatlichkeitsform, sondern auch der außenpolitische Druck, unter dem die innerstaatlichen Auseinandersetzungen abliefen.[12] Bekanntlich hat der Druck der Spanier auf die Niederlande deren republikanische Struktur gefördert und die habsburgische Bedrohung Frankreichs Entwicklung zum Absolutismus maßgeblich unterstützt. Selbst Englands staatliche Entwicklung ist ohne die spanische Gefahr nicht zu verstehen. Nur unter Aufbietung aller Kräfte waren politischer und militärischer Widerstand möglich, und das zwang zur Konzentration aller Kräfte eines Landes.

Unmittelbare Gewalt herrschte zwar noch lange in der Regelung der sozialen Beziehungen innerhalb eines Landes wie auch in seiner Beziehung zu auswärtigen Mächten, aber wie die zentralen Verwaltungen innerstaatliche Konflikte zunehmend unter Kontrolle hielten, übernahmen die Diplomatie und das Gesandtschaftswesen eine vermittelnde Rolle zwischen den Staaten. Das Gesandtschaftswesen hat sich im Spätmittelalter vor allem in Italien ausgebildet.[13] Zu ständigen Vertretungen, die die meisten Staaten Europas miteinander verbanden, kam es verstärkt erst im 16. Jahrhundert. Sie förderten nicht nur die Entstehung von Interessengemeinschaften und Bündnissen zwischen den einzelnen Mächten, sondern ermöglichten einen neuen Stil auswärtiger Politik. Zur Durchsetzung von staatlich-dynastischen Interessen trat neben militärische Gewalt die Diplomatie, die beste Kenntnis der auswärtigen Mächte und den Ausbau eines Informationsnetzes in ganz Europa voraussetzte. Die Diplomatie spielte seit dem ausgehenden 15. Jahrhundert bereits sowohl in Spanien wie England und Frankreich eine beträchtliche Rolle, das eigentliche diplomatische Zeitalter begann aber erst im 17. Jahrhundert. Vor allem Frankreich verdankte seine hegemoniale Stellung in Europa nicht nur der militärischen Stärke, sondern vornehmlich seiner Diplomatie. Die politische Taktik in der Ausnutzung der Beziehungen auf der Grundlage des ständigen Gesandtschaftswesens gehörte jedenfalls zum Signum des frühmodernen Staates.

Der frühmoderne Staat verstand sich als Policey- und Ordnungs-
staat. Ihm ging es um Errichtung einer stabilen sozialen Ordnung
und Wohlfahrt in allen Lebensbereichen, zur Ehre Gottes wie zum
Nutzen der Gesellschaft, nicht zuletzt zur Verwirklichung von
Recht und Frieden. Unter Policey verstand der frühmoderne Staat
den ganzen Komplex der Verwaltung und Ordnung einer Herrschaft; gute Policey bedeutete soviel wie ein gutes Regiment.[1]

Die Sorge um das gemeine Beste war konstitutiv für jede Form
patriarchalischer Hausherrschaft, doch was mit dem Ordnungsan-
spruch des frühmodernen Staates artikuliert wurde, wie er z. B. in
den vielen Landes- und Policeyordnungen sowie in Dekreten und
Verordnungen, die seit dem 16. Jahrhundert zahlreich veröffentlicht wurden, zum Ausdruck kommt, überschritt alle ›mittelalterlichen‹ Ordnungsvorstellungen der Fürsten.[2] Der Staat erhob den
Anspruch auf Reglementierung der ökonomischen wie sittlichen
Verhältnisse, der Ehe und Familie, des Eigentums und Bodens, des
Handels und Gewerbes, des Kreditwesens wie der Prozeßführung,
der Berufswelt und des Arbeitswesens, des Kirchgangs und der
Frömmigkeit, zum Teil also auch von Bereichen, die früher
anderen Institutionen, den Kirchen und den Zünften z. B., vorbehalten waren. Es ging im wesentlichen sowohl um die materielle
Wohlfahrt des Landes durch Förderung von Handel und Gewerbe
wie um die Erziehung der Stände und Untertanen zu christlich-
nützlichen ›Staatsbürgern‹. Patriarchalisches Herrschaftsver-
ständnis und rational-utilitaristisches Denken flossen hier zusammen mit der neuen Moral der Reformation bzw. der katholischen
Reform.[3]

Der Idee der neuen staatlichen Ordnung, die am besten mit dem
Begriff der ›guten Policey‹ gefaßt wird, sind zwei Merkmale zu
eigen. Sie kennt einmal keine Trennung von privaten und öffentlichen Angelegenheiten. Uns erscheinen deshalb zu Unrecht viele
Verordnungen des frühmodernen Staates als Einmischung in
private Belange. Aber die Zahl der bei einer Bauernhochzeit
geladenen Gäste oder der Kirchgang der Untertanen waren den
neuen Ordnungsträgern ebenso wichtig wie die Bekämpfung des
Wuchers und die Regelung der Eigentumsverhältnisse. Zum
anderen kennt der frühmoderne Staat noch keine klare Trennung
von sittlichen und ökonomischen bzw. religiösen und sozialen
Forderungen. Die Bekämpfung des Bettelns erfolgte zugleich aus
sozialen wie sittlichen Gründen, die Unterstützung des Gewerbes
aus moralischen Wohlfahrtsgründen. Denn der frühmoderne
Staat verstand sich sowohl als Garant sozialer wie morali-

scher Ordnung und begründete entsprechend seinen Anspruch mit dem allgemeinen Besten. Sicherlich wollte er Recht und Auskommen für die Untertanen, nicht zuletzt um sie zu besteuern und um sozialen »Frieden« zu haben. Aber ein Wohlfahrtsstaat im modernen Sinn war der frühmoderne Staat deshalb dennoch weder in der Theorie noch in der Praxis: Die Durchsetzung der allgemeinen Ordnungsvorstellungen sollte vor allem die Ständeordnung stabilisieren. In dem Maße, wie der frühmoderne Staat unter dem Druck objektiver sozialer und ökonomischer, moralisch-religiöser und rechtlicher Probleme herausgefordert war, seinen Monopolanspruch zur Zufriedenheit aller durchzusetzen und die Krisen zu bewältigen, konnte er dem religiösen, familiären, sozialen und wirtschaftlichen Leben seiner Stände und Untertanen nicht mehr freien Lauf lassen, sondern mußte es zentral lenken und staatlichen Interessen unterstellen.

Der weltliche Herrscher, die Obrigkeit, galt seit je als Schutzherr der Kirche, er garantierte ihren Schutz, ihre Einheit und sorgte nicht zuletzt für ›geeignete‹ Priester und Bischöfe. Trotzdem bezog sich das Interesse der christlichen Herrscher lange nicht darauf, wie und was die Stände und Untertanen dachten und glaubten und wie ihr religiöses Leben organisiert wurde. Eine derartige Verchristlichung ihrer Herrschaft lag den Fürsten fern, solche Aufgaben überließen sie den Kirchen und ihren Amtsträgern. Vor allem durch die Reformation und Gegenreformation kam es dazu, daß sich die Fürsten und weltlichen Obrigkeiten verstärkt nicht nur um die weltlichen Belange des Landes und der Untertanen kümmerten, sondern gerade auch das religiös-sittliche Verhalten der Untertanen in den Vordergrund ihrer fürstlich-obrigkeitlichen Interessen trat. Die konkrete Durchsetzung und Wahrung der Rechtgläubigkeit aller Stände und Untertanen eines Territoriums wurden zur Aufgabe der Obrigkeit.[4]
Die Fürsten und Obrigkeiten überwachten sowohl den richtigen Glauben, wobei Ketzerei und Gotteslästerung bekämpft und bestraft wurden, wie christliche Sitten und religiöse Praktiken. Die Obrigkeit verordnete regelmäßigen Kirchgang, Empfang der Sakramente bzw. Anhörung der Predigten. Die Gesellschaft verstand dies nicht als Eingriff in kirchliche Belange, sondern als Pflicht des christlichen Fürsten. Es »ist unser ernstliche mainung«, verkündete ein Mandat Maximilians I. (1598), »daß die Seelsorger und Pfarrherrn das Volck allenthalben und zu jederzeit in ihren Predigen mit allem fleiß ermahnen, daß sie von ihrem sündlichen Leben abstehn, reuw und layd darüber tragen, und sich also zur hailsamen Beicht und empfahung deß hochwirdigen Sacraments

deß Altars ... ohne allen fernern verzug, schicken und bereit machen, damit sie dardurch wider in die huldt Gottes kommen mögen, dessen auch ihren jedes orths fürgesetzten Obrigkeiten ordenliche schein und Beichzetlen fürweisen«.[5] Erst eine gottwohlgefällige religiöse Ordnung im Staat galt der Obrigkeit als die entscheidende Voraussetzung auch für materielle Wohlfahrt. Ähnlich stand auch das Ehe- und Familienleben der Untertanen lange außerhalb des Interesses der weltlichen Herrschaft.[6] Die Kirche hatte zwar schon lange auch hierfür offizielle Normen aufgesetzt, aber die Unterwerfung des Ehe- und Familienlebens unter christliche Ordnungsvorstellungen vollzog sich erstmals, als der frühmoderne Staat begann, auch diese Bereiche zu kontrollieren. Für die diesbezügliche Einmischung und Normierung waren weniger die Idee von Ehe und Familie als Grundinstitution der Gesellschaft maßgeblich, als moralische, erbrechtliche und bevölkerungspolitische Probleme. Die ›Familienpolitik‹ des frühmodernen Staates richtete sich zunächst auf die eigentliche Eheordnung, indem sie allgemein alle außereheliche Sexualität im Sinne der neuen kirchlichen Moral rigoros verurteilte.

Mit der Unterdrückung außerehelicher Beziehungen verbunden war der Kampf gegen die heimliche Ehe, die Winkelehe. Alle Ehen sollten vor der ›öffentlichen‹ Kirche geschlossen werden, um so nicht nur Kinderehen auszuschließen, Ehehindernisse offiziell zu regeln, den elterlichen Konsens einzuhalten und Bettelehen zu verhindern, sondern um allgemein die Eheschließung unter Kontrolle zu bekommen und sie den neuen Normen und Anforderungen der Gesellschaft anzupassen. Auch die Rollen des Hausherren, der Hausfrau und der Kinder wurden gesetzlich festgelegt, wobei die Hausvaterrolle besonders hervorgehoben und die Untertänigkeit der Frau und der Kinder festgeschrieben wurden. Diese Stärkung der Hausherrengewalt sollte vor allem die Erziehung der Kinder zu Arbeit und christlichem Leben garantieren. Die Mittel zur Durchsetzung der neuen Ehe- und Familienordnung waren allerdings sehr beschränkt, weitgehend blieb es bei der Verkündigung von Dekreten und der Androhung richterlicher Gewalt, doch mit Hilfe der Kirche wurde immerhin erreicht, daß zunehmend die kirchlich sanktionierte Ehe als alleiniger Ort legitimer Sexualität sich durchsetzte und die Hausherrengewalt bzw. die Unterordnung der Kinder öffentlich sanktioniert wurde.[7]

Die Durchsetzung der neuen Ehe- und Familienordnung war ein wesentliches Moment der Sozialpolitik des frühmodernen Staates, in ihr legte er ein Fundament zur Lösung sozialer Probleme des 16./17. Jahrhunderts (Armut und Kriminalität besonders). So unvollkommen die Sozialpolitik war, so ging sie doch in Anspruch und Mitteln ebenso wesentlich über die alte Idee der Verwirklichung des allgemeinen Besten hinaus.[8] Die frühneuzeitliche Sozialpolitik konzentrierte sich, Elemente städtischer Politik des Mittelalters wiederaufnehmend, vor allem auf drei Bereiche: auf Eindämmung von Verschwendung und Luxus zur Sicherung der Nahrung und Wahrung der christlichen Sitten, auf Verdrängung von Gesindel und Müßiggängern, die die angestrebte Ordnung störten und die Ständegesellschaft bedrohten, und auf Minderung von Armut und Krankheit aus christlicher Nächstenliebe bzw. zur Sicherung der Arbeitsordnung.

In der Trunkenheit sah man Anlaß zu Gotteslästerung, Mord, Totschlag und Ehebruch, »dar durch auch werden alle Zehrung erhöhet, und ehrliche Gastungen und Gesellschaften gemindert und vermitten, zugeschweigen, daß das Zutrincken ein endlich Ursach ist alles Übels und dem Menschen an seiner Seelen Seligkeit, Ehren, Gunst, Vernunfft, langem Leben und Mannheit nachtheilig«.[9] Ebenso verurteilte die Obrigkeit den Kleiderluxus. Es werde »durch die gülden Tücher, Sammet, Damast, Atlaß, fremde Tücher, köstliche Birreten, Perlen und Untz-Gold, der man sich jetzo zu köstlichkeit der Kleidung gebraucht, ein überschwencklich Geld aus Teutscher Nation geführt, auch Neyd, Haß und Unwillen zu Abbruch Christlicher Liebe erweckt«.[10] Schließlich richtete sich die Obrigkeit gegen die übermäßigen Kosten bei Hochzeiten, Kindtaufen und Begräbnissen. Sie führten zur Schwächung der Wirtschaftskraft der Untertanen wie der Moral. Wenn der frühmoderne Staat mit diesbezüglichen Verordnungen in die alltäglichen Belange seiner Untertanen eingriff, so legitimierte er das mit ökonomischen und sittlichen Gründen.

Nicht anders bekämpfte er auch die Zunahme von Gesindel, Landfahrern, überhaupt von gesellschaftlichen Randgruppen, von denen die Ständegesellschaft sich bedroht fühlte. Zwar war man sich bewußt, daß Armut oft die Ursache war, doch wußte man kein besseres Mittel, als diesen Leuten das Vagieren und Betteln zu verbieten, sie außer Landes zu weisen oder anderweitig zu bestrafen. Weil sie den »gemaine arme Bawrßmann« allzuoft überfielen, sollten Obrigkeiten und Beamte »das Umherstreifen und Stationieren (der herrenlosen gartenden Knechte, der Störzer, Bettler, Zigeuner und ›dergleichen müssiggehenden haillosen Gesindel‹) von newens bey Henckers straff mit allem ernst verbieten«.[11] Durch Bestrafung oder Vertreibung der Landfahrer suchte man Frieden und Ordnung zu sichern.

Schwieriger war es mit den Bettlern, Armen und Kranken. Die Versorgung der Kranken mußte man weitgehend den Einzelhaushalten und den Kirchen (kirchlichen Spitälern) überlassen. Durch Kontrolle des Arznei- und Medizinalwesens aber suchte der Staat auf bessere medizinische Betreuung seiner Untertanen zum Zwecke der sozialen Ordnung Einfluß zu nehmen.[12] Auch die Armenversorgung oblag den Gemeinden und den Kirchen. Da sie nicht ausreichte und der Staat ihrer Handhabung auch nicht traute, suchte er das Problem durch eine scharfe Trennung von Müßiggängern und echten Armen zu lösen, dabei nur den Armen das Betteln zu gestatten und die Müßiggänger zu bestrafen. Als geeignetes Mittel, den Armen Arbeit zu geben und die Müßiggänger zur Arbeit zu zwingen, erschienen dem Staat die Armen- und Arbeitshäuser. Allerdings gab es davon noch zu wenige, als daß sie sozial relevant wurden. Unlösbar mit dem Armutsproblem verbunden war das Problem des Bettelns im allgemeinen und der Landstreicherei im besonderen, die als unmittelbare Bedrohung empfunden wurden. Hier wußte man kein besseres Mittel als Bestrafung und Vertreibung. Aufschlußreich ist immerhin, daß der Staat sich erstmals verpflichtet sah, sich überhaupt mit dem Problem von Armut und Bettel zu beschäftigen und Maßnahmen zu ergreifen, wie es bisher nur die Städte für ihre Territorien getan hatten. Am systematischsten und intensivsten hatten sich Regierung und Parlament in England mit dem Armutsproblem im Zusammenhang einer neuen Arbeitsordnung beschäftigt. Hier entstand die erste große Armengesetzgebung, durch die von allen Bürgern Zwangsabgaben zugunsten der Armen eingefordert wurden. Daß die Erfolge dieser Gesetzgebung wie auch der Arbeitshäuser, deren erstes 1555 in England eingerichtet wurde, gering waren, wundert nicht. Aber niemand bestritt mehr die Kompetenz des Staates, hier Lösungen zu schaffen, erwartete im Gegenteil allgemein sein Eingreifen.[13]

Auch das Wirtschaftsleben seiner Untertanen bezog der frühmoderne Staat schließlich in zunehmendem Maße in seine Überwachungskompetenzen ein und entfaltete diesbezüglich erstmals eigene staatliche Aktivitäten.[14] Sie waren eng verbunden mit seiner Sozialpolitik, da viele soziale Maßnahmen wie die Forderung nach Sparsamkeit und Mäßigung vor allem ökonomischen Überlegungen entstammten, aber zugleich ein eigenes Gewicht erhielten. Der Staat übernahm weitgehend auch hier das Modell der städtischen Wirtschaftspolitik; die Landesökonomie sollte zentral gesteuert und überwacht werden, und durch territoriale Abschließung (Autarkie) und Aktivierung aller ökonomischen Kräfte in Stadt und Land sollten sowohl die Ernährung des Landes wie die Versorgung des Hofes, der Behörden und des Heeres sichergestellt und garantiert werden, ohne daß dabei die traditionelle Arbeitsorganisation angetastet oder die Ständegesellschaft gefährdet werden sollte. Im Mittelpunkt stand die ›Rationalisierung‹ der ökonomischen Kapazitäten auf dem Boden feudaler und moralischer Ordnung.

Das vorrangige Interesse galt der Vereinheitlichung der Arbeits- und Berufsordnungen, die ursprünglich jeder Stand und jede Korporation selbsttätig aufgestellt hatte.[15] Für ihre rechtliche Fixierung, die Aufsicht und Kontrolle des Staates entstanden eigene Behörden. Damit hoffte man nicht nur, die ständische Autonomie sowohl in den Zünften wie den grundherrschaftlichen Betrieben aufzubrechen, sondern entsprechend der frühneuzeitlichen Ökonomie gleiche Standards für das ganze Land zur Geltung zu bringen und die Produktivität der landwirtschaftlichen wie gewerblichen Betriebe zu stärken und zu sichern. Die im 16. Jahrhundert allenthalben erstmals schriftlich fixierten Ehehalten- (Tagwerker) und Handwerkerordnungen hatten weit über das Jahrhundert hinaus Gültigkeit.[16] Im Mittelpunkt der Verordnungen standen die Regelmäßigkeit der Arbeit und die Bindung der Arbeiter durch Verträge, die eine Minderung der Freizügigkeit mit sich bringen und leistungsfähige Betriebe sichern sollten. Wichtig war ferner die Normierung und Festlegung der Arbeitszeiten, wobei der blaue Montag verboten wurde, dahingegen Sonn- und Feiertage arbeitsfrei bleiben mußten. Die Fixierung der Löhne weitgehend nach den Lebenshaltungskosten sollte einerseits den Unterhalt der Lohnarbeiter sichern, andererseits aber jede Abwerbung ausschließen, die vor allem zur Erntezeit fatal werden konnte. Nicht zuletzt verordnete der Staat die Unterstellung der Lohnarbeiter unter die Gewalt des Hausherren, wodurch der Staat sich Wahrung der sozialen Ordnung erhoffte. Die Durchsetzung dieser Arbeitsordnung stieß auf große Schwierigkeiten. Trotzdem überließ kein Staat mehr den Zünften und Grundherrschaften allein die Durchführung und Kontrolle der Arbeit. Ihrerseits waren diese aber auch wieder auf die Unterstützung des Staates angewiesen.

Nicht minder bedeutsam wurde der Eingriff des frühmodernen Staates in die Markt- und Umsatzordnung. Voraussetzung für eine Aktivierung des Wirtschaftslebens war die Normierung der höchst unterschiedlichen Münzen und Gewichte. Zur Festlegung stabiler Preise war eine Vereinheitlichung bzw. die Orientierung an bestimmten Prägungen vonnöten. Die Kontrolle der Obrigkeit sollte gerechte Preise garantieren, Münzfälschung und das ›Kippen und Wippen‹ ausschließen. Schwieriger noch war die Vielfalt von Maßen, Größen und Gewichten zu vereinheitlichen, vorgeschriebene Normen für Längenmaße, Gewichte und Mengen nach dem Vorbild der Städte sollten im Territorium den Handel vereinfachen und zugleich Betrug und Wucher mindern.[17] Strenge amtliche Kontrolle wurde auf allen Märkten abgehalten, die Bestrafung für ungenaues Messen oder Wiegen war zum Teil rigoros. »Dieweil mit der Kaufmans- und allerlei ander Waren, auch Ellen, Maß und Gewichte, viel Falscheit und Betrug geschicht und dem armen Paursman befügt wird, so ist unsere endliche Meinung, daß ein jeder unser Heupt- und Amtman und befelichhabende Personen in Stedten und sonsten irer Verwaltungen darauf sehen und dermaßen Aufmerken haben sollen, daß mit dem Brot, Fleisch, Wanmaß, Ellen, Gewicht und anderm also aufrichtig gehandelt, damit sich niemand zu beschweren noch mit Billigkeit zu beklagen, und, wo in dem allen einer übertrete, den Vorbrecher ungestraft nicht lassen.«[18]

Die Kontrolle des Wirtschaftslebens eines Landes ließ sich allerdings nur dann wirksam durchführen, Wucher und Betrug eindämmen sowie die Qualität der Ware garantieren, wenn aller Umsatz und Handel über die privilegierten Umschlagsplätze, d. h. über die Märkte lief. So sehr damit der freie Handel, wie er im 16. Jahrhundert blühte, eingeengt wurde, Stapelrechtzwang und Straßenzwang zudem die Ware wieder verteuerten, weil hier der Staat gleichzeitig eine neue Einnahmequelle fand, hoffte man doch, durch die ausschließliche Beschränkung auf den Markt den Wucher zu unterbinden, die Konkurrenz zu mindern und nicht zuletzt den Fürkauf, also den unkontrollierten Landhandel auszuschalten. Das Verbot jedes nicht herrschaftlich genehmigten und kontrollierten Handels, wie etwa durch Hausierer, sollte den Untertanen vor Betrug bewahren, aber auch die Rechte der Märkte und der Handeltreibenden schützen sowie die Kassen der Obrigkeit füllen. Daß mit der Reglementierung des Wirtschaftslebens auch Wirtschaftsaktivitäten zurückgingen, ist die Kehrseite frühmerkantiler Politik.[19] Dies System war in Frankreich stärker ausgebildet als in England, im Prinzip gab es überall.

Der Stabilisierung und Belebung des inländischen Handels diente auch die staatliche Zollpolitik. Einfuhren zu erschweren und Ausfuhren zu erleichtern, war ihr Hautpziel. Die Blüte eines Staates wurde gemessen an der ausreichenden Deckung des Inlandsbedarfs wie der aktiven Handelsbilanz. Es war ein Spezifikum des frühmodernen Staates, daß in der Wirtschaftskontrolle und -förderung erstmals wissenschaftlich geschulte Berater maßgeblich beteiligt waren.[20]

Der frühmoderne Staat sah seine wichtigste Aufgabe darin, die

Voraussetzungen für ein aktives Wirtschaftsleben, das jedem ausreichend Nahrung garantierte, zu schaffen. Über eine allgemeine Kontrolle und den Schutz der privilegierten landwirtschaftlichen und gewerblichen Betriebe sowie des Handels hinaus betrieb er schließlich selbst aktiv die Förderung bestimmter Gewerbe etwa zur Steigerung der Montanindustrie oder Aktivierung von Außenhandelsbeziehungen. Zwar wurde dies in großem Stil erst in der zweiten Hälfte des 17. Jahrhunderts, im Zeitalter des Merkantilismus virulent, aber bereits Ende des 16. und Anfang des 17. Jahrhunderts beginnt der frühmoderne Staat, bewußt bestimmte Luxusgewerbe zu fördern, auswärtige Fachkräfte anzuwerben, Industrien aufzubauen, Handelsgesellschaften zu privilegieren und Banken zu gründen und Monopole zu schaffen.[21] Er wollte damit einmal speziell die neuen Bedürfnisse des Hofes befriedigen, andererseits über indirekte Steuern und Zölle große Gewinne aus Gewerbe und Handel schöpfen. Allerdings kam er damit den Interessen des Frühkapitalismus nur bedingt entgegen. Zwar schuf er einen einheitlichen Markt und gab dem Handelskapital rechtlichen und militärischen Schutz, zugleich aber stabilisierte er das Zunftwesen, unterband Konkurrenz und Spekulation und unterwarf das alltägliche Wirtschaftsleben strengen, zum Teil moralisch begründeten Normen und setzte so aus politischen und sozialen Gründen einer ökonomischen Expansion eindeutige Grenzen.

B. Frühneuzeitliche Revolten und die Krise des 17. Jahrhunderts

Die Expansion der Fürstenmacht und bürokratischen Herrschaften stieß überall in Europa auf organisierten und unorganisierten Widerstand, der je nach der politischen Situation und der ökonomischen Lage einer Region oder eines Landes unterschiedliche Ziele und unterschiedliche Erfolge zeitigte. Die Bedrohung der materiellen Sicherung des Lebens durch steuerliche Belastung, Abschaffung der Allmende etc. sowie der politischen Autonomie durch Entzug politischer und sozialer Rechte und Freiheiten der Stände und Untertanen wurde nicht einfach hingenommen, nachdem seit Ende des 16. Jahrhunderts Adel, Bürger und Bauern zwar unterschiedlich stark, aber doch konstant an Wohlstand und Freiheit gewonnen hatten. Es war keinesfalls allein ein politischer

Widerstand, der sich in der Zeit von 1550 bis 1660 in einer Unzahl von Aufständen, Bürgerkriegen, Rebellionen und Revolten formierte, sondern ein sozialer Kampf um Erhaltung kultureller und ökonomischer Rechte und Traditionen.[1]

Der französische Religionskrieg, die Bürger- und Freiheitskriege in den Niederlanden und in England gehörten in diesen Kontext ebenso wie die lange Reihe der Bauernrevolten und Adelsaufstände in fast allen europäischen Ländern, in Frankreich, Deutschland, der spanischen Monarchie, in Polen und nicht zuletzt in Rußland. Die stärkste Dichte und größte Intensität erreichte die frühneuzeitliche Aufstandsbewegung um die Mitte des 17. Jahrhunderts, sie reichte von Portugal bis Rußland, von Sizilien bis England. Verschieden waren die Anlässe und Ursachen der Aufstände, sie verfolgten unterschiedliche politische Ziele und soziale Interessen – sie reichten von der Reduzierung der Steuern bis zur Errichtung von unabhängigen Republiken – und erreichten höchst verschiedene Intensität, Qualität und politisches Gewicht. Alle jedoch stehen im Zusammenhang einer Verteidigung der vom zunehmenden Druck des sich formierenden absolutistischen Systems sowie der expandierenden Marktwirtschaft bedrohten alten bzw. neu erworbenen bzw. privilegierten Rechte, ›traditionellen‹ Lebensgewohnheiten, politischen Selbständigkeit und ständischen Kultur.

Selten ging es um die Durchsetzung progressiver (früh-) bürgerlicher Programme im Sinne eines bürgerlichen Rechtsstaates bzw. einer kapitalistischen Marktwirtschaft, wie es schon von der bäuerlichen Aufstandsbewegung in Frankreich behauptet wurde – nicht einmal in der englischen Revolution ging es ausschließlich darum. Spezifischer waren Entwürfe politischer Alternativen zur ständisch-absolutistischen Herrschaftsform in einigen Bewegungen, so das republikanisch-ständische Holland oder entsprechende Strömungen in Bordeaux und Neapel. Besondere Schärfe erhielt der organisierte Widerstand dort, wo reformatorische Bekenntnisse und Freiheitsvorstellungen ständisch-antiabsolutistische Interessen und Libertätskämpfe radikalisierten. Ständische (adlige) Oppositionsbewegungen korrespondierten wie in Frankreich, Deutschland, den Niederlanden und England nicht selten mit religiös-reformatorischen, wie umgekehrt auch religiös-kirchliche Bewegungen gerade durch die politische Interpretation religiöser Freiheiten politisch-antiabsolutistische Brisanz erlangten.

Radikal antiabsolutistische Programme entstanden vor allem in politischen Kreisen des Calvinismus in Holland, Ungarn und Frankreich sowie des Puritanismus in England. Sowenig es sich deswegen in den Hugenottenkriegen, in der puritanischen Revolution, im holländischen Freiheitskrieg oder auch im Dreißigjährigen Krieg um eigentliche Religionskriege handelte, so wenig sprach sich in diesen wie in den nicht religiös-legitimierten Ständekriegen, den vielen Bauern- und Adelsrevolten allgemein schon ein frühbürgerliches oder gar proletarisches Klassenbewußtsein aus.[2] Treibend war allenthalben weit mehr ein allerdings hier und da von Klasseninteressen durchwirkter und überformter antiabsolutistisch-ständischer Selbstbestimmungswille, ein unter dem Zentralisierungsdruck fürstlicher Herrschaft radikalisierter ständischer, partiell auch bürgerlicher Autonomie- und Freiheitswille, der aber kaum mit marktwirtschaftlichen Interessen verknüpft war. Der antiabsolutistische Autonomiewille, der als frühneuzeitlicher Regionalismus ein neuartiges Phänomen darstellt, konnte unterschiedliche politische Formen annehmen.

Die Klassifizierung vor allem der Volksaufstände als antimoderne Bewegungen wird dem Interesse der Rebellierenden ebensowenig gerecht, wie wenn man am politischen Erfolg oder Mißerfolg die Qualität ihrer Programmatik beurteilen wollte.[3] Gerade dies hieße, im absolutistischen Weg den eigentlichen und einzigen Weg der Transformierung feudaler Herrschaft zu sehen. Politische Alternativkonzepte mit neuen antiabsolutistischen Ordnungsprinzipien, die über das autonome traditionalistische Selbstverständnis hinausweisen, entstanden allerdings nur dort, wo der Vergesellschaftungsprozeß über die entwickelte Marktwirtschaft schon weiter fortgeschritten war und eine gewissermaßen ›verbürgerlichte‹ Ständegesellschaft es verstand, als Repräsentant des Landes politisch zu handeln und eine eigene Bürokratie aufzubauen, bzw. sie von sich abhängig zu machen, wie in England und den Niederlanden. Während allein in England und Holland eine Revolution die Abschaffung fürstlicher Obrigkeit erreichte und das Volk im Parlament die Macht erlangte, unterlagen die Widerstandsbewegungen des ›Volkes‹ wie des Adels in Frankreich, Spanien und Rußland der gestärkten fürstlichen Gewalt.[4]

VI. DER NIEDERLÄNDISCHE FREIHEITSKRIEG

Den Freiheitskrieg der Niederländer gegen die Vorherrschaft der Spanier einheitlich zu beschreiben, ist dadurch erschwert, daß es sich weder um einen einzigen Aufstand, sondern um eine Reihe unterschiedlicher Revolten handelt, noch eine geschlossene Trägerschaft den Widerstand organisierte, da Adel wie Bürgertum gleichermaßen beteiligt waren, noch auch ein einheitliches Programm ihm zugrunde lag, er sich vielmehr den auftretenden Umständen entsprechend entwickelte.[1] Die Charakterisierung des Aufstandes als Volkserhebung, als Religionskrieg oder als bürgerliche Revolution im Sinne eines Kampfes des Volkes um politische Freiheit, eines Siegs der calvinistischen Reformation über den spanischen Katholizismus, oder als Überwindung der feudalen Herrschaft durch eine entstehende Bourgeoisie treffen weder die Intention noch das Ergebnis des Aufstandes. Es war im wesentlichen der Aufstand einer von Volk und Calvinisten unterstützten regionalen adlig-bürgerlichen Führungsschicht gegen die Unterwerfung unter den spanischen Absolutismus, wobei ebenso soziale und wirtschaftliche Krisen forcierend wirkten, wie auch die internationale Verflechtung des niederländischen Konfliktes den Verlauf wie den Erfolg des Aufstandes maßgeblich bestimmte. Ergebnis des 80jährigen Krieges war einmal die Teilung des Landes – die südlichen Provinzen verblieben bei Spanien –, zum anderen die Entstehung einer souveränen Handelsrepublik, eines libertären Staates ohne fürstliche Spitze.

Die Niederlande mit ihren 17 Provinzen bildeten kein geschlossenes Territorium, sondern waren ein lockerer Verband von selbständigen Städten und Herrschaften, die nichts anderes verband als die gleiche spanische Oberherrschaft. Erst unter Karl V., der 1548 die Niederlande als Verwaltungseinheit aus dem Reichsverband löste, ohne sie damit politisch unabhängig zu machen, wurde überhaupt ein erster politischer Zusammenhang geschaffen. Die so ›vereinigten‹ Niederlande waren eine der dichtest bevölkerten Landschaften Europas mit blühender Textilindustrie, einem gewinnbringenden internationalen Handelsnetz und wohlhabenden Städten. Die Masse der Einwohner war dennoch arm, der Reichtum sammelte sich vor allem bei der relativ kleinen Schicht von Patriziern, Kaufleuten, Adligen und Großbauern, die auch alle politische Macht in ihren Regionen in Händen hatten. Wirtschaftliche Umwälzungen, sowohl in der Landwirtschaft wie im Gewerbe, soziale Unzufriedenheit in den Unterschichten und im niederen Adel, die unter der fortschreitenden Inflation litten, sowie das Vordringen der Reformation, wobei der Calvinismus wie das Täufertum die je spezifische Form waren, die sich im Süden bzw. Norden weit verbreitete, lösten bereits vor dem Aufstand Konflikte aus. Solange aber Karl V. die Politik maßgeblich bestimmte und alte Rechte und Freiheiten der Niederländer respektierte, gab es weder einen Protest gegen die rigide Bekämpfung der reformatorischen Bewegung, noch allgemein einen ernst zu nehmenden Widerstand gegen die Vorherrschaft der Spanier.[2]

Die Lage änderte sich schlagartig, als Philipp II. als Nachfolger Karls V. (1555) ein straffes Regiment einzuführen suchte. Er ließ spanische Soldaten stationieren, unternahm in Fortsetzung der Bekämpfung der Reformation eine Umgestaltung der Kirchenorganisation, verstärkte ihre Kontrollaufgaben und intensivierte die Ketzerverfolgung durch die Inquisition, einerseits um die niederländische Kirche dem Staat zu unterwerfen, andererseits um mit dem Protestantismus letztlich auch den niederländischen Humanismus auszurotten. Auf die Eingriffe Philipps II. hin eskalierte die Revolution in drei Phasen:

Der Aufstand begann mit einem Protest der Stände unter Führung des Adels 1564. Der König sah sich gezwungen, die Soldaten zurückzuziehen und seinen Stellvertreter, den Kardinal Granvella, abzuberufen. Die Führung dieses ersten Widerstandes gegen die Zentralisierung unter spanischer Administration lag beim hohen Adel. Es war eine typisch ständische Opposition mit schwachem Zusammenhalt gegen die absolutistische Politik eines fremden Herrschers, der letztlich aber noch weiterhin mit der Loyalität des niederländischen Adels rechnen konnte. Calvinistisch bürgerliche Kräfte spielten noch keine Rolle. Es war der zentralstaatliche Druck, der erstmals einerseits die ›mittelalterliche‹ Gesellschaft zu gemeinsamem Handeln zwang, andererseits außer dem hohen Adel bald den niederen Adel wie das Bürgertum aktivierte, das sich mittlerweile zunehmend dem Calvinismus anschloß. Wie im benachbarten Frankreich stärkte der Calvinismus mit seiner Lehre vom Widerstandsrecht und der Volkssouveränität ständisch-oppositionelle Bewegungen.[3] Hatte der Adel mit seinem Protest gemeint, die alten Zustände wiederhergestellt zu haben, so begannen nun unabhängig von ihm calvinistische Prediger und Mitglieder des niedrigen Adels, vor allem in Flandern und Brabant, offen gegen die Inquisition, die Religionsedikte und für die Einberufung der Generalstände zu streiten. Heftige Bilderstürme und Plünderungen der katholischen Kirchen mit Billigung der Obrigkeiten waren 1566 die Folge. Die gemäßigte Adelsopposition, sehr schockiert über diese Ausbrüche, zerfiel, und der ordnungssuchende Adel scharte sich wieder um die Regentin. Obwohl damit die spanisch-katholischen Belange von seiten des Adels wiederhergestellt waren, antwortete Philipp II. in Verkennung der Lage auf die Adelsfronde und die Bilderstürmerei mit bislang nicht gekannten Terrormaßnahmen durch den Herzog Alba, die aber das Gegenteil von dem bewirkten, was sie erreichen sollten. Massenverhaftungen und Hinrichtung des führenden oppositionellen Adels erschütterten dessen prinzipielle Loyalität gegenüber dem spanischen Herrscherhaus. Es kam zu ersten Abwanderungen aus den südlichen Provinzen, u. a. floh auch das Haupt des Adels, Wilhelm von Oranien, der alle seine niederländischen Güter verlor und fortan um die Selbständigkeit der Niederlande bis zur Unabhängigkeitserklärung der nördlichen Provinzen kämpfte.[4] Alba ging nicht nur gegen die oppositionellen Kräfte vor, sondern versuchte, alle Ketzer auszurotten, und terrorisierte mit seinen Truppen die ganze Bevölkerung. Als den empfindlichsten Eingriff empfanden die Niederländer die Einführung einer neuen Steuer (des Zehnten), die ohne ihre Billigung erhoben und zum Unterhalt der Truppe verwendet wurde. Trotz des sich ausweitenden Terrorregiments brach die Opposition nicht zusammen, im Gegenteil, über alle Gegensätze hinweg formierten erstmals seit 1569 feudaler Adel, städtisches Patriziat und Calvinisten einen gemeinsamen neuen Widerstand, mit allerdings unterschiedlichen Zielen. Zwar blieben die Calvinisten eine Minderheit, aber aufgrund ihres Glaubensfanatismus und ihrer Kirchenorganisation bildeten sie bald die stärkste antispanische Gruppe.

Entscheidend für den weiteren Verlauf, die zweite Phase des Aufstandes, war 1572 die Besetzung eines Hafens in der Nähe Rotterdams durch die Wassergeusen. Viele Niederländer hatten sich vor den Angriffen Albas auf das Meer geflüchtet und unter dem Schutz der Kaperbriefe Wilhelms von Oranien spanische Schiffe geplündert. Von den schwer zugänglichen Küstengebieten Hollands aus konnte mit Unterstützung der städtischen Bevölkerung ein Aufstand in allen Provinzen aktiviert werden. Gingen bisher die meisten Aktionen vom Süden aus, so verlagerte sich nun das Widerstandszentrum in den Norden: »Land und Umstände waren nirgends so günstig für den Feind wie dort (im Süden); hat man hingegen in den Provinzen an der Küste Fuß gefaßt, so wird es leicht sein, allen Angriffen zu widerstehen. Darum sollte Holland das Ziel sein. Dort kreuzen sich die Handelsrouten, und wer dort einen festen Stand findet, kann sie beherrschen. Es ist nicht notwendig, mehr als ein paar Städte zu besetzen, am besten in der Umgebung der Zuidersee. Auf diese Weise erhalten unsere Seeräuber einen sicheren Schlupfwinkel und einen Hafen. Der Feind wird uns, behindert durch die Flüsse und Seen, nicht leicht hier überraschen. Eine Stadt nach der anderen wird zu uns übertreten, und so wird ein freies, handeltreibendes Gemeinwesen entstehen, ein Vorbild für Brabant und Flandern und eine Versuchung für sie, ebenfalls ihr Joch abzuschütteln; sind sie dazu nicht fähig, so wird diese Republik sie von allem Handel und Verkehr abschneiden.«[5] Diese Hoffnung verwirklichte sich aber nur langsam, denn das schlagkräftige Heer der Spanier war nicht leicht zurückzudrängen, im Gegenteil, eine Stadt nach der anderen wurde von ihm erobert

Abb. 30: *Unterdrückung Flanderns durch spanische Truppen.*
»Der Bethlehemitische Kindermord«. Ausschnitt aus dem Gemälde
von P. Brueghel d. Ä. (1566/7).

und geplündert bzw. blieb spanienfreundlich, so selbst Amsterdam
bis 1578. Doch auch die Rebellen waren erfolgreich: Die sich ihnen
anschließenden Städte tauschten ihren katholischen Magistrat
gegen einen protestantischen aus. Dieser Übergang der Städte zum
Calvinismus unterstützte die politische Unabhängigkeit der Provinzen.

Mit der Konzentration des Widerstandes in den nördlichen Provinzen hatte sich neben der Stärkung calvinistischer Kräfte eine weitere bedeutsame Veränderung ergeben: Entsprechend der Sozialstruktur dieser Provinzen dominierte nicht mehr der hohe Adel, der zudem durch Albas Truppen stark dezimiert war, sondern das städtische Bürgertum. Auf der ersten unabhängigen, d. h. nicht mehr vom spanischen König einberufenen Versammlung in Dordrecht 1572 übernahmen die ›Staaten‹ und der von ihnen als ihr Statthalter anerkannte Wilhelm von Oranien die eigentliche Regierungsgewalt für ihre Provinzen. Zwar vermeinten die Ständevertreter auch weiterhin, nur die alten Zustände wiederherzustellen, ohne dabei die königlichen Rechte anzutasten, konkret aber waren sie doch im Abwehrkampf gegen Alba gezwungen, ihre traditionellen Kompetenzen weit zu überschreiten, d. h. Komitees aufzustellen und Verwaltungen der Provinzen aufzubauen, die der Verselbständigung Hollands beträchtlichen Vorschub leisteten. Obwohl die Oberherrschaft Spaniens noch nicht abgelehnt wurde, war de facto die Souveränität auf die Stände übergegangen. »Aus mittelalterlicher Sicht gesehen war das eine durchaus revolutionäre Entwicklung, für die das einzige und von den Zeitgenossen auch klar erkannte Vorbild die Schweizer Kantone waren.«[6] Noch bestand die Hoffnung, besonders bei den gemäßigten, immer noch dominanten Kräften, die gesamten Niederlande zu einen, zumal Alba wegen seiner kostspieligen Kriege abberufen wurde, sein Nachfolger 1576 starb und der spanische Staatsbankrott 1575 die spanische Macht erschütterte. Die ohne Billigung des Königs anberaumte Genter Pazifikation 1576 zwischen den nördlichen und südlichen Provinzen, die den gemeinsamen Kampf gegen die spanischen Truppen und die Ketzeredikte beschloß, zeigt jedoch, daß die Gemeinsamkeiten geringer wurden. Während die nördlichen Provinzen zunehmend den Calvinismus annahmen und sich einig waren in der Ablehnung der spanischen gegenreformatorischen Politik, konsolidierten sich im Süden konservativ-adlige Kräfte, die den Spaniern gegenüber kompromißbereit waren. Offenkundig wurde die Kluft zwischen den beiden Gruppierungen durch die Union von Arras 1579, in der sich Vertreter der Stände der südlichen Provinzen zusammenschlossen, worauf die nördlichen protestantischen Provinzen mit der Union von Utrecht antworteten, die die Grundlage der späteren Republik wurde. 1581 erklärten die Nordprovinzen sich unabhängig von der spanischen Monarchie.

Die letzte Phase wurde zunächst bestimmt durch den erneuten Kampf der Spanier unter Farnese. Nachdem er viele Provinzen bereits wieder unterworfen hatte, setzten die Niederlage der

Armada 1588 und das vorrangige militärische Engagement Spaniens in Frankreich 1590 dem spanischen Vorgehen ein Ende. Es war nun nur noch eine Frage der Zeit, daß Spanien die Unabhängigkeit der nördlichen Niederlande, der Generalstaaten, akzeptierte, die 1590 ihr Gremium zur »souveränen Institution des Landes« erklärten: Es »hat keinen Oberherrn, es sei denn, die Deputierten der Provinzialstaaten selbst«.[7] 1609 wurde ein zwölfjähriger Waffenstillstand geschlossen. Damit rückten die Generalstaaten in die Reihe der souveränen Staaten Europas auf, ihre Unabhängigkeit und Religionsfreiheit wurde auch von anderen anerkannt. Die volle Anerkennung als selbständige Republik erlangten die Niederlande allerdings erst mit dem Westfälischen Frieden.

Der Aufstand der Niederlande vereint eine Fülle unterschiedlicher Proteste und Widerstandsaktionen, die überlagert wurden durch eine religiöse Erneuerungsbewegung und den nationalen Befreiungskrieg, die ihnen eine einheitliche Stoßrichtung verliehen. Obwohl der Calvinismus von entscheidender Relevanz war, vom ersten Bildersturm über seine Presbyterialorganisation, die dem Widerstand einen institutionellen Rückhalt bot, bis zu seiner antispanischen Agitation zunächst im Süden, dann vor allem im Norden, wo er sogar als Staatsreligion Anerkennung fand, blieben die Calvinisten letztlich in der entscheidenden Etappe des Kampfes eine religiöse Minderheit. Ihre politischen Vorstellungen wurden weder vom niederen Adel noch von den Stadtmagistraten voll akzeptiert. Es ging diesen niemals um die Durchsetzung eines calvinistischen Herrschaftssystems, die theokratischen Tendenzen stießen zugunsten einer allgemeinen Religionsfreiheit auf Widerstand. Die Bedeutung des Calvinismus für die Revolution lag vor allem in der Stärkung ständisch-regionaler Autonomie. Der niederländische Aufstand kann aber auch nicht als genuin bürgerliche Revolution bezeichnet werden. Zwar lag die Macht in der Schlußphase des Kampfes um die Unabhängigkeit dominant beim patrizischen Bürgertum und den städtischen Magistraten, nicht aber primär bei der Handelsbourgeoisie. Auch der Adel spielte bis zur Etablierung der Republik eine entscheidende Rolle, wenngleich er mit der Verlagerung des Widerstandes in die nördlichen Provinzen zurücktrat. Schließlich waren zwar ökonomische Momente von Bedeutung, so die starken steuerlichen Abschöpfungen, aber Spanien bedrohte weder den Handel noch das Gewerbe, so daß es im niederländischen Aufstand nicht um Befreiung des Handelskapitalismus von feudaler Herrschaft ging. Was den Bruch mit der spanischen Oberherrschaft verursachte, waren primär die politischen und administrativen Veränderungen, durch die die Niederlande auf den Status einer peripheren Provinz innerhalb des spanischen absolutistischen Systems gebracht werden sollten. »Die niederländische Revolution fügt sich somit ein in die soziopolitische Entwicklungsdynamik, wie wir sie auch in Deutschland kennen, wie sie aber vor allem an England und an Frankreich für das 17. Jahrhundert herausgearbeitet worden ist.«[8]

Die Rebellen wollten die spanische Oberherrschaft ursprünglich nicht abschaffen – bis zum Schluß suchten sie Kompromisse – , sondern nur ihre alten Rechte und Freiheiten erhalten wissen. Erst in dem Maße, wie Philipp II. die Durchsetzung seiner absolutistischen Politik erzwingen wollte, entstand ein Prozeß, in dem es zwar nicht um Durchsetzung bürgerlicher Ziele ging, vor allem nicht um eine Partizipation von Unterschichten (Volk) an der Macht – diese Möglichkeit gab es im 16. und 17. Jahrhundert nicht –, der aber entsprechend der Intention der siegreichen oppositionellen Kräfte auch nicht als »mittelalterlich« oder gar »grundkonservativ« abgewertet werden kann.[9] Durch die Auseinandersetzung mit der absolutistischen Monarchie mußten die Niederlande über ihre Forderung nach Wahrung alter Rechte hinausgehen und selbständig einen Zusammenschluß der nördlichen Provinzen anstreben, der Bestand haben sollte. Wenn auch die Republik nicht das ursprüngliche Ziel war, so war sie doch das Ergebnis der Revolution und stellte trotz aller Altertümlichkeiten keinen mittelalterlich-feudalen Ständestaat dar. In ihrem Aufbau war sie etwas sehr »lebenskräftig Neues«,[10] ein libertärer Staat, der trotz seiner bürgerlich-oligarchischen Verfassung ein für die damalige Zeit erreichbares Maximum von Handelsexpansion und Religionsfreiheit ermöglichte.

VII. VOLKSAUFSTÄNDE UND REVOLUTIONEN DES 17. JAHRHUNDERTS

Die Zeit zwischen 1550 und 1660 war eine Hoch-Zeit vor allem bäuerlicher, aber auch bürgerlicher und adeliger Protest- und Widerstandsaktionen, die sich nicht selten zu lokalen oder regionalen Revolten und Aufstandsbewegungen verdichteten. Sie lassen sich auffallenderweise in den meisten Ländern Europas aufweisen. So sehr sie sich oft nur aus den lokalen Voraussetzungen und Problemkonstellationen erklären lassen, so folgen die Rebellionen doch dominant »dem Grundmuster eines autonomen Bewußtseins«, das sich gegen den Druck des Staates auflehnt.[1] Der zunehmende staatliche Druck in Verbindung mit der Bedrohung und Abschaffung von alten Rechten und Privilegien mobilisierte Bevölkerungskreise zu Aktionen, die es in dieser Form und Häufigkeit vorher und später nicht mehr gab. Selten kam es zu dezidierten politischen Programmen, die alternative politische Modelle propagierten, wenngleich in bäuerlichen Kreisen das Schweizer Vorbild bzw. in adelig-bürgerlichen Kreisen die Venezianische Republik eine wichtige Rolle spielten. Wenn wir absehen von dem niederländischen Aufstand und der englischen Revolution, dann kommt auch religiös-radikalen Legitimierungen und entsprechenden Zielvorstellungen nur marginale Bedeutung zu. In diesen Revolten zeigten sich nicht nur ein anderes Grundmuster von Aufstandsbewegungen, sondern auch neue Formen der Konfliktaustragung, die der seit dem frühen 16. Jahrhundert veränderten gesellschaftlichen Situation entsprachen. Anstelle ›utopischer‹ Ziele traten pragmatische Forderungen, die die gesellschaftliche Grundlage kaum tangierten. Nach der Mitte des 17. Jahrhunderts, dem Höhepunkt revolutionärer Entwicklung in Europa, nahm die Bereitschaft zur Rebellion in West- und Nordeuropa merklich ab.[2]

Eine Typologie aller Aufstandsbewegungen zu erstellen, ist heute noch unmöglich. Aber im Prinzip können wir die Volksaufstände, die seit der Mitte des 16. Jahrhunderts immer wieder die europäische Gesellschaft erschüttern und in drei Phasen 1580/90, 1630/40 und 1645/50 eskalieren, unterscheiden von den mehr oder weniger großen regionalen Revolten und Revolutionen um die Mitte des 17. Jahrhunderts, die vorwiegend von der adelig-bürgerlichen Führungsschicht einer Region getragen und zur größten Herausforderung des sich formierenden frühmodernen Staates wurden.

Volksaufstände

Volksaufstände gab es, wie gesagt, in vielen europäischen Ländern. Die bestuntersuchten sind die französischen, sie stellen die Kehrseite des ›glanzvollen‹ Aufstiegs des Absolutismus dar.[3] Der erste große Bauernaufstand der Pitauts 1568 in Guyenne gilt als Archetyp der nachfolgenden Unruhen. Schnell und spontan breitete er sich aus, sogar Bordeaux wurde eingenommen. Obwohl vorwiegend von Bauern getragen – angeblich über 10 000 –, vereinte er alle Unzufriedenen ohne ständische Unterschiede, vor allem Kleriker, aber auch Adelige waren dabei, die den Aufstand zumindest insofern billigten, als er nicht gegen die Grundherrschaft, sondern gegen die Steuerpolitik des Staates gerichtet war. Der Protest galt der Abschaffung örtlicher Privilegien durch die Salzsteuer. Er richtete sich weniger gegen den König als solchen, von dem man im Gegenteil immer wieder Gerechtigkeit erhoffte, als gegen den erstarkenden Staatsapparat in Gestalt der bürgerlich-adeligen Steuereintreiber. »Wir haben es also in diesem Bauernkrieg mit einem grundsätzlichen Konflikt zwischen den Bauern einerseits, die sich auf Gemeindebasis organisiert haben, und dem militärisch-finanziellen Machtapparat andererseits, mit seinen Verästelungen im öffentlichen und privaten Sektor, zu tun.«[4] Nach einer rigorosen Unterdrückung des Aufstandes – 150 Teilnehmer wurden hingerichtet – drängte vorerst der Religionskrieg alle bäuerlichen Erhebungen in den Hintergrund. Einen neuen Widerstand formierten die Croquants 1593/95 im Périgord und Limousin. Die Bauern dieser Gegenden waren seit langem geübt, sich gemeindeweise zu versammeln und sich gegen Räuber und Soldaten zur Wehr zu setzen. Auch sie waren nicht königsfeindlich, sondern wandten sich vorwiegend gegen die staatliche bzw. steuerliche Ausbeutung. Die Führung lag in Händen örtlicher Eliten, die auch die Beschwerden der Bauern formulierten. Der Protest der Bauern richtete sich gegen die städtischen Steuereintreiber, vor allem gegen ihren rüden Umgang mit der Landbevölkerung sowie ihre Landaufkäufe und Bodenspekulationen, die viele Familien in den Ruin führten. »Man hat es also mit einem umfassenden Angriff seitens der Croquants zu tun, den das Land gegen die Stadt führt und der sich vor allem gegen die städtischen Eliten richtet, ob sie nun Führungsgruppen, Randgruppen oder einfach Verbrecher sind.«[5] Der Aufstand nahm so große Ausmaße an, daß königliche Truppen zur Niederwerfung eingesetzt werden mußten.

Zwar gärte es weiter allenthalben, aber zu neuen Aufständen kam es erst, als unter Richelieu die durch die Außenpolitik und Kriegsführung bedingte Steuerpolitik wieder unerträglich wurde. Es kam zu den größten Erhebungen französischer Bauern, denen als Vorspiel eines zunehmenden Protestverhaltens aller ständischen Gruppierungen in Frankreich besondere Bedeutung zukam. Der Aufstand der Nouveaux Croquants und der Nupieds bedrohte ernsthaft die Großmachtpolitik Frankreichs.[6] Die Rebellion der Néocroquants des Périgord ist der bedeutendste Bürgerkrieg, den die französische Landbevölkerung in der frühen Neuzeit geführt hat, nicht nur weil hier die diszplinierteste Revolte stattfand, sondern weil ein Adeliger den Aufstand leitete und ein klares politisches Programm formuliert wurde. Anlaß war die übermäßige Eintreibung von Steuergeldern für die Armee. Ungewöhnlich schnell verbreitete sich der Aufstand, über 400 Gemeinden nahmen teil. Nicht allein Bauern, sondern alle kleinen Leute der unteren Schichten der drei Stände vereinten sich zu einer ›Gegengesellschaft‹, die um Gerechtigkeit und Freiheit kämpfte. Es ging ihr zwar primär um die Steuer, ihr Protest implizierte aber die Verurteilung der Bürokratie. Was sie letztlich wollte, ist die Wiederherstellung der lokalen und regionalen Autonomie, die Selbständigkeit des Périgord als Pays d'Etat. Es war die größte Herausforderung des französischen Staates bisher. Damit der Aufstand nicht weiter um sich griff und die Steuer für die Kriegführung nicht gefährdet wurde, griffen königliche Truppen ein. Durch sie wurde der Hauptwiderstand gebrochen, wie aber auch in anderen Fällen gab es bedeutende Nachspiele. Die Nupieds von 1639 in der Normandie erreichten zwar nicht die hohe Zahl der Croquants von 1637, aber sie waren ›separatistischer‹ eingestellt. Die Revolte ging aus von den Salzsiedern, die gegen die Einführung der Salzsteuer protestierten, erfaßte dann aber rasch nicht nur städtische Unterschichten, sondern auch Bauern des ganzen Landes. Die ›Armee des Leidens‹, wie sich die bewaffneten Gruppen nannten, rekrutierte sich auf der Basis der Gemeinden. Ihr Protest richtete sich gegen die Salzsteuer, damit zugleich auch gegen die reichen Steuerpächter, die bei den Bauern ebenso wie bei der örtlichen Führungsschicht als Diebe und Räuber verhaßt waren. Ziel der Aufständischen war allerdings letztlich die Wiederherstellung einer autonomen Normandie. Der Führer der Nupieds handelte entsprechend als Herzog der Normandie.

Das Volk wollte die alten Rechte und Solidaritäten der Dorfgemeinde erhalten, weil diese ihm Sicherheit und Nahrung garantierten. ›Progressive‹ Ziele sind damit nicht angesprochen, auch bestand kaum eine Möglichkeit, die staatlich-administrative Entwicklung abzubauen. Die Volksbewegung deshalb als antimoderne Bewegung abzutun, die den Erfordernissen der Zeit nicht mehr entsprach, verkennt die Berechtigung der Forderung nach bäuerlicher Freiheit. Erfolge hatten die Bauern in Frankreich kaum, doch die Angst vor der Volksrevolte blieb ein konstitutives Element der staatlichen Politik, sie stärkte einerseits die zentralstaatliche Gewalt, zeigte aber zugleich auch die Grenzen künftiger Ausbeutung. Daß die Dorfgemeinde erhalten blieb, zeigen die späteren Aufstände, die nun aber mehr gegen die Grundherrschaft gerichtet waren als gegen den Staat und seine Steuerpolitik.[7]

Frankreich ist zwar das klassische Land frühneuzeitlicher Bauernunruhen, doch nicht minder erschüttert durch Volksrebellionen wurde Rußland. Hier hatte der Moskauer Staat unter Iwan IV. zur Sicherung der bäuerlichen Arbeitskraft auf den adeligen Besitzungen die Schollebindung der Bauern und ihre rechtliche Unterwerfung durchgesetzt.[8] Aus ehemals mehr oder weniger freien Bauern waren Leibeigene geworden, die nur die Aufgabe kannten, ihren

Herrn zu dienen. Die Bauern reagierten mit Arbeitsverweigerung, ja mehr noch, mit Flucht in die menschenleeren Grenzräume der Steppe im Süden und Südosten, wo Kosaken ein nomadenhaft-freies Leben führten und sich durch Raubzüge ernährten. Hier entstand seit Ende des 16. Jahrhunderts das eigentliche Sammelbecken aller Erhebungen gegen den zentralen Staat. Wie auch in westlichen Ländern waren die Bauernbewegungen nicht antizaristisch, ihre Gegner waren die Bürokraten, die Grundherrn und die den Markt beherrschenden Kaufleute. Den ersten großen Aufstand entfachte der entlaufene Bauer Bolotnikov 1606/07, der Bauern, persönlich Unfreie und Kosaken sammelte zum Zug nach Moskau. Der ganze Süden und Südosten des Landes erhob sich. Es wurden Grundherren und Kaufleute erschlagen oder vertrieben. Bolotnikov versprach einen guten Zaren Dimitri, der den Bauern Freizügigkeit zurückgeben, die Steuern herabsetzen, die Grundherrn zwingen, nicht mehr als die zustehenden Leistungen zu fordern, und es den Bauern ermöglichen würde, ihre Überschüsse auf den Markt zu bringen. Es ging sicherlich primär um die Wiederherstellung der ›alten Ordnung‹, doch bäuerlich-demokratische Vorstellungen sind unübersehbar. So erfolgreich Bolotnikov zunächst war, so unterlag er vor Moskau doch den zaristischen Truppen, die sich mit Massenhinrichtungen rächten. Es war eine fast chiliastische Hoffnung, die die Bauern leitete, auf ihre Niederwerfung aber folgte die endgültige Versklavung der Bauern unter ihre Grundherrn. Damit ging der Osten einen anderen Weg als der Westen; während antistaatliche Bauernerhebungen im Westen abnahmen, weil die Lage der Bauern dort zumindest nicht schlechter wurde, forcierte die östliche Gesellschaft erneute Rebellionen.

Revolten und Revolutionen um die Mitte des 17. Jahrhunderts
Die größte Aufstandswelle, zugleich die breitenwirksamste bis zum Ende des Ancien Régime erlebte Europa um die Mitte des 17. Jahrhunderts.[9] Es waren nicht mehr lokale und regionale Volksaufstände gegen die Steuerpolitik staatlicher Herrschaften, in denen zwar der Traum von bäuerlicher Autonomie eine Rolle spielte, es aber zu keinen spezifisch alternativen politischen Programmen kam, sondern Revolten und Revolutionen ganzer Landschaften oder Länder entweder gegen eine Fremdherrschaft oder gegen eine eigene, sich etablierende absolutistische Regierung. Der niederländische Aufstand war ihr Vorspiel. Zwar artikulierten sich auch weiterhin bäuerliche und städtische Kräfte, führend aber wurden die Stände, vor allem der Adel, die entweder politisch unabhängig sein wollten, wie in der spanischen Monarchie, oder das bestehende System in eine Ständerepublik

zu verwandeln strebten. Zum Teil waren es ständisch-regionalistische Revolten, zum Teil national-antifeudale Aufstände. Anlässe und Ursachen waren überall verschieden. Die erhöhte Belastung nicht zuletzt durch den Dreißigjährigen Krieg war von besonderer Bedeutung. Die Aufstandsbewegung erfaßte auch die nordischen und östlichen Länder, aber ihre größte Intensität und Ausbreitung erreichte sie im Spanischen Reich und in Frankreich.

Seit dem frühen 17. Jahrhundert hatte die Macht der spanischen Monarchie nachgelassen, ausbleibende Silbertransporte aus Übersee und das Engagement im Dreißigjährigen Krieg überforderten Kastilien, die andauernden Verletzungen der ständisch-regionalistischen Eigenständigkeit der außer-kastilischen Territorien rächten sich jetzt. Das Verhältnis Kataloniens zu Spanien war schon seit langem gespannt, doch als Spanien für seinen Krieg mit Frankreich 1635 von Katalonien militärische Hilfeleistungen verlangte, weigerten sich die Cortes. Es blieb Olivares, dem Leiter der spanischen Politik, nichts anderes übrig, als spanische Truppen nach Katalonien zu legen, was gegen dessen von Spanien garantierte Verfassung verstieß. Nach schweren Auseinandersetzungen zwischen den Soldaten und der Bevölkerung wie der Verhaftung eines ständischen Amtsträgers brach im Mai 1640 ein Aufstand aus, der rasch ganz Katalonien erfaßte, an dem bäuerliche wie städtische Kräfte ebenso beteiligt waren wie die Cortes.[10] Die Führung des Widerstandes gegen Spanien (Diputacion) erstrebte die Unabhängigkeit Kataloniens. Als die katalonische Republik aber bei dem mit Spanien im Krieg befindlichen Frankreich Schutz suchte, geriet sie rasch in dessen Abhängigkeit. Der Aufstand wurde Teil des spanisch-französischen Kriegs. Unter dem Protektorat der Franzosen hielt sich Kataloniens Unabhängigkeit noch lange, erst 1652 konnte Spanien den Widerstand brechen. Die alte Abhängigkeit von der spanischen Krone wurde wiederhergestellt, aus Furcht vor weiterem Widerstand auch die alte Verfassung weiter garantiert.

Zur gleichen Zeit, als Katalonien sich erhob, kam es in Portugal, das seit 1580 mit Spanien vereint war, zum Aufstand. Auch Portugal fühlte sich von der spanischen Bürokratie unterdrückt, in der Tat brachte die Verbindung mit Spanien den Portugiesen nur Nachteile. Die portugiesischen Stände, ebenfalls unterstützt von Frankreich, rebellierten unter Johann von Braganza gegen die spanische Vorherrschaft. Alle Spanier wurden vertrieben und Johann von Braganza von den Cortes 1641 als König bestätigt. Zwar war Spanien nicht bereit, Portugal aufzugeben, aber Bünd-

Abb. 31: *Aufstand von Masaniello in Neapel.*
Gemälde von M. Spadaro (1648)

nisse mit Frankreich und England unterstützten Portugal in der
Wahrung seiner Unabhängigkeit, die dann 1668 auch von spanischer Seite anerkannt werden mußte.
Einen dritten Aufstandsherd bildete das Königreich Neapel-Sizi-
lien, das seit dem Ende des 16. Jahrhunderts im Zusammenhang
einer verheerenden Agrarkrise starke bäuerliche Rebellionen
kannte.[11] Während der Aufstand in Palermo 1647 aufgrund der
Uneinigkeit der adeligen Grundherrn rasch niedergeschlagen wurde, kam es in Neapel zu besonders spektakulären Ereignissen.

Hohe steuerliche Belastungen der Unterschichten und Gegensätze zwischen Adel und Volk führten in den Jahren einer großen Hungerkrise zu einer Rebellion, in der anfangs der junge Fischhändler Masaniello eine große Rolle spielte. Der Aufstand war zunächst nicht gegen Spanien gerichtet. »Wir wollen keine Steuern, es lebe der König von Spanien, weg mit der schlechten Regierung.«[12] Als aber Masaniello bald nach Verhandlungen mit dem Vizekönig ermordet wurde, radikalisierte sich unter dem Druck spanischer Truppen die Bewegung: Die Stadt Neapel erhob sich und erklärte sich zur unabhängigen Republik. Als Vorbild wirkte das patrizisch-oligarchisch regierte Venedig. Verbindungen mit Frankreich wurden auch hier geknüpft. Als Herzog setzte die Republik Ende 1647 den französischen Herzog von Guise ein. Die Spanier aber wollten auch hier den Abfall nicht hinnehmen und boten mit Hilfe der unzufriedenen Bevölkerung 1648 alle Kräfte auf, ihre Herrschaft mit Erfolg wiederherzustellen. »In Neapel handelt es sich um eine höchst differenzierte Volksbefreiungsbewegung, die aus einem antifeudalen Aufruhr hervorging und in wachsendem Maße zu einem Kampf innerhalb der herrschenden Klasse wurde, zu einem partikularistischen Ständeaufstand.«[13] Alle diese Erhebungen hatten Spanien erschöpft, nur durch seinen Verzicht auf völlige Integration in die Monarchie verblieben ihm Süditalien und Katalonien. Portugal blieb unabhängig, doch allein die Niederlande schufen ein neues, staatlich unabhängiges System.

Auch Polen, dessen Herrschaftsbereich sich weit in den Osten erstreckte, kannte seit dem späten 16. Jahrhundert eine zunehmende Reihe von Aufständen. Sie gipfelten in der Rebellion der Kosaken unter Chmielnicki, der die Ukraine von der Herrschaft der polnischen Magnaten befreien wollte.[14] Mit der Unterstützung der von der Leibeigenschaft bedrohten Bauern errichteten die Kosaken nach zahlreichen Kämpfen, wobei es zu sehr grausamen Judenpogromen kam, in Kiew eine autonome Republik. Eine eigene Verwaltung wurde aufgebaut und, zur Sicherung gegen polnische Überfälle, Bündnisse mit den Türken und Russen geschlossen. Da die Kosaken sich auf Dauer nicht allein behaupten konnten, wurde die Republik, unter Garantie ihrer Freiheit und Rechtsprechung, unter die Oberherrschaft des Zaren gestellt. Die Bauern hatten alle Aktionen der Kosaken unterstützt. Aber sowohl in der autonomen Kosakenrepublik von Kiew wie später unter der Herrschaft Rußlands wurden sie Untertanen des sich aus Kosaken-Ältesten rekrutierenden Landadels, der nun den Platz der vormaligen polnischen Herren einnahm. Antifeudale Aktivitäten der Bauern waren auch hier nur so lange toleriert, als sie die neuen Herren zur Durchsetzung ihrer Unabhängigkeit benötigten.

Die größte Herausforderung erlebte auf dem Kontinent das französische Herrschaftssystem. Der Dreißigjährige Krieg mit seinen finanziellen Belastungen, Mazarins rigoroser Umgang mit Adel und Ständen und die harte Unterdrückung des Volkes hatten im ganzen Land eine soziale Unzufriedenheit vom Adel bis zum Volk entstehen lassen, die 1648/49 zu einer seit den Religionskriegen des 16. Jahrhunderts nicht mehr gekannten Bedrohung der Einheit des Landes wurde. Fast hätte sie wie in England zum Umsturz der Monarchie geführt, aufgrund verschiedener Umstände jedoch, vor allem weil Frankreich über keine dem englischen Parlament vergleichbare Institution verfügte, konnte der absolute Staat die Fronde überstehen.[15] Der hohe Adel fühlte sich zurückgesetzt und träumte von seiner alten politischen Rolle, die Parlamentarier sahen sich in ihren Stellungen vor allem durch die Intendanten bedroht. So sehr beide der Haß gegen Mazarin leitete, kam es nicht zur Verbindung beider Fronden. Weder die verbreiteten jansenistischen Ideen und die calvinistische Ständetheorie wirkten einigend, noch das englische Vorbild. Immerhin ergriff unter dem Eindruck der englischen Revolution das Pariser Parlament 1648 die Initiative mit einem 27 Punkte umfassenden Programm einer politisch und administrativen Revolution. Es verlangte u. a. die Abschaffung der Intendanten, Garantien persönlicher Freiheit, Schutz vor willkürlicher Verhaftung und Steuererhebungen nur mit Zustimmung der unabhängigen Gerichtshöfe. Die Monarchie sollte zwar nicht abgeschafft, aber unter die Kontrolle des Parlaments gestellt werden. Noch blieb es ruhig in Paris, erst als Mazarin nach der Abberufung der Intendanten einen Parlamentsrat verhaften ließ, kam es in der Hauptstadt zum Aufstand. Die königliche Familie floh nach St. Germain, und das Parlament übernahm die Regierung. Mit ungewöhnlichem Erfolg rief es die Bevölkerung zum Kampf gegen Mazarin auf. Da das Parlament aber bald die Kontrolle über den Aufstand zu verlieren schien, drängte es seine Furcht vor dem Volk zu Verhandlungen mit dem Hof.

Während die Parlamentarier im Spätsommer 1648 bereits den Kampf aufgaben, begann eine breite Agitation des hohen Adels. Obwohl es auch hier zu keinem gemeinsamen Programm kam und jeder seine partikulären Interessen verfolgte, weitete sich die Fronde geradezu zu einem Bürgerkrieg in ganz Frankreich aus. Spanien begann sich einzumischen, und Mazarin floh 1652, so daß Frankreich Opfer unterschiedlichster Agitationen wurde. Hier sahen vor allem die Städte eine Chance, ihre Unabhängigkeit durchzusetzen. Paris, Aix und Bordeaux, wo es zu einer populären Regierung, der ›Ormée‹ kam, unterstützten den Adel, verfolgten dabei aber eigene, bürgerliche Interessen.[16] Mit der Volljährigkeit Ludwigs XIV. und dem Überwechseln einzelner Frondeure auf die Seite der Krone brach die Adelsfronde nach und nach zusammen. Obwohl die Niederwerfung aller Provinzen und Städte noch bis 1657 währte, war doch die Kraft des Widerstands allgemein 1653 schon gebrochen. Die Fronde unterlag nicht allein der königlichen Armee und Mazarin, der eine großzügige Amnestie gewährte, sondern wurde vor allem geschwächt durch die Uneinigkeit der adligen Rebellen. Vor allem aber war es die Angst der Bevölkerung vor einem neuen Bürgerkrieg, die sie gegen den Adel und für die erneute Stabilisierung der Monarchie einnahm.

Die Fronde der Parlamentarier und des hohen Adels war keine bedeutungslose Episode in der französischen Geschichte, denn sie bedrohte nicht nur die neue Großmachtstellung Frankreichs und den Ausbau des sie ermöglichenden absolutistischen Staates, sondern sie machte vor allem offenkundig, wie labil das Herrschaftssystem, das Richelieu und Mazarin mit aller Energie aufgebaut hatten, noch war. Es handelte sich freilich nicht um einen Volksaufstand, noch um eine Revolte des Bürgertums (so sehr das Volk und das Bürgertum eine maßgebliche Rolle spielten), sondern was die Krise des Staates heraufbeschwor, war eine Verschwörung des hohen Adels gegen die absolute königliche Macht, die ihm nur noch eine untergeordnete Rolle zudachte, eine Verschwörung, die allerdings ohne Unterstützung des Volkes und des Bürgertums nicht die Wirkung erzielt hätte, die sie erlangte.

In allen Rebellionen wehrten sich traditionelle Gruppen, die Bauern, das Bürgertum und der Adel, gegen die Unterdrückung ihrer Autonomie. Daß diese Gruppen zu keinem einheitlichen Programm und keiner einheitlichen Aktion zusammenfanden, lag einerseits an den partikularen Einzelinteressen des Adels, den das Schicksal der Bauern und Städter nicht interessierte und der ihre Lage auf keinen Fall ändern wollte, andererseits am Bürgertum, das durch die entwickelte Marktwirtschaft zu Reichtum gekommen war, nur tendenziell eine ›konstitutionelle‹ Monarchie wünschte, letztlich aber zur Sicherung seiner Position zwischen Volk und Adel ein starkes Königtum begrüßte. Gemeinsame politische Interessen von Adel und Bürgertum gab es in Frankreich im Unterschied zu England nicht. Eine konstitutionelle Monarchie hätte dem Adel zwar mehr Macht verliehen, die er aber mit dem Bürgertum hätte teilen müssen. Schließlich gab es kein Parlament mit politischen Rechten, über das bürgerliche Interessen artikulierbar waren und das eine wirksame Kontrolle königlicher Politik möglich machte.

Die Revolten und Revolutionen um die Mitte des 17. Jahrhunderts, in denen die steigende Zahl von Volksaufständen, Stadtunruhen und Adelsfronden einen Höhepunkt erreichten, erklären sich nur aus der ökonomisch-politischen Struktur der betreffenden Länder. Sie dürfen weder nach dem Muster des katalonischen Aufstandes, der französischen Fronde bzw. der englischen Revolution gemessen werden. Dennoch gibt es eine Reihe von Ursachen, die zwar in den verschiedenen Ländern unterschiedlich, aber doch überall relevant waren.

Zunächst ist der zunehmende Steuerdruck des frühmodernen Staates zu verzeichnen, sowohl verursacht durch die hohen Hofhaltungskosten wie das militärische Engagement im Dreißigjährigen Krieg, der ein Maß erreichte, das Bauern, Bürger und Adelige, so unterschiedlich sie belastet waren, nicht mehr hinnehmen konnten. Vor allem geht die Anfälligkeit Frankreichs und Spaniens für Revolten auf die zunehmende finanzielle Ausbeutung der Untertanen zurück.

Entscheidender noch als der steuerliche Druck – denn die am meisten von den Steuern bedrohten Bauern waren in der Fronde wie im katalonischen Aufstand nur sekundär beteiligt – war die nicht selten mit ihm verbundene Zerstörung bzw. Bedrohung regionaler Autonomie durch den zentralistisch-bürokratischen Staat. Es kämpften ganze Regionen, deren eigenständige Verwaltung und Gerichtspflege aufgehoben werden sollten, wie auch bäuerliche oder städtische Gemeinden. Dabei handelte es sich zwar nur noch selten um wirklich autonome Lebensbereiche, denn durch die Ausweitung der Marktwirtschaft und die zunehmende Verstaatlichung waren Traditionen schon lange aufgebrochen, aber der verstärkte staatliche Druck im 17. Jahrhundert hielt die Erinnerung an ›bessere‹ Zeiten wach. Soziale Gruppen wie Bauernschaften, Stadtgemeinden und auch Adlige konnten sich allerdings nur (erfolgreich) wehren, wenn sie noch über entsprechende Artikulations- und Organisationsformen verfügten, wie eine Gemeinde, ein regionales Parlament oder auch eine kirchliche Gemeinde mit hohem Selbstbestimmungsrecht.

Daß aber überhaupt regionalistische und populäre Bewegungen unter dem staatlichen Steuerdruck immer wieder zu mehr oder weniger spontanen Revolten führten, die rasch ganze Bevölkerungsschichten erfaßten, lag schließlich an der allgemeinen Krise der ökonomischen Entwicklung. In der Landwirtschaft konnten die Bodenerträge nicht mehr maximiert werden. Die Nachfrage nach gewerblichen Gütern ging partiell aufgrund der hohen Lebensmittelkosten zurück. Das Handelsvolumen nahm mit dem Nachlassen der Silbertransporte aus Übersee und der Verlagerung der Handelswege ab; dies wirkte sich allerdings unterschiedlich aus, Italien und Spanien wurden stärker betroffen als Holland und England, die es im Zuge der Verschiebung des ökonomischen Zentrums Europas vom Süden nach dem Norden verstanden, sich alle Überschüsse anzueignen. Eine Verknappung der Nahrungsressourcen und die Pauperisierung der Unterschichten vor allem im Mittelmeerraum, aber auch in Frankreich und Mitteleuropa, waren die Folge. Wenn darüber hinaus noch gravierende Ernteausfälle und Hungerkrisen, wie sie verstärkt in den 30er und 40er Jahren des 17. Jahrhunderts eintraten, zusammenkamen mit steigender Besteuerung und dem Verlust kultureller und politischer Tradition und Autonomie, mußten die betroffenen Bevölkerungsschichten im Zugriff des Staates die Ursache ihres Unheils sehen.

Ohne weiteres kamen die Veränderungsimpulse in Frankreich, Spanien, Schweden und Rußland, aber auch im Reich und in England in der frühen Neuzeit von seiten staatlicher Instanzen, doch die Revolten und Revolutionen des 17. Jahrhunderts waren nicht nur Reaktionen; die Abwehrhaltung der ständischen Gruppen war geleitet von einer alternativen politischen Vorstellung, die zumindest vage auf mehr Eigenständigkeit und weniger staatliche Eingriffe, mehr Rechtsschutz, weniger Steuern und mehr ökonomische Chancen zielte. Es ging dabei letztlich kaum um Partizipation an der staatlichen Macht – allenfalls beim hohen Adel, jedenfalls in dieser frühen Zeit –, als um Erhaltung und Sicherung eigener, d. h. auch partikularer Interessen und Traditionen, die nicht immer nur Rückkehr zu ›feudalen‹ ständischen Verfassungen bedeuteten. Um bürgerliche Ziele ging es freilich in den frühneuzeitlichen Rebellionen nicht, die Idee der Rechtsgleichheit aller war außerhalb Englands noch unbekannt, auch entspricht das Klassenkampfmodell nicht den frühmodernen Konflikten, so sehr klassenkämpferische Elemente vor allem in den städtischen Unruhen eine Rolle spielten. Aber ebensowenig entspricht es den Tatsachen, die Intentionen der Volksbewegung als antimodern oder ›sozialkonservativ‹ in der Weise zu definieren, als bestünde in der staatlich-bürokratischen Organisation der Gesellschaft die einzige Möglichkeit, alle gesellschaftlichen Krisen zu meistern und allen gesellschaftlichen Gruppen das ihnen zukommende Recht zu sichern. Nicht von ungefähr blieben Venedig und Holland lange Vorbilder für sich einer zentralen Verwaltung nicht unterwerfende adlig-bürgerliche Gruppen, wie ebenso das Schweizer Modell direkt und indirekt Leitbild vieler bäuerlicher Erhebungen war. Die Wünsche des Volkes sind zwar kaum beachtet worden, wenn aber bis zum Ende des 18. Jahrhunderts die regionale Struktur in Europa dominant blieb, ist dies ein Zeichen dafür, wie zählebig und unabkömmlich sie trotz des Absolutismus war.

VIII.   DIE ENGLISCHE REVOLUTION: STAATSKRISE ODER BÜRGERLICHE REVOLUTION

»Die Revolutionen von 1648 und 1789 waren keine englischen und französischen Revolutionen, sie waren Revolutionen europäischen Stils. Sie waren nicht der Sieg einer bestimmten Klasse der Gesellschaft über die alte politische Ordnung, sie waren Proklamationen der politischen Ordnung für die neue europäische Gesellschaft.«[1] Die englische Revolution gehörte in der Tat zu den großen Revolutionen, die wesentlich zur Entstehung der modernen Welt beitrugen. Ihre Beurteilung aber ist trotz intensivster Erforschung bis heute kontrovers geblieben.[2] So große Bedeutung den sozio-ökonomischen Entwicklungen wie auch den religiöskirchlichen Auseinandersetzungen bei der Entstehung der Revolution zukommt, erweist sich die Bestimmung als puritanische oder als bürgerliche Revolution doch wenig hilfreich, um diese, von den anderen revolutionären Bewegungen auf dem europäischen Kontinent um die Mitte des 17. Jahrhunderts stark abgehobene Revolution hinreichend zu kennzeichnen. Am Anfang steht freilich ein mehr ›ständischer‹ Konflikt, aber mit dem Ausbruch 1640 erlangte die Revolution eine Eigendynamik, die sich nicht aus ihren Anfängen bzw. ihrer Vorgeschichte erklären läßt. Es gab zwar einige Berührungspunkte mit den kontinentalen Auseinandersetzungen, die ja weitgehend aus der Zurückdrängung ständischer bzw. regionaler Autonomie entstanden waren, aber allein die englische Revolution schaffte das Königtum ab und errichtete eine Republik auf der Basis der Souveränität des Parlaments, sie schuf ein Verfassungswerk, das mit der Tradition radikal brach und auch von der späteren Restauration nicht mehr ganz beseitigt werden konnte.[3]

Die Besonderheit der englischen Revolution versteht sich allein auf dem Hintergrund einer komplexen sozio-politischen Situation und Entwicklung, die weit ins 16. Jahrhundert zurückreicht und sich unverkennbar von der der kontinentalen Länder unterscheidet.

England kannte einmal ein starkes Königtum, dessen Vorrechte niemand bestritt, dem aber ein nicht minder selbstbewußtes Parlament gegenüberstand, in dem die ganze Führungsschicht, Peers, Gentry und Londoner Großbürger, vereint ihre alten Rechte und Freiheiten gegen die Ansprüche der Krone wahrte. Alle Konflikte zwischen König und Adel wurden hier ausgetragen.

Zum anderen besaß England eine privilegierte Adelsklasse, die nicht anders als der kontinentale Adel über weitreichende politische Rechte vor allem auf dem Land verfügte, die sich weder auf das feudale Herrenleben zurückzog, im Gegenteil, sich zunehmend vielfältigen ›bürgerlichen‹ Tätigkeiten, auch der Bildung öffnete, noch sich vor allem vom Londoner Bürgertum abschloß. Die Stärke des englischen Adels war seine relative Unabhängigkeit vom König und seine partielle Interessengemeinschaft mit dem Bürgertum. Die neuen Eigentumsverhältnisse und der Geldmangel hatten die englische Gesellschaft schon stark ›nivelliert‹.

Weiterhin wurde England entscheidend sowohl durch das rasante Wachstum der Hauptstadt London, die sich zu einem bedeutenden Handels-, Banken- und Gewerbezentrum entwickelte, geprägt, wie auch durch die nicht zuletzt durch die Expansion Londons mitbedingte zunehmende Marktausweitung, die einerseits eine großzügige und gewinnbringende Kommerzialisierung von Landwirtschaft und Gewerbe erzwang, andererseits die Kluft zwischen reich und arm beträchtlich vergrößerte. Frühkapitalistische Kräfte in Stadt und Land hatten um die Mitte des 17. Jahrhunderts trotz einer ökonomischen Stagnation seit den 20er Jahren in vielen Bereichen die traditionelle Wirtschaftsstruktur aufgebrochen.

Im Unterschied zum Kontinent hatte sich schließlich in England ein Religions- bzw. Kirchensystem etabliert, das durch seine Gegensätzlichkeit zu einer dynamischen Kraft in der Revolution wurde. Einerseits brachte die Reformation im Anglikanismus eine neue hierarchische Kirche hervor, die ausschließlich der Krone unterworfen war, andererseits eine puritanische Reform- und Protestbewegung, die intensiv ins praktische Leben eingriff, das Gewissen des Individuums betonte und damit einen Pluralismus religiöser Überzeugungen begünstigte, der keine Trennung von Politik und Religion zuließ und damit eine Radikalisierung der Öffentlichkeit ermöglichte, die auf dem Kontinent zu der Zeit kaum vorstellbar war, darüber hinaus eine intellektuelle Mobilität erzeugte, die erstmals breite Schichten der Bevölkerung erfaßte. Diese geistige Aufgeschlossenheit, die England zu Anfang des 17. Jahrhunderts zu eigen war, war nicht nur Folge einer sozialen Mobilität, sondern nicht unwesentliches Ergebnis der puritanischen Revolution.

Die englische Revolution war Produkt einer komplexen Entwicklung, in der sozialer Wandel, religiöse Radikalisierung und eine Staatskrise zusammenwirkten. England unterlag, wie gesagt, im Vergleich zum Kontinent einem beträchtlichen, Land und Stadt gleicherweise erfassenden sozialen Wandel. Die ökonomische Expansion des 16. Jahrhunderts und die darauffolgende Krise des 17. Jahrhunderts hatten die sozialen Gegensätze von Besitzenden und Besitzlosen ebenso verschärft wie die feudalen Zuordnungen gelockert. Weit mehr aber als dies wirkte sich auf die revolutionäre Situation die Besitzverschiebung in der Führungsschicht des Landes aus.[4] Zwar kommt dem Aufstieg der Gentry bzw. dem Machtverlust der Aristokratie seit dem Ende des 16. Jahrhunderts keine unmittelbar revolutionsverursachende Bedeutung zu; die Gentry war keine geschlossene bürgerlich-kapitalistische Klasse, und auch ihre soziale Position auf dem Lande blieb weitgehend gleich, dennoch entstanden vor der Revolution vor allem unter Karl I. eine beträchtliche Unsicherheit und ein gesteigerter Anspruch. »Die überkommene, die Gesellschaft tragende Status-Ordnung schien gefährdet, eine Atmosphäre allgemeiner Verunsicherung im Bereich der Führungsschicht schuf wichtige Voraussetzungen für den Verfall traditioneller Loyalitäten und damit für die Entstehung einer revolutionären Situation.«[5]

Weit unmittelbarer auf die Entstehung der Revolution wirkte der puritanische Radikalismus.[6] Das darf allerdings nicht dahingehend mißverstanden werden, als sei der Puritanismus die revolutionäre Ideologie gewesen. Direkte Verbindungen zwischen den puritanischen Glaubensvorstellungen und den politischen Forderungen der Parlamentsopposition gab es nicht. Der Puritanismus stand Anfang des 17. Jahrhunderts ebenso auf dem Boden der Monarchie und der ständischen Sozialordnung wie der Anglikanismus, nur in Fragen des Ritus, der Kirchenverfassung und der Moral gab es Differenzen. Dies änderte sich allerdings grundlegend mit der staatlichen Kirchenpolitik der 30er Jahre, als das Bündnis von Thron und Bischofskirche enger geknüpft und laizistische Einflüsse in der anglikanischen Kirche zurückgedrängt, puritanische Separatisten verfolgt und die Staatskirche in eine verdächtige Nähe zum Katholizismus gerückt wurden. In Opposition zur offiziellen Kirche und der Kirchenpolitk Lauds wurde der antiautoritäre sowie chiliastische Grundzug des Puritanismus erheblich gestärkt. Die Idee der Errichtung eines neuen Jerusalems durch die ›Gemeinde der Heiligen‹ aktivierte seit den 40er Jahren, vor allem seit 1642, nicht nur die Parlamentsmitglieder, sondern erstmals größere Bevölkerungsschichten und förderte den Widerstandsgeist gegen eine ihnen mittlerweile fremd gewordene Herrschaft.

Differenzen zwischen dem politischen und religiösen Radikalismus blieben bestehen.

Aber weder die soziale Krise noch die Radikalisierung des Puritanismus erklären allein die Revolution, so bedeutsame ›revolutionäre Fermente‹ sie waren. Nicht nur der Anlaß, sondern auch das bewegende Moment des sich von der parlamentarischen Opposition zur Revolution ausweitenden Konfliktes lag in der Bedrohung der (sich ihrer Rechte bewußten) Stände durch die sich formierende absolutistische Staatsgewalt und in der Selbstbehauptung der ihrer politischen Freiheiten bewußt gewordenen Führungsschicht gegenüber der Krone. Die eigentliche Wurzel der Revolution lag im sich steigernden Konflikt zwischen Parlament und Krone, wenngleich dieser Konflikt ohne die religiöse Radikalisierung nicht zur Revolution geführt hätte.[7]

Es ging in der Revolution um mehr als nur Verfassungsprobleme, anfangs war es die politische Selbstbestimmung der Stände, letztlich dann die Emanzipation des ›Volkes‹. Solange das Königtum die Rechte und Privilegien der im Parlament vereinten Führungsschichten des Landes respektierte, war die an sich starke Position des englischen Königs unangefochten. Das Parlament unterstützte weitgehend die Politik der Krone. Dann jedoch versuchten die Stuarts, nicht zuletzt veranlaßt durch die schweren Krisen der 20er Jahre, die auf dem Kontinent die Festigung des Staates vorantrieben, sukzessive die Position der königlichen Zentralgewalt im Gefüge der englischen Verfassung auszudehnen, griffen durch Gesetzgebungen in die Belange der Lokalverwaltungen ein, verletzten durch Steuererhebungen die parlamentarische Zuständigkeit. Die unstete Politik des Königs und seiner Ratgeber ließ das Vertrauen des Parlaments in die Krone schwinden, im Parlament formierte sich eine Opposition, die ihrerseits zwar sich ebenso auf die Tradition der englischen Verfassung berief, aber nicht minder das traditionelle Gleichgewicht störte als der König: Sie ließ das Parlament nicht mehr als reines Zustimmungsorgan gelten, als eine den König in erster Linie nur beratende Versammlung, sondern versuchte es in eine Kontrollinstanz königlicher Politik umzuwandeln. Allein durch diese Kontrolle meinte die Opposition, die Interessen des Landes gewahrt zu wissen. Der Konflikt wurde unvermeidlich, als der König nicht länger fähig war, gegen die Interessen der sozial relevanten Gruppen des Landes zu regieren, und die Opposition eindeutige Zusicherungen haben wollte. Dies wurde erstmals bei der Niederwerfung der Schotten offenkundig. Die Abschaffung des Königtums war nicht das anfängliche Ziel der Opposition, auch wurden ihre Zielvorstellungen nicht aus einem theoretisch ausformulierten revolutionären Programm abgeleitet, die Zielsetzung bildete sich erst im Verlauf der allmählich zum grundsätzlichen Widerstand eskalierenden politischen Querelen zwischen Krone und Parlament. Alle Diskussionen mündeten im Parlament bald in Grundsatzfragen. Damit war die Revolution kein zufälliges Ereignis, kein Ergebnis einer kurzsichtigen Politik Karls I., seiner Kompromißlosigkeit etwa, sondern das Produkt einer Widerstandssituation, deren Anfänge weit zurückreichen, wobei soziale und religiöse Krisen dem Konflikt zwischen Parlament und Krone eine revolutionäre Dimension verliehen, was schließlich dem ganzen Land den Bürgerkrieg brachte.

Obwohl bereits das Jahr 1629 (Auflösung des Parlaments) den letztlich unversöhnlichen Gegensatz von Krone und Parlament offenkundig gemacht hatte, kam es noch nicht zum offenen Konflikt. Trotz aller Schikanen des Königs gegen seine Gegner gab es nicht einmal regionale Aufstände. Zum offenen Konflikt kam es erst nach der 10jährigen parlamentslosen Herrschaft Karls I., als der König zur Niederwerfung des schottischen Aufstandes 1639 entgegen seinen Prinzipien das Parlament um Unterstützung anging. Karl I. hatte als König von Schottland zusammen mit Laud versucht, in Schottland das anglikanische Bischofssystem einzuführen, um damit die Unterordnung Schottlands unter sein absolutistisches Regiment voranzutreiben. Als darauf die schottischen Presbyterianer gemeinsam mit den nicht minder vom König bedrohten schottischen Aristokraten im sogenannten Covenant sich zur Wehr setzten, versuchte Karl I., mit Gewalt einzugreifen. Da er ohne finanzielle Hilfe des Parlaments zu schwach war, kam es zur Wiedereinberufung des Parlaments 1640 (Short Parliament). Trotz der parlamentslosen Zeit war die Opposition nicht untätig geblieben, zwar leistete sie keinen aktiven Widerstand gegen die Politik des Königs, betrieb aber zahlreiche Boykottmaßnahmen gegen königliche Anordnungen und Steuern, die zu Verhaftungen führten, aber mehr den Widerstand stärkten, als der Durchsetzung des königlichen Willens dienten. So nimmt es nicht wunder, daß 1640 das Parlament sich zwar zum König bekannte, vor jeder Hilfe aber die Abschaffung aller »Mißstände«, d.h. letztlich seines politischen Systems verlangte. Der König wollte nicht nachgeben, löste nicht nur das Parlament wieder auf, sondern versuchte durch eine weitere Erhebung der unzulässigen Schiffsgelder und Zwangsanleihen sowie die Aushebung eines Heeres im katholischen Irland die Engländer unter Druck zu setzen und die Schotten zu besiegen. Die Schotten aber konnten sich nicht nur behaupten, sondern zwangen Karl I. zur Kapitulation. Für den sicheren Rückzug seiner Truppen erpreßten sie so große Geldmengen, daß der König wiederholt sich an das Parlament wenden mußte. Dies war die zweite Bankrotterklärung seiner Politik. Als es zur erneuten Einberufung des Parlaments kam – diesmal des Langen Parlaments, weil seine Sitzungsdauer über 13 Jahre sich erstreckte –, offenbarte sich der völlige Autoritätsverlust des Königs im Parlament. Die Wahlen ergaben einen eindeutigen Sieg der parlamentarischen Opposition.

Die Reformpolitik des Langen Parlaments wollte anfangs nur die alte Verfassung wiederherstellen, das Gleichgewicht von Krone und Parlament, doch zum Selbstschutz vor dem unberechenbaren König, der letztlich nicht bereit war, ernsthafte Konzessionen zu machen, ging sie bald über ihre ursprünglichen Ziele hinaus. Die Kapitulation der königlichen Politik wurde ausgenutzt, zunächst alle Träger des englischen Absolutismus auszuschalten, allen voran Strafford und Laud. Dem Leiter der königlichen Politik wurde sogar nach einem Impeachment der Prozeß gemacht, dem mit Unterschrift des Königs die Hinrichtung (Sommer 1641) folgte. Dies war nicht nur Rache der lange politisch ausgeschalteten Aristokratie und Gentry, die Hinrichtung vor einer großen begeisterten Volksmenge war geradezu eine Demonstration der neuen politischen Macht des Parlaments, auf die es gegenüber dem König wie dem Volk nicht verzichten konnte. Dann wurden die Hauptinstitutionen der Krone, der Court of Star Chamber und der Court of High Commission, abgeschafft, die Zölle (Pfund- und Tonnengeld) unter Kontrolle des Parlaments gestellt und die verhaßten Schiffsgelder für ungesetzlich erklärt. Langfristig entscheidend für die Festigung der Opposition war die »Triennal Act«, nach der mindestens alle drei Jahre das Parlament einberufen werden mußte und es dem König untersagt war, das Parlament ohne dessen Zustimmung aufzulösen. Damit war eine wichtige Voraussetzung für die politische Unabhängigkeit des Parlaments geschaffen.

Der Vorstoß des Parlaments wäre sicherlich nicht so erfolgreich gewesen, hätte die Opposition nicht vor allem in der Londoner Bevölkerung entschiedene Unterstützung erhalten.[8] Hier gab es schon lange laute Proteste und vor allem Krawalle gegen die Kirchenpolitik des Königs. Die Verbindung der parlamentarischen Politiker mit der außerparlamentarischen Opposition war der entscheidende Faktor sowohl für die Radikalisierung des Widerstandes wie auch für den Erfolg dem König gegenüber. Zunächst waren es nur die Unter- und Mittelschichten, die mit Petitionen, Demonstrationen und anderen Aktionen die oppositionellen Parlamentarier stärkten, während der Stadtmagistrat bis zum Beginn der Revolution noch auf seiten des Königs stand. Im Maße aber, wie der Puritanismus Anhänger fand und das Parlament seine Forderung erfolgreich durchsetzte, wurde die Londoner Stadtverwaltung (1642) von radikal puritanischen Kräften übernommen. Mit der Mobilisierung der Londoner Bevölkerung, die auch bald mit dem Committee of Public Safety den militärischen Schutz des Parlaments stellte, gewann der Konflikt zwischen Krone und Parlament eine neue Dimension. Die Revolution blieb nicht länger Angelegenheit der traditionellen Führungsschicht, das ganze Volk begann teilzunehmen.

Obwohl der König alle Forderungen des Parlaments erfüllen mußte, gab er sich nicht geschlagen, er war letztlich ebensowenig kompromißbereit wie das Parlament und hoffte auf die Zeit. Nachdem er die Hinrichtung Straffords nicht verhindern konnte, erwog er einen Staatsstreich; die Gerüchte darüber steigerten das Mißtrauen der Parlamentarier erheblich. Noch unglücklicher war der gescheiterte Versuch, fünf oppositionelle Parlamentarier, unter ihnen der Wortführer des Unterhauses, Pym, zu verhaften. Die darauf antwortende Grand Remonstrance (vom November 1641) von Pym, die alle Mißstände der königlichen Politik deutlich aufzählte, den politischen Anspruch des Parlaments aussprach und eine nationale Synode wie eine Neuordnung der Kirchenverfassung anstrebte, wurde, bevor der König darauf reagieren konnte, veröffentlicht und fand breite Resonanz in der Bevölkerung, auch außerhalb Londons.

Mit der Radikalisierung der parlamentarischen Position und der folgenden Flucht des Königs aus London hatte sich im Parlament Entscheidendes geändert. Weil viele nur die alten Mißstände beseitigen wollten, eine weitere Politisierung des Volkes aber als drohende Anarchie befürchteten, kam es zur Bildung einer royalistischen Partei. Hatte 1640 noch das ganze Unterhaus für das Impeachment gegen Strafford gestimmt, kam die Grand Remonstrance (1641) nur mit knapper Stimmenmehrheit durch. Im Bürgerkrieg standen schließlich wieder rund 43% der Vertreter des Unterhauses auf seiten des Königs als dem Garanten der Ordnung.

Die zunehmende Parteiung in Königstreue und Königsgegner darf nicht voreilig aus unterschiedlichen sozialen Positionen, aus verschiedenen politischen Interessen aufgrund unterschiedlicher sozialer Zusammensetzung, abgeleitet werden. Auf beiden Seiten finden wir gleicherweise Vertreter der Aristokratie, der Gentry und des Bürgertums sowohl aus dem Handels- wie Juristenstand, nur waren die Königstreuen im Durchschnitt um 10 Jahre jünger. Wenn also keine einfache Klassifizierung vorgenommen werden kann, zumal einerseits nur eine kleine aktive Minderheit die jeweiligen Entscheidungen traf, während die meisten überhaupt den Bürgerkrieg vermeiden wollten, andererseits die Parteiung letztlich fast ausschließlich nach lokalen Gesichtspunkten erfolgte, gibt es doch einige Differenzen, die zumindest langfristig von Bedeutung waren. Während die Royalisten ihre Hochburgen im Norden und Westen, damit in vorwiegend agrarischen Regionen hatten, fand das Parlament seine Unterstützung vor allem im Süden und Osten des Landes, wo Handel und Gewerbe dominierten. Auch der Puritanismus, der weitgehend hinter dem Parlament stand, gewann seine aktiven Anhänger aus dem gewerblichen und bäuerlichen Mittelstand. Somit kam den sozialen Gegensätzen zwar keine den Bürgerkrieg auslösende Funktion zu, doch untergründig bestimmten sie doch das sich verhärtende Klima mit, zumindest als die Leveller ihr politisches Programm verkündeten.

Mit der Bildung einer royalistischen Partei wurde der kriegerische Konflikt unvermeidlich. Daß ihn nach anfänglichem Erfolg des Königs das Parlament mit Hilfe der Schotten für sich entschied, ist wesentlich in der neuen Finanzpolitik des Parlaments begründet, die es erlaubte, ausreichend Geld zur Besoldung der Truppen aufzubringen. Das vom Parlament aufgebaute Heer, die New Model Army, wurde wichtigstes Instrument der Revolution, dem der König nichts entgegensetzen konnte.[9] Die Stärke der Armee lag im religiösen Eifer und der eisernen Disziplin der Soldaten sowie in der Aufstiegsmöglichkeit für jeden, der qualifiziert und puritanisch gesinnt war. Das Heer entstand mit seinen 22000 Mann ursprünglich aus alten Einheiten, wurde vom Parlament besoldet und von einem neuen Kommando geleitet, das unter Führung von Oliver Cromwell den totalen militärischen Sieg über den König anstrebte. Mit der Reorganisation der Armee 1645 entstand eine weitere Fraktionierung im Parlament, die bei aller Bedeutung religiöser Fragen nicht durch den Gegensatz von Presbyterianern und Independenten bedingt war, sondern durch unterschiedliche politische Zielvorstellungen. Während die Friedenspartei – weitgehend Presbyterianer – zur Beendigung des Bürgerkriegs gegenüber dem König kompromißbereit war, forderte die Kriegspartei, deren Sprecher bald Cromwell wurde, die unbedingte Kapitulation des Monarchen, selbst wenn dabei das Volk mobilisiert wurde. Ihr Sieg besiegelte auch das Schicksal des Königs. Er wurde von der Armee gefangengenommen.

Der König setzte aber immer noch Hoffnung auf einen Konflikt zwischen Schotten und Engländern sowie zwischen Presbyterianern und Independenten. Während diese nämlich auf Kosten jeder Kirchenorganisation die kirchliche Souveränität ganz den einzel-

Abb. 32: *Hinrichtung Karls I. vor dem Banketthaus* (1649)

nen Gemeinden übertragen wollten, erstrebten jene eine presbyterial verfaßte Landeskirche, wie sie Schottland kannte. Inzwischen bestimmte nicht mehr das Parlament den Gang der Dinge, sondern zunehmend die Armee, d. h. die außerparlamentarische Opposition. Als das mittlerweile wesentlich von Presbyterianern beherrschte Parlament nach Ende des Bürgerkrieges die Truppen demobilisieren wollte, widersetzte sich das Heer, in dem zunehmend radikale Stimmen laut wurden. Aus ihren eigenen Reihen hatten die Soldaten ›Agitators‹ gewählt, die als ihre Sprecher gegenüber der Armeeführung auftraten und deutlich eigene politische Forderungen stellten, die das Parlament so stark beunruhigten, daß es nicht nur in London zu gegenrevolutionären Bewegungen der Presbyterianer kam. Als jedoch der König nach seiner Flucht (1647) mit einer neuen militärischen Offensive drohte, stellte sich rasch ein Burgfrieden zwischen Armee und Parlament her. Auch den zweiten Bürgerkrieg beendete die New Model Army mit einem Sieg über den mit dem schottischen Adel verbündeten König. Während das gemäßigte Parlament immer noch hoffte, sich mit Karl zumindest unter großen Zugeständnissen zu einigen, setzte sich in der Armee erstmals nach den letzten Manövern des Königs die Überzeugung durch, daß mit dem König keine Lösung möglich war. Mit Unterstützung des radikalen Flügels des Parlaments machte sie nun kurzen Prozeß. Das Heer besetzte die Hauptstadt und säuberte das Parlament von allen Gegnern seiner Politik. Das sogenannte Rumpf-Parlament mit den verbliebenen 231 Abgeordneten beschloß, dem König den Prozeß zu machen. »The commons of England, in Parliament assembled, do declare, that the people are, under God, the original of all just power«, verkündete eine Resolution des Parlaments.[10] Mit der öffentlichen Hinrichtung Karls I. am 30. Januar 1649 wurde die Monarchie abgeschafft. England war eine Republik geworden, deren Souveränität in Händen des Volkes lag.

Die Hinrichtung des Königs war zweifelloser Höhepunkt der englischen Revolution, aber letztlich doch nur von einer Minderheit befürwortet worden. Sie schien aufgrund der politischen Unnachgiebigkeit des Königs nötig, blieb aber eine Belastung für die kurze Geschichte der englischen Republik. Allein die radikalen Puritaner feierten die Hinrichtung und begrüßten sie als Erfüllung des göttlichen Willens und als Beginn eines neuen Zeitalters der Freiheit.

Die Abschaffung der Monarchie und Proklamation der Republik waren vornehmlich Verdienst der Armee, die seit 1645/46 zunehmend zur entscheidenden politischen Kraft geworden war. In ihrem Kreis entstand im Zusammenhang der Auseinandersetzung mit dem Parlament, aber auch mit der Armeespitze und den Independenten, ein erstes revolutionäres Programm, das nicht nur die Monarchie in Frage stellte, sondern auch alle Kompromisse des Parlaments: Das Lange Parlament sollte aufgelöst werden, ein allgemeines Wahlrecht für alle freien Männer Englands auf der Grundlage der Volkssouveränität eingeführt und schließlich das Parlament an eine übergeordnete Verfassung gebunden werden. Dieses erste demokratische Programm in der europäischen Geschichte war nicht aus Diskussionen des Parlaments erwachsen, sondern entstand in der außerparlamentarischen Opposition der Leveller, die in der Armee, vor allem unter den Agitators, ihre politischen Fürsprecher hatten. Die kurze Geschichte der an sich kleinen, aber lautstarken Levellerbewegung »demonstriert exemplarisch Möglichkeiten und Grenzen der englischen Revolution«.[11]

Unablässig, trotz aller Schikanen, Verhaftungen und Diffamierungen, hatten die Leveller ihr politisches Programm der Gewissensfreiheit und der allgemeinen Rechtsgleichheit in Flugschriften und Petitionen verkündet, die freilich alle vom Parlament verworfen wurden. Die Leveller, vor allem ihr führendes Haupt, John Lilburne, standen in engem Kontakt zu den freikirchlichen Gemeinden Londons, unterschieden sich aber vom religiösen Radikalismus ebenso wie vom presbyterianischen Parlament und auch den Independenten durch ihren politischen Grundsatz der Freiheit und Gleichheit. Sozialrevolutionäre Forderungen waren damit allerdings kaum verbunden. Diese entstanden und wurden propagiert im Kreis der ›kommunistischen‹ Digger um G. Winstanley, ohne aber jemals die Resonanz in der Bevölkerung, vor allem im Bürgertum, zu finden wie mindestens zeitweise die Londoner Leveller. Diese artikulierten erstmals eine eindeutige liberaldemokratische Alternative zur Monarchie, die über jedes ständische Muster hinausging, das wir auf dem Kontinent kennen. Wenn das Parlament, aber auch die Armeeführung sowie die politische Führungsschicht auf dem Lande sich eindeutig gegen die demokratischen Forderungen wandten, obwohl ihre sozial verändernden Implikate sehr gering waren, so nimmt dies nicht wunder. Eine Ausweitung der politischen Rechte auf der Grundlage der Volkssouveränität bedrohte nicht nur die Vormachtstellung der alten Führungsschichten, die trotz der Revolution im Amt geblieben waren, sondern ließ sie auch eine soziale Revolution befürchten, die alle Privilegien der Führungselite in Frage stellen würde. Da es trotz propagandistischer Beeinflussung der Armee aber zu keinem Bündnis mit ihr kam, sie sich im Gegenteil, nicht zuletzt unter dem Einfluß Cromwells, spätestens nach der Hinrichtung des Königs von den revolutionären Zielen abkehrte, mußte die Levellerbewegung nach kurzer Zeit zusammenbrechen.[12] Daß es aber überhaupt zur Abschaffung der Monarchie und Einführung einer Republik kam, ging ebenso auf die Leveller zurück wie auf den religiösen Radikalismus, eine wie schmale Basis sie auch im Volk besaßen.

Aus einer ständischen Widerstandsbewegung gegen die Ausweitung staatlicher Zentralgewalt war eine parlamentarische Opposition entstanden, die unter zunehmendem Einfluß des radikalen Puritanismus das Parlament von einer Kontrollinstanz königlicher Gewalt in eine souveräne Volksinstitution verwandelte. Während es auf dem Kontinent bei den revolutionären Erhebungen weitgehend nur zur Artikulierung eines feudalen Selbstbehauptungswillens kam, schlug dieser unter den spezifischen politischen, sozialen und kulturellen Bedingungen in England um in eine demokratische Selbstbestimmung des Volkes. Wenngleich die restaurativen Tendenzen bereits mit dem Interregnum einsetzten, unterschied sich die nach der Glorreichen Revolution von 1688 entstandene konstitutionelle Monarchie grundlegend vom System der Stuarts.

IX. DER DREISSIGJÄHRIGE KRIEG UND DIE KRISE DES 17. JAHRHUNDERTS

Der Dreißigjährige Krieg stellt zwar nicht einen Wendepunkt, doch einen bedeutsamen Einschnitt in der deutschen Geschichte dar, darüber hinaus auch in der politischen wie sozial-ökonomischen Entwicklung Europas. Während die englische Revolution die Umwandlung des Königreichs in eine Republik brachte und der Sieg über die französische Fronde die absolute Monarchie stärkte, hat der Dreißigjährige Krieg auf Kosten von Reich und Kaiser den Aufstieg der Reichsstände zu selbständigen Staaten beschleunigt und besiegelt, damit ein neues Staatensystem in Europa mitbegründet.[1]

Die Beurteilung des Dreißigjährigen Kriegs leidet unter beträchtlichen Fehleinschätzungen: Im Unterschied zu der englischen Revolution wie auch der französischen Fronde, die trotz der Einmischung Spaniens vor allem ›nationale‹ Bürgerkriege waren, blieb der Dreißigjährige Krieg keineswegs nur eine innerdeutsche Angelegenheit zwischen Kaiser und Reichsständen, in die andere Mächte zwangsläufig einbezogen wurden, sondern er war von Anfang an ein Konflikt mit europäischer Dimension. Außer Rußland nahmen direkt und indirekt alle Staaten teil, nicht nur um von der ›deutschen‹ Auseinandersetzung zu profitieren, sondern im Dreißigjährigen Krieg kulminierten verschiedene internationale Konflikte, allen voran die Auseinandersetzungen zwischen Frankreich und Habsburg, Spanien und den Niederlanden. Beim Dreißigjährigen Krieg handelte es sich gewissermaßen um den »ersten allgemeinen europäischen (Bürger)Krieg«.[2]

Zweifellos ging es im Dreißigjährigen Krieg wesentlich um politisch-dynastische Probleme: um die Unterwerfung Böhmens durch Habsburg (1618), die den Krieg ›auslöste‹, dann um die ›Wiederaufnahme‹ des Kriegs zwischen den Niederlanden und Spanien nach dem Ende des Waffenstillstandes 1621 sowie um die Abwehr einer erneuten Großmachtbildung Österreichs durch Frankreich, und nicht zuletzt um die Expansion Schwedens im Zusammenhang der Auseinandersetzung mit Polen (seit 1630). Was aber dem Krieg seine Dauer, Härte und soziale Wirkung verlieh, war einmal das sozial-politische Konfliktpotential, das sich aus der Konfrontation zweier ›Gesellschaftskonzeptionen‹ ergab.[3] Es ging um die Behauptung der ständischen Libertäten gegenüber absolutistischen Ansprüchen, am eindeutigsten im Fall Böhmens und der Niederlande, die wieder der Habsburger Monarchie unterworfen werden sollten, aber auch um das Verhältnis von

Kaiser und Reichsständen. Insofern kulminierte im Dreißigjährigen Krieg nicht anders als in der englischen Revolution der Konflikt von Ständegesellschaft und absoluter Monarchie.[4] Zum anderen ging es um die Ausweitung der ökonomischen Basis der frühmodernen Staaten, als die Krise des 17. Jahrhunderts eine Verschärfung der Auseinandersetzung sowohl zwischen Volk und Adel, als vor allem innerhalb der Führungsschichten selbst, um die Verteilung der knapper werdenden Ressourcen bedingte. Habsburg bzw. Spanien konnten auf die Einnahmen aus Böhmen und den Niederlanden nicht verzichten, Schweden suchte mit der politischen Expansion im Ostseeraum vor allem seine ökonomischen Probleme zu lösen. »Der Dreißigjährige Krieg ist also ein politischer Konflikt, der aus den Gegensätzen der komplizierten wirtschaftlich-gesellschaftlichen Situation entstand.«[5]

Der Dreißigjährige Krieg zählte ohne Zweifel auch zu den frühneuzeitlichen gewaltsamen Auseinandersetzungen, in denen es wie im französischen Bürgerkrieg des 16. Jahrhunderts wesentlich um die religiös-konfessionelle Selbstbestimmung ging, begann doch die katholische Kirche, zu Anfang des 17. Jahrhunderts mit konzentrierten Aktionen gegen die Reformation vorzugehen. Die Parteien der Liga und der Union waren als politisch-konfessionelle Bünde ein Ergebnis der gegenreformatorischen Offensive im Reich, die den Augsburger Religionsfrieden in Frage stellte. Die Eingriffe Spaniens waren ebenso religiös-konfessionell legitimiert wie die Expansion Schwedens; stellte sich Gustav Adolf als Retter des deutschen Protestantismus dar, so stritt Spanien überall kompromißlos um die Wiederherstellung der katholischen Kirche, seinem universalen Herrschaftsanspruch entsprechend. Religion war sowohl die stärkste Legitimationsbasis für den universalen Herrschaftsanspruch auf katholischer (Spanien, Österreich) wie auf protestantischer (Schweden, England) Seite, als auch das wirksamste Mobilisierungsmittel für das Volk, vor allem für in die Defensive getriebene Protestanten, die in Habsburg (Spanien) die Vormacht des Katholizismus, ja des Antichristen bekämpften. Dennoch entstand der kriegerische Konflikt weder aus konfessionsspezifischen Ursachen, noch wurde er dominant von religiös-politischen Zielen geleitet. Im Gegenteil, zu einer so engen Verbindung von Politik und Religion wie in der englischen Revolution kam es im Dreißigjährigen Krieg nicht. Es war nicht nur Richelieus Programm, Politik und Religion zu trennen, bzw. die religiösen Kräfte eindeutig den politisch-staatlichen unterzuordnen, so daß er keine Bedenken trug, sich mit dem deutschen Protestantismus gegen den katholischen Kaiser zu verbünden – auch Schweden versuchte die deutsche Reformation mit Hilfe des katholischen Frankreich zu retten. Selbst das Restitutionsedikt von 1629 verfolgte nicht primär kirchlich-religiöse, sondern politische Interessen, indem es die kaiserlich katholische Position stärkte. Zwar spielten anfangs religiöse bzw. konfessionsbedingte Konflikte (vor allem in der Habsburgischen Monarchie) eine Rolle, daß der Krieg aber ohne Unterstützung des Papstes verlief, der Westfälische Frieden sogar ohne den Papst geschlossen wurde, zeigt, daß der Dreißigjährige Krieg kein Religionskrieg war. So hat kein Ereignis so zur Säkularisierung der Politik beigetragen wie dieser nicht selten im Namen Gottes geführte Krieg. Zentral ging es um die Verteilung weltlicher politisch-ökonomischer Macht in Mitteleuropa.

Die wirtschaftlichen, sozialen und kulturellen Folgen des Dreißigjährigen Krieges waren für Deutschland verheerend, ganze Landschaften wurden verwüstet, der Bevölkerungsrückgang wurde erst im 18. Jahrhundert wieder aufgefangen, vor allem die Bauern, aber auch die Städter litten, auch wenn die Kriegsschauplätze stark wechselten und viele Landstriche den Feind niemals sahen. Das Elend ging aber nicht nur auf unmittelbare Kriegseinwirkungen zurück, sondern auch auf gewaltsame Kontributionen, Plünderungen umherschweifender unbesoldeter Söldner und auf steuerliche Ausbeutung durch die kriegsführenden Staaten. Darunter litten allerdings nicht minder auch die Untertanen Frankreichs und Spaniens, die den Krieg mitbezahlten. Mancher Protest hier steht im Kontext des Dreißigjährigen Kriegs. Der im und vor allem nach dem Dreißigjährigen Krieg feststellbare wirtschaftliche Niedergang Deutschlands hatte sich allerdings bereits im letzten Drittel des 16. Jahrhunderts abgezeichnet und wurde durch den Krieg nur verschärft.[6] Der Rückgang des Gewerbes wie des Bergbaus vor allem war verknüpft mit der Verlagerung des internationalen Handels, von dem insbesondere Süddeutschland profitiert hatte, und des ganzen ökonomischen Schwerpunkts vom Süden nach dem Nordwesten Europas. Der Dreißigjährige Krieg unterband viele kulturelle Entwicklungen, doch auch die sogenannte geistige Armut Deutschlands im 17. Jahrhundert war keine unmittelbare Folge des Kriegs. Im Gegenteil, während gerade in der zweiten Hälfte des 16. Jahrhunderts das intellektuelle Leben unter dem Druck reformatorisch-gegenreformatorischer Auseinandersetzungen zu verkümmern schien, erlebte das künstlerische, literarische und wissenschaftliche Deutschland im Krieg eine beträchtliche Blüte (Schütz – Grimmelshausen – Gryphius – Böhme – Kepler). So stellt der Dreißigjährige Krieg jedenfalls keinen Bruch, weder in der kulturellen, ökonomischen noch politisch-staatlichen Entwicklung dar.[7] Prozesse, deren Anfänge weit ins 16. Jahrhundert verweisen, erlebten maximal eine Verhärtung, so nicht zuletzt auch die Säkularisierung von Politik und Staat, das Unabhängigkeitsstreben deutscher Territorien von der kaiserlichen Vormachtstellung und die hegemoniale Stellung Frankreichs auf Kosten Spaniens.

Der Dreißigjährige Krieg begann eigentlich nicht erst mit der böhmischen Adelsfronde. Ihr voraus gingen drei Konflikte, die eine künftige kriegerische Entwicklung bedrohlich ankündigten:
Einmal erfolgte aufgrund konfessionspolitischer Verhärtung im Reich, die den Reichstag fast lahmlegte, die Bildung konfessioneller Bündnisse. Die Gründung der protestantischen Liga unter Führung der Kurpfalz beantworteten die Katholiken mit der Union, die der bayerische Herzog zur straffen, antiprotestantischen Bastion – allerdings ohne Österreich – ausbaute.
Der konfessionspolitische Gegensatz erreichte einen ersten Höhepunkt, als der Streit um die Erbschaft Kleve-Jülich-Berg Sachsen, Brandenburg, Neuburg, aber auch den Kaiser und nicht zuletzt sogar Frankreich, auf den Plan rief. Es bildete sich die den Dreißigjährigen Krieg bestimmende politische Konstellation. Ein Krieg wurde nur dadurch noch abgewandt, daß Frankreich dem Kaiser drohte (es blieb dabei, weil Heinrich IV. 1610 ermordet wurde) und der Neuburger Pfalzgraf zum Katholizismus übertrat, wodurch die Teilung der Erbschaft unter Brandenburg und Neuburg dann die Zustimmung der anderen Parteien fand.
Ebenso konfliktgeladen war schließlich die innerhabsburgische Situation, die durch die österreichische Politik nach der Absetzung Rudolfs II. (1611) gegeben war.[8] Matthias wurde zwar zum böhmischen König und römischen Kaiser gewählt, hatte aber keinen Erfolg, die konfessionspolitischen Probleme im Reich zu lösen, außerdem blieb er kinderlos. Unter erheblichen Protesten der Böhmen, die erstmals die Umwandlung ihres Landes in eine reine Wahlmonarchie erwogen, und auch Spaniens, dem die habsburgischen Länder im Elsaß versprochen wurden, kam es zur Wahl des streng gegenreformatorisch gesonnenen Ferdinand (II). In seinem politischen Programm, einer Verbindung von rigidem Katholizismus und absolutistischem Herrschaftsanspruch, lag der künftige Konflikt, der sich zum Dreißigjährigen Krieg ausweitete, bereits beschlossen.

Der Böhmische Aufstand, mit dem allgemein der Beginn des Dreißigjährigen Krieges verknüpft wird, war eine typische Adelsrevolte gegen die Integration in die habsburgische Landesherrschaft, vergleichbar mit dem katalonischen Aufstand.[9] Er bekam seine Schärfe nicht nur durch seinen religiös-konfessionellen Gegensatz (protestantische Böhmen und katholisches Fürstenhaus), sondern auch durch seine Verbindung mit den Ständen in der ganzen habsburgischen Monarchie, die, die ›calvinistische‹ Volkssouveränität beschwörend, Ferdinand 1619 die Huldigung verweigert hatten. Der Konflikt zwischen Böhmen und Habsburg währte schon lange, trotz aller Konzessionen Rudolfs II. beruhigte sich die Lage nicht. Auch Bauernaufstände gab es, aber in der Auseinandersetzung mit Österreich spielten sie keine Rolle. Von den Bauern distanzierten sich die böhmischen Herren nicht weniger als der König. Bei der Regierungsübernahme Ferdinands, dessen religiös-politisches Glaubensbekenntnis für die Böhmen eine Herausforderung darstellte, konstituierten böhmische Aufständische nach dem bekannten Fenstersturz einen Landtag. Eine Regierung von 30 Direktoren wurde eingesetzt und eine Armee aufgestellt, der Bruch mit Habsburg offen vollzogen. Nach Kontakten mit österreichischen und mährischen Ständen gründeten die Aufständischen eine ständische Konföderation, die nach indirektem Vorbild der Niederlande bzw. der Schweizer Republik zwar nicht das Königtum abschaffen wollte, aber alle Souveränitätsrechte im Lande im Sinne einer Ständerepublik beanspruchte.[10] Ferdinand II. wurde abgesetzt und der Führer der Union, der calvinistische Kurfürst Friedrich von der Pfalz, zum König gewählt, über dessen Person man wirksamen internationalen Rückhalt für die böhmische Unabhängigkeit zu gewinnen hoffte. Es kam jedoch zu einem Gegenschlag, von dem sich Böhmen nicht mehr erholen sollte, der ihm nicht nur alle ständische Selbständigkeit nahm und auch der ständischen Bewegung in Österreich ein Ende setzte, sondern fremde Mächte in den Konflikt hineinzog. Während die Böhmen allein blieben und die Union kläglich zusammenbrach, schlug die katholische Liga unter der Führung Bayerns die Böhmen in der Schlacht am Weißen Berg (1620). Ein bisher nicht gekanntes Strafgericht folgte. Die Hauptverschwörer wurden hingerichtet oder des Landes verwiesen und ihr Besitz konfisziert bzw. kaisertreuen, zumeist ausländischen Katholiken übergeben. Böhmen wurde nicht nur zwangskatholisiert, sondern verlor alle ständischen Freiheiten bis auf das Recht des Landtags und der Steuerbewilligung.

Der Sieg über die Böhmen stärkte schlagartig die Position der Mächte, die zentral die gegenreformatorische Politik betrieben, und weckte Ansprüche, die zur raschen Ausweitung des Krieges über ganz Mitteleuropa führten. Der Kaiser forcierte mit der Niederwerfung der ständischen Bewegung in den österreichischen

Erblanden den Ausbau seines absolutistischen gegenreformatorischen Regiments und legte den Grund zur absoluten Monarchie der Habsburger im südeuropäischen Raum. Die katholische Liga, die wesentlich die kaiserliche Stellung gesichert hatte, nutzte, besonders zum Vorteil Bayerns, die Situation, besetzte die Pfalz, rieb die Union auf und drang nach Nordwestdeutschland vor, was die norddeutschen Fürsten vor allem um ihren geistlichen Besitz fürchten ließ, aber auch Schweden und Dänemark provozierte. Spanien wurde ebenfalls ermutigt, den 1621 ablaufenden Waffenstillstand mit den nördlichen Niederlanden nicht zu verlängern und die Generalstaaten der Universalmonarchie zu unterwerfen.[11] Spanien unter der Führung des Herzogs Olivares hatte den Traum der monarquia universal nicht aufgegeben, zumal es während der Zeit des Waffenstillstandes durch Hollands Aufstieg zur ersten Seemacht Europas konstant herausgefordert wurde. Madrid und Wien arbeiteten eng zusammen, ohne daß allerdings die Kriegsziele Spaniens durch das Reich aktiv gefördert wurden. Auch die Generalstaaten entschieden sich für die Wiederaufnahme des Krieges, es lockte die Unabhängigkeit und die Ausweitung des überseeischen Besitzes. Die Handelskompanien spielten eine beträchtliche Rolle. Die Vereinigten Provinzen wurden Zentrum des protestantischen Widerstandes gegen das habsburgische Haus, eine »calvinistische Internationale« entstand, die aber unter der Hand wesentlich wirtschaftliche Interessen verfolgte. Holland hatte den Handel Spaniens mit dem Ostseeraum monopolisiert, baute sein überseeisches Imperium mit Kaperfahrten auf Kosten Portugals, bzw. Spaniens, konstant aus, so daß der Spanien-Holland Konflikt sich weltweit ausdehnte, und stellte einflußreiche Berater und militärische Unternehmer unabhängig von konfessionellen Bedenken für Dänen, Schweden und Wallenstein (de Witte).[12] Die Rüstungsindustrie der frühen Neuzeit lag fast ausschließlich in Händen der Niederländer. Spaniens Versuch, Holland zu besiegen, hatte deshalb wenig Aussicht und brachte ihm in Übersee folgenschwere Niederlagen bei. Der Angriff Spaniens aktivierte aber nicht nur die protestantischen Länder, sondern insbesondere Frankreich, das durch Verlegung spanischer Truppen aus Italien nach den Niederlanden, das Vordringen der katholischen Liga in den nordwestdeutschen Raum und wenig später die kaiserliche Machtausweitung unter Wallenstein aufs bedenklichste bedroht war.

In Deutschland erlangte der Kaiser eine lange nicht mehr gekannte Machtfülle. Während die Armee der Liga nach Norddeutschland vordrang und die spanischen Truppen die Niederlande bedrohten, was Dänemark zum Kriegseintritt veranlaßte, wurde neben dem

Ligaheer eine kaiserliche Armee unter Führung des böhmischen Adligen Wallenstein gebildet, die den Verlauf des ganzen Krieges sowie die Konstellation zwischen Reichsständen und Kaiser maßgeblich beeinflussen sollte. Wallenstein war ein skrupelloser Condottiere, der mit allen ihm zur Verfügung stehenden Mitteln zu Geld und Ansehen gekommen war, mehr ein Großunternehmer als ein im Dienst des Kaisers stehender Feldherr.[13] Mit völlig neuen Methoden organisierte er das größte Söldnerheer der frühen Neuzeit mit rund 100 000 Mann. Ferdinand förderte ihn allenthalben, weil er die kaiserliche Kasse nicht belastete. Zur Finanzierung der Kriege setzte Wallenstein sein eigenes Vermögen ein, baute seine Herrschaft zu einem ›Musterstaat‹ mit hochentwickelter Rüstungsindustrie aus, nahm beträchtliche Anleihen in allen wichtigen Finanzzentren Europas auf, vor allem aber ging er von dem Prinzip aus, daß der Krieg den Krieg zu ernähren habe, d. h. daß das besetzte Land ohne Gegenleistung für Sold, Quartier und Verpflegung aufkommen müsse. So schuf Wallenstein ein großes schlagkräftiges Heer, das bald zum Schrecken der besetzten Gebiete wurde und den ganzen norddeutschen Raum Brandenburg, Mecklenburg, Pommern und Jütland für den Kaiser eroberte. Wallenstein wurde für seine Verdienste mit dem Herzogtum Mecklenburg belehnt, rückte in den Reichsfürstenstand auf und wurde zum ›General der baltischen und Ozeanischen Meere‹ ernannt. Obwohl Habsburg Interesse zeigte, die Ostsee zu beherrschen, nicht zuletzt um Holland unter Druck zu setzen, blieb diese Idee nur ein kurzfristiger Traum. Um einer Verständigung zwischen Dänemark und Schweden, das sich durch den Vorstoß Wallensteins provoziert sah, aber noch mit Polen im Krieg um Livland und Preußen verwickelt war, zuvorzukommen, schloß der Kaiser mit Christian von Dänemark 1629 in Lübeck Frieden. Seine Territorien verblieben ihm, aber alle Bündnisse mit deutschen Reichsfürsten mußte er aufkündigen.

Auf dem Hintergrund dieser neuen Machtstellung erließ der Kaiser im selben Jahr das Restitutionsedikt, demzufolge aller geistliche Besitz, der seit 1555 entfremdet worden war, zurückgegeben werden sollte. Hinter dem Edikt standen vor allem die Interessen der Habsburger und Wittelsbacher an den norddeutschen geistlichen Fürstentümern. Doch mit dem Vorstoß der katholischen Restauration nach Norddeutschland aktivierte der Kaiser einen Widerstand, mit dem er nicht gerechnet hatte: nicht nur den der protestantischen Reichsfürsten, sondern auch den der katholischen, die die Machtsteigerung des Kaisers nicht hinzunehmen gewillt waren. Es formierte sich erstmals eine reichsständische Opposition, die die Wende des Krieges insofern einleitete, als der Konflikt zwischen katholischer Liga und Kaiser offen ausbrach und dies Schweden und Frankreich veranlaßte, in den Krieg einzugreifen. Ein Erfolg des reichsständischen Widerstandes war es, daß auf dem Regensburger Kurfürstentag 1630 die Wahl von Ferdinands Sohn zum römischen König von der Absetzung Wallensteins und der Verringerung der kaiserlichen Truppen abhängig gemacht wurde. Ferdinand opferte tatsächlich seinen Feldherrn und seine Armee, und das genau zu dem Zeitpunkt, als Gustav Adolf von Schweden mit einem Heer in Vorpommern landete und in kurzer Zeit nicht nur Norddeutschland eroberte, sondern dem deutschen Protestantismus neuen Auftrieb gab.

Das aktive Eingreifen der auswärtigen Mächte Schweden und Frankreich entschied langfristig den Zusammenbruch der habsburgischen Koalition; während es die militärische Macht Schwedens war, die den Lauf des Krieges bestimmte, lenkte Frankreichs Diplomatie die Einzelaktionen zu seinem Vorteil, im Sinne einer völligen Befreiung Frankreichs von der habsburgischen Vormacht. Gustav Adolf, ein Politiker und Feldherr von großer, gewinnender Persönlichkeit, hatte in kurzer Zeit Schweden aus der Abhängigkeit Dänemarks und Polens geführt, zusammen mit dem Adel eine Modernisierung der Verwaltung eingeleitet und mit Hilfe niederländischer Unternehmer eine Rüstungsindustrie aufgebaut, so daß er zum Eingreifen in den mitteleuropäischen Krieg gut gerüstet war.[14] Bäuerliche Proteste im eigenen Land störten ihn ebensowenig wie die Angst der protestantischen Fürsten Norddeutschlands, ihre Libertät zu verlieren. Ohne Zweifel spielte die Bedrohung schwedischer Interessen durch den Vorstoß Wallensteins eine Rolle für seinen Eintritt in den Krieg, auch wünschte Gustav Adolf ernsthaft, gegen den vorschreitenden Katholizismus den Protestantismus zu retten, doch vor allem ging es um die Errichtung eines Dominium maris Baltici, um ein Ostseegroßreich, für dessen Aufbau Schweden bereits Livland und Preußen erobert hatte. Es lag im Interesse der ganzen antihabsburgischen Koalition, daß Schweden rasch mit Polen einen Waffenstillstand schloß und sich gegen den Kaiser wandte, wofür Gustav Adolf die volle Unterstützung des schwedischen Reichstages erlangte. Das Heer, das er in Deutschland aufstellte, bestand nur zu geringem Teil aus Schweden, mit den Einnahmen aus den Ostseezöllen, aus dem Kupferexport und mit französischen Hilfsgeldern schuf er eine dem Wallensteinschen Heer ebenbürtige Armee. Sie beherrschte die neuesten spanischen und niederländischen Taktiken und setzte erstmals starke Feldartillerie ein.[15] Als Gustav Adolf in Vorpommern landete, schöpfte das protestantische Deutschland erstmals wieder

Hoffnung, wenngleich die protestantischen Fürsten um ihre Libertät bangten und sich daher nur gezwungenermaßen hinter Gustav Adolf stellten. Nach seinem Sieg über die Ligaarmee (1631) stand ihm ganz Süddeutschland offen. Während Frankreich drängte, bis Wien vorzudringen, plünderten die Schweden das ebenfalls mit Frankreich gegen den Kaiser verbündete Bayern. Die genauen Kriegsziele Gustav Adolfs sind unbekannt, gewiß dachte er vor allem an bedeutenden Landgewinn an der Ostsee und ein Bündnissystem der evangelischen Stände unter schwedischer Führung. Dieser Traum wurde mit dem Tod Gustav Adolfs in der Schlacht bei Lützen 1632 zunichte.

Wenngleich die Schweden in der Folge durch Wallenstein geschwächt wurden und sogar in der Schlacht bei Nördlingen 1634 den kaiserlichen Truppen unterlagen, was zum Zusammenbruch des protestantischen Bündnisses führte, blieben sie bis zum Schluß des Krieges ein bedeutsamer Machtfaktor. Ihre Kriegsziele wurden allerdings realistischer, sie suchten nur noch Sicherheit für das eigene Land und eine Entschädigung von den von ihnen gestützten protestantischen Fürsten. So eigenwillig und eigenen Zielen verpflichtet Gustav Adolfs Kriegsführung war, entsprach sie doch in vielen Punkten der Politik Frankreichs, der zweiten auswärtigen Macht, die maßgeblich den letzten Verlauf und den Ausgang des Krieges bestimmte. Frankreich bildete den Mittelpunkt der antihabsburgischen Koalition und verfolgte eine kluge Politik der Diplomatie, des Ausspielens politischer Gegner, d. h. der Reichsfürsten und des Kaisers, wobei erstmals Subsidiengelder eine große Rolle spielten, nach der bekannten Devise Richelieus: »Es ist ein Zeichen ungewöhnlicher Voraussicht und klarer politischer Erkenntnis, wenn man zehn Jahre lang den Feind des Staates Eurer Majestät einzig mit der Hand in der Geldbörse festgehalten hat, ohne selbst zu den Waffen zu greifen, immer nur durch das Mittel einer Allianzpolitik, um in den offenen Krieg erst jetzt einzutreten, weil unsere Alliierten nicht mehr genügen.«[16]

Wie Schweden hatte Frankreich den neuen Aufstieg der kaiserlichen Macht aufmerksam verfolgt. Aber bis 1629/30 war es gebunden durch die Auseinandersetzung mit den Hugenotten und Aristokraten. Dann schloß es einerseits ein Bündnis mit Holland, intervenierte in Italien und unterstützte Schweden und Bayern finanziell, andererseits rückte es mit der Besetzung Lothringens und des Elsaß seine Grenzen nach Osten vor. Offen griff Frankreich erst 1635 in den Krieg ein, nachdem der Kaiser in Nördlingen die Schweden geschlagen hatte. Allerdings richtete es sich vor allem gegen Spanien und war deswegen erst an Friedensverhandlungen interessiert, als Spanien durch den Abfall Portugals und den Aufstand in Katalonien erheblich geschwächt war. Frankreich verfolgte unter Richelieu und seinem Nachfolger ein klares Kriegsziel. Landerwerb spielte eine untergeordnete Rolle. Mit verschiedenen Bündnissen und Angriffen versuchte es, mit geringen eigenen Mitteln den katholischen Block in Deutschland aufzubrechen und die Reichsstände mit Unterstützung Schwedens gegen den Kaiser aufzubringen. Entscheidend war die Zerstörung der habsburgischen Vormachtstellung in Europa und die Begründung der Hegemonie Frankreichs auf der Grundlage eines weitgespannten Bündnisnetzes. Daß Frankreich trotz enormer innenpolitischer Schwierigkeiten seine Ziele konsequent verfolgen konnte, dankte es der Zähigkeit und realistischen Kriegspolitik Richelieus. Mit dem raschen Vordringen Gustav Adolfs und der zunehmenden Intervention Frankreichs änderte sich die Machtstellung des Kaisers im Reich, doch Ferdinand gab sich bei aller Stärkung der antihabsburgischen Koalition nicht geschlagen. Aber war es bereits ein Fehler gewesen, bei der Landung der Schweden aufgrund von Hausinteressen Wallensteins Heer aufzulösen, so erwies es sich als noch problematischer, nach Schwedens Vorstoß nach Süddeutschland Wallenstein wieder den Oberbefehl über die kaiserliche Armee zu übertragen. Mit der neuen Armee nämlich verfolgte der letztlich nicht berechenbare Feldherr bald eigene Interessen. Sein undurchsichtiges Verhalten und Taktieren, das Süddeutschland den Schweden preisgab und schließlich zu seiner Absetzung und Ermordung (1634) führte, hat man lange als Vorspiel einer großen politischen Aktion gedeutet. Sicher ist, daß Wallenstein antikaiserliche und hochverräterische Pläne verfolgte, doch gab ihm sein Condottieretum kaum Möglichkeiten, selbsttätig politisch zu werden. »Für eine wie immer geartete Militärdiktatur war im Reich 1634 keine Möglichkeit vorhanden.«[17] Bei allen organisatorischen Fähigkeiten ist ein Vergleich Wallensteins mit Richelieu oder Cromwell nicht angebracht.

Den Schlag, den Wallenstein der Sache des Kaisers zugefügt hatte, machte im gleichen Jahr der überraschende wie überragende Sieg kaiserlicher Truppen über die Schweden bei Nördlingen wett. Die evangelischen Fürsten fielen wieder von den Schweden ab, der kaiserliche Einfluß stieg, und mit Sachsen wurde 1635 in Prag ein Frieden geschlossen, der u. a. eine umfassende Heeresreform unter kaiserlichem Oberbefehl für das ganze Reich vorsah, die zu unterstützen sich aber fast alle Reichsfürsten weigerten.[18] Es wurde lange behauptet, daß Ferdinand seinen Sieg ausnützen wollte, um das territorial-staatlich gegliederte Reich spätestens nun in eine absolutistische Monarchie umzuwandeln. Sicher versuchte Habsburg, seinen Einfluß im Reich, wie bereits 1630, zu stärken, besetzte auch Württemberg, aber eine genaue Untersuchung der Prager Friedensbeschlüsse zeigt, daß die Befürchtungen der Reichsfürsten unbegründet waren. Im Gegenteil, so sehr immer wieder die Gefährdung der reichsständischen Libertät vor allem gegenüber den Angriffen Gustav Adolfs, Wallensteins oder Ferdinands II. beschworen wurde, zeigt sich in Wirklichkeit während des ganzen Dreißigjährigen Krieges im Reich eher eine zunehmend ›konservative Tendenz‹, der Wunsch, in verfassungsrechtlicher wie sozialer Hinsicht bei den altüberkommenen Verhältnissen zu beharren.[19] Das Scheitern der Heeresreform in Verbindung mit dem kurz darauf erfolgenden Kriegseintritt Frankreichs machte in der Tat offenkundig, daß der kriegerische Konflikt zusehends den Händen der Reichsfürsten und des Kaisers entglitt und weniger von ›deutschen Interessen‹, als denen auswärtiger Mächte geleitet wurde. Als bald kaum noch jemand wußte, wie die Fronten liefen und welche Ziele verfolgt wurden, zudem das militärische Potential erschöpft war und das Elend wuchs, aber auch alle beteiligten Länder enorme innenpolitische Konflikte hatten, steigerte sich allenthalben der Friedenswille.

Der Westfälische Friede hat eine lange und komplizierte Vorgeschichte. Zu ersten Friedensverhandlungen kam es bereits 1630/31, dann nahmen wieder 1636 spanische, französische, kaiserliche und dänische Gesandte Kontakte auf. Stärkstes Interesse an einem baldigen Friedensschluß besaßen die Reichsfürsten, am wenigsten wollte Frankreich einen frühzeitigen Frieden, sondern suchte die völlige Niederlage Spaniens und bot deswegen alle Kräfte auf, seine Verbündeten, vor allem Schweden, immer wieder zu aktivieren. Als schließlich die ersten Besprechungen 1644 zwischen Schweden und Frankreich stattfanden, ging der Krieg noch unerbittlicher als zuvor weiter, da jeder seine Verhandlungsposition verbessern wollte, auch wenn gleichzeitig alle Staaten einen sicheren und dauerhaften Frieden wollten. Bereits lange stand fest, daß der Frieden nur mit den ausländischen Staaten geschlossen werden konnte und daß dabei sowohl konfessionelle wie verfassungspolitische Probleme des Reiches gelöst werden mußten.[20] Vier Jahre dauerte es, bis die drei Gruppen: der Kaiser, Frankreich und Schweden mit ihren jeweiligen Verbündeten 1648 in Münster bzw. Osnabrück ein Friedenswerk abschlossen, das allen Interessen gerecht werden wollte. Der Westfälische Friede war kein revolutionäres Werk, er stellte letztlich nur den status quo von vor dem Krieg wieder her. In dreifacher Hinsicht erlangte er Bedeutung. Erstens wurde das

Abb. 33: *Friedensbote von Münster* (1648)

konfessionelle Problem im Reich dahingehend endgültig geklärt, daß unter Anerkennung der Calvinisten die protestantische und katholische Konfession gleichberechtigt wurden. Es blieb bei den Besitz- und Rechtsverhältnissen von 1555 bzw. 1624, dem Corpus Catholicorum wurde im Reichstag ein gleichberechtigtes Corpus Evangelicorum gegenübergestellt. Alle Reichsbehörden wurden paritätisch besetzt. Auch brauchte ein Land nicht mehr jeden Konfessionswechsel seines Landesherrn mitzumachen. Die Säkularisierung der Politik, wie sie im Dreißigjährigen Krieg sich durchgesetzt hatte, kam dem Konfessionsfrieden entgegen, der auch das Zeitalter des Konfessionalismus beendete. Nicht weniger entscheidend waren die Änderungen bzw. die Spezifizierung der Reichsverfassung. Die reichsständische Libertät wurde nicht zuletzt auch im Interesse auswärtiger Mächte auf Kosten der kaiserlichen Reichsgewalt gestärkt. Der Kaiser verlor das Recht, allein über Krieg und Frieden, militärische und außenpolitische Dinge zu entscheiden, an den Reichstag, während die Reichsstände Bündnisfreiheit erhielten und das volle ius territorii et superioritatis, sofern es nicht gegen Reich und Kaiser verstieß. Der Westfälische Friede beendete somit auch den langen Kampf zwischen Kaiser und Reichsständen zu deren Gunsten. Alle Reichsfürsten kamen wieder in Besitz ihrer Herrschaften mit einigen kleinen Änderungen, die Rheinpfalz wurde mit der Kurfürstenwürde wiedererrichtet, Habsburg verlor das Elsaß an Frankreich und Brandenburg Vorpommern an Schweden, wofür es aber mit dem geistlichen Besitz (Magdeburg, Halberstadt u.a.) entschädigt wurde. Schließlich wurde das Westfälische Friedenswerk nicht nur ein bis zum Ende des alten Reiches gültiges Reichsgrundgesetz, damit verpflichtend und Handlungsrahmen für alle Reichsstände, sondern bildete geradezu den ersten Versuch einer gesamteuropäischen Friedensordnung, die durch auswärtige Mächte geschützt wurde. Wer fortan sich behaupten und eine Rolle in der europäischen Politik spielen wollte, mußte sich diesen Normen beugen, was freilich eine hegemoniale Stellung nicht ausschloß, wie wir sie von Frankreich kennen, sie verlangte aber neue Mittel, vor allem Diplomatie und Bündnispolitik.

Der Westfälische Friede darf nicht isoliert betrachtet werden, einen Frieden zwischen Frankreich und Spanien bzw. Schweden und Polen schloß er nicht ein. Der Pyrenäenfriede (1659) und die Verträge von Kopenhagen (mit Dänemark) und Oliva (mit Polen) (1660) verstehen sich als notwendige Ergänzungen. Erst 1660 endete somit der Krieg, der als Dreißigjähriger Krieg Geschichte gemacht hatte. Seine Folgen sind im einzelnen schwer auszumachen. Einmal sind die sozial-wirtschaftlichen Verheerungen in Mitteleuropa zu nennen, die oft erst hundert Jahre später völlig behoben wurden, der ungeheure Menschenverlust, die Zerstörung materieller Güter und nicht zuletzt das Ansteigen der Landstreicherei und Bettelei, das wesentlich mit der schwierigen Auflösung der Söldnerheere verbunden war und noch Jahrzehnte nach dem Friedensschluß ganz Mitteleuropa verunsicherte. Zum anderen ist die Festschreibung einer staatlichen Ordnung, eines Staatensystems anzuführen, in dem ausschließlich nur noch die Adelswelt, die ja auch das Friedenswerk betrieb, politisches Gewicht besaß. Wenn fortan ›autonome‹ ständische, bürgerliche oder bäuerliche Bewegungen kaum noch eine Rolle spielten, im Gegenteil, zunehmend die autoritär-absolutistische Struktur sich verstärkte, dann kann man durchaus sagen, daß der Dreißigjährige Krieg »den Höhepunkt innerfeudaler Führungskämpfe bildete, die objektiv auf die Reorganisation der politischen Adelsmacht abzielten«.[21] So stellt der Westfälische Friede also kein revolutionäres Werk dar, das die sozial-politische Struktur Europas grundlegend geändert hätte, er war im Gegenteil ein Element der Neuorganisation aristokratischer Herrschaft.

Zeittafel

1551 Fürstenbund zu Torgau gegen Karl V.
1552 Krieg Karls V. gegen Frankreich, bis 1556.
1555 Augsburger Religionsfrieden.
1556 Philipp II., König von Spanien bis 1598.
1558 Elisabeth I., Königin von England bis 1603.
1559 Frieden von Câteau-Cambrésis zwischen England, Frankreich und Spanien. Gesamtsynode der Calvinisten in Paris. Publikation des Index librorum prohibitorum.
1561 Naumburger Fürstentag.
1562 Blutbad von Vassy. Beginn des Hugenottenkrieges. Arbeitsgesetz in England erlassen.
1563 Erbauung des Escorial (bis 1584). Ende des Konzils von Trient.
1564 Maximilian II., Kaiser bis 1576. Tod von Michelangelo. Tod von Calvin.
1566 Beginn des Unabhängigkeitskriegs der Niederlande (bis 1609). Gründung der Londoner Börse.
1568 Aufstand der Moriscos in Spanien (bis 1571). Hinrichtung der Grafen Egmont und Hoorn in Brüssel.
1569 Lubliner Union vereinigt Polen mit Litauen. Tod von P. Brueghel d. Ä.
1570 Exkommunikation Elisabeths I.
1572 Bartholomäusnacht. Tod Colignys, des Führers der Calvinisten.
1575 Gründung der Universität Leiden. Vollendung der Jesuitenkirche Il Gesu in Rom. Staatsbankrott in Spanien.
1576 Rudolf II., Nachfolger von Kaiser Maximilian II. bis 1612. Plünderung von Antwerpen. Genter Pazifikation. Bodins »VI livres de la République«.
1577 Zweite Weltumseglung durch F. Drake (bis 1580).
1579 Utrechter Union: Gründung der holländischen Republik.
1580 Staatsbankrott in Frankreich. Portugal wird spanisch. Montaignes »Essais«.
1582 Gregorianische Kalenderreform. Gründung der Accademia della Crusca. Beginn der Eroberung Sibiriens.

1584	Wilhelm von Oranien ermordet.
1585	Raleigh gründet Kolonie in Virginia.
1587	Hinrichtung von Maria Stuart.
1588	Untergang der spanischen Armada.
1589	Heinrich IV., König von Frankreich bis 1610.
1592	Aufstand in Irland bis 1603.
1597	Armengesetz in England.
1598	Edikt von Nantes. Hansischer Stalhof in London wird geschlossen. Pestepidemien in Spanien bis 1603.
1600	Verbrennung G. Brunos durch die römische Inquisition. Gründung der englischen Ostindischen Kompanie.
1601	Essex Revolte in England. Bruderzwist im Hause Habsburg.
1602	Gründung der niederländischen Ostindischen Kompanie. Campanellas ›Sonnenstaat‹.
1603	Jakob I., König von England bis 1625.
1605	Pulververschwörung in London. Cervantes' »Don Quijote«.
1606	Russischer Bauernkrieg unter J. Bolotnikov.
1607	Religionsstreit in Donauwörth.
1608	Gründung der protestantischen Union.
1609	Vertreibung der Moriscos in Spanien. Waffenstillstand zwischen Spanien und Niederlanden für 12 Jahre. Gründung der Wechselbank in Amsterdam. Gründung der katholischen Liga. Beginn des Jülisch-Kleveschen Erbfolgestreits.
1611	Gustav II. Adolf, König von Schweden bis 1632. Gründung der Börse in Amsterdam.
1613	Michael Romanow, Zar von Rußland bis 1645.
1614	Letzte Sitzung der Etats généraux in Frankreich. Bürgerkrieg in Frankreich.
1616	Tod von Shakespeare.
1618	Prager Fenstersturz. Beginn des Dreißigjährigen Krieges. Synode von Dordrecht.
1619	Ferdinand II., Kaiser bis 1637. Hinrichtung von Oldenbarneveldt.
1620	Schlacht am Weißen Berg.
1621	Philipp II., König in Spanien bis 1665. Gründung der niederländischen Westindischen Kompanie. Sturz des Lordkanzlers F. Bacon.
1622	Gründung der Congregatio de propaganda fide. Olivares, leitender Minister in Spanien.
1624	Kardinal Richelieu, leitender Minister Ludwigs XIII. Gründung von Neu-Amsterdam.

1625 Karl I., König von England. Haager Konvention zwischen Dänemark, England und den Niederlanden. Eroberung der Hugenottenfeste La Rochelle.

1626 Oberösterreichischer Bauernkrieg.

1627 Erneuerte Landesordnung für Böhmen. Staatsbankrott in Frankreich.

1628 Karl I. akzeptiert die Petition of Right. Kapitulation von La Rochelle.

1629 Mantuanischer Erbfolgekrieg bis 1631. Karl I. löst das Parlament auf. Restitutionsedikt. Friede von Lübeck zwischen Dänemark und Kaiser.

1630 Einmarsch Gustav Adolfs in Deutschland. Kurfürstentag in Regensburg. Absetzung Wallensteins.

1632 Tod Tillys. Schlacht bei Lützen. Gustav Adolf fällt.

1633 Heilbronner Konföderation. Galileis Widerruf.

1634 Wallenstein ermordet. Schlacht bei Nördlingen. Niederlage der Schweden.

1635 Friede von Prag zwischen Kaiser und Kurfürst von Sachsen. Krieg zwischen Spanien und Frankreich. Gründung der Académie française.

1637 Tod Ferdinands II., Descartes' »Discours de la méthode«.

1639 Aufstand in der Normandie.

1640 Aufstand in Katalonien. Einberufung des ›Langen Parlaments‹ in London. Aufstand Portugals gegen die spanische Herrschaft. Friedrich Wilhelm, Kurfürst von Brandenburg bis 1688. Tod von P. P. Rubens.

1641 Aufstand der Iren. Hinrichtung von Strafford in England. Große Remonstranz vom Parlament angenommen.

1642 Englischer Bürgerkrieg. Tod von Richelieu und Galilei.

1643 Sturz von Olivares.

1644 Beginn der Friedensverhandlungen im Reich.

1645 Gründung der New Model Army.

1646 Ende des englischen Bürgerkriegs.

1647 Volkserhebungen in Sizilien und Neapel.

1648 Westfälischer Friede. Aufstand der Fronde in Paris.

1649 Hinrichtung Karls I. Aufstand in Irland.

Anmerkungen

Kap. 1: FRÜHKAPITALISMUS UND EUROPÄISCHE EXPANSION

1/I: Bevölkerung und Verstädterung

1 P. CHAUNU, *Europäische Kultur im Zeitalter des Barock* (1966) 228; vgl. auch M. RASSEM/J.STAGL (Hg.), *Statistik und Staatsbeschreibung in der Neuzeit vornehmlich im 16.–18. Jahrhundert* (1980).
2 J. BELOCH, *Bevölkerungsgeschichte Italiens*, 3 Bde. (1937/61).
3 Hierzu: A. E. IMHOF, *Einführung in die Historische Demographie* (1977); auch E. PITZ, »Entstehung und Umfang statistischer Quellen in der vorindustriellen Zeit«, in: *HZ* 223 (1976).
4 Allgemein zur Bevölkerungsgeschichte Europas vgl. R. MOLS, »Die Bevölkerung Europas 1500–1700«, in: *Europäische Wirtschaftsgesch.* II (1979); auch E. A. WRIGLEY, *Bevölkerungsstruktur im Wandel. Methoden und Ergebnisse der Demographie* (1969).
5 F. BRAUDEL, *Geschichte der Zivilisation* (1971) 33.
6 F. KOERNER, »Die Bevölkerungszahl und -dichte in Mitteleuropa zum Beginn der Neuzeit«, in: *Forsch. u. Fortschritte* 33 (1959).
7 Informativ A. H. JOHANSEN, »Zur demographischen Entwicklung Kastiliens im 16. Jahrhundert«, in: *Ges. Aufsätze zur Kulturgesch. Spaniens* 29 (1978).
8 CHAUNU, *Europäische Kultur* 283.
9 Allgemein G. FRANZ, *Der Dreißigjährige Krieg und das deutsche Volk* (1943²).
10 Eine differenzierte Analyse bietet: W. v. HIPPEL, »Bevölkerung und Wirtschaft im Zeitalter des Dreißigjährigen Krieges. Das Beispiel Württemberg«, in: *Zs. f. hist. F.* 5 (1978).
11 J. BOG, »Das Konsumzentrum London und seine Versorgung 1540–1640«, in: *Fs. F. Lütge* (1966).
12 CH. WILSON, *Die Früchte der Freiheit* (1968).
13 B. PULLAN (Hg.), *Crisis and Change in the Venetian Economy in the 16ᵗʰ and 17ᵗʰ Centuries* (1968).
14 CHAUNU, *Europäische Kultur* 332 ff; auch F. BRAUDEL, *La Méditerranée et le monde méditerranéen à l'époque de Philippe II* (1966²).
15 D. SELLA, »Die gewerbliche Produktion in Europa«, in: *Europ. Wirtschaftsgesch.* II (1979) 230 ff.
16 W. ABEL, *Massenarmut und Hungerkrisen im vorindustriellen Europa* (1974).
17 E. A. DUTKIND, *International History of City Development* (1967).
18 Zu diesen Wanderungsbewegungen vgl. CHAUNU, *Europäische Kultur* 340; MOLS, *Die Bevölkerung Europas* 32 ff. F. BRAUDEL, *Zivilisation* 41 ff.
19 W. BICKEL, *Bevölkerungsgeschichte und Bevölkerungspolitik der Schweiz seit dem Ausgang des Mittelalters* (1947).

1 Zit. nach F. Braudel, *Geschichte der Zivilisation* (1971) 484.

2 Ebd. 496.

3 W. Abel, *Agrarkrisen und Agrarkonjunktur* (1966²) 115.

4 Ebd. 113 ff; ders., *Massenarmut und Hungerkrisen im vorindustriellen Europa* (1974) 17 ff; auch E. J. Hamilton, *American Treasure and the Price Revolution in Spain 1501–1650* (1934). Dazu nun P. H. Ramsey (Hg.), *The Price Revolution in Sixteenth Century England* (1971).

5 Zit. nach G. Parker, »Die Entstehung des modernen Geld- und Finanzwesens«, in: *Europ. Wirtschaftsgesch.* II (1979) 337.

6 Ebd. 336.

7 Braudel, *Zivilisation* 523.

8 J. van Klaveren, *Europäische Wirtschaftsgeschichte Spaniens im 16.–17. Jahrhundert* (1960).

9 Hierzu Abel, *Massenarmut*; auch W. Achilles, »Getreidepreise und Getreidehandelsbeziehungen europäischer Räume im 16. und 17. Jahrhundert«, in: *ZAA* 7 (1959); D. Saalfeld, »Die Wandlungen der Preis- und Lohnstruktur während des 16. Jahrhunderts in Deutschland«, in: *Schr. d. Ver. f. Socialpolitik* 63 (1971).

10 Abel, *Massenarmut* 21.

11 W. A. Boelcke, »Bäuerlicher Wohlstand in Württemberg Ende des 16. Jahrhunderts«, in: *Jb. f. Nationalökon. u. Statistik* 176 (1964).

12 Abel, *Massenarmut* 25.

13 E. Scholliers, *De Levensstandaard in de XVᵉ en XVIᵉ Eeuw te Antwerpen* (1960).

14 Abel, *Agrarkrise* 141.

15 Hierüber berichtet ausführlich: Abel, *Massenarmut* 70–78.

16 Achilles, *Getreidepreise und Getreidehandelsbeziehungen*.

17 H. van der Wee, *The Growth of the Antwerp Market* II (1963).

18 Zit. nach Abel, *Massenarmut* 83.

19 W. Naudé, *Die Getreidepolitik der europäischen Staaten vom 13. bis zum 18. Jahrhundert* (= Acta Borussica. Getreidehandelspolitik I) (1886).

20 Ebd.

21 M. Radlkofer, »Die Teuerung zu Augsburg in den Jahren 1570 und 71«, in: *Zs. d. HV. f. Schwaben* 19 (1892).

22 R. Endres, »Zur Einwohnerzahl und Bevölkerungsstruktur im 15./16. Jahrhundert«, in: *Mitt. d. Vereins f. Gesch. d. Stadt Nürnberg* 57 (1970).

23 Fr. Aston (Hg.), *Crisis in Europe 1560–1660* (1975³); G. Parker/L. M. Smith (Hg.), *The General Crisis of the Seventeenth Century* (1978).

24 Zit. nach Abel, *Agrarkrise* 142.

25 A. A. Christensen, *Dutch Trade to the Baltic about 1600* (1941).

26 J. Richarz, *Herrschaftliche Haushalte in vorindustrieller Zeit im Weserraum* (1971).

27 C. M. Cipolla, »The decline of Italy«, in: *Econ. Hist. Rev.* V (1952/3); B. Pullan (Hg.), *Crisis and Change in the Venetian Economy in the 16ᵗʰ and 17ᵗʰ Centuries* (1968).

28 R. Romano, »Between the Sixteenth and Seventeenth Centuries: The Economic Crisis of 1619/22«, in: Parker/Smith, *The General Crisis* (1978); P. Goubert, *Beauvais et le Beauvaisis de 1600 à 1730* (1960).

29 Allgemein: E. E. Rich/C. H. Wilson, *The Economy of Expanding Europe in the Sixteenth and Seventeenth Centuries* (1975²).

30 Fr. Redlich, *Die deutsche Inflation des frühen siebzehnten Jahrhunderts in der zeitgenössischen Literatur* (1972).

31 P. Wuttke, »Zur Kipper- und Wipper-Zeit in Kursachsen«, in: *NA. f. Sächs. Gesch.* 15 (1894).

32 S. a. F. Mauro, *Le XVIᵉ siècle européen: aspects économiques* (1966); P. Kriedte, *Spätfeudalismus und Handelskapital* (1980).

1/III: Landwirtschaft: Agrarverfassung und Produktivität

1 Allgemein: J. KULISCHER, *Allgemeine Wirtschaftsgeschichte des Mittelalters und der Neuzeit* (1965³) 34–98; A. DE MADDALENA, »Das ländliche Europa 1500–1750«, in: *Europ. Wirtschaftsgesch.* II (1979) 171–221; J. DE VRIES, *The Economy of Europe in an Age of Crisis 1600–1750* (1976).

2 O. BRUNNER, *Adeliges Landleben und europäischer Geist* (1949); J. HOFFMANN, *Die ›Hausväterliteratur‹ und die ›Predigten über den christlichen Hausstand‹* (1959).

3 MADDALENA, *Das ländliche Europa* 173.

4 W. ABEL, »Schichten und Zonen europäischer Agrarverfassung«, in: *ZAA* 3 (1955); G. DUBY, *L'économie rurale et la vie des campagnes dans l'occident médiéval* (1962); FR. LÜTGE, *Geschichte der deutschen Agrarverfassung vom frühen Mittelalter bis zum 19. Jahrhundert* (1967²).

5 F. W. HENNING, *Landwirtschaft und ländliche Gesellschaft in Deutschland* I (1979) 202 ff; s. auch Zs. P. PACH, *Die ungarische Agrarentwicklung im 16.–17. Jahrhundert* (1964); D. SAALFELD, *Bauernwirtschaft und Gutsbetrieb in vorindustrieller Zeit* (1964); H. HARNISCH, *Die Herrschaft Boitzenburg* (1968); S. D. SKAZKIN, »Problèmes fondementaux du deuxième servage en Europe centrale et orientale«, in: *Rech. intern. à la lumière du marxisme* 63/4 (1970)

6 A. CASANOVA/CH. PARAIN, »Die zweite Leibeigenschaft in Mittel- und Osteuropa«, in: L. KUCHENBUCH (Hg.), *Feudalismus* (1977).

7 E. DONNERT, *Rußland an der Schwelle der Neuzeit* (1972).

8 S. D. SKAZKIN, *Der Bauer in Westeuropa während der Epoche des Feudalismus* (1976).

9 M. BLOCH, *Des caractères originaux de l'histoire rurale française* (1960²); G. LEMARCHAND, »Der Feudalismus im ländlichen Frankreich in der Neuzeit«, in: KUCHENBUCH, *Feudalismus* 624–659.

10 Allgemein: E. WEIS, »Ergebnisse eines Vergleiches der grundherrlichen Strukturen Deutschlands und Frankreichs vom 13. bis zum Ausgang des 18. Jahrhunderts«, in: *VSWG* 57 (1970).

11 LÜTGE, *Geschichte der deutschen Agrarverfassung*; A. STROBEL, *Agrarverfassung im Übergang* (1972).

12 G. DUBY/A. WALLON (Hg.), *Histoire de la France rurale* II (1975); G. GOUBERT, *Beauvais et le Beauvaisis de 1600 à 1730* (1960).

13 J. DE VRIES, *The Dutch Rural Economy in the Golden Age 1500–1700* (1974).

14 R. H. TAWNEY, *The Agrarian Problem in the Sixteenth Century* (1912); J. D. CHAMBERS, *Population, Economy and Society in Pre-industrial England* (1972); I. WALLERSTEIN, *Modern World System* (1974).

15 J. L.-B. HAMMOND, *The Village Labourer* (1948); E. KERRIDGE, *Agrarian Problems in the Sixteenth Century and After* (1969).

16 W. ABEL, *Geschichte der deutschen Landwirtschaft* (1967²) 152 ff.

17 W. ABEL, *Agrarkrisen und Agrarkonjunktur* (1966²) 102 f.

18 E. BAASCH, *Holländische Wirtschaftsgeschichte* (1927).

19 B. H. SLICHER VAN BAATH, »Landwirtschaftliche Produktivität im vorindustriellen Europa«, in: KUCHENBUCH, *Feudalismus* 523–555; MADDALENA, *Das ländliche Europa* 210 ff.

20 ABEL, *Agrarkrisen* 105.

21 Ebd.

22 F. BRAUDEL, *Zivilisation* (1971) 100, 195 f.

23 Zit. nach BRAUDEL, *Zivilisation* 199.

24 ABEL, *Geschichte der deutschen Landwirtschaft* 171.

25 H. WIESE/J. BÖLTS, *Rinderhandel und Rinderhaltung im nordwesteuropäischen Küstengebiet vom 15. bis zum 19. Jahrhundert* (1966).

26 ABEL, *Agrarkrisen* 109.

27 J. KLEIN, *The Mesta. A Study in Spanish Economic History 1273–1866* (1920).

28 ABEL, *Agrarkrisen* 112.

1/IV: Die gewerbliche Produktion

1 Allgemein: J. Kulischer, *Allgemeine Wirtschaftsgeschichte des Mittelalters und der Neuzeit* (1965³) 99–194; D. Sella, »Die gewerbliche Produktion in Europa 1500–1700«, in: *Europ. Wirtschaftsgesch.* II (1978). J. de Vries, *The Economy of Europe in an Age of Crisis 1600–1750* (1976) 84–111.

2 W. Minchinton, »Die Veränderungen der Nachfragestruktur von 1500 bis 1750«, in: *Europ. Wirtschaftsgesch.* II (1978) 51–112.

3 J. Delumeau, *Vie économique et sociale de Rome dans la seconde moitié du XVIe siècle*, 2 Bde. (1957).

4 Zit. nach Sella, *Die gewerbliche Produktion* 228.

5 E. Coornaert, *Un centre industriel d'autrefois. La draperie-soyetterie d'Hondschote* (1930); R. Davis, *English Overseas Trade 1500–1700* (1973).

6 P. Kriedte/H. Medick/J. Schlumbohm, *Industrialisierung vor der Industrialisierung* (1977).

7 G. Aubin/A. Kunze, *Leinenerzeugung und Leinenabsatz im östlichen Mitteldeutschland zur Zeit der Zunftkämpfe* (1940).

8 N. W. Posthumus, *De geschiedenis van de Leidsche lakenindustrie* (1933).

9 H. Kellenbenz, »Technik und Wirtschaft im Zeitalter der wissenschaftlichen Revolution«, in: *Europ. Wirtschaftsgesch.* II (1979).

10 Ders. (Hg.), *Schwerpunkte der Kupferproduktion und des Kupferhandels in Europa 1500–1650* (1976).

11 Ders. (Hg.), *Schwerpunkte der Eisengewinnung und Eisenverarbeitung in Europa 1500–1650* (1974).

12 Ders., »Europäisches Eisen. Produktion–Verbreitung–Handel«, in: ders., *Schwerpunkte der Eisengewinnung* 423.

13 Ders., *Technik und Wirtschaft* 127.

14 Ders., *Schwerpunkte der Eisengewinnung* 427.

15 F. M. Ress, »Unternehmungen, Unternehmer und Arbeiter im Eisenerzbergbau und in der Eisenverhüttung der Oberpfalz 1300 bis um 1630«, in: *Schmoller Jb.* 74 (1954).

16 H. R. Schubert, *History of the British Iron and Steel Industry* (1957).

17 W. Rees, *Industry Before the Industrial Revolution* (1968).

18 K. Schottenloher, *Der Buchdrucker als neuer Berufsstand des 15. und 16. Jhts.* (1935).

19 F. Uhlig, *Geschichte des Buches und des Buchhandels* (1962²).

20 J. U. Nef, *The Conquest of the Material World* (1964).

21 Sella, *Die gewerbliche Produktion* 249.

22 H. Kellenbenz, »Die unternehmerische Betätigung der verschiedenen Stände während des Übergangs zur Neuzeit«, in: *VSWG* 44 (1957); F. Redlich, »Der deutsche fürstliche Unternehmer, eine typische Erscheinung des 16. Jahrhunderts«, in: *Tradition* 3 (1958).

23 R. Wissell, *Des Alten Handwerks Recht und Gewohnheit*, 2 Bde. (1971/4).

24 E. Wege, *Die Zünfte als Träger wirtschaftlicher Kollektivmaßnahmen* (1930).

25 E. Coornaert, *Les corporations en France avant 1789* (1941⁵).

26 E. F. Heckscher, *Der Merkantilismus* I (1932); Th. G. Werner, »Unternehmerwerkstätten im europäischen Textilgewerbe«, in: *Scripta Mercaturae* (1970).

27 F. Furger, *Zum Verlagssystem als Organisationsform des Frühkapitalismus im Textilgewerbe* (1927); G. Jahn, »Der Verlag als Unternehmungsform und Betriebssystem im ostmitteldeutschen Leinengewerbe des 16. und 17. Jahrhunderts«, in: *VSWG* 34 (1941); H. Kellenbenz, *Ländliches Gewerbe und bäuerliches Unternehmertum in Westeuropa im Spätmittelalter bis ins 18. Jahrhundert* (1962); Kriedte, *Industrialisierung*.

28 Kulischer, *Wirtschaftsgeschichte* 125.

29 P. Kriedte, *Industrialisierung* 112

1 H. MEDICK, »Vom Feudalismus zum kapitalistischen Weltsystem. Zur Erneuerung der ›Übergangs‹-Debatte«, in: *Sowi* 8 (1979).

2 W. SOMBART, *Das europäische Wirtschaftsleben im Zeitalter des Frühkapitalismus* (= Der moderne Kapitalismus II/1) (1928) 231 ff; W. TREUE, *Achse, Rad und Wagen. 5000 Jahre Kultur- und Technikgeschichte* (1965); H. KELLENBENZ, *Landverkehr, Fluß- und Seeschiffahrt im europäischen Handel* (1965); F. BRAUDEL, *Geschichte der Zivilisation* (1971) 459 ff.

3 H. KELLENBENZ, »Technik und Wirtschaft im Zeitalter der wissenschaftlichen Revolution«, in: *Europ. Wirtschaftsgesch.* II (1979) 145.

4 KULISCHER, *Wirtschaftsgeschichte* II 370 ff.

5 J. H. PARRY, »Transport and Trade Routes«, in: *Cambridge Economic History of Europe* 4 (1966).

6 KELLENBENZ, *Technik und Wirtschaft* 143; K. F. OLECHNOWITZ, *Der Schiffbau der hansischen Spätzeit* (1960).

7 A. KORZENDORFER, »Die Anfänge des Postwesens in Deutschland«, in: *Arch. f. Postgesch. i. Bayern* (1941); M. BOEHME, *Die Zeitung, ihre Entwicklung vom Altertum bis zur Gegenwart* (1922).

8 Nach K. GLAMANN, »Der europäische Handel«, in: *Europ. Wirtschaftsgesch.* II (1979) 276 ff.

9 Dazu allgemein F. BRAUDEL, *La Méditerranée et le monde méditerranéen à l'époque de Philippe II* (1966²).

10 H. V. DE WEE, *The Growth of the Antwerp Market and the European Economy* I–III (1963); auch A. E. SAYONS, »Le rôle d'Amsterdam dans l'histoire du capitalisme commercial et financier«, in: *Rev. Hist.* 183 (1938).

11 M. MALOWIST, »Les produits des pays de la Baltique dans le commerce international au XVIᵉ siècle«, in: *Rev. du Nord* 42 (1960).

12 F. MAURO, »Towards an ›Intercontinental Mode‹: European Overseas Expansion between 1500 and 1800«, in: *Econ. Hist. Rev.* 14 (1961); DERS., *L'Expansion européenne 1600–1870* (1964).

13 W. ACHILLES, »Getreidepreise und Getreidehandelsbeziehungen europäischer Räume im 16. und 17. Jahrhundert«, in: *ZAA* 7 (1959).

14 J. FABER, »Les comptes du Sund comme source pour la construction d'indices généraux de l'activité économique en Europe«, in: *Rev. Hist.* 231 (1964); A. A. CHRISTENSEN, *Dutch Trade to the Baltic about 1600* (1941).

15 H. WIESER/J. BÖLTS, *Rinderhandel und Rinderhaltung im nordwesteuropäischen Küstengebiet vom 15. bis zum 19. Jahrhundert* (1966); auch ZS. P. PACH, *Die ungarische Agrarentwicklung im 16. und 17. Jahrhundert* (1964); E. WESTERMANN (Hg.), *Internationaler Ochsenhandel in der frühen Neuzeit. 1450–1750* (1979).

16 W. ABEL, *Geschichte der deutschen Landwirtschaft* (1967²) 171 ff.

17 GLAMANN, *Der europäische Handel* 300.

18 H. KELLENBENZ, »Der Pfeffermarkt um 1600 und die Hansestädte«, in: *Hans. Gesch. Bl.* 74 (1956); GLAMANN, *Der europäische Handel* 300 ff.

19 R. HILDEBRANDT, »Wirtschaftsentwicklung und Konzentration im 16. Jahrhundert«, in: *Scripta mercaturae* (1970).

20 K. GLAMANN, *Dutch Asiatic Trade 1620–1740* (1958).

21 DERS., *Der europäische Handel* 357.

22 F. BRAUDEL/R. ROMANO, *Navires et marchandises à l'entrée du port de Livorne. 1547–1611* (1951); CH. WILSON, »Cloth Production and International Competition in the Seventeenth Century«, in: *Econ. Hist. Rev.* 2 F. 13 (1960); R. DAVIS, *English Overseas Trade 1500–1700* (1973).

23 B. DAVIDSON, *Vom Sklavenhandel zur Kolonisierung* (1966); ST. L. ENGERMAN/E. D. GENOVESE (Hg.), *Race and Slavery in the Western Hemisphere* (1975).

24 KULISCHER, *Allgemeine Wirtschaftsgeschichte* II 265.

25 W. MINCHINTON, »Die Veränderungen der Nachfragestruktur von 1500 bis 1750«, in: *Europ. Wirtschaftsgesch.* II (1978) 65 f.

419

26 G. Kl. Schmelzeisen, *Polizeiordnungen und Privatrecht* (1955) 296 ff.

27 R. Ehrenberg, *Das Zeitalter der Fugger*, 2 Bde. (1963²).

28 Kulischer, *Allgemeine Wirtschaftsgeschichte* 297 ff; G. Steinhausen, *Kaufleute und Handelsherrn in alten Zeiten* (1899); J. Jeannin, *Les marchands au XVIᵉ siècle* (1957).

29 H. Dollinger, *Die Hanse* (1966).

30 F. W. Henning, *Das vorindustrielle Deutschland 800–1800* (1974) 193.

31 Ehrenberg, *Das Zeitalter der Fugger*; G. v. Pölnitz, *Die Fugger* (1960).

32 Zit. Ehrenberg, *Das Zeitalter der Fugger* I, 149.

33 A. Mayr, *Die großen Augsburger Vermögen 1618–1717* (1931).

34 Allgemein: E. Heckscher, *Der Merkantilismus*, 2 Bde. (1932); C. Bauer, *Unternehmung und Unternehmungsformen im Spätmittelalter und in der beginnenden Neuzeit* (1936).

35 Auch J. Strieder, *Studien zur Geschichte kapitalistischer Organisationsformen* (1925²); M. Weber, *Wirtschaftsgeschichte* (1923).

36 Th. K. Rabb, *Enterprise and Empire* (1967).

37 N. Steensgaard, *The Asian Trade Revolution of the Seventeenth Century* (1974); auch K. Glamann, *Dutch Asiatic Trade 1620–1740* (1958).

38 Kulischer, *Allgemeine Wirtschaftsgeschichte* 302.

39 Allgemein G. Parker, »Die Entstehung des modernen Geld- und Finanzwesens in Europa 1500–1730«, in: *Europ. Wirtschaftsgesch.* II (1978) 335–379.; H. v. De Wee, »Monetary, Credit and Banking Systems«, in: *Cambridge Econom. Hist. of Europe* V (1977).

40 Ehrenberg, *Das Zeitalter der Fugger* I 177.

41 Parker, *Die Entstehung des modernen Geld- und Finanzwesens* 350; V. Barbour, *Capitalism in Amsterdam in the Seventeenth Century* (1950); Ch. Wilson, *Die Früchte der Freiheit* (1968).

42 Ehrenberg, *Das Zeitalter der Fugger* II, 12; N. W. Posthumus, *Inquiry into the History of Prices in Holland* I (1946).

43 J. Gentil da Silva, *Banque et crédit en Italie au XVIIᵉ siècle*, 2 Bde. (1969).

44 J. G. van Dillen, *History of the Principal Public Banks* (1934).

1/VI: Europäische Expansion und Entstehung des Weltmarktes

1 Allgemein: A. Rein, *Die europäische Ausbreitung über die Erde* (1931); J. H. Parry, *Zeitalter der Entdeckungen* (1963); F. Mauro, *L'expansion européenne 1600–1870* (1967²); J. Engel, »Entstehung des frühneuzeitlichen Europa«, in: *Hb. f. europ. Gesch.* III (1971) 293 ff; J. H. Parry, *Europäische Kolonialreiche* (1972); J. Wallerstein, *The Modern World-System* (1974); E. Schulin, »Die vorindustrielle Epoche der europäischen Expansion«, in: *Fs. Hassinger* (1977).

2 F. Braudel, »Europäische Expansion und Kapitalismus 1450–1650«, in: E. Schulin (Hg.), *Universalgeschichte* (1974) 285.

3 A. Müller-Armack, »Geistesgeschichte der Kolonialpläne und der Kolonialexpansion des deutschen Barock«, in: ders., *Religion und Wirtschaft* (1959²).

4 H. Kellenbenz, »Wirtschaftsgeschichtliche Aspekte der überseeischen Expansion Portugals«, in: *Scripta mercaturae* 2 (1970).

5 F. Mauro, *Le Portugal et l'Atlantique au XVIIᵉ siècle. 1570–1670* (1960).

6 P. Chaunu, *L'expansion européenne du XIIIᵉ au XVᵉ siècle* (1969); ders. *Séville et l'Amérique au XVIᵉ et XVIIᵉ siècles* (1977); K. Konetzke, *Das Spanische Weltreich* (1943).

7 Grundlegend: H. P. Chaunu, *Séville et l'Atlantique. 1504–1650*, 12 Bde. (1955–1960).

8 I. Mieck, *Europäische Geschichte der Frühen Neuzeit* (1977²) 67; neuerdings H. Pietschmann, *Die staatliche Organisation des kolonialen Iberoamerika* (1980).

9 H. W. Gensichen, »Missionsgeschichte der neueren Zeit«, in: *Die Kirche in ihrer Geschichte* (1976³); J. Glazik, »Der Missionsfrühling zu Beginn der Neuzeit«, in:

Hb. d. Kirchengesch. IV (1967); W. Reinhard, »Gelenkter Kulturwandel im 17. Jahrhundert. Akkulturation in den Jesuitenmissionen als universalhistorisches Problem«, in: *HZ* 223 (1976).

10 Parry, *Europäische Kolonialreiche;* M. Mollat (Hg.), *Sociétés et compagnies de commerce en orient et dans l'Océan Indien* (1970); K. Glamann, *Dutch Asiatic Trade 1620–1740* (1958).

11 Parry, *Europäische Kolonialreiche;* Engel, *Entstehung des neuzeitlichen Europa* 307 ff.

12 E. Schulin, *Handelsstaat England* (1969); T. K. Raab, *Enterprise and Empire* (1967).

13 H. G. Dahms, *Grundzüge der Geschichte der Vereinigten Staaten* (1971) 18 ff; R. Cartier, *Europa erobert Amerika* (1958).

14 R. Pipes, *Rußland vor der Revolution* (1977); B. Nolde, *La formation de l'empire russe* I (1952).

15 K. Marx, *Das Kapital* III (= MEW 25) (1977) 345.

16 Hierzu auch U. Bitterli, *Die ›Wilden‹ und die ›Zivilisierten‹* (1976).

17 M. E. de Montaigne, *Essais,* übers. v. H. Lüthy (1923) 230.

1/VII: Vom Feudalismus zum Kapitalismus

1 Allgemein: M. Dobb, *Entwicklung des Kapitalismus vom Spätfeudalismus bis zur Gegenwart* (1972[2]); hierzu die Dobb/Sweezy Kontroverse vgl. P. Sweezy u. a., *Der Übergang vom Feudalismus zum Kapitalismus* (1978); P. Kriedte/H. Medick/J. Schlumbohm, *Industrialisierung vor der Industrialisierung* (1977); H. Medick, »Vom Feudalismus zum kapitalistischen Weltsystem. Zur Erneuerung der ›Übergangs‹-Debatte«, in: *Sowi* 8 (1979); nun auch P. Kriedte, *Spätfeudalismus und Handelskapital* (1980); R. van Dülmen, »Formierung der frühneuzeitlichen Gesellschaft in Europa. Ein Versuch«, in: *GG* 7 (1981).

2 Hierzu P. Hilton, »Eine Krise des Feudalismus«, in: *Sowi* 8 (1979); nun P. Kriedte, »Spätmittelalterliche Agrarkrise oder Krise des Feudalismus?«, in: *GG* 7 (1981).

3 K. Marx, *Das Kapital* I (= MEW 23) (1970) 743.

4 S. d. neuen Erklärungsvorschlag von J. Wallerstein, *The Modern World-System* (1974); ders., *The Modern World-System* II (1980). Dazu der Sammelband D. Senghaas (Hg.), *Kapitalistische Weltökonomie* (1979), und kritisch R. Brenner, »Agrarian Class Structure and Economic Developement in Pre-Industrial Europe«, in: *PP* 70 (1976).

5 K. Marx, *Das Kapital* I 161.

6 B. H. Slicher van Bath, »Landwirtschaftliche Produktivität im vorindustriellen Europa«, in: L. Kuchenbuch (Hg.), *Feudalismus* (1977); Zs. P. Pach, *Die ungarische Agrarentwicklung im 16. und 17. Jahrhundert* (1964). W. Kula, *Théorie économique du système féodal* (1970).

7 F. Furger, *Zum Verlagssystem als Organisationsform des Frühkapitalismus im Textilgewerbe* (1927); Kriedte, *Industrialisierung;* dazu kritisch H. Linde, »Proto-Industrialisierung. Zur Justierung eines neuen Leitbegriffs der sozialgeschichtlichen Forschung«, in: *GG* 6 (1980).

8 F. Braudel, »Europäische Expansion und Kapitalismus. 1450–1650«, in: E. Schulin (Hg.), *Universalgeschichte* (1974); Wallerstein, *The Modern World System* I; dazu auch ders., *The Capitalist World-Economy* (1979).

9 H. Kellenbenz, »Technik und Wirtschaft im Zeitalter der wissenschaftlichen Revolution«, in: *Europ. Wirtschaftsgesch.* II (1979); J. Strieder, *Studien zur Geschichte der kapitalistischen Organisationsformen* (1914); Cl. Bauer, *Unternehmung und Unternehmungsformen im Spätmittelalter und in der beginnenden Neuzeit* (1936).

10 Dazu, aber unzureichend: D. C. North/R. P. Thomas, *The Rise of the Western*

World (1973); J. DE VRIES, *The Economy of Europe in an Age of Crisis. 1600–1750* (1976); TH. K. RABB, *Enterprise and Empire* (1967).

11 M. WEBER, *Wirtschaftsgeschichte* (1923) 302.

12 Vor allem M. WEBER, *Die protestantische Ethik*, 2 Bde. (1973³); dazu der Sammelband von C. SEYFARTH/W. M. SPRONDEL (Hg.), *Religion und gesellschaftliche Entwicklung* (1973); sowie die ältere Studie von R. V. TAWNEY, *Religion und Frühkapitalismus* (1946).

13 E. TROELTSCH, *Die Soziallehren der christlichen Kirchen und Gruppen* (ND 1965) 170 ff.

14 Dies legt u.a. die Analyse von DOBB, *Entwicklung des Kapitalismus*, nahe.

15 Dazu anregend WALLERSTEIN, *The Modern World System* I, dazu auch DERS., »Aufstieg und künftiger Niedergang des kapitalistischen Weltsystems. Zur Grundlegung vergleichender Analyse«, in: SENGHAAS (Hg.), *Kapitalistische Weltökonomie* 31–67.

16 WALLERSTEIN, *The Modern World-System* I 98.

Kap. 2: STÄNDEGESELLSCHAFT UND POLITISCHE HERRSCHAFT

2/I: Frühneuzeitliche Ständegesellschaft

1 Allgemein zum Problem der Ständegesellschaft: H. U. WEHLER (Hg.), *Klassen in der europäischen Gesellschaft* (1979) (vor allem die Beiträge von J. KOCKA und W. MAGER); dann auch E. HINRICHS, *Einführung in die Geschichte der Frühen Neuzeit* (1980) 66 ff; W. MAGER, *Frankreich vom Ancien Regime zur Moderne* (1980) 74 ff; R. VAN DÜLMEN, »Formierung der europäischen Gesellschaft in der frühen Neuzeit«, in: *GG* 7 (1981).

2 J. KOCKA, »Stand – Klasse – Organisation. Strukturen sozialer Ungleichheit in Deutschland vom späten 18. bis zum frühen 20. Jahrhundert im Aufriß«, in: WEHLER (Hg.), *Klassen in der europ. Sozialgeschichte* 138; vgl. auch das Kap. »Stände und Klassen« in: M. WEBER, *Wirtschaft und Gesellschaft* (1925²), sowie DERS., *Gesammelte Aufsätze zur Religionssoziologie* I (1963⁵) 274 ff. Dazu anregend P. BOURDIEU, »Klassenstellung und Klassenlage« in: DERS., *Zur Soziologie der symbolischen Formen* (1974); L. STONE, »Social Mobility in England 1500–1700«, in: *PP* 33 (1966).

3 U.a. R. MOUSNIER, »Les concepts d'›ordres‹, d'›états‹, de ›fidélité‹, et de ›monarchie absolue‹ en France de la fin du XVᵉ siècle à la fin du XVIIIᵉ«, in: *Rev. historique* 247 (1972); R. MOUSNIER (Hg.), *Problèmes de stratification sociale* (1968).

4 Über die Verhärtungstendenzen allgemein: R. MOUSNIER, *Les Institutions de la France sous la monarchie absolue 1598–1789* I (1974); auch R. MANDROU, *Introduction à la France moderne 1500–1640* (1974); J. ENGEL, »Die Entstehung des neuzeitlichen Europa«, in: TH. SCHIEDER (Hg.), *Hb. d. europ. Gesch.* III (1971) 423 ff; besonders L. STONE, *The Crisis of the Aristocracy 1558–1641* (1965); P. BURKE, *Venice and Amsterdam* (1974).

5 G. KL. SCHMELZEISEN, *Polizeiordnung und Privatrecht* (1955) 295 (Policey- und Kleider-Ordnung von Sachsen 1612).

6 Hierzu allgemein u.a. W. A. BOELCKE, »Wandlungen der dörflichen Sozialstruktur während Mittelalter und Neuzeit«, in: *Fs. G. Franz* (1967) 80–103; O. BRUNNER, »Souveränitätsprobleme und Sozialstruktur in den deutschen Reichsstädten der frühen Neuzeit«, in: DERS., *Neue Wege der Verfassungs- und Sozialgeschichte* (1968²); N. ELIAS, *Die höfische Gesellschaft* (1969); D. SAALFELD, »Die ständische Gliederung der Gesellschaft Deutschlands im Zeitalter des Absolutismus«, in: *VSWG* 67 (1980).

7 U.a. H. ASSEO, »Marginalité et exclusion: le traitement administratif des Bohémiens«, in: *Problèmes socio-culturels en France au XVIIIᵉ siècle* (1974); sowie M. FOUCAULT, *Überwachen und Strafen* (1977).

1 Allgemein: J. BLUM, *Lord and Peasant in Russia* (1961); E. LE ROY LADURIE, *Les paysans du Languedoc*, 2 Bde. (1966); R. H. TAWNEY, *The Agrarian Problem in the Sixteenth century* (1967); J. THIRSK (Hg.), *The Agrarian History of England and Wales 1500–1640*, IV (1967); O. BRUNNER, »Europäisches Bauerntum«, in: DERS., *Neue Wege der Verfassungs- und Sozialgeschichte* (1968²); A. STROBEL, *Agrarverfassung im Übergang* (1972); G. DUBY/A. WALLON (Hg.), *Histoire de la France rurale* II 1340–1789 (1975); G. FRANZ, *Geschichte des deutschen Bauernstandes* (1976²); S. D. SKAZKIN, *Der Bauer in Westeuropa während der Epoche des Feudalismus* (1976); J. DE VRIES, *The Dutch Rural Economy in the Golden Age 1500–1700* (1974); W. SCHULZE, *Bäuerlicher Widerstand und feudale Herrschaft in der frühen Neuzeit* (1980); P. BLICKLE (Hg.), *Aufruhr und Empörung?* (1980).

2 CHR. V. GRIMMELSHAUSEN, *Der abenteuerliche Simplicissimus* (1959) 15.

3 G. FRANZ, *Der Dreißigjährige Krieg und das deutsche Volk* (1943); LE ROY LADURIE, *Les paysans du Languedoc*.

4 B. H. SLICHER VAN BATH, *The Agrarian History in Western Europe 1500–1850* (1963); ZS. P. PACH, *Die ungarische Agrarentwicklung im 16. und 17. Jahrhundert* (1964); STROBEL, *Agrarverfassung im Übergang*; FR. LÜTGE, *Geschichte der deutschen Agrarverfassung vom frühen Mittelalter bis zum 19. Jahrhundert* (1967²); W. KULA, *Théorie économique du système féodal* (1970); E. WEIS, »Ergebnisse eines Vergleichs der grundherrschaftlichen Strukturen Deutschlands und Frankreichs vom 13. bis zum Ausgang des 18. Jahrhunderts«, in: *VSWG* 57 (1970); F. W. HENNING, *Landwirtschaft und ländliche Gesellschaft in Deutschland 800–1750* I (1979).

5 TAWNEY, *The Agrarian Problem*; J. KLEIN, *The Mesta* (1920).

6 Zit. nach L. PFANDL, *Spanische Kultur und Sitte des 16. und 17. Jahrhunderts* (1924) 54 f.

7 W. ABEL, *Massenarmut und Hungerkrisen im vorindustriellen Europa* (1974); DERS., *Agrarkrisen und Agrarkonjunktur* (1966²); SCHULZE, *Bäuerlicher Widerstand*.

8 H. KELLENBENZ, »Die unternehmerische Betätigung der verschiedenen Stände während des Übergangs zur Neuzeit«, in: *VSWG* 44 (1957).

9 FRANZ, *Geschichte des Bauernstandes* 210 ff (Kap.: »Die soziale Schichtung des Dorfes«); vgl. auch W. A. BOELCKE, »Bäuerlicher Wohlstand in Württemberg Ende des 16. Jahrhundert«, in: *Jb f. Nationalökon. u. Statistik* 176 (1965); DERS., »Wandlungen der dörflichen Sozialstruktur während Mittelalter und Neuzeit«, in: *Fs. G. Franz* (1967).

10 FRANZ, *Geschichte des Bauernstandes* 223 f; P. GOUBERT, »The French Peasantry of the Seventeenth Century. A Regional Example«, in: *PP* 10 (1956); J. PETERS, »Ostelbische Landarmut. Sozialökonomisches über landlose und landarme Agrarproduzenten im Spätfeudalismus«, in: *Jb. f. WG.* (1967); M. SPUFFORD, *Contrasting Communities. English Villagers in the Sixteenth and Seventeenth Centuries* (1974).

11 A. DE MADDALENA, »Das ländliche Europa«, in: *Europ. Wirtschaftsgesch.* II (1979) 177 ff.

12 P. KRIEDTE/H. MEDICK/J. SCHLUMBOHM, *Industrialisierung vor der Industrialisierung* (1977).

13 Zit. aus S. MÜNSTER, *Cosmographia* (1588), nach G. FRANZ (Hg.), *Quellen zur Geschichte des deutschen Bauernstandes in der Neuzeit* (1963) 87.

14 Über bäuerliche Lebenswelt u. a. K. S. KRAMER, *Die Nachbarschaft als bäuerliche Gemeinschaft* (1954); DERS., *Grundriß einer rechtlichen Volkskunde* (1974); W. JACOBEIT, »Arbeit und Arbeitswerkzeuge«, in: J. KUCZYNSKI, *Geschichte des Alltags des deutschen Volkes 1600–1650* I (1980) 342 ff.

15 PH. ARIÈS, *Geschichte der Kindheit* (1975) 140.

16 Allgemein: R. CHARTIER, »Discipline et invention«, in: *Diogène* 110 (1980).

17 W. KUNKEL/KL. SCHMELZEISEN/H. THIEME (Hg.), *Quellen zur Neueren Privat-rechtsgeschichte Deutschlands*, II: »Policey- und Landesverordnungen« (1968) 178 f.
18 E. W. ZEEDEN, *Deutsche Kultur in der Frühen Neuzeit* (1968) 58 ff; auch A. BARTELS, *Der Bauer* (1900) u. P. BURKE, *Popular Culture in early modern Europe* (1978) sowie K. S. KRAMER, *Volksleben im Fürstentum Ansbach* (1961) u. K. S. KRAMER/U. WILKENS, *Volksleben in einem holsteinischen Gutsbezirk* (1979).
19 L. A. VEIT/L. LENHART, *Kirche und Volksfrömmigkeit im Zeitalter des Barock* (1956); K. THOMAS, *Religion and the decline of Magic* (1971); H. HÖRGER, *Kirche, Dorfreligion und bäuerliche Gesellschaft* (1978); C. GINZBURG, »Volksbrauch, Magie und Religion«, in: R. ROMANO u. a. (Hg.), *Die Gleichzeitigkeit des Ungleichzeitigen* (1980).
20 SCHULZE, *Bäuerlicher Widerstand.*
21 Zusammenfassend: P. BLICKLE, *Deutsche Untertanen* (1981); DERS., *Landschaften im Alten Reich* (1973); DERS., *Deutsche Untertanen* (1981).
22 H. STOOB, *Geschichte Dithmarschens im Regentenzeitalter* (1959).
23 Hierzu allgemein: H. KAMEN, *The Iron Century* (1971) 331 ff; E. LE ROY LADURIE, »Über die Bauernaufstände in Frankreich«, in: *Fs. W. Abel* (1970); BLICKLE, *Aufruhr und Empörung*; SCHULZE, *Bäuerlicher Widerstand.*
24 SCHULZE, *Bäuerlicher Widerstand* 122.
25 W. SCHULZE, »Zur veränderten Bedeutung sozialer Konflikte im 16. und 17. Jahrhundert«, in: H. U. WEHLER (Hg.), *Der deutsche Bauernkrieg 1524–1526* (1975).

2/III: Ständisches Bürgertum und Aufstieg der frühmodernen Bourgeoisie

1 Über das frühneuzeitliche Bürgertum fehlt es allenthalben an weiterführenden Untersuchungen. Ein Überblick in: H. KAMEN, *The Iron Century* (1971); G. VOGLER, »Probleme der Klassenentwicklung in der Feudalgesellschaft«, in: *ZfG* 21 (1973); H. HOFFMANN/I. MITTERZWEI, »Die Stellung des Bürgertums in der deutschen Feudalgesellschaft von der Mitte des 16. Jahrhunderts bis 1789«, in: *ZfG* 22 (1974); PH. WOLFF, »Structures sociales et morphologies urbaines dans le développement historique des villes. XIIᵉ–XVIIIᵉ siècle«, in: *Reports XII Intern. Congress of the Historical Sciences* (1977); H. STOOB (Hg.), *Die Stadt* (1979). Dazu wichtige Einzelstudien: P. GOUBERT, *Beauvais et le Beauvaisis de 1600 à 1730* (1960); R. HILDEBRANDT, »Rat contra Bürgerschaft. Die Verfassungskonflik-te in den Reichsstädten des 17. und 18. Jahrhunderts«, in: *Zs. f. Stadtgesch.* 2 (1974). P. CLARK/P. SLACK (Hg.), *Crisis and Order in English Towns 1500–1700* (1972); P. BURKE, *Venice and Amsterdam* (1974); s. a. die ältere Arbeit von L. KOFLER, *Zur Geschichte der bürgerlichen Gesellschaft* (1966).
2 Ein Überblick in: O. BRUNNER, »Stadt und Bürgertum in der europäischen Geschichte«, in: DERS., *Neue Wege der Verfassungs- und Sozialgeschichte* (1968²).
3 U. a. H. MAUERSBERG, *Wirtschafts- und Sozialgeschichte zentraleuropäischer Städte in neuerer Zeit* (1960); O. BRUNNER, »Souveränitätsprobleme und Sozialstruktur in den deutschen Reichsstädten der frühen Neuzeit«, in: DERS., *Neue Wege* 294–321; H. RÖSSLER (Hg.), *Deutsches Patriziat 1430–1740* (1968); K. MESSMER/P. HOPPE, *Luzerner Patriziat* (1976); BURKE, *Venice and Amsterdam.*
4 P. JEANNIN, *Les marchands au XVIᵉ siècle* (1957); R. PRANGE, *Die Bremische Kaufmannsschaft des 16. und 17. Jahrhunderts in sozialgeschichtlicher Betrachtung* (1963); allgemein auch H. HOFMANN/G. FRANZ (Hg.), *Deutsche Führungsschichten in der Neuzeit* (1980).
5 J. STRIEDER, *Zur Genesis des modernen Kapitalismus* (1904). U. a. T. GEERING, *Handel und Industrie der Stadt Basel* (1886); H. KRAMM, »Besitzschichten und

Bildungsschichten der mitteldeutschen Städte im 16. Jahrhundert«, in: *VSWG* 51 (1964); E. Maschke/J. Sydow (Hg.), *Städtische Mittelschichten* (1972); H. Weiss, *Lebenshaltung und Vermögensbildung des ›mittleren‹ Bürgertums* (1980).

6 E. Maschke/J. Sydow (Hg.), *Gesellschaftliche Unterschichten in den südwestdeutschen Städten* (1967); J. P. Gutton, *La Société et les pauvres en Europe aux 16⁰–18⁰ siècles* (1974); C. Lis/H. Soly, *Poverty and Capitalism in Pre-industrial Europe 1350–1850* (1979); K. Wrightson/D. Levine, *Poverty and Piety in an English Village* (1979); Th. Fischer, *Städtische Armut und Armenfürsorge im 15. und 16. Jahrhundert* (1979).

7 W. Zorn, »Sozialgeschichte 1500–1648«, in: Ders., *Hb. d. deutsch. Wirtschafts- und Sozialgesch.* I (1971) 484.

8 A. Schultz, *Das häusliche Leben der europäischen Kulturvölker vom Mittelalter bis zur 2. Hälfte des 18. Jahrhunderts* (1903); Ph. Ariès, *Geschichte der Kindheit* (1975).

9 U. a. R. Mandrou, *Introduction à la France moderne 1500–1640* (1974²) 165 ff; Zeeden, *Deutsche Kultur in der frühen Neuzeit* (1968) 75 ff, 333 ff.

10 U. a. B. Moeller, *Reichsstadt und Reformation* (1962); St. E. Ozment, *The Reformation in the Cities: An Appeal of Protestantism to Sixteenth Century Germany and Switzerland* (1975); A. G. Dickens, *Reformation and Society in Sixteenth Century Europe* (1975²).

11 U. a. H. Lutz (Hg.), *Zur Geschichte der Toleranz und der Religionsfreiheit* (1977).

12 Allgemein: M. Weber, *Wirtschaftsgeschichte* (1923) 270 ff; M. Ashley, *Das Zeitalter des Barock* (1968) 114 ff; Kamen, *The Iron Century* 166 ff; Hoffmann/ Mitterzwei, *Die Stellung des Bürgertums.*

13 U. a. D. Gerhard, »The City within the Context of the old European Order«, in: Ders., *Gesammelte Aufsätze* (1977) 55–70.

14 Brunner, *Souveränitätsprobleme und Sozialstruktur*; Burke, *Venice and Amsterdam.*

15 J. R. Hale, *Die Medici und Florenz* (1979).

16 Exemplarisch: H. Schilling, »Bürgerkämpfe in Aachen zu Beginn des 17. Jahrhunderts. Konflikte im Rahmen der alteuropäischen Stadtgesellschaft oder im Umkreis der frühbürgerlichen Revolution?«, in: *Zs. f. hist. F.* 1 (1974); auch J. H. M. Salmon, »The Paris Sixteen, 1584–94: The Social Analysis of a Revolutionary Movement«, in: *Journ. of mod. Hist.* 44 (1972); M. Meyn, *Die Reichsstadt Frankfurt vor dem Bürgeraufstand von 1612 bis 1614* (1980).

17 R. Mandrou, *Les Fuggers* (1969).

18 Allgemein wichtig: D. Gerhard, »Amtsträger zwischen Krongewalt und Ständen: ein europäisches Problem«, in: Ders., *Gesammelte Aufsätze* (1977); W. Fischer, »Rekrutierung und Ausbildung von Personal für den modernen Staat: Beamte, Offiziere und Techniker in England, Frankreich und Preußen in der frühen Neuzeit«, in: R. Koselleck (Hg.), *Studien zum Beginn der modernen Welt* (1977).

19 Fischer, »Rekrutierung« 199.

20 R. Mousnier, *La vénalité des offices sous Henri IV et Louis XIII* (1971); G. Huppert, *Les Bourgeois Gentilshommes* (1977).

21 H. Schilling, »Der Aufstand der Niederlande. Bürgerliche Revolution oder Elitenkonflikt?«, in: *GG* Sonderheft 2 (1976) 231.

22 P. Zagorin, *The Court and the Country* (1969); L. Stone, *The Causes of the English Revolution 1529–1642* (1972).

2/IV: Der europäische Adel und die Krise der Aristokratie

1 Über den europäischen Adel in der frühen Neuzeit allgemein: H. Kamen, *The Iron Century* (1971) 129 ff; F. Billaçois, »La crise de la noblesse européenne 1550– 1650. Une mise au point«, in: *Rev. d'hist. mod. et contemp.* 23 (1976); weiterhin:

O. Brunner, *Adeliges Landleben und europäischer Geist* (1949); H. Rössler (Hg.), *Deutscher Adel 1550–1740* (1965); N. Elias, *Die höfische Gesellschaft* (1969); L. Stone, *The Crisis of the Aristocracy 1558–1641* (1967).

2 U. a. A. Zajaczkowski, *Hauptelemente der Adelskultur in Polen* (1967); P. Burke, *Venice and Amsterdam* (1974); J. v. Kruedener, *Die Rolle des Hofes im Absolutismus* (1973).

3 Beispielhaft: L. Stone, »The Inflation of Honours 1558–1641«, in: *PP* 14 (1958).

4 Zum französischen Adel u. a.: Elias, *Höfische Gesellschaft*; D. Bitton, *The French Nobility in Crisis 1560–1640* (1969); R. Mousnier, *La vénalité des offices sous Henri IV et Louis XIII* (1971).

5 Zum deutschen Adel vgl. u. a. H. Rössler, *Deutscher Adel*; H. Rosenberg, »Die Ausprägung der Junkerherrschaft in Brandenburg-Preußen 1410–1618«, in: ders., *Machteliten und Wirtschaftskonjunkturen* (1978); P.-M. Hahn, *Struktur und Funktion des brandenburgischen Adels im 16. Jahrhundert* (1979).

6 Zum englischen Adel: Stone, *Crisis of Aristocracy*.

7 U. a. J. H. Elliott, *Imperial Spain 1469–1716* (1970).

8 Zajaczkowski, *Hauptelemente der Adelskultur in Polen*; auch G. Schramm, *Der polnische Adel und die Reformation 1548–1607* (1965).

9 E. Donnert, *Rußland an der Schwelle der Neuzeit* (1972).

10 Zit. nach Zeeden, *Deutsche Kultur* 48.

11 Hierzu allgemein: Elias, *Höfische Gesellschaft*; v. Kruedener, *Rolle des Hofes*.

12 Brunner, *Adeliges Landleben* 58.

13 Zit. nach Zeeden, *Deutsche Kultur* 43.

14 Zit. nach C. Burckhardt, *Richelieu* I (1937) 64 f.

15 *Richelieu. Politisches Testament und kleinere Schriften*. Hg. v. W. Mommsen (1926).

16 B. Gracian, *Handorakel und Kunst der Weltklugheit* (1946) 26.

17 Zum adeligen Leben vorbildlich: L. Stone, *The Family, Sex and Marriage in England 1500–1800* (1977), s. auch ders., *Die Familie des englischen Adels*, u. ders., »Heirat und Ehe im englischen Adel des 16. und 17. Jahrhunderts«, in: H. Rosenbaum (Hg.), *Familie und Gesellschaftsstruktur* (1978).

18 Allgemein u. a. Brunner, *Adeliges Landleben*; D. Lohmeier (Hg.), *Arte et marte* (1978).

19 Burke, *Venice and Amsterdam*.

20 Brunner, *Adeliges Landleben*; J. Richarz, *Herrschaftliche Haushalte in vorindustrieller Zeit im Weserraum* (1971).

21 Hierzu allgemein: H. Rausch (Hg.), *Die geschichtlichen Grundlagen der modernen Volksvertretung*, 2 Bde. (1974/80).

22 U. a. Billaçois, *La crise de la noblesse européenne*; Stone, *Crisis of Aristocracy*; Bitton, *The French Nobility*; auch L. Petersen, »La crise de la noblesse danoise entre 1580–1660«, in: *Annales* 23 (1968); V. Press, »Wilhelm von Grumbach und die deutsche Adelskrise im 1560er Jahre«, in: *Bl. f. dt. LG*. 113 (1977).

23 P. Anderson, *Die Entstehung des absolutistischen Staates* (1979) 20 f.

24 R. Forster/J. P. Greene, *Preconditions of Revolution in Early Modern Europe* (1970); G. Parker/L. M. Smith (Hg.), *The General Crisis of the Seventeenth Century* (1978); weiterhin A. L. Moote, *The Revolt of the Judges* (1971); J. H. Elliott, *The Revolt of the Catalans* (1963); P. Zagorin, *The Court and the Country* (1969); H. G. Koenigsberger, *Estates and Revolutions* (1971); sowie H. Sturmberger, *Aufstand in Böhmen* (1959).

2/V: Der Klerus als Stand

1 Umfassende Literatur zum frühzeitlichen Klerus fehlt.

2 P. Chaunu, *Europäische Kultur im Zeitalter des Barock* (1968) 464.

3 U. a. B. Klaus, »Soziale Herkunft und theologische Bildung lutherischer Pfarrer in der reformatorischen Frühzeit«, in: *ZKG* 80 (1969); N. Meylah, »Herkunft und

Bildung der reformierten Pfarrer im 16. Jahrhundert«, in: *Schweiz. Zs. f. Gesch.* 19 (1969); B. VOGLER, Le Clergé Protestant Rhénan au siècle de la Réforme (1555 bis 1619) (1976).

4 E. ISERLOH/J. GLAZIK/H. JEDIN, »Reformation, katholische Reform und Gegenreformation«, in: *Hb. d. Kirchengeschichte* IV (1967); W. REINHARD, »Gegenreformation als Modernisierung? Prolegomena zu einer Theorie des konfessionellen Zeitalters«, in: *ARG* 68 (1977); s. auch G. OESTREICH, »Strukturprobleme des europäischen Absolutismus«, in: DERS., *Geist und Gestalt des frühmodernen Staates* (1969); P. TH. LANG, »Konfessionsbildung als Forschungsfeld«, in: *Hist. Jb.* 100 (1980).

5 F. LAU/E. BIZER, *Reformationsgeschichte Deutschlands bis 1555* (Die Kirche in ihrer Geschichte) (1969²); H. W. KRUMWIEDE, *Zur Entstehung des landesherrlichen Kirchenregiments* (1967); M. BRECHT, *Kirchenordnung und Kirchenzucht in Württemberg vom 16. bis zum 18. Jahrhundert* (1967).

6 Allgemein: E. W. ZEEDEN, *Das Zeitalter der Gegenreformation* (1967); auch H. JEDIN, *Geschichte des Konzils von Trient*, 2 Bde. (1951/7); GG. SCHREIBER (Hg.), *Das Weltkonzil von Trient*, 2 Bde. (1951); E. W. ZEEDEN, *Die Entstehung der Konfessionen* (1965); K. D. SCHMIDT, »Die katholische Reform und die Gegenreformation«, in: *Die Kirche in ihrer Geschichte* (1975).

7 G. SCHNÜRER, *Katholische Kirche und Kultur in der Barockzeit* (1937); E. W. ZEEDEN (Hg.), *Gegenreformation* (1973).

8 Allgemein: H. BECHER, *Die Jesuiten* (1951); H. BÖHMER, *Die Jesuiten* (1957⁵).

9 R. VAN DÜLMEN, »Die Gesellschaft Jesu und der bayerische Späthumanismus«, in: *Zs. f. bayer. LG* 37 (1974).

10 FR. BACON, *Essays oder praktische und moralische Ratschläge*, Hg. v. L. L. SCHÜCKING (1970).

11 P. DREWS, *Der evangelische Geistliche in der deutschen Vergangenheit* (1905).

12 Ebd. 67.

13 R. VAN DÜLMEN, *Die Utopie einer christlichen Gesellschaft* I (1978).

14 DREWS, *Der evangelische Geistliche* 72.

15 H. RÖSSLER, *Der Calvinismus* (1951); J. T. MCNEILL, *The History and Character of Calvinism* (1954).

16 DREWS, *Der evangelische Geistliche* 51.

17 F. H. LÖSCHER, *Kirche, Schule und Obrigkeit im Reformations-Jahrhundert* (1925).

18 W. ELERT, *Morphologie des Luthertums*, 2 Bde. (1958²); P. MÜNCH, *Zucht und Ordnung* (1978).

19 E. PFISTERER, *Calvins Wirken in Genf* (1940); FR. WENDEL, *Calvin* (1968).

20 W. BAUR, Das deutsche evangelische Pfarrhaus (1878²).

21 G. WESTIN, *Der Weg der freien christlichen Gemeinden durch die Jahrhunderte* (1956); E. TROELTSCH, *Die Soziallehren der christlichen Kirchen und Gruppen* (1965²); C. CLASEN, *Anabaptism* (1972).

22 ZEEDEN, *Zeitalter der Gegenreformation*; O. HINTZE, »Calvinismus und Staatsräson in Brandenburg zu Beginn des 17. Jahrhunderts«, in: DERS., *Regierung und Verwaltung* (1967²); R. NÜRNBERGER, *Die Politisierung des französischen Protestantismus* (1948); W. P. FUCHS (Hg.), *Staat und Kirche im Wandel der Jahrhunderte* (1966); K. H. BLASCHKE, »Wechselwirkung zwischen Reformation und dem Aufbau des Territorialstaates«, in: *Staat* 9 (1970); H. LEHMANN, *Das Zeitalter des Absolutismus* (1980).

23 H. BARON, *Calvins Staatsanschauung und das konfessionelle Zeitalter* (1924); H. BORNKAMP, *Luthers Lehre von den zwei Reichen* (1958); J. BAUR u. a. (Hg.), *Die Verantwortung der Kirche in der Gesellschaft* (1973).

24 NÜRNBERGER, *Die Politisierung*; MCNEILL, *The History and Character of Calvinism* (1954).

25 TROELTSCH, *Soziallehren*; M. WALZER, *The Revolution of the Saints* (1974).

26 H. G. KOENIGSBERGER, »Wissenschaft und Religion in der frühmodernen europäischen Geschichte«, in: K. G. FABER (Hg.), *Wissenschaft als universalhistorisches Problem* (1979).

1 Allgemein: O. Brunner, *Land und Herrschaft* (1959⁴); ders., »Die Freiheitsrechte in der altständischen Gesellschaft«, in: ders., *Neue Wege der Verfassungs- und Sozialgeschichte* (1968²).

2 Vgl. die Sammelbände: H. Rausch (Hg.), *Die geschichtlichen Grundlagen der modernen Volksvertretung*, 2 Bde. (1974/80); dann auch D. Gerhard (Hg.), *Ständische Vertretungen in Europa im 17. und 18. Jahrhundert* (1969); G. Oestreich/J. Auerbach, »Die ständische Verfassung in der westlichen und in der marxistischen Geschichtsschreibung«, in: *Anciens Pays et Assemblées d'Etats* (1976); K. Bosl (Hg.), *Der moderne Parlamentarismus und seine Grundlage in der ständischen Repräsentation* (1977); H. G. Koenigsberger, »Monarchies and Parliaments in Early Modern Europe«, in: *Theory and Society* 5 (1978).

3 U. a. G. Oestreich, »Vom Herrschaftsvertrag zur Verfassungsurkunde. Die Regierungsformen des 17. Jahrhunderts als konstitutionelle Instrumente«, in: Rausch, *Die geschichtlichen Grundlagen* I (1980).

4 Immer noch wichtig: R. Holtzmann, *Französische Verfassungsgeschichte von der Mitte des 9. Jahrhunderts bis zur Revolution* (1910); nun J. R. Major, *Representative Government in Early Modern France* (1980).

5 H. R. Trevor-Roper, »Die allgemeine Krise des 17. Jahrhunderts«, in: ders., *Religion, Reformation und sozialer Umbruch* (1970); G. Parker/L. M. Smith (Hg.), *The General Crisis of the Seventeenth Century* (1978); s. vor allem die Einl. v. G. Parker.

6 Nach O. Hintze, »Typologie der ständischen Verfassungen des Abendlandes«, und ders., »Weltgeschichtliche Bedingungen der Repräsentativverfassung«, in: ders., *Staat und Verfassung* (1962²).

7 Allgemein: G. A. Ritter, *Parlament und Demokratie in Großbritannien* (1972); auch K. Loewenstein, *Der britische Parlamentarismus* (1964).

8 E. Schieche, »Der schwedische Ratskonstitutionalismus im 17. Jahrhundert«, in: *Fs. M. Braubach* (1964); M. Roberts, »On Aristocratic Constitutionalism in Swedish History 1520–1720«, in: ders., *Essays in Swedish History* (1967).

9 Major, *Representative Government*.

10 U. a. H. Sturmberger, »Dualistischer Ständestaat und werdender Absolutismus«, in: *Die Entwicklung der Verfassung Österreichs vom Mittelalter bis zur Gegenwart* (o. J.); J. H. Elliott, *Imperial Spain 1469–1716* (1970).

11 G. Rhode, »Stände und Königtum in Polen/Litauen und Böhmen/Mähren. Bemerkungen zur Entwicklung ihres Verhältnisses vom 16. bis zum 18. Jahrhundert«, in: Rausch, *Die geschichtlichen Grundlagen der modernen Volksvertretung* I (1980); P. Geyl, *The Revolt of the Netherlands 1555–1609* (1958²).

12 Th. Smith, *De Republica Anglorum* (1583). Zit. nach H. G. Koenigsberger, »Die Machtbefugnisse der Abgeordneten in den Parlamenten des 16. Jahrhunderts«, in: Rausch, *Die geschichtlichen Grundlagen* I, 375 f.

13 U. a. Sturmberger, *Dualistischer Ständestaat*; H. Roos, »Ständewesen und parlamentarische Verfassung in Polen 1505–1772«, in: Gerhard (Hg.), *Ständische Vertretung*; auch Fr. H. Schubert, »Volkssouveränität und heiliges Römisches Reich«, in: Rausch, *Die geschichtlichen Grundlagen* I.

2/VII: *Frühneuzeitliche Herrschaftssysteme*

1 Gesamteuropa betreffende Analysen gibt es kaum: Ansätze in: Ch. Tilly (Hg.), *The Formation of National States in Western Europe* (1975); P. Anderson, *Die Entstehung des absolutistischen Staates* (1979); R. Bendix, *König oder Volk* 2 Bde. (1980); dann auch allgemein: O. Hintze, »Wesen und Wandlungen des modernen Staates«, und: »Weltgeschichtliche Bedingungen der Repräsentativ-

verfassung«, in: DERS., *Staat und Verfassung* (1962²); E. HASSINGER, *Das Werden des neuzeitlichen Europa 1300–1600* (1966²); E. HINRICHS, *Einführung in die Geschichte der frühen Neuzeit* (1980); J. H. ELLIOTT, *Das geteilte Europa 1559–1959* (1980); V. G. KIERNAN, *State and Society in Europe 1550–1650* (1980).

2 Allgemein: R. KONETZKE, *Geschichte des spanischen und portugiesischen Volkes* (1939); J. H. ELLIOTT, *Imperial Spain 1469–1716* (1970); H. RABE, »Die iberischen Staaten im 16. und 17. Jahrhundert«, in: *Hb. d. Europ. Geschichte* III (1971); H. KAMEN, »Die Herrschaft Spaniens«, in: TREVOR-ROPER (Hg.), *Die Zeit des Barock* (1970); H. G. KOENIGSBERGER, »Western Europe and the Power of Spain«, in: *The New Cambridge Mod. Hist.* III (1971); H. R. TREVOR-ROPER, »Spain and Europe 1598–1621«, in: Ebd. IV (1971); J. H. ELLIOTT, »The Spanish Peninsula 1598–1648«, in: Ebd. IV (1971).

3 ANDERSON, *Die Entstehung des absolutistischen Staates* 468 ff; P. AVERY, »Die Welt des Islam. Die mohammedanischen Reiche: Indien, Persien und die Türkei«, in: TREVOR-ROPER, *Die Zeit des Barock*; V. J. PARRY, »The Ottoman Empire 1566–1617«, in: *The New Cambridge Mod. Hist.* III (1971); DERS., »The Ottoman Empire 1617–1648«, in: Ebd. IV (1971); E. WERNER, »Despotie, Absolutismus oder feudale Zersplitterung? Strukturwandlungen im Osmanenreich zwischen 1566 und 1699«, in: *Jb f. WG* 3 (1972).

4 F. L. CARSTEN, *Princes and Parliaments in Germany from the 15ᵗʰ to the 18ᵗʰ Century* (1959); F. H. SCHUBERT, *Die deutschen Reichstage in der Staatslehre der frühen Neuzeit* (1966); G. OESTREICH, »Die verfassungspolitische Situation der Monarchie in Deutschland vom 16. bis 18. Jahrhundert« und »Ständetum und Staatsbildung in Deutschland«, beide in: DERS., *Geist und Gestalt des frühmodernen Staates* (1969); E. W. ZEEDEN, »Deutschland von der Mitte des 15. Jahrhunderts bis zum Westfälischen Frieden«, in: *Hb. d. europ. Gesch.* III (1971); H. HAAN, »Kaiser Ferdinand II. und das Problem des Reichsabsolutismus. Die Prager Heeresreform von 1635«, in: H. U. RUDOLF (Hg.), *Der Dreißigjährige Krieg* (1977); R. J. W. EVANS, *The Making of the Habsburg Monarchy 1550–1700* (1979).

5 P. CHAUNU, *Europäische Kultur im Zeitalter des Barock* (1968).

6 Hierzu HINRICHS, *Einführung* 178 ff.

7 Allgemein: A. D. LUBLINSKAYA, *French Absolutism* (1968); A. BOURDE, »Frankreich vom Ende des Hundertjährigen Kriegs bis zum Beginn der Selbstherrschaft Ludwig XIV. (1453–1661)«, in: *Hb. d. europ. Gesch.* III (1971); J. P. BRAUCOURT, »La notion d'Etat en France du XVIᵉ au XVIIIᵉ siècle«, in: *Rev. d'hist. diplomatique* 89 (1975); R. BRIGGS, *Early Modern France 1560–1715* (1977); R. J. BONNEY, *Political Change in France under Richelieu and Mazarin 1624–1661* (1978); E. HINRICHS, »Absolute Monarchie in Frankreich. Strukturprobleme eines politischen Systems«, in: H. PATZE (Hg.), *Aspekte des europäischen Absolutismus* (1979); J. R. MAJOR, *Representative Government in Early Modern France* (1980).

8 ANDERSON, *Entstehung des absolutistischen Staates* 115.

9 M. ROBERTS, *Gustavus Adolphus* 2 Bde (1953/8); DERS., »On Aristocratic Constitutionalism in Swedish History 1520–1720«, in: *Essays in Swedish History* (1967); DERS., *The Early Vasas* (1968); S. K. PALME, »Vom Absolutismus zum Parlamentarismus in Schweden«, in: D. GERHARD (Hg.), *Ständische Vertretungen in Europa im 17. und 18. Jahrhundert* (1969); A. v. BRANDT, »Die nordischen Länder von 1448 bis 1654«, in: *Hb. d. europ. Gesch.* III (1971); KL. ZERNACK, »Schweden als europäische Großmacht der frühen Neuzeit«, in: *HZ* 232 (1981).

10 ANDERSON, *Die Entstehung des absolutistischen Staates* 420 ff; G. STÖKL, »Rußland von 1462 bis 1689«, in: *Hb. d. europ. Gesch.* III (1971); R. HELLIE, *Enserfment and Military Change in Muscovy* (1971); E. DONNERT, *Rußland an der Schwelle der Neuzeit* (1972); H. RÜSS, »Adelsmacht und Herrschaftsstruktur im Moskauer Staat (14.–16. Jahrhundert)«, in: *Z. f. hist.* F. 4 (1977).

11 G. RHODE, »Stände und Königtum in Polen/Litauen und Böhmen/Mähren«, in: H. RAUSCH (Hg.), *Die geschichtlichen Grundlagen der modernen Volksvertretung* I (1980).

12 G. RHODE, »Staatenunion und Adelsstaat«, in: *Z. f. Ostforsch.* 9 (1960); H. ROOS,

»Ständewesen und parlamentarische Verfassung in Polen (1505–1772)«, in: GERHARD, *Ständische Vertretungen* (1969); G. RHODE, »Polen/Litauen vom Ende der Verbindung mit Ungarn bis zum Ende der Vasas (1444–1669)«, in: *Hb. d. europ. Gesch.* III (1971); J. K. HOENSCH, *Sozialverfassung und politische Reform* (1973).

13 CH. HILL, *The Century of Revolution 1603–1714* (1961); G. R. ELTON, *England under the Tudors* (1962²); P. ZAGORIN, *The Court and the Country* (1969); E. SCHULIN, »England und Schottland vom Ende des Hundertjährigen Kriegs bis zum Protektorat Cromwells 1455–1660«, in: *Hb. d. europ. Gesch.* III (1971); CH. HILL, *Von der Reformation zur Industriellen Revolution* (1977); G. A. RITTER, »Divine Right und Prärogative der englischen Könige 1603 bis 1640«, in: RAUSCH, *Die geschichtlichen Grundlagen der modernen Volksvertretung* I (1980); P. WENDE, *Probleme der englischen Revolution* (1980).

14 J. J. WOLTJER, »Der niederländische Bürgerkrieg und die Gründung der Republik der Vereinigten Niederlande«, in: *Hb. d. europ. Gesch.* III (1971); CH. WILSON, »Die geteilten Niederlande. Aufstand, Freiheit und nationale Einheit«, in: TREVOR-ROPER (Hg.), *Die Zeit des Barock* (1970); H. SCHILLING, »Der Aufstand der Niederlande: Bürgerliche Revolution oder Elitenkonflikt?«, in: *GG* Sonderheft 2 (1976).

Kap. 3: KULTUR UND ALLTAG

3/I: Familie und Haushalt

1 P. LASLETT/R. WALL (Hg.), *Household and Family in Past Time* (1972); H. ROSENBAUM (Hg.), *Familie und Gesellschaftsstruktur* (1978); M. MITTERAUER, *Grundtypen alteuropäischer Sozialformen* (1979).

2 J. GOODY/J. THIRSK/E. P. THOMPSON (Hg.), *Family and Inheritance* (1976); M. MITTERAUER/R. SIEDER, *Vom Patriarchat zur Partnerschaft* (1977); J. L. FLANDRIN, *Familien. Soziologie-Ökonomie-Sexualität* (1978); bes. wichtig K. HAUSEN, »Familie als Gegenstand Historischer Sozialwissenschaft. Bemerkungen zu einer Forschungsstrategie«, in *GG* 1 (1975); H. MEDICK, »Zur strukturellen Funktion von Haushalt und Familie im Übergang von der traditionellen Agrargesellschaft zum industriellen Kapitalismus: die protoindustrielle Familienwirtschaft«, in: W. CONZE (Hg.), *Sozialgeschichte der Familie in der Neuzeit Europas* (1976).

3 FLANDRIN, *Familien* 63 f.

4 Vor allem beim Adel vgl. L. STONE, *The Family, Sex and Marriage in England 1500–1800* (1977).

5 Zum Teil problematisch, aber immer noch wichtig: O. BRUNNER, »Das ›ganze Haus‹ und die alteuropäische ›Ökonomie‹«, in: DERS., *Neue Wege der Verfassungs- und Sozialgeschichte* (1968²); MITTERAUER/SIEDER, *Patriarchat*.

6 Zit. nach FLANDRIN, *Familien* 153. Über die Patriarchalisierung der Familie s. die beiden wegweisenden Studien: L. STONE, »The Rise of the Nuclear Family in Early Modern England. The Patriarchal Stage«, in: CH. E. ROSENBERG (Hg.), *The Family in History* (1975); und N. Z. DAVIS, »Ghosts, Kin and Progeny: Some Features of Family Life in Early Modern France«, in: *Daedalus* (1977).

7 Zit. nach FLANDRIN, *Familien* 149 f.

8 M. LUTHER, *Tischreden* (WA) Weimar 1912 I 532.

9 Zur Situation der Kinder allgemein: PH. ARIÈS, *Geschichte der Kindheit* (1976). Dazu die Kritik von J. L. FLANDRIN, »Enfance et société«, in: *Annales* (1964); L. DE MAUSE (Hg.), *Hört ihr die Kinder weinen* (1977); E. M. JOHANSEN, *Betrogene Kinder* (1978) [Fischer Taschenbuch, Bd. 6622].

10 U.a. J. HOFFMANN, *Die ›Hausväterliteratur‹ und die ›Predigten über den christlichen Hausstand‹* (1959).

11 STONE, *The Family*; auch ROSENBAUM, *Familie*; L. L. SCHÜCKING, *Die puritanische Familie in literar-soziologischer Sicht* (1964²).

12 B. DENEKE, *Hochzeit* (1971); J. SOLÉ, *Liebe in der westlichen Kultur* (1976).

13 H. MEDICK, »Spinnstuben auf dem Dorf. Jugendliche Sexualkultur und Feierabendbrauch in der ländlichen Gesellschaft der frühen Neuzeit«, in: G. HUCK (Hg.), *Sozialgeschichte der Freizeit* (1980).

14 U. a. J. L. FLANDRIN, »Späte Heirat und Sexualleben«, in: CL. HONEGGER (Hg.), *M. Bloch u. a., Schrift und Materie der Geschichte* (1977).

15 SCHÜCKING, *Die puritanische Familie*.

16 Äußerung von HENRY SMITH, zit. nach FLANDRIN, *Familien* 194.

17 STONE, *Family*; SOLÉ, *Liebe*; P. LASLETT, *Family Life and Illicit Love in Earlier Generations* (1978²).

18 Vgl. ARIÈS, *Geschichte der Kindheit*; G. SNYDERS, *Die große Wende der Pädagogik* (1971).

19 Zit. nach ARIÈS, *Geschichte der Kindheit* 98.

3/II: Lebensformen, Geselligkeit, Luxus

1 Zu frühneuzeitlichen Protestbewegungen der Bauern vgl. P. BLICKLE (Hg.), *Aufruhr und Empörung?* (1980); W. SCHULZE, *Bäuerlicher Widerstand und feudale Herrschaft in der frühen Neuzeit* (1980).

2 Allgemein: W. SCHIVELBUSCH, *Das Paradies, der Geschmack und die Vernunft* (1980); auch E. W. ZEEDEN, *Deutsche Kultur in der frühen Neuzeit* (1968); sowie G. FREYTAG, *Bilder aus der deutschen Vergangenheit*, 5 Bde. (1859/67); GG. STEINHAUSEN, *Geschichte der deutschen Kultur* (1929³).

3 W. ABEL, *Massenarmut und Hungerkrisen im vorindustriellen Europa* (1974).

4 F. BRAUDEL, *Die Geschichte der Zivilisation* (1971).

5 W. ABEL, *Agrarkrisen und Agrarkonjunktur* (1966²) 139.

6 A. HAUSER, *Vom Essen und Trinken im alten Zürich* (1962²); W. GOETZ, *Speise und Trank vergangener Zeiten in deutschen Landen* (1882); R. TANNAHILL, *Kulturgeschichte des Essens* (1979).

7 Hierzu auch N. ELIAS, *Über den Prozeß der Zivilisation* (1969²); A. DENECKE, »Beiträge zur Entwicklungsgeschichte des gesellschaftlichen Anstandsgefühls«, in: *Zs. f. dt. KG* NF 2 (1892).

8 J. MÜLLER, »Über Trinkstuben«, in: *Zs. f. dt. KG* 2 (1857).

9 J. KACHEL, *Herberge und Gastwirtschaft in Deutschland bis zum 17. Jahrhundert* (1924).

10 ZEEDEN, *Deutsche Kultur*.

11 T. LUND, *Das tägliche Leben in Skandinavien während des 16. Jahrhunderts* (1882); M. HEYNE, *Das deutsche Wohnungswesen von den ältesten geschichtlichen Zeiten bis zum 16. Jahrhundert* (1899); A. SCHULTZ, *Das häusliche Leben der europäischen Kulturvölker vom Mittelalter bis zur zweiten Hälfte des 18. Jahrhunderts* (1903); E. MEIER-OBERIST, *Kulturgeschichte des Wohnens* (1956); D. SCHWARZ, *Sachgüter und Lebensformen* (1970); J. P. BARDET u. a., *Le bâtiment I* (1971); W. MINCHINTON, »Die Veränderungen der Nachfragestruktur von 1500 bis 1750«, in: *Europ. Wirtschaftsgesch.* II (1979).

12 Z. B. M. U. KASPAREK/T. GEBHARD, »Niederbayerische Verlassenschaftsinventare des 17. Jahrhunderts«, in: *Bayr. Jb. f. VK.* (1962); M. W. BARLEY, »Rural Housing in England«, in: J. THIRSK (Hg.), *The Agrarian History of England and Wales* IV (1967).

13 U. a. SCHULTZ, *Das häusliche Leben*; N. ELIAS, *Die höfische Gesellschaft* (1969); R. BENTMANN/M. MÜLLER, *Die Villa als Herrschaftsarchitektur* (1979²).

14 BENTMANN/MÜLLER, *Villa*.

15 U. a. M. BOGUCKA, *Das alte Danzig* (1980); auch SCHULTZ, *Das häusliche Leben*; C. REICHARDT, »Ein bürgerlicher Haushalt im Jahre 1612«, in: *Zs. f. KG* 8 (1901);

H. Pusch, *Bürgerlicher Hausstand und Hausrat einer Thüringer Bürgerfamilie im 16. Jahrhundert* (1901).

16 Minchinton, *Die Veränderungen der Nachfragestruktur* 86.

17 H. Günther, *Niederländisches Bilderbuch* (1977) 147.

18 Allgemein: M. v. Boehn, *Die Mode* I (1976); L. C. Eisenbart, *Kleiderordnungen der deutschen Städte zwischen 1350 und 1700* (1962); Minchinton, *Die Veränderungen* 82 ff.

19 Eisenbart, *Kleiderordnungen* 81

20 Ebd. 74 f; Zeeden, *Deutsche Kultur* 163 ff.

21 M. Weber, *Wirtschaft und Gesellschaft* (1972^5) 651.

22 Allgemein u. a. R. Reichardt, *Die deutschen Feste in Sitte und Brauch* (1908); E. Magne, *Le fêtes en Europe au XVIIe siècle* (1930); Zeeden, *Deutsche Kultur* 333 ff; Ariès, *Geschichte der Kindheit* 126 f; Y. M. Berce, *Fête et Révolte* (1976); P. Burke, *Popular Culture in early modern Europe* (1978); R. Chartier, »Discipline et invention. Les fêtes en France, XVe–XVIIIe siècle«, in: *Diogène* 110 (1980); J. Kuczynski, *Geschichte des Alltags des deutschen Volkes* I (1980).

23 Chartier, *Discipline*; auch K. Thomas, »Work and Leisure«, in: *PP* 29 (1964).

24 H. Tintelnot, »Die Bedeutung der ›festa teatrale‹ für das dynastische und künstlerische Leben im Barock«, in: *AKG* 37 (1965); J. v. Kruedener, *Die Rolle des Hofes im Absolutismus* (1973).

25 L. Stone, *Crisis of Aristocracy 1558–1641* (1965) 572 ff.

26 U. a. M. Kloeren, *Sport und Rekord* (1935).

27 W. Kunkel, Quellen zur Neueren Privatgeschichte Deutschlands II (1968) 298.

28 A. Buck (Hg.), »Renaissance und Barock«, in: *Neues Hb. d. Literaturwiss.* (1972).

29 Ebd.

30 A. Robertson/D. Stevens (Hg.), *Geschichte der Musik* II: Renaissance und Barock (1977^2); K. Honolka (Hg.), *Knaurs Weltgeschichte der Musik von den Anfängen bis zur Klassik* (1979).

31 R. Voss, *Der Tanz und seine Geschichte* (ND 1977); M. v. Boehn, *Der Tanz* (1925); H. Günther/H. Schäfer, *Vom Schamanentanz zur Rumba. Die Geschichte des Gesellschaftstanzes* (1975^2).

32 Voss, *Tanz* 126.

33 K. Petermanns, Nachwort in: F. Daul, *Tantzteuffel* (ND 1978).

34 Zit. nach Zeeden, *Deutsche Kultur* 348.

35 J. Gregor, *Kulturgeschichte des Balletts* (1944); R. v. Lippe, *Naturbeherrschung am Menschen* II: Geometrisierung des Menschen und Repräsentation des Privaten im französischen Absolutismus* (1974).

36 R. Alewyn/K. Sälzle, *Das große Welttheater* (1959) 82 ff.

37 E. le Roy Ladurie, *Le Carneval de Romans* (1979); Burke, *Popular Culture* 178 ff.

38 E. Fähler, *Feuerwerke des Barock* (1974) 149 ff.

39 U. a. Eisenbart, *Kleiderordnungen*. Den Kampf gegen die exzessive Lebensweise des Volkes verdeutlichen am besten die sog. Teufelsbücher, vgl. R. Steinbach (Hg.), *Teufelsbücher in Auswahl* (1970 ff).

3/III: Armut, Kriminalität, soziale Ausgrenzung

1 W. Abel, *Massenarmut und Hungerkrisen im vorindustriellen Europa* (1974); J. P. Gutton, *La Société et les pauvres en Europe, 16e–18e siècles* (1974); M. Mollat (Hg.), *Etudes sur l'histoire de la pauvreté. Moyen-Age – 16e siècle* (1974); C. Lis/H. Soly, *Poverty and Capitalism in Pre-industrial Europe 1350–1850* (1979).

2 A. L. Beier, »Vagrants and the Social Order in Elizabethan England«, in: *PP* 64 (1974); B. Geremek, »Criminalité, Vagabondage, Paupérisme: La Marginalité à l'aube des temps modernes«, in: *Rev. d'hist. mod. et contemp.* 21 (1974).

432

3 Allgemein zu diesen Disziplinierungsversuchen: M. FOUCAULT, *Wahnsinn und Gesellschaft* (1973); DERS., *Überwachen und Strafen* (1977).

4 CH. SACHSSE/F. TENNSTEDT, *Geschichte der Armenfürsorge in Deutschland vom Spätmittelalter bis zum 1. Weltkrieg* (1980); TH. FISCHER, *Städtische Armut und Armenfürsorge im 15. und 16. Jahrhundert* (1979).

5 *Landrecht der Fürstenth. Obern und Nidern Bayrn* (1616) 684.

6 Ebd.

7 BEIER, *Vagrants*; E.F. HECKSCHER, *Merkantilismus* I (1972) 204 ff; J. POUND, *Poverty and Vagrancy in Tudor England* (1977⁵).

8 J.P. GUTTON, *La société et les pauvres* (1971); R. MANDROU, *Introduction à la France moderne 1500–1640* (1974) 287 ff.

9 L. PFANDL, *Spanische Kultur und Sitte des 16. und 17. Jahrhunderts* (1924) 55 f.

10 TH. HAMPE, *Die fahrenden Leute in der deutschen Vergangenheit* (1924²); H. LANGER, *Kulturgeschichte des Dreißigjährigen Krieges* (1978).

11 BEIER, *Vagrants*; POUND, *Poverty*; GEREMEK, *Criminalité*; FR. AVÉ-LALLEMENT, *Das deutsche Gaunertum* (1958).

12 U.a. J.H. ELLIOTT, *The Revolt of the Catalans* (1963); H.G. KOENIGSBERGER, *Estates and Revolutions* (1971).

13 PFANDL, *Spanische Kultur* 59 ff; F. BRAUDEL, *La Méditerranée et le monde méditerranéen à l'époque de Philippe II* (1966²); B. VINCENT, »Les bandits morisque en Andalousie au XVIᵉ siècle«, in: *Rev. d'hist. mod. et contemp.* 21 (1974).

14 J.H. ELLIOTT, *Das geteilte Europa 1559–1598* (1980) 326 ff; auch E.J. HOBSBAWM, *Die Banditen* (1972).

15 PH. LONGWORTH, *Die Kosaken* (1977).

16 AVÉ-LALLEMENT, *Das deutsche Gaunertum* 67.

17 Ebd. 76.

18 D. MITCHELL, *Piraten* (1977); H. DECHAMPS, *Pirates and flibustiers* (1973).

19 Zit. nach MITCHELL, *Piraten* 12

20 R.A. KENNETH, *Admiral und Pirat Francis Drake* (1970).

21 Zit. nach MITCHELL, *Piraten* 51.

22 Zit. nach TH. HAMPE, *Die Nürnberger Malefizbücher als Quellen der reichsstädtischen Sittengeschichte vom 14. bis zum 18. Jahrhundert* (1927) 100.

23 Allgemeine Hinweise in: GEREMEK, *Criminalité*; J.S. COCKBURN (Hg.), *Crime in England 1500–1800* (1977); R. PIKE, »Crime and Punishment in XVIᵗʰ Century Spain«, in: *The Journ. of Europ. Econ. Hist.* 5 (1976); J.M. BEATTIE, »The Pattern of Crime in England 1600–1800«, in: *PP* 62 (1974); M.R. WEISSER, *Crime and Punishment in Early Modern Europe* (1979). Auch G. SCHINDLER, *Verbrechen und Strafen im Recht der Stadt Freiburg im Breisgau von der Einführung des neuen Stadtrechts bis zum Übergang an Baden 1520–1806* (1937).

24 Neuerdings: W. SCHILD, *Alte Gerichtsbarkeit* (1980); sowie H. v. HENTIG, *Die Strafe* I (1954); und FOUCAULT, *Überwachen und Strafen*.

25 AVÉ-LALLEMENT, *Das deutsche Gaunertum* 72.

26 H. REINER, *Die Ehre* (1956); L. STONE, *The Crisis of the Aristocracy 1558–1641* (1965) 242 ff; N. LUHMANN, *Gesellschaftsstruktur und Semantik* I (1980) 96 ff.

27 C.J. BURCKHARDT, *Richelieu* II (1965) 44.

28 Bericht eines venezianischen Gesandten von 1603/5, zit. nach BURCKHARDT, *Richelieu* 44.

29 Hierzu u.a. G. KL. SCHMELZEISEN, *Polizeiordnungen und Privatrecht* (1955).

30 J.L. FLANDRIN, *Familien* (1978); A. STAEHELIN, »Sittenzucht und Sittengerichtsbarkeit in Basel«, in: *ZRG* GA 85 (1968).

31 FOUCAULT, *Überwachen und Strafen*; SCHILD, *Alte Gerichtsbarkeit*.

32 ZEEDEN, *Deutsche Kultur* 257.

33 FOUCAULT, *Überwachen und Strafen* 40 f.

34 HAMPE, *Nürnberger Malefizbücher*; A. KELLER (Hg.), *Maister Franntzn Schmidts, Nachrichters inn Nürnberg, all sein Richten* (1913).

35 P. FRAUENSTÄDT, »Breslaus Strafrechtspflege im 14. bis 16. Jahrhundert«, in: *Zs. f. d. ges. Strafrechtsw.* X (1890).

36 R. Quanter, Die Folter in der deutschen Rechtspflege sonst und jetzt (1890).

37 Foucault, Überwachen und Strafen 54f.

38 Die peinliche Gerichtsordnung Karls I. von 1532 (Carolina), hg. v. G. Radbruch (1967) 56.

39 Foucault, Überwachen und Strafen 65.

40 G. Becker u.a., »Zum kulturellen Bild und zur realen Situation der Frau im Mittelalter und in der frühen Neuzeit«, in: Ders. u.a., Aus der Zeit der Verzweiflung (1977) 10ff; Cl. Honegger (Hg.), Die Hexen der Neuzeit (1978) 45ff.

41 Allgemein: Foucault, Wahnsinn und Gesellschaft; auch A. Fischer, Geschichte des deutschen Gesundheitswesens I (1933); A. E. Imhof (Hg.), Biologie des Menschen in der Geschichte (1978).

42 W. Kunkel u.a. (Hg.), Quellen zur Neueren Privatrechtsgeschichte Deutschlands II (1968) 447 (Württembergische Landesordnung von 1621); zur Geschichte der Juden in der frühen Neuzeit: H. H. Sasson (Hg.), Geschichte des jüdischen Volkes II (1979).

43 H. Asseo, »Marginalité et Exclusion. Le Traitement administratif des Bohémiens«, in: Problèmes socio-culturels en France au XVIIe siècle (1974); W. In der Maur, Die Zigeuner (1978).

44 Kunkel, Quellen II 336.

45 Avé-Lallement, Das deutsche Gaunertum 29f.

46 Elliott, Das geteilte Europa 165ff.

47 H. Kamen, Die spanische Inquisition (1969).

48 W. Troeltsch, Die Soziallehre der christlichen Kirchen und Gruppen (1965²).

49 G. Bossert (Hg.), Quellen zur Geschichte der Wiedertäufer I: Hzgt. Württemberg (1930) 8.

50 Ebd.

51 Cl. P. Clasen, Anabaptism (1972); R. van Dülmen, Reformation als Revolution (1977).

52 St. Kot, Socinianism in Poland (1957); D. Cantimori, Italienische Häretiker der Spätrenaissance (1949).

53 J. Solé, Liebe in der westlichen Kultur (1979); P. Laslett, Family Life and Illicit Love in Earlier Generations (1978²).

54 W. Danckert, Unehrliche Leute (1979²); Th. Hampe, Die fahrenden Leute (1924²); Gg. Fischer, Volk und Geschichte (1962).

55 Danckert, Unehrliche Leute; R. Wissell, Des alten Handwerks Recht und Gewohnheit I (1971) 145ff.

56 W. Jacobeit, Schafhaltung und Schäfer (1961).

57 H. Schumann, Der Scharfrichter (1964); G. Wilbertz, »Standesehre und Handwerkskunst. Zur Berufsideologie des Scharfrichters«, in: AKG 58 (1976).

3/IV: Volkskultur und Adelskultur

1 Allgemein u.a.: W. Dilthey, Weltanschauung und Analyse des Menschen seit Renaissance und Reformation (1921²); E. Troeltsch, »Das Wesen des modernen Geistes«, in: Ders., Aufsätze zur Geistesgeschichte und Religionssoziologie (1966²); R. Koselleck, »Vergangene Zukunft in der frühen Neuzeit«, in: Ders., Vergangene Zukunft (1979).

2 U.a. E. Zilsel, Die sozialen Ursprünge der neuzeitlichen Wissenschaft (1976); R. van Dülmen, »Reformationsutopie und Sozietätsprojekte bei Joh. Val. Andreae«, in: Francia 6 (1979). – W. Fischer, »Rekrutierung und Ausbildung von Personal für den modernen Staat. Beamte, Offiziere und Techniker in England, Frankreich und Preußen in der frühen Neuzeit«, in: R. Koselleck (Hg.), Studien zum Beginn der modernen Welt (1977).

3 So vor allem R. Muchembled, Culture populaire et Culture des élites dans la France moderne. XVe–XVIIIe siècles (1978).

4 Vgl. die wichtigen Arbeiten von N. Z. Davis, Society and Culture in Early Modern

434

France (1975); P. Burke, *Popular Culture in Early Modern Europe* (1978). Auch
C. Ginzburg, *Der Käse und die Würmer* (1979); sowie K. Thomas, *Religion and
the Decline of Magic* (1971²).
5 Dazu auch die Studien von E.P. Thompson, *Plebeische Kultur und moralische
Ökonomie* (1980).
6 Vgl. den Forschungsbericht von N.Z. Davis, From ›Popular Religion‹ to ›Religious Cultures‹, MS 1981.
7 Allgemein: O. Brunner, *Adeliges Landleben und europäischer Geist* (1949);
N. Elias, *Die höfische Gesellschaft* (1969); ders., *Über den Prozeß der Zivilisation*
I: Wandlungen des Verhaltens in den weltlichen Oberschichten des Abendlandes
(1969²); J. v. Kruedener, *Die Rolle des Hofes im Absolutismus* (1973); K. Plodek,
*Hofstruktur und Hofzeremoniell in Brandenburg-Ansbach vom 16. bis zum
18. Jahrhundert* (1972).
8 E.P. Thompson, »Patrizische Gesellschaft, plebeische Kultur«, in: ders., *Plebeische Kultur* (1980) 178.

3/V: Glauben, Kirchenspaltung, neue Religiosität

1 Allgemein: G. Schnürer, *Katholische Kirche und Kultur in der Barockzeit* (1937);
M.R. O'Connell, *The Counter-Reformation 1559–1610* (1974); J. Delumeau, *Le
Catholicisme entre Luther et Voltaire* (1971); E.W. Zeeden, *Das Zeitalter der
Gegenreformation* (1967); ders., *Hegemonialkriege und Glaubenskämpfe 1556–
1648* (1977); H. Lehmann, *Das Zeitalter des Absolutismus* (1980); P.Th. Lang,
»Konfessionsbildung als Forschungsfeld«, in: *H. Jb.* 100 (1980).
2 Hierzu u.a. K. Thomas, *Religion and the Decline of Magic* (1971); C. Ginzburg,
»Volksbrauch, Magie und Religion«, in: R. Romano u.a., *Die Gleichzeitigkeit des
Ungleichzeitigen* (1980).
3 Allgemein: W. Hubatsch (Hg.), *Wirkungen der deutschen Reformation* (1967);
M. Steinmetz (Hg.), *Weltwirkungen der Reformation* (1969). – E. Troeltsch, *Die
Soziallehren der christlichen Kirchen und Gruppen* (1923³); G. Schwaiger, *Die
Reformation in den Nordischen Ländern* (1962); H.R. Trevor-Roper, *Religion,
Reformation und sozialer Umbruch. Die Krise des 17. Jahrhunderts* (1970); O.E.
Strasser/Bertrand/O.J. de Jong, *Geschichte des Protestantismus in Frankreich
und den Niederlanden* (1975).
4 H.E. Weber, *Reformation, Orthodoxie und Rationalismus*, 3 Bde. (1937/51).
5 E. Troeltsch, »Epochen und Typen der Sozialphilosophie des Christentums«, in:
Ders., *Aufsätze zur Geistesgeschichte und Religionssoziologie* (1966 ND) 141.
Dazu auch M. Weber, *Wirtschaft und Gesellschaft* (1972⁵) 344 f.
6 Troeltsch, *Epochen* 137.
7 J. Bohatec, *Calvins Lehre von Staat und Kirche* (1937); J.T. McNeill, *The
History and Character of Calvinism* (1954); M. Weber, *Die protestantische Ethik*
(1973³).
8 A.G. Dickens, *The English Reformation* (1964); P. Collinson, *The Elizabethan
Puritan Movement* (1967).
9 H. Jedin, »Katholische Reform und Gegenreformation«, in: *Hb. d. Kirchengesch.* (1967); H.O. Evennett, *The Spirit of the Counter-Reformation* (1968);
J.A. Bossy, »The Counter-Reformation and the People of Catholic Europe«,
in: *PP* 47 (1970); E.W. Zeeden (Hg.), *Gegenreformation* (1973); K.D.
Schmidt, »Die katholische Reform und die Gegenreformation«, in: *Die Kirche
in ihrer Geschichte* (1975); W. Reinhard, »Gegenreformation als Modernisierung? Prolegomena zu einer Theorie des konfessionellen Zeitalters«, in: *ARG*
68 (1977).
10 K. Onasch, »Russische Kirchengeschichte«, in: *Die Kirche in ihrer Geschichte*
(1967).

11 Hierzu u.a. E.W. ZEEDEN, *Die Entstehung der Konfessionen* (1965); P. TH. LANG, *Konfessionsbildung*; LEHMANN, *Das Zeitalter des Absolutismus* 51 ff.

12 G. SCHREIBER (Hg.), *Das Weltkonzil von Trient*, 2 Bde. (1951).

13 STRASSER/BERTRAND/DE JONG, *Geschichte des Protestantismus in Frankreich und den Niederlanden* 193 ff.

14 Allgemein: REINHARD, *Gegenreformation*; E. BEYREUTHER, *Geschichte des Pietismus* (1978); R. VAN DÜLMEN, *Die Utopie einer christlichen Gesellschaft* (1978).

15 U.a. M. BRECHT, *Kirchenordnung und Kirchenzucht in Württemberg vom 16. bis zum 18. Jahrhundert* (1967); BOSSY, *The Counter-Reformation*; E.W. ZEEDEN/ H.J. MOLITOR (Hg.), *Die Visitation im Dienste der kirchlichen Reform* (1977²); G. LIVET (Hg.), *Sensibilité religieuse et discipline ecclésiastique* (1973); REINHARD, *Gegenreformation*; P. MÜNCH, *Zucht und Ordnung* (1978).

16 Zit. nach E.W. ZEEDEN, *Das Zeitalter der Gegenreformation* (1967) 45.

17 Anregend: BOSSY, *The Counter-Reformation*; DERS., »The Social History of Confession in Age of the Reformation«, in: *Transactions of the R. Hist. Society* V, 25 (1975); A.N. GALPERN, *The Religions of the People of Sixteenth-Century Champagne* (1976); s. auch den Überblick in: LANG, *Konfessionsbildung*.

18 H. JEDIN (Hg.), *Handbuch der Kirchengeschichte* IV (1976²); L.J. ROGIER u.a. (Hg.), *Geschichte der Kirche* III (1965); ZEEDEN, *Hegemonialkriege und Glaubenskämpfe*; J. DELUMEAU, *Naissance et Affirmation de la Réforme* (1968).

19 U.a. nun LANG, *Konfessionsbildung* 483 f.

20 U.a. R. NÜRNBERGER, *Die Politisierung des französischen Protestantismus* (1948); CH. HILL, *Puritanism and Revolution* (1969).

21 Aufschlußreich: N.Z. DAVIS, »The Rites of Violence«, in: DIES., *Society Culture in Early Modern France* (1975).

22 N.M. SUTHERLAND, *The Massacre of St. Bartholomew and the European Conflict 1559 to 1572* (1972); J. MIECK, »Die Bartholomäusnacht als Forschungsproblem«, in: *HZ* 216 (1973).

23 J. ORCIBAL, *Les Origines du jansénisme*, 5 Bde. (1947/62); R. TAVENEAUX, *Jansénisme et Politique* (1965); E. WEIS, »Jansenismus und Gesellschaft in Frankreich«, in: *HZ* 214 (1972).

24 Ebd.

25 M. GRESCHAT (Hg.), *Zur neueren Pietismusforschung* (1977); H. LEHMANN, *Pietismus und weltliche Ordnung in Württemberg vom 17. bis zum 20. Jahrhundert* (1969); DERS., »Der Pietismus im Alten Reich«, in: *HZ* 214 (1972); M. SCHMIDT, *Pietismus* (1972).

26 COLLINSON, *The Elizabethan Puritan Movement* (1967); HILL, *Puritanism and Revolution*; M. WALZER, *The Revolution of the Saints* (1974⁷); P. TOON, »Der englische Puritanismus«, in: *HZ* 214 (1972).

27 Zur Rolle des Puritanismus in der modernen Welt vgl. auch S.N. EISENSTADT, *Tradition, Wandel und Modernität* (1979) vor allem 198 ff, 236 ff.

3/VI: Inquisition, Hexenwahn, Unglaube

1 E. ISERLOH/J. GLAZIK/H. JEDIN (Hg.), »Reformation, katholische Reform und Gegenreformation«, in: *Hb. d. Kirchengesch.* IV (1967); H. KAMEN, *Intoleranz und Toleranz zwischen Reformation und Aufklärung* (1967); H. LUTZ (Hg.), *Zur Geschichte der Toleranz und Religionsfreiheit* (1977).

2 F. DESSAUER, *Der Fall Galilei und wir* (1949²); J.D. BERNAL, *Sozialgeschichte der Wissenschaft* II (1978).

3 H. KAMEN, *Die spanische Inquisition* (1969); J.R. GRIGULEVIČ, *Ketzer – Hexen – Inquisitoren*, 2 Bde. (1980).

4 Wichtigste Literatur: U. BASCHWITZ, *Hexen und Hexenprozesse* (1963); J.C. BAROJA, *Die Hexen und ihre Welt* (1967); H.R. TREVOR-ROPER, »Der europäische Hexenwahn des 16. und 17. Jahrhunderts«, in: DERS., *Religion, Reformation und*

sozialer Umbruch (1970); K. THOMAS, Religion and the Decline of Magic (1971); A. MACFARLANE, Witchcraft in Tudor and Stuart England (1971²); H. C. F. MIDEL-FORT, Witch Hunting in South Western Germany 1562–1684 (1972); CL. HONEG-GER (Hg.), Die Hexen der Neuzeit (1978); C. GINZBURG, Die Benandanti (1980); G. SCHORMANN, Hexenprozesse in Deutschland (1981).

5 L. FEBVRE, Le Problème de l'incroyance au XVI⁰ siècle. La Religion de Rabelais (1947); A. TENENTI, »Libertinisme et hérésie du milieu du 16⁰ siècle au début du 17⁰ siècle«, in: J. LE GOFF (Hg.), Hérésies et sociétés dans l'Europe pré-industrielle, 11⁰–18⁰ siècles (1968); G. SCHNEIDER, Der Libertin (1970).

6 H. FRIEDRICH, Montaigne (1967²); F. SIMONE (Hg.), Culture et politique en France à l'époque de l'humanisme et de la renaissance (1974).

7 Zit. nach G. PARKER, Der Aufstand der Niederlande (1979) 243.

3/VII: Bildung, Schulsystem, frühmoderne Wissenschaft

1 Wegweisend: L. STONE, »The Educational Revolution in England 1560–1640«, in: PP 28 (1964); auch E. HINRICHS, Einführung in die Geschichte der Frühen Neuzeit (1980) 100 ff.

2 Allgemein zur Alphabetisierung: J. GOODY (Hg.), Literacy in Traditional Societies (1968); F. FURET/M. SACHS, »La croissance de l'alphabétisation en France«, in: Annales 29 (1974); F. FURET/J. OZOUF, Lire et écrire, 2 Bde. (1977); R. ENGELSING, Analphabetentum und Lektüre (1973).

3 Nach ENGELSING, Analphabetentum und Lektüre 32 ff.

4 E. TRUNZ, »Der deutsche Späthumanismus um 1600 als Standeskultur«, in: R. ALEWYN (Hg.), Deutsche Barockforschung (1968³).

5 ENGELSING, Analphabetentum und Lektüre 47.

6 Allgemein: PH. ARIÈS, Geschichte der Kindheit (1975) 221 ff; G. SNYDERS, Die große Wende der Pädagogik (1971).

7 So äußerte den Rat von Nördlingen 1579. Zit. nach E. W. ZEEDEN, Deutsche Kultur in der frühen Neuzeit (1968) 217.

8 ENGELSING, Analphabetentum und Lektüre 36.

9 KL. SCHALLER, Die Pädagogik des Joh. Amos Comenius und die Anfänge des pädagogischen Realismus im 17. Jahrhundert (1962).

10 Zit. nach ZEEDEN, Deutsche Kultur 221.

11 Allgemein: E. GARIN, Geschichte und Dokumente der abendländischen Pädagogik III (1967); W. MOOG, Geschichte der Pädagogik II (1967⁸); R. CHARTIER u. a., L'éducation en France du XVI⁰ au XVIII⁰ siècle (1976).

12 F. PAULSEN, Geschichte des gelehrten Unterrichts auf den deutschen Schulen und Universitäten vom Ausgang des Mittelalters bis zur Gegenwart, 2 Bde. (1960 ND).

13 ARIÈS, Geschichte der Kindheit 268.

14 Allgemein: PAULSEN, Geschichte des gelehrten Unterrichts; H. RÖSSLER/G. FRANZ (Hg.), Universität und Gelehrtenstand 1400–1800 (1970).

15 ENGELSING, Analphabetentum und Lektüre 42 ff; K. KOSZYK, Vorläufer der Mas-senpresse (1972); FURET/OZOUF, Lire et écrire.

16 Allgemein: M. BOAS, Die Renaissance der Naturwissenschaften 1450–1630 (1965); A. KOYRÉ, Von der geschlossenen Welt zum unendlichen Universum (1969); P. MATTHIAS (Hg.), Science and Society 1600–1900 (1972); CH. WEBSTER (Hg.), The intellectual Revolution of the Seventeenth Century (1974); G. BÖHME/W. V. D. DAELE/W. KROHN, Experimentelle Philosophie (1977); J. B. BERNAL, Sozialgeschichte der Wissenschaft II (1978).

17 FR. A. YATES, Aufklärung im Zeichen der Rosenkreuzes (1975); DIES., The occult Philosophy in the Elizabethan Age (1979); M. BLEKASTAD, Comenius (1969); G. BOCK, Thomas Campanella (1974).

18 R. VAN DÜLMEN, Utopie der christlichen Gesellschaft (1978); W. V. D. DAELE, »Die

437

soziale Konstruktion der Wissenschaft. Institutionalisierung und Definition der positiven Wissenschaft in der zweiten Hälfte des 17. Jahrhunderts«, in: Böhme u. a. *Experimentelle Philosophie* 131 ff.

19 Zit. nach P. Chaunu, *Europäische Kultur im Zeitalter des Barock* (1968) 532.

20 Nach v. d. Daele, *Die soziale Konstruktion der Wissenschaft* 142 ff.

21 Ebd. 144.

22 Zit. nach Chaunu, *Europäische Kultur* 528.

23 Schaller, *Die Pädagogik des Joh. A. Comenius*; Ch. Webster, *The Great Instauration* (1975).

24 auch J. Kuczynski, *Wissenschaft und Gesellschaft* (1974).

25 A. Neusüss (Hg.), *Utopie* (1968); F. Seibt, *Utopica* (1972).

3/VIII: Kunst und Literatur. Vom Manierismus zum Frühbarock

1 Allgemein: G.H. Hocke, *Die Welt als Labyrinth* (1957); A. Hauser, *Sozialgeschichte der Kunst und Literatur* (1967); ders., *Der Ursprung der modernen Kunst und Literatur* (1979); Gg. Kaufmann, *Die Kunst des 16. Jahrhunderts* (1970).

2 W. Braunfels, *Abendländische Stadtbaukunst* (1976).

3 H. Bauer, *Holländische Malerei des 17. Jahrhunderts* (1979) 40 f.

4 Hauser, *Sozialgeschichte der Kunst und Literatur* 331 ff.

5 R. Alewyn/K. Sälzle, *Das große Welttheater* (1959); J. v. Kruedener, *Die Rolle des Hofes im Absolutismus* (1973).

6 Hauser, *Sozialgeschichte der Kunst und Literatur* 410.

7 Zit. nach H. Günther, *Niederländisches Bilderbuch* (1977) 190.

8 Bauer, *Holländische Malerei* 33 ff; auch J. Huizinga, *Holländische Kultur im siebzehnten Jahrhundert* (1977).

9 M. Warnke, *Peter Paul Rubens* (1977); F. Baudouin, *Rubens et son siècle* (1972).

10 Hauser, *Sozialgeschichte der Kunst und Literatur* 406.

11 U. a. W. Weisbach, *Der Barock als Kunst der Gegenreformation* (1921); P. Meyer, *Europäische Kunstgeschichte* II (1978⁴).

12 M. Binder/W. v. Bode, *Frans Hals, sein Leben und seine Werke*, 2 Bde. (1914); H. Gerson, *Rembrandt* (1968).

13 F. Foote, *Brueghel und seine Zeit von 1525–1569* (1971).

14 Allgemein über die Literatur in der frühen Neuzeit: A. Buck (Hg.), *Renaissance und Barock*, 2 Bde. (1972); H. A. Frenzel, *Geschichte des Theaters* (1979).

15 E. R. Curtius, *Europäische Literatur und lateinisches Mittelalter* (1963⁴).

16 H. Baader, »Typologie und Geschichte des spanischen Romans im ›Goldenen Zeitalter‹«, in: Buck, *Renaissance und Barock* II 85.

17 K. Heitmann, »Das französische Theater des 16. und 17. Jahrhunderts«; E. Müller/Bochat, »Das spanische Theater der Blütezeit«; H. Oppel, »Shakespeare und das elisabethanische Drama«, alle Beiträge in: Buck, *Renaissance und Barock*.

18 P. O. Kristeller, *Humanismus und Renaissance* (1973).

19 Buck, *Renaissance und Barock*.

20 L. Pfandl, *Spanische Kultur und Sitte des 16. und 17. Jahrhunderts* (1924); K. Vossler, *Lope de Vega und sein Zeitalter* (1932).

21 Baader, *Typologie und Geschichte des spanischen Romans* 89.

22 H. Hatzfeld (Hg.), *Don Quijote* (1968).

23 H. Flasche (Hg.), *Calderón de la Barca* (1971).

24 Vossler, *Lope de Vega*.

25 E. Müller-Bochat, »Das spanische Theater der Blütezeit«, in: Buck, *Renaissance und Barock* II.

26 G. Schröder, *Baltasar Graciáns Criticón* (1966); ders., »Gracián und die spanische Moralistik«, in: Buck, *Renaissance und Barock* II.

27 L. B. Wright, *Middle Class Culture in Elizabethan England* (1964²); A. L. Rowse, *The Elizabethan Renaissance* (1971). S. auch den Überblick: H. Oppel, »Shakespeare und das elisabethanische Theater«; U. Schlüter, »Die Lyrik der englischen Renaissance«, beide in: Buck, *Renaissance und Barock* II.

28 J. Schabert (Hg.), *Shakespeare* (1978²).

29 L. Schrader, »Der französische Roman des 16. und 17. Jahrhunderts«; K. Heitmann, »Das französische Theater des 16. und 17. Jahrhunderts«; W. Krömer, »Briefe und Memoiren im Frankreich des 17. Jahrhunderts«, in: Buck, *Renaissance und Barock* I/II.

30 N. Elias, *Die höfische Gesellschaft* (1969).

31 Heitmann, »Das französische Theater des 16. und 17. Jahrhunderts« 287.

32 Ebd. 279.

33 E. Köhler, *Esprit und arkadische Freiheit* (1966).

Kap. 4: DER FRÜHMODERNE STAAT UND DIE KRISE DES 17. JHTS.

4 A: Der frühmoderne Staat

1 Allgemein: M. Weber, *Wirtschaft und Gesellschaft* (1972⁵) (Staatssoziologie); O. Hintze, *Staat und Verfassung* (1962²); E. Kern, *Moderner Staat und Staatsbegriff* (1949); C. J. Friedrich, *Der Verfassungsstaat der Neuzeit* (1953); O. Brunner, »Vom Gottesgnadentum zum monarchischen Prinzip. Der Weg der europäischen Monarchie seit dem hohen Mittelalter«, in: ders., *Neue Wege der Verfassungs- und Sozialgeschichte* (1968²); G. Oestreich, *Geist und Gestalt des frühmodernen Staates* (1969); H. Quaritsch, *Staat und Souveränität* I: Die Grundlagen (1970); Ch. Tilly (Hg.), *The Formation of National States in Western Europe* (1975); J. Habermas, »Geschichte und Evolution«, in: ders., *Zur Rekonstruktion des historischen Materialismus* (1976).

4/I: Höfische Repräsentation. Das Zeremonial der Macht

1 Vor allem J. v. Kruedener, *Die Rolle des Hofes im Absolutismus* (1973); auch N. Elias, *Die höfische Gesellschaft* (1969).

2 J. Huizinga, *Herbst des Mittelalters* (1969¹⁰).

3 A. Kern, *Deutsche Hofordnungen des 16. und 17. Jahrhunderts* (1905/7); K. Treusch v. Buttlar, »Das tägliche Leben an den deutschen Fürstenhöfen des 16. Jahrhunderts«, in: *Zs. f KG* 4 (1897).

4 G. Lottes, *Elisabeth I.* (1981).

5 U. a. E. Straub, *Repraesentatio Maiestatis oder churbayerische Freudenfeste* (1969); A. L. Rowse, *The Elizabethan Renaissance* (1971); K. Plodek, *Hofstruktur und Hofzeremoniell in Brandenburg-Ansbach vom 16. bis zum 18. Jahrhundert* (1972); K. Vocelka, *Habsburgische Hochzeiten 1550–1600* (1976); A. G. Dickens (Hg.), *Europas Fürstenhöfe* (1978).

6 H. Tintelnot, »Die Bedeutung der ›festa teatrale‹ für das dynastische und künstlerische Leben im Barock«, in: *AKG* 37 (1955) 338.

7 Zit. nach: Plodek, *Hofstruktur* 129.

8 Elias, *Höfische Gesellschaft* 280.

9 v. Kruedener, *Rolle des Hofes* 23.

10 U. a. L. Stone, *The Crisis of Aristocracy 1558–1641* (1971).

11 Ders., »The Inflation of Honours 1558–1641«, in: *PP* 14 (1958).

12 TINTELNOT, *Die Bedeutung der ›festa teatrale‹*; weiterhin R. ALEWYN/K. SÄLZLE, *Das große Welttheater* (1959); E. FÄHLER, *Feuerwerke des Barock* (1974).

13 v. KRUEDENER, *Rolle des Hofes* 64.

14 N. ELIAS, *Über den Prozeß der Zivilisation* I: Wandlungen des Verhaltens in den weltlichen Oberschichten des Abendlandes (1969²).

15 DERS.

4/II: Bürokratie und Beamtentum

1 Zum Problem bürokratischer Herrschaft und des frühneuzeitlichen Staatsbildungsprozesses vgl. M. WEBER, *Wirtschaft und Gesellschaft* (1972⁵) 552 ff; auch O. HINTZE, *Staat und Verfassung*; (1962²). J. HATSCHECK, *Englische Verfassungsgeschichte* (ND 1978); R. HOLTZMANN, *Französische Verfassungsgeschichte* (1910); F. HARTUNG, *Deutsche Verfassungsgeschichte* (1964⁸).

2 Allgemein: W. FISCHER/P. LUNDGREEN, »The Recruitment and Training of Administrative and Technical Personnel«, in: CH. TILLY (Hg.), *The Formation of National States in Western Europe* (1975); W. FISCHER, »Rekrutierung und Ausbildung von Personal für den modernen Staat: Beamte, Offiziere und Techniker in England, Frankreich und Preußen in der frühen Neuzeit«, in: R. KOSELLECK (Hg.), *Studien zum Beginn der modernen Welt* (1977).

3 Auch E. HINRICHS, *Einführung in die Geschichte der Frühen Neuzeit* (1980) 178 ff.

4 Als Beispiele: H. DOLLINGER, *Studien zur Finanzreform Maximilian I. von Bayern in den Jahren 1598–1618* (1968); V. PRESS, *Calvinismus und Territorialstaat* (1970).

5 R. MOUSNIER, *Les institutions de la France sous la monarchie absolue* I (1974); auch G. R. ELTON, *The Tudor revolution in government* (1959); R. BRAUN, »Taxation, Sociopolitical Structure and State-Building: Great Britain and Brandenburg-Prussia«, in: TILLY, *The Formation.*

6 Ebd.; H. ROSENBERG, *Bureaucracy, Aristocracy and Autocracy* (1958).

7 J. H. GLEANSON, *The Justices of Peace in England 1558 to 1640* (1969); D. GERHARD (Hg.), *Ständische Vertretungen in Europa im 17. und 18. Jahrhundert* (1969); H. RAUSCH (Hg.), *Die geschichtlichen Grundlagen der modernen Volksvertretung* 2 Bde. (1974/80).

8 D. GERHARD, »Amtsträger zwischen Krongewalt und Ständen«, in: DERS., *Gesammelte Aufsätze* (1977); S. E. AYLMER, *The King's Servants* (1961).

9 Ebd.; FISCHER, *Rekrutierung.*

10 Immer noch wichtig: O. HINTZE, »Der Beamtenstand«, in: DERS., *Soziologie und Geschichte* (1964²).

11 Auch K. E. DEMANDT, »Amt und Familie«, in: *Hess. Jb. f. LG* 2 (1952); V. THIEL, »Die innerösterreichische Zentralverwaltung 1564–1749«, in: *Arch. f. Österr. Gesch.* 111 (1930); GERHARD, *Amtsträger*; P.-M. HAHN, *Struktur und Funktion des brandenburgischen Adels im 16. Jahrhundert* (1979) 133 ff.

12 B. WUNDER, *Privilegierung und Disziplinierung* (1978) 69

13 M. STOLLEIS, »Grundzüge der Beamtenethik«, in: *Die Verwaltung* 13 (1980).

14 R. MOUSNIER, *La vénalité des offices sous Henri IV et Louis XIII* (1971); K. W. SWART, *Sale of Offices in the Seventeenth Century* (1948); W. REINHARD, »Staatsmacht als Kreditproblem. Zur Struktur und Funktion des frühneuzeitlichen Ämterhandels«, in: *VSWG* 61 (1974); KL. MALETTKE (Hg.), *Ämterkäuflichkeit* (1980).

15 H. THIEME, »Le rôle des doctores legum dans la société de l'Allemagne du XVIᵉ siècle«, in: *Recueil de droit écrit* 6 (1967); E. WYLUDA, *Lehnrecht und Beamtentum* (1969).

16 HINTZE, *Beamtenstand* 85.

17 O. HINTZE, »Der Commissarius und seine Bedeutung in der allgemeinen Verwaltungsgeschichte«, in: DERS., *Staat und Verfassung* (1962²); MOUSNIER, *Les institutions.*

18 Hintze, *Beamtenstand* 87.
19 U. a. G. Oestreich, »Das persönliche Regiment der deutschen Fürsten am Beginn der Neuzeit«, in: Ders., *Geist und Gestalt des frühmodernen Staates* (1969).
20 O. Hintze, »Die Entstehung der modernen Staatsministerien«, in: Ders., *Staat und Verfassung* 275 ff.
21 G. Oestreich, Verfassungsgeschichte vom Ende des Mittelalters bis zum Ende des alten Reiches (1974²).
22 H. Rabe, »Die iberischen Staaten im 16. und 17. Jahrhundert«, in: *Hb. d. Europ. Gesch.* III (1971) 612 f.
23 R. Holtzmann, *Französische Verfassungsgeschichte von der Mitte des 9. Jahrhunderts bis zur Revolution* (1910); Mousnier, *Les Institutions*.
24 Ebd.

4/III: Legitimation und Theorie des frühmodernen Staates

1 Allgemein: Fr. Meinecke, *Die Idee der Staatsräson* (1963); H. H. Hofmann (Hg.), *Die Entstehung des modernen souveränen Staates* (1967); W. Mager, *Zur Entstehung des modernen Staatsbegriffs* (1968); H. Quaritsch, *Staat und Souveränität* (1970).
2 E. Hinrichs, *Fürstenlehre und politisches Handeln im Frankreich Heinrichs IV.* (1969).
3 F. Dickmann, »Rechtsgedanke und Machtpolitik bei Richelieu«, in: *HZ* 196 (1963).
4 G. A. Ritter, »Devine Right und Prärogative der englischen Könige 1603 bis 1640«, in: H. Rausch (Hg.), *Die geschichtlichen Grundlagen der modernen Volksvertretung* I (1980).
5 U. a. O. Brunner, »Vom Gottesgnadentum zum monarchischen Prinzip. Der Weg der europäischen Monarchie seit dem hohen Mittelalter«, in: Ders., *Neue Wege der Verfassungs- und Sozialgeschichte* (1968²).
6 W. Ebel, *Geschichte der Gesetzgebung in Deutschland* (1958²); G. Kl. Schmelzeisen, *Polizeiordnung und Privatrecht* (1955); F. Wieacker, *Privatrechtsgeschichte der Neuzeit* (1967²); H. Coing (Hg.), *Handbuch der Quellen und Literatur der neuen europäischen Privatrechtsgeschichte* II (1976).
7 Allgemein: Quaritsch, *Staat*; Hinrichs, *Fürstenlehre*; H. Denzer (Hg.), *Jean Bodin* (1973); ders., »Bodin«, in: *Klassiker des politischen Denkens* I (1968).
8 E. Hinrichs, »Das Fürstenbild Bodins und die Krise der französischen Renaissancemonarchie«, in: Denzer, *Bodin* 281 ff.
9 J. Dennert, *Ursprung und Begriff der Souveränität* (1964).
10 Hinrichs, *Das Fürstenbild Bodins*.
11 Zum Kontext auch: J. Niedhart, »Soziales Gefüge und politisches Denken im Frankreich der zweiten Hälfte des 16. Jahrhunderts«, in: *Francia* 3 (1975).
12 Allgemein: J. Dennert (Hg.), *Beza, Brutús, Hotman* (1968); R. Mousnier, *Ein Königsmord in Frankreich* (1970); G. Salomon-Delatour, *Moderne Staatslehren* (1965) 191 ff.
13 Allgemein: E. Tönnies, *Hobbes, Leben und Lehre* (1912); R. Hönigswald, *Hobbes und die Staatsphilosophie* (1924); C. B. Macpherson, *Die politische Theorie des Besitzindividualismus* (1973).
14 Th. Hobbes, *Leviathan*, hg. v. *I. Fetscher* (1966)
15 G. Oestreich, »Justus Lipsius als Theoretiker des neuzeitlichen Machtstaates«; und Ders., »Politischer Neustoizismus und Niederländische Bewegung in Europa und besonders in Brandenburg-Preußen«, in: Ders., *Geist und Gestalt des frühmodernen Staates* (1969).

1 W. Schulze, *Bäuerlicher Widerstand und feudale Herrschaft in der frühen Neuzeit* (1980).

2 U.a. H. Mauersberg, *Wirtschafts- und Sozialgeschichte zentraleuropäischer Städte in neurer Zeit* (1960); O. Brunner, »Souveränitätsprobleme und Sozialstruktur in den deutschen Reichsstädten der frühen Neuzeit«, in: Ders., *Neue Wege der Verfassungs- und Sozialgeschichte* (1968²); Ph. Wolff, *Structures sociales et morphologies urbaines dans le développement historique des villes. XIIᵉ–XVIIIᵉ siècles* (1977).

3 L. Stone, *The Crisis of the Aristocracy 1558–1641* (1967); D. Bitton, *The French Nobility in Crisis 1560–1640* (1969); F. Billaçois, »La crise de la noblesse européenne 1550–1650. Une mise au point«, in: *Rev. d'hist. mod. et contemp.* 23 (1976).

4 H. Lehmann, *Das Zeitalter des Absolutismus* (1980).

5 A. Bourde, »Frankreich vom Ende des Hundertjährigen Krieges bis zum Beginn der Selbstherrschaft Ludwig XIV. (1453–1661)«, in: *Hb. d. Europ. Gesch.* III (1971); E. Hinrichs, »Absolute Monarchie in Frankreich. Strukturprobleme eines politischen Systems«, in: H. Patze (Hg.), *Aspekte des europäischen Absolutismus* (1979).

6 Zit. nach J. Mieck, *Europäische Geschichte der frühen Neuzeit* (1977²) 179.

7 E. Schulin, »England und Schottland vom Ende des Hundertjährigen Kriegs bis zum Protektorat Cromwells 1455–1660«, in: *Hb. f. Europ. Gesch.* III (1971); E. Wolgast, »Absolutismus in England«, in: *Patze, Aspekte.*

8 E. W. Zeeden, »Deutschland von der Mitte des 15. Jahrhunderts bis zum Westfälischen Frieden 1648«, in: *Hb. d. Europ. Gesch.* III (1971); H. Sturmberger, »Dualistischer Ständestaat und werdender Absolutismus«, in: *Entstehung der Verfassung Österreichs* (o. J.).

9 Allgemein: M. Roberts, »The Military Revolution 1560–1660«, in: Ders., *Essays in Swedish History* (1967); R. Wohlfeil, »Adel und neues Heerwesen«, in: H. Rössler (Hg.), *Deutscher Adel 1430–1555* (1965); Ders., »Ritter – Söldnerführer – Offizier. Versuch eines Vergleichs«, in: A. Borst (Hg.), *Das Rittertum im Mittelalter* (1976). M. Howard, *Der Krieg in der europäischen Geschichte* (1981).

10 Wohlfeil, *Ritter;* Fr. Redlich, *The German Military Enterpriser and his Work Force* (1964/5).

11 J. Engel, »Von der spätmittelalterlichen respublica christiana zum Mächte-Europa der Neuzeit«, in: *Hb. d. Europ. Gesch.* III (1971).

12 O. Hintze, »Machtpolitik und Regierungsverfassung«, in: Ders., *Staat und Verfassung* (1962²); neuerdings: W. Schulze, *Reich und Türkengefahr im späten 16. Jahrhundert* (1978).

13 W. Janssen, *Die Anfänge des modernen Völkerrechts und die neuzeitliche Diplomatie* (1965); W. Andreas, »Italien und die Anfänge der neuzeitlichen Diplomatie«, in: *HZ* 167 (1943); G. Mattigly, *Renaissance Diplomacy* (1962²).

4/V: Die gute Policey und die frühneuzeitliche Sozialpolitik

1 H. Maier, *Die ältere deutsche Staats- und Verwaltungslehre* (1966); G. Kl. Schmelzeisen, *Polizeiordnung und Privatrecht* (1955); F. L. Knemeyer, »Polizei«, in: *Geschichtliche Grundbegriffe* 4 (1978).

2 W. Kunkel u. a. (Hg.), *Quellen zur Neueren Privatrechtsgeschichte Deutschlands II* (1968).

3 U.a. O. Brunner, »Das ›Ganze Haus‹ und die alteuropäische ›Ökonomik‹«, in:

DERS., *Neue Wege der Verfassungs- und Sozialgeschichte* (1968²); J. ENGEL, »Von der spätmittelalterlichen respublica christiana zum Mächte-Europa der Neuzeit«, in: *Hb. d. Europ. Gesch.* (1971) 387ff; M. FOUCAULT, *Überwachen und Strafen* (1977).

4 U.a. H. RAAB, *Kirche und Staat von der Mitte des 15. Jahrhunderts bis zur Gegenwart* (1966).

5 Ernewerte Mandate unnd Landtgebott (1598).

6 SCHMELZEISEN, *Polizeiordnung* 21ff, 68ff; D. SCHWAB, *Grundlagen und Gestalt der staatlichen Ehegesetzgebung in der Neuzeit* (1967).

7 Hierzu auch allgemein: J.L. FLANDRIN, *Familien* (1978); J. SOLÉ, *Liebe in der westlichen Kultur* (1979).

8 CH. SACHSSE/F. TENNSTEDT, *Geschichte der Armenfürsorge in Deutschland vom Spätmittelalter bis zum 1. Weltkrieg* (1980); auch E. F. HECKSCHER, *Der Merkantilismus*, 2 Bde. (1932).

9 Reichs-Policey-Ordnung 1548. Zit. nach: *Neue... Sammlung der Reichs-Abschiede* (1747) II 592.

10 Zit. nach: E. C. EISENBART, *Kleiderordnungen der deutschen Städte zwischen 1350 und 1700* (1962) 74f.

11 FR. CHR. AVÉ-LALLEMANT, *Das deutsche Gaunertum I* (1858) 68f.

12 A. FISCHER, *Geschichte des deutschen Gesundheitswesens I* (1933); A.E. IMHOF (Hg.), *Biologie des Menschen in der Geschichte* (1978).

13 W. TRAPHAGEN, *Die ersten Arbeitshäuser und ihre pädagogische Funktion* (1935); SACHSSE/TENNSTEDT, *Geschichte der Armenfürsorge in Deutschland*; J. POUND, *Poverty and Vagrancy in Tudor England* (1977⁵).

14 HECKSCHER, *Merkantilismus*; H. KELLENBENZ, »Wirtschaftspolitik in Europa zu Beginn der Neuzeit«, in: *Jb. d. Akad. d. Wiss. in Göttingen* (1974).

15 SCHMELZEISEN, *Polizeiordnung* 286ff, 314ff; auch R. SCHULZE, *Die Polizeigesetzgebung zur Wirtschafts- und Arbeitsordnung der Mark Brandenburg in der frühen Neuzeit* (1978).

16 U.a. H. PROESLER, *Das gesamtdeutsche Handwerk im Spiegel der Reichsgesetzgebung von 1630 bis 1806* (1954).

17 HECKSCHER, *Merkantilismus I* 91; F. BRAUDEL/F. SPOONER, »Prices in Europe from 1450 to 1750«, in: *The Cambridge Econ. Hist. of Europe IV* (1975²).

18 W. KUNKEL u.a. (Hg.), *Quellen zur Neueren Privatrechtsgeschichte Deutschlands II* (1968) 399.

19 HECKSCHER, *Merkantilismus II* 290ff; J. BOG, »Der Merkantilismus in Deutschland«, in: *JNS* (1961).

20 E. DITTRICH, *Die deutschen und österreichischen Kameralisten* (1974); E. KLEIN, *Die englischen Wirtschaftstheoretiker des 17. Jahrhunderts* (1973).

21 HECKSCHER, *Merkantilismus* 304ff; C.H. WILSON, »Trade Society and the State«, in: *The Cambridge Econ. Hist. of Europe* (1975²); P. PARKER, »Die Entstehung des modernen Geld- und Finanzwesens in Europa 1500–1730«, in: *Europ. Wirtschaftsgesch. II* (1979).

4 B: Frühneuzeitliche Revolten

1 Allgemein: H. KAMEN, *The Iron Century* (1971) 307ff; R. FORSTER/J.P. GREENE (Hg.), *Preconditions of Revolution in Early Modern Europe* (1975³); T. ASTON (Hg.), *Crisis in Europe 1560–1660* (1975⁵) (vor allem die wichtigen Beiträge von E.J. HOBSBAWM, »The Crisis of the Seventeenth Century«, und H.R. TREVOR-ROPER, »The General Crisis of the Seventeenth Century«); G. PARKER/L.M. SMITH (Hg.), *The General Crisis of the Seventeenth Century* (1978) (wichtig vor allem J. ELLIOTT, »Revolution and Continuity in Early Modern Europe«).

2 Weder der Ansatz von B. PORSCHNEV, *Die Volksaufstände in Frankreich vor der*

443

Fronde 1623–1648 (1954), überzeugt noch der von R. Mousnier, *La plume, la faucille et le marteau* (1970).

3 Siehe W. Schulze, *Bäuerlicher Widerstand und feudale Herrschaft in der frühen Neuzeit* (1980); P. Blickle, *Deutsche Untertanen* (1981).

4 Auch R. van Dülmen, »Formierung der europäischen Gesellschaft in der Frühen Neuzeit. Ein Versuch«, in: *GG* 7 (1981).

4/ VI: Der niederländische Freiheitskrieg

1 Allgemein: P. Geyl, *The Revolt of the Netherlands 1555–1609* (1970⁴); J. W. Smith, »The Netherlands Revolution«, in: R. Forster/J. P. Greene (Hg.), *Preconditions of Revolution in Early Modern Europe* (1975³); B. Töpfer, »Die frühbürgerliche Revolution in den Niederlanden«, in: *ZfG* Sonderheft 2 (1965); H. Schilling, »Der Aufstand der Niederlande. Bürgerliche Revolution oder Elitenkonflikt?«, in: *GG* Sonderheft 2 (1976); G. Parker, *Der Aufstand der Niederlande* (1979).

2 F. Petri, *Die Kultur der Niederlande* (1964); J. de Vries, *The Dutch Rural Economy in the Golden Age 1500–1700* (1974); H. G. Koenigsberger, »The States-General of the Netherlands before the Revolt«, in: Ders., *Estates and Revolutions* (1971).

3 A. N. Cistozvonov, »Die Rolle des Calvinismus in der niederländischen bürgerlichen Revolution des 16. Jahrhunderts«, in: *Weltwirkung der Reformation* (1969); H. G. Koenigsberger, »The Organization of Revolutionary Parties in France and the Netherlands during the Sixteenth Century«, in: Ders., *Estates and Revolutions*.

4 F. Rachfahl, *Wilhelm von Oranien und der niederländische Aufstand*, 3 Bde. (1906/24).

5 Zit. nach Ch. Wilson, »Die geteilten Niederlande. Aufstand, Freiheit und nationale Einheit«, in: H. Trevor-Roper (Hg.), *Die Zeit des Barock* (1970) 98.

6 H. G. Koenigsberger, *Warum wurden die Generalstaaten der Niederlande im 16. Jahrhundert revolutionär?* MS (1981) 11.

7 Zit. nach Parker, *Der Aufstand der Niederlande* 292.

8 Schilling, *Der Aufstand der Niederlande* 203.

9 Wie Koenigsberger, *Warum wurden die Generalstaaten der Niederlande im 16. Jahrhundert revolutionär?* 18, behauptet.

10 Schilling, *Der Aufstand der Niederlande* 225 f.

4/ VII: Volksaufstände und Revolutionen des 17. Jhts.

1 E. le Roy Ladurie, »Über die Bauernaufstände in Frankreich«, in: *Fs. W. Abel* I (1974) 278.

2 Allgemein: G. Heitz, »Der Zusammenhang zwischen den Bauernbewegungen und der Entwicklung des Absolutismus in Mitteleuropa«, in: *ZfG* Sonderheft 13 (1965); M. O. Gately/L. A. Moote/J. E. Wills, »Seventeenth Century Peasant Furies: Some Problems of Comparative History«, in: *PP* 51 (1971); C. S. L. Davies, »Peasant Revolt in France and England – a Comparison«, in: *The Agricultural Hist. Review* 21 (1973); M. E. François, »Revolts in Late Medieval and Early Modern Europe: A Spiral Model«, in: *Journ. of Interdisc. Hist.* 5 (1974); V. Press, »Französische Volkserhebungen und deutsche Agrarkonflikte zwischen dem 16. und dem 18. Jahrhundert«, in: *Beitr. z. Hist. Sozialkunde* 7 (1977); W. Reinhard, »Theorie und Empirie bei der Erforschung frühneuzeitlicher Volksaufstände«, in: *Fs. Hassinger* (1977); W. Schulze, *Bäuerlicher Wider-*

stand und feudale Herrschaft in der frühen Neuzeit (1980); P. BLICKLE (Hg.), *Aufruhr und Empörung?* (1980).

3 B. PORSCHNEV, *Die Volksaufstände in Frankreich vor der Fronde 1623–1648* (1954); R. MANDROU, *Les classes et luttes de classe en France au début du XVIIe siècle* (1965); R. MOUSNIER, *Fureurs Paysannes* (1967); A. D. LUBLINSKAYA, »Popular Masses and the Social Relations of the Epoch of Absolutism: Methodology of Research«, in: *Econ. and Society* 2 (1973); LE ROY LADURIE, *Über die Bauernaufstände*; Y. M. BERCÉ, *Croquants et Nuspieds* (1974).

4 LE ROY LADURIE, *Über die Bauernaufstände* 283.

5 Ebd. 288.

6 BERCÉ, *Croquants*; PORSCHNEV, *Die Volksaufstände*.

7 E. LE ROY LADURIE, »Révoltes et contestations rurales en France de 1675 à 1788«, in: *Annales* 17 (1974).

8 A. MORITSCH, »Bauernerhebungen in Rußland«, in: *Beitr. z. hist. Sozialkunde* 7 (1977); PH. LONGWORTH, *Die Kosaken* (1977) 60 f.

9 Überblick in: H. KAMEN, *The Iron Century* (1971) 307 f; und H. G. KOENIGSBERGER, *Estates and Revolutions* (1971); R. FORSTER/J. P. GREENE (Hg.), *Preconditions of Revolution in Early Modern Europe* (1975³); J. ELLIOTT, »Revolution and Continuity in Early Modern Europe«, in: G. PARKER/L. M. SMITH (Hg.), *The General Crisis of the Seventeenth Century* (1978).

10 J. ELLIOTT, *The Revolt of the Catalans* (1963).

11 KOENIGSBERGER, *Estates and Revolutions*; J. H. ELLIOTT, »Revolts in the Spanish Monarchy«, in: FORSTER/GREENE, *Preconditions* 109 ff; zum sozialen Hintergrund auch G. BOCK, *Thomas Campanella* (1974) 34 ff.

12 Zit. nach J. POLISENSKY, *Der Krieg und die Gesellschaft in Europa 1618–1648* (1971) 204.

13 M. HROCH/J. PETRAŇ, *Das 17. Jahrhundert* (1981) 73.

14 R. MOUSNIER, *Peasant Uprisings in Seventeenth Century France, Russia and China* (1971).

15 R. MOUSNIER, »The Fronde«, in: FORSTER/GREENE, *Preconditions* 131 ff; E. H. KOSSMANN, *La Fronde* (1954).

16 S. A. WESTRICH, *The Ormée of Bordeaux* (1972).

4/VIII: Englische Revolution:
Staatskrise oder bürgerliche Revolution

1 K. MARX, »Die Bourgeoisie und die Konterrevolution«, in: K. MARX/FR. ENGELS, *Ausgewählte Werke* I (1951) 56 f.

2 Stand der Forschung: P. WENDE, *Probleme der englischen Revolution* (1980).

3 Allgemein: CH. HILL, *The English Revolution 1640* (1940); DERS., *The Century of Revolution 1603–1714* (1961); C. V. WEDGWOOD, *The King's War 1641–1647* (1973⁶); L. STONE, »The English Revolution«, in: R. FORSTER/J. P. GREENE (Hg.), *Preconditions of Revolution in Early Modern Europe* (1975³) 55 ff; E. W. IVES (Hg.), *The English Revolution* (1978⁴); L. STONE, *The Causes of the English Revolution 1529–1642* (1972); A. ASHTON, *The English Civil War* (1978); O. FELDBAUER, *Die englische Revolution und die Krise des 17. Jahrhunderts. Eine Studie zu einem sozialen Konflikt der frühen Neuzeit*, MS (1981).

4 L. STONE, *The Crisis of Aristocracy 1558–1641* (1965); G. E. MINGAY, *The Gentry* (1976).

5 WENDE, *Probleme* 21.

6 CH. HILL, *Puritanism and Revolution* (1965); DERS., *The Intellectual Origins of the English Revolution* (1965); M. WALZER, *The Revolution of the Saints* (1974⁷); DERS., »Puritanism as a Revolutionary Ideology«, in: *History and Theory* (1965).

7 STONE, *Causes*; P. ZAGORIN, *The Court and the Country* (1969); J. H. HEXTER, »Power Struggle. Parliament and Liberty in Early Stuart England«, in: *Journal of Mod. Hist.* 50 (1978).

8 B. Manning, *The English People and the English Revolution 1640–1649* (1976).
9 M. Kishlansky, *The Rise of the New Model Army* (1979).
10 Zit. nach Wende, *Probleme* 89.
11 Ebd. 91. Zu den Leveller: E. Bernstein, *Sozialismus und Demokratie in der großen englischen Revolution* (1974⁶); Ch. Hill, *The World turned Upside Down* (1976³); M. Gralher, *Demokratie und Repräsentation in der Pamphletistik der Leveller im England des 17. Jahrhunderts* (1973).
12 Ch. Hill, *God's Englishman* (1973³).

4/IX: Der Dreißigjährige Krieg und die Krise des 17. Jhts.

1 Allgemein: Th. K. Rabb, *The Thirty Years' War* (1964); S. H. Steinberg, *Der Dreißigjährige Krieg und der Kampf um die Vorherrschaft in Europa 1600–1660* (1967); C. V. Wedgwood, *Der Dreißigjährige Krieg* (1971); J. Polisensky, *The Thirty Years' War* (1971); ders., *Der Krieg und die Gesellschaft in Europa 1618–1648* (1971); H. U. Rudolf (Hg.), *Der Dreißigjährige Krieg* (1977).
2 G. H. Koenigsberger, »Der Dreißigjährige Krieg. Der europäische Bürgerkrieg«, in: H. Trevor-Roper (Hg.), *Die Zeit des Barock* (1970) 44 ff.
3 H. Langer, »Neuere Forschungen zur Geschichte des Dreißigjährigen Krieges«, in: Rudolf, *Der Dreißigjährige Krieg.*
4 Vgl. auch J. Polisensky, »The Thirty Years' War and the Crisis and Revolutions of Seventeenth Century Europe«, in: *PP* 39 (1968).
5 Polisensky, *Der Krieg* 75; auch R. Haan, »Prosperität und Dreißigjähriger Krieg«, in: *GG* 7 (1981).
6 G. Franz, *Der Dreißigjährige Krieg und das deutsche Volk* (1979⁴); H. Kamen, »The Economic and Social Consequences of the Thirty Years' War«, in: *PP* 39 (1968).
7 Vgl. wenn auch etwas überzogen Steinberg, *Der Dreißigjährige Krieg;* H. Langer, *Kulturgeschichte des Dreißigjährigen Krieges* (1978).
8 J. W. Evans, *Rudolf II.* (1980).
9 H. Sturmberger, *Aufstand in Böhmen* (1959); Polisensky, *Der Krieg;* M. Toegel (Hg.), *Der Beginn des Dreißigjährigen Kriegs* (1972).
10 U. a. H. Sturmberger, *Georg Erasmus Tschernembl* (1953).
11 G. Parker, »Spain, her Enemies and the Revolt of the Netherlands 1559–1648«, in: *PP* 49 (1970).
12 A. Ernstberger, *Hans de Witte* (1954).
13 G. Mann, *Wallenstein* (1971).
14 M. Roberts, *Gustavus Adolphus,* 2 Bde. (1958).
15 Fr. Redlich, *The German Military Enterpriser and his Work Force* (1964).
16 Zit. nach C. J. Burckhardt, *Richelieu* III (1966) 87.
17 H. Schubert, »Wallenstein und der Staat des 17. Jahrhunderts«, in: Rudolf, *Der Dreißigjährige Krieg* 198.
18 H. Haan, »Kaiser Ferdinand II. und das Problem des Reichsabsolutismus. Die Prager Heeresreform von 1635«, in: Rudolf, *Der Dreißigjährige Krieg* 208 ff.
19 auch Schubert, *Wallenstein* 191.
20 Dazu die beispielhafte Studie: W. v. Hippel, »Bevölkerung und Wirtschaft im Zeitalter des Dreißigjährigen Krieges. Das Beispiel Württemberg«, in: *Zs. f. hist. F.* 5 (1978).
21 Haan, *Prosperität* 109.

Abkürzungen

AKG	=	Archiv für Kulturgeschichte
ARG	=	Archiv für Reformationsgeschichte
Fs	=	Festschrift
GG	=	Geschichte und Gesellschaft
GWU	=	Geschichte in Wissenschaft und Unterricht
HZ	=	Historische Zeitschrift
JfWG	=	Jahrbuch für Wirtschaftsgeschichte
JNS	=	Jahrbuch für Nationalökonomie und Statistik
LG	=	Landesgeschichte
PP	=	Past and Present
Sowi	=	Sozialwissenschaftliche Informationen
VSWG	=	Vierteljahresschrift für Sozial- und Wirtschafts-geschichte
ZAA	=	Zeitschrift für Agrargeschichte und Agrarsoziologie
ZBLG	=	Zeitschrift für bayerische Landesgeschichte
ZfG	=	Zeitschrift für Geschichtswissenschaft
ZfhistF	=	Zeitschrift für historische Forschung
ZRG	=	Zeitschrift für Rechtsgeschichte

Tabellen- und Abbildungsverzeichnis

I.

1 Bevölkerungsentwicklung der wichtigsten europäischen Länder, Chinas und Amerikas, nach: P. CHAUNU, *Europäische Kultur im Zeitalter des Barock* (1968), S. 231.
2 Getreidepreise in Mitteleuropa 1500–1670, nach: W. ABEL, *Agrarkrisen und Agrarkonjunktur* (1966²), S. 114.
3 Preis- und Lohnbewegung in Mitteleuropa im 16. Jahrhundert, nach: ABEL, *Agrarkrisen*, S. 116.
4 Die Getreideverschiffungen durch den Sund nach Westeuropa 1562–1710, in: P. KRIEDTE, *Spätfeudalismus und Handelskapital* (1980), S. 86.
5 Der Schiffsverkehr zwischen Sevilla und Spanisch-Amerika 1606–1650, nach: KRIEDTE, *Spätfeudalismus*, S. 56.
6 Vermögensverhältnisse in Augsburg (in Gulden), nach: A. AUBIN, W. ZORN (Hg.), *Handbuch der deutschen Wirtschafts- und Sozialgeschichte*, Bd. I (1971) S. 484.

II.

1 Amsterdam um 1606 (Rijksprentenkabinet Amsterdam)
2 Spottbild auf die Münzzerrüttung im 16. und 17. Jahrhundert. Kupferstich aus einem Flugblatt
3 Ländliche Arbeit. »Der Sommer«, Kupferstich von P. Brueghel d. Ä. [1568]
4 Das ehrbare Handwerk der Tischler (mit Verkaufsszene). Holzschnitt [Ende des 16. Jhts.] (Germanisches Nationalmuseum, Nürnberg)
5 Markt von Impruneta in der Toskana um 1620, Kupferstich von J. Callot (Staatl. Gemäldesammlung, München)
6 Der Fondaci dei Tedeschi in Venedig. Kupferstich von R. Custos [1616] (Germanisches Nationalmuseum Nürnberg)
7 Seeräuberei an den Küsten Spanisch-Amerikas. Kupferstich eines Unbekannten [17. Jht.]

Literatur (in Auswahl)

ABEL G., Stoizismus und Frühe Neuzeit. Zur Entstehungsgeschichte modernen Denkens im Felde von Ethik und Politik, Berlin 1978

ABEL W., Wachstumsschwankungen mitteleuropäischer Völker seit dem Mittelalter. Ein Beitrag zur Bevölkerungsgeschichte und -lehre, in: JNS 142 (1935) 670–692

—, Zur Entwicklung des Sozialprodukts in Deutschland im 16. Jahrhundert. Versuch eines Brückenschlags zwischen Wirtschaftstheorie und Wirtschaftsgeschichte, in: JNS 173 (1961) 448–489

—, Verdorfung und Gutsbildung in Deutschland zu Beginn der Neuzeit, in: ZAA 9 (1961)

—, Agrarkrisen und Agrarkonjunktur. Eine Geschichte der Land- und Ernährungswirtschaft Mitteleuropas seit dem hohen Mittelalter, Hamburg-Berlin 1966²

—, Geschichte der deutschen Landwirtschaft vom frühen Mittelalter bis zum 19. Jahrhundert, Stuttgart 1967²

—, Massenarmut und Hungerkrisen im vorindustriellen Deutschland, Göttingen 1972

—, Massenarmut und Hungerkrisen im vorindustriellen Europa. Versuch einer Synopsis, Hamburg–Berlin 1974

ACHILLES W., Getreidepreise und Getreidehandelsbeziehungen europäischer Räume im 16. u. 17. Jahrhundert, in: ZAA 7 (1959) 32–55

—, Vermögensverhältnisse braunschweigischer Bauernhöfe im 17. u. 18. Jahrhundert, Stuttgart 1965

ACKERMANN J. S., Palladio, Stuttgart 1980

ALBERTINI R. v., Das politische Denken in Frankreich zur Zeit Richelieus, Marburg 1951

ALBRECHT D., Richelieu, Gustav Adolf und das Reich, München–Wien 1959

ANDERSON L., Barock und Rokoko (Enzyklopädie der Weltkunst 12), München 1980

ANDERSON P., Von der Antike zum Feudalismus. Spuren der Übergangsgesellschaften, Frankfurt 1978

—, Die Entstehung des absolutistischen Staates, Frankfurt 1979

ANDREAS W., Staatskunst und Diplomatie der Venezianer im Spiegel ihrer Gesandtenberichte, Leipzig 1943

ARIÈS PH., Geschichte der Kindheit, München 1975

—, Geschichte des Todes, München 1980

ARMENGAUD A., La famille et l'enfant en France et en Angleterre du XVIᵉ au XVIIIᵉ siècle. Aspects démographiques, Paris 1975

ASHLEY M., Das Zeitalter des Barock. Europa zwischen 1598 und 1715, München 1968

—, England in the Seventeenth Century, Middlesex 1977

ASHTON R., The City and the Court 1603–1643, Cambridge u. a. 1979

ASSEO H., Marginalité et Exclusion. Le Traitement administratif des Bohémiens, in: Problèmes socio-culturels en France au XVIIᵉ siècle, Paris 1974, 9–87

ASTON T., Crisis in Europe 1560–1660, London 1975⁵

AUBIN G./A. KUNZE, Leinenerzeugung und Leinenabsatz im östlichen Mitteldeutschland zur Zeit der Zunftkäufe. Ein Beitrag zur industriellen Kolonisation des Deutschen Ostens, Stuttgart 1940

AUBIN H./W. ZORN (Hg.), Handbuch der deutschen Wirtschafts- und Sozialgeschichte, Bd. I, Stuttgart 1971

Avé-Lallement Fr. Chr. B., Das deutsche Gaunertum I, Wiesbaden (1858)

Awrech A. J., Der Absolutismus und seine Rolle bei der Herausbildung des Kapitalismus, in: Sowjetwissenschaft (1969) 166–182

Aylmer G. E., The King's servants: the civil service of Charles I., London 1961

—, The Crisis of the Aristocracy 1558–1641, in: PP 32 (1965) 113–125

—, The Struggle of the Constitution 1603–1689. England in the 17th Century, London 1968

— (Hg.), The Levellers in the English Revolution, London 1975

Baasch E., Holländische Wirtschaftsgeschichte, Jena 1927

Bangs C., Dutch Theology, Trade and War 1590–1610, in: Church Hist. 39 (1970) 470–482

Barbour V., Capitalism in Amsterdam in the Seventeenth Century, Ann Arbor 1963

Bardet J. P. u. a., Le bâtiment. Enquête d'histoire économique (XIVe–XIXe siècles. Bd. 1. Maisons rurales et urbaines dans la France traditionelle), Paris 1971

Barker Th. M., Military entrepreneurship and absolutism: Habsburg Model; in: Journal of Europ. Stud. 4 (1974) 19–42

Barner W., Barockrhetorik. Untersuchungen zu ihren geschichtlichen Grundlagen, Tübingen 1970

— (Hg.), Der literarische Barockbegriff, Darmstadt 1975

Barring L., Götterspruch und Henkerhand. Die Todesstrafe in der Geschichte der Menschheit, Essen 1980

Barudio G., Das Zeitalter des Absolutismus und der Aufklärung 1648–1779 (= Fischer Weltgeschichte Bd. 25), Frankfurt 1981

Baschwitz K., Hexen und Hexenprozesse. Die Geschichte eines Massenwahns und seiner Bekämpfung, München 1963

Bauer C., Unternehmung und Unternehmungsformen im Spätmittelalter und in der beginnenden Neuzeit, Jena 1936

Bauer H., Kunst und Utopie. Studien über das Kunst- und Staatsdenken in der Renaissance, Berlin 1965

—, Holländische Malerei des 17. Jahrhunderts, München 1979

Baumgart F., Du-Mont's Kleine Kunstgeschichte, Köln 1979²

Becher H., Die Jesuiten. Gestalt und Geschichte des Ordens, München 1951

Beier A. J., Vagrants and the social order in Elizabethan England, in: PP 64 (1974) 3–29

Beloch K. L., Bevölkerungsgeschichte Italiens, 3 Bde., Berlin 1937/61

Bendix R., Könige oder Volk. Machtausübung und Herrschaftsmandat, 2 Bde., Frankfurt 1980

Benecke G., The Problem of Death and Destruction in Germany During the Thirty Years' War. New Evidence from the Middle Weser Front, in: European Stud. Rev. 2 (1972) 239–253

—, Society and Politics in Germany 1500–1750, London–Toronto 1974

Benjamin W., Ursprung des deutschen Trauerspiels, Frankfurt 1969

Ben-Sasson H. H. (Hg.), Geschichte des jüdischen Volkes, Bd. II, Vom 7.–17. Jahrhundert, München 1979

Bentmann R./M. Müller, Die Villa als Herrschaftsarchitektur. Versuch einer kunst- und sozialgeschichtlichen Analyse, Frankfurt 1979

Bercé Y.-M., Croquants et nuspieds. Les soulèvements paysans en France du XVIe au XIXe siècle, Paris 1974

—, Fête et Révolte. Des mentalités populaires du XVIe au XVIIIe siècle, Paris 1976

—, La mobilité sociale. Argument de révolte in XVIIe siècle, in: SH: La mobilité sociale au XVIIe siècle 122 (1979) 61–71

Bernal J. D., Sozialgeschichte der Wissenschaften, 6 Bde., Reinbek 1978

Bernstein E., Sozialismus und Demokratie in der großen Englischen Revolution, Berlin–Bonn 1974⁶

Berthold R., Wachstumsprobleme der landwirtschaftlichen Nutzfläche im Spätfeudalismus, in: JfWG. 2/3 (1964) 5–23

Beuys B., Familienleben in Deutschland. Neue Bilder aus der deutschen Vergangenheit, Reinbek 1980

BILLAÇOIS F., La crise de la noblesse européenne (1550–1650). Une mise au point, in: Rev. d'hist. mod. et contemp. 23 (1976) 258–277

BINDOFF J. T., Tudor England, Middlesex 1976

BITTERLI U., Die ›Wilden‹ und die ›Zivilisierten‹. Grundzüge einer Geistes- und Kulturgeschichte der europäisch-überseeischen Begegnung, München 1976

— (Hg.), Die Entdeckung und Eroberung der Welt. Dokumente und Berichte, Bd. 1. Amerika, Afrika, München 1980

BITTON D., The French Nobility in Crisis 1560–1640, Stanford 1969

BLAICH F., Die Wirtschaftspolitik des Reichstags im Heiligen Römischen Reich, 1970

—, Zur Wirtschaftsgesinnung des frühkapitalistischen Unternehmers in Oberdeutschland, in: Tradition 15 (1970) 273–281

BLASCHKE K., Soziale Gliederung und Entwicklung der sächsischen Landbevölkerung im 16. bis 18. Jahrhundert, in: ZAA 4 (1956)

—, Frühkapitalismus und Verfassungsgeschichte, in: Wiss. Zs. d. KM Univ. Leipzig 11 (1965) 435–441

—, Wechselwirkung zwischen der Reformation und dem Aufbau des Territorialstaates, in: Staat 9 (1970) 347–364

—, Bevölkerungsgeschichte von Sachsen bis zur industriellen Revolution, Weimar 1976

BLEKASTAD M., Comenius. Versuch eines Umrisses von Leben, Werk und Schicksal des Jan Amos Komenský, Oslo–Prag 1969

BLICKLE P., Landschaften im Alten Reich. Die staatliche Funktion des gemeinen Mannes in Oberdeutschland, München 1973

—, (Hg.), Aufruhr und Empörung? Studien zum bäuerlichen Widerstand im Alten Reich, München 1980

—, Deutsche Untertanen. Ein Widerspruch, München 1981

BLOCH E., Das Prinzip Hoffnung, 3 Bde., Frankfurt 1969

BLOCH M./F. BRAUDEL u.a., Schrift und Materie der Geschichte. Vorschläge zur systematischen Aneignung historischer Prozesse. Hg. v. Cl. Honegger, Frankfurt 1977

BLUMENBERG H., Die Legitimität der Neuzeit, Frankfurt 1966

BOAS M., Die Renaissance der Naturwissenschaften 1450–1630. Das Zeitalter des Kopernikus, Darmstadt 1965

BOCK G., Thomas Campanella. Politisches Interesse und philosophische Spekulation, Tübingen 1974

BOELCKE W. A., Wandlungen der dörflichen Sozialstruktur während Mittelalter und Neuzeit, in: Fs. f. G. Franz (1967) 80–103

BÖHME G./W. V. D. DAELE/W. KROHN, Experimentelle Philosophie. Ursprünge autonomer Wissenschaftsentwicklung, Frankfurt 1977

BOEHN M. V., Die Mode. I. Eine Kulturgeschichte vom Mittelalter bis zum Barock. Bearbeitet von J. Loschek, München 1976

BOG J., Der Reichsmerkantilismus. Studien zur Wirtschaftspolitik des Heiligen Römischen Reiches im 17. und 18. Jahrhundert, Stuttgart 1959

—, Der Merkantilismus in Deutschland, in: JNS 173 (1961) 125–145

—, Das Konsumzentrum London und seine Versorgung 1540–1640, in: Fs. f. Fr. Lütge (1966) 141–182

—, Wachstumsprobleme der oberdeutschen Wirtschaft 1540–1680, in: JNS 179 (1966)

— (Hg.), Der Außenhandel Ostmitteleuropas 1450–1650. Die ostmitteleuropäischen Volkswirtschaften in ihren Beziehungen zu Mitteleuropa, Köln 1971

BOGUCKA M., Das alte Danzig. Alltagsleben vom 15. bis 17. Jahrhundert, Leipzig 1980

BOIS G., Crise du féodalisme. Economie rurale et démographie en Normandie orientale du début du 14ième siècle au milieu du 16ième siècle, Paris 1976

BONNEY R. J., The French Civil War 1649–53, in: European Studies Review 8 (1978) 71–100

—, Political Change in France under Richelieu and Mazarin 1624–1661, Oxford 1978

Borchardt K., Grundriß der deutschen Wirtschaftsgeschichte, Göttingen 1978

Borkenau Fr., Der Übergang vom feudalen zum bürgerlichen Weltbild. Studien zur Geschichte der Philosophie der Manufakturperiode, Darmstadt 1971[2]

Bosl K. (Hg.), Der moderne Parlamentarismus und seine Grundlage in der ständischen Repräsentation, Berlin 1977

Bossy J., The Counter-Reformation and the People of Catholic Europe, in: PP 47 (1970) 51–70

Bourdieu P., Zur Soziologie der symbolischen Formen, Frankfurt 1974

Bouwsma W. J., Lawyers and Early Modern Culture, in: American Hist. Review 78 (1973) 303–327

Boxer C. R., The Portuguese Seaborne Empire 1415–1825, London 1969

Bracher U., Gustav Adolf von Schweden. Eine historische Biographie, Stuttgart 1971

Braucourt J. P., La notion d'Etat en France du XVIe au XVIIIe siècle, in: Rev. d'hist. diplomatique 89 (1975) 262–280

Bräuer K. (Hg.), Studien zur Geschichte der Lebenshaltung in Frankfurt a. M. während des 17. und 18. Jahrhunderts, Frankfurt 1915

Brandi K., Deutsche Geschichte im Zeitalter der Reformation und Gegenreformation, Darmstadt 1960[3]

Braudel F., La Méditerranée et le monde méditerranéen à l'époque de Philippe II, Paris 1966[2]

—, Geschichte der Zivilisation. 15. bis 18. Jahrhundert, München 1971

—, Europäische Expansion und Kapitalismus 1450–1650, in: E. Schulin (Hg.), Universalgeschichte, Köln 1974, 255–317

Brenner R., The social Basis of English commercial Expansion 1550–1650, in: Journal of Economic History 32 (1972) 361–384

—, Agrarian Class-Structure and Economic Development, in: PP 70 (1976) 30 ff

Brentano L., Eine Geschichte der wirtschaftlichen Entwicklung Englands, 3 Bde., Jena 1927/9

Briggs R., Early Modern France 1560–1715, Oxford u. a. 1977

Brulez W., Der Kolonialhandel und die Handelsblüte der Niederlande in der Mitte des 16. Jahrhunderts, Köln 1969

Brunner O., Adeliges Landleben und europäischer Geist. Leben und Werk Wolf Helmhards von Hohberg 1612–1688. Salzburg 1949

—, Städtische Selbstregierung und neuzeitlicher Verwaltungsstaat in Österreich, in: Österr. Zs. f. öffentl. Recht 6 (1953) 221–249

—, Neue Wege der Verfassungs- und Sozialgeschichte, Göttingen 1968[2]

Buchda G., Reichsstände und Landstände in Deutschland im 16. und 17. Jahrhundert, in: Gouvernés et Gouvernants, Bd. 2, Brüssel 1965, 193–226

Buchner E., Das Neueste von gestern. Kulturgeschichtlich interessante Dokumente aus alten deutschen Zeitungen, Bd. 1, München (1911)

Buck A. (Hg.), Renaissance und Barock (Neues Handbuch der Literaturwissenschaft), 2 Bde., Frankfurt 1972

Bücking J., Frühabsolutismus und Kirchenreform in Tirol (1565–1665). Ein Beitrag zum Ringen zwischen Staat und Kirche in der frühen Neuzeit, Wiesbaden 1972

Burckhardt C., Richelieu, 3 Bde., München 1937–66

Burguière A., Le rituel du Mariage en France: Pratiques ecclésiastiques et pratiques populaires (XVIe–XVIIIe siècle), in: Annales 33 (1978) 637–649

Burke P. (Hg.), Economy and Society in Early Modern Europe, Essays from ›Annales‹, London 1971

—, Patrician Culture: Venice and Amsterdam in the seventeenth century, in: Transactions of the Royal Historical Society 23 (1973) 135–151

—, Venice and Amsterdam: A study of seventeenth century Elites, London 1974

—, Popular culture in early modern Europe, London 1978 (dt.: Helden, Schurken und Narren. Europäische Volkskultur in der Neuzeit, Stuttgart 1981)

Cantimori D., Italienische Häretiker der Spätrenaissance, Basel 1949

Carmona M., Aspects du capitalisme toscan au XVIe et XVIIe siècle, in: Rev. d'hist. mod. et contemp. 11 (1964) 81–108

453

CARSTEN FR., Die Entstehung Preußens, Frankfurt–Berlin 1981

CARUS-WILSON E. M. (Hg.), Essays in Economic History, New York 1966

CHAMBON J., Der französische Protestantismus. Sein Weg bis zur französischen Revolution, München 1937

CHARTIER P. u. a., L'éducation en France du XVIe au XVIIIe siècle, Paris 1976

—, Discipline et invention. Les fêtes en France, XVe–XVIIIe siècle, in: Diogène 110 (1980) 51–71

CHARTIER R., FRIJHOFF, W./D. JULIA, Ecole et société dans la France d'ancien régime, Paris 1975

CHAUNU H.-P., Séville et l'Atlantique 1504–1650, 12 Bde., Paris 1955–60

CHAUNU P., Europäische Kultur im Zeitalter des Barock, München–Zürich 1968

CHOCHRANE E., Florence in the Forgotten Centuries 1527–1800, Chicago 1970

CHOCKBURN J. S. (Hg.), Crime in England 1550–1800, Princeton 1977

CIPOLLA C. M./H. BORCHARDT (Hg.), Europäische Wirtschaftsgeschichte Bd. 2, Stuttgart–New York 1979

CIPOLLA C., Public Health and the Medical Profession in the Renaissance, London 1976

—, Before the Industrial Revolution. European Society and Economy 1000–1700, London 1978[2]

CLARK P./P. SLACK (Hg.), Crisis and Order in English Towns 1500–1700. Essays in Urban History, London 1972

COHN H. J. (Hg.), Government in Reformation Europe 1520–1560, London 1971

COING H. (Hg.), Handbuch der Quellen und Literatur der neueren europäischen Privatrechtsgeschichte. Bd. II. Neuere Zeit. 2. Tbd. Gesetzgebung und Rechtsprechung, München 1976

COLEMANN D. C., The Economy of England 1450–1750, Oxford 1977

COLLINSON P., The Elizabethan Puritan Movement, Berkeley–Los Angeles 1967

CONZE W. (Hg.), Sozialgeschichte der Familie in der Neuzeit Europas, Stuttgart 1976

COOPER J. P. (Hg.), The Decline of Spain and the Thirty Years' War 1609–1649/59, Cambridge 1970

COUDY J. (Hg.), Die Hugenottenkriege in Augenzeugenberichten, München 1980

COVENEY P. J. (Hg.), France in Crisis 1620–1675, Plymouth 1977

CROMWELL O., Briefe und Reden, Hg. v. M. Stähelin, Basel 1911

CZOK K., Charakter und Entwicklung des feudalen deutschen Territorialstaates, in: ZfG 21 (1973) 925–949

DANCKERT W., Unehrliche Leute. Die verfemten Berufe, Bern–München 1979[2]

DAVIDSON B., Vom Sklavenhandel zur Kolonialisierung. Afrikanisch-europäische Beziehungen zwischen 1500 und 1900, Reinbek 1966

DAVIES C. S. L., Les révoltes populaires en Angleterre (1500–1700), in: Annales 24 (1969) 24–60

—, Peasant revolt in France and England – a Comparison, in: The Agricultural History Review 21 (1973) 122–134

DAVIES R. T., Spaniens Goldene Zeit 1501–1621, München–Berlin 1939

DAVIS N. Z., Ghosts, Kin and Progeny: Some Features of Family Life in Early Modern France, in: Daedalus (1977) 87–114

—, Society and Culture in Early Modern France, Stanford 1975

DELUMEAU J., Le catholicisme entre Luther et Voltaire, Paris 1971

—, Rome au XVIe siècle, Paris 1975

DENEKE B., Hochzeit, München 1971

DENNERT J., Ursprung und Begriff der Souveränität, Stuttgart 1964

— (Hg.), Beza, Brutus, Hotman. Calvinistische Monarchomachen, Köln-Opladen 1968

DENZER H. (Hg.), Jean Bodin, München 1973

DESCHAMPS H., Pirates et flibustiers, Paris 1973

DICKENS A. G. (Hg.), Europäische Fürstenhöfe. Herrscher, Politiker und Mäzene 1400–1800, Graz u. a. 1978

DICKMANN FR. (Hg.), Renaissance, Glaubenskämpfe, Absolutismus (Geschichte in Quellen III) München 1966

—, Der Westfälische Frieden, Münster 1972[4]

Dietrich Th./J. G. Klink (Hg.), Zur Geschichte der Volksschule I, Bad Heilbrunn 1972

van Dillen G., Geschichte der wirtschaftlichen Entwicklung der Niederlande und die Amsterdamer Wechselbank, Amsterdam 1929

Dilthey W., Weltanschauung und Analyse des Menschen seit Renaissance und Reformation, Leipzig–Berlin 1921

Dittrich E., Die deutschen und österreichischen Kameralisten, Darmstadt 1974

Dobb M., Entwicklung des Kapitalismus. Vom Spätfeudalismus bis zur Gegenwart, Köln–Berlin 1972²

Donnert E., Studien zur russischen Wirtschafts-und Stadtgeschichte im 16. Jahrhundert, in: Jf WG 1970, 141–172

—, Rußland an der Schwelle der Neuzeit. Der Moskauer Staat im 16. Jahrhundert, Berlin 1972

Doren A., Italienische Wirtschaftsgeschichte, Jena 1934

Dreitzel H., Protestantischer Aristotelismus und Absoluter Staat. Die ›Politica‹ des Henning Arnisaeus (ca. 1575–1636), Wiesbaden 1970

Drews P., Der evangelische Geistliche in der deutschen Vergangenheit, Jena 1905

van Dülmen A., Deutsche Geschichte in Daten. Bd. I. Von den Anfängen bis 1770, München 1979

van Dülmen R., Reformation als Revolution. Soziale Bewegung und religiöser Radikalismus in der deutschen Reformation, München 1977

—, Die Utopie einer christlichen Gesellschaft. Johann Valentin Andreae (1586–1654) I, Stuttgart 1978

—, Formierung der europäischen Gesellschaft in der Frühen Neuzeit, in: GG 7 (1981) 5–41

Dupont-Bouchet M. S./W. Frijhoff/R. Muchembled, Prophètes et sorciers dans les Pays-Bas XVIᵉ–XVIIIᵉ siècles, Paris 1978

Durant W. u. A., Gegenreformation und Elisabethanisches Zeitalter , München 1978

—, Europa im Dreißigjährigen Krieg, München 1978

Earle P. (Hg.), Essays in European Economic History 1500–1800, Oxford 1974

Ehrenberg R., Das Zeitalter der Fugger, 2 Bde., Jena 1896

Eichberg H., Geometrie als barocke Verhaltensnorm. Fortfikation und Exerzition, in: Zfhist F. 4 (1977) 17–50

Eisenbart L. C., Kleiderordnungen der deutschen Städte zwischen 1350 und 1700. Ein Beitrag zur Kulturgeschichte des deutschen Bürgertums, Göttingen 1962

Eisenstadt S. N., Tradition, Wandel und Modernität, Frankfurt 1979

Elias N., Über den Prozeß der Zivilisation. Soziogenetische und psychogenetische Untersuchungen, 2 Bde., Bern–München 1969²

—, Die höfische Gesellschaft. Untersuchungen zur Soziologie des Königtums und der höfischen Aristokratie, Neuwied–Berlin 1969

Elliott J. H., The Revolt of the Catalans: A Study in the Decline of Spain 1598–1640, Cambridge 1963

—, Revolution and Continuity in Early Modern Europe, in: PP 42 (1969) 35–56

—, Imperial Spain 1469–1716, London 1969

—, The old World and the new. 1492–1650, Cambridge 1970

—, Das geteilte Europa 1559–1598, München 1980

Endres R., Die wirtschaftlichen Grundlagen des niederen Adels in der frühen Neuzeit, in: Jb. f. fränk. LG 36 (1976) 215–237

Engel J. (Hg.), Die Entstehung des neuzeitlichen Europa (Handbuch d. europäischen Geschichte III) Stuttgart 1971

Engels O. (Hg.), Gesammelte Aufsätze zur Kulturgeschichte Spaniens (= Span. Forschungen der Görresgesellschaft 29) Münster 1978

Engelsing R., Analphabetentum und Lektüre. Zur Sozialgeschichte des Lesens in Deutschland zwischen feudaler und industrieller Gesellschaft, Stuttgart 1973

—, Sozial- und Wirtschaftsgeschichte Deutschlands, Göttingen 1973

Erlanger Ph., Die Bartholomäusnacht, München 1965

Ernst Fr., Über Gesandtschaftswesen und Diplomatie an der Wende vom Mittelalter zur Neuzeit, in: AKG 33 (1951) 64–95

Ernstberger A., Hans de Witte. Finanzmann Wallensteins, Wiesbaden 1954

Evans R. J. W., The Making of the Habsburg Monarchy 1550–1700. An Interpretation, Oxford 1979

—, Rudolf II. Ohnmacht und Einsamkeit, Graz u. a. 1980

Everitt A., The Community of Kent and the Great Rebellion 1640–1660, Leicester 1966

van Eysinga W. J. M., Hugo Grotius. Eine biographische Skizze, Basel 1952

Fähler E., Feuerwerke des Barock. Studien zum öffentlichen Fest und seiner literarischen Deutung vom 16. bis 18. Jahrhundert, Stuttgart 1974

Fahl G., Der Grundsatz der Freiheit der Meere in der Staatenpraxis von 1493–1648. Eine rechtsgeschichtliche Untersuchung, Köln u. a. 1969

Febvre L., Philippe II. et la Franche-Comté. Etude d'histoire politique, religieuse et sociale, Paris 1970[2]

Feigl H., Die niederösterreichische Grundherrschaft vom ausgehenden Mittelalter bis zu den theresianisch-josephischen Reformen, Wien 1964

Finder E., Hamburger Bürgertum in der Vergangenheit, Hamburg 1930

Fischer A., Geschichte des deutschen Gesundheitswesens, Bd. I, Berlin 1933

Fischer Gg., Die Einzelgänger. Struktur, Weltbild und Lebensform asozialer Gruppen im Gefüge der alten Volksordnung, in: ders. Volk und Geschichte (1962) 235 bis 262

Fischer Th., Städtische Armut und Armenfürsorge im 15. und 16. Jahrhundert. Sozialgeschichtliche Untersuchungen am Beispiel der Städte Basel, Freiburg und Straßburg, Göttingen 1979

Fischer W. (Hg.), Beiträge zu Wirtschaftswachstum und Wirtschaftsstruktur im 16. und 19. Jahrhundert, Berlin 1971

Fisher F. J. (Hg.), Essays in the Economic and Social History of Tudor and Stuart England, Cambridge 1961

Flandrin J. L., Les amours paysannes. Amour et sexualité dans les campagnes de l'ancienne France (XVIe–XIXe siècle), Paris 1975

—, Repression and Change in the Sexual Life of Young People in Medieval and Early Modern Times, in: Journal of Family History 2 (1977) 196–210

—, Familien. Soziologie–Ökonomie–Sexualität, Frankfurt–Berlin 1978

Flemming W., Deutsche Kultur im Zeitalter des Barock, Konstanz 1960[2]

Fletcher A., Tudor Rebellions, London 1973[2]

Förster W., Thomas Hobbes und der Puritanismus, Berlin 1969

Forster R./J. P. Greene (Hg.), Preconditions of Revolution in Early Modern Europe, Baltimore–London 1970[3]

Foucault M., Wahnsinn und Gesellschaft. Eine Geschichte des Wahns im Zeitalter der Vernunft, Frankfurt 1973

—, Die Ordnung der Dinge, Frankfurt 1974

—, Überwachen und Strafen. Die Geburt des Gefängnisses, Frankfurt 1977

Francke H. u. a. (Hg.), Saeculum Weltgeschichte Bd. VI. Die Entdeckung der Welt durch Europa. Die Selbstbehauptung der asiatischen Kulturen. Europa im Zeitalter der Rationalität, Freiburg–Basel–Wien 1971

François M. E., Revolts in Late Medieval and Early Modern Europe. A spiral Model, in: Journal of Interdisciplinary History 5 (1974) 19–43

Frank A. G., World Accumulation 1492–1789, New York–London 1978

Frank J., The Levellers, Cambridge 1976

Franklin J. H. (Hg.), Constitutionalism and Resistance in the Sixteenth Century, New York 1969

Franz G., Geschichte des Bauernstandes vom frühen Mittelalter bis zum 19. Jahrhundert, Stuttgart 1970

—, Der Dreißigjährige Krieg und das deutsche Volk. Untersuchungen zur Bevölkerungs- und Agrargeschichte, Stuttgart 1979[4]

Fraser A., Maria Königin der Schotten, München 1969[2]

Freund M., Die große Revolution in England. Anatomie des Umsturzes, Hamburg 1951

Friedell E., Kulturgeschichte der Neuzeit, Bd. I, München 1976

Friedrich H., Montaigne, Bern–München 1967[2]

456

FRIEDRICHS CHR. R., Capitalism, Mobility and Class Formation in the Early Modern German City, in: PP 69 (1975) 24–49

—, Marriage, Family and Social Structure in an Early Modern German Town, in: Canadian Historical Papers (1975) 17–40

—, Urban Society in an Age of War: Nördlingen 1580–1720, Princeton 1979

FROST W., Bacon und die Naturphilosophie, München 1927

FURET F./J. OZOUF u. a., Lire et écrire. L'alphabétisation des Français du Calvin à Jules Ferry, 2 Bde., Paris 1977

FURGER FR., Zum Verlagssystem als Organisation des Frühkapitalismus im Textilgewerbe, Stuttgart 1927

GARIN E., Geschichte und Dokumente der abendländischen Pädagogik, Bd. III, Reinbek 1967

GASCON R., Grand commerce et vie urbaine au XVIe siècle. Lyon et ses marchands (1520–1580) 2 Bde., Paris 1971

GEBHARDT B./H. GRUNDMANN (Hg.), Handbuch der deutschen Geschichte Bd. II, Stuttgart 1970[9]

GEREMEK B., Criminalité, Vagabondage, Paupérisme: La Marginalité à l'aube des Temps modernes, in: Rev. d'hist. mod. et contemp. 21 (1974) 337–375

GERHARD D., Regionalismus und ständisches Wesen als ein Grundthema europäischer Geschichte, in: HZ 174 (1952) 307–337

— (Hg.), Ständische Vertretungen in Europa im 17. und 18. Jahrhundert, Göttingen 1969

—, Gesammelte Aufsätze, Göttingen 1977

GERNHUBER J., Strafvollzug und Unehrlichkeit, in: ZRG 74 (1957) 119–177

GERSON H., Rembrandt. Gemälde, Gesamtwerk, München 1968

GEYL P., The Revolt of the Netherlands 1555–1609, London 1932

—, The Netherlands in the Seventeenth Century I, 1609–1648, New York 1961

GILLIS J. R., Geschichte der Jugend. Tradition und Wandel im Verhältnis der Altersgruppen und Generationen in Europa von der zweiten Hälfte des 18. Jahrhunderts bis zur Gegenwart, Weinheim–Basel 1980

GINZBURG C., Der Käse und die Würmer. Die Welt eines Müllers um 1600, Frankfurt 1979

—, Volksbrauch, Magie und Religion, in: R. Romano u. a., Die Gleichzeitigkeit des Ungleichzeitigen. Fünf Studien zur Geschichte Italiens, Frankfurt 1980, 226–304

GLEASON J. H., The Justices of Peace in England 1558 to 1640, Oxford 1969

GÖHRING M., Die Ämterkäuflichkeit im ancien régime, Berlin 1938

GOODY J./J. THIRSK/E. P. THOMPSON (Hg.), Family and Inheritance. Rural Society in Western Europe 1200–1800, Cambridge u. a. 1976

GOUBERT P., Beauvais et le Beauvaisis de 1600–1730, 2 Bde., Paris 1960

—, L'ancien régime. 1. La société, Paris 1969

GRALHER M., Demokratie und Repräsentation in der englischen Revolution. Studien zur demokratischen Repräsentation in der Pamphletistik der Leveller im England des 17. Jahrhunderts, Heidelberg 1973

GREYERZ K. v., The Late City Reformation in Germany: The Case Colmar 1522–1628, Wiesbaden 1980

GRIEWANK K., Der neuzeitliche Revolutionsbegriff. Entstehung und Geschichte, Frankfurt 1973

GRIFFITHS G., The Revolutionary Character of the Revolt of the Netherlands, in: Comparative Stud. in Society and History 2 (1960)

GÜLDNER G., Das Toleranz-Problem in den Niederlanden im Ausgang des 16. Jahrhunderts, Lübeck–Hamburg 1968

GÜNTHER H., Niederländisches Bilderbuch, München 1977

GUNDA B., Die Bettler in der Gesellschaft eines Dorfes, in: Fs. M. Zender Bd. 2 (1972) 625–634

GUTH P., Mazarin. Frankreichs Aufstieg zur Weltmacht, München 1976

GUTTON J. P., La société et les pauvres. L'exemple de la généralité de Lyon 1534–1789, Paris 1971

—, La sociabilité villageoise dans l'ancienne France. Solidarités et voisinages du XVIᵉ au XVIIIᵉ siècle, Paris 1979

HAAK B., Rembrandt. Leben und Werk, Köln 1976

HAAN H., Prosperität und Dreißigjähriger Krieg, in: GG 7 (1981) 91–118

HABERLING E., Beiträge zur Geschichte des Hebammenstandes. I. Der Hebammenstand in Deutschland von seinen Anfängen bis zum Dreißigjährigen Krieg, Berlin–Osterwieck 1940

HABERMAS J., Theorie und Praxis. Sozialphilosophische Studien, Neuwied–Berlin 1969[3]

—, Zur Rekonstruktion des Historischen Materialismus, Frankfurt 1976

HAEBLER K., Die überseeischen Unternehmungen der Welser und ihrer Gesellschafter, Leipzig 1903

HAHN P. M., Struktur und Funktion des brandenburgischen Adels im 16. Jahrhundert, Berlin 1979

HALE J. R., Sixteenth Century Explanations of War and Violence, in: PP 51 (1971) 3–26

—, Die Medici und Florenz. Die Kunst der Macht, Stuttgart–Zürich 1979

HAMILTON E. J., American Treasure and the Price Revolution in Spain 1501–1650, Harvard 1934

HAMMARSTRÖM J., The Price Revolution of the Sixteenth Century, in: The Quarterly Journal of Economics 5 (1957) 118–154

HAMPE TH., Die fahrenden Leute in der deutschen Vergangenheit, Jena 1924[2]

HARNISCH H., Die Herrschaft Boitzenburg. Untersuchungen zur Entwicklung der sozialökonomischen Struktur ländlicher Gebiete in der Mark Brandenburg vom 14. bis zum 19. Jh., Weimar 1968

—, Landgemeinde, feudalherrlich-bäuerliche Klassenkämpfe und Agrarverfassung im Spätfeudalismus, in: ZfG 26 (1978)

HASSINGER E., Das Werden des neuzeitlichen Europa 1300 bis 1600, Braunschweig 1964[2]

HAUSER A., Sozialgeschichte der Kunst und Literatur, München 1967[2]

—, Der Ursprung der modernen Kunst und Literatur. Die Entwicklung des Manierismus seit der Krise der Renaissance, München 1979[2]

HAUSHERR H., Wirtschaftsgeschichte der Neuzeit vom Ende des 14. bis zur Höhe des 19. Jahrhunderts, Weimar 1970[4]

HECHTER M., Lineages of the Capitalist State, in: American Journal of Sociology 82 (1976/7) 1057–1074

HECKENAST G. (Hg.), Aus der Geschichte der ostmitteleuropäischen Bauernbewegung im 16. und 17. Jahrhundert, Budapest 1977

HECKSCHER E. F., Der Merkantilismus, 2 Bde., Jena 1932

HEINEMANN FR., Der Richter und die Rechtspflege in der deutschen Vergangenheit, Jena 1924[2]

HEITZ G., Der Zusammenhang zwischen den Bauernbewegungen und der Entwicklung des Absolutismus in Mitteleuropa, in: ZfG SH 13 (1965) 71–83

—, Zum Charakter der ›zweiten Leibeigenschaft‹, in: ZfG 20 (1972) 24–39

—, Volksmassen und Fortschritt in der Epoche des Übergangs vom Feudalismus zum Kapitalismus, in: ZfG 25 (1977) 1168–1177

HEITZ G./A. LAUBE/M. STEINMETZ/G. VOGLER (Hg.), Der Bauer im Klassenkampf. Studien zur Geschichte des deutschen Bauernkriegs und der bäuerlichen Klassenkämpfe im Spätfeudalismus, Berlin 1975

HELCZMANOVSKI H. (Hg.), Beiträge zur Bevölkerungs- und Sozialgeschichte Österreichs. Nebst einem Überblick über die Entwicklung der Bevölkerungs- und Sozialstatistik, München 1973

HELLMANN M., Iwan der Schreckliche. Moskau an der Schwelle der Neuzeit, Göttingen 1966

HENNIG FR. W., Handelsordnungen des Mittelalters und der frühen Neuzeit als wirtschaftspolitische Instrumente, in: Scripta mercaturae 2 (1970) 41–63

—, Das vorindustrielle Deutschland 800 bis 1800, Paderborn 1974

—, Landwirtschaft und ländliche Gesellschaft in Deutschland, Bd. 1, 800 bis 1750, Paderborn u. a. 1979

HENTIG H. v., Die Strafe. Bd. 1. Frühformen und kulturgeschichtliche Zusammenhänge, Berlin u. a. 1954

HERITIER J., Katharina von Medici. Herrscherin ohne Thron, Stuttgart 1964

HESS G., Pierre Gassendi. Der französische Späthumanismus und das Problem von Wissen und Glauben, Berlin 1939

HEXTER J. H., Power Struggle. Parliament und Liberty in Early Stuart England, in: Journal of Mod. History 50 (1978)

HILDEBRANDT R., Die ›Georg Fuggerischen Erben‹. Kaufmännische Tätigkeit und sozialer Status 1555–1600, Berlin 1966

—, Wirtschaftsentwicklung und Konzentration im 16. Jahrhundert. Konrad Rot und die Finanzierungsprobleme seines interkontinentalen Handels, in: Scripta mercaturae 1 (1970) 25–49

—, Augsburger und Nürnberger Kupferhandel 1500–1619, Produktion, Marktanteile und Finanzierung im Vergleich zweier Städte und ihrer wirtschaftlichen Führungsschicht, in: Zs. Wirtschafts- und Sozialwiss. Berlin 92 (1972) 1–31

—, Rat contra Bürgerschaft – Die Verfassungskonflikte in den Reichsstädten des 17. und 18. Jahrhunderts, in: Zs. f. Stadtgesch. 2 (1974) 221–241

HILL CHR., Die englische Revolution von 1640, Berlin 1952

—, Die gesellschaftlichen und ökonomischen Folgen der Reformation in England, in: Fs. f. A. Meusel (1976)

—, The Century of Revolution 1603–1714, New York 1961

—, Society and Puritanism in Pre-Revolutionary England, London 1964

—, Intellectual Origins of the English Revolution, Oxford 1965

—, Society and Puritanism in Pre-Revolutionary England, New York 1967²

—, God's Englishman. Oliver Cromwell and the English Revolution, London 1970

—, The English Revolution 1640. An Essay, London 1972³

—, The World turned Upside Down. Radical Ideas during the English Revolution, New York 1976³

—, Von der Reformation zur Industriellen Revolution. Sozial- und Wirtschaftsgeschichte Englands 1530–1780, Frankfurt 1977

HINRICHS E., Fürstenlehre und politisches Handeln im Frankreich Heinrich IV. Untersuchungen über die politischen Denk- und Handlungsformen im Späthumanismus, Göttingen 1969

—, Einführung in die Geschichte der Frühen Neuzeit, München 1980

HINTZE O., Staat und Verfassung. Gesammelte Abhandlungen zur allgemeinen Verfassungsgeschichte, Göttingen 1962²

HIPPEL W. v., Bevölkerung und Wirtschaft im Zeitalter des Dreißigjährigen Krieges. Das Beispiel Württemberg, in: Z. f. hist. F. 5 (1978) 413–448

HOBSBAWM E. J., Die Banditen, Frankfurt 1972

HOCKE G. R., Die Welt als Labyrinth. Manier und Manie in der europäischen Kunst, Reinbek 1957

—, Manierismus in der Literatur. Sprach-Alchimie und esoterische Kombinationskunst, Reinbek 1959

HOENSCH J. K., Sozialverfassung und politische Reform. Polen im vorrevolutionären Zeitalter, 1973

HOFFMANN A., Die Grundherrschaft als Unternehmen, in: ZAA 6 (1958) 123–131

HOFFMANN H./J. MITTERZWEI, Die Stellung des Bürgertums in der deutschen Feudalgesellschaft von der Mitte des 16. Jahrhunderts bis 1789, in: ZfG 22 (1974) 190 ff

HOFFMANN J., Die ›Hausväterliteratur‹ und die ›Predigten über den christlichen Hausstand‹. Lehre vom Hause und Bildung für das häusliche Leben im 16., 17. und 18. Jahrhundert, Weinheim–Berlin 1959

HOFFMANN P./H. LEMKE (Hg.), Genesis und Entwicklung des Kapitalismus in Rußland. Studien und Beiträge, 1973

HOFMANN H. H. (Hg.), Quellen zum Verfassungsorganismus des Heiligen Römischen Reiches deutscher Nation 1495–1815, Darmstadt 1976

HOFMANN H. H./G. FRANZ (Hg.), Deutsche Führungsschichten in der Neuzeit. Eine Zwischenbilanz, Boppard 1980

HOLDERNESS B. A., Pre-Industrial England. Economy and Society from 1500 to 1750, London 1976

HOLTZMANN R., Französische Verfassungsgeschichte von der Mitte des 9. Jahrhunderts bis zur Revolution, München–Berlin 1910

HONEGGER CL. (Hg.), Die Hexen der Neuzeit. Studien zur Sozialgeschichte eines kulturellen Deutungsmusters, Frankfurt 1978

HONOLKA W., Knaurs Weltgeschichte der Musik, Bd. I, München–Zürich 1979

HOWARD M., Der Krieg in der europäischen Geschichte. Vom Ritterheer zur Atomstreitmacht, München 1981

HROCH M./J. PETRÁŇ, Das 17. Jahrhundert. Krise der Feudalgesellschaft?, Hamburg 1981

HUCK G. (Hg.), Sozialgeschichte der Freizeit. Untersuchungen zum Wandel der Alltagskultur in Deutschland, Wuppertal 1980

HUBATSCH W. (Hg.), Absolutismus, Darmstadt 1973

HÜLSHOFF TH./A. REBLE (Hg.), Zur Geschichte der höheren Schule I, Bad Heilbrunn 1967

HUGGER P., Sozialrebellen und Rechtsbrecher in der Schweiz. Eine historisch-volkskundliche Studie, Zürich 1976

HUNT D., Parents and Children in History. The Psychology of Family Life in Early Modern France, New York u. a. 1972

HUXLEY A., Die Teufel von Loudun, München 1955

IMHOF A. E., Einführung in die Historische Demographie, München 1977

INNES H., Die Konquistadoren, München 1978

ISELOH E./J. GLAZIK/H. JEDIN, Reformation, Katholische Reform und Gegenreformation (Hb. f. Kirchengeschichte Bd. 4), Freiburg u. a. 1967

IVES E. W. (Hg.), The English Revolution 1600–1660, Whitstable 1978[4]

JACQUART J., La crise rurale en Ile-de-France 1550–1670, Paris 1974

JAMES M., Social Problems and Policy during the Puritan Revolution 1640–1660, London 1966

JAMES M. E., English politics and the concepts of honour 1485–1642, Oxford 1978

JANSSEN W., Die Anfänge des modernen Völkerrechts und der neuzeitlichen Diplomatie. Ein Forschungsbericht, Stuttgart 1965

JESSEN H. (Hg.), Der Dreißigjährige Krieg in Augenzeugenberichten, München 1972[2]

JOHANSEN E. M., Betrogene Kinder. Eine Sozialgeschichte der Kindheit, Frankfurt (Fischer Taschenbuch Bd. 6622) 1978

JONES R. F., Ancients and Moderns. A study of the Rise of the Scientific Movement in Seventeenth Century England, Gloucester 1961[2]

JUNKER A. u. a. (Hg.), Frankfurt um 1600. Alltagsleben in der Stadt, Frankfurt 1976

JUST L. (Hg.), Handbuch der deutschen Geschichte, Bd. II, Konstanz 1956

JUSTI L., Velásquez und sein Jahrhundert, Zürich 1933

KACHEL L., Herberge und Gastwirtschaft in Deutschland bis zum 17. Jahrhundert, Stuttgart 1924

KAMEN H., The Economic and Social Consequences of the Thirty Years' War, in: PP 39 (1968) 44–61

—, The Thirty Years' War and the Crises and Revolutions of Seventeenth Century Europe, in: PP 39 (1968) 34–61

—, The Iron Century. Social Change in Europe 1550–1660, London 1971

—, The Decline of Spain. A historical myth?, in: PP 81 (1978) 24–50

KARKA F., Die Habsburger und der böhmische Staat bis zur Mitte des 18. Jahrhunderts, in: Historica 8 (1964) 35–64

KAYSER E., Die Ausbreitung der Pest in den deutschen Städten, in: Abh. f. Akd. f. Raumforsch. u. Landesplanung 28 (1954)

KEARNEY H. F., Puritanism, Capitalism and the Scientific Revolution, in: PP 28 (1964) 81–101

KELLENBENZ H., Spanien, die nördlichen Niederlande und der skandinavisch-baltische Raum in der Weltwirtschaft und Politik um 1600, in: VSWG 41 (1954)

—, Unternehmerkräfte im Hamburger Portugal- und Spanienhandel 1590–1625, Hamburg 1954

—, Ländliches Gewerbe und bäuerliches Unternehmertum in Westeuropa vom Spätmittelalter bis ins 18. Jahrhundert (2. Conf. intern. de l'hist. économique) Aix-en-Provence 1962, 377–427

—, Die unternehmerische Betätigung der verschiedenen Stände während des Übergangs zur Neuzeit, in: VSWG 44 (1957) 1–25

—, Wirtschaftsgeschichtliche Aspekte der überseeischen Expansion Portugals, in: Scripta mercaturae 2 (1970) 1–38

—, Wirtschaftspolitik in Europa zu Beginn der Neuzeit in: Jb. d. Akad. d. Wiss. in Göttingen (1974)

— (Hg.), Schwerpunkte der Eisengewinnung und Eisenverarbeitung in Europa 1500–1650, Köln–Wien 1974

—, Deutsche Wirtschaftsgeschichte, Bd. 1. Von den Anfängen bis zum Ende des 18. Jahrhunderts, München 1977

— (Hg.), Schwerpunkte der Kupferproduktion und des Kupferhandels in Europa 1500–1659, Köln–Wien 1978

KENNETH R. A., Admiral und Pirat Francis Drake. England auf dem Weg zur Seeherrschaft, Frankfurt 1970

KERN A. (Hg.), Deutsche Hofordnungen des 16. und 17. Jahrhunderts, 2 Bde., Berlin 1905/7

KERN E., Moderner Staat und Staatsbegriff. Eine Untersuchung über die Grundlagen und die Entwicklung des kontinental-europäischen Staates, Hamburg 1949

KERRIDGE E., Agrarian Problems of the Sixteenth Century and After, London 1969

KIERNAN V. G., State and Society in Europe 1550–1650, Oxford 1980

KISS J. N., Bauernwirtschaft und Warenproduktion in Ungarn vom 16. bis zum 18. Jahrhundert. Produktion, Schichtung, Markt, Ausfuhr, Köln 1974

VAN KLAVEREN J., Europäische Wirtschaftsgeschichte Spaniens im 16. und 17. Jahrhundert, Stuttgart 1960

KLEIN E., Die englischen Wirtschaftstheoretiker des 17. Jahrhunderts, Darmstadt 1973

—, Geschichte der öffentlichen Finanzen in Deutschland 1500–1870, Wiesbaden 1974

KLEIN J., The Mesta. A Study in Spanish Economic History 1273–1833, Harvard 1920

KLOEREN M., Sport und Rekord. Kultursoziologische Untersuchungen zum England des 16. und 18. Jahrhunderts, Leipzig 1935

KNOCHEL A. P., England and the Fronde: The Impact of the English Civil War and Revolution in France, Ithaca 1967

KNOX R. A., Christliches Schwärmertum. Ein Beitrag zur Religionsgeschichte, Köln–Opladen 1957

KOENIGSBERGER H. G., Estates and Revolutions. Essays in Early Modern European History, Ithaca–New York 1971

—, The Habsburgs and Europe 1516–1660, Ithaca–London 1971

—, Monarchies and Parliaments in Early Modern Europe, in: Theory and Society 5 (1978) 191–219

—, Wissenschaft und Religion in der frühmodernen europäischen Geschichte, in: GWU (1979) 54–77

KOERNER FR., Die Bevölkerungszahl und -dichte in Mitteleuropa zum Beginn der Neuzeit, in: Forsch. u. Fortschritte 33 (1959) 325–331

KÖSTLIN K., Feudale Identität und dogmatisierte Volkskultur, in: Zs. f. Volkskunde 73 (1977) 216–233

KOFLER L., Zur Geschichte der bürgerlichen Gesellschaft. Versuch einer verstehenden Deutung der Neuzeit, Neuwied–Berlin 1966²

KOHN E., Die Initiationsriten der historischen Berufsstände in: S. Bernfeld (Hg.), Vom Gesellschaftsleben der Jugend, Leipzig 1922, 188–271

KONETZKE R., Geschichte des spanischen und portugiesischen Volkes, Leipzig (1939)

KOPEČNY A., Fahrende und Vagabunden. Ihre Geschichte, Überlebenskünste, Zeichen und Straßen, Berlin 1980

KOSELLECK R. (Hg.), Studien zum Beginn der modernen Welt, Stuttgart 1977

KOSELLECK R./R. SCHNUR (Hg.), Hobbes-Forschungen, Berlin 1969

KOSSMANN E. H., La Fronde, Leiden 1954

Koszyk K., Vorläufer der Massenpresse. Ökonomie und Publizistik zwischen Reformation und Französischer Revolution. Öffentliche Kommunikation im Zeitalter des Feudalismus, München 1972

Koyré A., Von der geschlossenen Welt zum unendlichen Universum, Frankfurt 1969

Kramer K. S., Grundriß einer rechtlichen Volkskunde, Göttingen 1974

Kranske O., Die Entwicklung der ständigen Diplomatie vom 15. Jahrhundert bis zu den Beschlüssen von 1815 und 1818, in: Staats- und Sozialwiss. Forsch. 22 (1885)

Krantz Fr./P. M. Hohenberg (Hg.), Failed Transitions of Modern Industrial Society. Renaissance Italy and Seventeenth Century Holland, Montreal 1975

Kriedte P./H. Medick/J. Schlumbohm, Industrialisierung vor der Industrialisierung. Gewerbliche Warenproduktion auf dem Land in der Formationsperiode des Kapitalismus, Göttingen 1977

Kriedte P., Spätfeudalismus und Handelskapital. Grundlinien der europäischen Wirtschaftsgeschichte vom 16. bis zum Ausgang des 18. Jahrhunderts, Göttingen 1980

—, Spätmittelalterliche Agrarkrise oder Krise des Feudalismus? in: GG 7 (1981) 42 bis 68

Kroeschell K., Deutsche Rechtsgeschichte, Bd. 2 (1250–1650), Reinbek 1973

von Kruedener J., Die Rolle des Hofes im Absolutismus, Stuttgart 1973

Krüger K., Die deutsche Stadt im 16. Jahrhundert. Eine Skizze ihrer Entwicklung, in: Zs. f. Stadtgesch. 1 (1975) 31–47

Kuchenbuch L. (Hg.), Feudalismus. Materialien zur Theorie und Geschichte, Frankfurt–Berlin 1977

Kuczynski J., Geschichte des Alltags des deutschen Volkes I, 1600–1650, Köln 1980

Kula W., Théorie économique du système féodal. Pour un modèle de l'économie polonaise 16ᵉ–18ᵉ siècles, Paris 1970

Kulischer J., Allgemeine Wirtschaftsgeschichte des Mittelalters und der Neuzeit, 2 Bde., München–Wien 1958²

Kunkel W./G. U. Schmelzeisen/H. Thieme (Hg.), Quellen zur Neueren Privatrechtsgeschichte Deutschlands, Bd. II: Polizei- und Landesordnungen, Köln–Graz 1968/9

Kuske B., Die weltwirtschaftlichen Anfänge Sibiriens und seiner Nachbargebiete vom 16. bis 18. Jahrhundert, in: Schmollers Jb. f. Gesetzgebung, Verwaltung u. Volkswirtschaft 46 (1922) 201–250, 391–422

Labatut J. P., Les noblesses européennes de la fin du XVᵉ siècle à la fin du XVIIIᵉ siècle, Paris 1978

Lahnstein P., Das Leben im Barock. Zeugnisse und Berichte 1640–1740, Stuttgart u. a. 1974

Lang A., Puritanismus und Pietismus. Studien zu ihrer Entwicklung von M. Butzer bis zum Methodismus, Darmstadt 1972²

Lange H., Schulbau und Schulverfassung der frühen Neuzeit. Entstehung und Problematik des modernen Schulwesens, Weinheim–Berlin 1967

Langer H., Eine neue ›Krise des Feudalismus‹? Zur Diskussion um die sogenannte Krise des 17. Jahrhunderts, in: ZfG 19 (1971) 1395–1420

—, Kulturgeschichte des Dreißigjährigen Krieges, Stuttgart 1978

Lapadatu A., Über die Genesis der rumänischen Agrargesellschaft bis zum Ausgang des 18. Jahrhunderts, Köln u. a.

Laslett P., The World we Have Lost, London 1971²

—, Family Life and Illicit Love in Earlier Generations, Cambridge u. a. 1978²

Lecler J., Geschichte der Religionsfreiheit im Zeitalter der Reformation, 2 Bde., Stuttgart 1965

Lehmann H., Hexenverfolgung und Hexenprozesse im Alten Reich zwischen Reformation und Aufklärung, in: Jb. d. Inst. f. Dtsche. Gesch. VII (1978) 13–70

—, Das Zeitalter des Absolutismus. Gottesgnadentum und Kriegsnot, Stuttgart u. a. 1980

Lemarchand G., Un cas de transition du féodalisme au capitalisme: l'Angleterre, in: Rev. d'hist. moderne et contemp. 25 (1978) 275–305

Lenhardt H., Feste und Feiern des Frankfurter Handwerks, Frankfurt 1951

Lenkski G., Macht und Privileg. Eine Theorie der sozialen Schichtung, Frankfurt 1977
Le Roy Ladurie E., Les paysans de Languedoc, Paris 1969
—, Über die Bauernaufstände in Frankreich 1548–1648, in: Fs. W. Abel (1970) 277–305
—, Le carnaval de Romans. De la Chandeleur au mercredi des Cendres 1579–1580, Paris 1979
Lis C./H. Soly, Poverty and Capitalism in Pre-Industrial Europe, Hassocks 1979
Loades D. M., Politics and the Nation 1450–1660, London–Glasgow 1977[2]
Loewenstein K., Der britische Parlamentarismus. Entstehung und Gestalt, Meinbach 1964
Longworth Ph., Aufstieg und Fall der Republik Venedig, Wiesbaden 1974
—, Die Kosaken. Legende und Geschichte, Frankfurt 1977
Lublinskaya A. D., French Absolutism: the crucial phase 1620–1629, Cambridge 1968
—, Popular masses and the social relations of the epoch of absolutism: Methodology of research in: Economy and Society 2 (1973) 343–375
Lütge Fr., Die mitteldeutsche Grundherrschaft und ihre Auflösung, Stuttgart 1957[2]
—, Deutsche Sozial- und Wirtschaftsgeschichte, 1966[3]
Luhmann N., Gesellschaftsstruktur und Semantik. Studien zur Wissenssoziologie der modernen Gesellschaft, Bd. 1, Frankfurt 1980
Lutz G., Sitte und Infamie. Untersuchungen zur rechtlichen Volkskunde am Phänomen des Verrufs, Diss. masch., Würzburg 1954
Lutz H./G. Mann/J. Roots/V. L. Tapié, Von der Reformation zur Revolution (= Propyläen Weltgeschichte VII) Frankfurt–Berlin 1976
Lutz H. (Hg.), Zur Geschichte der Toleranz und Religionsfreiheit, Darmstadt 1977
—, Reformation und Gegenreformation, München–Wien 1979
Macpherson C. B., Die politische Theorie des Besitzindividualismus. Von Hobbes bis Locke, Frankfurt 1973
Maczak A., Preise, Löhne und Lebenshaltungskosten im Europa des 16. Jahrhunderts. Ein Beitrag zur Quellenkritik, in: Fs. W. Abel I (1974) 321–344
Maes L. Th. Die drei großen europäischen Strafgesetzbücher des 16. Jhs. Eine vergleichende Studie, in: ZRG (GA) 94 (1977) 207–217
Mager W., Frankreich vom Ancien Régime zur Moderne. Wirtschafts-, Gesellschafts- und politische Institutionsgeschichte 1630–1830, Stuttgart u. a. 1980
Magne E., Les fêtes en Europe au XVIIe siècle, Paris (1930)
Mahal G., Faust. Die Spuren eines geheimnisvollen Lebens, Bern–München 1980
Major J. R., The French Renaissance Monarchy as Seen through the Estates General, in: Studies in the Renaissance IX (1962) 113–125
—, The Crown and the Aristocracy in Renaissance France, in: Amercian Historical Review 69 (1963/4) 631 ff
—, Representative Government in Early Modern France, New Haven–London 1980
Makkai L., Die Entstehung der gesellschaftlichen Basis des Absolutismus in den Ländern der österreichischen Habsburger, in: Etudes historiques 1 (1960) 627–68
Malettke K., Frankreich und Europa im 17. und 18. Jahrhundert. Der französische Beitrag zur Entfaltung des frühmodernen, souveränen Staates, in: Francia 3 (1975) 321–345
Mandrou R., Classes et luttes de classes en France au début du XVIIe siècle, Paris 1965
—, Magistrats et sorciers en France au XVIIe siècle. Une analyse de psychologie historique, Paris 1968
—, Adelskultur und Volkskultur in Frankreich, in: HZ 217, (1973) 36–53
—, Introduction à la France moderne 1500–1640. Essai de psychologie historique, Paris 1974[2]
—, Volksideologie und Volksaufstände in Frankreich im 17. Jahrhundert, in: G. Hekkenast (Hg.), Aus der Geschichte der ostmitteleuropäischen Bauernbewegungen im 16. und 17. Jahrhundert, Budapest 1977, 217–225
Mann Fr. K., Steuerpolitische Ideale. Vergleichende Studien zur Geschichte der ökonomischen und politischen Idee und ihres Wirkens in der öffentlichen Meinung 1600–1935, Jena 1937

Mann G., Wallenstein, Frankfurt (S. Fischer Verlag) 1971

Manning B. (Hg.), Politics, Religion and the English Civil War, London 1973

—, The Peasantry and the English Revolution, in: Journ. of Peasant Stud. 2 (1975) 133–158

—, English People and the English Revolution 1640–1649, London 1978

Maranon Gr., Olivares. Der Niedergang Spaniens als Weltmacht, München 1939

Martin M. J., Livre, pouvoir et société à Paris du XVIIᵉ siècle 1598–1701, 2 Bde., Genf 1969

Marx K., Das Kapital, 3 Bde. (MEW 23, 24, 25), Berlin 1970

Mathias P. (Hg.), Science and Society 1600–1900, Cambridge 1972

Mauersberg H., Wirtschafts- und Sozialgeschichte zentraleuropäischer Städte in neuerer Zeit, Göttingen 1960

In der Maur W., Die Zigeuner. Wanderer zwischen den Welten, Wien–München 1978

Mauro F., L'Expansion européenne 1600–1870, 1964

—, Le 16ᵉ siècle européen. Aspects économiques, Paris 1966

de Mause L., Hört ihr die Kinder weinen. Eine psychogenetische Geschichte der Kindheit, Frankfurt 1977

Medick H., Vom Feudalismus zum kapitalistischen Weltsystem. Zur Erneuerung der ›Übergangs‹-Debatte, in: Sowi 8 (1978) 128–132

—, Ketzerei und ›wilde Hermeneutik‹ in der Volkskultur der frühen Neuzeit, in: Journal für Geschichte 2 (1980) 32–36

Meinecke Fr., Die Idee der Staatsräson in der neueren Geschichte, München 1963[3]

Messmer K./P. Hoppe, Luzerner Patriziat. Sozial- und wirtschaftsgeschichtliche Studien zur Entstehung und Entwicklung im 16. und 17. Jahrhundert, Luzern–München 1976

Meyer P., Europäische Kunstgeschichte, Bd. 2, München 1978[4]

Midelfort H. C. E., Witch Hunting in Southwestern Germany 1562–1684. The Social and Intellectual Foundations, Stanford 1972

Mieck I., Die Bartholomäusnacht als Forschungsproblem, in: HZ 216 (1973) 73–110

—, Europäische Geschichte der Frühen Neuzeit. Eine Einführung, Stuttgart u. a. 1977[2]

—, Zur Wallfahrt nach Santiago de Compostela zwischen 1400 und 1650. Resonanz, Strukturwandel und Krise, in: Gesammelte Aufsätze zur Kulturgeschichte Spaniens, 29. Bd., Münster 1978, 483–533

Mingay G. F., The Gentry. The Rise and Fall of a ruling Class, London 1976

Miskimin H. A., The Economy of Later Renaissance Europe 1460–1600, Cambridge u. a. 1977

Mitchell D., Piraten. Geschichte und Abenteuer der Seeräuber auf den Weltmeeren, Wien u. a. 1977

Mitterauer M. (Hg.), Österreichisches Montanwesen. Produktion, Verteilung, Sozialformen, München 1974

—, Grundtypen alteuropäischer Sozialformen. Haus und Gemeinde in vorindustriellen Gesellschaften, Stuttgart 1979

Mitterauer M./R. Sieder, Vom Patriarchat zur Partnerschaft. Zum Strukturwandel der Familie, München 1977

Mols R., Introduction à la démographie historique des villes d'Europe du XIVᵉ au XVIIIᵉ siècle, 3 Bde., Löwen 1954/65

Mommsen W. (Hg.), Richelieu. Politisches Testament und kleinere Schriften, Berlin 1926

Montaigne M., Essais. Hg. v. H. Lüthy, Zürich 1953

Moore B., Soziale Ursprünge von Diktatur und Demokratie. Die Rolle der Grundbesitzer und Bauern bei der Entstehung der modernen Welt, Frankfurt 1969

Moritsch A., Bauernerhebungen in Rußland, in: Beitr. z. Hist. Sozialkunde 7 (1977) 81–86

Morril S., French Absolutism as Limited Monarchy, in: Hist. Journal 21 (1978) 961–972

Mousnier R., Le XVIe et XVIIe siècle. Le progrès de la civilisation européenne et le déclin de l'Orient (1492–1715), Paris 1954

—, Ein Königsmord in Frankreich. Die Ermordung Heinrich IV., Berlin 1970

—, Peasant uprisings in seventeenth-century France, Russia und China, London 1971

—, Les concepts d'›ordres‹, d'›états‹, de ›fidélité‹ et de ›monarchie absolue‹ en France de la fin du XVe siècle à la fin du XVIIIe, in: Rev. Hist. 247 (1972) 289–313

—, Les institutions de la France sous la monarchie absolue 1598–1789, 2 Bde., Paris 1974/80

— u.a., Problèmes de stratification sociale. Deux cahiers de la noblesse pour les états généraux de 1649–1651, Paris 1965

Mauntfield D., Leben und Liebe in England zur Zeit Elisabeths I., Berlin u.a. 1978

Muchembled R., Sorcellerie, culture populaire et christianisme au XVIe siècle principalement en Flandre et en Artois, in: Annales (1973) 264–283

—, Culture populaire et culture des élites dans la France moderne (XVe–XVIIIe siècles), Paris 1978

Müller-Armack A., Religion und Wirtschaft. Geistesgeschichtliche Hintergründe unserer europäischen Lebensform, Stuttgart u.a. 1968²

Mumford L., Die Stadt. Geschichte und Ausblick, 2 Bde., München 1979²

Myers A.P., The Parliaments of Europe and the Age of the Estates, in: Hist. 60 (1975)

—, Parliaments and Estates in Europe to 1789, London 1976

Naudé W., Die Getreidehandelspolitik der europäischen Staaten vom 13. bis zum 18. Jahrhundert (Acta Borussica) 1896

Neale J.E., Königin Elisabeth, Hamburg–Leipzig 1936

Nef J.U., Industry and government in France and England 1540–1640, New York 1957²

Neveux H., L'alimentation du XIVe au XVIIIe siècle. Essai de mise au point, in: Rev. d'hist. économique et sociale 51 (1973) 336–379

Neveaux H./J. Jacquart/E. Le Roy Ladurie, L'âge classique des paysans 1340–1789 (Histoire de la France rurale II), Tours 1977

Niedhart G., Soziales Gefüge und politisches Denken im Frankreich der zweiten Hälfte des 16. Jahrhunderts, in: Francia 3 (1975) 669–688

Nielsen A., Dänische Wirtschaftsgeschichte, Jena 1933

Nitsche P. (Hg.), Die Anfänge des Moskauer Staates, Darmstadt 1977

North D./R.P. Thomas, The Rise of the Western World. New Economic History, Cambridge 1973

Nürnberger R., Die Politisierung des französischen Protestantismus, Tübingen 1948

Obelkerich J. (Hg.), Religion and the People 800–1700, 1979

Oestreich G., Geist und Gestalt des frühmodernen Staates. Ausgewählte Aufsätze, Berlin 1969

Ohnsorge W., Zum Problem: Fürst und Verwaltung um die Wende des 16. Jahrhunderts, in: Bl.f.dt. LG 88 (1951) 150–174

Olbricht K., Die Vergroßstädterung des Abendlandes zu Beginn des Dreißigjährigen Krieges, in: Peterm. Geogr. Mitt. 85 (1939)

Oncken H., Cromwell. Vier Essays über die Führung einer Nation, Berlin 1935

Pach Zs. P., Die Entstehung der kapitalistischen Grundrente in der westeuropäischen Agrarentwicklung, in: Jb.f. WG 2 (1960)

—, Die ungarische Agrarentwicklung im 16. und 17. Jahrhundert. Abbiegung vom westeuropäischen Entwicklungsgang, Budapest 1964

—, Zur Geschichte der internationalen Handelswege und des Handelskapitals vom 15. bis 17. Jahrhundert, in: JfWG 3 (1969) 179–192

Parker D., The social Foundations of French Absolutism 1610–1630, in: PP 53 (1971) 67–89

Parker G., Spain, her Enemies and the Revolt of the Netherlands 1559–1648, in: PP 49 (1970) 72–95

—, The ›Military Revolution‹ 1560–1660. A Myth?, in: Journal of mod. hist. 48 (1976) 195–214

—, Der Aufstand der Niederlande. Von der Herrschaft der Spanier zur Gründung der Niederländischen Republik 1549–1609, München 1979

465

PARKER G./L. M. SMITH (Hg.), The General Crisis of the seventeenth Century, London u. a. 1978

PARRY J. H., The Age of Renaissance, Discovery, Exploitation and Settlement 1500–1650, 1963

PARSONS T., Das System moderner Gesellschaften, München 1972

PATZE H. (Hg.), Aspekte des europäischen Absolutismus, Hildesheim 1979

PETERSEN E. L., La crise de la noblesse danoise entre 1580 et 1660, in: Annales 23 (1968) 1237–1261

PETRÁN J., Die mitteleuropäische Landwirtschaft und der Handel im 16. und am Anfang des 17. Jahrhunderts, in: Historica 18 (1973) 105–138

PETRI FR., Die Kultur der Niederlande, Frankfurt 1972²

PETZOLDT L. (Hg.), Magie und Religion. Beiträge zu einer Theorie der Magie, Darmstadt 1978

PEUCKERT W. E., Pansophie. Ein Versuch zur Geschichte der weißen und schwarzen Magie, Berlin 1956²

—, Das Rosenkreuz, Berlin 1973²

PFANDL L., Spanische Kultur und Sitte des 16. und 17. Jahrhunderts. Eine Einführung in die Blütezeit der spanischen Literatur und Kunst, München 1924

—, Philipp II. Gemälde eines Lebens und seiner Zeit, München 1948

PICKL O., Die bürgerlichen Vermögen steirischer Städte und Märkte im 16. Jahrhundert. Ein Beitrag zur Sozial- und Wirtschaftsgeschichte des Frühkapitalismus, in: Innerösterreich 1494–1619, Graz 1968, 371–408

PIKE R., Aristocrats and Traders. Sevillian Society in the Sixteenth Century, New York 1972

—, Crime and Punishment in 16ᵗʰ Century Spain, in: Journ. of Europ. Economic Hist. 5 (1976) 689–704

PILLORGET R., Les mouvements insurrectionnels de Provence entre 1596–1715, Paris 1975

PIPES R., Rußland vor der Revolution. Staat und Gesellschaft im Zarenreich, München 1977

PITZ E., Entstehung und Umfang statistischer Quellen in der vorindustriellen Zeit, in: HZ 223 (1976) 1–39

PLODEK K., Hofstruktur und Hofzeremoniell in Brandenburg-Ansbach vom 16. bis zum 18. Jahrhundert. Zur Rolle des Herrschaftskultes im absolutistischen Gesellschafts- und Herrschaftssystem, Ansbach 1972

—, Zur sozialgeschichtlichen Bedeutung der absolutistischen Polizei- und Landesordnungen, in: ZBLG 39 (1976) 79–125

PLOSS E. E./H. ROOSEN-RUNGE/H. SCHIPPERGES/H. BUNTZ, Alchimia. Ideologie und Technologie, München 1970

PÖLNITZ G. V., Julius Echter von Mespelbrunn. Fürstbischof von Würzburg und Herzog von Franken (1573–1617), Aalen 1973 (ND)

POLIŠENSKY J., The Thirty Years' War and the Crises and Revolutions of Seventeenth Century Europe, in: PP 39 (1968) 34–43

—, The Thirty Years' War, London 1971

—, Der Krieg und die Gesellschaft in Europa 1618–1648, Prag 1971

PORŠNEW B. F., Formen und Wege des bäuerlichen Kampfes gegen die feudale Ausbeutung, in: Sowjetwissenschaft GA (1952) 440–459

—, Die Volksaufstände in Frankreich vor der Fronde, Leipzig 1954

POUND J., Poverty and Vagrancy in Tudor England, London 1971

PRESS V., Calvinismus und Territorialstaat. Regierung und Zentralbehörden der Kurpfalz 1559–1619, Stuttgart 1970

—, Steuern, Kredit und Repräsentation. Zum Problem der Ständebildung ohne Adel, in: ZfhistF 2 (1975) 59–93

—, Wilhelm von Grumbach und die deutsche Adelskrise der 1560er Jahre, in: Bl. f. dt. LG 113 (1977) 396–431

PROESLER H., Das gesamtdeutsche Handwerk im Spiegel der Reichsgesetzgebung von 1530–1806, Berlin 1954

Pullan B. (Hg.), Crisis and change in the Venetian economy in the 16th and 17th centuries, London 1968

Quaritsch H., Staat und Souveränität. Bd. 1. Die Grundlagen, Frankfurt 1970

Rabb Th., The Effects of the Thirty Years' War on the German Economy, in: Journ. of Mod. History 34 (1962) 40–51

—, The Struggle for Stability in Early Modern Europe, Princeton 1974

—, Industry and Economic Decline in Seventeenth Century Venice, Cambridge 1976

Radbruch R. M. G., Der deutsche Bauernstand zwischen Mittelalter und Neuzeit, Göttingen 1961[2]

— (Hg.), Die peinliche Gerichtsordnung Kaiser Karls V. von 1532 (Carolina), Stuttgart 1967

Ramsey P. H. (Hg.), The Price Revolution in Sixteenth Century England. Debates in Economic History, London 1971

Ranke L. v., Die Osmanen und die spanische Monarchie im 16. und 17. Jahrhundert, Hamburg 1957

Rassem M./J. Stagl (Hg.), Statistik und Staatsbeschreibung in der Neuzeit, vornehmlich im 16.–18. Jahrhundert, Paderborn u. a. 1980

Rausch H. (Hg.), Die geschichtlichen Grundlagen der modernen Volksvertretung. Die Entwicklung von den mittelalterlichen Korporationen zu den modernen Parlamenten, 2 Bde., Darmstadt 1974/80

Redlich Fr., Der Marketender, in: VSWG 41 (1954) 227–252

—, Der deutsche fürstliche Unternehmer, eine typische Erscheinung des 16. Jahrhunderts, in: Tradition 1/2 (1958)

—, Der Unternehmer. Wirtschafts- und sozialgeschichtliche Studien, Göttingen 1964

—, The German Military Enterpriser and his Work Force. A Study in European Economic and Social History, 2 Bde., Wiesbaden 1964/5

—, Die deutsche Inflation des frühen 17. Jahrhunderts in der zeitgenössischen Literatur: Die Kipper und Wipper, 1972

Reichardt R., Die deutschen Feste in Sitte und Brauch, Jena 1908

—, Geburt, Hochzeit und Tod im deutschen Volksbrauch und Volksglauben, Jena 1913

Rein A., Über die Bedeutung der überseeischen Ausdehnung für das europäische Staatensystem, in: HZ 137 (1927) 28–90

—, Die europäische Ausbreitung über die Erde, Potsdam 1931

Reiner H., Die Ehre. Kritische Sichtung einer abendländischen Lebens- und Sittlichkeitsform, Berlin–Frankfurt 1956

Reinhard W., Staatsmacht als Kreditproblem. Zur Struktur und Funktion des frühneuzeitlichen Ämterhandels, in: VSWG 61 (1974) 289–319

—, Gelenkter Kulturwandel im siebzehnten Jahrhundert. Akkulturation in den Jesuitenmissionen als universalhistorisches Problem, in: HZ 223 (1976) 529 bis 590

—, Gegenreformation als Modernisierung? Prolegomena zu einer Theorie des konfessionellen Zeitalters, in: ARG 68 (1977) 226–251

—, Theorie und Empirie bei der Erforschung frühneuzeitlicher Volksaufstände, in: Fs. E. Hassinger (1977) 173–200

—, Freunde und Kreaturen. ›Verflechtung‹ als Konzept zur Erforschung historischer Führungsgruppen – Römische Oligarchien um 1600, München 1979

Rexheuser R., Der Fremde im Dorf. Versuch über ein Motiv der neueren russischen Geschichte (17.–19. Jahrhundert), in: Jb. f. Gesch. Osteuropas 15 (1977) 494–512

Rich E. E./C. H. Wilson (Hg.), The Economy of Expanding Europe in the Sixteenth and Seventeenth Centuries (Cambridge Economic History of Europe IV) Cambridge u. a. 1975[2]

—, The Economic Organization of Early Modern Europe, Cambridge 1977

Richarz J., Herrschaftliche Haushalte in vorindustrieller Zeit im Weserraum, Berlin 1971

Riemann F. K., Ackerbau und Viehhaltung im vorindustriellen Deutschland, 1953

467

RIEMERSMA J. C., Religious Factors in Early Dutch Capitalism 1550–1650, Den Haag 1967

RIMSCHA H. V., Geschichte Rußlands, Darmstadt 1970²

RITTER G., Die Neugestaltung Deutschlands und Europas im 16. Jahrhundert, Frankfurt–Berlin 1967²

ROBERTS M., Gustavus Adolphus. A History of Sweden 1611–1632, 2 Bde., London u. a. 1958

—, The Early Vasas. A History of Sweden 1523–1611, Cambridge 1968

— (Hg.), Swedens Age of Greatness 1632–1718, New York 1973

ROBERTSON A./D. STEVENS (Hg.), Geschichte der Musik II. Renaissance und Barock, München 1977²

RÖSSLER H./G. FRANZ (Hg.), Universität und Gelehrtenstand 1400–1800, Limburg 1970

ROMANO R./A. TENENTI, Die Grundlegung der modernen Welt. Spätmittelalter, Renaissance, Reformation (Fischer Weltgeschichte, Bd. 12), Frankfurt 1967

ROSENBAUM H. (Hg.), Familie und Gesellschaftsstruktur. Materialien zu den sozio-ökonomischen Bedingungen von Familienformen, Frankfurt 1978

ROSENBERG H., Die Ausprägung der Junkerherrschaft in Brandenburg–Preußen 1410–1618, in: ders., Machteliten und Wirtschaftskonjunkturen, Göttingen 1978, 24–82

RUDECK W., Geschichte der öffentlichen Sittlichkeit in Deutschland, Berlin 1902

RUDOLF H. K. (Hg.), Der Dreißigjährige Krieg. Perspektiven und Strukturen, Darmstadt 1977

RUSSEL C., The Crisis of Parliaments. English History 1509–1660, London 1971

SAALFELD D., Bauernwirtschaft und Gutsbetrieb in der vorindustriellen Zeit, Stuttgart 1960

—, Die Wandlungen der Preis- und Lohnstruktur während des 16. Jahrhunderts in Deutschland, in: Schr. d. Ver. f. Socialpolitik 63 (1971) 9–28

SACHSSE CHR./F. TENNSTEDT, Geschichte der Armenfürsorge in Deutschland vom Spätmittelalter bis zum 1. Weltkrieg, Stuttgart 1980

SALENTINY F., Aufstieg und Fall des portugiesischen Imperiums, Wien–Köln 1977

SALMON J. H. M., The Paris Sixteen, 1564–94: The Social Analysis of a Revolutionary Movement, in: Journal of mod. hist. 44 (1972) 540–575

—, Society in Crisis. France in the Sixteenth Century, London–Cambridge 1975

SALOMON-DELATOUR G., Moderne Staatslehren, Neuwied–Berlin 1965

SAMHABER E., Geschichte der Entdeckungsreisen. Die großen Fahrten ins Unbekannte, München–Zürich 1955

SAMUEL R. (Hg.), People's History and Socialist Theory, London u. a. 1981

SAYONS A. E., Die großen Händler und Kapitalisten in Amsterdam gegen Ende des 16. und während des 17. Jahrhunderts, in: Weltwirtschaftl. Archiv 46 (1937)

—, Le Rôle d'Amsterdam dans l'histoire du capitalisme commercial et financier, in: Rev. historique 183 (1938)

SCHABERT J. (Hg.), Shakespeare-Handbuch. Die Zeit. Der Mensch. Das Werk. Die Nachwelt, Stuttgart 1978

SCHECK W., Geschichte Rußlands von der Frühgeschichte bis zur Sowjetunion, München 1975

SCHILD W., Alte Gerichtsbarkeit. Vom Gottesurteil bis zum Beginn der modernen Rechtsprechung, München 1980

SCHILFERT G., Die Revolution beim Übergang vom Feudalismus zum Kapitalismus, in: ZfG 17 (1969) 171–193

—, Die welthistorische Stellung der bürgerlichen Revolution des 16. bis 18. Jahrhunderts und ihre Auswirkungen auf die deutschen Territorien, in: ZfG 21 (1973) 1443–1463

SCHILLING H., Bürgerkämpfe in Aachen zu Beginn des 17. Jahrhunderts. Konflikte im Rahmen der alteuropäischen Stadtgesellschaft oder im Umkreis der frühbürgerlichen Revolution? in: ZfhistF 1 (1974) 175–231

—, Der Aufstand der Niederlande: Bürgerliche Revolution oder Elitenkonflikt? in: GG SH 2 (1976) 177–231

SCHINDLER GG., Verbrechen und Strafen im Recht der Stadt Freiburg im Breisgau von der Einführung des neuen Stadtrechts bis zum Übergang an Baden (1520–1806), Freiburg 1937

SCHINDLER N., Alltagsrepräsentation im späten Mittelalter, München 1981 (MS)

SCHIVELBUSCH W., Das Paradies, der Geschmack und die Vernunft. Eine Geschichte der Genußmittel, München 1980

SCHMELZEISEN G. K., Polizeiordnung und Privatrecht, Köln 1955

SCHMIDT M., Wiedergeburt und neuer Mensch. Gesammelte Studien zur Geschichte des Pietismus, Witten 1969

—, Pietismus, Stuttgart u. a. 1972

—, Das Evangelium von der Rechtfertigung und die Weltverantwortung der Kirche in der lutherischen Tradition vom 17. bis 19. Jahrhundert, in: J. Baur u. a. (Hg.), Die Verantwortung der Kirche in der Gesellschaft, Stuttgart 1973, 163–176

SCHMIDT-LIEBICH J., Daten der englischen Geschichte, München 1977

SCHNEE H., Die Hoffinanz und der moderne Staat, die Institution des Hoffaktorentums, 3 Bde., München–Berlin 1953/55

SCHNEIDER G., Der Libertin. Zur Geistes- und Sozialgeschichte des Bürgertums im 16. und 17. Jahrhundert, Stuttgart 1970

SCHNEIDER K. C., Geschichte der Alchimie, Ulm 1959 (ND)

SCHNUR R., Die französischen Juristen im konfessionellen Bürgerkrieg des 16. Jahrhunderts. Ein Beitrag zur Entstehungsgeschichte des modernen Staates, Berlin 1962

—, Individualismus und Absolutismus. Zur politischen Theorie vor Thomas Hobbes (1600–1640), Berlin 1963

SCHÖNE A. (Hg.), Stadt-Schule-Universität. Buchwesen und die deutsche Literatur im 17. Jahrhundert, München 1976

SCHOTT CL., Armenfürsorge, Bettelwesen und Vagantenbekämpfung in der Reichsabtei Salem, Bühl 1978

SCHRAMM G., Der polnische Adel und die Reformation 1548–1607, Wiesbaden 1965

—, Staatseinheit und Regionalismus in Polen–Litauen (15.–17. Jh.) in: Forsch. z. osteurop. Gesch. 11 (1966) 7–23

SCHREIBER GG., Der Bergbau in Geschichte, Ethos und Sakralkultur, Köln–Opladen 1962

SCHÜCKING L. L., Die puritanische Familie in literar-soziologischer Sicht, Bern–München 1964

SCHULIN E., Handelsstaat England. Das politische Interesse der Nation am Außenhandel vom 16. bis ins frühe 18. Jahrhundert, Wiesbaden 1969

—, Die vorindustrielle Epoche der europäischen Expansion. Einige Überlegungen zur Kolonialgeschichte der Frühen Neuzeit, in: Fs. E. Hassinger (1977)

SCHULTZ A., Das häusliche Leben der europäischen Kulturvölker vom Mittelalter bis zur 2. Hälfte des 18. Jahrhunderts, München–Berlin 1903

SCHULTZ H., Bäuerliche Klassenkämpfe zwischen frühbürgerlicher Revolution und Dreißigjährigem Krieg, in: ZfG (1972) 157–173

SCHULZE W., Landesdefension und Staatsbildung. Studien zum Kriegswesen des innerösterreichischen Territorialstaates 1564–1619, Wien u. a. 1973

—, Die veränderte Bedeutung sozialer Konflikte im 16. und 17. Jahrhundert, in: GG SH 1 (1975) 277–302

—, Reich und Türkengefahr im späten 16. Jahrhundert. Studien zu den politischen und gesellschaftlichen Auswirkungen einer äußeren Bedrohung, München 1978

—, Bäuerlicher Widerstand und feudale Herrschaft in der frühen Neuzeit, Stuttgart 1980

SCHUHMANN H., Der Scharfrichter. Seine Gestalt – seine Funktion, Kempten 1964

SCHWARTZ FR. W., Idee und Konzeption der frühen territorialstaatlichen Gesundheitspflege in Deutschland (›Medizinische Polizei‹) in der ärztlichen und staatswissenschaftlichen Fachliteratur des 16.–18. Jahrhunderts, Frankfurt 1973

SCHWARZ D. W. H., Sachgüter und Lebensformen. Einführung in die materielle Kulturgeschichte des Mittelalters und der Neuzeit, Berlin 1970

SEE H., Französische Wirtschaftsgeschichte, 2 Bde., Jena 1930/36
—, Die Ursprünge des modernen Kapitalismus. Ein historischer Überblick, Wien 1948
SEYFARTH C./W. M. SPRONDEL (Hg.), Religion und gesellschaftliche Entwicklung. Studien zur Protestantismus-Kapitalismus-These Webers, Frankfurt 1973
SENGHANS D. (Hg.), Kapitalistische Weltökonomie. Kontroversen über ihren Ursprung und ihre Entwicklungsdynamik, Frankfurt 1979
SHENNAN J. H., Government and Society in France 1461–1661, London 1969
—, The Origins of the Modern European State 1450–1725, London 1974
SKAZKIN S. D., Der Bauer in Westeuropa während der Epoche des Feudalismus, Berlin 1976
SLICHER VON BATH B. H., The Agrarian History of Western Europe A. D. 500–1800, London 1963
SMITH A. G. R., The Government of Elizabethan England, London 1967
SNYDERS G., Die große Wende der Pädagogik. Die Entdeckung des Kindes und die Revolution der Erziehung im 17. und 18. Jahrhundert in Frankreich, Paderborn 1971
SOLDAN-HEPPE, Geschichte der Hexenprozesse. Hg. M. Bauer, 2 Bde., Hanau ND
SOLÉ J., Liebe in der westlichen Kultur, Frankfurt–Berlin 1979
SOMBART W., Das europäische Wirtschaftsleben im Zeitalter des Frühkapitalismus. (Der moderne Kapitalismus Bd. 2), München–Leipzig 1928
SOULE CL., Les Etats généraux de France (1302–1789). Etude historique, comparative et doctrinale, Heule 1968
SPRIEWALD J. u.a., Grundpositionen der deutschen Literatur im 16. Jahrhundert, Berlin–Weimar 1972
STADELMANN R., Geschichte der englischen Revolution, Wiesbaden 1954
STÄHELIN M./P. WERNLE (Hg.), Oliver Cromwell. Briefe und Reden, Basel 1911
STAEHELIN A., Sittenzucht und Sittengerichtsbarkeit in Basel, in: ZRG (GA) 85 (1968) 78–103
STÄHLIN C., Die inneren Verhältnisse Englands um das zweite Jahrzehnt Elisabeths, Leipzig 1920
STÄHLIN K. (Hg.), Der Briefwechsel Iwans des Schrecklichen mit dem Fürsten Kurbskij, Leipzig 1921
STEINBERG S. H., Der Dreißigjährige Krieg und der Kampf um die Vorherrschaft in Europa 1600–1660, Göttingen 1967
STEINHAUSEN GG., Geschichte der Deutschen Kultur, Leipzig–Wien 1904
STEVENSON D., The Scottish Revolution 1637–1644. The Triumph of the Covenanters, Newton Abbot 1973
STÖKL G., Die Wurzeln des modernen Staates in Osteuropa, in: Jb. f. Gesch. Osteuropas 1 (1953) 255–269
STOLLEIS M., Grundzüge der Beamtenethiken (1550–1650), in: Die Verwaltung 13 (1980) 447–475
STONE L., The Inflation of Honours 1558–1641, in: PP 14 (1958) 46–70
—, The Educational Revolution in England 1560–1640, in: PP 28 (1964) 41–80
— (Hg.), Social Change and Revolution in England 1540–1640, London 1966
—, Social Mobility in England 1500–1700, in: PP 33 (1966) 16–55
—, The Crisis of the Aristocracy 1558–1641, London u. a. 1971
—, Family and Fortune, Oxford 1973
—, The Causes of the English Revolution 1529–1642, London 1975
—, The Rise of The Nuclear Family in Early Modern England: The Patriarchal Stage in: Ch. E. Rosenberg (Hg.), The Family in History, Philadelphia 1975, 23–57
—, The Family, Sex and Marriage in England 1500–1800, London 1977
STOOB H., Geschichte Dithmarschens im Regentenzeitalter, 1959
—, Über frühneuzeitliche Städtetypen, in: Fs. F. Raumer (1966) 163–212
— (Hg.), Altständisches Bürgertum. Bd. II, Erwerbsleben und Sozialgefüge, Darmstadt 1978
— (Hg.), Die Stadt. Gestalt und Wandel bis zum industriellen Zeitalter, Köln–Wien 1979

STRICKER G., Das politische Denken der Monarchomachen. Ein Beitrag zur Geschichte der politischen Ideen im 16. Jahrhundert, Heidelberg 1967

STRIEDER J., Studien zur Geschichte kapitalistischer Organisationsformen. Monopole, Kartelle und Aktiengesellschaften im Mittelalter und zu Beginn der Neuzeit, München–Leipzig 1925²

—, Zur Genesis des modernen Kapitalismus. Forschungen zur Entstehung der großen bürgerlichen Kapitalvermögen am Ausgang des Mittelalters und zu Beginn der Neuzeit, zunächst in Augsburg, München–Leipzig 1935²

STROBEL A., Agrarverfassung im Übergang. Studien zur Agrargeschichte des badischen Breisgaus vom Beginn des 16. bis zum Ausgang des 18. Jahrhunderts, Freiburg–München 1972

STURMBERGER H., Dualistischer Ständestaat und werdender Absolutismus, in: Die Entwicklung der Verfassung Österreichs vom Mittelalter bis zur Gegenwart (o. J.) 24–49

—, Georg Erasmus Tschernembl. Religion, Libertät und Widerstand. Zur Geschichte der Gegenreformation, Graz–Köln 1953

—, Kaiser Ferdinand II. und das Problem des Absolutismus, Wien 1957

—, Aufstand in Böhmen. Der Beginn des Dreißigjährigen Krieges, München–Wien 1959

SUPPLE B. E., Currency and Commerce in the Early Seventeenth Century, in: The Econ. Hist. Rev. 10 (1957/8)

—, Commercial Crisis and Change in England 1600–1642. A Study in the Instability of a Mercantile Economy, Cambridge 1959

SUTHERLAND N. M., The Massacre of St. Bartholomew and the European Conflict 1559–1572, London 1972

SWART K. W., Sale of Offices in the Seventeenth Century, Den Haag 1949

SWEEZY P. u. a., Der Übergang vom Feudalismus zum Kapitalismus, Frankfurt 1978

TAILLANDIER S. R., Heinrich IV. von Frankreich, München o. D.

TAWNEY R. H., Religion und Frühkapitalismus. Eine historische Studie, Bern 1946

TAZBIR J., The Commonwealth of the Gentry 1492–1696, in: Hist. of Poland (1968) 169–271

TENENTI A., Libertinisme et hérésie du milieu du 16ᵉ siècle au début du 17ᵉ siècle, in: J. Le Goff (Hg.), Hérésies et sociétés (1968) 303–321

THOMAS K., Work and Leisure, in: PP 29 (1964) 50–66

—, Rule and Misrule in the Schools of Early Modern England, Berkshire 1975

THOMPSON J. A. A., War and Government in Habsburg Spain 1560–1620, London 1978

TILLY CHR. (Hg.), The Formation of National States in Western Europe, Princeton 1975

—, Hauptformen kollektiver Aktion in Westeuropa 1500–1975, in: GG 3 (1977) 153 bis 163

TINTELNOT H., Die Bedeutung der ›festa teatrale‹ für das dynastische und künstlerische Leben im Barock, in: AKG 37 (1955) 336–351

TOEGEL M. (Hg.), Der Beginn des Dreißigjährigen Krieges. Der Kampf um Böhmen. Quellen zur Geschichte des Böhmischen Krieges (1618–1621), Wien 1972

—, Der schwedische Krieg und Wallensteins Ende. Quellen zur Geschichte der Kriegsereignisse der Jahre 1625–1630, Wien 1977

TÖPFER B., Die frühbürgerliche Revolution in den Niederlanden, in: ZfG SH (1965) 51–83

—, Volksbewegungen, Ideologie und gesellschaftlicher Fortschritt in der Epoche des entwickelten Feudalismus, in: ZfG 25 (1977) 1158–1167

TREASURE G. R. D., Cardinal Richelieu and the development of Absolutism, New York 1972

TREMEL F., Der Frühkapitalismus in Innerösterreich, Graz 1954

TREUSCH V. BUTTLAR K., Das tägliche Leben an den deutschen Fürstenhöfen des 16. Jahrhunderts, in: ZKG 4 (1897) 1–41

TREVELYAN G. M., Kultur- und Sozialgeschichte Englands, Hamburg 1948

TREVOR-ROPER H. R., The Gentry 1540–1640, London 1953

—, The Social Origins of the Great Rebellion, in: History Today 5 (1955)

—, Religion, Reformation und sozialer Umbruch. Die Krise des 17. Jahrhunderts, Frankfurt u. a. 1970

— (Hg.), Die Zeit des Barock. Europa und die Welt 1559–1660, München–Zürich 1970

TRITSCH W., Heinrich IV., König von Frankreich und Navarra, Frauenfeld 1938

TROELTSCH E., Die Soziallehren der christlichen Kirchen und Gruppen, Aalen 1965²

TRUNZ E., Der deutsche Späthumanismus um 1600 als Standeskultur, in: R. Alewyn (Hg.), Deutsche Barockforschung, Köln–Berlin 1968³, 147–181

VALENTIN J. M. (Hg.), Gegenreformation und Literatur. Beiträge zur interdisziplinären Erforschung der katholischen Reformbewegung, Amsterdam 1979

VERSPOHL F. J., Stadionbauten von der Antike bis zur Gegenwart. Regie und Selbsterfahrung der Massen, Gießen 1976

VIERHAUS R. (Hg.), Der Adel vor der Revolution. Zur sozialen und politischen Funktion des Adels im vorrevolutionären Europa, Göttingen 1971

—, Probleme vergleichender Institutions- und Sozialgeschichte der frühen Neuzeit, in: Mitt. MPG, München 1972, 171–186

VOSS J., Geschichte Frankreichs 2. Von der frühneuzeitlichen Monarchie zur Ersten Republik 1500–1800, München 1980

VOSSLER K., Lope de Vega und sein Zeitalter, München 1932

VOVELLE G. u. M., Vision de la mort et de l'au-delà en Provence, d'après les autels des âmes du purgatoire, XVᵉ–XXᵉ siècles, Paris 1970

VRIES J. DE, The Dutch rural economy in the Golden Age 1500–1700, New Haven–London 1974

—, Economy of Europe in an Age of Crisis 1600–1750, Cambridge 1976

WALLERSTEIN I., The Modern World System. Capitalist Agriculture and the Origins of the European World Economy in the sixteenth Century, New York u. a. 1974

—, The Capitalist World-Economy, Cambridge u. a. 1979

—, Y a-t-il une crise du XVIIᵉ siècle? in: Annales 34 (1979) 126–144

—, The Modern World-System II. Mercantilism and the Consolidation of the European World-Economy 1600–1750, New York u. a. 1980

WALZER M. L., Puritanism as a revolutionary ideology, in: History and Theory 3 (1963)

—, The Revolution of the Saints. A Study in the Origins of Radical Politics, New York 1974⁷

WARNKE M., Peter Paul Rubens. Leben und Werk, Köln 1977

WEBER M., Wirtschaftsgeschichte. Abriß der universalen Sozial- und Wirtschaftsgeschichte, München–Leipzig 1923

—, Wirtschaft und Gesellschaft, 2 Bde., Tübingen 1925²

—, Die protestantische Ethik I. Eine Aufsatzsammlung, Hamburg 1973³

WEBER-KELLERMANN J., Die deutsche Familie. Versuch einer Sozialgeschichte, Frankfurt 1974

WEBSTER CH. (Hg.), The intellectual Revolution of the seventeenth century, London–Boston 1974

—, The Great Instauration. Science, Medicine and Reform 1626–1660, New York 1975

WEDGWOOD C. V., Der Dreißigjährige Krieg, München 1971

—, The King's War 1641–1647, London–Glasgow 1973⁶

VAN DER WEE H., Das Phänomen des Wachstums und der Stagnation im Lichte der Antwerpener und südniederländischen Wirtschaft im 16. Jahrhundert, in: VSWG 54 (1967) 203–249

WEGE E., Die Zünfte als Träger wirtschaftlicher Kollektivmaßnahmen, Stuttgart 1930

WEHLER H. U. (Hg.), Klassen in der europäischen Sozialgeschichte, Göttingen 1979

WEIDKUHN P., Fastnacht, Revolte, Revolution, in: ZRG 21 (1969) 289–306

WEIS E., Ergebnisse eines Vergleichs der grundherrschaftlichen Strukturen Deutschlands und Frankreichs vom 13. bis zum Ausgang des 18. Jahrhunderts, in: VSWG 57 (1970) 1–14

—, Das Haus Wittelsbach in der europäischen Politik der Neuzeit, in: ZBLG 44 (1981) 211–232

WEISSER M. R., Crime and Punishment in Early Modern Europe, Hassocks 1979

WENDE P., Revolution ohne Vorgeschichte, in: HZ 230 (1980) 363–374

—, Probleme der Englischen Revolution, Darmstadt 1980

WERNER E., Despotie, Absolutismus oder feudale Zersplitterung? Strukturwandlungen im Osmanenreich zwischen 1566 und 1699, in: JfWG 3 (1972) 107–128

WERNER TH. G., Unternehmerwerkstätte im europäischen Textilgewerbe des späten Mittelalters und der frühen Neuzeit. Vorstufen des Fabrikwesens, in: Scripta Mercaturae (1970) 82–97

—, Die Anfänge der deutschen Zuckerindustrie und die Augsburger Zuckerraffinerie von 1573, in: Scripta Mercaturae 2 (1971) 167–186

WERNHAM R. B. (Hg.), The Counter-Reformation and Price Revolution 1559–1610, Cambridge 1971

WESSELING H. L. (Hg.), Expansion and Reaction: Essays on European Expansion and Reaction in Asia and Africa, Leiden 1978

WESTERMANN E. (Hg.), Internationaler Ochsenhandel in der frühen Neuzeit 1450–1750, Stuttgart 1979

WESTRICH S. A., The Ormée of Bordeaux, a Revolution during the Fronde, Baltimore 1972

WILLIAMS J., Tizian und seine Zeit 1488–1576, 1972

WILLIAMS P., Rebellion and Revolution in Early Modern England, in: M. R. D. Foot (Hg.), War and Society, London 1973

—, The Tudor Regime, Oxford 1979

WILLOWEIT D., Rechtsgrundlage der Territorialgewalt. Landesobrigkeit, Herrschaftsrechte und Territorien in der Rechtswissenschaft der Neuzeit, Köln–Wien 1975

WILSON CHR., Die Früchte der Freiheit. Holland und die europäische Kultur des 17. Jahrhunderts, München 1968

—, The transformation of Europe 1558–1648, London 1976

WINTERS P. J., Die ›Politik‹ des Johannes Althusius und ihre zeitgenössischen Quellen zur Grundlegung der politischen Wissenschaft im 16. und im beginnenden 17. Jahrhundert, Freiburg 1963

WINZER FR. (Hg.), Kulturgeschichte Europas. Von der Antike bis zur Gegenwart, Braunschweig (1981)

WISSELL R., Des alten Handwerks Recht und Gewohnheit, 2 Bde., Berlin 1971–74

WOEHLKENS E., Pest und Ruhr im 16. Jahrhundert. Grundlagen einer statistisch-topographischen Beschreibung der großen Seuchen, insbesondere in der Stadt Uelzen, Hannover 1954

WOHLFEIL R., Ritter. Söldnerführer. Offizier. Versuch eines Vergleichs, in: Fs. J. Bärmann (1966) 45–70

—, Adel und Neues Heerwesen, in: H. Rössler (Hg.), Deutscher Adel 1430–1555, Darmstadt 1965, 203–233

WOLF J. B., The Emergence of the European States System, in: Chapters in Western Civilisation I, New York 1961, 381–484

WOLF R. E./R. MILLEN, Geburt der Neuzeit (Enzyklopädie der Weltkunst 11), München 1980[2]

WOLFF PH., Structures sociales et morphologies urbaines dans le développement historique des villes (XIIe–XVIIIe siècles) in: Report XIV. Intern. Congress of the Hist. Sciences (1977) 1811–1893

WOLLENBERG J., Richelieu. Staatsräson und Kircheninteresse. Zur Legitimation der Politik des Kardinalpremier, Bielefeld 1977

WOOLF ST., The Aristocracy in Transition: A Continental Comparison, in: Economic Hist. Rev. 2/23 (1970) 528 ff

WRIGHT L. P., Middle-Class Culture in Elizabethan England, London 1964[2]

WUNDER H., Recht und Gewalt in der frühen Neuzeit. Ein Beitrag zur Sozialgeschichte des Herzogtums Preußen im 16. und 17. Jahrhundert, in: Württemb. Franken, Schwäbisch Hall 58 (1974) 398–408

—, Sozialstruktur und sozialer Protest in Frankreich (16.–18. Jahrhundert), in: Sowi 5 (1976) 79–83

—, Agrarwirtschaft und Klassenstruktur im Übergang vom Feudalismus zum Kapitalismus, in: Sowi 8 (1979) 124–128

—, Peasant organization and class conflict in East and West Germany, in: PP 78 (1978) 47–55

WYDUCKEL D., Princeps legibus solutus. Eine Untersuchung zur frühmodernen Rechts-und Staatslehre, Berlin 1979

WYLUDA E., Lehnrecht und Beamtentum. Studien zur Entstehung des preußischen Beamtentums, Berlin 1969

YATES FR. A., Aufklärung im Zeichen des Rosenkreuzes, Stuttgart 1975

—, The Occult Philosophy in the Elizabethan Age, London u. a. 1979

ZAGORIN P., The Court and the Country. The Beginning of the English Revolution, London 1969

—, The Social Interpretation of the English Revolution, in: Jour. of Econ. Hist. 19 (1959)

ZAJACZKOWSKI A., Hauptelemente der Adelskultur in Polen, Marburg 1967

ZEEDEN E. W., Deutsche Kultur in der frühen Neuzeit, Frankfurt 1968

— (Hg.), Gegenreformation, Darmstadt 1973

ZERNACK KL., Schweden als europäische Großmacht der frühen Neuzeit, in: HZ 232 (1981) 327–357

ZILSEL E., Die sozialen Ursprünge der neuzeitlichen Wissenschaft, Frankfurt 1976

Register

(Erstellt von Otto Feldbauer)

475